KB110620

THE SHOCK DOCTRINE

자본주의는 어떻게 재난을 먹고 괴물이 되는가

...

나오미 클라인 지음 | **김소희** 옮김

MOBIDICBOOKS

또다시 이 책을 아비(Avi)에게 바칩니다.

변화란 중심 화제가 바뀌었음을 뜻한다.

아르헨티나의 소설가 세자르아이라(César Aira), 『생일(Cumpleaños, 2001)』에서

CONTENTS

백지상태가 아름답다

세계를 정화하고 개조한 30년

신이 보기에, 지금 세상은 부패했으며 폭력으로 가득 차 있다.

신은 부패한 세상을 직접 눈으로 확인했다. 바로 인간들이 세상을 더럽히고 있다.

신이 노아에게 말씀하셨다. "나는 모든 인류를 없애기로 결정했다.

그들이 세상을 폭력으로 가득 채웠기 때문이다.

이제 나는 세상과 모든 인간들을 파괴할 것이다."

「창세기」 6장 11절(표준새번역판)

–

충격과 공포는 두려움, 위험, 파괴를 만드는 행동이다.

위협을 당한 사회의 일부 또는 전체 국민들은 이러한 상황을 잘 이해하지 못한다.

때로는 지도층도 그럴 수 있다. 특히 토네이도, 허리케인, 지진, 홍수, 대화재, 기아 등의

자연재해나 질병은 충격과 공포를 불러일으킨다.

「충격과 공포: 반에 기세를 제압하라」, 이라크 전쟁의 군사 독트린1

나는 자마르 페리(Jamar Perry)를 2005년 9월에 루이지애나 주 배턴루지(Baton Rouge: 미국 루이지애나 주의 주도–옮긴이)의 적십자 쉼터에서 만났다. 젊은 사이언톨로지교 신자들이 상냥하게 웃으며 저녁을 배식할 때, 자마르는 줄을 서서 차례를 기다리고 있었다. 얼마 전에 나는 언론 관계자들도 없이 재해민들과 대화를 나누려 하다가 경비원들에게 쫓겨났다. 그래서 이번에는 그들 사

이에 끼기 위해 최대한 노력했다. 아프리카계 미국 남부인들 속에서 유일한 백인 캐나다인이었던 나는 배식 줄로 들어가 자마르의 뒤에 섰다. 그는 오랜 친구처럼 행동해달라는 내 부탁을 선뜻 들어주었다.

자마르는 뉴올리언스에서 태어나 자랐다. 수해를 입은 도시를 탈출해 일주일째 피난 와 있었다. 언뜻 보기에는 열일곱 살 같았다. 그러나 실제 나이는 스물세 살이라고 했다. 그와 가족들은 구조 버스를 계속 기다렸지만 버스는 오지 않았다고 한다. 결국 그들은 작열하는 태양빛을 받으며 걸어서 이곳에 당도했다. 이곳은 컨벤션센터로, 보통은 약학계통 무역 쇼나 요란한 이름의 격투기 쇼가 열리는 곳이다. 그러나 지금은 야전용 침대 2,000개와 지치고 분노한 사람들로 가득하다. 이라크에서 막 돌아온 방위군이 그들을 감시하고 있었다.

그날 구호소에서는 이곳의 저명한 공화당원 리처드 베이커(Richard Baker)가 로비스트 단체에 한 말이 화제였다. "우리는 마침내 뉴올리언스의 공공구역을 깨끗이 정화했습니다. 우리는 못 해냈던 일을 신이 해내셨지요."[2] 뉴올리언스에서 가장 부유한 개발업자인 조셉 카니자로(Joseph Canizaro)도 비슷한 감정을 드러냈다. "우리는 백지상태에서 새로 출발하게 되었습니다. 그 때문에 큰 기회를 잡았고요."[3] 그 주 내내, 배턴루지의 루이지애나 의회는 큰 기회를 잡으려는 기업들의 로비스트로 가득했다. 낮은 세금, 적은 규제, 싼 노동력, 더욱 작고 안전한 도시 말이다. 그러나 실상 그들은 공영주택 프로젝트를 폐기하고 콘도로 대체하려는 계획을 구상 중이었다. 새로운 출발과 백지상태에 관한 이야기를 듣다 보면 폐허더미에서 흘러나오는 독성물질이나 화학물질의 방류는 잊힌 것 같다. 또한 고속도로 근처에서 발견되는 시체에도 관심이 없는 것 같다.

그러나 구호소의 자마르는 다른 생각을 할 수 없었다. "저는 도시 정화라고 생각하지 않아요. 도심가에서 죽어 있는 사람들을 봤어요. 죽어서는 안 될 사람들이었죠."

그는 조용히 말했다. 그러나 줄 앞쪽에 있던 나이 든 남자가 우리의 대화를 엿들었는지 갑자기 돌아서서 말했다. "배턴루지의 그 사람들은 도대체 제정신인 겁니까? 이 엄청난 비극을 보고 기회라니요. 혹시 장님들 아닌가요?"

그러자 두 아이를 데리고 있는 한 어머니가 나지막한 목소리로 말했다. "아뇨. 그들은 장님이 아니라 악마예요. 이런 상황을 좋다고 여기니 말이에요."

뉴올리언스 수해에서 기회를 찾은 사람들 가운데는 밀턴 프리드먼(Milton Friedman)도 있었다. 그는 규제 없는 자본주의운동의 위대한 스승이며, 격변하는 현대 국제경제의 규정집을 만들었다는 찬사를 받는다. 추종자들은 그를 '엉클 밀티(Uncle Miltie)'라고 부른다. 프리드먼은 아흔세 살에다 건강도 안 좋았다. 그런데도 제방이 무너지고 석 달 뒤 「월스트리트저널」에 사설을 실을 정도의 힘은 있었다. "뉴올리언스의 학교 대부분은 폐허가 되었다." 프리드먼은 "학교는 그곳에 다니는 아이들에게는 집과 같다. 이제 아이들은 여기저기 흩어지게 되었다. 비극이라 하겠다. 그러나 한편으론 교육 시스템을 전면적으로 바꿀 기회이기도 하다."라고 밝혔다.[4]

프리드먼의 급진적 아이디어에 따르면 정부는 뉴올리언스 공립학교 시스템을 복구하는 데 수십억 달러를 사용해서는 안 된다. 대신에 국가 보조금을 받는 영리 추구 사립학교에서 사용할 수 있는 바우처(voucher: 정부가 특정 계층에게 교육이나 의료 서비스 비용을 직접 보조하기 위해 제공하는 전표-옮긴이)를 재해민 가족에게 제공해야 한다. 덧붙여 이러한 중대한 변화는 임시변통이 아닌 영구적인 개혁이 되어야 한다.[5]

우익 싱크탱크들은 수해 도시를 방문해 프리드먼의 제안을 내놓았다. 조지 W. 부시 행정부는 뉴올리언스의 학교를 '차터 스쿨(Charter School: 미국의 자율형 공립학교-옮긴이)'로 전환하는 수천만 달러의 계획을 지지했다. 차터 스쿨은 민간단체가 각자의 규정에 따라 운영하는 시스템으로 공적 보조금을 받는다.

미국의 차터 스쿨은 상당히 양극화되어 있다. 특히 뉴올리언스가 가장 심한 편이다. 많은 아프리카계 미국인 부모들은 모두 이것이 학생들에게 같은 수준의 교육을 보장하려는 시민권리운동의 성과를 뒤집는 시도라고 생각한다. 반면에 밀턴 프리드먼은 공립학교 시스템 개념에는 사회주의 냄새가 난다고 주장한다. 그의 관점에서 국가의 유일한 기능은 외부의 적으로부터 자유를 보호하고, 사람들 간에 서로의 자유를 침해하는 일이 없도록 살피는 것이다. 따라서 정부의 역할은 법과 질서를 수호하고, 사적 계약을 집행하고, 경쟁 시장을 활성화하는 것이다.[6] 한마디로 말해 경찰과 군인을 제공하는 일이다. 무상교육을 포함한 그 밖의 것들은 시장에 불공정하게 개입하는 조치일 뿐이다.

제방을 수리하고 전기시설을 복구하는 과정은 아주 더뎠다. 정반대로, 뉴올리언스 학교 시스템의 경매는 오차도 없이 신속하게 진행되었다. 수해가 난 지 1년 7개월이 지났어도, 도시의 빈곤층 상당수는 여전히 외부에 피신 중이었다. 뉴올리언스의 공립학교 시스템은 민간단체가 운영하는 차터 스쿨로 대체되었다. 허리케인 카트리나 이전에 123개였던 공립학교는 이제는 고작 4개뿐이다. 반면에 7개였던 차터 스쿨은 31개로 늘어났다.[7] 뉴올리언스 지역의 교사들은 막강한 노조를 갖고 있었다. 그러나 이제 노조계약은 사라지고 노조원 4,700명은 모두 해고되었다.[8] 비교적 젊은 교사들 가운데 일부는 차터 스쿨에 전보다 적은 임금으로 고용되었다. 그러나 대다수는 그렇지 못한 처지다.

「뉴욕타임스」에 따르면, 정부는 뉴올리언스에서 차터 스쿨을 확산시키는 실험을 하고 있었다. 프리드먼 성향의 싱크탱크인 미국기업연구소(American Enterprise Institute)는 "루이지애나의 교육 개혁가들이 수년 동안 못 했던 것을 카트리나가 단 하루 만에 해냈다."라고 감격해했다.[9] 반면에 공립학교 교사들은 수해 피해자들에게 가야 할 돈이 공립 시스템을 없애고 사립학교로 대체하는 데 사용되었음을 알게 되었다. 그들은 프리드먼의 계획을 '교육기반 강탈'이라고 불렀다.[10]

그러니까 재앙 같은 사건이 벌어진 후 공공부문에 치밀한 기습 공격을 가한 것이다. 재난을 멋진 기회로 여기는 풍조도 섞여 있었다. 나는 이러한 태도를 '재난 자본주의(disaster capitalism)'라고 부를 것이다.

뉴올리언스에 관한 프리드먼의 사설은 그의 마지막 공공정책 권고안이 되었다. 1년도 채 지나지 않은 2006년 11월 16일에 그는 아흔네 살의 나이로 사망했다. 중간 규모급 미국 도시의 학교 시스템을 민영화한 것은 지난 반세기 동안 유력한 경제학자로 이름을 날린 그에게는 대단한 업적도 아닐 것이다. 그의 제자들 가운데는 미국 대통령, 영국 수상, 러시아 과두재벌, 폴란드 재무부 장관, 제3세계 독재자, 중국 공산당 당서기, IMF(International Monetary Fund)의 중역들이 있다. 미 연방준비제도이사회의 총재도 세 명이나 그의 제자다. 뉴올리언스의 위기를 이용해 근본주의적 자본주의를 실현하려는 시도는 키 157센티미터에 항상 에너지가 넘쳤던 교수의 마지막이 되었다. 전성기 때 프리드먼은 자신을 '주일설교를 하는 구식 목사'라고 표현하곤 했다.[11]

프리드먼과 추종자들은 지난 30년 동안 전략을 완벽하게 다듬고 큰 위기가 닥치기만을 기다렸다. 시민들이 충격에 휩싸여 있는 사이에 국가의 일부 기능을 사기업에게 매각하려는 것이다. 그리고 그러한 변혁은 순식간에 영구적인 것이 되어버린다.

프리드먼은 영향력 있는 논문을 통해 현시대 자본주의의 묘책을 구체화했다. 내가 보기엔 그것은 쇼크 독트린이었다. 그는 "실제이든 아니면 인식이든 간에, 오직 위기만이 진짜 변화를 만들어낸다. 위기가 닥치면 이제껏 밀려났던 사상에 근거한 조치가 취해진다. 또한 과거엔 정치적으로 불가능했던 일들이 오히려 불가피해진다. 우리는 그때가 올 때까지 기존 정책에 대한 대안을 발전시키고 지속시켜야 한다."라고 말했다.[12] 일부 사람들은 위기에 대비해 통조림 식품과 생수를 비축해둔다. 마찬가지로 프리드먼주의자들은 자유시장 아이디어를 비축해두었다. 일단 위기가 닥치자, 이 시카고 대학 교수는 위기에 지친 사회가 '현상 유지라는 전제주의'로 후퇴하기 전에 돌이킬 수 없는 조치를 취하기 위해 재빠르게 행동했다. "새로운 행정부는 6~9개월 내에 중요한 개혁을 해야 한다. 그 사이에 단호하게 행동할 기회를 잡지 못하면, 기회는 두 번 다시 오지 않는다."[13] 공격은 '즉각 한 번에' 가해야 한다는 마키아벨리의 충고를 응용한 것이다. 이는 가장 오래 남아 있는 프리드먼의 전략적 유산이기도 하다.

프리드먼은 1970년대 칠레의 독재자 아우구스토 피노체트(Augusto Pinochet) 장군의 자문으로 일할 때, 대규모 충격이나 위기를 이용하는 방법을 처음 알아냈다. 피노체트의 과격한 쿠데타로 칠레인들은 충격에 빠졌다. 게다가 하이퍼인플레이션(hyperinflation: 단기간에 극심하게 나타나는 물가현상으로 전쟁이나 대재난 후에 생산이 수요를 따라가지 못해서 생긴다–옮긴이)으로 정신적 충격을 받고 있었다. 프리드먼은 피노체트에게 세금 감면, 자유무역, 민영화 서비스, 사회지출 삭감, 탈규제화 등의 신속한 경제 변혁을 조언했다. 심지어 칠레의 공립학교를 바우처로 자금을 조달하는 사립학교로 대체했다. 사상 유례없는 가장 극단적인 자본주의로의 개조였다. 흔히 시카고학파 혁명으로 불리는데, 피노체트의 경제학자들이 시카고 대학의 프리드먼 아래에서 공부했기 때문이다. 프리드먼은 순식간에 진행되는 전면적인 경제 전환이 대중에게 '적응을 촉진할' 심리적 반응을 불러올 것이라고 예측했다.[14] 이러한 고통스런 기법을 지칭할 용어도 만들어냈다. 바로 경제적 쇼크요법이다. 그 이후 수십 년 동안 각국 정부들이 전면적인 자유시장 프로그램을 실시할 때마다 쇼크요법이 따라오곤 했다.

피노체트 역시 자신만의 쇼크요법으로 사람들을 적응시키려고 했다. 그는 주로 고문실에서 자본주의 변혁의 걸림돌로 보이는 사람들에게 신체적 충격을 가했다. 수십만 명을 궁핍으로 몰아넣은 경제쇼크와 다른 사회를 꿈꾸었던 수만 명에게 가한 고문은 직접적인 관련이 있었다. 최소한 상당수 남미인들에겐 그랬다. 우루과이 작가 에두아르도 갈레아노(Eduardo Galeano)는 "전기쇼크의 고통 없이, 어떻게 이런 불평등이 유지될 수 있겠는가?"라고 물었다.[15]

세 가지 형태의 충격이 칠레에 선보인 지 정확히 30년이 지난 지금, 그러한 공식이 이라크에서는 더욱 거친 폭력과 함께 다시 나타나고 있다. 첫 번째 충격은 전쟁이었다. 군사 독트린 '충격과 공포'의 입안자들에 따르면, "적의 의지, 판단력, 이해능력을 완전히 장악해 어떤 행동이나 반응도 불가능하게 만든다."[16] 다음으로 과격한 경제 쇼크요법이 실시되었다. 이라크가 화염에 휩싸여 있을 때 미국 파견단 대표인 폴 브레머(Paul Bremer)는 완전한 자유무역, 15퍼센트의 낮은 세금, 축소 정부 등의 정책을 실시했다. 이라크의 임시 무역장관 알리 압둘 아미르 알라위(Ali Abdul-Amir Allawi)는 "조국이 극단주의자들의 실험 대상으로 사용되는 데 질려버렸다. 이미 상당한 충격이 가해진 상태여서 경제 쇼크요법은 필요가 없는데도 말이다."라고 말했다.[17] 저항하는 이라크인들은 체포되어 감옥으로 끌려갔다. 그들의 심신에는 커다란 충격이 가해졌는데, 은유가 아닌 실제적인 충격이었다.

4년 전인 이라크 점령 초기에, 나는 자유시장이 쇼크의 힘에 의존하고 있는지 조사하기 시작했다. 그리고 쇼크요법을 사용해 바그다드에 충격과 공포를 야기하려는 워싱턴의 시도는 실패했다고 기사를 내보냈다. 이후 파괴적인 쓰나미가 닥친 지 몇 달이 지난 스리랑카로 떠났다. 겉모습만 다를 뿐이지 이라크에서와 똑같은 전략적 움직임이 감지되었다. 외국 투자가들과 국제 채권자팀은 공포 분위기를 이용해 아름다운 해안을 기업들에 넘기게 했다. 해안가에 리조트를 건설하는 한편, 마을을 재건하려는 어민들은 제지했다. 스리랑카 정부는 이렇게 선언했다. "운명의 잔인함 속에서 자연은 스리랑카에 기회를 주었습니다. 커다란 비극을 극복하고 세계적인 관광명소를 만들 겁니다."[18] 이번에는 허리케인 카트리나가 뉴올리언스에 몰아쳤다. 그러자 공화당 정치인, 싱크탱크, 토지개발업자들은 연합체를 구성해 '백지상태'와 멋진 기회를 말하기 시작했다. 기업적 목적을 달성하는 방법으로 위기를 선호한 것이다. 그들은 모두가 정신적 충격에 빠진 틈을 타 과격한 사회경제적 책략을 꾀하고 있었다.

재난의 생존자들은 백지상태가 아니라 오히려 정반대를 원했다. 할 수 있는 한 뭐든지 구해내고, 파괴되지 않은 것들을 찾아 수리하기 시작했다. 그들은 예전의 생활터전과 여전히 관계를 맺고 있음을 확인받고 싶었다. "도시를 재건하는 일은 마치 나 자신을 새로 만드는 느낌이었죠." 뉴올리언스의 피해지역 로어 나인스 워드(Lower Ninth Ward)에 사는 커샌드라 앤드루스(Cassandra Andrews)가 말했다. 그녀는 태풍이 지나간 폐허더미를 깨끗이 치웠다.[19] 그러나 재난 자본주의자들은 원상태로 수리하는 데는 관심이 없었다. '재건'이라고 그럴싸하게 이름을 붙였지만 사실은 이라크, 스리랑카, 뉴올리언스에서 재난이 못다 한 일을 마무리하고 있었다. 그들은 공공부문이나 지역사회에 남아 있는 것은 뭐든지 다 제거했다. 그러고는 전쟁이나 자연재해의 희생자들이 조직을 결성해 소유권을 되찾으려 하기 전에 새로운 예루살렘으로 대체하기 위해 신속히 움직였다.

마이크 배틀스(Mike Battles)가 이러한 모습을 아주 잘 표현했다. "공포와 무질서는 진짜 멋진 미래를 제공했다."[20] 서른네 살의 전직 CIA 요원인 그는 경험도 없는 무명의 보안회사 커스터배틀스(Custer Battles)가 이라크의 혼란을 이용해 연방정부로부터 1억 달러 계약을 얻어낸 과정을 얘기해주었다.[21] 그의 말은 현재의 자본주의를 상징하는 슬로건으로 손색이 없다. 그러니까, 공포와 무질서는 새로운 진보의 촉진제다.

나는 엄청난 이윤과 대재난의 교차로에서 조사를 시작하면서 시장을 '해방'시키는 방식의 근본적인 변화가 전 세계에 몰아치고 있음을 목격했다. 1999년, 커져가는 기업권력에 대항하는 사회운동이 시애틀에서 세계적인 신고식을 치렀을 때 나도 그 자리에 있었다. 그리고 세계무역기구(World Trade Organization, WTO) 정상회담에서 비즈니스 친화정책들이 강제로 부과되는 모습을 목격했다. IMF에서 차관을 받는 조건으로 그러한 정책들이 실시되기도 한다. 정책의 전형적인 요구사항 세 가지는 민영화, 정부 탈규제, 사회지출 삭감이다. 모두 시민들의 반감을 사는 것들이다. 그러나 일단 협정에 서명을 하면 관련 전문가들 사이에 합의가 있었다는 핑계가 생긴다. 협상을 진행한 정부 간에 상호 동의가 이루어졌다는 구실도 댈 수 있다. 외국 군대의 침공이나 점령 또는 자연재해가 발생한 직후, 그와 같은 이념적 프로그램은 강압적인 수단을 통해 실시된다. 9·11 테러 사건 이후 워싱턴은 미국식 '자유무역과 민주주의'를 각국에 의사도 묻지 않고 실시할 절대 권한을 가진 듯 행동했다. 그들은 충격과 공포를 불러일으키는 군사력을 바탕으로 그러한 정책을 실시했다.

이러한 시장 모델이 전 세계를 얼마나 휩쓸고 있는지 알아보기 위해 우선 그 역사를 파고들었다. 위기와 재난을 이용하는 아이디어는 처음부터 밀턴 프리드먼의 상투적 수법이었다. 근본주의적 자본주의는 재난이 있어야 출현할 수 있었다. 그리고 촉진제인 재난의 규모는 점점 더 커지고 더욱 충격적으로 변했다. 이라크와 뉴올리언스에서 일어난 일은 9·11 테러 사건 이후에 새로 나타난 현상이 아니었다. 사실상 위기를 이용한 대담한 실험은 지난 30년 동안 이어져 내려온 쇼크 독트린의 절정을 보여준다.

쇼크 독트린의 시각에서 보면 지난 30년은 우리가 알던 것과는 전혀 다르다. 흔히 우리는 악명 높은 인권유린은 반민주적인 체제가 저지른 가학적 행위로만 알고 있다. 그러나 사실은 대중에게 공포심을 주기 위해 고의적으로 자행되거나, 과격한 자유시장 개혁의 도입 기반을 마련하기 위해 적극적으로 시도되었다. 1970년대 아르헨티나 군부체제에서 일어난 3만 명의 '실종'은 시카고학파 실험의 핵심이었다. 희생자들은 대개 좌파 운동가들이었다. 칠레에서도 마찬가지로 공포는 경제 변혁의 파트너였다. 1989년, 중국은 톈안먼 광장 학살과 이후 수만 명을 체포하며 수출자유지대를 마음껏 확장할 수 있었다. 공포에 질린 노동자들은 감히 자신의 권리를 주장할 수 없었다. 그럼 1993년의 러시아는 어떠했는가. 보리스 옐친(Boris Yeltsin)은 의회 건물에 군대를 보내 불을 지르고 반대파 지도자들을 구금했다. 그들은 악명 높은 과두재벌을 만들어낼 민영화를 준비하는 중이었다.

영국의 마거릿 대처(Margaret Thatcher)는 1982년 포클랜드 전쟁을 통해 그 같은 목적을 달성했다. 전쟁이 가져온 혼란과 민족주의적 흥분 덕분에 광산 노동자들의 파업을 진압하는 데 엄청난 권력을 사용할 수 있었던 것이다. 그리고 서구 민주주의 국가에서 처음으로 민영화 광풍을 일으켰다. 1999년, 북대서양조약기구(NATO)는 베오그라드를 공격했다. 그 때문에 구 유고슬라비아는 신속한 민영화 기반을 갖출 수 있었다. 경제적 목적이 전쟁보다 우선시된 것이다. 물론 경제가 전쟁의 유일한 동기는 아니다. 그러나 심각한 집단적 충격은 매번 경제적 쇼크요법의 기반을 다지는 데 이용되었다.

국가를 '취약하게 만드는' 충격은 언제나 노골적인 폭력만은 아니다. 전직 IMF 관리들이 말했듯, 1980년대 남미와 아프리카의 여러 나라들이 '민영화를 하든지 아니면 그냥 죽든지' 선택할 수밖에 없었던 것은 채무 위기 때문이었다.[22] 하이퍼인플레이션과 엄청난 채무가 있었기 때문에 차관에 딸린 요구들을 거부할 수 없었다. 그들은 더욱 심각한 재앙에서 구해주겠다는 약속을 믿고 '쇼크요법'을 수용했다. 1997~1998년에 일어난 아시아의 경제 위기는 대공황만큼이나 파괴적이었다. 이른바 겸손해진 아시아의 호랑이들은 시장으로 향하는 문을 활짝 열었다. 「뉴욕타임스」는 '세계에서 가장 큰 파산 세일'이라고 표현했다.[23] 이들 국가는 대부분 민주주의 국가들이었지만 자유시장으로의 전환은 민주적으로 시행되지 않았다. 때론 오히려 정반대였다. 프리드먼도 알고 있었듯이, 커다란 위기상황은 유권자들의 뜻을 무시할 수 있는 환경을 만들어내고, '경제 기술관료'에게 국가를 넘겨준다.

물론 자유시장 정책 채택이 민주적으로 이루어진 경우도 있다. 자유시장 강령을 내건 정치인이 당선되는 경우가 그렇다. 미국의 로널드 레이건(Ronald Reagan)이 가장 좋은 예이다. 최근의 예로는 프랑스의 니콜라 사르코지(Nicolas Sarkozy)가 있다. 그러나 이 같은 경우에도 자유시장 개혁운동가들은 대중의 압력에 부딪혔다. 그 결과 과격한 계획을 조정해 완전한 전환이 아닌 점진적 변화를 취할 수밖에 없었다. 요점은 프리드먼의 경제모델이 민주주의에서는 부분적으로 실시된 반면에, 제대로 완전하게 시행하려면 전제주의 상태가 필요하다는 점이다. 1970년대 칠레에서, 1980년대 아르헨티나에서, 1990년대 러시아에서, 2001년 9월 11일 미국에서 그랬다. 거기에다 민주주의 관행을 일시적으로 정지하거나 완전히 봉쇄할 집단적 외상충격도 필요하다. 이러한 이념운동은 남미의 독재체제에서 태어났다. 가장 큰 정복지를 꼽자면 러시아와 중국인데, 이들은 오늘날에도 탄압정치를 펼친 지도부와 함께 번영을 누리며 공존하고 있다.

쇼크요법, 모국으로 오다

프리드먼의 시카고학파 운동은 1970년대 이후 세계 정복에 나섰다. 그러나 근래까지도 모국에서는 제대로 실현되지 않았다. 레이건이 선두에 나선 것은 분명하지만, 여전히 미국은 복지 시스템과 사회안전망을 유지하고 있다. 프리드먼이 보기에 '비이성적인 사회주의 시스템에 집착하는' 부모들이 후원하는 공립학교 시스템도 그대로였다.[24]

1995년에 공화당이 다시 의회를 점령했을 때, 데이비드 프럼(David Frum)은 미국에 쇼크요법 스타일의 경제혁명을 요구하는 신보수주의자들 사이에 끼어 있었다. 그는 미국으로 이주한 캐나다인으로, 장차 조지 W. 부시의 연설문 작성가가 된다. "우리가 어떻게 해야 할지 제 생각을 말씀드리겠습니다. 여기저기서 점진적으로 삭감해서는 안 됩니다. 올여름 하루 동안에 당장 프로그램 300개를 폐지하는 겁니다. 각각 10억 달러의 비용이 드는 프로그램들 말입니다. 그런다고 해서 당장 큰 변화를 가져오지는 못하겠지만, 분명 논지를 제대로 밝힐 순 있을 겁니다. 우리는 즉각 그렇게 해야 합니다."[25]

그러나 프럼은 미국에서 탄생한 쇼크요법을 실행하지 못했다. 기반을 만들어줄 국내적 위기가 없었던 것이 큰 이유였다. 그러나 2001년에 상황이 변했다. 9·11 테러 사건이 발생하자 백악관은 프리드먼의 제자들로 채워졌다. 프리드먼의 친구인 도널드 럼즈펠드(Donald Rumsfeld)도 끼어 있었다. 부시팀은 집단적 혼란의 순간을 신속하게 이용했다. 일부가 주장하듯 부시 행정부가 나쁜 의도를 갖고 위기를 꾸며냈기 때문이 아니다. 부시 행정부의 핵심인물들이 바로 남미와 동유럽에서 재난 자본주의 실험을 담당했던 베테랑들이기 때문이다. 가뭄에 찌든 농부들이 비를 바라듯이, 그들은 위기가 오기를 갈망했다. 기독교 종말론자들이 구원의 그날을 기다리는 것과도 비슷하다. 그들은 오랫동안 기다려온 재난이 닥치자 마침내 때가 되었음을 깨달았다.

지난 30년 동안, 프리드먼과 동료들은 타국에서 쇼크의 순간을 이용해왔다. 1973년 9월 피노체트의 쿠데타에서부터 시작했는데, 하나같이 9·11 테러 사건에 맞먹는 위기들이었다. 그러다 2001년 9월 11일 미국에 위기가 닥쳤다. 미국 대학에서 부화한 뒤 워싱턴의 경제기관에서 힘을 키운 프리드먼의 사상이, 드디어 고국에 돌아올 기회를 맞은 것이다.

부시 행정부는 테러 공격에 대한 두려움을 이용해 '테러와의 전쟁'을 선포했을 뿐만 아니라, 고수익 사업을 확신했다. 흔들리는 미국 경제에 생명을 불어넣을 새로운 산업인 것이다. 한마디로 재난 자본주의 복합체라고 부르는 편이 이해하기 좋을 것이다. 드와이트 아이젠하워(Dwight Eisenhower) 대통령이 임기 말년에 군산복합체(軍産複合體)의 위험성을 경고했는데, 재난 자본주의 복합체는 활동범위가 더욱 넓다. 모든 레벨의 업무를 민영화한 테러와의 전쟁은 사기업이 수행하는 글로벌 전쟁이 되어버렸다. 기업들은 해외에서 '악의 무리' 를 제거하는 동시에 미국의 안보를 영원히 책임질 의무를 부여받았다. 그들에 게 지불되는 돈은 모두 공적자금이다. 불과 몇 년 사이에, 재난 자본주의 복합체 는 테러와의 전쟁, 국제평화유지군의 활동, 지역 경비, 자연재해 대처까지 시장 을 확장했다. 이제 그들의 목표는 비정상적 상황에서 급박하게 추진되는 영리 추구 정부 모델을 국가의 일상적 기능에도 도입하는 것이다. 한마디로 정부를 민영화하겠다는 것이다.

부시 행정부는 재난 자본주의 복합체를 추진하기 위해 공개토론도 없이 군 인들에 대한 의료 서비스부터, 죄수 심문, 국민 대상 정보 수집, 데이터 마이닝 (data mining: 정확히 수치화하기 힘든 데이터 간의 연관을 찾아내는 것-옮긴이)에 이 르는 정부의 핵심 기능을 아웃소싱했다. 테러와의 전쟁에서 계약업자들의 연 결망을 관리하는 일은 정부가 아닌 벤처 자본가가 하고 있다. 정부는 재난 자본 주의 복합체의 창설에 종잣돈을 대고, 새로운 서비스의 가장 큰 고객이 되어준 다. 이러한 변화의 규모를 보여주는 통계수치 세 가지를 살펴보겠다. 2003년, 미국 정부는 안보기능을 수행하는 회사들과 3,512건의 계약을 맺었으며, 2004 년 10월부터 2006년 8월까지 국토안보부는 11만 5,000건 이상의 계약을 맺었 다.[26] 그리고 국제적인 '국토안보산업'은 2,000억 달러 규모에 달한다.[27] 2001 년 전에는 경제적으로 별 볼일 없는 분야였지만, 2006년 미국 정부의 국토안보 관련 지출액은 평균 가구당 545달러에 이른다.[28]

미국 내 테러와의 전쟁에만 국한된 얘기가 아니다. 진짜 큰돈은 해외전투 에 걸려 있다. 이라크 전쟁 덕택에 무기 계약업자들은 엄청난 이윤을 얻었다. 미 군을 관리하는 것은 세계에서 가장 급성장하는 서비스경제 부문이 되었다. "맥 도날드가 있는 국가들끼리는 절대 싸우지 않는다."[29] 「뉴욕타임스」의 칼럼니 스트 토머스 프리드먼(Thomas Friedman)이 1996년 12월에 이처럼 뻔뻔스럽게 말했다.[30] 2년 후 그의 말은 틀린 것으로 드러났다. 영리를 추구하는 전쟁방식

덕택에 미군은 버거킹과 피자헛을 이끌고 전쟁에 나섰다. 그런 업체들은 이라크에서부터 관타나모의 '미니 도시'에 이르기까지, 미군기지의 군인들을 위해 체인점 건설계약을 맺었다.

그리고 인명 구조와 재건 분야가 있다. 이라크에서 선구적으로 실시되었던 영리 추구적인 구호와 재건은, 2006년 이스라엘의 레바논 공격처럼 선제예방 전쟁이든 아니면 허리케인이든 상관없이, 새로운 글로벌 패러다임이 되었다. 자원 부족과 기후변화로 인해 새로운 재난들이 계속 나타나고 있다. 따라서 고수익을 낳는 신흥시장인 긴급사태 대처는 비영리 분야로 남겨둘 수가 없다. 미국에서 가장 큰 엔지니어링 회사인 벡텔(Bechtel)이 할 수 있는 일을 왜 유니세프(UNICEF)가 하는가? 왜 미시시피의 재해민들을 보조금을 받아 건설한 주택으로 데려가는가? 돈을 받고 카니발 크루즈 선박에서 머무르게 해도 되는데 말이다. 블랙워터(Blackwater: 미국 사설 경호업체-옮긴이) 같은 사설 경비업체들이 새로운 고객들을 찾고 있는데, 왜 다르푸르(Darfur)에 UN 평화유지군을 파견하는가? 9·11 테러 사건 이후 상황은 이렇게 달라졌다. 과거에 전쟁과 재난은 몇몇 경제 분야에만 기회를 제공했다. 예를 들면 전투용 제트기 제조업자나 폭격으로 부서진 다리를 재건축하는 건축회사들이었다. 그리고 전쟁의 경제적 역할은 폐쇄적 시장을 개방시키는 수단이며, 평화로운 전후 경제호황을 만들어내기 위함이었다. 그러나 전쟁과 재난 대처가 완전히 민영화되는 바람에 오늘날은 그 자체가 새로운 시장이다. 굳이 전후 경제호황을 기다릴 필요가 없다. 요컨대 수단이 목적이 된 것이다.

이러한 탈근대적인 관점의 장점은 시장에서 실패하는 법이 없다는 것이다. 한 시장 분석가는 핼리버턴(Halliburton: 에너지 공급 및 관련 건설회사-옮긴이)의 짭짤한 수입 실적을 언급했다. "이라크는 기대한 것보다 훨씬 좋았다."[31] 당시는 2006년 10월, 가장 치열한 전투 기간으로, 이라크 시민 3,709명이 사망했을 때였다.[32] 이 회사만 해도 200억 달러의 수입을 올렸으니, 이라크 전쟁에 감동

을 받지 않을 주주는 많지 않을 것이다.[33]

전쟁무기 무역, 사설 경비업체의 군인들, 영리를 추구하는 재건과 국토안보 산업이 한창인 가운데, 9·11 테러 사건 이후 부시 행정부는 쇼크요법이라는 브랜드의 신산업을 낳았다. 부시 행정부 시절에 만들어졌지만, 이제는 별개로 존재할 수 있을 정도로 세력이 커졌다. 아마 지지기반인 기업 지상주의 이념이 드러나 고립되고 도전을 받기 전까지는 건재할 것이다. 재난 자본주의 복합체는 미국 회사들이 장악했지만, 또한 국제적인 특성도 갖고 있다. 한 예로, 영국 회사들은 도처에 감시카메라를 설치한 경험이 있었으며, 이스라엘 회사들은 최첨단 담장과 벽을 짓는 데 일가견이 있었다. 캐나다 목재회사들은 조립식 주택을 현지 생산 제품보다 몇 배나 비싼 가격으로 팔았다. "전에는 누구도 재난 재건이 주택 건설 시장이 될 거라고 생각하지 않았지요." 캐나다의 한 산림무역단체의 CEO인 켄 베이커(Ken Baker)가 말했다. "장기적으로는 다양화 전략을 취할 생각입니다."[34]

재난 자본주의 복합체는 규모 면에서 1990년대의 '신흥시장'이나 정보기술 붐과 비슷하다. 소식통에 따르면 닷컴 시절보다 더 낫다고 한다. 정보기술 버블이 꺼진 후, 안보 버블이 기세를 잡은 것이다. 재난경제는 석유산업의 거대한 이윤뿐만 아니라 보험산업의 치솟는 이윤과 결합되어(미국에서만 2006년에 600억 달러를 달성하겠다는 프로젝트를 짰다), 9·11 테러 사건 전날의 경제 침체에서 세계 시장을 구해낸 셈이다.[35]

나는 전쟁과 재난의 급격한 민영화로 전성기를 맞은 이념운동의 역사를 밝히고자 했다. 그러던 중 한 가지 문제에 부딪혔다. 바로 이념이 계속해서 모습, 이름, 정체성을 바꾸어왔다는 점이다. 프리드먼은 자칭 '자유주의자'였다. 그러나 그의 미국인 동료들은 자유주의를 높은 세금과 히피로 연상했다. 그래서 그들은 프리드먼을 '보수주의자', '전형적인 경제학자', '자유 마케터'로 표현했다. 나중에는 '레이거노믹스(Reaganomics: 레이건과 이코노믹스의 합성어로 1980년대 레이건의 경제정책을 지칭함-옮긴이)'나 '자유방임주의'의 신도로 불리기도 했다. 그들의 신념은 전 세계에 '신자유주의'로 알려져 있지만, '자유무역' 또는 단순히 '세계화'라고 불리기도 한다. 프리드먼과 오랫동안 연관되었던 헤리티지(Heritage) 재단과 카토(Cato) 연구소와 미국기업연구소 같은 우익 싱크탱크들의 지적 운동은 1990년대 중반이 지나서야 스스로를 '신보수주의'라고 불렀다. 그것은 한마디로 미국의 군사력을 미국 기업에 유리하게 이용하려는 세계관이다.

그리고 공공부문 폐지, 기업을 위한 전면적 자유화, 인색한 사회복지 지출이라는 세 가지 정책에 중점을 둔다는 공통점이 있다. 그러나 그것만으로는 그들의 이념을 제대로 설명하기에 부족하다. 프리드먼은 자신의 운동을 국가로부터 시장을 해방시키려는 노력으로 보았다. 그러나 그의 순수한 이상이 실현된 세상에서는 전혀 다른 일이 벌어졌다. 지난 30년 동안 시카고학파 정책을 받아들인 국가들을 살펴보면, 하나같이 몇몇 대기업과 부유한 정치인들의 강력한 연합체가 출현했다. 대기업과 정치인들 사이의 경계선은 희미하면서도 계속 변해갔다. 러시아에서는 그러한 연합체의 억만장자 기업들을 '과두재벌(oligarchs)'이라고 부른다. 중국에서는 '소공자 집단(princelings)', 칠레에서는 '피라냐(piranhas)', 미국에서는 부시-체니의 캠페인이었던 '개척자(Pioneers)'라고 부른다. 정계와 재계의 연합 엘리트들은 국가로부터 시장을 자유롭게 만든 게 아니었다. 공공부문의 소중한 자산을 차지할 권리를 얻고자 서로 봐주는 사이였다. 러시아의 석유 매장지, 칠레의 집단 토지, 입찰 없이 진행된 이라크 재건계약들이 그러했다.

정부와 비즈니스 사이에 경계가 없는 시스템을 가리키는 정확한 용어는 자유주의, 보수주의, 자본주의가 아니다. 조합주의(組合主義: 사회 전체를 국가에 종속되는 '조합'들로 구성하려는 이론. 그러나 실제로 제1·2차 세계대전 사이에 파시스트 이탈리아에서 조직된 조합국가는 경제집단들의 조정된 이해를 반영하기보다는 독재자의 의지를 반영하는 측면이 많다-옮긴이)로 보는 게 맞을 것이다. 가장 큰 특징은 공공자산이 사기업으로 이전된다는 점이다. 채무가 폭발적으로 늘어나고, 엄청난 부자들과 천대받는 빈곤층 사이의 격차는 커져만 간다. 때로는 안보 분야에 투입된 막대한 자금을 정당화하기 위해 공격적 민족주의를 조장하기도 한다. 엄청난 부의 버블 내부에 있는 사람들이 보기엔, 조합주의는 가장 이윤을 많이 내는 방식이다. 그러나 부의 버블 외부에 있는 대다수는 그에 반발한다. 때문에 조합주의 국가는 삼엄한 감시, 대량 수감, 시민의 자유 축소 등의 특징을 띤다. 항상은 아니지만 종종 고문도 동원한다.

은유로서의 고문

고문은 칠레, 중국, 이라크에서 글로벌 자유시장운동의 조용한 파트너였다. 고문은 반항하는 국민들에게 원하지 않는 정책을 강요하는 도구 이상의 의미를 가진다. 즉 쇼크 독트린의 밑바탕에 있는 논리를 은유적으로 표현해준다.

고문 또는 CIA가 '강압적인 심문'이라 부르는 기법은 죄수들을 방향 상실과 쇼크상태로 몰아넣어 자신의 의지에 반해 고백을 하게 만든다. 고문의 핵심 논리는 1990년대 후반에 꼼꼼히 기록된 CIA 매뉴얼 두 권에 구체화되어 있다. '저항의 원천을 붕괴시키는 방법'은 죄수가 주변상황을 제대로 인식하지 못하도록 폭력적인 장치를 이용하는 것을 의미한다.[36] 먼저, 모든 감각 자극을 차단한 채(눈가리개, 귀마개, 수갑, 완전한 고립이 사용된다), 정반대로 신체에 과도한 자극을 퍼붓는다(강한 불빛, 시끄러운 음악, 구타, 전기쇼크가 사용된다).

이렇게 '심신을 약화시키는' 목적은 일종의 심리적 허리케인을 일으키기 위해서이다. 죄수들은 퇴행하고 두려움이 커진 상태여서 더 이상 이성적으로 자신의 이익을 고려하거나 보호할 힘이 없다. 정보든, 고백이든, 과거 신념에 대한 비난이든, 심문관이 원하는 것은 무엇이든지 털어놓는다. CIA 매뉴얼은 이러한 과정을 간결하게 설명한다. "죄수가 행동을 멈추고 심리적 쇼크나 마비를 느끼는 시기가 찾아온다. 아주 짧은 기간이다. 일종의 정신외상적 충격에 따라 생겨난 것이다. 가령 익숙했던 주변 세계가 폭발하거나, 그 속에서 자신의 이미지가 무너지는 느낌이다. 노련한 심문관들은 그러한 현상이 어떠한 효과를 내는지 잘 알고 있다. 충격을 받기 전과 비교했을 때, 죄수는 심문관의 제안을 보다 쉽게 받아들이고 순응한다."[37]

쇼크 독트린은 이러한 과정을 그대로 모방했다. 심문실의 일대일 상황에서 고문을 통해 얻은 것을 더욱 큰 규모에서 얻어내는 것이다. 가령 9·11 테러 사건의 충격 때문에 수백만 명이 '익숙했던 세계'가 폭발하는 느낌을 받았다. 부시 행정부는 그러한 깊은 혼란과 퇴행의 시기를 노련하게 이용했다. 사람들은 갑자기 태초의 시대에 사는 느낌을 받았다. 우리가 알고 있던 지식들은 '9·11 테러 사건 이전에나 해당하는 사상'으로 치부되었다. 역사에 대한 지식이 결코 많지은 북미 사람들은 이제 백지상태에 빠졌다. 마오쩌둥(毛澤東)이 국민들에게 말했듯, 가장 새롭고 아름다운 단어들이 쓰일 백지였다.[38] 새로운 전문가들은 정신적 충격으로 무엇이든 받아들이게 된 의식에 새롭고 아름다운 단어를 써나갈 것이다. 우선 '문명의 충돌'이라는 단어를 써 넣었다. '악의 축', '이슬람 파시즘', '국토안보'도 있다. 부시 행정부는 모두가 새롭고 치명적인 문화 전쟁에 정신이 팔린 사이에 9·11 테러 사건 이전부터 하고 싶었던 것들을 시작할 수 있었다. 바로 해외에서는 민영화된 전쟁을 일으키고, 국내에서는 사기업들의 안보 복합체를 구축하는 일이었다.

쇼크 독트린의 전개방식은 대강 이렇다. 우선 쿠데타, 테러리스트의 공격, 시장 붕괴, 전쟁, 쓰나미, 허리케인 등의 재난이 국민들을 총체적인 쇼크상태로 몰아넣는다. 쏟아지는 폭탄, 계속된 공포, 몰아치는 비바람은 사회를 약하게 만든다. 마치 고문실에서 시끄러운 음악과 구타가 죄수들을 약하게 만들 듯 말이다. 공포에 질린 죄수들은 동지의 이름을 대고 자신의 과거 신념을 비난한다. 마찬가지로 충격에 빠진 사회는 이전에 강력하게 보호했던 것들을 포기한다. 배턴루지 구호소의 자마르 페리와 동료 재해민들은 공영주택 프로젝트와 공립학교를 포기해야만 했다. 쓰나미 이후 스리랑카의 어민들은 호텔리어들에게 자신들의 소중한 해변을 내주어야 했다. 모든 것들이 계획에 따라 진행되었다면, 충격과 공포를 느낀 이라크인들은 석유매장지, 공기업, 주권에 대한 통제권을 미군기지와 그린존(Green Zone: 미 점령 당국이 본부로 쓴 전 대통령궁이 있던 바그다드의 심장부로, 미군의 경계가 가장 삼엄한 곳이었다-옮긴이)에 넘겨주었을 것이다.

터무니없는 거짓말

밀턴 프리드먼을 찬양하는 글은 수도 없이 많지만, 그의 세계관이 드러나는 쇼크와 위기의 역할에 대해서는 정작 언급이 없다. 이 경제학자의 죽음은 그의 급진적 자본주의 브랜드가 세계 각국 정부의 정설이 되었다는 공식적 이야기를 반복하게 만들 뿐이다. 그러나 그러한 이야기는 그의 운동과 밀접히 관련된 폭력과 억압은 빼버린 동화에 불과하다. 지난 30년 동안 가장 성공적으로 왜곡 선전된 이야기는 이렇게 진행된다.

프리드먼은 시장의 잔인함을 완화하기 위해 정부가 개입해야 한다고 주장하는 사람들과 평화로운 사상논쟁을 펼치며 한평생을 보냈다. 한편 정치인들이 존 케인스(John Maynard Keynes)의 주장에 귀를 기울일 때, 프리드먼은 역사가 잘못된 방향으로 흘러간다고 생각했다. 케인스는 뉴딜과 근대 복지국가 사상의 설계자였다.[39] 1929년, 시장 붕괴가 자유방임주의의 실패를 보여주자 정부가 개입해 부를 분배하고 기업을 규제해야 한다는 압도적인 합의가 도출되었다. 자유방임주의는 기를 펴지 못하던 시절이었다. 당시 동유럽은 공산주의에 점령당하고, 서구는 복지국가를 받아들인 상태였다. 그리고 식민지에서 벗어난 남반구에서는 경제 민족주의가 뿌리를 내렸다. 프리드먼과 그의 정신적 스승인 프리드리히 하이에크(Friedrich Hayek)는 더욱 정의로운 사회를 위해 공공의 부를 공동 관리하려는 케인스의 노력에 전혀 개의치 않았다. 그저 묵묵히 순수한 자본주의의 불꽃을 지키고 있었다.

1975년, 프리드먼은 피노체트에게 편지를 보냈다. "다른 사람들의 돈으로 좋은 일을 할 수 있다고 생각하는 것은 중대한 실수입니다."**40** 당시엔 아무도 그의 말에 귀를 기울이지 않았다. 대다수 사람들은 정부가 좋은 일을 할 수 있으며, 또한 해야만 한다고 주장했다. 1969년, 「타임」은 프리드먼을 '꼬마요정 내지는 해충'으로 묘사하며 빈정거렸다. 그러나 일부 소수는 그를 예언자처럼 경배했다.**41**

지적 변방에서 수십 년을 보낸 뒤, 마침내 1980년대 대처(대처는 프리드먼을 지적 자유전사라고 불렀다)와 레이건[프리드먼의 비망록인 『자본주의와 자유(Capitalism and Freedom)』를 선거 유세 기간에 지니고 다녔다]의 시대가 열렸다.**42** 실제 세상에서 무제한적인 자유시장을 실행할 용감한 정치 지도자가 나온 것이다. 공식적인 이야기에 따르면, 레이건과 대처는 평화롭고 민주적인 방식으로 시장을 자유화했다. 그리고 이후에 나타난 자유와 번영은 아주 멋지게 보였다. 때문에 마닐라에서 베를린까지 독재체제가 붕괴하자, 대중은 자국의 지도자에게 레이거노믹스를 요구했다.

한편 소련이 붕괴하자 악의 제국 소련의 국민들도 프리드먼의 혁명에 동참하길 원했다. 공산주의에서 전향한 중국의 자본주의자들도 마찬가지였다. 글로벌 자유시장에 걸림돌은 전혀 없었다. 자유로워진 기업들은 자국 내에서는 물론이거니와, 전 세계 국경을 제한 없이 넘나들며 세계에 번영을 가져왔다. 그리고 사회의 운영방식에 관해 두 가지 합의가 도출되었다. 첫째, 정치 지도자들은 선거로 선출되어야 한다. 둘째, 경제는 프리드먼의 규칙에 따라 운영되어야 한다. 프랜시스 후쿠야마(Francis Fukuyama)는 인류가 이념적 진화의 종착점에 도달했다며, 이를 '역사의 종식'으로 표현했다.**43** 미국 의회는 프리드먼을 세상에서 제일가는 자유의 챔피언으로 칭송하는 결의안을 통과시켰다. 경제만이 아니라 모든 면에서 그렇다는 것이다. 2007년 1월, 캘리포니아 주지사인 아널드 슈워제네거(Arnold Schwarzenegger)는 캘리포니아 주에 밀턴 프리드먼의 날을 선언했다. 여러 도시와 마을이 여기에 동참했다. 「월스트리트저널」의 머리기사는 '자유를 확산시킨 남자'라는 간결한 문구로 이를 요약했다.**44**

이 책은 이러한 공식적 이야기의 가장 핵심적인 주장에 정면으로 도전할 것이다. 다시 말해 규제받지 않는 자본주의의 승리는 자유에서 나왔다는 주장을 반박할 것이다. 제한 없는 자유시장이 민주주의와 함께 진행되었다는 주장도 마찬가지다. 나는 무수한 국가와 개인들의 신체에 가한 잔인한 강압 속에서 근본주의적 자본주의가 출현했다는 사실을 밝힐 것이다. 자유시장의 역사는 쇼크 속에서 쓰였다. 차라리 조합주의의 출현으로 이해하는 편이 더 나을 것이다.

그리고 경제적으로 걸려 있는 판돈은 더욱 커졌다. 조합주의 연합체는 마지막 개척지를 정복하느라 정신이 없었다. 바로 개방되지 않은 아랍세계의 석유매장지였다. 서구 내부에서 찾자면, 재난 대처와 군대 양성처럼 오랫동안 비영리로 운영된 경제영역이었다. 그들은 정부의 핵심 기능을 민영화하면서 대중의 동의를 구하는 시늉조차 하지 않았다. 한편 국내외를 가리지 않고 목적을 달성하기 위해서 폭력은 점점 가속화되고 더 큰 재난이 필요해졌다. 그런데도 자유시장 출현의 공식적 기록에는 쇼크와 위기의 결정적인 역할에 대한 언급이 없다. 때문에 이라크와 뉴올리언스에서 나타난 극단적인 기법들은 백악관의 무능이나 정실주의(情實主義)로 오해받는다. 사실 위기를 이용한 부시의 정책은 50년간 계속된 기업 자유화 캠페인의 폭력적인 전성기를 가져왔다.

프리드먼 추종자들의 범죄를 이념 탓으로 돌리는 것은 신중하게 접근할 문제다. 우리와 의견이 다른 사람들을 전제군주적이고 파시스트에다 학살자라고 주장하는 것은 쉽다. 그러나 대중에게 해를 끼치는 이념은 분명 존재하고, 따라서 그 이념의 정체를 밝혀야 한다. 다른 신념체계와는 공존할 수 없는 폐쇄적이고 근본주의적인 독트린 말이다. 그리고 이 이념의 추종자들은 다양성을 비난하고 자신들만의 완벽한 시스템을 실시하기 위해 전권(全權)을 요구했다. 그들은 현존하는 세상은 순수한 창조의 기반을 닦기 위해 제거되어야 한다고 주장한다. 당연히 대홍수와 대화재 같은 성경적 환상에 기반을 두고 있기 때문에 폭력으로 이어질 수밖에 없다. 한마디로 백지상태를 갈망하는 이념은 위험한 사상이다. 대격변이 일어나야만 그러한 백지상태에 도달할 수 있기 때문이다.

또한 극단적인 종교 색채를 띠는 이념이기도 하다. 순수한 세상을 실현하기 위해 사람들과 문화를 다 쓸어버릴 것을 요구하는 과격한 사상체계다. 소련이 붕괴한 뒤, 사람들은 공산주의라는 이름으로 저지른 잔혹한 범죄들에 경악했다. 소련 정보부 지하실이 조사위원들에게 공개되었을 때, 강요된 기아, 노동 캠프, 암살 때문에 사망한 시체가 드러났다. 그리고 이러한 학살 가운데 어느 정도가 스탈린(Stalin), 차우셰스쿠(Nicolae Ceauşescu), 마오쩌둥, 폴 포트(Pol Pot) 같은 열성 신봉자들이 지키려 했던 이념에 의한 범죄인지를 두고 전 세계에서 열띤 논쟁이 벌어졌다.

"전반적인 퇴행을 불러온 것은 국가가 후원하는 공포통치를 완성시킨 공산주의 때문이었다." 논란을 일으킨 『공산주의 블랙 북(The Black Book of Communism)』의 공동 저자인 스테판 쿠르트(Stéphane Courtois)는 이렇게 밝혔다. 그리고 "이념 그 자체는 죄가 없을까?"라고 물었다.[45] 물론 그렇지 않다. 일부가 열정적으로 주장하듯, 모든 공산주의가 본질적으로 학살을 일으키는 것은 아니다. 그러나 공산주의자들의 이념 해석은 비현실적인 데다 전제적이었다. 또한 다원주의를 경멸해 스탈린의 숙청 사건과 마오쩌둥의 재교육 캠프로 이어졌다. 실제 세상에서 전개된 전제적 공산주의의 실험들은 비난을 받았다. 물론 당연히 그래야 마땅할 것이다.

그러나 세계시장을 자유화하려는 운동은 어떠한가? 친기업적 체제를 만들기 위해 벌어진 쿠데타, 전쟁, 학살은 자본주의의 범죄로 다루어지지 않았다. 그저 지나친 열정을 지닌 독재자들의 과잉 행동이나 냉전시대의 열띤 대결로 기록된다. 그리고 오늘날은 테러와의 전쟁으로 다루어진다. 1970년대 아르헨티나에서든 아니면 오늘날 이라크에서든 간에, 조합주의적 경제모델의 반대파들은 체계적으로 제거되었다. 그리고 공산주의 및 테러리즘에 대항한 더러운 전쟁으로 설명하곤 했다. 순수한 자본주의를 위한 전쟁으로 생각하는 경우는 거의 없다.

나는 모든 시장 시스템들이 전부 본질적으로 폭력적이라고 주장하는 것은 아니다. 잔인함이나 이념적 순수함을 요구하지 않는 시장경제는 분명 가능하다. 소비재 같은 자유시장 영역과 무료 의료혜택, 공립학교, 국영 석유회사 같은 국가 통제 경제영역은 분명 공존할 수 있다. 기업에 적절한 임금 지급과 노조 결성 권리를 보장하라고 요구하는 것도 가능하다. 조합주의 국가의 특징인 극심한 불평등을 없애기 위해 세금을 거두어 부를 재분배하라고 정부에 요구하는 것도 마찬가지다.

대공황 이후 케인스는 규제가 가해진 혼합경제를 제안했는데, 그것이 바로 뉴딜정책을 만든 공공정책의 혁명이었다. 그와 비슷한 변형경제는 전 세계에 널리 퍼졌다. 반면에 프리드먼의 반혁명(反革命)은 매 국가를 차례로 기습했고, 그러한 협상, 감독, 균형 시스템을 차근차근 해체했다. 시카고학파 자본주의와 위험한 이념들은 공통점이 있다. 흠 하나 없는 순수함 그리고 재건된 이상적 사회를 짓기 위한 백지상태를 갈망한다는 점이다.

자유시장 사상가들은 모든 것을 창조하는 신과 같은 능력을 갈망한다. 위기와 재난에 이끌리는 것도 그런 연유에서다. 대격변이 없는 밋밋한 현실은 그들의 야망에 들어맞지 않는다. 35년 동안 프리드먼의 반혁명은 대격변기에만 가능한 자유와 약속에 대한 갈망으로 유지되었다. 고정된 습관과 일관된 요구를 지닌 사람들이 방향을 잃고 충격에 빠져 있을 때였다. 사실상 민주주의가 불가능해 보이는 순간이기도 했다.

쇼크 독트린의 신봉자들이 보기에, 마음껏 그릴 수 있는 백지를 만들어내는 위대한 구원의 순간은 홍수, 전쟁, 테러 공격이 일어날 때다. 우리가 심리적으로 약해지고 육체적으로 갈피를 못 잡는 순간이 오면, 이 화가들은 붓을 잡고 자신들이 원하는 세상을 그려나가기 시작한다.

1부

두 명의
쇼크요법 전문가

[연구개발자들]

우리는 당신의 내면을 모두 쥐어짜 텅 비게 만든 뒤 우리가 원하는 것들로 당신의 내면을 채울 것이다.
조지 오웰(George Orwell), 『1984』

—

산업혁명은 이제껏 분파주의 사고방식을 부추겼던 것들만큼이나
극단적이며 급진적인 혁명의 시작이었다.
그러나 만약 물질적 상품들이 무한정 있다면 문제점은 해결될 수도 있을 것이다.
칼 폴라니(Karl Polanyi), 『거대한 전환(The Great Transformation)』

1장

고문 실험실

이언 캐머런, CIA, 그리고 인간의 기억을 말소해 개조하려는 광기의 연구

그들의 기억은 우리가 마음껏 쓸 수 있는, 티끌 하나 없는 석판처럼 보였다.

1948년, 시릴 케네디(Cyril J. C. Kennedy) 박사와 데이비드 안첼(David Anchel) 박사, 전기쇼크요법의 장점을 밝히며[1]

–

나는 이른바 '전기 도살'이라는 걸 관찰하기 위해 도살장에 갔다.

관자놀이에 125볼트의 전류가 흐르는 커다란 금속 집게들이 집혀 꼼짝달싹 못하는 돼지들이 보였다.

돼지들은 집게가 꽉 조이자마자 의식을 잃고 몸이 뻣뻣하게 굳었다.

우리가 실험했던 개들이 그랬듯, 몇 초 후 이들은 발작하듯 떨었다.

돼지들이 이런 무의식상태(간질 발작적 혼수상태)에 있는 동안,

도살업자는 별 어려움 없이 이들을 찔러 죽였다.

1954년, 심리치료사 우고 체를레티(Ugo Cerletti), 어떻게 전기쇼크치료법을 '발명'했는지 설명하며[2]

"나는 더 이상 기자들과 할 얘기가 없어요." 전화 저편에서 경직된 목소리가 흘러나왔다. 그러더니 이내 작은 희망의 창이 열렸다. "원하는 게 뭔가요?"

나는 짧게나마 입장을 밝힐 시간을 얻었음을 알아차렸다. 쉽지는 않을 것이다. 어떻게 해야 게일 캐스트너(Gail Kastner)에게서 내가 얻고 싶은 것과 그녀를 찾도록 만든 여행에 관해 설명할 수 있을까?

진실을 밝히면 아주 희한한 얘기처럼 들릴 것이다. "저는 충격에 대한 책을 쓰고 있어요. 국가들이 어떤 식으로 충격을 받는지를 다룬 내용이죠. 대강 이래요. 우선 전쟁, 테러, 쿠데타, 자연적 질병이 발생하면 국가는 충격을 받죠. 이런 첫 번째 충격이 가해지면 공포와 혼란스런 상황이 나타나죠. 바로 그런 점을 이용해 기업과 정치인은 경제적 쇼크요법을 쓰죠. 결국 국가는 두 번째 충격을 받아요. 그리고 이런 충격적 정치상황에 대담하게 저항하는 사람들이 생겨나죠. 그들은 경찰과 군인 혹은 감옥 취조관에게 충격을 받을 수도 있어요. 이것이 세번째 충격이에요. 당신과 꼭 좀 얘기를 나누고 싶어요. 제가 알기론 당신은 이세상에서 가장 심한 충격을 받은 사람들에 속하니까요. 전기쇼크와 다른 '특별한 심문기법'을 사용한 CIA 비밀실험에서 살아남은 사람이잖아요. 좀 다른 얘기지만, 저는 1950년대 맥길 대학교에서 당신에게 진행한 연구가 지금 관타나모 만과 아부그라이브(Abu Ghraib)에 있는 죄수들에게 실시되고 있다고 생각해요."

아니, 난 절대 그런 얘기를 해선 안 된다. 대신 난 이렇게 말한다. "최근에 이라크를 다녀왔어요. 그곳에서 자행되는 고문이 어떤 역할을 하고 있는지 알아내려고 해요. 흔히들 말하죠. 정보를 얻기 위해 고문을 한다고 말이에요. 그러나 제 생각엔 분명히 그 이상의 뭔가가 있어요. 사람들의 기억을 싹 지워버린 뒤 처음부터 새로 개조하는 시범 국가를 만들려는 시도와 관련되어 있다고 봐요."

한동안 침묵이 흘렀다. 그녀는 여전히 경직되어 있지만 아까와는 다른 어조로 대답했다. 다소…… 안도감을 느낀 걸까? "CIA와 이언이 내게 한 짓이 바로 그거였죠. 내 기억을 지우고 완전히 개조하려 했어요. 그러나 소용없었죠."

그녀와 통화한 지 하루도 채 지나지 않아, 나는 게일 캐스트너의 현관문을 두드리고 있었다. 그곳은 몬트리올의 으스스한 낡은 주택이었다. "열려 있어요." 들릴 듯 말 듯 작은 목소리였다. 게일은 똑바로 서는 게 힘들어 문을 잠그지 않은 채로 지낸다고 말했다. 관절염 통증이 시작되면서, 그녀의 척추 아래쪽 골절 부위는 점점 더 아파왔다. 게다가 등의 고통은 예전에 당했던 전기쇼크를 떠올리게 했다. 당시 150~200볼트의 전기쇼크가 대뇌의 전두엽을 예순세 번이나 관통했다. 그 때문에 실험대 위에서 발작하듯 몸부림을 쳤다. 여기저기 골절되고, 탈골되었으며, 피멍이 들고, 이가 부러질 정도였다.

그녀는 편안한 느낌의 파란색 안락의자에 앉은 채 나를 맞아주었다. 나중에 안 것인데, 그 의자는 무려 스무 가지 형태로 바뀔 수 있었다. 그래서인지 게일은 마치 사진작가가 초점을 맞추듯 계속 의자를 조정했다. 이 의자는 밤낮으로 괴로움을 달래는 공간이다. 또한 게일은 수면 중에 '전기쇼크 꿈'을 꾸지 않으려 애를 썼다. 그런 꿈에는 늘 '그'가 나타나기 때문이다. 오래전에 사망한 심리학자 이언 캐머런(Ewen Cameron: 각종 마인드 컨트롤 프로그램에 참여한 미국의 심리학자-옮긴이) 박사 말이다. 그는 각종 고문과 쇼크요법을 담당한 장본인이다. "지난밤에 그 극악무도한 인간을 두 번이나 봤어요." 내가 안으로 들어가자마자 그녀가 대뜸 말했다. "언짢게 듣지는 말아요. 그러나 그건 온갖 질문을 하며 갑자기 걸려온 당신 전화 때문이었답니다."

내 존재가 이곳에 불편함을 주고 있다는 느낌이 들었다. 아파트를 찬찬히 둘러본 뒤 내가 있을 곳이 없다는 걸 알고 난 후에는 더욱 그랬다. 실내 바닥은 책 더미와 종이꾸러미로 발 디딜 틈이 없었다. 위험스러울 정도로 높이 쌓여 있었다. 그러나 분명 어떤 순서에 따라 배열되었고, 책들에는 하나같이 노란 서표가 끼워져 있었다. 그녀는 비교적 바닥이 깔끔한 쪽으로 안내했다. 내가 무심코 지나쳤던 나무의자였다. 녹음기를 놓을 10센티미터의 공간이 필요하다고 말하자 게일은 약간 당황해했다. 그녀의 의자 옆에 작은 테이블이 있기는 했다. 그러나 여유 공간은 전혀 없었다. 대신에 빈 담뱃갑 스무 개 정도가 완벽한 피라미드꼴로 쌓여 있었다. (게일은 전화 통화에서 자신이 골초임을 미리 밝혔다. "미안하지만, 난 담배를 피워요. 그리고 내 식단은 엉망이에요. 그러니까 난 비만에다 흡연자랍니다. 양해해줬으면 해요.") 담뱃갑 안은 마치 검은색으로 칠해진 듯했다. 그러나 가까이서 보니 뭔가가 깨알같이 빽빽하게 적혀 있었다. 그것은 바로 수천 개의 이름, 숫자, 단어들이었다.

그날 대화를 나누는 동안에도 게일은 틈틈이 종이나 담뱃갑에 뭔가를 적기 위해 몸을 구부렸다. 그녀는 "나 자신에게 쓰는 메모예요."라고 설명했다. "이러지 않으면 난 아예 기억을 못 하기도 해요." 게일에게 종이쪽지와 담뱃갑은 특이한 기록체계 그 이상이었다. 다시 말해 그것이 곧 그녀의 기억이었다.

성인 시절 내내 게일의 기억력은 오래가지 않았다. 일어난 사실들은 머릿속에서 곧장 사라졌다. 설령 기억이 난다 해도 (많이도 아니지만) 바닥 위에 흩어진 스냅사진처럼 떠오를 뿐이었다. 때로는 사건을 완벽하게 기억하기도 한다. 그녀는 그것을 '단편적 기억'이라고 불렀다. 그러나 그럴 경우에도 날짜를 물어보면 헤맨다. 가령 "1968년이었죠."라고 했다가, 다시 "아뇨. 1983년도 일이네요."라는 식이다. 그래서 실제 사건에 대한 증거를 목록으로 만들어 기록해두어야 했다. 처음에 그녀는 집 안이 난장판이라며 미안해했다. 그러나 나중엔 "그 사람 때문에 내가 이렇게 됐다고요! 이 아파트는 고문의 일부예요."라고 말했다.

오랜 세월, 그녀는 원인을 알 수 없는 특이체질과 기억상실 탓에 매우 곤혹스러웠다. 예를 들어 차고 자동개폐장치의 미세한 전기쇼크가 왜 엄청난 두려움을 주는지 알지 못했다. 헤어드라이어 코드를 꽂을 때 왜 손이 부들부들 떨리는지 알 수 없었다. 가장 답답한 것은 스무 살 이전의 일들이 전혀 생각나지 않는다는 점이었다. 성인기의 사건 대부분은 기억이 나는데 말이다. 그녀는 유년 시절의 누군가를 만났을 때 못 알아봤다는 식으로 알은체한다고 말했다.

그녀는 자신이 정신적으로 쇠약해서 그런 거려니 하고 생각했다. 20~30대에는 우울증과 약물 중독으로 힘든 세월을 보냈다. 가끔 심할 경우에는 병원에 입원해 혼수상태가 되기도 했다. 이런 일이 계속되자 결국 가족은 그녀에게 의절을 선언했다. 게일은 외톨이가 되었고, 식료품점 밖의 쓰레기통을 뒤져 먹을 것을 구하기도 하는 비참한 신세로 전락했다.

게다가 훨씬 이전에 매우 충격적인 일이 일어났다는 암시도 받았다. 가족들이 인연을 끊기 전의 일이었다. 당시 그녀는 일란성쌍둥이 자매인 젤라와 논쟁을 벌이곤 했다. 몸이 많이 아픈 게일을 젤라가 돌봐주었던 때의 상황을 두고 말다툼을 한 것이다. 젤라는 "내가 어떤 일을 겪었는지 전혀 짐작도 못 할걸." 하고 말했다. "너는 거실 바닥에 오줌을 싸고 엄지손가락을 빨고 다녔어. 게다가 어린애처럼 옹알이를 하더니 내 아기의 우윳병까지 달라고 했다고. 내가 그런 상황을 다 참아냈다니까!" 그녀는 젤라가 소리를 지르며 비난하는 내용을 도무지 이해할 수 없었다. 내가 거실 바닥에 오줌을 쌌다니? 조카의 우윳병을 달라고 했다고? 그런 괴상한 일은 전혀 기억에 없었다.

40대 후반 무렵 게일은 제이콥이라는 남자와 사귀기 시작했다. 그녀에겐 영혼의 동반자였다. 그는 홀로코스트 생존자였으며 기억과 상실에 관한 질문에 사로잡혀 있었다. 제이콥은 이미 10년도 전에 세상을 떠났다. 살아생전에 그는 게일의 설명하기 어려운 잃어버린 세월에 매우 신경을 썼다. "분명 이유가 있을 거야." 그녀 삶의 공백에 대해 그는 이렇게 말했다. "그렇게 된 이유가 반드시 있을 거야."

1992년, 게일과 제이콥은 신문 가판대를 지나다 눈에 띄는 머리기사를 보았다. '기억말소 실험: 피해보상을 받은 희생자들.' 게일은 기사를 훑어보기 시작했다. '옹알이', '기억상실', '요실금' 같은 문구들이 눈에 들어왔다. "나는 그에게 어서 이 신문을 사라고 말했죠." 근처 커피숍에 앉아서 둘은 믿기 힘든 내용을 읽어 내려갔다. 1950년대 CIA가 몬트리올의 한 의사를 후원해 심리치료 환자들에게 잔인한 실험을 실시한 과정을 밝힌 내용이었다. 기사에 따르면 환자들을 재우지 않은 데다 몇 주 동안 외부와 격리시켰다고 했다. 그리고 전기쇼크뿐만 아니라 흔히 천사의 가루라 알려진 환각제 LSD와 PCP를 포함한 실험적 약물 혼합액도 투여했다. 실험을 당한 환자들은 말을 배우기 이전의 유아상태로 돌아갔다. 이 모든 것을 지휘한 사람은 맥길 대학에 부속된 앨런 메모리얼 병원(Allan Memorial Institute)의 책임자 이언 캐머런 박사였다. CIA가 캐머런을 후원했다는 사실은 1970년대 후반 정보자유화법률의 요구로 세상에 드러났다. 그리고 미 상원에서 관련 청문회가 열렸다. 한편 캐머런의 이전 환자들 9명이 연대해서 연구를 후원했던 캐나다 정부와 CIA를 고소했다. 재판은 오랫동안 이어졌다. 그러한 상황에서 환자들의 변호사는 그 실험이 의료윤리를 완전히 위배했다고 주장했다. 환자들이 캐머런을 찾아간 이유는 산후우울증, 불안, 심지어 결혼생활 문제 같은 사소한 심리적 고민을 해결하기 위해서였다. 그런데 사전에 알리거나 동의도 구하지 않은 채 실험에 이용한 것이다. 한마디로 인간의 마음을 통제하는 방법을 알아내려는 CIA의 욕구를 만족시키기 위한 생체실험용 도구였다. 1988년, CIA는 9명의 고소인에게 총 75만 달러를 배상하는 데 합의했다. 당시 CIA를 상대로 한 합의금 가운데 최고 액수였다. 4년 후, 캐나다 정부도 실험을 당했던 환자들 각각에게 배상비로 10만 달러씩을 주기로 했다.[3]

캐머런의 역할은 당대에 미국의 고문기법을 주도적으로 발전시키는 데서 그치지 않았다. 그의 실험들은 재난 자본주의 논리의 바탕이 되는 고유한 시각을 제공했다. 다시 말해, 자유시장 경제학자들은 대규모 파괴만이 '개혁'의 기틀을 만들 수 있다고 확신했다. 아예 기존의 기반을 다 흔들 정도로 말이다. 마찬가지로 캐머런은 인간 두뇌에 충격을 가해 잘못된 기질을 지워버린 뒤, 기억을 상실한 백지상태에서 새로운 인성을 만들 수 있다고 믿었다.

지난 수년 동안, 그녀는 CIA와 맥길 대학과 관련된 이야기를 어렴풋이는 알고 있었다. 그러나 그다지 신경 쓰지 않았다. 앨런 메모리얼 병원과 자신은 전혀 연관이 없다고 생각했기 때문이다. 그러나 이제 제이콥과 함께 앉은 그녀는 이전 환자들이 일상생활에 대해 밝힌 진술에 주목했다. 바로 기억상실과 퇴행 현상이었다. "그들이 나와 같은 증상을 겪고 있음을 알게 되었죠. 그 순간 나는 '제이콥, 이게 바로 이유인 것 같아요.'라고 말했어요."

전기쇼크실

　게일 캐스트너는 병원에 편지를 보내 자신의 의료 파일을 요구했다. 처음에 병원 측은 그녀에 대한 기록이 없다고 했지만, 결국 138쪽에 달하는 파일을 얻어내고야 말았다. 그녀를 입원시킨 의사는 다름 아닌 이언 캐머런이었다.

　의료 파일 안의 문서, 기록, 차트는 가슴 아픈 이야기를 담고 있었다. 1950년대에 선택할 대안이 별로 없었던 열여덟 살 소녀와 권력을 남용한 정부와 의사에 대한 내용이었다. 의료 파일의 첫 부분은 게일이 들어왔을 때 캐머런 박사가 내린 평가로 시작되었다. 그녀는 당시 맥길 대학의 간호학과 학생으로 성적도 우수했다. 캐머런은 '지금까지로 봐서는 꽤 안정적인 사람'이라고 표현했다. 그러나 캐머런은 그녀가 가학적인 아버지 때문에 불안을 느끼고 있다고 분명하게 기록해두었다. 그녀의 아버지는 '남을 매우 괴롭히는' 유형이었으며 딸에게 '끊임없는 심리적 공격'을 가했다.

　초반의 기록들로 미루어볼 때 간호사들은 게일을 좋아한 것 같았다. 서로 간호학이라는 공통요소가 있었기 때문일지도 모른다. 어쨌든 그녀를 '명랑하며' '사교적이고' '단정하다'라고 표현했다. 그러나 수개월에 걸쳐 진료를 받는 동안 게일은 급격한 인성 변화를 겪었다. 꼼꼼하게 적어둔 기록에 따르면 다음과 같은 과정을 거쳤다. 우선 몇 주 후 그녀는 '어린애 같은 행동을 하며, 기이한 생각을 말하거나, 환각에 빠진 듯하며(원문 그대로 표현하면), 파괴적인' 모습을 보였다. 이 똑똑했던 젊은 여성은 겨우 여섯까지만 셀 수 있을 정도였다고 기록되어 있다. 다음 단계에 이르자 '속임수를 쓰고, 적대적이며, 매우 공격적'으로 변했다. 나중엔 수동적이며, 안절부절못하며, 가족도 알아보지 못할 정도였다. 결국 그녀는 '히스테리적인 특징이 뚜렷한…… 정신분열증'이라는 최종 진단을 받았다. 처음 입원했을 때의 '불안' 단계보다 훨씬 더 심각해진 것이다.

　게일의 인성 변화는 분명 차트에 기록된 처방전과 연관이 있었다. 여러 번 의식을 잃게 만든 다량의 인슐린, 그리고 진정제와 각성제의 기이한 혼합제도 있었다. 그녀는 약에 취해 오랜 시간 잠에 빠진 데다, 전기쇼크도 한 번에 당시 표준 횟수였던 여덟 차례나 받았다.

간호사들은 게일이 종종 의사들로부터 탈출을 시도했다고 진술했다. "나 갈 길을 찾으려 했다. (중략) 자신이 부당하게 대우받고 있다고 주장했다. (중략) 주사를 맞은 후 전기쇼크치료법을 거부했다." 이러한 항의를 할 때마다 예외 없이, 그녀는 캐머런의 후배들이 '전기쇼크실'이라 부르는 곳으로 또다시 가게 되었다.[4]

백지상태를 추구하다

게일 캐스트너는 의료 파일을 여러 번 읽은 뒤, 잃어버린 자신의 과거를 추적하는 고고학자가 되었다. 그래서 병원에서 일어난 일들을 설명해줄 수 있는 건 뭐든지 손에 넣어 연구했다. 그녀는 이언 캐머런이 스코틀랜드 출생의 미국 시민이며 심리학 방면에서 최고의 대가였음을 알아냈다. 또한 그는 미국 심리학협회 회장, 캐나다 심리학협회 회장, 세계 심리학협회 회장 등을 역임했다. 1945년 뉘른베르크 전범재판에서 나치 전범인 루돌프 헤스(Rudolf Hess)의 정신감정에 대한 증언을 요청받은 미국 심리학자 셋 가운데 1명이기도 했다.[5]

게일이 조사를 시작했을 때 캐머런은 이미 죽은 지 오래였다. 그러나 그가 남긴 학술논문과 발행된 강의록이 수십 권 있었다. 또한 CIA의 마인드 컨트롤 프로그램 재정지원에 관한 책도 여러 권 출간된 상태였다. 그중엔 캐머런과 CIA와의 관계를 상세히 파헤친 책도 있었다.* 게일은 이런 자료들을 모두 읽어가며 관련 단락에 표시를 해두었다. 그러고는 연대표를 만들어 자신의 의료 파일과 날짜를 비교해 살펴보았다. 그녀는 1950년대 캐머런이 환자들의 정신질환에 관한 '근본 원인'을 찾아내기 위해 '대화요법'을 사용하는 프로이트식의 표준 방법을 거부했다는 사실을 알아냈다. 캐머런의 원대한 목표는 환자들을 고치거나 원상 복귀시키는 것이 아니었다. 그는 자신이 발명한 이른바 '심리조종법'을 사용해 그들을 재창조하려 했다.[6]

당시 출간된 캐머런의 학술 자료를 살펴보자. 환자들에게 올바르고 새로운 행동을 가르치는 유일한 방법은 그들의 마음 내부로 들어가 '오래된 병리적 패턴을 파괴하는 것'이었다.[7] 첫 단계는 '기존 패턴 파괴'로, 마음을 초기 상태로 돌려놓으려는 엄청난 목적을 띠고 있다. 즉 아리스토텔레스가 주장한 '아무것도 쓰여 있지 않은 칠판' 같은 백지상태를 의미한다.[8] 캐머런은 두뇌의 정상적 기능을 방해하는 각종 조치를 취함으로써 그러한 상태에 도달할 수 있다고 믿었다. 그것도 단번에 즉각적으로 말이다. 요컨대 마음에 '충격과 공포'를 가하는 것이다.

1940년대 무렵, 전기쇼크는 유럽과 북미의 심리학자들 사이에서 점점 인기를 얻고 있었다. 뇌엽절리술(腦葉切離術: 뇌의 특정 엽을 지나가는 신경을 다른 엽에서 잘라내는 수술로 정신질환의 치료법으로 사용 −옮긴이)보다 영구적 손상이 덜했으며, 실제로도 효과가 있는 듯했다. 히스테리를 부리던 환자들은 종종 차분해졌다. 어떤 경우엔 사람을 더욱 명석하게 만드는 것처럼 보이기도 했다. 그러나 단지 관찰 결과에 불과했다. 치료법을 개발해낸 의사들조차도 작동 기제를 과학적으로 밝혀내지는 못했다.

그런데도 그들은 부작용에 대해서는 분명히 알고 있었다. 전기쇼크요법이 기억상실을 가져온다는 것은 의문의 여지가 없었다. 그것이 치료와 관련해 가

---

* 이러한 작품으로는 캐나다 총독상(Governor General's Award) 수상작인 앤 콜린스(Anne Collins)의 『수면실에서(In the Sleep Room)』가 있다. 그 밖에 존 마크스(John Marks)의 『심리조작 연구서(The Search for the Manchurian Candidate)』, 앨런 셰플린(Alan Scheflin)과 에드워드 옵턴 주니어(Edward Option Jr.)의 『심리 조종자들(The Mind Manipulators)』, 월터 보워트(Walter Bowart)의 『마인드 컨트롤 조작(Operation Mind Control)』, 고든 토머스(Gordon Thomas)의 『광기로의 여정(Journey into Madness)』도 포함된다. 캐머런이 담당한 환자들 가운데 1명의 아들이자 심리학자인 하비 웨인스타인(Harvey Weinstein)의 『아버지와 아들 그리고 중앙정보국(A Father, a Son and the CIA)』도 있다.

장 많이 나온 불만사항이었다. 그리고 기억상실과 관련된 또 다른 부작용도 널리 알려져 있었다. 바로 퇴행현상이었다. 많은 임상 논문에 따르면, 전기쇼크요법 직후 환자들은 엄지손가락을 빨거나, 태아처럼 몸을 웅크리거나, 음식을 떠먹여주어야 했으며, 엄마를 찾으며 울기도 했다(환자들은 종종 의사와 간호사를 부모로 착각했다). 이러한 행동은 대개 곧 사라졌다. 그러나 의사들은 그렇지 않은 사례도 있다고 밝혔다. 엄청난 충격이 가해진 경우, 일부 환자들은 완전히 퇴행해서 걷는 법과 말하는 법조차 잊어버렸던 것이다. 1970년대 중반의 경제학자인 메릴린 라이스(Marilyn Rice)는 전기쇼크요법에 반대하는 환자들의 권리회복운동에 앞장선 대표적 인물이다. 그녀는 쇼크요법으로 자신의 기억과 상당한 전문지식을 잃어버린 느낌이 어떠한지 생생하게 묘사했다. "이제 나는 누군가의 갈비뼈로 만들어진 이브의 심정을 이해할 수 있다. 그녀는 지난 어린 시절의 기억은 전혀 없이 곧장 성인이 되었다. 한마디로 나는 이브만큼이나 마음이 공허하다."*9

라이스와 다른 이들에게 그러한 공허함은 돌이킬 수 없는 상실을 의미했다. 이와 달리 캐머런은 공허함 속에서 뭔가 다른 것을 찾아냈다. 나쁜 습관들이 제거되고 새로운 패턴이 그려질 백지상태였다. 그는 강력한 전기쇼크요법으로 생긴 '대량 기억상실'을 불행한 부작용으로 여기지 않았다. 오히려 치료의 핵심이었다. '정신분열적인 사고와 행동이 나타나기 훨씬 전의' 초창기 상태로 되돌리는 것이다.10 이는 국가에 폭격을 가해 '석기시대로 되돌리려는' 호전적인 강경파와도 비슷하다. 캐머런은 전기쇼크요법이 환자들을 유아상태로 되돌리고 퇴행시킬 수단이라고 보았다. 1962년에 쓴 그의 논문은 게일 캐스트너 같은 환

---

* 심지어 오늘날에도 환자가 안전함과 편안함을 느끼도록 세심하게 진행할 경우 전기쇼크요법은 정신병 치료에 효과적인 것으로 여겨진다. 그런데도 단기적 또는 일시적 기억상실이라는 부작용은 여전하다. 장기적 기억력까지 손상을 입었다고 진술하는 환자들도 있다.

자들을 어떤 상태로 만들고 싶은지 묘사한다. "시공간 이미지를 완전히 잃고 그와 연관된 느낌까지 상실한다. 이런 상태의 환자는 다양한 증상을 보인다. 제2외국어를 잊어버리고, 자신의 결혼 여부조차 모른다. 더 심할 경우 다른 사람의 도움 없이는 혼자서 걷거나 먹지도 못한다. 요실금 현상을 보이기도 한다. (중략) 전반적인 기억기능에 상당한 장애가 온다."[11]

캐머런은 환자들의 '기존 패턴을 해체'하기 위해서 페이지-러셀(Page-Russell)이라 불리는 새로운 장비를 사용했다. 한 번이 아니라 연달아 여섯 번까지 전기쇼크를 줄 수 있는 장비였다. 그는 환자들의 과거 인성이 완전히 제거되지 않자 낙담했다. 그래서 흥분제, 진정제, 환각제로 환자들의 인식기능을 상실하게 만들었다. 클로르프로마진(chlorpromazine: 정신분열증에 사용되는 진정제-옮긴이), 바르비투르산염(Barbiturate), 소듐 아미탈(sodium amytal), 마취용 아산화질소, 데속신(desoxyn), 세코날(Seconal), 넴뷰탈(Nembutal), 베로날(Veronal), 멜리콘(Melicone), 토라진(Thorazine), 라각틸(largactil), 인슐린 등이 사용되었다. 캐머런이 1956년에 쓴 논문에 따르면, 이러한 약물들은 "마음을 느슨하게 만들어 환자의 방어력을 감소시킨다."[12]

일단 '완벽한 패턴 해체'를 통해 과거의 인성이 어느 정도 제거되면, 그때부터는 심리 조작이 시작된다. 캐머런은 환자들에게 녹음된 메시지를 들려주었다. 가령 "당신은 좋은 어머니이자 아내입니다. 사람들은 모두 당신과 친해지고 싶어 하죠."라는 내용이다. 행동학자의 시각에서, 그는 환자들이 메시지를 받아들여 전과는 완전히 다르게 행동할 것이라 믿었다.*

쇼크 때문에 거의 식물인간이 된 환자들은 그저 메시지를 듣고 있을 수밖

---

* 만약 캐머런이 심리학계에서 저명한 인물이 아니었다면, 그러한 '심리학적 녹음테이프'는 아마 저질 농담 취급을 받았을 것이다. 사실 그의 아이디어는 세러브로폰(Cerebrophone) 광고에서 착안한 것이다. 세러브로폰은 침대 머리맡에 놓고 듣는 스피커가 장착된 레코드플레이어로, '잠자는 동안 외국어를 배울 수 있는 혁명적인 방법'이라고 선전한 상품이었다.

에 없었다. 그 일은 하루에 16~20시간씩 수주일 동안 계속되었다. 심지어 101일 동안 연속해서 메시지를 틀기도 했다.[13]

1950년대 중반에 냉전의 병적 광란이 시작될 무렵, CIA 연구원들은 캐머런의 방법에 흥미를 가졌다. CIA는 '특별 심문기법' 연구라는 비밀 프로그램을 개시했다. 자세한 비망록에 따르면, "여러 특별 심문기법들을 검토하고 연구했다. 그 가운데는 심리적 모욕, 완전 고립, 약물이나 화학물질의 사용도 있었다."[14] 이 프로그램은 처음엔 프로젝트 블루버드(Project Bluebird)로 불렸다. 그 후 프로젝트 아티초크(Project Artichoke)로 변경되었다가, 1953년에 마지막으로 MK울트라(MKUltra)로 이름을 바꾸었다. 이후 10년 동안 MK울트라는 2,500만 달러를 들여, 공산주의자와 이중스파이로 의심되는 죄수들을 길들일 방법을 모색했다. 관련 기관만 해도 80개 기관에 달하는데, 대학 44곳과 병원 12곳이 개입되어 있었다.[15]

요원들은 입을 좀처럼 열지 않는 사람에게서 정보를 빼낼 창조적인 아이디어를 수없이 생각해냈다. 문제는 실제로 시험해볼 방법을 어떻게 찾느냐는 것이었다. 프로젝트 블루버드와 프로젝트 아티초크의 초반 몇 년간의 활동은 희비극 스파이영화와 비슷했다. CIA 요원들은 서로에게 최면을 걸기도 하고, 동료들의 음료수에 LSD를 흘려 넣고는 반응을 관찰했다(자살로 나타난 사례가 최소한 한 건 있었다). 러시아 스파이로 의심되는 사람을 고문하는 것은 말할 것도 없었다.[16]

이러한 테스트는 진지한 연구로 보기 힘들었다. 오히려 기숙사 남학생들이 흔히 치는 짓궂은 장난처럼 보였다. 게다가 테스트 결과는 정보부가 찾던 과학적 확실성을 제공하지도 못했다. 확실한 결과를 얻기 위해서는 실험 대상자들의 수가 더 많아야 했다. 여러 차례 시도를 하긴 했지만, 늘 위험이 뒤따랐다. CIA가 미국 내에서 위험한 약물을 실험한다는 사실이 외부에 새어나가기라도 한다면, 프로그램 전체가 폐지될 수 있었기 때문이다.[17] CIA가 캐나다의 한 연구원에게 관심을 가진 것도 그런 이유였다. 그들의 관계는 1951년 6월로 거슬러 올라간다. 당시 3개국 정보부 및 학문기관들의 모임이 몬트리올의 리츠칼튼 호텔에서 열렸다. 모임의 화제는 공산주의자들이 전쟁포로를 '세뇌'시키는 법을 알아낸 것에 대한 우려였다. 한국전쟁에서 포로로 잡힌 미군 병사들이 카메라 앞에서 자발적으로 자본주의와 제국주의를 비난하는 모습에 서구 정보부의 근심은 더욱 커졌다. 리츠칼튼 호텔 모임의 상세한 비망록에 따르면, 캐나다의 국방연구위원회 의장인 오몬드 솔란트(Omond Solandt), 영국 국방연구정책위원회 의장 헨리 티자드(Henry Tizard) 경, 그리고 CIA에서 온 대표 두 명도 참석했다. 서구 강대국들은 공산주의자들이 어떻게 놀라운 고백을 이끌어냈는지 속히 알아내야 했다. 우선 첫 단계로 '세뇌'가 어떻게 이루어지는지 알아보고자 '실제 임상 사례 연구'를 하기로 했다.[18] 연구의 정식 목표는 죄수들에게 마인드 컨트롤 기법을 사용하려는 게 아니라, 서구 군인들이 포로로 잡힐 경우 어떤 회유기법에도 넘어가지 않도록 대비하는 것이었다.

물론 CIA는 다른 꿍꿍이도 있었다. 그러나 나치의 고문이 폭로되어 세계적으로 혐오감이 일어난 지 얼마 되지 않았을 때였다. 그래서 정보부는 리츠칼튼 호텔 회담 같은 폐쇄적 모임에서도 대안적인 심문기법 개발에 독자적인 관심이 있다고 공개적으로 밝힐 수 없었다.

리츠칼튼 호텔 모임에는 맥길 대학의 심리학과장인 도널드 헤브(Donald Hebb) 박사도 있었다. 상세한 비망록에 따르면, 헤브 박사는 미군이 고백한 사건의 미스터리를 풀려고 했다. 그는 공산주의자들이 극도의 고립상태에 놓인 포로들에게 감각 투입을 차단해 심리를 조정했을 거라고 추측했다. 이러한 설명에 정보부의 책임자들은 감동을 받았다. 세 달 후 그는 캐나다 국방부로부터 체계적인 감각 박탈 실험을 수행할 연구자금을 받았다. 헤브는 맥길 대학생 63명에게 하루에 20달러를 주고 실험을 실시했다. 대상자에게 짙은 색 고글과 백색소음(모든 주파수를 포함하는 소음-옮긴이)이 나오는 헤드폰을 착용시킨 뒤 방안에 혼자 두었다. 팔과 손은 감촉을 느끼지 못하도록 골판지 튜브로 덮었다. 며칠 동안 학생들은 무의미의 바다에 떠 있었다. 눈과 귀와 손은 제 기능을 할 수 없었다. 그들은 점차 생생한 상상력 속에서 살게 되었다. 헤브는 감각 박탈이 '세뇌'에 취약한 상태를 만드는지 알아보기 위해, 유령이 존재하며 과학은 사기라는 내용의 녹음테이프를 들려주기 시작했다. 실험을 하기 전에 학생들은 그런 생각을 믿지 않는다고 말했다.[19]

헤브의 비밀 연구 결과 보고서를 통해, 국방연구위원회는 감각 박탈이 실험 대상자인 학생들에게 환각과 극도의 혼돈을 불러왔다는 결론을 내렸다. 그리고 "인식 박탈 기간과 직후 얼마 동안은 일시적으로 지적 능력이 떨어진다."라는 것도 알아냈다.[20] 학생들은 자극에 굶주린 상태여서 녹음테이프의 내용을 더욱 잘 받아들였고, 실험이 끝나고 수주일 동안 밀교에 관심을 보이기도 했다. 감각 박탈에서 오는 혼란이 마음을 텅 비게 만들고, 이후의 감각 자극을 통해 새로운 패턴이 만들어지는 것 같았다.

헤브의 놀라운 연구 복사본은 CIA로 보내졌다. 미 해군에 41부를 보내고 육군에도 42부가 들어갔다.[21] CIA는 또한 헤브의 학생 연구원인 볼드윈(Maitland Baldwin)을 통해 결과를 직접 모니터링했다. 볼드윈은 헤브에게 알리지 않고 정보부에 바로 보고했다.[22] 심문관들에게 아주 중요한 결과이니 관심이 대단한 것은 당연하다. 헤브는 극도로 고립될 경우 명확한 사고를 하기 힘들며 다른 사람의 의견을 더 잘 받아들인다는 사실을 증명했다. 훗날 헤브는 자신의 연구가 포로로 잡힌 군인들의 '세뇌' 방지에만 쓰이는 게 아님을 알게 되었다. 즉 심리적 고문을 위한 매뉴얼로서의 엄청난 잠재력을 갖고 있었다. 헤브는 1985년, 죽기 전 마지막 인터뷰에서, "국방연구위원회에 보고서를 제출했을 때 끔찍한 심문기법을 알려준 것과 다름없었다."라고 말했다.[23]

헤브의 보고서에 따르면, 실험 대상자 중 4명은 실험실 생활이 고문 같았다고 진술했다. 인내심의 한도를 넘어서 2~3일 더 있게 한다면, 분명 의학윤리 위반이 될 정도였다. 한계를 인식한 헤브는 더 '분명한 결과'는 얻을 수 없다고 밝혔다. '실험 대상자들을 고립상태로 30~60일 정도 놔둘 수는 없기' 때문이었다.[24]

헤브는 그렇게 못 할지 몰라도, 학문적 경쟁자인 이언 캐머런과 맥길 대학의 동료들은 가능했다. (훗날 헤브는 학문적 정확성에 대한 언급은 하지 않았지만, 캐머런을 "범죄적일 정도로 어리석다."라고 표현했다.)[25] 캐머런은 환자의 마음을 파괴하는 행위가 건강한 정신으로 가는 필수적인 첫 단계라고 확신했다. 따라서 히포크라테스 선서를 위반하는 일은 절대로 아니었다. 그리고 동의에 관한 한, 그는 환자들을 마음대로 할 수 있었다. 일반적인 동의서를 받은 캐머런은 뇌엽 절리술 시행 이상의 것도 할 수 있는 절대 권력을 휘둘렀다.

캐머런은 수년간 정보부와 접촉했지만 1957년이 돼서야 CIA로부터 첫 기부금을 받을 수 있었다. 자금은 인류생물학연구회라는 위장 단체를 통해 돈세탁을 했다.[26] 일단 CIA의 자금이 투입되자, 앨런 메모리얼 병원은 병원이 아니라 으스스한 감옥이 되어갔다.

무엇보다 전기쇼크의 양을 엄청나게 증가시켰다. 논란이 되는 페이지-러셀 전기쇼크기기를 발명한 두 심리학자들은 환자 1명당 네 가지 치료법을 권고했다. 그러니 총 24번의 충격이 가해지는 것이다.[27] 캐머런은 30일 동안 이틀에 한 번씩 환자들에게 기기를 사용하기 시작했다. 각 환자들에게 360번의 지독한 충격을 가한 셈이다. 게일 같은 초기 환자들이 받은 것보다 훨씬 많은 양이다.[28] 환자들은 처방된 약물만으로도 혼란스러워했다. 그런데도 그는 실험적인 마인드 컨트롤 약물까지 첨가했다. CIA가 특히 관심을 가진 것은 LSD와 PCP였다.

그는 마음을 백지상태로 만드는 다른 무기들도 첨가했다. 감각 박탈과 장시간의 수면이었다. 캐머런은 그 두 가지가 개인의 방어력을 약화시켜 녹음된 메시지를 더욱 잘 받아들일 수 있게 만든다고 확신했다.[29] 캐머런은 CIA의 후원금으로 연구소 뒤의 낡은 마구간을 개조해 고립 공간으로 만들었다. 또한 지하실을 정교하게 수리해 고립실이라는 방을 만들었다.[30] 방에 방음장치를 하고, 백색소음을 투입하고, 불을 껐다. 환자에게 짙은 색 고글과 '고무 귀마개'를 착용시켰다. 뿐만 아니라 손과 팔은 골판지 튜브에 넣어 신체를 만지지 못하게 했다. 1956년의 논문에 따르면, 환자들은 자신의 이미지를 느낄 수 없었다고 한다.[31] 헤브의 학생들이 비교적 덜 심한 감각 박탈에서 며칠 만에 풀려난 데 반해, 캐머런의 환자들은 수주일씩 갇혀 있었다. 심지어 35일이나 고립실에 갇혔던 환자도 1명 있었다.[32]

캐머런은 더 나아가 이른바 수면실에서 환자들의 감각을 없애려 했다. 환자들은 약이 유발한 몽롱한 상태로 하루 중 20~22시간을 잠으로 보냈다. 간호사들이 욕창을 방지하기 위해 두 시간마다 몸을 뒤집었고, 식사 때나 화장실에 갈 때만 잠에서 깨어날 수 있었다.[33] 환자들은 15~30일 정도 이런 상태로 있었다. 캐머런의 기록에 따르면 "일부 환자들은 계속된 수면 속에서 65일까지 있었다."[34] 병원 직원들은 환자에게 말을 걸지 말고, 얼마나 방에 오래 있어야 하는지도 알려주지 말라는 교육을 받았다. 캐머런은 이런 악몽에서 누구도 벗어나지 못하게 하기 위해 한 환자 집단에 마비를 유발하는 쿠라레(Curare)라는 약을 소량 처방했다. 말 그대로 몸 안에 갇힌 죄수가 되는 것이다.[35]

1960년 논문에서, 캐머런은 '시공간 이미지'를 유지하려면 '두 가지 주요한 요인'이 필요하다고 말했다. 우리가 어디에 있고 누구인지 알 수 있게 해주는 두 요인은 바로 계속 투입되는 자극과 기억이다. 캐머런은 전기쇼크를 가해 기억을 말소시켰으며, 고립실을 이용해 자극 투입을 막았다. 환자들이 시공간적으로 자신의 위치를 파악하지 못하게 만든 것이다. 그는 일부 환자들이 식사에 맞추어 시간을 계산한다는 걸 발견하고는, 식단을 이리저리 바꾸고 식사시간을 변경했다. 아침에 수프를 주고 저녁에는 오트밀 죽을 주는 식이었다. "식사시간 간격을 바꾸고 시간대에 맞지 않는 식사를 제공함으로써 정해진 구조를 깰 수 있었다." 캐머런은 흡족해하며 보고했다. 그러나 캐머런의 노력에도 불구하고,

한 환자는 아침 9시마다 병원 위를 지나는 비행기의 '희미한 소리'를 기록해 바깥 세계와의 끈을 놓지 않았다.[36]

　고문 생존자들의 세세한 증언들을 듣다 보면 소름이 끼칠 정도다. 어떻게 수년 또는 수개월 동안 그런 고립감과 잔인함을 견뎠는지 죄수들에게 물어보면, 그들은 종종 멀리서 울리는 종소리, 무슬림의 기도시간을 알리는 소리, 근처 공원에서 아이들이 노는 소리를 들으며 견뎠다고 말한다. 삶이 감옥의 네 벽이라는 공간으로 한정될 경우, 바깥에서 들리는 소음의 리듬은 일종의 연대기가 된다. 여전히 자신이 한 인간이며, 고문실 너머에 세상이 존재하고 있음을 느낄 수 있다. "떠오르는 태양과 함께 밖에서 지저귀는 새소리를 네 번 들은 후, 나는 나흘이 지났다는 걸 알았죠." 우루과이의 독재 시절에 투옥됐던 사람이 잔인한 고문을 회상하며 말했다.[37] 앨런 메모리얼 병원의 지하실에 있었던 익명의 한 여성은 어둠, 약물, 전기쇼크의 혼미함 속에서도 항공기 엔진 소리를 듣기 위해 귀를 기울였다고 한다. 그녀는 의사의 보호 아래에 있는 환자가 아니었다. 의도와 목적 면에서 봤을 때, 분명 고문을 당하는 죄수였다.

　캐머런도 분명 고문상황의 재현임을 알고 있었다는 증거들이 있다. 철저한 반공산주의자인 그는 환자들이 냉전시대의 업적에 기여하는 셈이라고 생각했다. 1955년, 그는 유명한 잡지와의 인터뷰에서 환자들을 심문을 앞둔 전쟁포로에 비유했다. "환자들은 공산주의 죄수들처럼 치료에 저항했다. 때문에 결국 그들을 제압해야만 했다."[38] 1년 후 그는 "패턴 해체의 목적은 실질적인 방어력을 제거하기 위해서다. 심문을 계속 당하던 개인이 결국엔 무너지는 것도 그 때문이다."라고 밝혔다.[39] 1960년대, 캐머런은 다른 심리학자들은 물론 군에서 복무하는 청중에게도 감각 박탈 연구에 대해 강의했다. 텍사스 주 브룩스 공군기지에서 한 연설에서, 그는 정신분열증을 치료하는 중이라고 말하지 않았다. 오히려 감각 박탈로 인해 환각, 심한 불안, 현실감 상실 등 '정신분열의 주요 증상들'이 나타난다고 인정했다.[40] 강의 기록을 살펴보면, 감각 박탈 과정이 끝난 뒤에는 감각을 감당할 수 없을 정도로 '과다 투입'했다. 감각 투입은 전기쇼크와 끝없이 반복되는 녹음테이프를 통해 이루어졌다. 앞으로 나타날 심문기법을 미리 보여준 셈이다.[41]

1961년까지 CIA는 캐머런의 연구를 후원해주었다. 수년 동안 미국 정부가 그의 연구로 뭘 했는지는 분명하게 밝혀지지 않았다. 1970년대 후반 내지는 1980년대에 이르러서야, CIA가 실험을 후원했다는 증거가 상원 위원회에서 드러났다. 그리고 정보부에 대한 환자들의 이례적인 집단소송이 이어졌다. 많은 언론인과 의원들은 CIA가 설명한 사건의 전말을 그대로 받아들였다. 즉 포로로 잡힌 미군 병사들을 보호하기 위해 세뇌기법 연구를 했다는 것이다. 언론의 관심은 정부가 불온한 연구를 후원했다는 선정적이면서도 잡다한 이야기에 쏠려 있었다. 사실 스캔들이 터졌을 때는 CIA와 이언 캐머런이 좋지 않은 실험으로 사람들을 잔인하게 망쳐놨다는 보도가 대부분이었다. 그리고 연구 결과는 무용지물처럼 보인다고 보도했다. 당시 사람들은 세뇌란 냉전시대의 통념에 불과하다고 믿었다. CIA 역시 적극적으로 그러한 이야기들을 부추겼다. 명문 대학의 고문 실험실 설치를 후원했다는 비난보다는, 쓸데없는 데다 공상과학적인 멍청한 짓을 했다는 놀림을 받는 편이 나았다. 그리고 당시엔 그렇게 말하는 게 훨씬 이로웠다. 존 기팅거(John Gittinger)는 캐머런과 제일 먼저 같이 일한 CIA의 심리학자다. 그는 상원 합동청문회에서 증언을 하면서, 캐머런과의 협력을 '어리석고 끔찍한 실수'라고 표현했다.[42] 청문회는 MK울트라의 전직 국장인 시드니 고틀리브(Sidney Gottlieb)에게 2,500만 달러 상당의 프로그램 파일을 모두 폐기시킨 이유를 설명하라고 요구했다. 그는 'MK울트라 프로젝트가 정보부에 긍정적인 결과를 가져오지 못했기 때문'이라고 대답했다.[43] 1980년대 주류 언론에 실린 MK울트라에 관한 폭로 기사를 살펴보면, 실험은 '마인드 컨트롤'과 '세뇌'로만 묘사되었다. 관련된 책들도 마찬가지다. 어디에서도 '고문'이라는 단어는 좀처럼 나타나지 않았다.

두려움의 과학

1988년, 「뉴욕타임스」는 온두라스에서 자행된 고문과 암살에 미국이 개입되었다는 놀라운 보도를 실었다. 온두라스의 악명 높은 군부대에서 심문관으로 있었던 플로렌시오 카바예로(Florencio Caballero)는 자신과 24명의 동료들이 텍사스에서 CIA 교육을 받았다고 말했다. "죄수들의 공포와 약점을 알아내는 심리학적 방법을 배웠습니다. 죄수를 서 있게 하라, 잠을 재우지 마라, 발가벗고 있게 하라, 외부와 단절시켜라, 감방에 쥐나 바퀴벌레가 기어 다니게 하라, 형편없는 음식을 제공하라, 죽은 동물의 시체를 주어라, 차가운 물을 끼얹어라, 실내 온도를 변화시키라는 내용이었죠." 그가 언급하지 않은 기법이 하나 더 있었다. 바로 전기쇼크이다. 이네스 무리요(Ines Murillo)는 카바예로와 측근들에게 심문을 당한 스물네 살의 죄수였다. "너무나 심하게 전기쇼크를 받아 소리를 지르며 기절했죠. 정말 비명이 절로 나올 정도였어요." 무리요가 「뉴욕타임스」에 밝혔다. "뭔가 타는 냄새가 났습니다. 전기쇼크 때문에 피부가 그을었죠. 그들은 제가 미칠 때까지 고문을 할 거라고 했습니다. 설마 그럴까 싶었지요. 그러나 그들은 제 다리를 벌리더니 음부에 전선을 장치했어요."[44] 무리요는 당시 고문실에 또 다른 누군가가 있었다고 말했다. '미스터 마이크(Mr. Mike)'라고 불리는 한 미국인이 심문관에게 질문을 지시하고 있었다.[45]

사건이 폭로된 후, 상원 특별조사위원회에서 정보부에 대한 청문회가 열렸다. CIA의 부국장인 리처드 스톨츠(Richard Stolz)는 "카바예로가 CIA의 인력자원개발과 심문에 관한 과정을 들었다."라고 시인했다.[46] 「볼티모어선(The Baltimore Sun)」은 정보자유화법률을 근거로 들며 카바예로 같은 사람들을 훈련시킨 자료를 요구했다. CIA는 오랫동안 요구에 응하지 않았다. 결국 소송하겠다는 위협을 받자, 처음 보도가 나온 지 9년이 지난 뒤에서야 『쿠바르크 방첩활동 심문법(Kubark Counterintelligence Interrogation)』이라는 핸드북을 내놓았다. 제목은 코드명과 관련되어 있었다. 「뉴욕타임스」에 따르면 '쿠바르크'는 가

명이다. "쿠는 아무렇게나 뽑은 말이고, 바르크가 바로 정보부 코드다." 최근의 보고서는 쿠가 '한 국가 또는 특정한 부족의 은밀한 활동'이라고 추측했다.**47** 핸드북은 128쪽 분량의 비밀 매뉴얼로 '저항하는 대상자를 심문하는 방법'을 다루고 있다. 상당 부분이 MK울트라의 연구에 관련된 내용이었다. 감각 박탈, 스트레스를 주는 자세, 눈가리개, 고통에 이르기까지, 이언 캐머런과 도널드 헤브의 실험이 전반적으로 나타나 있었다. (매뉴얼 앞부분에 불법적인 기법임을 명시하고 있다. 심문관들은 다음과 같은 상황일 경우 미리 상부의 승인을 받아야 한다. 1. 육체에 상해가 가해질 경우 2. 의학적, 화학적, 전기쇼크적 방법이나 물질을 사용해 복종시킬 경우)**48**

매뉴얼은 1963년도까지 거슬러 올라간다. MK울트라 프로그램이 마지막으로 실시된 해이자 CIA가 후원한 캐머런의 실험이 막을 내린 지 2년 뒤였다. 그 핸드북에 따르면, 이런 기법들을 적절하게 사용하면 저항의 원천을 찾아내 '저항능력을 파괴'할 수 있다. 그것이 바로 MK울트라의 진짜 목적이었다. 세뇌 연구가 아니라, '저항하는 대상'에게서 정보를 빼내는 시스템에 중점을 두었다.**49** 한마디로 고문을 연구한 것이다.

매뉴얼 첫 페이지를 보면, '관련 전문가들의 과학적 연구를 비롯한 광범위한 연구'에 바탕을 둔 심문기법을 설명하겠다고 되어 있다. 스페인의 종교재판소 시대 이후 고문은 유혈이 낭자한 막무가내식 방법이 보통이었다. 그러나 이제 완벽하고 정교한 고문의 시대가 열렸다. 매뉴얼은 서두에서 "문제 해결에 딱맞는 현대적 지식을 추구하는 정보부는 18세기 방식으로 은밀한 비즈니스를 하는 정보부에 비해 상당한 우위를 누린다. (중략) 지난 10년 동안의 심리학 연구를 인용하지 않고서 고문을 제대로 논의하는 건 불가능하다."라고 밝혔다.**50** 인성을 분해하는 방법에 관한 설명이 뒤를 이어 나온다.

매뉴얼에는 '맥길 대학의 실험'이라는 감각 박탈에 관한 자세한 장이 있다.**51** 우선 고립실을 만드는 방법을 설명한다. "자극 박탈은 실험 대상자의 마음을 외부 세계와 차단시켜 내면에만 집중하도록 만들어 퇴행을 유발한다." 동시에 심문을 하는 동안 치밀히 계산된 자극을 주면, 퇴행한 실험 대상자는 심문관을 신과 같은 존재로 여기게 된다.[52] 정보자유화법률의 요구로 업데이트된 매뉴얼도 공개되었다. 매뉴얼은 1983년에 처음 발행되어 주로 남미에서 사용되었다. "창문은 외부의 빛을 차단할 수 있도록 벽 높이로 설치해야 한다."*[53]

헤브가 두려워했던 대로, 그의 감각 박탈 방법이 '끔찍한 심문기법'으로 사용된 것이다. 그러나 사실 그것은 캐머런의 작품이었다. 『쿠바르크』공식의 핵심은 캐머런의 '시공간 이미지' 교란 방법이며, 앨런 메모리얼 병원의 지하실에서 환자들의 기존 패턴을 해체한 여러 기법을 묘사했다. "시간적 흐름을 파악하지 못하게 기간별로 계획되어야 한다. (중략) 심문당하는 사람들은 계속된 시간 조작으로 퇴행현상을 보일 것이다. 시계를 느리게 또는 빠르게 해놓아라. 그리고 엉뚱한 시간에 식사를 제공하라. 음식을 준 뒤 10분 후, 또는 10시간 후에 다시 음식을 준다. 낮과 밤도 분간하지 못할 것이다."[54]

『쿠바르크』의 저자들은 캐머런이 중점적으로 다룬 퇴행기법에 가장 매료되었다. 자신이 누구인지와 시공간적으로 어디에 있는지를 자각하지 못하게 함으로써, 성인을 의존적인 어린애로 만든다는 아이디어다. 죄수들의 마음은 백지상태와 마찬가지여서 뭐든지 받아들인다. 저자들은 주제를 반복해서 강조했다. "심문의 걸림돌을 제거하는 기법에는 고립, 최면, 마취로 인한 혼수상태 등이 있다. 퇴행 속도를 높이는 필수적인 방법들이다. 심문당하는 사람이 어른에서 유아상태로 퇴행하면, 그가 배운 지식이나 체계화된 인성은 사라진다." 이는 죄수들이 '심리적 충격' 또는 '가사상태'에 진입하는 순간이다. 이전에 언급했던 '피고문인이 제안을 더 잘 받아들이고 순종하기 쉬운 상태'가 될 때이자,

---

* 1983년 버전은 분명 실습용으로 만들어졌으며, 간단한 퀴즈에다 안내사항까지 친절하게 넣어두었다. "항상 각 장을 시작할 때 미리 충전된 배터리를 준비하시오."

고문관이 뜻대로 할 수 있는 순간이다.[55]

앨프리드 매코이(Alfred W. McCoy)는 위스콘신 대학의 역사학자이다. 그는 『고문에 대한 질문(A Question of Torture)』이라는 책에서 종교재판소 이후 나타난 고문의 진화를 정리했다. 『쿠바르크』 매뉴얼의 내용도 나온다. 그는 감각 박탈에 이어 감각 과잉 투입을 통한 쇼크 유발 공식을 '3세기 만에 처음으로 고통이라는 잔인한 과학 분야에서 이루어낸 진정한 혁명'이라고 표현했다.[56] 맥코이는 1950년대 맥길 대학의 실험이 없었다면 이것이 불가능했을 것이라고 말했다. "지나치게 잔인한 방식을 제외하고 본다면, 캐머런 박사의 실험은 헤브 박사의 대발견에 바탕을 둔 것이다. 또한 CIA의 2단계 심리적 고문의 과학적 토대가 되어주었다."[57]

『쿠바르크』 방식이 전수된 곳마다 충격을 유발하고 강도를 상승시켜 유지하려는 일정한 패턴이 나타났다. 죄수들은 충격적이면서도 당혹스러운 방식으로 체포되었다. 매뉴얼은 늦은 밤이나 아침 일찍 급습을 하라고 지시한다. 죄수들은 두건을 뒤집어쓰거나, 눈가리개를 하거나, 발가벗겨지고, 구타를 당했다. 그리고 일종의 감각 박탈을 당한다. 또한 과테말라에서 온두라스, 베트남에서 이란, 필리핀, 칠레에 이르기까지, 전기쇼크는 공통적인 요소였다.

물론 모두가 캐머런이나 MK울트라의 영향만은 아니었다. 고문은 언제나 즉흥적으로 나오기 마련이다. 또한 고문은 학습기법 그리고 면죄부가 주어지면 분출되는 잔인한 본능이 혼합되어 있다. 1950년대 중반 알제리에서 자유해방군과 싸운 프랑스군은 심리학자들의 도움을 받아 전기쇼크를 쓰곤 했다.[58] 당시 프랑스군 사령관들은 노스캐롤라이나 주 포트 브래그(Fort Bragg)의 '대(對)게릴라 특전부대'에서 세미나를 열었다. 훈련병들에게 알제리에서 사용한 기법을 훈련시킨 것이다.[59] 그러나 CIA는 단지 고통만 가한 것이 아니라 내재된 인성의 제거라는 특정 목적을 위해 다량의 충격을 사용한 캐머런 특유의 방식에 더욱 깊은 감명을 받았다. 1966년, CIA는 사이공에 캐머런이 선호한 전기 쇼크기기인 페이지-러셀로 무장한 심리학자 3명을 보냈는데, 그들은 이를 과다하게 사용해 죄수들 여럿이 사망하기도 했다. 매코이는 "이언 캐머런이 맥길 대학에서 실시한 '패턴 해체' 기법이 인간의 행동을 변화시키는지 현장에서 실제로 시험해보았다."라고 밝혔다.[60]

미국 정보부 관리들이 그러한 기법을 직접 사용하는 경우는 드물다. 1970년대부터 미국 요원들은 기술을 가르치는 교관이나 트레이너 역할을 선호했다. 1970~1980년대 중앙아메리카의 고문 생존자들에 따르면, 영어를 사용하며 감옥 안팎을 드나드는 베일에 싸인 남자가 있었다. 그는 질문 내용을 제안하기도 하고 요령을 알려주었다. 1989년에 과테말라에서 납치되어 수감된 미국인 수녀 다이애나 오티스(Dianna Ortiz)의 얘기를 들어보자. 그녀의 증언에 따르면, 자신을 강간하고 담뱃불로 지진 고문관에게 미국식 억양의 스페인어를 사용하는 남자가 지시를 내렸다고 한다. 그 남자는 '대장'으로 불렸다.[61] 제니퍼 하베리(Jennifer Harbury)의 남편은 CIA에 고용된 과테말라 요원에게 고문을 당해 사망했다. 그녀의 주요 저서인 『진실, 고문 그리고 미국식 방법(Truth, Torture and the American Way)』에는 이러한 사례들이 상당수 기록되어 있다.[62]

워싱턴 행정부의 허락이 있었지만, 이러한 더러운 전쟁에서 미국은 은밀하게 행동해야 했다. 신체적이든 심리적이든 간에, '어떤 형태로든 고문이나 잔학행위를 포괄적으로 금지하는' 제네바협정에 위배되기 때문이다. 죄수들에게 '잔학행위'와 '압제행위'를 금하는 미 군사재판법에도 저촉된다.[63] 『쿠바르크』 매뉴얼의 2쪽에는 '훗날 법정소송이라는 심각한 위험'이 따를 수 있다고 밝혔다. 1983년 매뉴얼은 더욱 노골적이다. "무력 사용, 정신적 고문, 위협, 모욕, 불쾌한 노출, 비인간적인 처우를 심문의 보조장치로 사용하는 것은 국제법, 국내법상으로 불법이다."[64] 간단히 말해 그들이 가르치는 기법은 불법이며 그 자체로 비밀이었다. 미국 요원들에게 현대적이고 전문적인 보안기법을 개발도상국

학생들에게 가르쳤느냐고 묻는다면, 수업 외부에서 발생하는 '과잉 조치'에 대해서는 책임이 없다고 말할 것이다.

2001년 9월 11일이 되자 더 이상 부인할 필요가 없었다. 쌍둥이 빌딩과 미국방부 건물에 대한 테러 공격은 『쿠바르크』 매뉴얼에서 다룬 것과는 다른 종류의 충격이었다. 그러나 효과는 상당히 비슷했다. 엄청난 혼란, 극도의 두려움, 불안, 전반적인 퇴행이 나타났다. 『쿠바르크』에 따르면, 심문관은 '신적 존재'였다. 마찬가지로 부시 행정부는 즉시 공포를 이용해 모든 면에서 보호를 해주는 부모 역할을 했다. 어떤 수단이든지 관계없이 '국토'와 위험에 처한 사람들을 보호할 태세를 갖추었다. 미국 정책상의 변화는 딕 체니(Richard Cheney) 부통령의 '음지에서 일하는 것'에 대한 유명한 진술로 요약된다. 그런데도 훨씬 인간적이었던 과거 행정부에서 경악할 만한 기법들을 채택했다는 것은 인정하지 않는다[많은 민주당원들의 주장처럼, 역사가 게리 윌스(Garry Wills)가 말한 '원초적 무죄'라는 미국적 신화가 연상된다].[65] 진짜 놀라운 변화는 이전엔 알지 못했다고 주장할 정도로 원거리에서 대리인에 의해 행해졌던 것들이 지금은 직접적, 공개적으로 실시되며 옹호된다는 점이다.

하청으로 진행된 고문에 관한 이야기가 논란이 되고 있긴 하지만, 부시 행정부의 진짜 혁신은 고문에 직접 개입한다는 점이다. 즉 미국은 자국이 운영하는 감옥에서 미국인들이 죄수들을 고문한다. 또는 미국 비행기에 태워 '고문을 사용하는 제3국으로 인도하는 방식'을 사용한다. 부시 행정부가 다른 행정부들과 다른 점도 바로 그것이다. 그들은 9·11 테러 사건 이후 전혀 수치심을 느끼지 않고 고문을 할 권리를 요구했다. 범죄행위로 기소될 수도 있는 상황이었지만 그러한 문제는 법을 개정하는 것으로 해결했다. 조지 W. 부시의 위임을 받은 국방부 장관 도널드 럼즈펠드는 아프가니스탄에서 포로로 잡힌 죄수들에겐 제네바협정이 적용되지 않는다고 선포했다. 그들은 전쟁포로가 아니라 '적 전투원(enemy combatant)'이라는 이유에서다. 당시 백악관의 법률 고문이던 앨버토 곤

잘러스(Alberto Gonzales: 나중에 법무부 장관이 된다)는 럼즈펠드의 관점이 옳다며 다시 한 번 확인을 해주었다.[66] 또한 럼즈펠드는 테러와의 전쟁에서 특수 심문 관행을 사용하도록 허락했다. 여기에는 CIA 매뉴얼에 제시된 방법들도 포함된다. 구체적으로 '최대 30일까지 고립 시설에 수용', '빛과 청각 자극 박탈', '이송 중이나 심문 중에 머리에 두건을 뒤집어씌움', '옷을 벗겨놓음', '수감인의 개인적 혐오를 이용(가령 개를 무서워하는 것)' 등을 통해 스트레스를 유발한다.[67] 백악관에 따르면 고문은 여전히 금지되어 있다. 그러나 이제는 고문으로 취급되려면, "장기가 파열될 정도로 심각한 육체적 부상을 일으키는 고통이 가해져야 한다."[*][68] 새로운 규정 덕택에 미국 정부는 1950년대부터 부인하면서도 은밀히 발전시킨 방법들을 자유롭게 사용할 수 있었다. 그들은 범죄 기소의 두려움 없이 그런 방법을 공개적으로 사용한다. 2006년 2월 CIA의 자문 부서인 정보부 과학위원회는 국방부의 베테랑 심문관이 쓴 보고서를 발행했다. 보고서에서는 "심문에 관련된 사람이라면 누구나 『쿠바르크』 매뉴얼을 꼼꼼히 읽어야 한다."라고 공개적으로 밝혔다.[69]

새로운 질서의 희생자들 가운데 미국 시민이자 전직 갱단원인 호세 파딜라(Jose Padilla)가 있었다. 2002년 5월, 그는 '테러용 폭탄' 제조를 시도했다는 이유로 시카고 오헤어 공항에서 체포되었다. 그는 법정 시스템을 거쳐 형을 선고받아 수감된 게 아니라, 적 전투원으로 분류되어 모든 권리를 박탈당했다. 그리고 사우스캐롤라이나 주의 찰스턴에 위치한 미 해군 감옥으로 이송되었다. 그는 LSD나 PCP로 여겨지는 약물을 투여당하고 극심한 감각 박탈을 당했다. 창

---

* 부시 행정부는 대법원뿐만 아니라 의회 의원들과 상원의 압력까지 받았다. 결국 의회가 2006년 군사위원회 법안을 통과시킬 때, 부시 행정부는 강경한 자세를 다소 누그러뜨렸다. 한편 백악관은 그 새로운 법안이 고문 사용의 공식적 포기를 나타내는 것이라고 주장했다. 그러나 CIA 요원과 계약 용병들이 『쿠바르크』 스타일의 감각 박탈 및 과부하를 계속 실시할 여지가 여전히 남아 있었다. 또한 익사할 것 같은 고통을 주는 물고문을 비롯해서 창조적인 기법들을 사용하는 것도 얼마든지 가능하다. 게다가 법안에 서명하기 직전에 부시는 제네바협정의 의미와 적용을 자신의 뜻대로 해석할 권리를 주장하는 진술을 첨부했다. 이에 대해 「뉴욕타임스」는 지난 200년 동안의 전통과 법을 독단적으로 재작성하는 행위라고 표현했다.

문은 모두 가려진 채 시계나 달력도 없는 좁은 감옥에서 지냈다. 감방을 나설 때마다 교도관이 그에게 수갑을 채우고, 검은 고글로 눈을 가렸으며, 두꺼운 헤드폰을 씌워 아무 소리도 듣지 못하게 했다. 파딜라는 1,307일 동안 이런 상태로 지내며, 심문관 외에는 누구와도 접촉하지 못했다. 그런 뒤 심문관들은 질문을 던지면서 빛과 엄청난 소리로 굶주린 감각을 자극했다.[70]

체포 사유였던 테러용 폭탄 제조 혐의는 풀렸지만, 파딜라는 2006년 12월 법정 심리에 참석해야 했다. 테러리스트들과 접촉한 혐의로 기소되었기 때문이다. 그러나 그는 자신을 변호할 수 없었다. 전문가의 증언에 따르면 캐머런 스타일의 퇴행기법은 성인을 완전히 파괴시킨다. 애초에 그럴 의도로 고안되었기 때문이다. 그의 변호사는 "파딜라는 오랫동안 가해진 고문으로 정신적, 육체적으로 손상을 입었다."라고 법정에서 말했다. "정부의 처우 때문에 그는 개인적 특질을 모두 상실했다." 그를 진단한 한 심리학자는 "그에겐 스스로 방어할 능력이 부족하다."라고 밝혔다.[71] 그러나 부시 행정부가 지명한 판사는 파딜라가 재판을 받기에 충분하다고 주장했다. 그나마 공개적으로 재판을 받은 파딜라는 아주 드문 경우다. 다른 수천 명의 죄수들은 민사재판의 공개적 판정을 받을 기회도 없이 미국이 운영하는 감옥에서 고문기술자들에게 시달리고 있다. 그들은 파딜라와 달리 미국 시민이 아닌 사람들이다.

관타나모에서는 많은 이들이 고통을 겪고 있다. 그곳에 감금되었던 호주인 맘도우 하비브(Mamdouh Habib)는 "관타나모만은 실험실이었다. (중략) 그들이 실험한 것은 바로 세뇌였다."라고 말했다.[72] 관타나모에서 나온 증언, 보고서, 사진들을 보면, 1950년대 앨런 메모리얼 병원이 쿠바로 이전된 느낌이 든다. 죄수들은 일단 수감되면 심한 감각 박탈상태로 들어간다. 가리개, 짙은 고글, 외부 소리를 차단하기 위한 두꺼운 헤드폰을 착용한 채로, 몇 개월 동안 독방에 감금되어 지낸다. 그런 과정이 끝나면 감방에서 끌려 나오는데, 짖어대는 개들과 섬광전구가 그들을 기다리고 있다. 또한 아이들이 우는 소리, 쾅쾅 울리는 음악 소리, 고양이 우는 소리를 녹음한 테이프로 감각 폭발상태로 만든다.

관타나모의 많은 죄수들은 1950년대 앨런 메모리얼 병원에서 일어났던 현상을 그대로 겪고 있다. 한마디로 전반적인 퇴행을 경험하고 있다. 죄수로 있다 풀려난 한 영국 시민권자는 변호사에게 감옥 내의 델타 블록(Delta Block)이라는 곳에는 '최소한 50명'의 수감자들이 계속 환각상태로 있다고 말했다.[73] 미국방부가 FBI에 보낸 상세한 기록을 보면, 한 고위급 죄수는 "3개월 동안 심한 고립상태에 놓여 있었다. 그는 지독한 정신외상적 충격을 받은 것 같은 행동을 보인다(존재하지도 않은 사람에게 이야기를 한다. 환청을 듣기도 하고 몇 시간 동안 시트를 덮은 채 웅크리고 있다)."[74] 제임스 이(James Yee)는 관타나모에서 근무한 미 육군의 이슬람 군목이었다. 그는 델타 블록의 죄수들이 전형적인 극도의 퇴행현상을 보인다고 밝혔다. "제가 대화를 하다 멈추자 그들은 어린애 같은 목소리로 반응을 보였습니다. 얼토당토않은 소리를 하거나 유치한 노래를 크게 부르기도 하더군요. 같은 노래를 계속해서 반복했습니다. 일부는 철제 침상 위에 올라가 어린애처럼 행동했습니다. 어린 시절 형제들과 했던 놀이가 생각났습니다. 흙무더기에 올라서서 올라오는 다른 아이를 밀쳐 떨어뜨리는 놀이 말이에요." 2007년 1월, 상황은 더욱 악화되었다. 165명의 죄수들이 새로운 구역인 캠프 식스(Camp Six)로 이송되었는데, 인간의 접촉이 전혀 허용되지 않는 철로 만든 독방시설이었다. 관타나모의 죄수들을 대표하는 변호사 사빈 윌릿(Sabin Willett)은 이러한 상황이 계속된다면 '감옥은 아마 정신병동으로 바뀔 것'이라고 경고했다.[75]

인권단체들은 관타나모의 끔찍한 시설이 미국이 해외에서 운영하는 구금소 가운데서는 그나마 형편이 좋은 편이라고 지적한다. 제한적이나마 적십자나 변호사들이 시설을 모니터링할 수 있기 때문이다. 실제로 알려지지 않은 수많은 죄수들이 글로벌 네트워크를 통해 블랙사이트(Black Site)라 불리는 비밀시설로 사라졌다. 미국 요원들은 죄수들을 고문이 자행되는 국가의 교도소로 이송하기도 한다. 이런 악몽을 겪은 죄수들은 하나같이 캐머런 스타일의 쇼크 요법을 당했다고 증언한다.

이탈리아인 성직자인 하산 무스타파 오사마 나스르(Hassan Mustafa Osama Nasr)는 밀라노 거리에서 CIA 요원들과 이탈리아 비밀요원들에 의해 납치되었다. "영문도 모르고 끌려갔습니다." 나중에 그는 이렇게 밝혔다. "배를 걷어차고 온몸을 구타했습니다. 커다란 테이프로 머리와 얼굴 전체를 감싸더니, 간신히 숨만 쉴 수 있도록 코 근처에 구멍을 내주더군요." 그는 이집트로 이송되어 빛도 들어오지 않는 감방에서 생활했다. '바퀴벌레와 쥐들이 몸 위를 기어 다니는' 그곳에서 14개월을 보냈다. 2007년까지 오랜 세월 이집트의 감옥에 있던 그는 학대 정황을 상세히 기록한 11쪽짜리 자필 편지를 간신히 밖으로 내보낼 수 있었다.[76]

그는 계속해서 전기쇼크 고문을 받았다고 한다. 「워싱턴포스트」의 기사에 따르면, 그는 철제 고문대에 묶인 채 전기쇼크 총을 계속 맞았다. 때로는 바닥에 놓인 젖은 매트리스에 묶이기도 했는데, 심문관은 그의 어깨 위에 나무 의자를 올려놓고 앉았다. 그러면 다른 심문관이 스위치를 작동해 매트리스 코일 안으로 전기쇼크를 내보냈다.[77] 국제앰네스티(Amnesty International)에 따르면, 그의 고환에도 전기쇼크를 가했다고 한다.[78]

미국이 죄수에게 전기고문을 사용하는 것은 아주 드문 일이 아니다. 그런데도 미국이 실제로 고문을 하는지 아니면 단순히 '창조적인 심문'을 하는 것인지 논쟁을 벌일 때조차 전기쇼크 사용에 관한 얘기는 거의 나오지 않는다. 주마 알 도사리(Jumah al-Dossari)는 관타나모의 죄수로 열두 번 이상 자살을 시도했다. 미군에 의해 칸다하르(Kandahar) 감옥에 구금되어 있을 때, 그는 변호사에게 문서로 증언을 했다. "심문관은 휴대전화 같은 작은 장비를 갖고 왔는데, 그건 전기쇼크기기였습니다. 그리고 제 얼굴, 등, 갈비뼈, 고환에 전기쇼크를 가했습니다."[79] 독일에서 온 무라트 쿠르나츠(Murat Kurnaz)도 미국이 운영하는 칸

다하르 감옥에서 비슷한 일을 당했다. "규정이 아예 없는 초창기였습니다. 그들은 뭐든지 할 수 있었지요. 매번 우리를 가하고, 전기쇼크를 사용하고, 물속에 머리를 처박기도 했습니다."[80]

재건의 실패

첫 만남이 끝날 무렵, 나는 게일 캐스트너에게 '충격적인 꿈'에 대해 좀 더 자세히 말해달라고 부탁했다. 그녀는 죽 늘어선 환자들이 약에 취해 잠들었다가 다시 깨어나곤 하는 꿈을 꾼다고 말했다. "비명을 지르고, 신음하고, 괴로워하는 소리가 들려요. 안 돼, 안 돼, 안 돼, 하면서 외치는 소리도요. 그 방에서 깨어나는 기분이 어떤지 기억나요. 땀에 흠뻑 젖고, 속이 메스껍고, 토한 상태였어요. 머릿속이 너무 이상한 느낌이었어요. 한마디로 머리가 있는 게 아니라 그냥 덩어리가 달린 것 같았어요." 그러더니 갑자기 게일은 의식을 잃는 것 같았다. 파란색 의자에 쓰러지면서 숨을 가파르게 내쉬고 눈을 내리깔았다. 그녀는 눈동자를 이리저리 황급히 굴리기 시작했다. 그러고는 손을 오른쪽 관자놀이에 대더니, 약에 취한 것 같은 굵은 목소리로 말했다. "옛날 생각이 다시 떠오르네요. 다른 화제로 돌려주세요. 이라크에 대해 얘기해주세요. 그곳 상황은 얼마나 나쁜가요?"

나는 이런 이상한 상황에 어울릴 만한 전쟁 이야기가 뭐가 있을까 싶어 머리를 쥐어짰다. 그린존에서의 생활 같은 비교적 편안한 이야기가 생각났다. 잠시 후 게일의 얼굴에서 천천히 긴장이 풀렸다. 그녀는 깊은 숨을 내쉬고 다시 나와 시선을 마주했다. "고마워요." 그녀가 말했다. "좀 전에 플래시백(flashback) 현상을 겪었어요."

"알고 있어요."

"어떻게 알았죠?"

"당신이 얘기했잖아요."

그러자 그녀는 몸을 수그려 종이쪽지에 뭔가를 적기 시작했다.

그날 저녁 게일과 인터뷰를 마치고, 나는 그녀가 이라크에 대해 말해달라고 했을 때 차마 말하지 못했던 것에 대해 계속 생각하고 있었다. 그녀를 보면 이라크가 떠오른다는 말을 하고 싶었지만 할 수 없었다. 그녀에게 일어났던 일과 이라크에서 일어난 일은 서로 연결되어 있었다. 충격받은 개인과 충격받은 국가. 그 둘에게는 똑같은 끔찍한 논리가 다른 모습으로 나타났을 뿐이다.

캐머런의 이론은 환자들에게 충격을 주어 혼란스러운 퇴행상태로 몰아넣으면 건강하고 이상적인 시민으로 '재탄생'할 전제조건이 만들어진다고 주장한다. 게일은 골절된 척추와 산산조각 난 기억 때문에 조금도 편안한 상태가 아니다. 그러나 캐머런의 저서를 보면, 그는 자신의 파괴행위를 창조행위라고 여겼다. 자신의 무자비한 패턴 해체를 겪은 환자들은 다시 태어날 수 있는 신물을 받은 운 좋은 사람들이라는 것이다.

그러나 캐머런의 주장은 대실패로 드러났다. 환자들은 얼마나 완전히 퇴행했든 상관없이 녹음테이프에서 끝없이 반복해서 나오는 메시지를 따르거나 수용하지 않았다. 그는 사람들을 파괴하는 데는 천재적이었을지 모르지만, 결코 사람을 개조하지는 못했다. 캐머런이 앨런 메모리얼 병원을 떠난 이후 실시된 조사에 따르면, 이전 환자들의 75퍼센트가 입원 당시보다 더 악화되었다고 한다. 입원 전에는 전업 직장을 가졌던 환자들의 절반 이상이 치료 후 직장을 다닐 수 없을 지경이었다. 상당수가 게일처럼 새로운 신체적, 심리적 질병에 걸려 고생했다. '심리조종법'은 조금도 효과가 없었다. 결국 앨런 메모리얼 병원은 실험을 금지했다.[81]

돌이켜보면 캐머런의 이론은 전제부터가 잘못이었다. 즉 치료를 시작하기 전에 기존체계를 다 없애야 한다는 생각이 문제였다. 캐머런은 환자들의 습관,

패턴, 기억을 다 없애면 태초의 백지상태에 도달할 수 있다고 확신했다. 그러나 아무리 끈질기게 충격을 가하고, 약물을 사용하고, 혼란을 줘도, 그 상태에는 도달할 수 없었다. 오히려 정반대의 현상이 나타났다. 충격을 가하면 가할수록 환자들은 더욱 손상을 입었다. 그들의 마음은 '깨끗해지지' 않았을 뿐만 아니라 혼란에 빠졌고, 기억은 조각났으며 배신감을 느꼈다.

마찬가지로 재난 자본주의자들도 파괴와 창조 혹은 손상과 치료를 구별하지 못했다. 나는 이라크에서 다음 폭발이 어디서 일어날지 긴장하며 황폐한 주변을 살피다가 종종 그런 느낌을 받았다. 미국과 영국의 이라크 침공 계획 입안자들은 충격의 즉각적인 힘을 신봉하는 사람들이다. 자신들의 힘이 너무나 충격적이고 압도적이어서, 이라크가 즉각 가사상태에 빠질 거라고 믿었다. 『쿠바르크』 매뉴얼에서 쇼크요법을 당한 사람들처럼 말이다. 이라크 침입자들은 기회를 잡아 또 다른 종류의 충격을 투입했다. 바로 경제적 충격이었다. 그들은 이라크를 점령한 뒤 백지상태에서 자유시장 민주주의 모델을 창조하려 했다.

그러나 백지상태는 나타나지 않았다. 단지 파괴되고, 산산조각 난 데다, 분노에 찬 사람들만 있을 뿐이었다. 그들은 이라크인들이 저항할수록 더 많은 충격을 가했다. 오래전 게일 캐스트너에게 자행한 실험에 근거한 충격이었다. "우리는 외부에 나가 파괴행위를 하는 데 아주 익숙합니다. 그러나 언젠가 좋은 날이 오면 전투보다는 건설에 더 시간을 쏟을 겁니다." 피터 시아렐리(Peter W. Chiarelli) 장군은 미 육군 기갑부대의 사령관이다. 그는 이라크전의 공식적 종결 이후 1년 반 동안 이라크를 지켜보았다.[82] 그러나 그런 날은 결코 오지 않았다. 캐머런과 마찬가지로, 이라크에서 충격전문가들은 파괴만 할 뿐이지 재건은 못 할 것 같다.

2장

또 다른 쇼크요법 전문가

밀턴 프리드먼과 자유방임주의 실험실

요즘 경제 기술관료들은 여기저기 부서를 옮겨 다니며 세금 개혁안이나 새로운 사회보장법을 만들 수 있다.
혹은 또 다른 부서에서 환율 제도를 조정할 수도 있다.
그러나 과거처럼 전권을 위임받아 선호하는 경제체제를 완성할 수 있는
백지위임장을 받는 기쁨은 결코 누리지 못한다.
1988년, 아널드 하버거(Arnold Harberger), 시카고 대학 경제학 교수1

아마 1950년대 시카고 대학의 경제학부만큼 심하게 신화화된 학문공간도
없을 것이다. 그곳은 단순한 학교가 아니라 하나의 학파로 철저히 인식되었다.
학생들을 교육시키는 데서 그치지 않고 시카고 경제학파를 창설해 키워나갔기
때문이다. 시카고학파는 보수적인 학자 그룹의 지적 산물이었다. 그들의 사상은
당시 학계를 장악한 '국가통제주의(statist)' 사고에 저항하는 혁명적 요새를 상징

했다. 경제학부 학생들은 "과학은 측정이다."라는 현판 아래로 뚫린 사회과학대 출입문으로 걸어 들어갔다. 전설적인 구내식당에서 거인 같은 위상을 갖춘 교수들을 상대로 지적인 용기를 대담하게 시험해보기도 했다. 결코 별 볼일 없는 학위 따위를 얻으려 한 게 아니었다. 그것은 마치 전쟁에 참전하러 가는 모습이었다. 보수적인 경제학자이자 노벨상 수상자이기도 한 게리 베커(Garry Becker)는 이런 표현을 썼다. "우린 다른 모든 전문 분야와 싸우는 전사들이었죠."[2]

시카고 대학의 경제학부는 같은 시기에 이언 캐머런이 이끈 맥길 대학의 심리학부와 비슷한 상황이었다. 야심만만하며 카리스마 넘치는 한 남자가 그 분야에서 일대 혁명을 일으킬 임무를 추진하며 학부를 손아귀에 장악했다. 그는 바로 밀턴 프리드먼이었다. 그의 주변에는 자신만큼이나 극단적 자유방임주의를 열렬히 신봉하는 정신적 스승과 동료가 많이 있었다. 그런데도 시카고학파에 혁명의 기운을 불어넣은 건 바로 프리드먼의 에너지였다. 베커는 당시를 이렇게 회상했다. "사람들은 항상 제게 물었어요. '왜 이렇게 들떠 있어? 예쁜 여자랑 데이트라도 나가는 거야?' 저는 '아니야. 난 경제학 수업을 들으러 가는 거라고!'라고 말했죠. 프리드먼 교수의 학생이 되는 건 정말 마법처럼 멋진 일이었지요."[3]

한편 프리드먼과 캐머런이 생각한 임무는 모두 '자연스러운' 상태로 되돌아가려는 꿈을 기반으로 한다. 즉 인간의 개입으로 사회 패턴이 왜곡되기 이전의 모든 것이 조화로운 상태를 원한다. 캐머런이 인간의 기억을 태초의 상태로 되돌리는 꿈을 가졌다면, 프리드먼은 사회의 기존 패턴을 해체하려고 했다. 프리드먼은 정부 규제, 무역 장벽, 이익집단 등의 방해 요소들을 제거함으로써 순수한 자본주의로 돌아가려 했다. 또한 캐머런과 마찬가지로 극심한 경제 왜곡현상이 나타날 때 이를 완전무결한 상태로 되돌릴 방법은 고통스런 충격을 가하는 길뿐이라고 믿었다. 한마디로 '극약 처방'만이 왜곡과 잘못된 사회 패턴을 없앨 수 있다고 여겼다. 캐머런이 충격을 주기 위해 전기를 이용한 반면 프리드먼이 선택한 도구는 정책이었다. 그는 절망적 상황에 처한 국가들의 일부 배짱 두

둑한 정치인들에게 쇼크요법을 요구했다. 캐머런은 아무것도 모르는 환자들에게 자신의 지론을 마음껏 펼칠 수 있었다. 반면에 프리드먼은 실제 세상에서 기존의 패턴을 급진적으로 제거하고 원하는 정책을 실행할 기회를 얻는 데 장장 20년을 쏟아 부어야 했다. 게다가 역사적 우여곡절도 수차례 겪었다.

프랭크 나이트(Frank Knight)는 시카고학파의 창시자 가운데 1명이다. 그는 교수들이 경제이론은 논쟁적인 가설이 아닌 '시스템의 신성한 모습'이라는 믿음을 학생들에게 '심어주어야' 한다고 생각했다.[4] 시카고학파가 가르치는 핵심은 공급, 수요, 인플레이션, 실업 등의 경제적 동인은 자연의 힘과 비슷하다는 것이다. 그러니까 그것은 고정적이고 바뀌지 않는다. 시카고학파의 수업 및 교과서에서 상상하는 진정한 자유시장에서는 이러한 힘들이 완전한 균형을 이루고 있다. 달이 조류를 잡아끌듯, 공급이 수요와 의사소통을 한다. 만약 높은 인플레이션으로 경제가 어려워질 경우를 생각해보자. 프리드먼의 엄격한 통화주의이론에 따르면, 그 원인은 시장 스스로 균형을 찾게 놔두지 않기 때문이다. 즉 방향을 잘못 잡은 정책 입안자들이 너무 많은 돈을 시장 시스템에 투입했기 때문이다. 생태계의 자기조절과 마찬가지로, 시장은 작동 기제에 모든 것을 그냥 맡겨놓으면 알아서 스스로 균형을 맞춘다. 적절한 가격에 적절한 물량의 상품이 생산된다. 그리고 물건을 생산하는 노동자들은 그런 물건을 구입할 수 있을 정도의 적절한 임금을 받는다. 한마디로 일자리가 넘쳐나고, 끝없는 창조성이 발휘되며, 인플레이션이 없는 에덴동산이다.

하버드 대학의 사회학자인 대니얼 벨(Daniel Bell)에 따르면, 이러한 이상적인 시스템에 대한 사랑이 급진적 자유시장 경제의 본질이다. 자본주의는 '보석 같은 움직임'으로 표현된다. 또는 "천상의 시계장치다. (중략) 하나의 예술 작품으로 너무나 매력적이다. 포도를 너무나 사실적으로 그려 새들이 와서 쪼아 먹으려 할 정도였던 그리스 화가 아펠레스의 저명한 그림들 같다."[5]

프리드먼과 동료들의 난제는 실제 시장이 그들의 멋들어진 상상대로 작동하는지를 어떻게 증명하느냐는 것이었다. 프리드먼은 물리학이나 화학을 다루듯 치밀하고 정밀한 과학적 방식으로 경제학에 접근하는 자신을 자랑스러워했다. 그러나 치밀한 과학자라면 이론을 증명할 실제 사례를 찾아내야 한다. 그런데 프리드먼은 모든 '왜곡'조치가 사라지고, 완벽한 건강과 윤택함을 누리는 사회만 남은 현실 경제를 찾아내지 못했다. 세상에서 어떤 국가도 완벽한 백지상태의 조건을 충족시킬 수 없기 때문이다. 그들은 자신들의 이론을 중앙은행이나 무역통상부를 통해 시험해볼 수 없었다. 프리드먼과 동료들은 정교하고 독창적인 수학공식과 사회과학대 건물의 지하 워크숍에서 정밀하게 짜인 컴퓨터 모델에 의존해야 했다.

프리드먼을 경제학으로 인도한 것은 숫자와 시스템에 대한 사랑이었다. 자서전을 보면, 그는 고등학교 때 기하학 교사가 칠판에 피타고라스의 정리를 썼을 때 계시를 받은 느낌이었다고 한다. 그리고 존 키츠(John Keats)의 '그리스 항아리에 부치는 송시'에서 인용된 "아름다움은 진실이며, 진실은 아름다움이다. 그것이 지구상에서 당신이 아는 모든 것이자, 알아야 할 모든 것이기도 하다."라는 구절의 간결함에 감탄했다.[6] 프리드먼은 아름다운 모든 것을 아우르는 시스템에 대한 지극한 사랑을 경제학자 세대에 전수했다. 단순성, 엄밀함, 정밀성에 대한 추구도 함께 말이다.

다른 근본주의자들의 신념이 그렇듯, 시카고학파 열성 신자들은 시카고 경제학 교리를 여지없이 그대로 받아들였다. 자유시장은 완벽한 과학적 시스템이라는 전제에서 출발한다. 개개인이 자기 이득 추구의 욕구에 따라 행동하다 보면 나중엔 모두에게 최대 효용을 가져온다. 만약 높은 인플레이션이나 치솟은 실업률처럼 자유시장 경제에 문제가 생긴다면, 그것은 시장이 진정으로 자유롭지 않기 때문이다. 시스템 안에 일부 방해요소나 왜곡이 있는 게 틀림없다. 따라서 시카고학파의 해결책은 항상 같다. 근본 원칙을 더 엄격하고 완벽하게 적용하라는 것이다.

프리드먼이 2006년에 사망하자, 부고기사 작성자들은 그의 광대한 업적을 요약하려 했다. "밀턴의 자유로운 시장, 자유로운 가격, 소비자 선택, 경제적 자유에 대한 진언이 오늘날 우리가 누리는 글로벌 번영을 가져왔다."라는 기사도 있었다.[7] 일부 측면에선 맞는 얘기이다. 물론 글로벌 번영의 본질에 대해서는 상당한 논쟁이 있다. 그런 번영을 누리는 사람은 누구이며, 번영을 누리지 못하는 사람은 누구인지, 어디서 그러한 번영이 오는지에 대해서 말이다. 분명한 것은 프리드먼의 자유시장 규정집과 수완 좋은 시행전략이 소수에게 엄청난 부를 가져다주었다는 점이다. 그들은 거의 완전한 자유를 누리는 셈이었다. 국경선에 구애받지 않고 각종 규제와 세금을 피해 새로운 부를 축적했다.

프리드먼이 영리 추구적인 사상을 가진 원인은 유년 시절의 기억에서 찾을 수 있다. 헝가리 이민자들인 그의 부모는 뉴저지 주의 모웨이에 위치한 의류공장을 샀다. 가족의 거주지는 작업장이 있던 바로 그 건물이었다. 프리드먼은 '오늘날로 말하자면, 노동착취 공장'일 거라고 밝혔다.[8] 당시 그러한 공장 소유자들은 위태위태한 시절을 보내고 있었다. 마르크스주의자들과 무정부주의자들이 이민 노동자들의 노조를 결성해 작업장 안전 규정과 주말 휴일을 요구했다. 그리고 교대 후 모임에서 노동자 소유권 이론을 토론하기도 했다. 사장의 아들인 프리드먼은 이러한 논쟁들에 대해 노동자들의 관점과는 다른 얘기를 들었을 것이다. 나중에 아버지의 공장은 파산했다. 그런데도 프리드먼은 강의할 때나 텔레비전에 출연해서 종종 그때의 이야기를 탈규제화된 자본주의 혜택의 사례로 들었다. 심지어 가장 열악하고 규제가 거의 없는 작업장 일자리도 자유와 번영의 사다리에 오르는 첫걸음을 제공했다는 것이다.

노동자 권력에 대한 좌파 사상이 전 세계에서 입지를 다지고 있는 상황에서, 시카고학파의 가장 큰 매력은 사업주들의 이익을 옹호할 길을 제시했다는 것이다. 두 사상 모두 급진적이며 이상주의에 가까운 주장에 심취해 있었다. 그는 자신의 사상이 공장 소유주의 낮은 임금을 줄 권리가 아니라, '참여 민주주의'의 가장 순수한 형태를 추구하는 것이라고 말했다. 이를테면 자유시장에서는 "누구나 자신이 원하는 넥타이 색깔을 고를 수 있다."[9] 좌파들은 사장으로부터 노동자를, 독재자로부터 시민을, 식민주의로부터 국가를 해방시키겠다고 약속했다. 반면에 프리드먼은 '개인적인 자유'를 약속했다. 다시 말해 개별 시민들을 어떤 기업보다도 우월한 자리에 있게 만들고, 시민의 절대적 자유를 소비자 선택을 통해 표현하게 만들어준다는 것이다. 1940년대 시카고 대학에서 공부한 경제학자 돈 파틴킨(Don Patinkin)은 이렇게 회상했다. "특히 흥미로운 것은 많은 젊은이들을 매료시켰던 마르크스주의 요소와 같은 특징을 지니고 있다는 점이다. 시카고학파는 명쾌한 논리적 완결성과 간결함이 어우러졌으며, 급진주의와 이상주의가 혼합되어 있다."[10] 즉 마르크스주의자가 노동자들의 유토피아를 꿈꾸었다면 시카고학파는 기업가의 유토피아를 꿈꾼 셈이다. 두 사상 모두 자신의 방법대로만 한다면 완벽함과 균형이 따라온다고 주장했다.

항상 그렇듯 문제는 현 상태에서 어떻게 그런 멋진 상황으로 갈 수 있느냐는 것이다. 마르크주의자들은 혁명을 해결안으로 단호히 제시하며, 기존 체제를 없애고 사회주의로 대체해야 한다고 주장한다. 이와 달리 시카고학파가 내린 해답은 그리 간단치 않다. 미국은 이미 자본주의 국가이지만, 시카고학파가 생각하기엔 그렇지 않다. 그들은 미국을 비롯한 자본주의 경제권의 곳곳에서 방해 요인들을 찾아냈다. 정책결정자들은 사람들이 생필품을 구입할 수 있도록 가격을 고정시키고, 노동자들을 덜 착취하도록 최저임금을 정하며, 모두가 교육을 받을 수 있도록 국가에서 교육 분야를 담당한다. 이러한 조치들은 사람들에게 유익한 것으로 보인다. 그러나 프리드먼과 동료들은 실제론 시장의 균형에 막대한 해를 끼치는 조치들이라고 단언했다. 상호 의사소통과 다양한 신호를 보낼 능력을 방해하는 조치라는 것이다. 시카고학파는 그러한 주장을 자신들의 경제모델을 통해 증명하려 했다. 한마디로 시카고학파의 임무는 자본주의의 순수화였다. 그들은 시장에서 방해요소들을 제거해 자유경제를 번영시키려 했다.

이런 이유 때문에 시카고학파는 마르크스주의를 진짜 적으로 여기지 않았다. 진짜 문제는 미국의 케인스학파 사상, 유럽의 사회민주주의, 당시 제3세계라 불리던 지역의 발전주의였다. 이 세 가지 사상을 가진 사람은 유토피아 신봉자가 아니라 혼합경제를 믿는 신도들이었다. 시카고학파의 눈에는 소비재의 제조와 분배를 규제하는 방식, 교육 분야의 사회주의 정책, 수자원 같은 필수자원의 국영화, 자본주의가 극단으로 치닫는 것을 막기 위한 각종 법들이 자본주의의 혼란을 일으키는 정책으로 보였다. 시카고학파는 종교적 근본주의자들과 마찬가지로 다른 근본주의자들과 노골적인 무신론자에게는 마지못해 존경을 표했다. 그러나 혼합하고 조율하는 경제이론과는 전쟁을 선포했다. 그들은 오염되지 않은 순수한 자본주의로 회귀하는 사본수의 개혁을 원했다.

이런 순수주의는 프리드리히 하이에크(Friedrich Hayek)에게서 나왔다. 그는 프리드먼의 개인적 스승으로 1950년대 시카고 대학에서 학생들을 가르쳤다. 이 금욕적인 오스트리아인은 경제에 개입하는 정부는 사회를 '농노제의 길'로 이끈다고 주장하며, 제거해야 할 대상이라고 경고했다.[11] 시카고 대학에서 장기간 교수로 지냈던 아널드 하버거는 분파 내의 분파를 일컫듯 '오스트리아인들'이라고 표현했다. "오스트리아인들은 너무 열성적이어서 국가의 간섭은 단지 잘못된 정도가 아니라 악이라고 여겼다. (중략) 매우 예쁘면서도 정교한 그림이 있는데, 그 자체로 조화를 이루고 있다. 한데 만약 있어야 하지 않을 곳에 점을 찍는다면 끔찍할 것이다. 그건 아름다움을 해치는 흠이 될 것이다."[12]

1947년, 프리드먼은 스위스의 지명을 딴 몽펠르랭협회(Mont Pèlerin Society)를 설립했다. 그리고 그때 하이에크와 처음으로 합류했다. 당시는 평판 좋은 회사라면 제한 없이 마음껏 사업을 하게 해달라는 주장을 할 수 없는 시대였다. 1929년의 시장 붕괴와 뒤를 이은 대공황의 기억들이 여전히 생생했다. 평생 모은 돈이 하룻밤 사이에 사라졌으며, 자살, 무료 급식소, 경제난민은 여전했다. 시장이 만든 엄청난 재앙 탓에 시장에 개입하는 정부가 필요해졌다. 대공황은 자본주의의 종말을 알리는 것이 아니었다. 몇 년 앞서 케인스가 예고했던 '백지상태의 종말'이었다. 즉 시장이 스스로 조절할 수 있다고 믿는 시스템의 종식이었다.[13] 1930~1950년대 초반까지는 시장에 개입하는 정책이었다. 뉴딜정책의 할 수 있다는 신조는 전쟁물자 지원생산에 이용되었다. 그리고 공공근로 프로그램을 만들어 더 많은 일자리를 창출했다. 동시에 새로운 사회 프로그램을 만들어 많은 사람들이 어려운 처지로 전락하는 걸 막았다. 좌파와 우파 간의 타협은 야비한 이야기가 아니었다. 1933년, 케인스가 프랭클린 루스벨트에게 보낸 글처럼, 우파의 정설과 좌파의 혁명이 승부가 날 때까지 싸우는 세상을 막는 숭고한 일이었다.[14] 미국의 존 갤브레이스(John Kenneth Galbraith)는 케인스의 후계자로, 정치가와 경제학자의 주된 임무는 '불황을 막고 실업을 방지하는 것'이라고 말했다.[15]

　　제2차 세계대전을 해결하고 나니 가난과의 전쟁이 더 급박한 문제로 떠올랐다. 나치즘은 절망적인 불황에 빠져 있던 독일에서 출현했다. 제1차 세계대전 이후에 부과된 체벌 같은 보상금 때문에 그렇게 된 것이다. 그러다 1929년 시장 붕괴로 상황은 더욱 심해졌다. 케인스는 만약 세계가 독일의 빈곤 문제를 자유방임 방식으로 접근한다면, 끔찍한 반발에 직면할 것이라고 예견했다. "나는 복수심은 사그라지지 않을 것이라고 예언한다."[16] 당시 그의 말은 무시되었다. 그러나 유럽이 제2차 세계대전 이후 재건되었을 때, 서구 강대국들은 시장경제가 기본적인 존엄성을 보장해야 한다는 원칙을 받아들인 셈이다. 시장경제에 환멸을 느낀 시민들이 파시즘이든 공산주의든 간에 또다시 매력적인 이념을 찾아 나서지 않도록 말이다. 미국의 사회보장제도, 캐나다의 의료보험제도, 영국의 복지제도, 프랑스와 독일의 노동자보호제도 같은 '고귀한' 자본주의의 과거

정책들을 만든 것은 이러한 실용주의적 사고방식이었다.

개발도상국에서는 더욱 급진적인 분위기가 대두했다. 발전주의 또는 제3세계 민족주의라는 정책이었다. 발전주의 경제학자들은 천연자원 수출에 의존하지 말고 내부 지향적 산업화 전략을 취해야 가난의 순환에서 벗어날 수 있다고 주장했다. 당시 천연자원 가격은 유럽과 북미에서 계속 하락하는 추세였다. 발전주의자들은 석유, 광물, 핵심 산업들을 규제 또는 심지어 국유화한 뒤, 그이윤을 정부 주도 개발에 사용하라고 주장했다.

1950년대 발전주의자들은 케인스학파나 선진국의 사회민주주의자와 마찬가지로 눈부신 성공담을 뽐냈다. 발전주의의 가장 대표적인 실험실은 라틴아메리카의 남부 지방이었다. 일명 남미 원뿔지대(Southern Cone) 국가들로 칠레, 아르헨티나, 우루과이, 브라질의 일부가 여기에 속한다. 근원은 칠레의 산티아고에 소재한 유엔(UN) 산하 라틴아메리카 경제위원회였다. 1950~1963년까지 경제학자 라울 프레비시(Raúl Prebisch)가 이끌었다. 프레비시는 발전주의이론을 경제학자들에게 교육해 남미 각국 정부에 정책 조언자로 파견했다. 아르헨티나의 후안 페론(Juan Perón) 같은 민족주의 정치가들은 이러한 사상을 철저하게 실천에 옮겼다. 그리고 공공기금을 고속도로나 철강공장 같은 기반시설 프로젝트에 쏟아 부었다. 국내 사업체에도 많은 보조금을 지급해 새로운 공장을 짓고 자동차와 식기세척기를 대량생산하게 했다. 반면 외국 수입품에는 높은 관세를 매겨 진입을 막았다.

정신없이 확장되는 남미 원뿔지대는 남미 국가나 제3세계라기보다는 유럽이나 북미처럼 보이기 시작했다. 새로 지은 공장의 노동자들은 강력한 노조를 결성해 중산층 정도의 임금을 요구했다. 그리고 자녀들을 새로 지은 공립대학에 보냈다. 폴로 클럽 엘리트와 농민 대중 사이의 커다란 격차가 좁혀지기 시작했다. 1950년대의 아르헨티나는 남미 대륙에서 가장 많은 중산층을 보유했다. 이웃 국가인 우루과이는 글을 읽고 쓸 줄 아는 인구의 비율이 95퍼센트에 달했으며, 모든 시민들에게 무료 의료혜택을 제공했다. 발전주의는 당시 너무나 경이로울 정도로 성공적이어서, 라틴아메리카의 남미 원뿔지대는 전 세계 빈곤국들에게 정신적 상징이 되었다. 그들은 현명하고 실질적인 정책을 과감하게 시행한다면, 제1세계와 제3세계의 간격은 곧 사라질 것임을 증명했다.

그러나 관리된 경제의 성공은 시카고 경제학부에는 암담한 시절을 의미했다. 북미에서는 케인스학파가, 남미에서는 발전주의가 득세했다. 시카고학파의 학문적 라이벌인 하버드, 예일, 옥스퍼드의 경제학자들은 시장의 야수를 잠재우게 도와달라는 각국의 대통령과 총리에게 등용되었다. 시장을 방임상태로 두자는 프리드먼의 과감한 사상에 관심을 갖는 사람은 별로 없었다. 그러나 일부 소수는 시카고학파의 사상에 깊은 관심을 보였다. 그들은 매우 강력한 힘을 가진 소수 세력이었다.

미국의 다국적기업들은 예전보다 더 적대적인 개발도상국을 상대해야 했다. 동시에 국내에서는 더 막강해지고 요구가 많아진 노조에 대처해야 했다. 전후의 호황기는 모든 것이 정착되지 않은 시기였는데, 급성장한 경제는 거대한 부를 창출해냈다. 그러나 사업주들과 주주들은 막대한 이윤의 상당 부분을 기업세나 노동자의 임금을 통해 재분배해야 했다. 당시 사람들 대부분은 좋은 상황에 있었다. 그러나 뉴딜정책 이전으로 회귀한다면, 일부 세력은 더 큰 성공을 거둘 수 있었다.

자유방임주의에 반대하는 케인스학파의 혁명 때문에 기업들은 많은 비용을 치렀다. 잃어버린 기반을 되찾기 위해서는 케인스학파에 대항할 반혁명이 요했다. 당시 분위기론 월스트리트가 앞장서기 어려운 상황이었다. 프리드먼의 친구이자 시티뱅크 대표인 월터 리스턴(Walter Wriston)은 최저임금제와 기업세를 폐지해야 한다고 주장했다. 당연히 악덕 자본가라는 비난이 이어졌다. 그러자 이번엔 시카고학파가 나섰다. 뛰어난 수학자이자 노련한 토론가인 프리드먼이 똑같은 주장을 하자 사람들은 예전과는 다르게 받아들였다. 잘못된 방향의 정책으로 무시될 수 있을지는 몰라도, 과학적 공평성이라는 커다란 힘을 갖고 있었다. 기업가의 관점이 학계 내지는 사이비 학계를 통해 나타나면서 기업들은 유리한 위치에 섰다. 갑자기 기업들은 시카고학파에 기부금을 내기 시작했고, 단기간에 우파 싱크탱크가 전 세계적 네트워크를 형성하게 되었다. 반혁명의 글로벌 보병들을 대량으로 생산해낸 것이다.

이제 프리드먼의 한결같은 주장이 힘을 얻게 되었다. 즉 뉴딜정책은 완전히 잘못된 정책이라는 것이다. "미국을 비롯한 수많은 국가들이 잘못된 트랙에서 출발했다."[17] 프리드먼은 정부를 올바른 노선으로 돌려놓기 위해, 유명한 첫 번째 저서 『자본주의와 자유』에서 글로벌 자유시장 규정집을 제시했다. 또한 미국에서 신보수주의 운동을 대표할 경제적 의제들을 내놓았다.

첫째, 정부는 이윤 추구를 방해하는 규정과 규칙들을 모두 폐지해야 한다. 둘째, 정부자산은 기업들에게 매각해 이윤을 내게 해야 한다. 셋째, 사회 프로그램의 지원을 대폭 줄여야 한다. 프리드먼은 규정 폐지, 민영화, 사회적 지원 삭감이라는 세 가지 공식 아래에서 구체적인 방안들을 잔뜩 내놓았다. 세금을 꼭 거둬야만 한다면 가급적 낮게 책정하고 빈부에 상관없이 균일한 금액이어야 한다. 그리고 기업들은 세계 어디에서든지 생산품을 자유롭게 팔 수 있어야 한다. 정부는 국내 산업이나 국내 소유권을 보호하려고 해서는 안 된다. 노동 가격을 비롯해 모든 가격은 시장에 의해 결정되어야 한다. 따라서 최저임금제도 없어져야 한다. 프리드먼은 건강보험, 우편배달업무, 교육, 노후연금, 심지어 국립공원까지 민영화할 것을 주장했다. 또한 대공황 이후 대중의 폭동을 막기 위한 국가, 기업, 노동자 간의 불안정한 협정이었던 뉴딜정책을 폐지하라고 과격하게 주장했다. 노동자들이 간신히 획득한 보호조치나 국가가 시장의 충격을 완화하기 위해 만든 서비스는 전혀 개의치 않았다. 시카고학파는 모든 걸 다시 이전으로 돌리고 싶어 했다.

시카고학파는 사실 그 이상을 원하고 있었다. 즉 노동자와 정부가 수십 년간 공공부문에서 열정적으로 만들어놓은 성과물을 앗아가려 했다. 프리드먼이 정부에게 매각하라고 촉구한 자산은 바로 공공자금을 투입해 이룬 지난 세월의 최종 결과물이었다. 또한 공공자산을 가치 있는 자산으로 만들어낸 노하우를 팔라는 것이었다. 프리드먼이 보기엔 공공자산이 모두 민간 영역으로 이전되는 것이 원칙이었다.

항상 수학과 과학의 언어로 포장했지만, 실상 프리드먼의 미래상은 대기업의 이득과 일맥상통했다. 대기업은 본질적으로 규제가 없는 새롭고 거대한 시장을 갈구한다. 자본주의 확장의 첫 단계는 새로운 영토를 '발견하는' 것이다. 그러고는 비용을 들이지 않고 개척지를 점령해서 국민들에게 보상도 해주지 않은 채 부를 창출해낸다. 이것이 식민주의가 제공해주는 탐욕스러운 성장이다. '복지국가'와 '큰 정부'에 대항하는 프리드먼의 전쟁은 엄청난 부의 새로운 원천을 약속해주었다. 이번에는 새로운 영토를 정복하는 게 아니라, 한 국가 자체가 새로운 개척지가 되어, 공공서비스와 자산이 원래 가치보다 낮은 가격에 팔렸다.

발전주의와의 전쟁

1950년대 미국 상황으로 볼 때, 그러한 자산들에 대한 접근은 수십 년 뒤에나 고려할 방식이었다. 심지어 백악관의 드와이트 아이젠하워(Dwight Eisenhower) 같은 공화당원도 시카고학파가 제시한 정책으로 급반전할 기미가 없었다. 공공서비스와 노동자 보호정책은 너무나 인기가 있었다. 아이젠하워는 다음 대선을 바라보고 있었다. 따라서 국내에서 케인스주의를 번복할 의도는 거의 없었다. 그러나 해외에서 나타난 발전주의를 좌절시키기 위한 급진적 조치에는 열성이었다. 그리고 발전주의와의 전쟁에서 시카고 대학은 핵심적인 역할을 했다.

1953년에 아이젠하워가 취임했을 때 이란은 발전주의 성향의 지도자 모하마드 모사데크(Mohammad Mosaddeq)가 정권을 잡고 있었다. 그는 이미 이란의 석유회사를 국유화한 상태였다. 한편 인도네시아는 야심만만한 아크멧 수카르노(Achmed Sukarno) 치하에 있었다. 그는 제3세계의 민족주의 정부들이 연대해 서구와 소련에 맞먹는 슈퍼파워를 이루자고 주장했다. 미 국방부는 라틴아메리카의 남미 원뿔지대에서 민족주의 경제가 점차 성공을 거두고 있는 점에 우려를 나타냈다. 세계의 상당수 지역이 스탈린주의와 마오쩌둥주의로 돌아서고 있는 상황에서, 발전주의의 '수입대체전략' 제안은 사실 매우 중도적인 방안이었다. 한편 남미의 독자적인 뉴딜정책은 강력한 적에 부딪힌 상태였다. 남미 대륙의 봉건 지주들은 오랫동안 기득권 체제에 만족하고 있었다. 그들은 엄청난 이익을 누리며 가난한 소작농들을 농지와 광산에서 규제 없이 마음껏 부릴 수 있었다. 그러나 이제 그들의 이윤은 다른 분야의 건설에 투입되고, 고용한 일꾼들은 토지의 재분배를 요구하기 시작했다. 게다가 정부는 식량공급을 위해 곡물 가격을 인위적으로 낮추었다. 상황이 이렇게 되자 지주들은 분노했다. 남미에 진출한 미국과 유럽의 기업들도 비슷한 불만을 자국 정부에 토로하기 시작했다. 외국 상품은 남미 각국에 진입하기가 어려운 데다, 현지 노동자들은 더 높은 임금을 요구했다. 더욱 놀랍게도 광산부터 은행까지 외국 소유의 자산들이 국유화되어 남미의 경제독립 지원에 쓰일 형편이었다.

기업들의 이해관계에서 나온 압력 때문에 미국과 영국의 외교 정책권은 발전주의 성향의 남미 정부를 냉전의 대립논리로 끌어들이려 했다. 서구 강경파들은 온건하면서 민주적인 발전주의자들의 겉모습에 속지 말라며 경고했다. 다시 말해 제3세계 민족주의는 전체주의적 공산주의로 가는 첫걸음이며, 이제 곧 꽃망울을 피울 것이라는 주장이었다. 이러한 이론의 후원자는 두 명이었다. 아이젠하워의 국무부 장관인 존 덜레스(John Dulles)와 그의 동생이자 새로 창설된 CIA의 책임자인 앨런 덜레스(Allen Dulles)가 바로 그들이었다. 공직을 맡기 전에 두 형제는 뉴욕의 유명 법률회사 설리번앤드크롬웰(Sullivan & Cromwell)에서 일했다. 설리번앤드크롬웰은 발전주의 탓에 많은 것을 잃은 제이피 모건(J. P. Morgan), 국제 니켈 회사(International Nickel Company), 쿠바 사탕수수회사(Cuban Sugar Cane Corporation), 유나이티드 과일회사(United Fruit Company) 같은 기업들의 이익을 대표하는 곳이다.[18] 덜레스의 패권은 즉각 나타나기 시작했다. 1953~1954년, CIA는 제3세계 정부들을 전복시키기 위한 두 건의 쿠데타를 모의했다. 표적이 된 정부들은 사실 스탈린주의보다는 케인스주의에 더 가까웠는데도 말이다.

1953년, CIA는 이란의 모사데크 정부를 쿠데타로 축출하고 잔인한 팔레비 왕조로 대체했다. 그리고 1954년에는 유나이티드 과일회사의 직접적인 요청으로 과테말라의 쿠데타를 후원했다. 덜레스 형제가 법률회사에 있을 때부터 요청받았던 일이었다. 구즈만(Jacobo Arbenz-Guzmán) 대통령이 미개간 농지의 일부를 국유화하려고 하자(완전 보상을 약속했다), 유나이티드 과일회사는 격노했다. 과테말라 대통령은 '봉건경제 후진국에서 근대적인 자본주의 국가로' 변모하려는 프로젝트의 일환이라고 설명했다. 그러나 미국으로서는 받아들일 수 없는 목표였다.[19] 구즈만은 제거되고 유나이티드 과일회사는 다시 주도권을 잡았다.

남미 원뿔지대에 뿌리 내린 발전주의를 박멸하는 것은 더욱 힘든 난제였다. 1953년, 칠레의 산티아고에서 미국인 두 명이 만나 구체적 방안을 논의했다. 그중 1명은 미 국제협력처의 칠레 지부 대표인 앨비언 패터슨(Albion Patterson)이다. 훗날 이 조직은 미 국제개발처(USAID)가 된다. 다른 1명은 시카고 대학 경제학부 학장인 시어도어 슐츠(Theodore W. Schultz)이다. 패터슨은 라울 프레비시와 라틴아메리카의 '좌익 성향' 경제학자들에 대해 우려했다. 그리고 "교육에 영향을 주기 위해서는 칠레 학계의 구성원들을 교체해야 한다."라고 동료에게 강조했다.[20] 슐츠도 마르크스주의와의 지적 전쟁에 제대로 나서지 않는 미국 정부에 불만이 있던 터였다. "해외에 미국식 경제 프로그램을 주입시켜야 한다.

(중략) 가난한 국가들이 미국과 관계를 맺고, 미국식 경제발전 모델을 사용해 경제적 성공을 거두길 바란다."[21]

두 남자는 국가 주도 경제의 본산인 산티아고를 정반대로 바꿀 계획을 생각해냈다. 바로 최첨단 자유시장의 실험실로 사용하려는 것이다. 이는 밀턴 프리드먼이 오랫동안 꿈꿔왔던 것으로, 프리드먼은 자신이 선호하는 이론을 시험해볼 국가를 드디어 찾은 셈이었다. 그들의 계획은 아주 간단했다. 세계에서 반좌익 성향이 가장 두드러진 학교에서 칠레 학생들이 공부할 수 있도록 미 정부가 돈을 대는 것이다. 그 학교는 바로 시카고 대학이었다. 슐츠와 동료들은 재정지원을 받아 산티아고로 가서 칠레 경제에 대해 연구하는 동시에 칠레 학생들과 교수진을 시카고학파 근본주의자로 훈련시켰다.

당시 남미 학생들을 후원한 미국의 교육 프로그램은 많이 있었다. 그러나 이 프로그램은 노골적으로 이념적 요소를 드러냈다는 점에서 차별화된다. 칠레 학생들에게 시카고학파 사상을 교육시키기로 선택한 미 국무부는 남미의 발전주의에 선전포고를 했다. 실상 칠레의 엘리트 학생들이 배울 내용을 미국 정부가 결정하겠다고 말한 셈이다. 미국의 남미 개입은 너무나 노골적이었다. 앨비언 패터슨은 칠레 최고 명문인 칠레 대학 총장에게 접근해 교환 프로그램을 실시할 후원금을 주겠다고 말했다. 그러나 총장은 조건을 내걸며 거절했다. 미국에서 칠레 학생들을 가르칠 사람들에게 이곳 교수진들이 의견을 개진할 수 있어야 한다는 조건이었다. 그러자 패터슨은 비교적 덜 유명한 대학인 칠레 가톨릭 대학의 총장에게 접근했다. 그곳은 훨씬 보수적인 학교로 경제학부가 없는 상태였다. 가톨릭 대학 총장은 기쁨을 감추지 못했다. 그리고 워싱턴과 시카고에서 '칠레 프로젝트'라고 불리는 프로그램이 드디어 탄생했다.

시카고 대학의 슐츠는 "협력이 아니라 경쟁이 목적이다."라고 말하며, 그 프로그램이 극히 일부에게만 혜택을 줄 것이라고 설명했다.[22] 전투적인 자세는 처음부터 아주 분명히 나타났다. 칠레 프로젝트의 목적은 '좌익 성향'의 남미 경제학자들과의 전투에서 승리를 거둘 전사들을 길러내는 것이었으니 말이다.

1956년에 프로젝트가 공식적으로 실시된 이래, 1957~1970년 동안 학생 100명이 시카고 대학에서 석·박사학위를 받았다. 학비와 부수적 비용은 미국의 납세자들과 협회들이 댔다. 1965년, 프로그램은 남미 전체의 학생들로 대상을 확대했다. 그러자 아르헨티나, 브라질, 멕시코에서 참가자들이 많이 늘었다. 확장은 포드 재단의 지원금으로 이루어졌으며, 이후 시카고 대학의 남미경제학회 센터의 창립으로 이어졌다. 40~50명의 남미 학생들은 프로그램 과정을 통해 대학원 수준의 경제학을 공부하고 있었다. 이는 전체 학생의 3분의 1에 해당하는 수치다. 하버드 대학이나 MIT에서 만든 비슷한 프로그램의 경우, 남미 학생들은 4~5명 정도이니 매우 놀라운 성과라 하겠다. 단 10년 만에, 남미 학생들이 해외로 경제학을 공부하러 가장 많이 가는 곳은 극도로 보수적인 시카고 대학이 되었다. 이는 앞으로 10년간 남미 역사의 진로를 결정짓는 사실이기도 하다.

칠레 학생들에게 시카고학파의 정설을 주입시키는 일이 가장 우선이었다. 아널드 하버거는 프로그램의 총책임자로 남미 학생들이 편안하게 지낼 수 있게 도와주는 임무를 맡았다. 그는 사파리 슈트 차림의 경제학자로, 스페인어에 능통한 데다, 칠레 여자와 결혼했다. 그리고 자신을 '매우 헌신적인 전도사'라고 표현했다.[23] 하버거는 칠레 학생들이 도착하자 특별 '칠레 워크숍'을 만들었다. 워크숍을 통해 시카고 대학 교수들은 남미 국가의 문제에 대해 상당히 이념적인 진단을 내렸다. 그리고 어떻게 교정할지에 대한 과학적인 처방을 제시했다.

"갑자기 칠레와 칠레 경제가 시카고 경제학부에서 대화의 중심 화제가 되었습니다." 안드레 군더 프랑크(Andre Gunder Frank)가 회상했다. 그는 1950년대에 프리드먼 아래서 공부했지만, 훗날 세계적으로 유명한 발전주의 경제학자가 된다.[24] 시카고 경제학부는 칠레 정책을 세심하게 관찰한 뒤 몇 가지 불필요한 요소들을 찾아냈다. 강력한 사회안전망, 국영산업 보호, 무역 장벽, 가격 통제였다. 그리고 학생들에게는 가난을 완화시키는 이런 노력들이 경멸의 대상이라고 가르쳤다. 상당수 학생들이 남미 개발주의의 오류를 분석하는 연구로 박사학위를 땄다.[25] 하버거는 1950~1960년대에 산티아고를 자주 방문했다. 군더 프랑크는 하버거가 산티아고를 비난했다고 회상했다. 또한 남미 최고였던 칠레의 의료 시스템과 교육 시스템도 '후진국 수준으로는 실행하기 어려운 어리석은 시도'라고 평했다.[26]

지나치게 이념적인 프로그램을 후원하는 것에 대해 포드 재단 내부에서 우려가 제기되었다. 시카고 대학에서 초청한 남미인 연설가들은 전부 같은 프로그램의 동문이라는 점을 지적하는 사람들도 있었다. "이러한 노력의 성과와 영향력을 부인할 수는 없지만, 이념적 편협함은 심각한 문제를 불러올 것이다." 포드의 남미 전문가 제프리 퍼이어(Jeffrey Puryear)는 협회 내부의 평론을 통해 이렇게 밝혔다. "개도국의 이해관계를 하나의 관점만으로 해결하기는 어렵다."[27] 그런데도 포드 재단은 계속 프로그램을 후원했다.

산티아고 가톨릭 대학의 마리오 사냐르투(Mario Zañartu)에 따르면, 시카고 대학에서 공부를 마치고 모국으로 돌아온 칠레인들은 "프리드먼보다도 더욱 프리드먼 같았다."*[28] 많은 이들이 가톨릭 대학의 경제학부에서 경제학 교수 자리를 얻었다. 그러고는 가톨릭 대학을 산티아고 내의 작은 시카고 대학으로 신속히 변모시켰다. 그들은 시카고 대학과 똑같은 교과과정과 영어 교재를 사용하며, '순수하고 과학적인' 지식을 주장했다. 1963년, 전임교수진 13명 가운데 12명이 시카고 대학 프로그램의 동문이었다. 경제학장으로 선출된 세르히오 데 카스트로(Sergio de Castro)는 프로그램의 첫 졸업생 가운데 1명이다.[29] 이제 칠레 학생들은 미국까지 멀리 갈 필요가 없어졌다. 수백 명의 학생들은 고국 칠레

---

* 월터 헬러(Walter Heller)는 케네디 행정부에서 일했던 유명한 경제학자다. 그는 프리드먼 추종자들의 광신도 같은 극단적 성향을 비웃으며 범주별로 나누었다. "일부는 프리드먼 기질을 따르는 사람들이고, 일부는 프리드먼주의자들이고, 일부는 프리드먼식이고, 일부는 프리드먼파고, 일부는 프리드먼 극성팬이다."

에서 시카고학파의 교육을 받을 수 있었다.

시카고 대학에서 공부하든 아니면 산티아고 지점에서 교육과정을 듣든 간에, 그 프로그램을 마친 학생들은 남미에서 '시카고 보이스(Chicago Boys)'로 불렸다. 그들은 USAID로부터 더 많은 자금을 받게 되면서, '신자유주의'라 불리는 사상을 열렬히 홍보하고 다녔다. 또한 아르헨티나와 콜럼비아를 방문해 시카고학파의 분점을 늘렸다. "남미 전체에 지식을 확산시키기 위해서다. 또한 자유를 막는 동시에 가난과 후진성을 영구화시킨 이념적 전제를 격파하기 위해서이다."라고 한 칠레인 졸업생이 말했다.[30]

후안 가브리엘 발데스(Juan Gabriel Valdés)는 1990년대 칠레의 외무부 장관이었다. 그는 시카고학파이거나 시카고 교리를 믿는 칠레인 경제학자 수백 명의 교육과정을 이렇게 표현했다. "미국의 직접적 영향력을 통해, 한 국가에 이념이 체계적으로 전달된 놀라운 예다. (중략) 이러한 칠레인들의 교육은 칠레인의 경제사상 발전에 영향력을 행사하기 위해 1950년대에 고안된 특별 프로젝트에서 유래했다." "칠레 사회에 소개한 사상은 이전에는 '사상 시장'에 존재하지도 않던 완전히 새로운 것이었다."[31]

이것은 지적 제국주의의 일종으로 상당히 노골적이었다. 그러나 한 가지 문제가 있었는데, 그것은 바로 원하는 결과를 내지 못했다는 점이다. 1957년에 시카고 대학이 국무부에 제출한 보고서를 살펴보면, "이 '프로젝트의 주된 목적'은 칠레의 경제 사안을 결정하는 지적 리더가 될 학생들을 훈련시키는 것이다."[32] 그러나 시카고 보이스는 남미 어디에서도 주도 세력이 되지 못했다. 사실 오히려 그들은 뒤처진 상태였다.

1960년대 초반, 남미 원뿔지대에서 벌어진 경제적 논쟁은 자유방임주의 대 발전주의의 대결이 아니었다. 발전주의를 다음 단계로 추진하려면 어떻게 하는 게 좋은지에 대한 논쟁이 핵심이었다. 마르크스주의자들은 광범위한 국유화와 급진적 토지개혁을 주장했다. 중도파는 남미 국가들 간에 커다란 경제적 협력체를 구성해 유럽과 북미에 대항할 강력한 무역블록을 형성하려 했다. 여론조사나 거리의 동정으로 미루어봤을 때, 남미 원뿔지대는 좌익 성향을 띠기 시작한 것이다.

1962년, 주앙 굴라르(João Goulart)가 통치하던 브라질은 분명 이러한 방향으로 움직였다. 그는 경제적 민족주의자였으며 토지 재분배와 고임금 정책을 추진했다. 또, 외국계 다국적기업들이 이윤을 국외로 유출해 뉴욕과 런던의 주주들에게 분배하는 방식이 아니라, 기업들이 이윤의 일부를 브라질 경제에 재투자하도록 만들려는 대담한 계획을 세웠다. 아르헨티나의 군사정부는 후안 페론의 당을 선거에 나오지 못하게 하는 방법까지 쓰면서 그러한 움직임을 막으려 했다. 그러나 그럴수록 젊은 페로니스트(Peronist: 후안 페론 지지자 또는 페론이 신봉한 인민민족주의 정치노선의 추종자로서 민족정의운동의 당원-옮긴이) 세대를 더욱 급진적으로 만들 뿐이었다. 그들 중 상당수는 국가를 되찾기 위해 무려까지 사용할 의지를 보였다.

시카고학파 실험의 중심부는 칠레였는데, 사상들 간의 전쟁에서 패색이 가장 역력했다. 역사적인 1970년 선거를 통해 칠레는 좌익 성향으로 바뀌었다. 주요 정당 셋은 국가의 최대 수입원이자 미국 광산 재벌이 지배하는 구리광산을 국유화하는 데 찬성했다.[33] 결국 칠레 프로젝트는 비용만 많이 든 실패작이었다. 시카고 보이스는 평화로운 이념적 전투에 참가한 전사들이었다. 결과는 좌파 적들에게 패배를 당하는 것으로 끝났다. 경제적 논의는 계속 좌파 성향으로 전개되었다. 설상가상으로, 시카고 보이스는 칠레의 선거에도 나서지 못하는 비참한 상태였다.

칠레 프로젝트는 그렇게 작은 역사적 흔적만 남긴 채 사라졌을 수도 있었다. 그러나 시카고 보이스를 위기에서 구해줄 일이 발생했다. 리처드 닉슨(Richard Nixon)이 미국 대통령으로 선출된 것이다. "닉슨은 전반적으로 상상력이 풍부한 외교 정책을 갖고 있다."라고 프리드먼은 감격해했다.[34] 그리고 그의 창조력은 칠레에서 가장 풍부하게 발휘된다.

닉슨은 시카고 보이스와 그들의 교수들에게 오랫동안 꿈꾸어왔던 것을 안겨주었다. 자본주의적 유토피아가 지하 워크숍의 이론에만 그치지 않음을 증명할 기회를 얻은 것이다. 그것은 한 국가를 완전히 개조하는 시도였다. 지금까지 칠레에서 민주주의는 시카고 보이스에게 별 도움이 되지 않았다. 이제는 독재가 시카고 보이스에 더 잘 맞는다는 사실을 증명해 보일 것이다.

살바도르 아옌데(Salvador Allende)의 인민연합 정부는 칠레 국내외 기업의 경제 분야에 정부가 개입하겠다는 정강을 내걸고 1970년 선거에서 승리를 거두었다. 아옌데는 남미 혁명의 새로운 부류였다. 그는 체 게바라(Che Guevara)와 마찬가지로 의사였다. 그러나 체 게바라와 달리 낭만주의적 게릴라가 아니라 격식을 차리지 않는 학자처럼 보였다. 물론 피델 카스트로(Fidel Castro)만큼이나 격한 정치연설을 할 수도 있었다. 그러나 열렬한 민주주의자였던 그는 칠레의 사회주의적 변화는 무력이 아닌 투표를 통해 이루어져야 한다고 믿었다. 닉슨은 아옌데가 대통령으로 선출되었다는 소식을 듣고서, 잘 알려진 대로 CIA 국장 리처드 헬름스(Richard Helms)에게 '경제적으로 고통스럽게 만들라는' 명령을 내렸다.[35] 아옌데의 승리는 또한 시카고 대학 경제학부에도 상당한 영향을 끼쳤다. 칠레에 간 아널드 하버거는 선거 결과가 '비극'이라며 동료들에게 편지를 보냈다. "칠레 우파 진영에서는 군사적 정권 탈취 아이디어도 수면 위로 내놓았다."[36]

아옌데는 자산과 투자금을 잃게 된 다국적기업들과 공정한 보상 조건을 협상하겠다고 밝혔다. 그러나 다국적기업들은 남미에 확산된 트렌드의 시작이라며 이를 두려워했다. 그리고 사업의 상당한 기반을 잃는다는 사실을 받아들이려 하지 않았다. 1968년, 미국의 대외투자 가운데 20퍼센트가 남미에 묶여 있었으며, 미국 회사들이 남미에 설치한 지점들은 5,436개에 이르렀다. 이렇게 투자를 했는데 이윤을 얻지 못할 처지가 된 것이다. 광산회사들은 지난 50년 동안 칠레의 광산산업에 10억 달러를 투자했다. 이는 세계에서 가장 큰 규모다. 그러나 자국으로 보낸 이윤은 72억 달러나 된다.[37]

선거에서 승리를 거둔 아옌데가 아직 취임하기 전일 때, 미국은 기업들을 대표해 아옌데 행정부에 전쟁을 선포했다. 워싱턴 소재의 칠레 임시위원회가 활동의 중심지였다. 주동자인 ITT(International Telephone and Telegraph Company)를 비롯해 칠레에 자산을 가진 미국 광산회사들이 위원회에 있었다. ITT는 곧 국유화될 칠레 전화회사의 70퍼센트를 소유하고 있었다. 퓨리나(Purina), 뱅크오브아메리카(Bank of America), 화이자(Pfizer)도 여러 차례 대표단을 위원회에 보냈다.

위원회의 유일한 목적은 '경제적 붕괴의 위협을 가해' 국유화 조치를 철회하게 만드는 것이었다.[38] 아옌데에게 고통을 가할 많은 아이디어가 있었다. 자세히 기록된 회담 비망록에 따르면, 회사들은 칠레에 제공될 '미국 차관'을 봉쇄하기로 했다. "미국의 은행들도 같은 조치를 취하게 만들라. 뿐만 아니라 외국 은행들과도 상의해 역시 같은 조치를 취하도록 해라. 앞으로 6개월 동안은 칠레에서 물품 구입을 미루고, 대신에 미국에 비축해둔 구리를 사용하라. 칠레에서 미국 달러를 아예 찾아보기 힘들게 만들라." 등의 내용이 목록에 나열되었다.[39]

아옌데는 절친한 친구인 오를란도 레텔리에르(Orlando Letelier)를 워싱턴에 대사로 파견하면서, 아옌데 정부를 무력화시키려는 기업들과 국유화 조건을 협상하라는 임무를 맡겼다. 레텔리에르는 유쾌하고 외향적인 사람이었다. 1970년대에 유행한 콧수염을 길렀고 멋진 목소리도 가졌다. 그는 외교계에서는 큰 인기를 누렸다. 아들 프란시스코는 아버지가 워싱턴의 자택에서 친구들과 모임을 가졌다고 회상했다. 그리고 당시 기타를 치며 포크송을 힘차게 부르던 아버지의 모습을 가장 즐거운 기억으로 떠올렸다.[40] 그러나 레텔리에르의 매력과 능력에도 불구하고 협상은 성공을 거두지 못했다.

1972년 3월, ITT와 레텔리에르 사이의 긴장된 협상이 한참이었을 때, 신문 칼럼니스트 잭 앤더슨(Jack Anderson)은 놀라운 기사를 실었다. 전화회사 ITT가 비밀리에 CIA 및 국무부와 모략을 꾸미며, 2년 전에 아옌데의 취임을 막으려고 했다는 문서에 관한 기사였다. 혐의가 제기되자 민주당이 지배한 미 상원은 조사를 시작했고, 광범위한 음모를 밝혀냈다. 당시는 여전히 아옌데가 정권을 잡고 있는 상황이었다. ITT는 아옌데 반대파에게 100만 달러를 뇌물로 제공했으며, CIA와 함께 칠레의 대통령 선거 결과를 몰래 조작하려는 계획을 추진했던 것으로 드러났다.[41]

1973년에 발표된 상원 보고서에 따르면, ITT는 원래 계획이 실패하고 아옌데가 결국 권력을 잡자 새로운 전략으로 옮겨갔다. 장차 6개월 내에 아옌데가 실패하게 만들려는 계획이었다. 상원이 가장 놀랐던 것은 ITT 중역들과 미국 정부와의 관계였다. 각종 증언과 문서에 따르면, ITT는 고위급에서 진행된 미국의 칠레 정책 입안 과정에 직접 개입했다고 한다. ITT의 한 CEO는 국가안보 자문인 헨리 키신저(Henry Kissinger)에게 편지를 보내 "아옌데 대통령에게는 알리지 않은 채, 칠레에 대한 모든 원조를 재검토 단계에 두자."라고 제안했다. 또한 닉슨 정부를 위한 18가지 전략을 준비했는데, 그중에는 군사 쿠데타를 요구하는 방안도 들어 있었다. "믿을 만한 출처에 따르면, 칠레 군대는 아옌데를 제거해야 한다며 반란을 계획하고 있다."[42]

ITT의 부사장인 네드 게리티(Ned Gerrity)는 상원 위원회에서 집중 공격을 받았다. 회사의 경제적 이득을 지키려는 목적 때문에 미국 정부의 힘을 이용해 칠레의 입헌 과정을 전복시키려는 뻔뻔한 행동을 했다는 비난을 받았다. 그는 매우 당황해하며 "가장 중요한 것에 신경을 쓴 행동이 잘못입니까?"라고 물었다. 상원 위원회는 보고서로 답변을 했다. "가장 중요한 것이 이득일지라도, 미국의 외교정책 결정에 개입하는 비열한 짓을 용납할 수는 없다."[43]

미국은 무자비하게 야비한 속임수를 써왔다. 그나마 ITT의 경우는 가장 엄격하게 조사된 사건이었다. 어쨌든 1973년, 아옌데는 여전히 권력을 유지했다. 은밀하게 사용된 800만 달러도 그의 입지를 약화시키지 못했다. 그해에 칠레에서는 임기 중간에 의회선거가 있었는데, 아옌데의 당은 1970년 선거 때보다 더 많은 표를 얻었다. 다른 경제모델을 원하는 욕구가 칠레에 깊이 자리 잡고 있음이 분명했다. 사회주의적 대안에 보내는 지지도 커져갔다. 1970년 선거 이후, 정적들은 아옌데의 전복을 계획해왔다. 그러나 이제는 그를 제거하고 다른 인물로 대체해도 문제가 해결될 것 같지가 않았다. 따라서 훨씬 더 급진적인 계획이 필요해졌다.

체제 전환의 교훈 : 브라질과 인도네시아

아옌데의 정적들은 '체제 전환'의 두 가지 모델을 세심히 연구했다. 바로 브라질과 인도네시아의 경우였다. 미국의 후원을 받는 브라질 군사정권은 1964년에 권력을 잡은 움베르투 카스텔루 브랑쿠(Humberto Castello Branco) 장군이 이끌고 있었다. 군사정권은 빈곤층을 배려하는 주앙 굴라르의 프로그램을 폐지하고 외국 투자에 문을 활짝 열었다. 처음에 브라질 군부는 비교적 평화로운 방식으로 경제적 논의를 진행시켰다. 잔인함은 나타나지 않았으며 시민들을 체포하는 일도 없었다. 일부 '반정부 성향 인물'들이 당시에 잔인하게 고문을 당했다는 사실이 나중에 밝혀지기는 했다. 그러나 그런 경우는 매우 적어서(그리고 브라질은 상당히 넓은 탓에), 관련된 소문은 감옥 밖으로 새어나가지 않았다. 제한적이기는 해도 언론의 자유와 의회의 자유를 비롯한 민주주의 요소는 남아 있었다. 그래서 이른바 신사의 쿠데타로 불리기도 했다.

1960년대 후반, 많은 브라질 국민들은 제한적인 자유를 이용해 빈곤의 심화에 분노를 표했다. 사람들은 군부정권의 비즈니스 친화적 경제 프로그램을 비난했다. 이는 주로 시카고 대학의 졸업생들이 고안해낸 프로그램이다. 1968년, 거리는 반군부정권 시위자들로 넘쳐났다. 군부정권은 위기에 처하자 권력을 유지하기 위해 필사적으로 노력하며 법을 바꾸기 시작했다. 민주주의는 완전히 봉쇄되었으며, 시민의 모든 권리는 폐지되고, 고문이 체계적으로 이루어졌다. 훗날 설립될 브라질의 진실위원회에 따르면, "국가가 저지른 살인은 일상적인 일이 되었다."[44]

1965년, 인도네시아의 쿠데타는 이와는 다른 경향을 보였다. 제2차 세계대전 이후, 인도네시아는 수카르노(Sukarno) 대통령이 통치하고 있었다. 그 시대의 우고 차베스(Hugo Chávez)라고 할 것이다(비록 차베스처럼 선거를 좋아하는 인물은 아니지만 말이다). 그는 IMF와 세계은행이 서구 다국적기업들의 이득을 반영하는 단체라고 비난하며 탈퇴했다. 수카르노는 공산주의자가 아닌 민족주의자였지만, 약 300만 명의 활동적인 당원을 가진 공산당과 제휴해서 일했다. 이에 미국과 영국 정부는 수카르노 통치를 종식시키기로 결심했다. 상세한 기록에 따르면, CIA는 "상황과 적절한 기회를 봐서 수카르노 대통령을 제거하라."라는 고위급 지령을 받았다.[45]

여러 번의 실패 후, 1965년 10월 드디어 기회가 왔다. 수하르토(Suharto) 장군은 CIA를 등에 업고 권력을 장악한 뒤 좌파들을 처단하기 시작했다. CIA는 지도자급 좌파 인사들의 리스트를 수하르토의 손에 은밀히 쥐어주었다. 또한 미 국방부는 무기를 제공하고 무전기도 보내주었다. 덕분에 인도네시아군은 열도의 외딴 곳에서도 서로 연락을 취할 수 있었다. 수하르토는 군인들을 보내 CIA가 전해준 '저격 리스트'에 오른 좌파 인사 4,000~5,000명을 체포했다. 미국 대사관은 진행 과정을 주기적으로 보고받았다.[46] CIA는 체포 정보가 입수될 때마다 리스트에 오른 이름들을 지워나갔다. 마침내 인도네시아의 좌파들이 모두 제거되자 그들은 매우 만족했다. 로버트 마틴스(Robert J. Martens)도 그 작전에 개입한 사람들 가운데 1명이다. 25년이 지난 뒤, 그는 저널리스트 캐시카데인(Kathy Kadane)에게 이렇게 말했다. "그들은 많은 사람들을 죽였을 겁니다. 내 손에도 많은 피를 묻혔지요. 그러나 나쁘기만 한 것은 아닙니다. 결정적인 순간에 강하게 나가야 할 때도 있으니까요."[47]

저격 리스트에 오른 사람들을 제거하는 과정에서 조직적인 살인행위도 일어났다. 수하르토는 종교적인 학생들에게 무차별적 학살을 자행하게 해 악명을 떨쳤다. 군부에게 훈련을 받은 그들은 외곽의 공산주의자를 '쓸어버리라는' 해군총장의 지시에 따라 마을로 보내졌다. 한 기자는 이렇게 밝혔다. "그들은 즐거워하며 동료 신자들을 불러냈다. 칼과 총을 허리춤에 찬 뒤, 어깨 위로 곤봉을 휘두르며, 오랫동안 바라왔던 일을 시작했다."[48] 「타임」은 한 달 동안에 '불과 수천 명에 의해' 최소한 50만 명에서 100만 명에 이르는 사람들이 살해되었다고 보도했다.[49] "자와티무르(Jawa Timur) 지역을 여행한 사람들의 말에 따르면, 작은 강과 개울은 말 그대로 시체들로 가득했다. 근처 강의 운송수단이 방해받을 정도였다(수하르토 정권은 무슬림과 무신론자인 공산주의자들과의 갈등을 이용해, 이슬람 조직들을 공산주의자 숙청에 이용했다―옮긴이)."[50]

살바도르 아옌데 정권을 전복시킬 계획을 세웠던 워싱턴과 산티아고의 세력은 인도네시아의 사례에 많은 관심을 가졌다. 수하르토의 잔인성에만 주목한 게 아니었다. 특히 캘리포니아 대학 버클리 캠퍼스에서 교육을 받은 인도네시아 경제학자들이 중요한 역할을 했다는 점에 큰 관심을 가졌다. 이러한 경제학자들은 흔히 버클리 마피아(Berkeley Mafia)라고 불린다. 수하르토는 좌파를 제거하는 데 능력을 발휘했다. 그러나 국가 미래의 경제적 청사진을 마련한 것은 버클리 마피아였다.

버클리 마피아는 시카고 보이스와 놀라울 정도로 유사하다. 그들은 포드 재단의 후원으로 1956년에 시작된 프로그램을 통해 미국에서 공부했다. 그리고 고국으로 돌아와서는 서구 스타일의 경제학부를 인도네시아 대학에 그대로 복제했다. 포드 재단은 미국 교수들을 자카르타에 보내 학파를 세우도록 했다.

마치 시카고 대학 교수들이 산티아고에서 새로운 경제학부를 세우는 것을 도왔듯 말이다. "수카르노를 제거한 뒤 인도네시아를 이끌 젊은이들을 교육시키기 위해서다." 당시 포드 재단의 국제교육연구 프로그램의 책임자였던 존 하워드(John Howard)가 노골적으로 밝혔다.[51]

포드가 후원한 학생들은 수카르노 정권을 전복시킨 캠퍼스 그룹의 리더들이 되었다. 버클리 마피아는 정부가 갑작스레 붕괴될 경우에 대비한 '비상사태계획'을 작성하며, 쿠데타를 모의한 군부와 밀접한 관계를 맺었다.[*52] 젊은 경제학자들은 고차원 경제에 대해선 전혀 모르는 수하르토 장군에게 엄청난 영향력을 행사했다. 「포춘」에 따르면, 버클리 마피아는 수하르토가 집에서 들을 수 있게 오디오 테이프에 경제학 강의를 녹음했다고 한다.[53] "수하르토 대통령은 단지 듣기만 한 것이 아니라 필기까지 했다."라고 개인적인 자리에서 그들 중 1명이 자랑스레 말했다.[54] 또 다른 캘리포니아 대학 버클리 캠퍼스의 졸업생은 이렇게 말했다. "우리는 군 지도부에게 새로운 질서를 유지하는 데 꼭 필요한 것을 제공했습니다. 인도네시아의 심각한 경제문제를 다루는 '요리법'을 담은 일종의 '요리책'이라고 하겠습니다. 군사령관인 수하르토 장군은 요리책을 받아들였을 뿐만 아니라, 요리법의 저자들을 경제자문으로 삼고 싶어 했죠."[55] 정말로 그랬다. 수하르토는 버클리 마피아 멤버들로 내각을 구성했다. 그리고 무역장관과 워싱턴 주재 대사를 포함한 경제 요직에 앉혔다.[56]

이념적 성향이 비교적 덜한 학교에서 공부한 버클리 마피아 경제팀은 시카고 보이스만큼 국가 개입을 반대하는 급진주의자는 아니었다. 정부가 국내 경제의 운영에 개입해야 한다고 주장했으며, 쌀 같은 기본 품목을 적정가격에 공

---

* 프로그램을 통해 파견되었던 미국 교수들 모두가 그러한 역할을 쉽게 받아들인 것은 아니었다. 포드의 인도네시아 경제학 프로그램의 대표로 임명된 버클리 대학의 교수인 렌 도일(Len Doyle)은 "대학은 모름지기 정부에 대한 반란에 개입해서는 안 된다고 생각한다."라고 말했다. 그런 관점 때문에 결국 도일은 캘리포니아로 돌아가고 대표는 다른 사람으로 대체되었다.

급하려고 했다. 그러나 그들은 인도네시아의 막대한 광물과 석유자원을 원하는 외국 투자가들에게는 한없이 관대했다. 리처드 닉슨의 표현에 따르면, "동남아시아 지역에서 가장 거대한 상품이었다."*[57] 그들은 외국 회사들이 이런 자원을 100퍼센트 소유할 수 있도록 법안을 통과시켰다. 그리고 2년 동안은 '세금면제' 혜택을 부여했다. 결국, 구리, 니켈, 목재, 고무, 석유 같은 인도네시아의 국가자원은 전 세계의 대규모 광업회사들과 에너지회사들이 나누어 가졌다.

수하르토의 프로그램이 막 시작될 무렵, 아옌데의 전복 계획이 진행되고 있었다. 쿠데타를 모의하는 사람들에게 브라질과 인도네시아는 유용한 연구사례였다. 브라질 사람들은 충격을 일으키는 위력을 거의 사용하지 않았고, 몇 년이 지나서야 잔인한 본색을 드러냈다. 그것은 아주 치명적인 실수였다. 적들에게 재조직할 기회를 주는 바람에 일부는 좌익 게릴라 군대를 만들었다. 군부정권이 거리의 시위대를 정리했지만 점차 부상하는 반대 세력 때문에 경제계획은 늦추어질 수밖에 없었다.

반면 수하르토는 대중 탄압 정책을 적절하게 이용하면 국가를 쇼크상태에 빠뜨려 저항을 미연에 방지할 수 있음을 보여주었다. 그는 예상을 훨씬 뛰어넘는 수준으로 공포를 무자비하게 사용했다. 몇 주 전만 해도 국가의 독립을 주장하던 사람들은 벌벌 떨며 수하르토와 심복들에게 권한을 내주었다. 랠프 맥기히(Ralph McGehee)는 쿠데타가 진행되는 동안 CIA의 고위급 작전 책임자로 있었다. "인도네시아는 이상적인 작전 사례였다. (중략) 워싱턴에서 지시한 각종 유혈사태부터 수하르토가 권력을 잡는 방식까지 하나하나 되짚어봐야 한다. 이런 성공은 앞으로도 계속될 것이다."[58]

인도네시아는 또 다른 중요한 교훈을 주었다. 즉 수하르토와 버클리 마피

---

* 아널드 하버거가 1975년 수하르토 치하에서 재정부 장관의 컨설턴트로 임명되었다는 사실은 매우 흥미롭다.

아가 쿠데타 이전에 미리 파트너십을 맺었다는 점이다. 그들은 새로운 정부에서 '기술관료' 자리를 맡을 준비가 되어 있었다. 그리고 수하르토를 설득해 자신들의 세계관을 받아들이게 했다. 쿠데타는 정적인 민족주의자를 없앤 데서 그치지 않았다. 인도네시아를 세상에서 다국적기업이 활동하기에 가장 편한 환경으로 바꾸었다.

아옌데의 축출을 도모하는 힘이 모아질 무렵, 산티아고의 벽에 붉은색 페인트로 쓴 무시무시한 경고 문구가 나타나기 시작했다. "자카르타(Jakarta: 인도네시아의 수도-옮긴이)가 오고 있다."

정적들은 아옌데가 선출되자마자 끔찍할 정도로 똑같이 인도네시아의 방법을 모방하기 시작했다. 시카고 보이스의 본산인 가톨릭 대학은 CIA가 '쿠데타 분위기'라 부른 상황을 만들어낸 근거지였다.[59] 많은 학생들이 파시스트 조직인 '조국과 자유'에 가담한 뒤, 히틀러 청소년단을 공개적으로 모방하며 거리로 몰려나왔다. 1971년 9월 아옌데가 취임한 지 1년이 될 무렵, 칠레의 재계 지도자들은 해양도시 비냐델마르(Viña del Mar)에서 긴급 모임을 가졌다. 모임의 목적은 체제 전환을 위한 단합된 전략을 짜는 것이었다. 오를란도 사엔스(Orlando Sáenz)는 전국제조업자협회(워싱턴에서 쿠데타 계획을 세우고 있는 다국적기업들과 CIA의 후원을 받은 조직)의 회장이다. 그는 모임에서 "아옌데 정부는 칠레의 자유 및 사기업과는 양립할 수 없다. 현 정권을 종식시킬 방법은 쿠데타밖에는 없다."라고 결정했다. 사업가들은 군대와 연락을 주고받으며 '전쟁 태세'를 취했다. 사엔스는 "정부 프로그램을 대체할 특별 프로그램을 준비해 군대에 체계적으로 전해주었다."라고 밝혔다.[60]

사엔스는 대체 프로그램들을 만들기 위해 시카고 보이스를 고용했다. 그들은 산티아고의 대통령궁 근처에 있는 새로운 사무실에서 일했다.[61] 시카고 대학의 졸업생 세르히오 데 카스트로와 시카고 대학 동창인 세르히오 운두라가

(Sergio Undurraga)가 주도적 인물이었다. 시카고 보이스는 신자유주의 노선으로 국가를 개조할 방법을 논의하며 매주 비밀 모임을 가졌다.[62] 훗날 미국 상원의 조사에 따르면, 이러한 '반대파 연구조직'이 사용한 자금의 75퍼센트 이상을 CIA가 직접 후원했다.[63]

한동안 쿠데타 계획은 두 가지 측면에서 진행되었다. 군대는 아옌데와 지지자들을 숙청하는 계획을 세웠다. 동시에 경제학자들은 아옌데의 사상을 없앨 계획을 세웠다. 폭력적인 해결안을 기록한 비망록에는 군부와 경제학자들의 대화가 공개되어 있었다. CIA가 후원하는 신문 「엘 메르쿠리오(El Mercurio)」와 연계된 사업가 로버트 켈리(Robert Kelly)가 군부와 경제학자들 사이에서 중개자 역할을 했다. 시카고 보이스는 다섯 쪽으로 요약한 경제 프로그램을 켈리를 통해 해군 제독에게 보냈다. 그러자 해군은 동의의 뜻을 나타냈다. 이때부터 시카고 보이스는 쿠데타 날짜에 맞추어 프로그램을 짜기 위해 정신없이 일했다.

그들이 작성한 500쪽 가량의 지침서는 칠레에서 '브릭(The Brick)'으로 불린다. 그 안에는 군부정권에 방향을 제시한 경제 프로그램들이 자세히 나타나 있다. 훗날 상원 위원회에 따르면, "CIA 협력자들은 초반부터 쿠데타에 개입해 전반적인 경제계획을 준비했다. 군부정권은 중요한 경제적 결정을 내릴 때 이 지침서를 원칙으로 삼았다."[64] '브릭'을 작성한 저자 10명 가운데 8명이 시카고 대학에서 경제학을 공부한 사람들이었다.[65]

흔히 아옌데 정권의 전복을 군사적 쿠데타로 묘사한다. 그러나 아옌데 정부의 워싱턴 주재 대사인 레텔리에르는 군대와 경제학자들 사이의 동등한 파트너십으로 본다. "칠레에서 '시카고 보이스'로 알려진 그들은 군대의 잔인성으로 해결하지 못하는 부분을 지성인의 능력으로 보완하겠다고 단언했다."[66]

마침내 칠레에서 쿠데타가 실시되자 세 가지 형태의 쇼크가 나타나기 시작했다. 장차 이러한 방식은 이웃 국가들에서도 그대로 복제되며, 30년 후 이라크에서도 다시 모습을 드러낸다. 먼저 쿠데타 그 자체가 첫 번째 충격이 되었다.

그리고 이후 두 가지 충격이 뒤를 이었다. 하나는 남미 경제학자 수백 명이 시카고 대학과 남미 분점에서 배운 밀턴 프리드먼의 자본주의 '쇼크요법'이었다. 또 다른 하나는 이언 캐머런의 쇼크, 약물, 감각 박탈 기법이었다. 그것은 『쿠바르크』 매뉴얼의 고문으로 코드화되어, 강도 높은 CIA 훈련 프로그램을 통해 남미 전역의 경찰과 군대에 전파되었다.

세 가지 형태의 쇼크가 남미의 정치조직과 사람들의 신체에 가해졌다. 파괴한 뒤 다시 재건하고 제거한 뒤 다시 창조하는, 멈출 수 없는 허리케인이 만들어진 것이다. 우선 쿠데타 충격은 경제적 쇼크요법의 기반을 마련했다. 그리고 경제적 충격에 걸림돌이 되는 사람들에게는 고문실의 충격이 가해졌다. 이러한 생생한 실험실에서 첫 번째 시카고학파 국가가 출현했다. 시카고학파의 글로벌 반혁명이 첫 승리를 거둔 것이다.

2부

첫 번째 테스트

[출산의 진통]

밀턴 프리드먼의 이론은 그에게 노벨상을 안겨주었다.
그리고 칠레에는 피노체트 장군을 안겨주었다.
1983년, 에두아르도 갈레아노, 『전쟁과 사랑의 낮과 밤(Days and Nights of Love and War)』
–
나는 나 자신을 '악마'라고 생각해본 적이 없다.
2006년 7월 22일 「월스트리트저널」에 인용된 밀턴 프리드먼의 기사』

3장

충격에 빠진 국가

반혁명의 유혈사태

즉각 한 번에 상처를 입혀야 한다.
그래야 공격이 덜한 상태에서도 반항을 하지 않는다.
1513년, 마키아벨리, 『군주론』1

만약 이러한 충격 접근법을 채택해 단기간에 효과를 보려면,
내용을 가능한 한 자세히 공개적으로 발표해야 합니다.
대중은 자세히 알고 있을수록 적응을 더 잘하기 마련입니다.
1975년 4월 21일, 밀턴 프리드먼이 아우구스토 피노체트에게 보낸 편지2

아우구스토 피노체트 장군과 후원자들은 1973년 9월 11일의 사건을 계속 '쿠데타'가 아닌 '전쟁'으로 표현했다. 산티아고는 분명 전쟁지역처럼 보였다. 탱크들이 대로를 내려가며 포를 발사했고, 전투 제트기들은 정부 건물에 공중 폭격을 가했다. 그러나 전쟁치고는 뭔가 이상했다. 즉 쌍방이 아닌 한쪽 편만 있었으니 말이다.

피노체트는 초반에 육군, 해군, 해병대, 경찰을 완전히 접수했다. 반면에 살바도르 아옌데는 후원자들을 조직해 무장 방위군을 만들려는 시도를 하지 않았다. 때문에 자기편 군대가 없는 상황이었다. 저항이라곤 아옌데와 측근들이 민주주의를 수호하기 위해 애썼던 라모네다 대통령궁과 그 지붕 위에서 나온 게 전부였다. 공정한 싸움으로 보기 힘들었다. 건물 내부에는 아옌데의 측근이 36명 정도밖에 없었지만 피노체트의 군대는 대통령궁에 로켓을 스물네 번이나 발사했다.[3]

피노체트는 작전을 수행하는 동안, (자신이 탄 탱크처럼) 으스대며 변덕스러운 지휘관의 모습을 보였다. 그는 사건이 극적이면서도 재난 같은 모습으로 보이길 바랐다. 그 쿠데타는 전쟁이 아니었지만, 전쟁 같은 느낌을 주며 진행되었다. 충격과 공포의 시대를 알리는 징조였다. 사실 이보다 더 충격적일 수는 없었다. 이웃 국가 아르헨티나는 지난 40년 동안 여섯 차례에 걸쳐 군부정권의 지배를 받았다. 그와 달리 160년 동안 평화로운 민주적 통치를 누려온 칠레는 이런 종류의 폭력을 경험한 적이 없었다. 게다가 지난 41년간은 민주주의가 중단된 적이 없었다.

대통령궁은 화염에 휩싸였고 수의에 덮인 대통령의 시체가 들것에 실려 나왔다. 대통령의 측근들은 총구가 겨누어진 채 바닥에 엎드려 있었다.* 그날 아침, 레텔리에르는 대통령궁에서 차로 몇 분 거리에 위치한 국방부 사무실로 가고 있었다. 워싱턴에서 돌아온 그는 국방부 장관으로 막 임명되었다. 입구에 들어서자마자 그는 자동소총을 겨눈 군인 12명의 습격을 받았다.[4]

쿠데타를 준비하는 동안 CIA에서 파견한 미국 교관들은 칠레 군대를 반공산주의 광풍으로 몰아넣었다. 교관들은 사회주의자들의 정체는 러시아 스파이라고 설득했다. 사회주의자는 칠레 사회에 이질적인 세력으로, 국내에서 생겨

---

* 아옌데는 머리에 총알을 맞은 채로 발견되었다. 라모네다궁으로 발사된 총탄에 맞은 건지, 아니면 반란군에 굴복하는 대통령의 모습을 국민들에게 보이기 싫어 자살한 것인지에 관한 논란은 계속되고 있다. 두 번째가 더욱 신빙성 있는 설명으로 보인다.

난 '내부의 적'이라는 것이다. 그러나 진짜 내부의 적은 보호해야 할 국민에게 총을 겨누고 있는 군대였다.

아옌데는 사망했으며 내각 구성원들은 체포되었다. 대중의 저항은 나타나지 않았다. 군부의 거대한 전투는 오후 무렵이 되자 종결되었다. 레텔리에르와 고위급 죄수들은 마젤란 해협 남부에 위치한 극지 도슨(Dawson) 섬으로 이송되었다. 그러나 군부정권은 이전 정부를 없애고 정부 요인들을 감금하는 데 만족하지 않았다. 인도네시아에서 그랬듯, 칠레인들이 진정으로 공포에 떨 때 비로소 정권 장악이 가능함을 알고 있었다. 상세한 CIA의 보고서에 따르면, 약 1만 3,500명의 시민들이 체포된 뒤 트럭에 실려 투옥되었다.[5] 그리고 수천 명이 산티아고에 있는 커다란 축구 경기장 두 곳에서 생을 마감했다. 바로 칠레 스타디움과 국립 스타디움이었다. 국립 스타디움 내부에서 대중의 볼거리는 축구에서 죽음으로 바뀌었다. 군인들은 두건을 쓴 채 '반체제 인사'를 가리키는 협력자를 데리고 관람석을 돌아다녔다. 지목을 당한 반체제 인사들은 로커룸으로 끌려갔다. 스카이박스 관람석은 임시 고문실로 변했으며 수백 명이 처형당했다. 주요 고속도로 어귀나 도시의 어두운 수로에서는 시체들을 볼 수 있었다.

피노체트는 수도를 넘어 칠레 전역에 공포를 확실히 심어주기 위해, 가장 잔인한 사령관 세르히오 아레야노 스타르크(Sergio Arellano Stark)를 파견했다. 그리고 그에게 '반체제 인사'들이 잡혀 있는 북부 지역 감옥들을 방문하라는 헬기 미션을 부여했다. 스타르크가 이끄는 암살대는 각 마을이나 도시의 감옥에서 고위급 죄수들을 골라냈다. 많을 때는 한 번에 26명이나 되는 죄수들이 모두 처형되었다. 죽음의 순례단으로 불린 그들은 나흘에 걸친 유혈사태를 불러왔다.[6] 칠레 전역에서 저항은 바로 죽음이라는 메시지를 받아들이게 되었다.

피노체트의 전투가 일방적이긴 했지만 그 효과는 어떤 내전이나 외국 군대의 침략만큼이나 생생하게 느껴졌다. 총 3,200명이 행방불명 또는 처형되었다. 그리고 최소한 8만 명이 투옥되었으며, 20만 명이 정치적 이유로 망명했다.[7]

경제 전선에서 거둔 승리

시카고 보이스에게 9월 11일은 아찔한 기대감이 솟구치는 극도로 흥분된 날이었다. 세르히오 데 카스트로는 해군과 무선으로 접선하고 있었다. 그 결과 '브릭'의 마지막 부분이 페이지마다 전부 승인되었다. 쿠데타 개시일에 시카고 보이스는 우익 성향인 「엘 메르쿠리오」 신문의 인쇄소에 진을 쳤다. 바깥 거리에서 총격이 가해질 때, 그들은 군부정권이 일을 수행할 첫날에 맞춰 브릭을 인쇄하기 위해 난리였다. 신문사의 편집자 아르투로 폰타인(Arturo Fontaine)은 "방대한 문서의 복사본을 인쇄하기 위해 기계가 쉬지 않고 돌아갔다."라고 회상했다. 마침내 그들은 가까스로 해냈다. "1973년 9월 12일 수요일 정오가 채 안 되어, 정부의 의무를 수행한 육군 장성들은 그 계획서를 받아볼 수 있었다."[8]

이들이 작성한 최종 문서의 제안들은 밀턴 프리드먼의 『자본주의와 자유』와 놀랄 정도로 흡사하다. 자유시장의 세 가지 특징인 민영화, 규제 철폐, 사회복지비용 감축이 들어 있다. 미국이 교육시킨 칠레 경제학자들은 이런 아이디어들을 민주적 토론을 통해 평화적으로 도입하려 했다. 그러나 국민들의 압도적 다수가 거부하는 바람에 시카고 보이스와 그들의 계획은 후퇴할 수밖에 없었다. 더욱 급진적인 미래상을 추진하려는 분위기 속에서 시카고 보이스와 그들의 계획은 다시 부상했다. 새로운 시대에서는 제복을 입은 소수, 즉 군인들의 동의만 있으면 뭐든지 가능했다. 극렬하게 저항하던 반대파들은 이미 투옥되거나, 사망했거나, 아니면 은신 중이었다. 그리고 전투기들과 죽음의 순례단은 나머지 사람들을 질서정연하게 만들었다.

"우리에게는 혁명이었다." 피노체트의 경제자문위원인 크리스티안 라로울레트(Cristián Larroulet)가 말했다.[9] 그는 제대로 표현했다. 1973년 9월 11일은 아옌데의 평화로운 사회주의 혁명이 폭력적으로 종식된 정도가 아니었다. 「이코노미스트」가 훗날 '반혁명'이라 칭한 시대의 시작이었다. 케인스학파와 발전주의에 빼앗겼던 기반을 시카고학파 캠페인이 되찾은 첫 번째 승리인 것이다.[10]

민주적 노력을 통해 조율하고 협상한 아옌데의 부분적 혁명과는 전혀 달랐다. 이들은 난폭한 힘을 통해 혁명을 달성했으며 무엇이든 자신들이 원하는 대로 했다. 장차 '브릭'의 정책들은 각종 위기를 핑계 삼아 수십여 국가에서 실행된다. 그러나 그러한 반혁명의 기원이자 공포의 기원은 바로 칠레였다.

호세 피녜라(José Piñera)는 가톨릭 대학 경제학과를 졸업한 자칭 시카고 보이스였다. 그는 쿠데타가 일어났을 때 하버드에서 박사학위 과정에 있었다. 그러나 반가운 소식을 듣고는 '오래된 체제의 잿더미 속에서 새로운 국가 건설에 이바지하고 자유에 헌신하기 위해' 귀국했다. 피녜라는 나중에 피노체트 치하에서 노동과 광업 장관이 된다. 그는 쿠데타를 이렇게 표현했다. "진정한 혁명이다. (중략) 급진적이고 포괄적이며, 자유시장을 향한 일관된 움직임이다."[11]

아우구스토 피노체트는 쿠데타를 일으키기 전에는 아첨에 가까울 정도로 남을 칭찬하기로 유명한 인물이었다. 그는 민간 사령관 역할을 한 경제학자들의 의견에 동의하며 그들을 추켜세웠다. 그러나 일단 독재자가 되자 피노체트는 자신의 새로운 면모를 발견했다. 그는 전혀 기쁘지 않다는 모습으로 통치자의 자리에 올랐다. 엄숙한 왕실 분위기를 내며 '운명'에 의해 어쩔 수 없이 그 자리에 오른 것처럼 행동했다. 또한 얼마 안 되어 쿠데타를 같이했던 세력을 배신하는 또 다른 쿠데타를 벌였다. 권력을 공유하기로 약속한 다른 장군 셋을 축출한 것이다. 이후 스스로에게 대통령뿐만 아니라 국가최고의장이라는 칭호도 붙였다. 그는 화려한 행렬과 의식을 벌여 통치권을 과시했는데, 그 기회를 이용해 망토까지 갖춘 프러시아 제복을 입었다. 산티아고를 순회할 때는 방탄장비를 갖춘 황금색 메르세데스벤츠를 골라 탔다.[12]

피노체트는 독재통치에 재능이 있었다. 그러나 수하르토와 마찬가지로 경제에 대해서는 전혀 몰랐다. 그것은 매우 심각한 문제였다. ITT가 주도한 기업들의 방해공작으로 칠레 경제는 궁지에 몰린 상황이었기 때문이다. 피노체트 앞에는 당장 해결해야 할 큰 문제들이 있었다. 처음부터 군부정권 내에는 권력

투쟁이 있었다. 우선 아옌데 정권 이전의 상태로 복구한 뒤 민주주의로 되돌아가려는 세력이 있었다. 반면에 시카고 보이스처럼 수년에 걸쳐 철저한 자유시장으로 개조하려는 세력도 있었다. 새로 권력을 잡은 피노체트는 자신의 운명이 단지 정화작업으로 끝난다는 생각은 별로 하지 않았다. 그러려면 이전 '질서를 복원한' 다음에는 물러나야 하니 말이다. 그는 "우리는 마르크스주의자들을 쓸어버린 뒤 정치가들에게 권력을 되돌려주는 청소부가 아니다."라고 말하곤 했다.[13] 따라서 국가 전체를 분해해 개조하려는 시카고 보이스의 미래상은 그의 무한한 야망에 딱 맞아떨어졌다. 피노체트는 세르히오 데 카스트로를 비롯한 시카고 대학 졸업생들을 고위급 경제자문으로 임명했다. 마치 수하르토와 버클리 마피아들의 관계와 비슷했다. 카스트로는 실질적 리더이자 '브릭'의 주요 저자였다. 피노체트는 그들을 '기술자'라고 불렀는데, 이는 시카고학파의 주장과도 맞아떨어진다. 즉 경제를 제대로 작동시키는 일은 주관적인 인간의 선택에 관한 문제가 아닌 과학상의 문제라는 것이다

피노체트는 인플레이션과 이자율에 대해서는 잘 몰랐다. 그러나 '기술자'들이 그가 알아들을 수 있는 언어로 말해주었다. 그들은 경제학을 자연의 힘이라고 보았다. "자연에 저항하는 것은 비생산적이며 자기기만이다. 그러므로 자연을 존중하고 그에 순응해야 한다."[14] 이러한 피녜라의 설명에 피노체트도 의견을 같이했다. "자연은 근본 질서와 위계서열이 필요함을 보여준다. 그러니 사람들은 주어진 구조에 복종해야 한다."[15] 피노체트와 시카고학파 동맹의 밑바탕은 상위 자연법에서 나온 질서를 받아들여야 한다는 공통된 견해였다.

정권 초기의 1년 반 동안, 피노체트는 시카고학파 규정을 충실히 이행했다. 전부는 아니지만 (여러 은행들을 포함해) 일부 국영회사들을 민영화했다. 냉혹한 투기자본을 받아들이고, 외국수입품에 국경을 활짝 개방했으며, 오랫동안 칠레 제조업자들을 보호해온 장벽을 제거했다. 그리고 정부지출을 10퍼센트 삭감했다. 그러나 군비지출만은 예외적으로 상당히 늘어났다.[16] 또한 가격 통제도

철폐되었다. 수십 년간 빵이나 식용유 같은 생필품 가격을 통제해온 국가로서는 매우 급진적인 조치였다.

시카고 보이스는 피노체트에게 각 분야에서 정부가 단번에 손을 떼면 '자연스러운' 경제법칙이 즉각 균형을 되찾을 것이라고 장담했다. 시장에 불건전한 요소가 개입되어 있음을 암시하는 경제적 과열 상태인 인플레이션도 마법처럼 사라질 것이라고 했다. 그러나 그들은 전혀 잘못 알고 있었다. 1974년 인플레이션은 375퍼센트에 달했다. 이는 세계에서 가장 높은 수치이자, 아옌데 정권의 최고 수준보다 두 배나 높았다.[17] 빵 같은 생필품 가격은 천정부지로 치솟았다. 게다가 피노체트의 '자유무역' 실험으로 값싼 수입품들이 넘쳐났고, 칠레인들은 일자리를 잃었다. 국내 산업은 외제품과 경쟁하지 못하고 문을 닫았다. 실업률은 최고치를 경신했으며 기아가 만연했다. 한마디로 시카고학파의 첫 실험실은 완전한 실패작이었다.

세르히오 데 카스트로와 시카고 보이스는 (시카고학파의 성향이 그렇듯) 자신들의 이론에 문제가 있는 게 아니라 철저하게 이론이 적용되지 않았기 때문이라고 주장했다. 반세기에 걸친 정부 개입의 잔재인 '왜곡 조치들'이 여전히 남아 있어서 경제가 스스로를 치유해 조화로운 균형으로 돌아가지 못한다는 것이다. 따라서 실험을 성공시키려면 왜곡 조치들을 완전히 제거해야 했다. 즉 더 많은 삭감, 더 많은 민영화, 더 빠른 속도가 필요했다.

이후 1년 반 동안, 재계 엘리트들은 시카고학파의 극단적인 자본주의 모험을 실시했다. 그 결과 외국 회사들과 '피라냐'로 불리는 몇몇 투자자들만 이득을 보게 되었다. 피라냐는 투기로 큰돈을 벌었지만, 쿠데타를 강력하게 지지한 제조업자들은 소외되었다. 사엔스는 전국제조업자협회의 회장으로 시카고 보이스를 쿠데타에 끌어들인 인물이다. 그런데도 그는 시카고학파의 실험 결과가 '경제역사상 최악의 실패'라고 선언했다.[18] 제조업자들은 아옌데의 사회주의는 원하지 않았지만, 관리된 경제는 그런대로 괜찮다고 여겼다. "칠레 전반에 나타난 경제 혼란을 그냥 놔둘 수 없다."라고 사엔스는 말했다. "실직자들 눈앞에서 엄청난 자금이 무모한 투기에 흘러들어가고 있다. 그러한 자금은 건전한 투자에 사용되어야 할 재정자원이다."[19]

시카고 보이스의 경제 의제는 매우 위험한 상황에 처했다. 시카고 보이스와 피라냐들(둘은 서로 겹치기도 한다)은 무력을 사용할 때라고 결정했다. 1975년 3월, 밀턴 프리드먼과 아널드 하버거는 실험을 계속하게 도와달라는 한 은행의 초대를 받아 산티아고로 향했다.

군부정권이 장악한 언론은 마치 유명 스타나 새로운 질서의 정신적 지도자가 온 것처럼 환영했다. 그의 말 한마디 한마디가 모두 머리기사로 실렸다. 그가 저명한 청중들 앞에서 진행한 강의는 국영방송을 통해 중계되었다. 그리고 피노체트 장군과 개인 면담도 가졌다.

프리드먼은 방문 기간에 한 가지 주제를 강조했다. 군부정권의 시작은 매우 좋았지만, 더 많은 것을 포기함으로써 자유시장을 받아들여야 한다는 내용이었다. 연설과 인터뷰에서 그는 현실세계의 경제 위기 논의에서 공개적으로 쓰인 적이 없는 용어를 사용했다. 바로 '쇼크요법'을 요구한 것이다. "그것만이 유일한 방책입니다. 절대적이며 다른 건 없습니다. 즉 다른 장기적 해결안은 전혀 없습니다."[20] 한 칠레 기자는 미국 대통령인 리처드 닉슨조차도 폐단을 누그러뜨리기 위해 자유시장을 통제한다고 지적했다. 그러자 프리드먼은 짜증을 내며 대답했다. "나는 그런 조치를 인정하지 않으며, 그렇게 해서도 안 된다고 생각합니다. 칠레든 미국이든 간에 정부가 경제에 개입하는 것은 반대합니다."[21]

피노체트와의 면담을 마치고 프리드먼은 개인적 기록을 남겼는데, 이것은 수십 년 후에 그의 비망록에 실린다. "장군은 쇼크요법에 정말 흥미를 보였지만, 일시적으로 실업사태가 벌어질 수 있다는 점을 맘에 들어 하지 않았다."[22] 당시 피노체트는 스타디움에서 벌인 대량 학살로 이미 전 세계에 악명을 떨친 상태였다. 독재자가 쇼크요법의 인도주의적 희생의 대가를 우려하고 있다는 사실에 프리드먼은 주춤했을지도 모른다. 그러나 그는 이후에 피노체트에게 보낸 편지에서 핵심을 더욱 강조했다. 그는 편지에서 장군의 '현명한' 결정을 칭찬했다. 그러고는 정부지출을 더욱 줄여 "6개월 내에 전 영역에 걸쳐 25퍼센트를 삭감하십시오."라고 촉구했다. 동시에 '완전한 자유무역'을 위한 비즈니스 친화정책들을 채택하라고 했다. 프리드먼은 공공부문에서 해고된 수십만 명이 곧 민간분야에서 새로운 직장을 구할 것이라고 예측했다. 또 '시장을 방해하는 많은 장애물'을 제거하면, 곧 활황을 맞을 것이라고 주장했다.[23]

프리드먼은 장군에게 이런 충고를 따르면 '경제 기적'을 이루고 찬사를 받을 것이라고 했다. "몇 달 내로 인플레이션이 사라지고, 실업 문제도 간단히 해결될 것입니다. 그리고 경제는 급격히 회복됩니다." 그는 신속하고 단호하게 행동해야 한다고 말했고, '쇼크'라는 단어를 세 번이나 반복해 사용하며 중요성을 강조했다. 그리고 "점진적 방안은 없습니다."라고 분명히 밝혔다.[24]

피노체트는 결국 설득당했다. 칠레의 최고의장은 "당신에게 드높은 존경을 한없이 보냅니다."라는 답장을 보냈다. 그리고 프리드먼에게 "그 계획은 철저히 시행되고 있습니다."라고 분명히 밝혔다.[25] 프리드먼의 방문 이후, 피노체트는 즉각 경제부 장관을 해임해서 세르히오 데 카스트로로 대체했다. 그는 훗날 재무부 장관으로 승진한다. 카스트로는 동료 시카고 보이스로 정부를 꾸렸으며, 그들 중 1명을 중앙은행 총재에 임명했다. 사엔스는 대량 해고와 공장 폐쇄에 반대했다. 따라서 전국제조업자협회 회장 자리는 더욱 쇼크 친화적인 성향의 인물로 바뀌었다. 새로운 책임자는 이렇게 말했다. "이런 이유로 불평하는 기업가들이 있다면, 당장 꺼져버리라고 말하겠다. 난 그들을 옹호할 생각이 전혀 없다."[26]

불평꾼들을 제거한 피노체트와 카스트로는 복지국가를 해체하고 순수한 자본주의 유토피아로 가기로 했다. 1975년에 공공부문 지출을 단번에 27퍼센트나 줄이더니, 1980년까지 계속 줄여나갔다.[27] 이는 아옌데 정권의 절반 수준으로, 의료와 교육 분야가 가장 큰 타격을 입었다. 자유시장의 치어리더격인

「이코노미스트」조차도 '자학의 향연'이라 불렀다.[28] 카스트로는 500여 개의 국영회사들과 은행 대부분을 민영화했는데, 실제론 거의 나누어주다시피 했다. 무엇보다도 가능하면 빨리 경제질서가 제자리를 찾는 것이 중요했기 때문이다.[29] 또한 국내 회사들에 대한 조금의 연민도 없이 많은 무역 장벽들을 제거했다. 그 결과 1973~1983년 사이에 17만 7,000건의 산업 일자리가 없어졌다.[30] 1980년대 중반에 이르자 제조업 비중은 제2차 세계대전 수준으로 떨어졌다.[31]

프리드먼의 처방책은 쇼크요법을 생각하면 금방 이해될 것이다. 피노체트는 급작스러운 긴축정책이 경제에 충격을 주어 건강하게 만든다는 검증되지 은 이론에 근거해 고의로 국가를 심각한 퇴행상태로 몰아넣었다. 이런 논리는 1940~1950년대에 다량의 전기쇼크요법을 처방한 심리학자들의 생각과 놀라울 정도로 비슷하다. 그들은 고의적으로 주입된 다량의 충격이 환자의 두뇌를 마법처럼 재부팅할 거라고 생각했다.

경제적 쇼크요법 이론은 인플레이션 과정을 좌우하는 기대(expectation)의 역할에 의지한다. 즉 인플레이션 통제는 통화정책만이 아니라 소비자, 고용주, 노동자의 행동을 바꾸어야 가능하다. 갑작스럽고도 충격적인 정책 전환은 대중에게 게임의 규칙이 완전히 바뀌었음을 알리며 사람들의 기대를 교정할 수 있다. 그러면 가격과 임금은 더 이상 오르지 않을 것이다. 한마디로 인플레이션이 가라앉을 거라는 기대가 빠를수록 경기침체와 고통스런 고실업 기간도 짧아진다. 그러나 대중이 정치권을 신뢰하지 않는 국가의 경우엔 단호한 다량의 쇼크만이 국민들에게 가혹한 교훈을 '가르칠' 수 있다.*

침체 또는 퇴행을 야기하는 정책은 극심하고 대대적인 빈곤을 불러오는 잔인한 발상이다. 그런 이유로 이 이론을 기꺼이 시험해보려는 정치적 지도자는 이제까지 전혀 없었다. 「비즈니스위크」가 말한 '고의적으로 경기침체를 야기한 이상한 세상'에 대해 누가 책임을 지겠는가?[32]

그러나 피노체트는 정말로 그렇게 했다. 프리드먼이 처방한 쇼크이론을 실시했더니, 첫해에 칠레 경제는 15퍼센트 위축되었다. 아옌데 정권 하에서 3퍼센트에 불과했던 실업률은 20퍼센트로 치솟았다.[33] 칠레 역사상 들어보지 못한 수치였다. 칠레는 확실히 '쇼크요법' 아래서 괴로워하며 몸부림치고 있었다. 그러나 프리드먼의 낙관적 예상과 달리 실업 위기는 단 몇 개월이 아니라 수년간 계속되었다.[34] 프리드먼이 경제적 문제를 질병에 비유하며 제시한 치료 방안을 군부정권이 즉각 받아들였기 때문이다. 그러나 군부정권은 어떤 사과도 없이 그저 "질병을 직접 치료할 유일한 길이기 때문에 이 방안을 선택했다."라고 설명했다.[35] 프리드먼도 마찬가지로 어떤 사과도 하지 않았다. 한 기자가 '그가 제시한 정책의 사회적 대가가 너무 큰 것은 아닌지' 물어보자, 그는 '멍청한 질문'이라고 대꾸했다.[36] 또 다른 기자에게는 이렇게 말했다. "오히려 장기적으로 강력하게 추진하지 않을까봐 걱정입니다."[37]

흥미롭게도 쇼크요법을 가장 강력하게 비판한 사람은 프리드먼의 제자였던 안드레 군더 프랑크였다. 원래 독일 출신인 군더 프랑크는 1950년대 시카고 대학에서 공부했다. 그는 경제학 박사학위를 마칠 무렵 칠레에 대해 많은 얘기를 들었다. 그리고 교수들이 방향을 잘못 잡은 발전주의자들이 만든 지옥이라고 묘사한 국가를 직접 살펴보기로 했다. 프랑크는 직접 와서 본 칠레의 정책에 흡족해하며 칠레 대학에서 교편을 잡는다. 그리고 존경하는 살바도르 아옌데 정부에서 경제자문으로 일했다. 자유시장 교리에서 탈퇴한 칠레의 시카고 보

---

* 일부 시카고학파 경제학자들은 쇼크이론의 첫 번째 실험이 1948년 6월 20일 서독에서 일어났다고 주장한다. 재정부 장관 루트비히 에르하르트(Ludwig Erhard)가 대부분의 가격 통제를 없애고 새로운 통화를 도입했을 때였다. 경고도 없이 이루어진 갑작스런 조치 때문에 독일 경제는 엄청난 충격을 입었고 실업사태가 이어졌다. 그러나 쇼크요법과 같은 점은 거기까지가 전부다. 즉 에르하르트의 정책은 가격과 통화에만 한정되었을 뿐, 사회복지 프로그램의 삭감이나 자유무역의 급격한 도입은 없었다. 그리고 시민들을 충격으로부터 보호하기 위해 임금 인상 같은 조치가 취해졌다. 심지어 서독은 충격 이후에도 프리드먼이 보기에 준사회주의인 복지국가를 유지할 수 있었다. 다시 말해, 주택 보조금 지급, 정부연금, 공공보건의료, 국영교육 시스템을 가지고 있었다. 또한 전화회사부터 알루미늄 공장에 이르기까지를 국가가 운영하고 보조금을 지급했다. 에르하르트를 쇼크요법의 창시자로 보는 건 시카고학파의 비위에 딱 맞는 얘기일 것이다. 서독이 전제주의에서 막 해방된 상태였기 때문이다. 그러나 에르하르트의 급작스런 충격은 오늘날의 경제적 쇼크요법인 전면적인 변혁과는 닮은 점이 거의 없다. 사실상 경제적 쇼크요법은 프리드먼과 피노체트가 자유가 없는 국가에서 선구적으로 실시한 것이었다.

이스로서, 그는 국가의 경제적 모험에 대해 고유한 시각을 갖고 있었다. 프리드먼이 극단적인 쇼크를 처방한 지 1년이 지나자, 군더 프랑크는 분노하며 '아널드 하버거와 밀턴 프리드먼에게 보내는 공개편지'를 썼다. 편지에서 그는 "시카고학파 밑에서 배운 지식을 이용해, 칠레라는 환자가 당신들의 치료법에 어떻게 반응하는지를 살펴보았다."[38]

그는 한 칠레 가정을 예로 들어 피노체트가 표현한 '생존 임금'으로 살아가는 게 어떤지 계산해보았다. 가계수입의 74퍼센트가 몽땅 빵 구입에 들어간다. 우유나 통근 버스비 같은 '사치재'는 줄여야 했다. 아옌데 정권과 비교해보자. 당시에 빵과 우유와 버스비에 들어가는 비용은 공무원 임금의 17퍼센트에 불과했다.[39] 그러나 지금은 많은 아이들이 학교에서 우유를 제대로 공급받지 못하고 있다. 군부정권이 제일 먼저 학교 우유 급식 프로그램부터 없앴기 때문이다. 가정의 빈곤과 복지정책 폐지가 혼합되어, 점점 더 많은 학생들이 수업 중에 실신하고 같이 어울려 놀지도 못하고 있다.[40] 군더 프랑크는 동창들이 실시한 잔인한 경제정책과 피노체트가 국가에 가하는 폭력성이 직접적으로 연관되어 있다고 보았다. 프리드먼의 처방은 너무 끔찍해서 과거에 시카고 보이스에 속했던 프랑크도 진저리를 칠 정도였다. "정책 밑바탕에 깔려 있는 두 가지 핵심 요소, 즉 무력과 정치적 공포 없이는 이를 실행할 수 없다."[41]

그러나 피노체트 경제팀은 멈추지 않고 더욱 실험적인 영역으로 들어갔다. 그리고 프리드먼의 가장 전위적인 정책을 도입한다. 공립학교 시스템은 바우처와 차터 스쿨 제도로 바뀌었다. 공공의료 서비스는 이제 돈을 내고 받아야 했다. 유치원과 묘지도 민영화되었다. 가장 급진적인 정책은 사회보장 시스템의 민영화인데, 호세 피녜라가 『자본주의와 자유』를 읽다가 아이디어를 얻었다고 한다.[42] 흔히 조지 W. 부시 행정부가 '오너십 사회(Ownership Society: 조지 부시 대통령이 재집권 후 가진 취임사에서 사용한 용어로 개인의 소유를 더 늘리는 사회를 의미. 연금이나 복지 서비스를 국가가 관리하는 것이 아니라 개인들이 각자의 방식으로 관리하는 자기 책임을 강조함-옮긴이)'를 개척했다고 인정한다. 그러나 사실 알고 보면, 피노체트 정부가 이미 30년 전에 '오너들의 국가'라는 아이디어를 처음으로 도입했다.

칠레는 대범한 신개척지가 되었다. 전 세계의 자유시장 지지자들은 학문적 모임에서 칠레 정책의 장점에 대해 논쟁하며 깊은 관심을 보였다. "경제학 교과서에 따르면 전 세계가 그처럼 해야 한다고 말한다. 그러나 칠레 외에 그런 정책을 실시할 수 있는 곳이 어디에 또 있겠는가?" 미국 비즈니스 잡지 「배런스(Barron's)」도 놀라워하며, 머리기사로 '칠레, 이론가들을 위한 실험실 테스트'라는 기사를 실었다.[43] 「뉴욕타임스」는 "강경한 입장의 선도적인 경제학자에게 경기침체에 특별 처방을 내릴 기회는 자주 주어지는 것이 아니다. 특히 경제학자의 고객이 고국이 아닌 다른 나라인 경우는 더욱 드물다."라는 기사를 냈다.[44] 칠레를 여러 번 방문한 프리드리히 하이에크를 비롯한 많은 이들이 칠레라는 실험실을 바로 가까이에서 지켜보고 있었다. 그리고 1981년 반혁명의 두뇌 집단인 몽펠르랭협회의 지역 모임 개최지로 비냐델마르가 선정되었다.

칠레 경제 기적의 신화와 진실

심지어 30년이 지난 뒤에도 자유시장 추종자들은 칠레를 프리드먼주의가 효과를 낸 증거로 제시한다. 피노체트가 (프리드먼이 죽고 난 한 달 후인) 2006년 12월에 사망했을 때, 「뉴욕타임스」는 그를 "경제 파탄에 이른 칠레를 남미에서 가장 번영한 국가로 바꾸었다."라고 칭송했다. 「워싱턴포스트」 사설은 "그가 칠레의 경제 기적을 만들어낸 자유시장 정책을 도입했다."라고 말했다.[45] 그러나 '칠레의 기적' 이면의 사실들은 여전히 상당한 논쟁거리다.

피노체트는 17년간 집권하면서 정치적으로 방향을 여러 번 바꾸었다. 기적적인 성공의 증거로 제시되는 꾸준한 성장은 사실 1980년대 중반 이후부터 시작되었다. 시카고 보이스가 쇼크이론을 실행한 지 10년이 지난 시점으로, 이미 피노체트는 노선을 전환한 상태였다. 시카고학파 독트린을 엄격히 준수했음에도 불구하고 1982년에 칠레 경제가 붕괴했기 때문이었다. 부채는 급증하고 다시 한 번 하이퍼인플레이션 현상이 나타났다. 실업률은 아옌데 정권 때보다 10배나 높은 30퍼센트에 달했다.[46] 가장 큰 원인은 피라냐들이었다. 시카고학파가 모든 규제를 풀어준 엔론(Enron) 스타일의 투자회사들은 빌린 돈으로 칠레의 자산을 사들였다. 때문에 140억 달러라는 엄청난 부채를 안고 있었다.[47]

경제상황이 너무 불안정한 탓에, 피노체트는 결국 아옌데가 했던 대로 할 수밖에 없었다. 즉 많은 회사들을 국유화하기 시작한 것이다.[48] 이제 시카고 보이스는 실패에 직면했다. 세르히오 데 카스트로를 포함해 대부분은 정부 요직에서 떠났다. 일부 시카고 대학 졸업생들은 피라냐들과 함께 영향력 있는 자리를 유지했지만, 곧 사기 혐의로 조사를 받게 되었다. 시카고 보이스 정체성의 핵심이었던 정교한 과학적 중립성이라는 허상이 벗겨지는 순간이었다. 1980년대에 칠레 경제가 그나마 완전 붕괴에까지 이르지 않았던 것은 피노체트가 코델코(Codelco)를 민영화하지 않았기 때문이었다. 코델코는 아옌데가 국유화한 구리광산회사로, 칠레 수출액의 85퍼센트를 차지한다. 덕분에 경제적 버블이 꺼져도 국가는 여전히 안정적인 자금을 얻을 수 있다.[49]

자유시장 치어리더들의 주장과 달리, 칠레는 결코 '순수한' 자유시장의 실험실이 아니었다. 소수 엘리트들이 짧은 시간에 부자에서 엄청난 부자로 올라선 국가일 뿐이었다. 빚을 지고 공공자금으로 보조금을 받는 식으로(나중에는 구제금융 형식으로) 고수익을 냈을 뿐이다. 경제 기적 이면에 숨겨진 사기와 판매상술이 드러났다. 결국 피노체트와 시카고 보이스가 장악한 칠레는 개방된 시장의 자본주의 국가가 아닌 조합주의 국가였다. 조합주의는 원래 사회의 세 권력원인 정부, 산업, 노조의 연맹체로, 경찰국가가 운영하는 무솔리니의 모델이었다. 민족주의라는 이름 아래 질서를 확고히 하기 위해 모두 협력해야 한다. 칠레가 피노체트 아래에서 선구적으로 시도한 것은 바로 조합국가의 혁명이었다. 경찰국가와 대기업이 지원동맹을 맺은 뒤, 세 번째 권력인 노동자들과의 전면 전쟁에 나선 것이다. 경찰국가와 대기업 동맹이 칠레 국부(國富)에서 차지하는 비중은 급속도로 늘어났다.

많은 칠레인들은 당시를 빈곤층과 중산층에 대항한 부유층의 전쟁으로 바라보았다. 바로 그것이 경제 '기적'의 진짜 내막이었다. 1988년, 경제가 안정되고 급격히 성장할 때는 전체 인구의 45퍼센트가 빈곤층으로 전락했다.[50] 그러나 칠레의 상위 10퍼센트에 해당하는 상류층은 수입이 83퍼센트나 늘어났다.[51] 심지어 2007년 칠레는 세계에서 가장 불평등한 국가 가운데 하나였다. 유엔이 불평등 정도를 조사한 123개국 가운데 칠레는 116위를 기록했다. 여덟 번째로 가장 불평등한 국가인 것이다.[52]

설사 칠레를 시카고학파 경제학자들이 이룬 기적으로 인정한다고 할지라도, 쇼크요법이 경제에 충격을 가해 건강한 상태를 만든 것은 절대 아니었다. 쇼크요법은 말 그대로 쇼크를 주었다. 부를 상류층에 몰아준 반면 중산층은 아예 사라지게 만들었다.

레텔리에르가 바라본 쇼크요법도 그러했다. 아옌데 정권의 국방부 장관이었던 그는 피노체트 치하의 감옥에서 1년을 보냈다. 그러다 다행히 국제적인 로비 덕택에 가까스로 칠레를 벗어날 수 있었다. 망명한 레텔리에르는 조국이 급격히 빈곤해지는 모습을 지켜보았다. 1976년, 그는 이렇게 밝혔다. "지난 3년 동안 봉급자들의 주머니에서 빼낸 수십억 달러는 자본가 및 토지 소유주들에게 들어갔다. (중략) 부의 집중은 우연히 나타난 것이 아니다. 경제규정에 의해 그렇게 된 것이다. 상황이 어려워져 극단적인 결과가 나타났다고 호소하는 군부 정권의 말은 사실이 아니다. 부의 집중 현상은 군부가 실시한 사회 프로젝트의 근간이었다. 즉 경제적 문제가 아니라, 군부가 일시적으로 정치적 성공을 거둔 것이다."[53]

당시 레텔리에르가 알지 못했던 사실이 하나 있다. 바로 시카고학파의 칠레가 앞으로의 글로벌 경제 패턴을 예고하고 있다는 점이다. 장차 러시아, 남아프리카, 아르헨티나에서 칠레의 패턴이 계속 반복된다. 도시는 지나친 투기 광풍, 엄청난 이득을 숨기는 의심스러운 회계장부, 광적인 소비주의에 휩싸였다. 공장들은 문을 닫아 음산하게 변하고, 발전주의 시대의 인프라는 녹이 슨 상태였다. 인구의 절반 정도가 경제활동을 못 하고 있었다. 부정부패와 정실주의는 통제 불능일 정도였다. 또한 국영 중소기업들은 사라졌다. 이제 부는 대중이 아닌 몇몇 개인의 손으로 들어가고 있었다. 만약 당신이 칠레에서 부의 버블 외부에 있다면 마치 대공황과 비슷한 상황일 것이다. 그러나 부의 버블 내부에서는 이윤이 자유롭고 빠르게 흐르는 쇼크요법 스타일의 개혁을 통해 손쉽게 돈을 벌 수 있다. 그런 부는 경제시장의 마약이 되어버렸다. 때문에 재계는 자유방임주의의 기본 전제들을 재평가함으로써 칠레 실험의 모순에 대처할 생각을 하지 않았다. 오히려 다음엔 어디에 마약을 투여할지 고민하며 마약중독자처럼 행동했다.

혁명이 번지자 사람들이 실종되다

그 다음 개조 대상은 남미 원뿔지대의 다른 국가들이었다. 시카고학파의 반혁명은 순식간에 퍼졌다. 미국의 지원을 받는 브라질의 군부정권에서는 프리드먼의 제자들이 요직을 차지하고 있었다. 프리드먼은 가장 잔인한 시절이었던 1973년에 브라질을 여행한 뒤, 그러한 경제 실험을 '기적'이라고 선언했다.[54] 한편 1973년 우루과이 군부는 쿠데타 이듬해부터 시카고학파 노선으로 나아갔다. 당시 시카고 대학을 졸업한 우루과이인은 그리 많지 않았다. 그래서 군부는 세금 체계와 통상 정책을 개혁하기 위해 '시카고 대학의 아널드 하버거와 래리 샤스타드(Larry Sjaastad)' 경제팀을 초청했다. 경제팀에는 시카고 대학에서 공부한 아르헨티나, 칠레, 브라질 출신 사람들이 있었다.[55] 그 즉시 평등 사회였던 우루과이에 영향이 나타나기 시작했다. 실질임금은 28퍼센트나 떨어졌고, 처음으로 몬테비데오(Montevideo: 우루과이의 수도-옮긴이) 거리에 구걸꾼들이 나타났다.[56]

그 다음 실험 국가는 아르헨티나였다. 1976년, 아르헨티나 군부는 이사벨 페론(Isabel Perón)을 몰아내고 정권을 탈취했다. 이제 아르헨티나, 칠레, 우루과이, 브라질에는 미국이 후원하는 군사정권이 들어섰다. 세 나라 모두 발전주의의 시범 사례 국가들이었지만 이제는 시카고학파 경제학의 생생한 실험실이 되었다.

2007년 3월 공개된 브라질의 자세한 문서들을 살펴보자. 아르헨티나의 장군들은 정권을 잡기 수주일 전부터 칠레의 피노체트 그리고 브라질 군부와 연락을 주고받았다. '앞으로의 정권이 어떤 조치들을 취해야 할지 방향을 잡기 위함'이었다.[57]

그런데도 아르헨티나의 군사정권은 피노체트만큼 신자유주의 실험에 몰두하지는 않았다. 따라서 국가의 석유매장지나 사회안전망은 민영화되지 않았다(나중에는 그렇게 되긴 해도 말이다). 그러나 아르헨티나의 빈곤층을 중산층으로 만들어준 정책 및 제도를 공격하는 데 있어서는 피노체트를 아주 충실히 따랐다. 시카고학파 프로그램을 경험한 아르헨티나 경제학자들이 많은 것도 이유가 될 것이다.

새로운 성향의 아르헨티나 시카고 보이스는 군부정권에서 경제 요직을 차지했다. 하위직 경제 관련 자리에서부터 재무부 장관, 중앙은행 총재, 재무부 소속의 연구소장 자리까지 맡았다.[58] 이처럼 아르헨티나 시카고 보이스는 군사정권에 열성적으로 참여했다. 그런데도 최고 경제 직위는 호세 알프레도 마르티네스 데 오스(José Alfredo Martínez de Hoz)에게 돌아갔다. 그는 농촌연맹(Sociedad Rural)에 가입한 상류층 지주계급이었다. 농촌연맹은 가축농장주들의 연맹체로, 오랫동안 아르헨티나의 수출경제를 장악해온 단체다. 그들은 전제적이며 봉건적인 경제질서에 만족했다. 자신들의 땅이 소작농에게 재분배될 우려도 없고, 모든 이들이 구입할 수 있을 정도로 고깃값이 내려갈지 걱정하지도 않아도 되니 말이다.

마르티네스 데 오스는 할아버지 때부터 대대로 농촌연맹의 회장 자리를 맡아왔다. 또한 팬아메리칸항공(Pan American Airways)과 ITT를 비롯한 다국적기업들의 위원회에도 참가했다. 그가 군부정권에서 중요한 직책을 맡았다는 사실은 쿠데타가 엘리트의 반발로 일어났음을 분명히 보여주는 것이다. 노동자들이 장악한 40년의 세월에 대한 반혁명인 셈이다.

경제부 장관이 된 마르티네스 데 오스는 먼저 파업시위를 금지하고 고용주가 원하는 대로 노동자를 해고할 수 있게 했다. 또한 가격 규제를 철폐해 식료품 가격이 천정부지로 치솟았다. 그리고 아르헨티나는 다시 한 번 다국적기업들에게 친화적인 곳이 되었다. 외국인 소유 제한규정을 철폐하고, 불과 몇 년 사이에 국영회사 수백 개를 매각했다.[59] 당연히 워싱턴은 그를 좋아했다. 남미를 담당하는 국무부 차관보인 윌리엄 로저스(William Rogers)의 자세한 기록을 살펴보자. 아르헨티나 쿠데타 직후, 그는 상사인 헨리 키신저에게 이렇게 말했다. "마르티네스 데 오스는 좋은 사람입니다. 미국과 긴밀히 협의하고 있습니다." 키신저는 감동을 받아 마르티네스 데 오스가 워싱턴을 방문했을 때 '상징적인 제스처'로 고위급 회담을 주선했다. 또한 아르헨티나의 경제 회생 노력을 돕기 위해 몇 군데 전화를 해주겠다고 말했다. 키신저는 군부정권의 외무부 장관에게 말했다. "체이스맨해튼은행 대표인 데이비드 록펠러(David Rockefeller)에게 전화를 넣어놓죠." 덧붙여 데이비드 록펠러의 동생이자 미국의 부통령인 넬슨 록펠러(Nelson Rockefeller)에게도 전화해놓겠다고 말했다.[60]

아르헨티나는 투자를 유치하기 위해 홍보대행업체인 버슨마스텔러 (Burson-Marsteller)가 만든 광고자료 31장을 「비즈니스위크」에 실었다. "역사적으로 사적 투자를 장려한 국가는 많지 않습니다. (중략) 우리는 진정한 사회적 혁명을 겪고 있습니다. 그리고 파트너를 구하고 있습니다. 국가 통제를 벗어버리고 사적 분야를 중시할 겁니다."*⁶¹

다시 한 번 아르헨티나 사람들은 타격을 받았다. 1년 만에 임금의 가치가 40퍼센트 떨어졌으며, 공장들은 문을 닫았고, 빈곤이 만연했다. 군부가 정권을 잡기 전에는 프랑스나 미국보다도 빈곤층이 적었다. 당시엔 빈곤층의 비율이 9퍼센트 정도였고 실업률은 4.2퍼센트였다.⁶² 그러나 이제 가난한 사람들은 물조차 끊긴 상태로 살며, 충분히 막을 수도 있는 질병들이 창궐했다.

한편 칠레의 피노체트는 충격적이고 공포감을 주는 방식으로 권력을 장악한 덕택에 중산층을 없애는 경제정책을 뜻대로 진행시킬 수 있었다. 전투기와 총살부대가 공포를 퍼뜨리는 중요한 역할을 했다. 그러나 그들은 칠레의 대외 홍보에 치명적인 타격을 가한 셈이 되었다. 피노체트의 학살에 관한 언론보도를 접한 전 세계인들은 경악했다. 유럽과 북미의 운동가들은 자국 정부에 칠레와 무역하지 말라며 강력하게 로비했다. 비즈니스 개방국가로 만드는 것이 목표인 칠레 정권으로서는 곤혹스러운 상황이었다.

브라질에서 새로 나온 자세한 문서에 따르면, 아르헨티나의 장군들은 1976년 쿠데타를 준비하면서 '칠레처럼 국제적 항의를 받는 괴로운 일이 없기를' 바랐다.⁶³ 따라서 사람들의 이목을 덜 끄는 탄압 전술이 필요했다. 공포를 확산시키면서도 국제적 언론의 눈에는 띄지 않는 저자세 전술 말이다. 칠레에서 피노체트는 실종 전략으로 문제를 해결하려 했다. 공개적으로 피해자들을 살해하

---

* 군부는 국가를 투자자들에게 매각하는 데 너무 열정적이어서, 앞으로 60일 동안 토지 가격을 파격적으로 10퍼센트 할인하겠다는 광고까지 할 정도였다.

거나 체포하는 방식은 피했다. 대신에 군인들이 사람들을 몰래 납치한 뒤 비밀 캠프로 데려가 고문 또는 살해했다. 그리고 전혀 모르는 일이라고 부인하는 것이다. 한편 시체는 공동묘지 같은 곳에 던져졌다. 1990년 5월에 설립된 칠레 진실위원회의 주장에 따르면, 비밀경찰들은 헬기를 타고 바다 위에서 희생자들을 던지는 식으로 처리했다. "먼저 칼로 시체의 배를 갈라 수면 위로 떠오르지 못하게 했다."[64] 실종은 저자세 전술 역할 외에도, 공개적인 학살보다 더욱 효과적으로 공포를 확산시켰다. 국가조직을 이용해 시민들을 쥐도 새도 모르게 사라지게 만드는 아이디어는 크나큰 두려움을 불러왔다.

1970년대 중반, 실종 전략은 남미 원뿔지대에서 시카고학파 군부정권이 권력을 강화하는 중요한 도구였다. 특히 아르헨티나 대통령궁을 차지한 군부가 가장 열성적이었다. 통치 말기에 이르자 거의 3만 명이 행방불명되었다.[65] 칠레와 마찬가지로, 대다수가 비행기 위에서 라플라타(La Plata)강의 흙탕물로 던져졌다.

아르헨티나 군부는 대중적 공포와 개인적 공포 사이의 적절한 균형을 계산해내는 데 탁월했다. 우선 누구나 알 수 있게 공개적으로 공포를 심어주는 동시에, 한편으론 국가가 부인할 수 있을 정도로 은밀히 진행했다. 권력을 잡은 첫날, 군부는 무자비하게 권력을 사용하겠다는 의지를 보이기 위해 극적인 장면을 연출했다. 포드 팔콘(Ford Falcon: 비밀경찰이 사용했던 차로 악명이 높다)에서 한 남자가 끌려나왔다. 곧 그는 부에노스아이레스에서 유명한 67.5미터 높이의 하얀 대리석 조각상에 묶였다. 그리고 만인이 지켜보는 가운데 자동소총으로 살해되었다.

그 이후론 군부의 살해는 지하로 숨어들었다. 그러나 살인은 언제나 존재하는 사실이었다. 실종은 공식적으로 부인되었지만 이웃 전체에 말없는 복종을 불러오는 광경을 연출했다. 일단 제거 대상이 정해지면 군차량들이 대상자의 집이나 직장에 나타나 주변 거리를 막는다. 헬리콥터가 머리 위를 윙윙거리며 비행하는 경우도 있다. 대낮에 이웃들이 전부 지켜보는 가운데 경찰이나 군인들이 문을 부수고 들어가 피해자를 끌고 나온다. 피해자는 포드 팔콘 안으로 끌려가면서 자신의 이름을 크게 외치곤 했다. 실종되기 직전에 가족이나 친지에게 이 사건을 전하고 싶은 마음에서였다. 일부 '은밀한' 작전들은 더욱 잔인했다. 경찰들이 사람들로 북적이는 버스에 올라타 승객의 머리채를 휘어잡고 끌어내렸다. 산타페 시의 한 커플은 사람들로 가득 찬 교회에서 결혼식을 올리던 중에 잡혀갔다.[66]

대중에게 공포를 심어주는 모습은 체포 당시 상황만이 아니다. 아르헨티나의 죄수들은 일단 체포되면 전국에 있는 300개 이상의 고문캠프로 이송된다.[67] 대부분의 죄수들은 좁고 붐비는 곳에서 지낸다. 가장 악명 높은 고문캠프는 부에노스아이레스 번화가에 있었는데, 예전에 헬스클럽으로 쓰였던 곳이었다. 바이아블랑카(Bahía Blanca)의 교원사택과 병원의 부속건물에도 있었다. 고문센터에는 군차량들이 인적이 드문 시간에 속도를 내며 들락날락했다. 방음이 안 된 벽을 통해 비명 소리가 새어나왔으며 시체 모양의 꾸러미가 운반을 기다리며 놓여 있었다. 근처 주민들은 그저 침묵할 뿐이었다.

우루과이 정권도 마찬가지로 잔혹했다. 주요 고문센터는 몬테비데오의 대로변에 인접한 해군 막사였다. 예전에는 가족들이 해변 산책이나 소풍을 왔던 곳이다. 독재 치하가 되자 그 아름다운 곳은 텅 비었다. 도시 거주민들이 비명 소리를 듣기 싫어 그곳을 피했기 때문이다.[68]

아르헨티나 군부는 희생자들을 처리하는 데 게을렀다. 시골길은 무서운 곳으로 변했다. 시체더미들이 여기저기 드러나 있었다. 손가락과 치아가 사라진 시체들이 공공장소의 쓰레기통에서도 나타났다(오늘날 이라크에서도 부지기수로 일어나는 일이다). 혹은 라플라타 강가로 쓸려오기도 했다. 군부정권의 '죽음의 비행' 이후에는 한 번에 시체 여섯 구가 발견된 적도 있었다. 심지어 헬리콥터에서 농경지 위로 시체들을 쏟아붓는 경우도 있었다.[69]

어떤 면에서 아르헨티나인들은 모두 동료 시민들의 실종을 지켜본 목격자들이다. 그러나 대부분 무슨 일이 일어났는지 모른다고 주장한다. 당시엔 그런 심리상태가 지배적이었다. 그들은 멀쩡히 눈 뜨고 본 공포에 대해 눈을 감는 모순을 이렇게 표현했다. "누구도 부인할 수 없는 사실이지만 우리는 안다고 할 수 없었다."

군부정권의 지명수배 대상이 이웃 국가에 은신하는 경우도 종종 있다. 그래서 각국 정부들은 서로 협력해 악명 높은 콘도르(Condor) 작전을 펼쳤다. 남미 원뿔지대의 정보부들끼리 '반정부 인사'에 대한 정보를 공유하는 것이다. 워싱턴이 제공해준 최신 컴퓨터 시스템의 도움이 있었다. 그들은 서로 상대국 요원들에게 안전 통행권을 발급해, 국경을 넘나들며 납치와 고문을 할 수 있게 했다. 기이하게도 오늘날 CIA의 '범죄자 해외이송' 네트워크와 무나 닮았다.*[70]

군부들은 또한 죄수에게서 정보를 빼내는 효율적인 수단에 관한 정보도 교환했다. 쿠데타 직후 칠레 스타디움에서 고문을 당한 칠레인들은 자신들이 고문을 받던 방에 브라질 군인들이 있었다는 뜻밖의 사실을 말해주었다. 브라질 군인들이 고통을 가장 과학적으로 사용하는 방법에 대해 조언을 해주고 있었던 것이다.[71]

당시 정보 교환의 기회는 무궁무진했는데, 대개 미국을 통했으며 CIA와 관련되어 있었다. 1975년에 미국 상원에서 청문회가 열려 미국이 칠레에 개입했는지 여부를 조사했다. 그 결과 CIA가 피노체트의 군대에 '반란 통제' 방법을 훈련시켰음을 알아냈다.[72] 미국이 브라질과 우루과이의 경찰에게 심문기법을 교육시켰다는 내용의 문서도 있다. 1985년에 발행된 진실위원회 보고서 「네버 어게

---

* 남미의 작전은 히틀러의 '밤안개 정책'을 모델로 했다. 1941년 나치 점령국의 히틀러는 저항군들을 독일로 데려와 밤안개 속으로 사라지게 만들겠다고 공언했었다. 이후 여러 고위급 나치들이 칠레와 아르헨티나로 피신해 몸을 숨겼다. 따라서 그들이 남미 원뿔지대의 정보부에 그러한 기법을 훈련시킨 것이 아니냐는 추측이 나오고 있다.

인(Never Again)」에 인용된 법정 증언을 살펴보자. 군부 요원들은 무장경찰부대에서 정식 '고문수업'을 받았다. 다양한 고문방법에 대한 슬라이드를 시청했으며, 수업시간에는 죄수들을 끌고 나와 '실제 시범'을 보였다. 많게는 육군 하사관 100명이 지켜보는 자리에서 죄수들은 잔인하게 고문을 당했다. 보고서에 따르면 "브라질에 고문기술을 처음 도입한 사람들 가운데 미국 경찰인 댄 미트리온(Dan Mitrione)이 있었다. 미트리온은 브라질 군부정권 초반에 벨루오리존테(Belo Horizonte)에서 경찰 교관으로 일했다. 그는 거리의 거지들을 데려와 교실에서 고문을 보여주었다. 브라질 경찰은 죄수들의 마음과 육체 간에 극도의 모순을 일으킬 다양한 방법들을 배웠다."[73] 그는 우루과이로 건너가 그곳에서도 경찰훈련을 담당했다. 그러다 1970년 투파마로(Tupamaro: 우루과이의 좌익 게릴라 집단으로 주로 도시에서 활동함–옮긴이)에 납치되어 살해되었다. 미트리온이 고문 교육에 개입했음을 알리기 위해 좌파 혁명주의자들이 계획한 일이었다.[*] 그에게 배운 한 학생의 진술에 따르면, 미트리온은 CIA 매뉴얼의 저자와 비슷했다고 한다. 즉 효율적인 고문은 사디즘이 아니라 과학이라 주장한 것이다. 그의 모토는 "딱 맞는 곳에, 딱 맞는 고통을, 딱 맞는 양만큼 주입하자."였다.[74]

이런 교육의 결과는 당시 끔찍했던 남미 원뿔지대의 인권보고서에 잘 나타나 있다. 증언들을 들어보면, 『쿠바르크』 매뉴얼에 코드화된 특징적 방법들이 그대로 나타난다. 즉 이른 새벽에 체포를 해서 두건을 씌우고 극심한 고립상태에 놔둔다. 그 후 약물을 투여하고, 강제로 옷을 벗기고, 전기쇼크를 가한다. 고의적으로 퇴행을 불러온 맥길 대학 실험의 끔찍한 잔재가 도처에 있었다.

칠레 국립 스타디움에서 풀려난 죄수들은 밝은 투광조명이 하루 24시간 계

---

[*] 이러한 일화를 바탕으로 1973년 영화 <계엄령(State of Siege)>이 나왔다.

속되었다고 말했다. 그리고 식사 순서를 일부러 엉망으로 해놓은 것 같았다고도 했다.[75] 군인들은 죄수들 머리 위에 담요를 씌워놓았다. 죄수들은 제대로 듣지도 보지도 못했다. 그들은 자신들이 스타디움에 있다는 것을 알고 있는 상황이라 매우 당황스러워했다. 조작의 효과가 너무 심해 낮과 밤도 구분하지 못할 지경이었다. 쿠데타와 체포에서 온 충격과 공포가 더욱 커졌다. 스타디움은 마치 거대한 실험실로 변한 듯했다. 그리고 죄수들은 감각조작이라는 기이한 실험의 테스트 대상자였다.

CIA 실험은 '칠레의 방'으로 알려진 빌라 그리말디(Villa Grimaldi) 감옥에서 더욱 적나라하게 자행되었다. '나무로 만들어진 독방은 너무나 좁아 다리를 구부리거나 누울 수 없을 정도'였다.[76] 우루과이의 리베르타드(Libertad) 감옥의 죄수들은 라이슬라(La isla)섬으로 보내졌다. 창문도 하나 없는 공간에 백열전등이 하루 종일 켜져 있었다. 고위급 죄수들은 10년 이상 녹방에 감금되었다.

"우리는 스스로 죽었다고 생각했습니다. 감방이 아니라 무덤이나 마찬가지였죠. 바깥 세계는 존재하지 않았습니다. 태양은 신화 속의 존재였습니다." 그곳의 죄수였던 마우리시오 로셍코프(Mauricio Rosencof)가 회상했다. 그는 11년 6개월 동안 태양을 총 8시간 봤다. 감각을 박탈당한 그는 "색깔을 잃어버렸습니다. 그곳엔 색이라고는 아예 없었으니까요."라고 밝혔다.*[77]

아르헨티나의 가장 큰 고문센터는 부에노스아이레스의 해군공병학교였다. 독방은 카푸차(capucha)라 불렸는데, 두건이라는 뜻이다. 그곳에서 3개월을 보낸 후안 미란다(Juan Miranda)가 자세히 이야기해주었다. "먼저 눈가리개와 두건을 씌운 뒤 손목과 발목에 수갑을 채웁니다. 그러고는 감방의 매트리스 위에 하루 종일 눕혀놓죠. 다른 죄수들은 볼 수 없었습니다. 합판으로 각각 분리되

---

* 리베르타드 감옥의 관리국은 개인들 각각의 심리 프로파일에 맞추어 고문기법을 짜는 행동심리학자들과 긴밀히 협조하며 일했다. 오늘날 관타나모 만에서도 이러한 방법이 사용되고 있다.

어 있었거든요. 교도관이 음식을 가져다줄 때면 저는 벽을 보고 서 있어야 했습니다. 그런 뒤 두건을 벗겨 먹을 수 있게 해주었죠. 그때만 일어설 수 있을 뿐, 다른 때는 항상 누워 있어야 했어요." 아르헨티나의 다른 죄수들은 투보스(tubos)라 불리는 관 크기의 감옥에서 감각을 박탈당했다.

고립되지 않은 유일한 곳은 심문실뿐이었다. 그러나 그곳에서는 더욱 잔혹한 일이 벌어졌다. 남미 군부정권의 고문실에서 가장 많이 쓰는 수법은 전기쇼크였다. 전류를 죄수의 신체에 통과시켜 발작을 일으키는 방식이 수십 가지나 되었다. 전선 또는 군사용 무전기를 이용하거나, 손톱 밑에 바늘을 꽂기도 했다. 핀을 잇몸, 유두, 음부, 귀, 입, 상처 부위에 부착시키는 경우도 있었다. 전기쇼크를 강화하기 위해 신체를 물에 적시기도 했다. 그들은 또한 죄수들을 실험대나 브라질의 '등받이가 높다란 강철 의자'에 묶어놓았다. 농장주 계층의 지지를 받는 아르헨티나 군부는 고문에 커다란 공헌을 했다며 자랑스러워했다. 죄수들이 파리야(parrilla: 바비큐라는 의미)라 불리는 철제 침대에서 전기쇼크를 받았는데, 농장에서 사용하는 전류가 흐르는 가축몰이용 막대 앞에서 꼼짝할 수 없었기 때문이다.

남미 원뿔지대에서 고문기기를 경험한 사람들의 정확한 숫자는 계산하기 힘들다. 그러나 아마 10만 명에서 15만 명 정도일 것이다. 그리고 그들 가운데 수만 명이 죽음을 맞았다.[78]

험난한 시대의 목격자들

당시에 좌파란 늘 쫓기는 처지를 의미했다. 미처 망명하지 못한 이들은 안전한 은신처와 전화번호 그리고 가짜 신분증으로 생활하다가, 시시각각 거리를 좁혀오는 비밀경찰을 피해 떠나는 삶을 살았다. 부정을 폭로하는 저널리스트로 유명한 아르헨티나의 로돌포 왈스(Rodolfo Walsh)도 그런 부류였다. 그는 놀라울 정도로 여러 분야에 박학다식한 사람이었다. 범죄소설 작가이며 단편 소설로 상을 수상하기도 했다. 또한 군대 암호를 해독하고 스파이들을 정탐할 수 있는 특급 탐정이었다. 그는 쿠바에서 언론인으로 일하면서 큰일을 해냈다. 피그스(Pigs)만 침공 작전을 지시한 CIA의 통신문을 엿들어 해독한 것이다. 그 정보 덕택에 카스트로는 침입을 대비해 막아낼 수 있었다.

아르헨티나의 군부정권이 페로니즘(Peronism)을 금지하고 민주주의를 말살하자 왈스는 몬토네로(Montonero) 무장군에 정보 전문가로 가담했다.* 때문에 군부정권의 수배명단에서 맨 윗자리에 올랐다. 누군가가 행방불명될 때마다 전류 막대로 자백을 받은 정보를 이용해 경찰이 은신처로 찾아오지는 않을까 두려워하는 상황이었다. 당시 그는 아내인 릴리아 페레이라(Lilia Ferreyra)와 함께 부에노스아이레스 외곽의 작은 마을에 숨어 있었다.

왈스는 광범위한 인적 네트워크를 통해 군부정권의 범죄를 추적했다. 그리고 사망한 자들과 행방불명된 자들의 명단을 작성했다. 또한 시체를 대량으로 매장한 곳과 비밀 고문센터의 위치도 목록으로 만들었다. 그는 자신이 적에 대해 잘 알고 있다고 자부했다. 그러나 1977년 아르헨티나 군부가 국민에게 가하는 지독한 잔악함에는 놀랄 지경이었다. 군부 통치의 첫해에 왈스의 친구들과 동료 수십 명이 죽음의 캠프로 끌려가 실종되었다. 스물여섯 살 된 그의 딸 비키도 죽임을 당했다. 왈스는 슬픔으로 미칠 지경이었다.

그러나 포드 팔콘이 돌아다니는 상황에서 조용히 조문하면서 지낼 수만은

---

* 몬토네로는 과거 독재정권에 대항하기 위해 만들어졌다. 당시 페로니즘은 금지된 상태였지만, 망명한 후안 페론은 젊은 지지자들에게 민주주의를 되찾기 위한 무장투쟁을 요구했다. 그리고 후원자들은 그의 말을 충실히 따랐다. 무력 공격과 납치에 개입한 면이 있긴 해도, 몬토네로는 1973년 페로니스트 후보자가 민주적 선거를 치르는 과정에서 상당히 중요한 역할을 했다. 이후 권력을 되찾은 후안 페론은 몬토네로의 대중적 인기에 위협을 느끼고, 결국 우익 암살대를 보내 몬토네로를 소탕하라는 명령을 내렸다. 많은 논란의 대상이었던 이 단체가 1976년 쿠데타 무렵 소진된 상태였던 것도 그 때문이었다.

없었다. 자신이 곧 체포될 것을 직감한 그는 다가올 군부정권의 1주년 행사를 어떻게 기념할지 결심했다. 신문은 국가를 구한 장군들을 칭송하는 글을 실었다. 반면 그는 조국이 저지른 부패행위에 대한 자신의 견해를 검열 없이 그대로 작성했다. '한 작가가 군부정권에 보내는 공개편지'라는 제목이었다. "군부가 귀담아들을 거라고 생각하지도 않고, 이것 때문에 처벌을 받을 게 뻔하다. 그러나 오래전에 내가 한 약속을 지키기 위해 나는 이 힘든 시대를 증언하려 한다."[79]

편지는 국가 전체에 공포를 확산시킨 뒤 그러한 기반 위에서 실시된 경제체제를 신랄하게 비판했다. 왈스는 이전에 공산주의보를 배포한 방식으로 공개편지를 은밀히 퍼뜨리려 했다. 우선 10부를 복사한다. 그런 뒤 더 멀리 퍼뜨릴 사람을 찾기 위해 전부 다른 우편함으로 부치는 것이다. "그 얼간이들에게 내가 여전히 살아서 계속 글을 쓰고 있음을 알릴 거요." 그는 올림피아 타자기 앞에 앉아 글을 쓰며 릴리아에게 말했다.[80]

편지는 군부의 공포 조성에 대한 내용으로 시작된다. CIA의 아르헨티나 경찰훈련 개입과 '끝없이 이어지는 형이상학적인 극한의 고문' 사용도 들어 있다. 그는 괴로울 정도로 자세하게 고문의 방법을 설명하고 시체매장지를 목록으로 나타냈다. 그러더니 주제를 확 바꾸어 이렇게 말했다. "그러나 문명세계의 양심을 휘젓는 이런 사건들은 아르헨티나 국민에게 가해진 가장 큰 고통이 아니다. 당신들이 저지른 참혹한 인권유린도 가장 큰 고통은 되지 않는다. 국민들의 가장 커다란 고통은 바로 이 정부의 경제정책이다. 그것은 이러한 범죄가 발생한 이유이기도 하다. 그들은 계획된 비극으로 수백만 명에게 큰 고통을 주고 있다. (중략) 부에노스아이레스를 단 몇 시간만 걸어 다녀봐라. 당신네 경제정책이 이 도시를 1,000만 명이 거주하는 '빈민가'로 만들었음을 알 수 있을 것이다."[81]

왈스가 말한 시스템은 바로 시카고학파의 신자유주의였다. 이는 세계를 휩쓴 경제모델로, 앞으로 10년 동안 아르헨티나에서 더 깊이 뿌리를 내리게 된다. 그리고 결국엔 인구의 절반 이상이 빈곤층으로 전락한다. 그는 이것이 우연한 발생이 아니라 잘 실행된 계획의 결과라고 보았다. 다시 말해 '계획된 비극'이었다.

그는 1977년 3월 24일 편지에 서명을 했다. 정확히 쿠데타가 발생한 지 1년이 되는 날이었다. 다음 날 아침 왈스와 릴리아 페레이라는 부에노스아이레스로 떠났다. 그들은 편지 묶음을 나누어 도시 주위의 우체통에 넣었다. 몇 시간 후, 그는 실종된 동료의 가족과 만나기로 한 장소로 갔다. 그러나 함정이 있었다. 누군가 고문을 받다가 정보를 누설한 것이다. 무장한 남자 10명이 약속된 집 밖에서 잠복하고 있었다. 그들은 왈스를 생포해 오라는 명령을 받았다. "그 망할 자식을 산 채로 잡아 와. 그놈은 내가 직접 처리하겠다." 기록에 따르면, 군부정권의 장군 셋 가운데 하나인 에밀리오 에두아르도 마세라(Emilio Eduardo Massera)가 군인들에게 명령을 내렸다. 왈스의 모토는 "누설을 하는 건 죄가 아니다. 그러나 체포당하는 것은 죄다."였다. 그는 즉각 총을 꺼내 발사하기 시작해, 그들 가운데 1명에게 부상을 입혔다. 그늘도 역시 총격을 가했다. 해군공병학교에 차가 도착할 즈음 그는 사망했다. 그들은 시체를 불태워 강에 버렸다.[82]

'테러와의 전쟁' 커버스토리

남미 원뿔지대 각국의 군부는 사회를 개조하려는 혁명적 야망을 숨기지 않았다. 그런데도 왈스의 비난을 공개적으로 부인하는 뻔뻔함을 보였다. 그들은 경제적 목표를 달성하기 위해 대규모 폭력을 사용했다. 대중을 공포에 떨게 하고 걸림돌은 뭐든 제거하는 시스템이 아니었다면 분명 대중의 반란이 일어났을 것이다.

국가가 저지른 살해행위가 확인되자, 군부는 KGB의 지시를 받는 위험한 마르크스주의 테러리스트와 전쟁을 치른다는 이유로 살인사건들을 정당화했다. 즉 군부가 '더러운' 기법을 쓰는 것은 적들이 악마와 같은 존재이기 때문이라는 주장이었다. 마세라 장군은 이렇게 말했다. "이것은 자유를 위한 전쟁이자 전제주의에 대항한 전쟁이다. (중략) 생명을 중시하는 우리는 죽음을 좋아하는 자에 맞서 싸우고 있다. (중략) 우리는 허무주의자와 싸우고 있다. 상대는 사회적 십자 군으로 가장했지만, 실상은 파괴 그 자체가 목적인 파괴분자들이다. 우리는 이러한 적들과 싸우고 있는 것이다." 기이하게도, 요즘 우리가 많이 듣는 소리다.[83]

칠레의 쿠데타를 준비하는 동안, CIA는 살바도르 아옌데를 가면을 쓴 독재자라고 표현했다. 그리고 그러한 내용을 퍼뜨리기 위해 대규모 선전을 후원했다. 그들의 선전은 대강 이러하다. 아옌데는 권력을 얻기 위해 헌법적 민주주의를 이용했지만, 알고 보면 마키아벨리식 입안자이다. 그는 또한 칠레를 결코 벗어날 수 없는 소비에트 스타일의 경찰국가로 만들려고 하고 있다. 게다가 아르헨티나와 우루과이에서 가장 큰 좌파 게릴라 그룹인 몬토네로와 투파마로가 국가안보에 치명적인 위협을 가하고 있다. 때문에 장군들은 민주주의를 일시 정지시키고 국가를 장악할 수밖에 없었다. 그리고 그들을 제거하기 위해 필요한 수단은 뭐든지 사용할 수밖에 없었다.

매번 군부는 그런 위협을 지나치게 과장하거나, 아예 만들어내기도 했다. 1975년, 상원 조사를 통해 미 정부의 정보부 보고서가 폭로되었다. 그에 따르면 아옌데는 전혀 민주주의에 위협적인 존재가 아니었다.[84] 아르헨티나의 몬토네로와 우루과이의 투파마로는 상당한 대중적 지지를 얻었던 무장단체로, 군부와 기업을 표적으로 삼아 치명적인 공격을 가했다. 그러나 우루과이의 투파마로는 당시 정권을 잡은 군부에 의해 완전히 해체되었다. 그리고 아르헨티나의 몬토네로는 독재정권의 초반 6개월 만에 소탕되었으며, 이후 독재정권은 7년 동안 이어졌다(왈스가 숨은 것도 이 때문이다). 국방부 기록 문서에 따르면, 아르헨티나 군부정권의 외무부 장관 세사르 아우구스토 구세티(César Augusto Guzzetti)는 1976년 10월 7일 헨리 키신저에게 "테러조직은 해체되었습니다."라고 말했다. 그러나 그날 이후에도 여전히 군부에 의해 수만 명이 실종되었다.[85]

오랫동안 미국 국무부는 남미 원뿔지대의 '더러운 전쟁'을 정규군과 위험한 게릴라 간의 치열한 전투라고 말해왔다. 따라서 때때로 통제하기 힘들지만 경제적, 군사적 원조를 받을 만한 분쟁이라고 주장했다. 그러나 워싱턴은 사실 전혀 다른 군사작전을 지원하는 것임을 잘 알고 있었다. 그러한 사실을 입증할 증거는 아르헨티나와 칠레에서 많이 나타나고 있었다.

2006년 3월, 워싱턴의 국가안보기록보관소는 새로 정리한 국방부 회담의 비망록을 공개했다. 1976년 아르헨티나 군부 쿠데타가 일어나고 이틀 뒤의 내용이다. 남미 담당 차관보인 윌리엄 로저스는 모임에서 키신저에게 이렇게 말했다. "상당한 탄압이 예상됩니다. 조만간 아르헨티나에서 커다란 유혈사태가 벌어질 겁니다. 테러리스트뿐만 아니라 노동조합과 반체제 정치인이 대상이 될 것입니다."[86]

실로 그러했다. 남미 원뿔지대 공포정치의 희생자 대부분은 무장단체가 아니었다. 공장, 농장, 빈민가, 대학교의 비폭력 운동가들이었다. 그들은 경제학자, 예술가, 심리학자, 열성 좌파 당원들이었다. 무기 때문에 아니라(대부분 무기를 갖고 있지도 않았다), 신념 때문에 살해된 것이다. 근대 자본주의가 탄생한 남미 원뿔지대에서 '테러와의 전쟁'은 한마디로 새로운 질서의 걸림돌을 제거하는 전쟁인 셈이었다.

4장

백지상태

효과를 낸 공포

아르헨티나의 학살사건은 자연발생적인 것도, 우연히 발생한 것도, 비이성적인 것도 아니다.
아르헨티나 '하위조직'을 체계적으로 파괴한 것이었다.
더 나아가 국가의 존재방식, 사회적 관계, 운명, 미래를 완전히 바꾸려 했다.
2004년, 아르헨티나 사회학자인 다니엘 페이에르스테인(Daniel Feierstein)1
–

나는 단지 한 가지 목표만 가지고 있었다.
그저 다음 날까지 살아 있기를 바랄 뿐이었다.
그러나 단지 생존만을 의미하는 것은 아니다.
본래의 내 모습을 잃지 않고 견뎌내는 것이 목표였다.
마리오 비야니(Mario Villani), 아르헨티나의 고문캠프에서 4년을 보낸 생존자2

1976년, 오를란도 레텔리에르는 워싱턴으로 돌아왔다. 이제는 대사가 아니라 진보적인 싱크탱크 정책연구기관에서 활동했다. 그는 자신의 동료들과 친구들이 고문캠프에서 고문을 당하고 있다는 생각을 한시도 떨쳐낼 수 없었다. 그래서 새로 찾은 자유를 이용해 피노체트의 범죄를 폭로하기로 했다. 또한 레텔리에르는 CIA의 선전과는 반대로 아옌데의 업적을 옹호했다.

그의 활동은 효과가 있었다. 피노체트는 인권 문제로 국제적 비난을 받게 되었다. 그러나 학식 깊은 경제학자 레텔리에르는 좌절했다. 세계는 감옥에서의 처형과 전기쇼크를 정리한 보고서에 경악했지만, 경제적 쇼크요법에 대해서는 대부분 말이 없었기 때문이었다. 군부정권에 차관을 빌려주고, 피노체트의 '자유시장 원리' 수용에 기쁨을 나타내는 국제은행들에 대해서도 별말이 없었다. 레텔리에르는 군부가 별개의 두 프로젝트를 갖고 있다는 생각에 이의를 제기했다. 하나는 경제 변혁의 대담한 실험이고, 또 다른 하나는 음산한 고문과 공포의 사악한 시스템이라는 생각 말이다. 전직 대사인 그는 공포가 자유시장 개혁의 핵심 도구이며, 그 둘은 하나의 프로젝트라고 주장했다.

"흔히들 인권유린, 제도화된 잔인한 시스템, 주요 반체제 인사에게 가해지는 각종 통제와 억압은 군부가 강화시킨 제한 없는 '자유시장 정책'과 간접적으로 연결되어 있다고 생각한다 또는 아예 관련 없는 현상으로 논의되기도 한다." 레텔리에르는 「네이션(The Nation)」에 격정적인 에세이를 기고했다. "경제적 자유와 정치적 공포가 서로 교차하는 부분 없이 공존한다는 생각은 아주 써먹기 편리한 사회체계 개념이다. 때문에 재계 대변인들은 한편으론 인권옹호를 목청이 터져라 떠들면서, 동시에 자신들이 정의한 '자유'의 개념을 마음 놓고 지지할 수 있다."[3]

레텔리에르는 더 나아가 '칠레 경제를 운영하는 경제팀의 지적인 설계사이자 비공식적인 조언자'인 밀턴 프리드먼이 피노체트의 범죄에 책임이 있다고 썼다. 단지 '기술적' 조언 차원에서 쇼크요법을 권유했다는 프리드먼의 변명을 반박한 것이다. 또한 프리드먼식의 자유로운 사적 경제 설립과 인플레이션 통제는 평화적으로 이루어질 수 없다고 주장했다. 칠레에서는 수천 명을 살해한 뒤에야 경제계획이 가능했다. 칠레 전역에 정치범 수용소 시설들이 들어섰다. 그리고 단 3년 만에 10만 명 이상이 구금되었다. 대중 탄압과 소수 특권층의 '경제적 자유'는 동전의 양면과 같다. 그는 '자유시장'과 무한한 공포 사이에 내부

적으로 조율이 있었다고 밝혔다.[4]

1976년 8월 말에 실린 레텔리에르의 기사는 논란을 일으켰다. 한 달이 채 지나지 않은 9월 21일, 마흔네 살의 이 경제학자는 워싱턴 도심으로 일하러 가기 위해 운전 중이었다. 대사관 거리 중심부를 통과했을 때, 운전석 아래에 설치된 원격조종폭탄이 터졌다. 차는 붕 떠서 날아갔고 그의 두 다리도 사라졌다. 인도에 심하게 훼손된 다리가 나뒹굴고 있었다. 그는 조지워싱턴 병원으로 이송되었지만, 도착했을 땐 이미 사망했다. 전직 대사는 스물다섯 살 난 미국인 동료 로니 모피트(Ronni Moffitt)와 함께 차를 타고 있었다. 그녀 또한 사망했다.[5] 쿠데타를 저지른 이래 피노체트가 벌인 가장 잔인하고 대담한 범죄였다.

FBI는 조사를 통해 그 폭탄을 피노체트 비밀경찰의 고위급 요원인 마이클 타운리(Michael Townley)가 설치했음을 밝혀냈다. 그는 훗날 미국 연방법원에서 판결을 받았는데, CIA의 정보를 통해 만든 가짜 여권으로 미국 내에 잠입했다고 인정했다.[6]

피노체트는 2006년 12월 아흔한 살의 나이로 사망했다. 그를 법정에 세워 통치기간에 저지른 범죄를 처단하려는 시도가 여러 차례 있었다. 살인, 납치, 고문, 부정부패, 세금포탈 혐의였다. 레텔리에르의 가족은 수십 년 동안 피노체트를 워싱턴 폭발사건으로 법정에 세우려고 했다. 그리고 사건에 관련된 미국의 파일도 공개하려 했다. 그러나 독재자는 죽음으로 모든 재판을 회피하며 마지막 말을 남겼다. 즉 쿠데타를 옹호하는 내용의 사후 편지를 남긴 것이다. 그는 프롤레타리아 독재를 근절시키기 위해 극단적인 가혹행위를 할 수밖에 없었다고 주장했다. "1973년 9월 11일, 나는 군대가 나서지 않아도 되기를 얼마나 간절히 바랐던가! 또한 마르크스-레닌주의 이념이 조국에 들어오지 않기를 얼마나 간절히 바랐던가!"[7]

남미 공포시절의 범법자들이 모두 다 그렇게 운이 좋은 건 아니다. 아르헨티나의 독재가 끝나고 23년이 지난 2006년 9월이었다. 공포정치를 주도했던 사람들 가운데 1명이 마침내 종신형을 선고받았다. 미겔 오스발도 에체콜라트스(Miguel Osvaldo Etchecolatz)로, 군부정권 시절 부에노스아이레스의 경찰청장이었다.

역사적인 재판이 진행되는 동안, 주요 목격자인 호르헤 훌리오 로페스(Jorge Julio Lóez)가 행방불명되었다. 로페스는 1970년대 실종되어 고문을 당한 뒤 풀려났다. 그런데 이번에 또 실종된 것이다. 아르헨티나에서 로페스는 '두 번 실종된' 첫 번째 인물로 알려져 있다.[8] 2007년 중반 무렵에도 그의 생사가 여전히 확인되지 않고 있다. 경찰은 다른 목격자들에 대한 경고의 의미로 그가 납치된 것이라고 확신한다. 공포정치의 오래된 수법을 다시 사용한 것이다.

재판을 담당한 쉰다섯 살의 판사는 아르헨티나 연방법원의 카를로스 로산스키(Carlos Rozanski)였다. 그는 에체콜라트스가 살해 6건, 비합법적 감금 6건, 고문 7건을 저질렀다고 판결했다. 판사는 판결을 내리면서 특이한 조치를 취했다. 그는 판결만으로는 범죄의 본질을 다 설명할 수 없다고 말했다. '이 사건을 후세에 제대로 알리기' 위해서 다음과 같은 견해를 덧붙이겠다고 했다. 즉 1976~1983년 아르헨티나에서 자행된 학살은 제노사이드(Genocide)로, 인류를 상대로 한 잔혹한 범죄라는 것이다.[9]

판사는 판결을 통해 아르헨티나의 역사를 새로 쓴 셈이다. 1970년대 좌파 인사들의 피살은 군사정권이 수십 년 동안 되풀이한 공식 주장과 달랐다. 다시 말해, 양측이 서로 충돌하는 과정에서 범죄가 발생한 '더러운 전쟁'이 아니었다. 실종된 사람들이 단지 사디즘과 개인적 권력에 취한 광기 어린 독재자들에게 희생당했다고 보는 것은 잘못된 태도다. 훨씬 과학적이며 끔찍할 정도로 이성에 근거해 사건들이 일어났기 때문이다. 그것은 판사가 말한 대로, '국가 지도부가 시행한 몰살 계획'에 따른 것이었다.[10]

그는 살해행위가 시스템의 일부였으며 미리 계획되어 있었다고 밝혔다. 또한 아르헨티나 전역에 똑같은 모습으로 복제되었다고 설명했다. 개별적 개인들을 공격한 것이 아니었다. 그러한 개인들이 대표하는 한 사회집단을 파괴할 의도가 분명했다. 한마디로 개인들의 단순한 집합이 아닌 한 집단을 살해하려는 의도였다. 그러므로 판사는 제노사이드 행위라고 말했다.[11]

로산스키는 '제노사이드'라는 용어 사용이 논쟁이 될 수 있음을 알고 있었다. 그래서 제노사이드 용어 사용을 뒷받침할 장문의 판결문을 썼다. 관련 유엔 헌장에 따르면 제노사이드는 '전체든 부분이든 간에, 국가적, 민족적, 종교적, 인종적 집단을 소멸시키려는 의도'이다. 아르헨티나의 경우처럼 정치적 신념에 근거해 집단을 제거하는 행위는 포함되지 않았다.[12] 그러나 로산스키는 그러한 예외가 적법하지 않다고 말하면서, 유엔 역사의 잘 알려지지 않은 면을 설명해주었다. 1946년 12월 11일, 나치 홀로코스트에 대한 직접적 대응으로, 유엔 총회는 제노사이드 행위를 '인종적, 종교적, 정치적, 기타 집단을 전체 또는 부분적으로 살해하는 것'으로 정의하는 결의안을 만장일치로 통과시켰다.[13] 그러나 2년 후 유엔헌장에서는 '정치적'이란 단어가 빠졌는데, 이유는 스탈린의 요구 때문이었다. 만약 '정치적 집단' 살해가 제노사이드가 된다면, 그의 유혈숙청과 반대파 구금행위도 그에 해당된다. 스탈린은 정적을 제거할 권리를 원하는 다른 지도자들의 도움을 구했다. 결국 그 단어는 삭제되었다.[14]

로산스키는 맨 처음의 유엔헌장이 더 적법하다고 밝혔다. 이해관계에 근거한 협상이 들어 있지 않기 때문이다.* 그는 또한 1998년 아르헨티나의 악명 높은 고문자를 재판한 스페인 법원의 판결을 언급했다. 스페인 법정은 아르헨티나 군부가 '제노사이드 범죄'를 저질렀다고 판결했다. 그리고 군부가 제거하려

---

* 포르투갈, 페루, 코스타리카를 비롯해 상당수 국가들의 형사법은 제노사이드 행위 금지 부분에서 정치적 집단이나 사회적 집단을 분명히 명시하고 있다. 프랑스의 법은 더욱 포괄적이다. 즉 어떤 임의적인 기준에 의해 결정된 한 집단을 부분적 또는 전체적으로 제거하려는 계획까지 제노사이드 행위에 포함시켰다.

고 한 집단을 '국가의 새로운 질서 정립에 맞지 않는다고 억압자들이 판단한 사람들'로 정의했다.[15] 다음 해인 1999년 스페인 판사 발타사르 가르손(Baltasar Garzón)은 아우구스토 피노체트의 구속영장을 신청해 일약 유명해졌다. 그는 아르헨티나가 제노사이드로 고통받았다고 주장하며 어떤 집단이 몰살의 대상이 되었는지 밝혀내려 했다. "독일에서 히틀러가 그랬듯, 군부는 특정 부류의 사람들은 존재할 수 없는 새로운 질서를 정립하려 했다." 새로운 질서에 맞지 않는 사람들은 '새로운 아르헨티나의 이상적인 모습을 실현하는 과정에서 방해가 되는 사람들'이었다.[16]

물론 1970년대 남미의 조합주의가 저지른 독재 범죄는 나치 또는 1994년 르완다에서 벌어진 일과는 규모 면에서 비교할 수가 없다. 만약 제노사이드가 홀로코스트를 의미하는 것으로 본다면 아르헨티나의 범죄는 해당되지 않을 것이다. 그러나 이런 법정 정의에 따르면, 정치적 프로젝트의 방해그룹을 의도적으로 몰살하려는 시도는 제노사이드로 볼 수 있다. 정도의 차이는 있지만 아르헨티나만이 아니라 시카고학파의 실험실로 변한 남미 전체에서 벌어진 일이었다. '이상향에 걸림돌이 되는' 사람들은 바로 각 분야의 좌파들이었다. 경제학자, 빈민가 무료 급식소 직원, 노조원, 음악가, 농민운동가, 정치가들이었다. 그들은 광대한 지역에 걸쳐 시행된 확실하고도 치밀한 전략에 따라 희생되었다. 남미 각국은 좌파를 뿌리 뽑기 위한 콘도르 작전을 수행하며 국경선을 넘어 서로 협력했다.

공산주의가 몰락한 이후, 자유시장과 자유민은 패키지처럼 하나의 이념으로 묶였다. 그리고 고문실, 학살터, 대량 시체매장지로 가득했던 역사의 반복을 막아줄 이념으로 제시되었다. 그러다 제약 없는 자유시장이라는 신념이 시카고 대학의 지하 워크숍에서 나와 세상에 적용되었다. 그 첫 번째 장소가 남미 원뿔지대였다. 그러나 그 신념은 민주주의를 불러온 게 아니라, 오히려 시행한 모든 국가에서 민주주의의 전복을 불러왔다. 평화로운 시대는커녕 수만 명이 조직적으로 살해되고 10~15만 명이 고문을 당했다.

　　레텔리에르는 사회 각 분야의 정화 움직임과 프로젝트의 중심 이념이 '내부적 조화'를 이룬다고 말했다. 시카고 보이스와 그들의 교수들은 군부정권에서 높은 자리를 차지하고 조언을 해주었다. 그들은 순수한 자본주의를 믿었는데, '균형'과 '질서'에 대한 신념이 바탕이었다. 즉 경제 성공을 이루려면 간섭과 '왜곡'에서 자유로워져야 한다는 것이다. 때문에 시카고학파의 이상향을 받아들인 체제는 그에 대응할 만한 다른 세계관은 받아들일 수 없었다. 좀 더 완화된 세계관도 마찬가지로 부정되었다. 이상향을 실천하려면 하나의 이념만이 필요했다. 중립적인 이론이 개입하면, 경제신호가 왜곡되고 전체 시스템의 균형이 깨진다는 것이다.

　　시카고 보이스의 이론을 실험하는 데 있어, 1970년대 남미 원뿔지대보다 더 적대적인 곳은 찾을 수 없을 정도였다. 당시 이 지역에는 발전주의가 도약하고 있었다. 즉 시카고학파가 왜곡이나 '비경제적인 사상'으로 여겼던 정책들이 나타난 곳이었다. 더욱 중요한 것은 자유방임주의와 정반대되는 성향의 운동이 대중과 지성인들 사이에 널리 퍼져 있었다는 사실이었다. 이는 일부 극단적인 주장이 아닌 시민 대다수가 수용한 주장이었는데, 각국에서 나타난 선거 결과가 그 증거였다. 그렇다면 시카고학파의 개혁이 남미 원뿔지대에서 우호적으로 받아들여질 가능성을 따져보자. 아마 베벌리힐스에서 프롤레타리아 혁명이 받아들여질 가능성을 생각하면 될 것이다.

　　공포정치가 아르헨티나에 상륙하기 전에, 로돌포 왈스는 "감옥이든 죽음이든, 그 어떤 것도 우리를 멈추게 할 수는 없다. 국민들 전부를 감금하거나 죽일 수는 없으니 말이다. 아르헨티나의 다수는 오직 국민만이 국민을 구할 수 있음을 알고 있다."라고 밝혔다.[17] 살바도르 아옌데도 대통령궁을 장악하기 위해 몰려드는 탱크를 바라보며, 역시 같은 저항의식이 담긴 마지막 라디오 연설을 했다. "수많은 칠레인들의 소중한 의식에 우리가 심은 씨앗은 절대 뿌리 뽑히지을 겁니다." 이는 그가 마지막으로 대중에게 남긴 말이었다. "그들은 무력으로 우리를 정복할 겁니다. 그러나 범죄나 무력을 통해 사회의 발전과정을 멈출 수는 없습니다. 역사는 우리의 것이며, 국민들이 만들어 나가는 것입니다."[18]

남미의 군부 지도자들과 경제 협력자들도 그러한 사실들을 잘 알고 있었다. 아르헨티나의 쿠데타에 참가한 한 베테랑은 군부 내부의 생각을 이렇게 설명했다. "1955년에는 후안 페론이 문제라고 생각해 그를 제거했다. 그러나 1976년 무렵 우리는 노동자 계급이 문제임을 알았다."[19] 군부는 남미 어디서나 커다랗고 심각한 문제에 직면하게 되었다. 따라서 신보수주의 혁명이 성공하려면 아옌데가 불가능하다고 말한 일을 해내야 했다. 즉 남미에서 좌익 성향의 씨앗을 완전히 뿌리 뽑아야 하는 것이다. 피노체트 독재정권은 쿠데타 이후 발표한 선언문에서 '칠레의 징신을 바꾸는 장기적인 중대한 작업'이 임무라고 표현했다. 이는 20년 전 칠레 프로젝트의 창시자인 USAID의 앨비언 패터슨이 했던 말을 떠올리게 만든다. "우리가 할 일은 사람들의 정신구조를 바꾸는 일이다."[20]

그러나 좌익 성향을 완전히 뿌리 뽑을 수 있을까? 아옌데가 언급한 씨앗은 단 하나의 사상이나 정당 또는 노조를 지칭하는 것이 아니었다. 1960~1970년대 초반 남미에서 좌파는 지배적인 대중문화였다. 파블로 네루다(Pablo Neruda)의 시, 빅토르 하라(Víctor Jara)와 메르세데스 소사(Mercedes Sosa)의 포크뮤직, 제3세계 신부들의 해방신학, 아우구스투 보아우(Augusto Boal)의 해방연극, 파울루 프레이리(Paulo Freire) 같은 급진적인 학자, 에두아르도 갈레아노와 왈스의 혁명적 저널리즘이 그에 해당된다. 그것은 전설적인 영웅들과 과거의 순교자들을 포함하고 있는 문화였다. 근래의 역사를 들자면 호세 헤르바시오 아르티가스(José Gervasio Artigas), 시몬 볼리바르(Simón Bolívar), 체 게바라에 이를 것이다. 군부는 아옌데의 예언을 막고 사회주의를 근절시키기 위해 문화 전체와의 전쟁을 선포했다.

브라질, 칠레, 우루과이, 아르헨티나의 군부정권이 자주 쓰는 은유를 보면 그들의 임무가 무엇인지 잘 알 수 있다. 즉 파시스트 지지자들을 정화시키고, 불순물을 제거하고, 소탕하고, 치료해야 한다는 것이다. 브라질 군부의 좌파 검거는 코드명 '전멸작전'으로 진행되었다. 쿠데타를 일으킨 날, 피노체트는 아옌데와 내각을 '국가를 망치는 오염물질'이라고 지칭했다.[21] 한 달 뒤 그는 국가의 '도덕적 정화'와 '악의 순화'를 위해, "칠레에서 사악함의 원천을 제거하자."라고 호소했다. 제3제국의 알프레드 로젠베르크(Alfred Rosenberg)가 "철 빗자루로 가차 없이 정화하자."라고 했듯 말이다.[22]

가혹한 문화 정화

칠레, 아르헨티나, 우루과이의 군부들은 프로이트, 마르크스, 네루다의 책들을 불태우면서 이념 정화작업을 시작했다. 신문과 잡지 수백 개를 폐간시키고, 대학을 점령하고, 파업과 정치집회를 금지했다.

시카고 보이스들은 쿠데타 이전에는 '좌익' 성향의 경제학자들에게 한 번도 이겨본 적이 없었다. 따라서 그들에게 가장 가혹한 공격이 가해졌다. 시카고 보이스의 본거지인 가톨릭 대학의 라이벌은 칠레 대학이었다. 그곳에서 수백 명에 달하는 교수들이 '도덕적 의무 불복종'을 이유로 해고되었다(시카고학파였다가 예전 교수들에게 분노의 편지를 쓴 반역자 안드레 군더 프랑크도 포함되었다).[23] 군더 프랑크에 따르면, 쿠데타 때 "모두가 지켜보는 가운데 학생 6명이 경제학과 건물 중앙 출입구에서 총살되었다. 나머지 학생들에게 분명한 교훈을 주기 위해서였다."[24] 아르헨티나에서 군부가 정권을 잡았을 때, 군인들은 바이아블랑카의 남부 대학으로 진입해 반체제 교육을 했다는 이유로 학자 17명을 투옥했다.[25] "반체제 인사들을 후원하고, 형성하고, 신념을 심어준 원천을 파괴해야만 했다."라고 장군들 가운데 1명이 언론에 밝혔다.[26] 8,000명의 '이념적 용의자'들인 좌익 성향의 교육자들이 정화작전의 일환으로 숙청을 당했다.[27] 또한 집단정신의 표현은 '개인의 자유'에 위협이 된다며 고등학교에서 그룹 발표를 금지시켰다.[28]

전설적인 좌익 가수 빅토르 하라도 산티아고의 칠레 스타디움으로 끌려갔다. 문화의 입을 막겠다는 단호한 의지를 보여주듯이, 군인들은 우선 그의 두 손을 부러뜨려 기타 연주를 하지 못하게 했다. 칠레의 진실·화해를 위한 과거사 정리위원회(약칭은 진실화해위원회)에 따르면 총을 44발이나 발사했다고 한다.[29] 그들은 행여 그가 무덤에서도 감명을 줄까 싶어 그의 음반까지도 파괴했다. 동료 음악가인 메르세데스 소사는 아르헨티나에서 추방되었다. 혁명적 극작가 아우구스투 보아우는 고문을 당한 후 브라질에서 쫓겨났다. 에두아르도 갈레아노 역시 우루과이에서 쫓겨났다. 그리고 왈스는 부에노스아이레스 기리에서 살해당했다. 한마디로 의도적인 문화 말살이 진행되고 있었다.

그리고 이제 검열되고 정화된 문화가 자리를 대신했다. 칠레, 아르헨티나, 우루과이의 독재 초반 시절엔 유일한 대중 모임이라고는 군사적 위력을 과시하는 쇼나 축구 시합이 전부였다. 칠레에서 여자의 바지 착용이나 남자의 장발은 체포 사유가 되었다. "공화국 전역에서 철저한 정화운동이 진행 중이다."라고 군부가 통제하는 아르헨티나 신문의 사설이 보도했다. 건물 벽에 쓰인 좌파 성향 낙서들도 깡그리 지워 없애야 했다. "비누와 물로 씻고 닦아내어 악몽에서 해방시켜야 한다. 곧 건물 표면은 빛이 날 정도로 깨끗해질 것이다."[30]

피노체트는 칠레 국민들이 거리로 나오는 습관을 없애기로 결심했다. 아주 작은 모임일지라도 그가 가장 선호하는 무기인 물대포를 사용해서 해산시켰다. 군부는 물대포 수백 대를 갖고 있었다. 인도에서 전단지를 나누어주는 어린 학생들에게도 작은 물대포로 공격을 가했다. 심지어 장례식에서도 심하게 애달파하면 잔인하게 진압했다. '라마'라는 별명을 가진 물대포도 있다. 라마는 침을 잘 뱉기로 유명한 동물이기 때문이다. 만능 물대포는 사람들이 쓰레기인 것처럼 싹 쓸어버렸다. 이제 거리는 반들거리고 깨끗해졌다. 그리고 동시에 텅 비어 있었다.

쿠데타 직후 칠레 군부는 시민들에게 '극단주의자 외국인'과 '망상에 빠진 칠레인'을 신고해 '조국정화에 이바지'하라는 성명서를 발표했다.[31]

누가 살해되었고 그 이유는 무엇인가

군부의 주장과 달리, 공격당한 사람들은 테러리스트가 아니었다. 사실상 경제 프로그램의 가장 큰 걸림돌로 상정한 사람들이었다. 몇몇은 실제로 적이기도 했다. 그러나 상당수는 군부가 보기에 혁명의 가치와 정반대되는 가치를 상징하는 사람들이었다.

정화 캠페인의 체계적인 특성은 인권진실위원회의 보고서에 기록된 실종 날짜와 시간을 비교해보면 분명하게 드러난다. 브라질 군부는 1960년대 후반만 해도 대중 탄압을 하지 않았다. 단 예외는 있었다. 군인들은 쿠데타가 시작되자마자 공장과 대형 농장에서 활동하는 노조 지도부들을 검거했다. 「네버 어게인」 보고서에 따르면, 감옥으로 끌려간 상당수는 정부와 반대되는 정치철학을 따랐다는 이유만으로 고문을 당했다. 진실위원회의 보고서를 좀 더 살펴보자. 군부의 법정기록을 토대로 봤을 때, 군부 치하의 법정에서 노조 동맹체인 노동자총연맹은 '제거해야 할 사악한 악마'로 여겨졌다. 1964년에 정권을 잡은 정부는 특히 노조 숙청에 신경을 썼다. 노조가 임금을 동결하고 국유화를 폐지하려는 경제 프로그램에 반대했기 때문이다. 이런 이유로 군부는 노조의 저항이 확산될까 두려워했다.[32]

칠레와 아르헨티나의 군부정권은 쿠데타 초기의 혼란을 이용해 노조운동에 악의적인 공격을 가했다. 쿠데타 첫날부터 체계적인 급습이 시작된 걸로 보아, 분명 미리 계획된 일이었다. 모든 칠레인들의 시선이 대통령궁에 쏠려 있을 때, 다른 부대원들은 '산업벨트'로 알려진 공장들로 급파되어 사람들을 체포했다. 칠레 진실화해위원회 보고서에 따르면, 이후 며칠 동안 더 많은 공장들을 급습해 수많은 사람들을 체포했다. 일부는 나중에 살해되거나 행방불명되었다.[33] 1976년, 칠레 정치범의 80퍼센트는 바로 노동자와 소작농들이었다.[34]

아르헨티나의 진실위원회 보고서 「네버 어게인」은 노조에 가해진 정확하고 신속한 공격을 문서화했다. "노동자를 탄압한 작전 대부분이 쿠데타가 발생한 날 또는 얼마 지나지 않은 시점에 일어났음을 알아냈다."[35] 공장 습격에 관한 리스트 가운데, 비폭력적인 노동운동가들을 뒤쫓는 연막으로 '테러리즘'이 사용되었음을 드러내는 증언이 하나 있었다. 그라시엘라 헤우나(Graciela Geuna)는 라페를라(La Perla)로 알려진 고문캠프에 수용된 정치범이었다. 그녀는 당시 캠프를 지키던 군인들이 곧 있을 발전소 파업 때문에 흥분해서 떠들고 있었다고 증언했다. 파업은 군부독재에 대한 저항을 만방에 보여주기 위한 것이었다. 당연히 군부는 그런 일이 발생하지 않기를 원했다. "부대 안의 군인들은 그 파업을 불법화하기로 결정했다. 아니면 몬토네로(사실상 이미 소탕된 게릴라 단체였다)가 이끄는 파업인 것처럼 만들어야겠다고 말했다." 그 파업은 몬토네로와는 아무 상관이 없었다. 그러나 그런 것은 별로 중요하지 않았다. 고문캠프의 군인들은 발전소 노동자의 파업 전단지를 만들어내더니 몬토네로라는 서명을 넣어 인쇄했다. 그리고 노조 지도부를 납치하고 살해하는 데 필요한 증거물로 사용했다.[36]

기업이 후원한 고문

노조 지도부에 대한 공격은 작업장 소유주와의 밀접한 협력 속에서 진행되는 경우가 많았다. 최근 법정 기록을 보면, 외국계 다국적기업의 지점들이 직접 관련되었음을 보여주는 문서들을 찾을 수 있다.

쿠데타가 일어나기 전, 아르헨티나에서 좌익 성향의 투쟁의식이 부상하면서 외국계 회사들은 경제적, 개인적으로 영향을 받았다. 1972~1976년에 자동차회사 피아트(Fiat: 이탈리아 자동차 브랜드-옮긴이)의 중역이 5명이나 살해되었다.[37] 그러나 기업들의 운명은 군부가 권력을 잡고 시카고학파 정책을 실시하면서 완전히 바뀌었다. 이제 그들은 남미의 국내 시장을 수입품으로 가득 채우고, 낮은 임금을 지급하며, 마음대로 노동자를 해고하고, 규제 없이 모국에 이익금을 보낼 수 있게 되었다.

몇몇 다국적기업들은 고마운 뜻을 과도하게 표현했다. 아르헨티나의 군부 통치 첫해에, 포드 자동차는 신문에 환영 광고를 실어 공개적으로 정권과 연합했다. "1976년, 다시 한 번 아르헨티나가 길을 찾았습니다. 1977년은 선한 아르헨티나 국민들을 위한 신념과 희망의 새해입니다. 아르헨티나의 포드 자동차와 국민들은 조국의 새로운 운명을 개척하고자 합니다."[38] 외국 기업들은 군부가 해준 일에 대해 단지 감사하는 데 그치지 않았다. 일부는 공포 캠페인에 적극 참여했다. 브라질에서는 여러 다국적기업들이 서로 연대한 뒤, 민영화된 고문부대를 재정적으로 후원했다. 1969년 중반에 군부가 가장 잔인한 통치를 펼칠 때, 치외법권을 누리는 경찰부대가 반데이란테스 작전(Operation Bandeirantes, OBAN)을 개시했다. 브라질의 「네버 어게인」에 따르면, 군요원들이 참가한 OBAN에 포드와 제너럴모터스를 비롯한 여러 다국적기업들이 기부금을 냈다. 그 작전은 공식적인 군대 및 경찰 시스템의 외부에 있었다. "심문방법에 관한 한 융통성과 면책을 부여받았다." 이는 곧 비할 데 없는 사디즘으로 이름을 떨친다.[39]

포드 지점이 공포정치와 가장 밀접한 관계를 맺은 곳은 바로 아르헨티나였다. 포드사는 아르헨티나 군대에 녹색 포드 팔콘 세단을 제공했는데, 그 차량은 수천 명의 납치와 실종에 사용되었다. 아르헨티나의 심리학자이자 극작가인 에두아르도 파블로브스키(Eduardo Pavlovsky)는 그 차를 '공포의 상징적 표현'이라고 불렀다. 한마디로 '죽음의 차'였다.[40]

포드는 군부에 차량을 제공하고, 군부는 그 대가로 성가신 노조원들을 제거하는 서비스를 제공했다. 쿠데타가 일어나기 전에 포드는 노동자들에게 상당한 양보를 해야 했다. 점심식사를 마친 뒤에는 20분이 아닌 1시간의 휴식을 주어야 했다. 그리고 자동차 판매금의 1퍼센트는 사회 서비스 프로그램에 써야 했다. 그러나 쿠데타가 일어나 반혁명이 시작되면서 모든 것이 바뀌었다. 부에노스아이레스 외곽에 위치한 포드 공장은 무장캠프로 바뀌었다. 수주일 동안 공장 내부는 군용차량으로 가득했다. 탱크는 물론이며 공중에서 시끄러운 소리를 내는 헬기까지 있었다. 노동자들은 공장에 군인 100명이 상주했다고 증언했다. "마치 포드 공장에서 무슨 전쟁이 난 것 같았습니다.[41] 군인들은 우리 노동자들을 향해 총을 겨누고 있었죠." 노동조합의 대표단이었던 페드로 트로이아니(Pedro Troiani)가 회상했다.[42]

군인들은 시설을 포위하고, 공장 십장이 지목하는 활동적인 조합원을 끌어내어 두건을 씌웠다. 트로이아니도 조립라인에서 끌려나왔다. "구금하기 전에, 그들은 나를 데리고 공장을 한 바퀴 돌았습니다. 사람들이 볼 수 있도록 공개적으로 말입니다. 공장 내의 노조주의를 없애기 위해 그렇게 한 것이지요."[43] 가장 놀라운 건 그 다음에 발생한 일이다. 트로이아니와 다른 이들은 인근의 감옥으로 끌려간 것이 아니었다. 군인들은 그들을 공장 내에 설치한 구금시설로 데려갔다. 바로 전날만 해도 계약조건을 협상하던 일터였다. 그곳에서 노동자들은 구타당하고, 발로 차였으며, 최소한 두 명은 전기쇼크까지 당했다.[44] 그들은 감옥에서 수주일 동안 계속 고문을 당한 뒤 밖으로 끌려나왔다. 어떤 경우는 수개월씩 고문을 받기도 했다.[45] 노동자들의 변호사에 따르면 포드 노조 대표 중 최소한 25명이 납치되었다고 한다. 그리고 절반가량이 회사부지 내에 구금되었다. 현재 아르헨티나 인권단체들은 이곳을 비밀 구금시설의 공식 목록에 올

리기 위해 로비를 하고 있다.[46]

2002년, 연방 검사는 트로이아니와 14명을 대신해 포드 아르헨티나 지사를 범죄혐의로 기소했다. 포드 지사는 사업장에서 발생한 탄압에 법적 책임이 있다는 혐의를 받았다. "포드 아르헨티나와 중역진들은 회사 노동자들의 납치를 공모했습니다. 때문에 그에 대한 책임을 져야 합니다."라고 트로이아니가 말했다.[47] 메르세데스-벤츠(다임러크라이슬러의 계열사)도 비슷한 조사를 받았다. 1970년대 노조 지도부가 탄압받던 시기에 회사가 군부에 협력해 노동자 16명의 주소와 이름을 제공했다는 혐의다. 이후 그들은 모두 실종되었으며, 14명은 아직도 생사를 알 수 없다.[48]

남미인 역사가 카렌 로버트(Karen Robert)에 따르면, 독재 말기에 "메르세데스벤츠, 크라이슬러, 피아트 콩코드 같은 대기업의 공장 근로자 대표들은 하나같이 실종되었다."[49] 포드와 메르세데스-벤츠는 자사 중역들이 탄압에 개입했다는 사실을 부인하고 있다. 아직까지 재판은 진행 중이다.

기습 공격을 당한 건 단지 노조원들만이 아니었다. 이윤이 아닌 다른 가치에 근거한 사회를 꿈꾸는 사람은 누구나 처벌 대상이었다. 특히 토지개혁 투쟁에 참여했던 농부들에게 잔인한 공격이 가해졌다. 아르헨티나 농업연맹(Argentine Agrarian Leagues, AAL)의 지도부는 소작농들에게 토지 소유권이라는 선동적인 사상을 퍼뜨렸다. 때문에 군부는 지도부를 마구잡이로 체포해 고문을 가했다. 지역민들이 지켜보는 가운데 공개적으로 일어나는 경우도 종종 있었다. 군인들은 트럭 배터리를 이용해 소몰이에 쓰는 전류 막대를 충전했다. 흔히 볼 수 있는 농구인 소몰이 막대가 농부들을 고문하는 도구가 된 것이다. 반면에 군부의 경제정책은 토지 소유자와 가축목장주들에게는 굴러온 복덩이였다. 아르헨티나 경제부 장관 마르티네스 데 오스는 육류 가격 규제를 철폐했다. 그 결과 가격이 700퍼센트나 상승해 이들은 엄청난 이윤을 얻었다.[50]

빈민가에서 일하는 지역사회 봉사자들도 기습 공격의 대상이었다. 사회의 빈곤층을 조직화해 건강보험, 공공주택, 교육을 요구하는 단체라는 것이다. 대개 교회에 속한 이들 단체는 시카고학파가 해체하려는 복지국가를 주장하고 있었다. "가난한 이들을 돌보아주며 선인인 척하는 사람들은 이제 없어질 것이다!" 아르헨티나인 의사 노르베르토 리스키(Norberto Liwsky)는 "그들은 내 잇몸, 유두, 고환, 복부에 전기쇼크를 가했다."라고 말했다.[51]

군부정권에 협력한 아르헨티나의 한 성직자는 지도 철학을 이렇게 설명했다. "우리의 적은 마르크스주의입니다. 그리고 교회와 조국 내부에 마르크스주의자들이 있습니다. 새로운 국가를 위협하고 있지요."[52] 희생자들의 상당수가 젊은이들인 이유도 '새로운 국가의 위협'을 제거하기 위해서였다. 아르헨티나에서 실종된 3만 명 가운데 81퍼센트가 16~30세이다.[53] 악명 높은 아르헨티나의 한 고문관은 앞으로 20년 후를 위한 일이라고 희생자들에게 말했다.[54]

가장 어린 희생자들은 1976년 9월에 버스 요금을 낮추어 달라고 연대한 고등학생들이다. 군부는 10대들이 마르크스주의에 감염되어 집단행동을 한다고 여겼다. 따라서 즉각 살인적인 분노로 학생들에게 대응했다. 반정부적인 요구를 한 학생 6명이 고문당하고 살해되었다.[55] 당시 사건의 핵심인물인 경찰청장 미겔 오스발도 에체콜라츠는 2006년에 형을 선고받았다.

이러한 실종 패턴은 아주 분명하게 드러났다. 먼저 쇼크요법 전문가들이 경제정책 측면에서 노조주의의 잔재를 제거한다. 그러면 군대는 거리, 대학, 공장의 현장에서 그러한 정신을 대표하는 인물을 제거하는 식이다.

경제적 변혁의 최전선에 나선 일부 세력은 자신들이 밀릴 것 같은 순간이 오자 목표를 이루기 위해서는 대중 탄압이 필요함을 깨달았다. 빅토르 에마누엘(Victor Emmanuel)은 홍보회사 버슨마스텔러의 중역이었다. 그는 아르헨티나 군부의 새로운 비즈니스 친화 시스템을 대외에 홍보하는 일을 맡았다. 그는 아르헨티나의 보호적인 국가주의 경제를 개방하기 위해서는 폭력이 필요하다고 한 연구원에게 말했다. 그는 "내전에 휩싸인 국가에 투자할 사람은 아무도 없습니다."라고 말했다. 그렇지만 게릴라들만 죽임을 당한 건 아님을 인정했다. "아마 죄 없는 사람들도 상당수 죽었을 겁니다." 그는 작가 마거리트 페이틀로비츠(Marguerite Feitlowitz)에게 말했다. "그러나 당시는 상당한 무력이 필요한 상황이었습니다."[56]

세르히오 데 카스트로는 피노체트의 시카고학파 경제부 장관으로 쇼크요법의 실행을 감독했다. 그는 자신을 뒷받침해준 피노체트의 강철 주먹이 없었다면 아마 불가능했을 거라고 말했다. "대중의 의견은 매우 적대적이었다. 우리에게는 정책을 지속할 강력한 인물이 필요했다. 피노체트 대통령이 우리를 이해해주고 비난에도 끄떡하지 않았던 건 정말 행운이었다." 그는 또한 "경제적 자유를 지키는 데는 전제주의 정부가 가장 적격이다. 왜냐하면 권력을 목적에 관계없이 사용할 수 있기 때문이다."라고 밝혔다.[57]

국가가 공포를 조장하는 경우에 대부분 그러하듯, 표적 살해는 두 가지 목적을 달성한다. 먼저, 경제 프로젝트의 걸림돌이자 가장 저항이 심한 사람들을 제거할 수 있다. 두 번째로는, 이러한 말썽꾼들의 실종은 저항을 염두에 둔 사람들에게 가장 확실한 경고가 된다. 따라서 미래의 걸림돌도 제거할 수 있다.

그리고 실제로 효과를 거두었다. "국민들은 당황하고 고뇌하고 온순해졌으며, 명령이 떨어지기만을 기다렸다. 한마디로 사람들은 퇴행한 것이다. 그들은 의존적인 데다 두려움에 떨었다."라고 칠레의 심리학자 마르코 안토니오 데 라 파라(Marco Antonio de la Parra)가 회상했다.[58] 국민들은 충격에 빠졌다. 그래서 경제적 충격으로 물가가 치솟고 임금이 떨어져도, 칠레와 아르헨티나와 우루과이의 거리는 차분하고 조용했다. 식료품 폭동이나 일반 파업도 전혀 없었다. 가족들은 자주 끼니를 거르고, 전통차로 아이의 배고픔을 달랬고, 버스비를 아끼기 위해 동트기 전에 일터로 나서는 식으로 생계를 꾸렸다. 영양실조나 장티푸스로 사망한 사람들은 조용히 묻혔다.

불과 10년 전에 남미 원뿔지대는 개도국의 희망이었다. 폭발적으로 성장한 산업 분야, 급증한 중산층, 확고한 의료체계와 교육 시스템이 있었다. 그러나 이제 부자와 가난한 사람은 서로 다른 경제체제로 돌진하게 되었다. 부유한 사람들은 플로리다 주에서 명예 시민권을 얻는다. 반면 나머지 사람들은 저개발 지역으로 밀려난다. 독재 이후 신자유주의를 철저히 재건하면서 이러한 현상은 더욱 심화되었다. 이 지역은 더 이상 감동적인 모범 사례가 아니었다. 제3세계에서 벗어날 수 있다고 생각했던 빈국들에게 공포감을 주는 경고일 뿐이었다. 죄수들은 군부의 고문센터 안에서 전향했다. 말로만 전향해서는 안 되었다. 자신이 가장 소중하게 생각한 신념을 버리고, 연인과 가족을 배신해야 했다. 굴복한 사람들은 '부상자'들로 불렸다. 그것은 남미 원뿔지대도 마찬가지였다. 이 지역은 단지 구타만 당한 것이 아니라 심신이 만신창이가 되었다.

'치료법'으로 쓰인 고문

정책이 문화에서 노조주의를 제거했다면, 감옥 내의 고문은 정신과 영혼에서 노조주의를 없애기 위함이었다. 아르헨티나 군부는 1976년 사설에서 "오류가 생겨난 마음 역시 정화할 수 있다."라고 밝혔다.[59]

많은 고문관들은 의사 같은 태도를 취했다. 시카고학파가 쇼크요법을 고통스럽지만 필요한 것으로 받아들였듯, 고문관들은 전기쇼크와 기타 고문을 치료법이라고 생각했다. 죄수들에게 일종의 약을 처방한다는 것이다. 죄수들은 종종 캠프 내에서 더러움과 질병으로 지칭되었고, 따라서 심문관들은 사회주의라는 질병과 집단행동의 충동을 고쳐주려는 것이다.* '치료법'은 분명 괴롭고, 심지어 치명적이기도 했다. 그러나 그들은 이것이 환자를 위한 행동이라고 주장했다. "만약 팔에 썩어 들어가는 부위가 있다면 환부를 도려내야 합니다.

그렇지 않습니까?" 피노체트는 인권 탄압을 비난하는 목소리에 짜증을 내며 대꾸했다.[60]

남미 전역의 진실위원회 보고서의 증언에서, 죄수들은 자의식 형성에 필수적인 원칙을 배반하게 만드는 시스템에 대해 얘기해주었다. 남미 좌파들에게 가장 소중한 원칙은 결속이었다. 아르헨티나의 급진적 역사가 오스발도 베이어(Osvaldo Bayer)는 결속을 유일한 선험적 신학이라고 부르기까지 했다.[61] 고문관들도 결속의 중요성을 잘 알고 있었다. 그래서 그들은 사회적으로 단합하려는 죄수들의 성향에 충격을 가했다. 물론 심문은 중요한 정보를 빼내는 것이 목적이기 때문에 배신을 강요한다. 그러나 죄수들의 이야기에 따르면, 고문관들은 정보에는 별 관심이 없었다고 한다. 그것은 이미 알고 있는 정보들이었다. 따라서 배신행위 그 자체를 하게 만들려는 것이다. 그들은 그 무엇보다도 남을 도왔다고 믿었던 죄수들의 내면에 치명적인 상처를 입혔다. 사회운동가로 자부심이 넘쳤던 내면은 수치심과 모욕감으로 대체되었다.

때때로 죄수의 의지와 상관없이 배신하게 되는 경우도 있었다. 한 예로, 아르헨티나 죄수 마리오 비야니(Mario Villani)는 납치되었을 때 자신의 일정을 기록한 메모장을 소지하고 있었다. 거기에는 한 친구와 약속한 모임이 상세히 적혀 있었다. 그가 만나기로 한 장소에는 군인들이 대신 나갔다. 결국 또 다른 운동가가 공포체제 속으로 사라졌다. 고문관들은 그런 사실을 이용해 실험대에서 빌라니를 고문했다. "내 약속 일정 덕택에 호르헤를 잡았다고 하더군요. 그것은 220볼트보다 더한 고문이었죠. 감당하기 어려울 정도로 후회가 몰려왔습니다."[62]

---

* 창기에 그랬듯, 전기쇼크가 엑소시즘의 한 방법으로 사용된 것이다. 기록에 따르면 의학치료에 전기쇼크를 도입한 최초의 인물은 1700년대 스위스에서 개업한 한 의사였다. 그는 정신병이 악마 때문에 생겨났다고 믿었다. 따라서 환자 내부에 있는 악마에게 충격을 주기 위해, 환자의 몸에 전선을 감은 뒤 전기쇼크기기를 작동시켰다. 그러고는 환자가 원상태로 돌아왔다고 선언했다.

이러한 상황에서 가장 심한 반항행위는 죄수들끼리 서로 호의를 베푸는 일이었다. 가령 서로의 상처를 돌보아주거나 얼마 없는 음식이나마 나누어 먹는 행동 말이다. 그러한 애정 어린 행동이 발각될 경우 가혹한 처벌을 받았다. 그들은 죄수들에게 물질적 혜택을 줄 테니 영혼을 팔라는 거래를 내걸었다. 최대한 개인주의적으로 행동하게 만들려는 것이다. 그들은 스스로 참을 수 없을 정도로 많은 고문을 받든지, 아니면 동료 죄수가 받게 하든지 둘 중 하나를 선택하게 했다. 때로 소몰이용 전류 막대를 사용해 동료 수감자들을 고문하는 모습을 지켜볼 정도로 원래 인성이 심하게 파괴되는 경우도 있었다. 또는 텔레비전에 나와 자신의 과거 신념을 비난하기도 했다. 이런 죄수들은 고문관들에게 최후 승리의 상징이었다. 죄수들은 단지 결속의식만 포기한 것이 아니라 생존을 위해 자유방임주의라는 파괴적인 신조에 굴복한 것이다. ITT 중역이 말한 대로, 제일 중요한 이득을 추구하는 사람이 된 것이다.*63

남미 원뿔지대의 쇼크 전문가 집단은 장군들과 경제학자들이었다. 두 집단 모두 자신의 일을 비유하는 방식이 똑같았다. 프리드먼은 칠레에서 자신이 외과의사 역할을 했다고 비유했다. 즉 '인플레이션이란 질병'을 고칠 전문적인 조언을 칠레 정부에 제공한 의사였다는 것이다.64 아널드 하버거는 시카고 대학의 남미 프로그램 책임자였다. 그는 독재가 종식되고 한참 후에 아르헨티나의 젊은 경제학자들에게 강의를 하게 되었다. 그리고 그 자리에서 한술 더 떠서 좋

---

* 인성 해체 과정은 오늘날 미국이 운영하는 감옥에서 무슬림 죄수들에게 일어나고 있다. 아부그라이브와 관타나모 만에서 관련 증거들이 무수히 쏟아지고 있는 가운데, 두 가지 유형의 죄수 학대가 반복해서 나타났다. 즉 발가벗겨놓는 것과 고의적으로 이슬람 관습을 따르지 못하도록 훼방 놓는 것이다. 가령 죄수들에게 면도를 강요하거나, 코란을 발로 차게 한다. 또는 죄수들을 이스라엘 국기로 감싸기도 한다. 남자들에게 동성애 자세를 강요하고, 가짜 생리혈을 만지라고 강요하는 경우도 있다. 관타나모에서 죄수로 있었던 모아잠 베그(Moazzam Begg)는 강제로 면도를 당했는데, 한 경비원이 그에게 이렇게 말했다. "이건 너희 무슬림에겐 아주 괴로운 일이지? 그렇지 않아?" 이슬람 모독사건이 발생하는 이유는 경비원들이 이슬람을 증오하기 때문(어쩌면 실제로 그렇긴 해도 말이다)이 아니라 죄수들이 이슬람에 애착을 갖고 있기 때문이다. 고문의 목적은 인성 해체이다. 따라서 옷부터 소중한 신념에 이르기까지 죄수의 인성에 관계된 모든 것들을 체계적으로 박탈하려 했다. 1970년대에 사회주의 연대를 공격하기 위해 고문을 사용했다면, 오늘날엔 이슬람을 모독하기 위해 사용하고 있다.

은 경제학자 자체가 치료법이라고 말했다. 한마디로 '비경제적인 아이디어나 정책과 싸우는 항체'라는 것이다.[65] 아르헨티나 군부의 외무부 장관 세자르 아우구스토 구제티는 이렇게 밝혔다. "국가의 사회조직이 썩어 들어가는 질병에 감염되면 곧바로 항체가 만들어진다. 이러한 항체는 미생물 세균과는 전혀 다르다. 정부가 게릴라를 제압해 제거함에 따라 항체의 활동은 사라진다. 이것은 병든 신체에 대한 자연스런 반응이라 하겠다."[66]

물론 이러한 표현은 오염된 사회 구성원들을 살해해 국가를 치료한다고 주장한 나치의 지적 체계와 같다. 나치 의사 프리츠 클라인(Fritz Klein)은 "나는 생명을 지키길 원한다. 병든 몸에서 환부를 도려내는 것도 인간의 생명을 존중하기 때문이다. 그리고 지금 인류에게 있어 환부는 유대인이다."라고 말했다. 크메르루즈(Khmer Rouge: 게릴라전을 통해 권력을 장악한 후 1975~1979년 캄보디아를 통치한 급진적인 공산주의 운동단체–옮긴이)도 캄보디아에서의 학살을 정당화하기 위해 같은 표현을 사용했다. "감염된 부위는 도려내야 한다."[67]

'정상적인' 아이들

아르헨티나 군부는 고문센터 내부에서 태어난 아이들을 아주 잔인한 방식으로 처리했다. 제노사이드 유엔 협약의 관련 규정을 살펴보면, 제노사이드란 '한 그룹 내의 출생을 억제하려는 조치'를 취하거나 혹은 '강제로 한 그룹의 아이들을 다른 그룹으로 옮기는 것'이다.[68]

추정컨대 500명의 아기들이 아르헨티나의 고문센터에서 출생했다. 태어난 신생아들은 사회를 재구조화하고 새롭고 이상적인 시민을 만들기 위한 계획에 편입되었다. 아기들은 짧은 양육 기간을 거친 뒤, 독재체제와 직접 연관된 부부들에게 팔리거나 혹은 넘겨졌다. 아이들은 군부가 '정상적'이며 건전하다고 판단한 자본주의와 기독교의 가치에 따라 양육되었다. 그들은 자신들의 출생 비밀에 대해서는 전혀 알지 못한다. 인권단체 오월광장 할머니회(Grandmothers of the Plaza de Mayo)는 아이들 수십 명의 행방을 힘겹게 추적해왔다.[69] 이 아이들의 부모들은 캠프에서 살해당했다. 군부의 판단에 따르면, 구제할 수 없을 정도로 심각한 문제를 안고 있는 사람들이기 때문이었다. 아이 강탈은 개인적인 권력 남용이 아니라 국가에서 조직적으로 시행한 것이었다. 한 법정사건에서, 1977년 내무부 보고서 '정치 지도자나 노조지도부가 실종 또는 사망한 경우, 그들의 미성년자 자녀 처리규정'이 증거자료로 제출되었다.[70]

아르헨티나 역사상 이 시기는 미국, 캐나다, 호주에서 원주민 아이들을 대규모 강탈한 것과 놀라울 정도로 비슷하다. 그들은 아이들을 기숙학교에 보내고, 원주민 언어를 금지하고, 구타를 해서라도 '백인'으로 만들려고 했다. 1970년대 아르헨티나에서도 비슷한 우월주의가 나타났다. 이번에는 인종이 아니라, 정치 신념, 문화, 계층의 우월주의였다.

정치적 살해와 자유시장 혁명의 관련성을 가장 생생하게 보여주는 증거물이 아르헨티나의 독재 종식 4년 후에 모습을 드러냈다. 1987년, 한 영화 촬영팀은 부에노스아이레스의 멋진 시내 쇼핑몰인 갈레리아스 파시피코(Galerías Pacífico) 지하에서 촬영을 하던 중이었다. 그러다 끔찍하게도, 폐기된 고문센터를 발견했다. 독재 시기의 군부대가 실종자들을 이곳 지하에 가둔 것이다. 지하 감옥의 벽에는 오래전에 죽은 죄수들의 절박한 흔적들이 그대로 남았다. 거기에는 이름, 날짜, 구원 요청 등이 적혀 있었다.[71]

오늘날 갈레리아스 파시피코는 부에노스아이레스 쇼핑 지구에서 가장 화려한 번화가이자 세계적인 소비 중심지의 모습을 잘 보여준다. 둥근 아치 모양 천장과 다채롭게 채색된 프레스코 벽화로 꾸민 유명 브랜드 상점들이 죽 늘어서 있다. 크리스챤디올(Christian Dior)부터 랄프로렌(Ralph Lauren)과 나이키 매장이 보인다. 국내인은 대개 구입할 엄두도 못 내는 제품들이다. 주로 떨어진 환율을 이용하려고 이곳으로 몰려온 외국인들이 구매한다.

자국 역사를 알고 있는 아르헨티나 사람이라면, 이 쇼핑몰 매장은 끔찍한 사실을 떠올리게 만들 것이다. 과거 자본주의자들의 정복은 토착 원주민들의 대량 시체더미 위에서 이루어졌다. 마찬가지로 시카고학파의 프로젝트는 남미에서 말 그대로 비밀 고문캠프 위에 지어졌다. 그리고 바로 그 고문캠프에서 다른 모습의 국가를 꿈꾸었던 수천 명이 사라졌다.

5장

아무 상관도 없다

이념은 어떤 식으로 죄를 빠져나갔나

밀턴 프리드먼은 "사상은 결과를 낳는다."라는 진실을 몸소 보여주었다.

2002년 5월, 미 국방부 장관 도널드 럼즈펠드1

국민들은 감옥에 있었다. 그래서 가격을 자유롭게 정할 수 있었다.

1990년, 에두아르도 갈레아노2

아주 잠시, 남미 원뿔지대의 범죄는 신자유주의 캠페인과 연관된 것처럼 보였다. 그것은 첫 번째 실험실 밖으로 확산되기도 전에 이미 비난을 받고 있었다. 1975년, 밀턴 프리드먼은 운명적인 칠레 여행을 마치고 돌아온 후였다. 「뉴욕타임스」의 칼럼니스트 앤서니 루이스(Anthony Lewis)는 간결하면서도 상당히 논쟁적인 질문을 던졌다. "만약 칠레에서 시카고 경제학 이론이 인권 탄압이라는 대가를 치르면서 실행되었다면, 시카고 경제학의 주창자들은 책임을 져야 하는가?"[3]

레텔리에르가 살해된 이후, 민권운동가들은 레텔리에르의 주장을 받아들였다. 즉 칠레 경제혁명의 '지적 설계사'가 사람들의 희생에 대한 책임을 져야 한다는 것이다. 당시 밀턴 프리드먼이 강의를 할 때마다 레텔리에르 이야기가 나와 중단되곤 했다. 수상을 위한 자리에 참석하러 갈 때도 사람들의 이목을 피해 들어가야 했다.

시카고 대학 학생들은 교수들이 군부에 협력했음을 알고는 학문적 조사를 요구하기 시작했다. 오스트리아 학자 게르하르트 틴트너(Gerhard Tintner)를 비롯한 학자들이 학생들을 지지했다. 틴트너는 유럽의 파시즘을 피해 1930년대에 미국으로 건너갔다. 그는 피노체트가 지배하는 칠레를 나치가 지배하는 독일에 비유했다. 또한 피노체트를 도와준 프리드먼은 제3제국에 협력한 기술관료와 같다고 보았다(이와 반대로 프리드먼은 틴트너의 비난을 나치적인 생각이라고 반박했다).[4]

프리드먼과 아널드 하버거는 남미 시카고 보이스가 경제 기적을 이루어냈다며 자랑스러워했다. 프리드먼은 1982년 「뉴스위크」에서 마치 자부심을 느끼는 아버지처럼 말했다. "시카고 보이스는 뛰어난 지적 능력과 경영 능력을 갖추고 있다. 또한 자신들의 확신을 믿는 용기와 정책을 실행하려는 굳은 의지도 빼놓을 수 없다." 한편 하버거는 "내가 쓴 논문들보다도 제자들이 더욱 자랑스럽다. 사실 라틴 집단은 문학보다도 나의 이론에 더 큰 공을 세웠다."라고 밝혔다.[5] 그러나 그러한 제자들이 이룬 '기적'의 대가였던 인적 희생에 대해 말을 꺼내면, 두 남자는 갑자기 자신들과는 아무 상관이 없다고 말한다.

「뉴스위크」에 실린 프리드먼의 칼럼을 읽어보자. "나는 칠레의 독재정치체제에 반대하는 입장이지만, 그렇다고 해서 경제학자들이 칠레 정부에 중요한 경제적 조언을 해준 행위를 사악하다고 볼 수는 없다."[6]

프리드먼의 비망록에 따르면, 피노체트는 처음 2년 동안은 독자적으로 경제를 꾸려 나가려 했다. "1975년, 인플레이션이 계속 치솟는 데다 세계경제가 침체되자 칠레는 불황에 빠졌다. 그때서야 피노체트는 '시카고 보이스'에 의지하게 되었다." 그러나 이것은 뻔뻔스러운 궤변에 불과하다.[7] 시카고 보이스는 쿠데타 이전부터 군부와 협력했으며, 군부가 정권을 잡은 그날부터 경제 개혁에 착수했다. 프리드먼은 피노체트의 전반적인 통치 형태가 민주주의의 폭력적인 파괴가 아니라 오히려 민주주의의 창조라고 말했다. 당시 17년간 독재가 계속되면서 수만 명이 고문을 당했는데도 말이다. "칠레와 관련해서 가장 중요한 것은 자유시장이 자유사회를 불러왔다는 점이다."라고 프리드먼은 말했다.[8]

레텔리에르가 암살된 지 3주일이 지날 무렵이었다. 피노체트의 범죄가 시카고학파 정책과 관련되어 있다고 보는지에 대한 논쟁을 종식시키는 뉴스가 나왔다. 밀턴 프리드먼은 1976년에 인플레이션과 실업의 상관관계를 다룬 '독창적이면서도 중요한' 연구로 노벨경제학상을 받았다.[9] 그의 수상 소감에 따르면, 경제학은 물리학, 화학, 의학과 마찬가지로 주어진 사실을 편견 없이 검증하는 방식의 생동적, 객관적, 과학적 학문이다. 그는 노벨상을 안겨준 자신의 경제 이론을 충실히 따른 칠레 체제가 실패했다는 점은 무시했다. 칠레는 사람들이 무료 급식을 받기 위해 줄을 서서 차례를 기다리며, 장티푸스가 창궐하고, 공장들이 파산한 곳이었다.[10]

1년이 지난 뒤, 남미 원뿔지대 논쟁의 기준을 제시해주는 일이 일어났다. 국제앰네스티는 칠레와 아르헨티나의 인권유린을 용감하게 앞장서서 폭로한 공로를 인정받아 노벨평화상을 수상했다. 노벨경제학상은 노벨평화상과는 별개다. 각각 다른 위원회에서 결정하며 수상도 다른 도시에서 이루어진다. 그러나 세계에서 가장 저명한 심사원단이 결정해 수여한 두 노벨상은 상반된 의미를 심어주었다. 마치 고문실의 쇼크는 비난받아야 마땅하지만, 경제 쇼크요법은 칭찬받아야 한다는 것처럼 말이다. 레텔리에르가 모순이라고 했듯, 두 가지 쇼크는 서로 '전혀 연관이 없다는' 것이다.[11]

인권에 눈감은 자들

이처럼 지적 방화벽이 생기는 것은 시카고학파 경제학자들이 공포를 이용해 자신들의 정책을 실행했음을 인정하지 않기 때문만은 아니다. 공포정치를 정치경제적 목적을 위한 도구라기보다는 그저 좁은 범위의 '인권유린'으로만 보기 때문에 이러한 문제가 생기는 것이다. 1970년대 남미 원뿔지대는 새로운 경제모델을 보여주는 실험실인 것만이 아니었다. 상대적으로 새로운 사회운동인 국제인권운동을 위한 실험실이기도 했다. 인권운동은 군부의 잔혹한 학대를 종식시키는 데 분명 결정적인 역할을 했다. 그러나 단지 범죄에만 초점을 맞출 뿐, 그 이면의 이유에는 신경을 쓰지 않았다. 따라서 유혈로 얼룩진 첫 번째 실험실로부터 시카고학파 이념이 무사히 탈출하도록 도와준 셈이다.

이러한 딜레마는 근대 인권운동의 태동기부터 이미 시작되었다. 1948년, 유엔의 세계인권선언이 채택되는 순간, 냉전의 양 진영은 인권선언을 이용해 서로를 차세대 히틀러라고 비난했다. 국제법률가협회는 소련의 인권 학대를 파헤쳐 유명해진 인권단체다. 1967년, 언론은 그 단체가 공정한 중재자가 아니라 CIA로부터 몰래 자금을 지원받아왔다고 보도했다.[12]

국제앰네스티가 엄격한 공정함의 독트린을 강조한 것도 그런 상황 때문이다. 그들은 오직 회원들이 낸 자금으로만 재정을 충당한다. 어떠한 정부, 정파, 이데올로기, 경제적 이해관계, 종교적 신념과도 분명하게 거리를 두고 있다. 그들은 인권을 이용해 특정한 정치적 논의를 펼치는 것이 아님을 증명하기 위해, 관련 헌장의 각 장은 공산주의 국가, 서구 국가, 제3세계 국가에서 각각 1명씩 모두 양심수 3명을 '채택'하라고 지시했다.[13] 당시 사면위원회는 인권운동의 상징이었다. 인권유린은 인류 보편적인 해악이며 그 자체로 잘못이라고 봤다. 때문에 학대가 일어난 이유를 밝힐 게 아니라 인권유린 자체를 신뢰성 있게 자세히 기록하는 것이 임무였다.

남미 원뿔지대의 공포정치에 관한 기록에도 이런 원칙이 반영되어 있었다.

인권운동단체는 비밀경찰로부터 계속된 감시와 모욕을 받았다. 그런 와중에서도 아르헨티나, 우루과이, 칠레에 대표단을 파견해, 고문 희생자들과 가족들 수백 명을 인터뷰하고 구금소 시설을 살펴보았다. 당시 독립적인 언론활동은 금지되어 있었고 군부는 범죄사실을 계속 부인했다. 때문에 이러한 증언은 제대로 쓸 수 없었던 역사를 밝히는 중요한 기록들이다. 이처럼 중요한 의미를 갖고 있었지만 이들의 활동은 상당히 제한적이었다. 국제앰네스티의 보고서들은 인권 탄압의 가장 경악스러운 방법들을 폭로한 법적 리스트들이었다. 그들은 유엔헌장과 하나하나 대조하는 식으로 인권유린 사례를 찾아냈다.

1976년에 국제앰네스티가 내놓은 아르헨티나 보고서의 문제점은 너무 좁은 범위에 국한되어 있다는 점이다. 군부의 학살행위에 대한 놀라운 이야기들을 담은 점은 노벨상을 충분히 수상할 만했다. 그러나 꼼꼼한 내용에도 불구하고 학대의 원인이 무엇인지는 밝히지 않았다. 군부가 공식적으로 제시한 '더러운 전쟁'의 이유는 '안보'였다.[14] 때문에 보고서는 증거자료들을 검토해서 인권유린이 안보 유지에 필요한 정도로 충분히 해명 가능한 수준인지 조사했다. 그 결과, 국가의 탄압이 좌익 게릴라의 위협 수준에 비해 형평성을 잃었다는 결론을 내렸다.

그런데 폭력을 사용해야 했던 또 다른 이유는 무엇인가? 또는 폭력을 사용할 수밖에 없었다고 변명하게 만든 이유는 무엇인가? 사면위원회는 그에 대한 언급을 전혀 하지 않았다. 보고서 920쪽 어디에도 급진적인 자본주의 노선으로 국가를 개조하는 중이라는 내용은 없었다. 빈곤의 심화나 부를 재분배하는 프로그램들의 취소도 마찬가지로 다루지 않았다. 그것들이 바로 군부 통치의 정책적 핵심인데도 말이다. 인권보고서는 시민의 자유권을 위반한 법률과 법령들을 목록으로 만들었다. 그러나 임금을 낮추고 물가를 높인 군부의 경제법령은 찾아볼 수 없었다. 유엔헌장에서 밝힌, 제대로 된 음식을 먹고 안전한 거주지에서 지낼 권리를 위반했는데도 말이다. 군부의 혁명적인 경제 프로젝트를 한 번 훑어보기만 해도, 왜 그렇게 과도한 탄압이 필요했는지 분명히 알 수 있었을 것이다. 또한 왜 대다수 양심수가 평화적인 노조원들과 사회사업가들인지도 설명할 수 있었을 것이다.

사면위원회의 또 다른 의무 태만은 분쟁을 국내 군대와 좌익 극단주의자 간의 갈등으로 한정시켰다는 점이다. 미국 정부나 CIA 같은 주체는 전혀 언급하지 않았다. 국내 농장주와 다국적기업들도 빠뜨렸다. 남미에 '순수한' 자본주의를 실시하려는 포괄적인 계획과 그러한 프로젝트 이면에 숨겨진 이해관계에 대한 검토 없이는 보고서에 기록된 사디즘 행위는 설명이 되지 않는다. 결국 인권유린은 정치권에서 어쩌다 발생한 불행한 사건들이 되어버렸다. 즉 양심 있는 사람이라면 누구나 비난해야 할 사건임은 분명했지만, 왜 그런 일이 생겼는지 아무도 이해할 수 없게 되었다.

당시 인권운동은 매우 제한된 환경 속에서 진행되고 있었다. 우선 인권유린 국가에서 공포정치에 관심을 가져달라고 제일 먼저 요구한 사람들은 희생자들의 친구들과 가족들이었다. 그러나 그들의 발언권은 제한적이었다. 실종사건 이면에 숨겨진 정치경제적 논의를 말했다가는, 그들도 언제 실종될지 알 수 없는 처지였다. 이러한 위험한 상황에서 나타난 유명한 인권운동가들은 아르헨티나의 오월광장 어머니회(Mothers of the Plaza de Mayo)다. 흔히 마드레스(Madres)라고 불리기도 한다. 부에노스아이레스의 정부청사 앞에서 매주 시위를 하는 마드레스는 감히 항의하는 문구를 적은 피켓조차 들 수 없었다. 대신에 그들은 실종된 자녀들의 사진을 꽉 움켜쥐었다. 사진 아래쪽에는 "이들은 어디 있는가."라는 문구가 적혀 있었다. 그들은 시위 장소에서 자녀들의 이름을 수놓은 스카프를 쓴 채 조용히 원을 돌았다. 마드레스 회원들의 상당수는 강한 정치적 신념을 갖고 있었다. 그러나 체제에 위험을 주는 요소라기보다는 무고한 자녀들이 어디로 끌려갔는지 알고 싶어 하는 애달픈 어머니들이었다.*

칠레에서 가장 큰 인권단체는 야당 정치인, 법률가, 교회 지도자들이 결성한 평화위원회였다. 그들은 한평생 정치적 활동가들로 지낸 사람들이었다. 그래서 고문 종식과 정치범 석방에 대한 노력이 칠레의 부에 대한 통제권을 두고 벌어지는 더욱 큰 전쟁에 참여하는 일임을 알고 있었다. 그러나 그들은 다음 희생자가 되지 않기 위해 구좌파가 자주 쓰는 부르주아 비난 대신에 '보편적 인권'이라는 새로운 용어를 배웠다. 부자와 가난한 자, 약자와 강자, 남북 문제 같은 단어는 제외한 언어로 세상을 설명하는 이 방식은 북미와 유럽에서 큰 인기를 얻었다. 모든 사람은 공정한 재판을 받고 잔인하고 비인간적인 모욕을 당하지 않을 권리를 가진다고 주장하는 것이다. 이런 방식은 왜라는 이유는 묻지 않는다. 단지 그래야 한다고 주장할 뿐이다. 세계인권선언은 난해한 법률 용어로 이루어져 있으며, 인권 용어를 정의하는 사람들 사이의 이해관계가 얽혀 있었다. 그런 와중에 칠레인들은 투옥된 동료들이 세계인권선언 18~19장에 적시된, 사상과 발언의 자유를 뺏긴 양심수라는 걸 알게 되었다.

독재 치하의 사람들에게 인권이라는 새로운 언어가 일종의 코드 역할을 했다. 음악가들이 은밀한 은유적 가사에 정치적 메시지를 숨기는 것처럼, 그들은 법률 용어로 좌익 성향을 숨길 수 있었다. 그것은 정치 문제임을 내세우지 않으면서 정치에 관여할 수 있는 방법이었다.**

남미의 공포정치가 급속히 확장되는 국제인권운동의 주목을 받았을 때, 인권운동가들은 이러한 이유들 때문에 정치 관련 담화를 피할 수밖에 없는 상황이었다.

---

* 독재 종식 이후, 마드레스는 아르헨티나에서 신경제질서에 가장 치열하게 저항하는 단체가 되었다. 그러한 성향은 오늘날에도 마찬가지다.
** 매우 조심스런 태도에도 불구하고 인권운동가들은 공포에서 벗어날 수 없었다. 칠레의 감옥은 인권 변호사들로 가득 차 있었다. 게다가 아르헨티나 군부는 최고위 고문관들을 슬픔에 빠진 친인척으로 가장해 마드레스에 침투시켰다. 결국 1977년 12월, 마드레스는 군부의 급습을 받았는데, 12명의 어머니들이 영원히 실종되었다. 실종자들 가운데 마드레스의 리더인 아주세나 데 빈센티(Azucena de Vicenti)를 비롯해 프랑스 수녀 두 명도 포함되었다.

포드의 상반된 두 얼굴

국가의 공포정치와 이념적 프로젝트와의 관련성을 부인하는 것은 당시 인권보고서들의 특징이었다. 물론 국제앰네스티의 침묵을 냉전 속에서 공정함을 지키려는 노력으로 볼 수도 있다. 그러나 그것 말고 다른 요인도 있었는데, 그것은 바로 돈이었다. 당시 인권운동을 후원하는 자금의 상당 부분은 포드 재단에서 나왔다. 세계에서 가장 큰 박애주의 기관이라 하겠다. 1960년대 포드 재단은 인권에 많은 예산을 쓰지 않았다. 그러나 1970~1980년대에 이르자 남미의 인권을 지키는 활동에 3,000만 달러라는 큰 금액을 내놓았다. 재단은 그 돈을 칠레 평화위원회 같은 남미 단체들을 후원하는 데 썼다. 뿐만 아니라 아메리카스 워치(Americas Watch)를 비롯해 미국에 소재한 새로운 단체들도 후원했다.[15]

군부 쿠데타 이전에, 남미 원뿔지대에서 포드 재단의 주된 역할은 학문적 교육의 후원이었다. 대개는 경제학과 농업과학 분야로 미 국무부와의 긴밀한 협력 아래 이루어졌다.[16] 프랭크 서턴(Frank Sutton)은 포드 재단 국제부 부사장보로, 재단의 철학을 이렇게 설명했다. "엘리트를 근대화시키지 않고서 어떻게 국가를 근대화시킬 수 있겠습니까."[17] 포드는 혁명적 마르크스주의를 대신할 대안을 후원하려는 냉전시대의 논리에서 벗어나 공정을 기하려 했다. 그런데도 포드의 학계 지원금은 우익의 선입관에서 벗어나진 못했다. 남미 학생들은 미국 전 지역의 대학으로 보내졌다. 그리고 좌익 성향으로 기울고 있는 국립대학들을 포함해 남미의 여러 대학들에 학부과정을 위한 지원금을 제공했다.

그러나 몇 가지 중요한 예외가 있다. 앞서 얘기했듯이, 포드 재단은 라틴계 시카고 보이스 수백 명을 배출한 시카고 대학의 남미경제 연구교육 프로그램의 주요 후원자였다. 그리고 산티아고의 가톨릭 대학에서 이웃 국가의 경제학부 학생들을 유치하기 위해 만든 프로그램도 지원했다. 의도적이든 아니든 간에, 포드 재단은 재정지원을 통해 남미 전체에 시카고학파 이념을 앞장서서 퍼뜨린 후원자였다. 심지어 미국 정부보다도 더 큰 역할을 했다.[18]

포드 재단은 시카고 보이스가 피노체트와 함께 총성 속에서 권력을 잡았다는 사실을 개의치 않았다. 시카고 보이스에게 자금을 제공한 것은 '민주주의 목표를 잘 실천하도록 경제제도를 향상시키려는' 재단의 임무를 수행하기 위해서였다.[19] 포드가 도와준 시카고와 산티아고의 경제기관들은 칠레에서 민주주의를 전복시켰다. 그리고 시카고학파의 제자들은 잔인한 상황 속에서 미국에서 배운 것을 적용시키고 있었다. 포드 재단을 더욱 곤혹스럽게 만든 것은 시카고학파의 문하생들이 무력으로 권력을 장악한 일이 근래 들어 벌써 두 번이나 발생했다는 점이었다. 첫 번째는 인도네시아에서 수하르토가 일으킨 유혈 쿠데타였다. 그 과정에서 버클리 마피아가 단기간에 권력을 잡았다.

포드는 인도네시아 대학에서 경제학부의 기반을 다져주었다. 그러나 포드 측 보고서에 따르면 수하르토가 권력을 잡자 "포드가 후원한 교육 프로그램이 배출해낸 경제학자들은 거의 정부에 등용되었다." 학교에는 학생들을 가르칠 사람이 없을 정도였다.[20] 1974년 인도네시아에서 외국에 대한 경제 종속에 항의하는 민족주의 폭동이 일어났다. 분노한 대중은 포드 재단을 공격 목표로 삼았다. 많은 사람들의 지적에 따르면, 수하르토의 경제학자들을 교육시켜 인도네시아의 석유자원과 광물자원을 서구 다국적기업에 팔게 만든 건 포드 재단이었다.

칠레의 시카고 보이스와 인도네시아의 버클리 마피아 사이에서 포드 재단의 평판은 점점 나빠졌다. 두 후원 프로그램의 졸업생들은 잔인하기 이를 데 없는 우익 독재체제를 장악했다. 포드 재단은 자신이 후원한 교육 프로그램의 사상이 그러한 폭력성을 부추길 거라고는 생각하지 못했을 수도 있다. 그러나 평화와 민주주의에 헌신한 포드 재단이 왜 권위주의와 폭력에 깊이 개입되었느냐는 껄끄러운 질문이 계속 나올 수밖에 없는 상황이었다.

두려움이든 사회적 양심 때문이든, 혹은 두 요소가 섞인 것이든 간에, 포드 재단은 독재 문제에 관한 한 뛰어난 사업가 기질을 발휘하기 시작했다. 즉 미리 앞날을 내다보고 대책을 마련해놓는 것이다. 1970년대 중반에 갑자기 포드는 제3세계에서 '기술적 전문가'를 생산하는 입장에서, 인권활동에서 손꼽히는 후원자로 바뀌었다. 백팔십도 전향한 모습은 특히 칠레와 인도네시아에서 갈등을 빚었다. 두 국가의 좌익들은 포드가 도와주었던 정권에 의해 몰살되었다. 그런데 그 정권이 구금시킨 정치범 수천 명을 석방시키고자 백방으로 노력하는 신세대 변호사들에게 자금을 지원해준 것도 포드 재단이었다.

매우 타협적인 성향을 보인 포드의 역사로 볼 때, 포드가 인권 분야에 뛰어들어들면서 가능한 영역을 좁게 잡은 것은 놀랄 일이 아니다. 그들은 주로 '법치주의', '투명성', '좋은 정부'를 위해 법적 투쟁을 하는 단체를 선호했다. 포드 재단의 한 임원이 말한 대로, '인권을 후원하면서도 정치는 건드리지 않으려는 태도'를 보였다.[21] 포드는 원래부터 미국 외교정책에 맞추어왔던 보수적인 조직이긴 하다. 그러나 단지 거기서 그친 정도가 아니었다.* 칠레에서 벌어진 탄압의 목적을 조사해보면 반드시 포드 재단과 연결되어 있다. 그러니까 근본주의적 경제 교리를 지도자들에게 주입하는 핵심 역할을 한 것이다.

포드 재단은 포드 자동차와 떼어놓고 보기 힘들다. 특히 현장에서 일하는 운동가들에게는 포드 재단과 포드 자동차는 상당히 미묘한 관계다. 오늘날 포드 재단은 자동차회사와 그 후계자들로부터 독립되어 있다. 그러나 아시아와 남미에서 교육 프로젝트를 후원했던 1950~1960년대는 그렇지 았다. 포드 재단은 헨리 포드(Henry Ford)와 에드셀 포드(Edsel Ford) 등의 포드 자동차 중역들이 기부한 주식으로 1936년에 시작되었다. 그러다 재단의 재산이 늘어나면서 차츰 독립적으로 운영되기 시작했다. 그러나 포드 자동차가 재단에서 완전히 손을 뗀 것은 칠레 쿠데타가 일어난 1974년이 돼서야 완료되었다. 그러니까

---

* 1950년대, 포드 협회는 종종 CIA의 간판 조직으로 활동했으며, 돈의 출처를 알리지 않은 채 반(反)마르크스주의 성향의 학자들과 예술가들에게 자금을 대주었다. 이러한 내용은 프란세스 스토노 손더스(Frances Stonor Saunders)의 『문화적 냉전(The Cultural Cold War)』에 자세히 기록되어 있다. 포드의 자금을 받지 않은 조직으로는 사면위원회와 남미에서 가장 급진적인 인권 수호가들인 오월광장 어머니회를 들 수 있다.

인도네시아에서 쿠데타가 일어난 지 몇 년이 지난 뒤다. 1976년까지도 포드 자동차 후계자의 가족들은 재단 이사회에 참여했다.[22]

남미 원뿔지대의 모순은 초현실주의로 표현하는 게 딱 맞을 것이다. 포드의 박애주의 유산은 최고였으며 악독한 학대를 종식시키는 기회이기도 했다. 그러나 한편으론 포드는 공포체제와 긴밀히 연결되어 있었다. 따라서 회사 부지 내에 비밀 고문시설을 제공하고 자사 노동자들의 행방불명 사태에 개입했다는 비난을 받았다. 포드 재단은 인권운동가 후원을 통해 많은 생명을 구해냈고, 미 의회를 설득해 아르헨티나와 칠레에 군사 지원을 줄이도록 한 공로도 있다. 또한 남미 원뿔지대의 군부들이 점차적으로 잔인한 탄압 전술을 줄이도록 했다. 그러나 포드가 인권옹호에 나섰을 때는 뭔가 바라는 대가가 있었다. 의도적이든 아니든 간에 포드의 인권운동은 지적 양심을 대가로 요구했다. 포드 재단이 인권에 개입하되 정치와는 연관시키지 않기로 결정했기 때문에, 폭력의 밑바탕에 놓인 질문은 할 수 없었다. 왜 이러한 인권 탄압이 벌어졌을까? 즉 누구의 이익을 위해 그런 탄압이 벌어졌는지는 물을 수 없었다.

이러한 의무 태만 때문에 자유시장 혁명이 극도로 폭력적인 분위기 속에서 탄생했다는 언급은 자유시장의 역사에서 빠졌다. 시카고 경제학자들은 고문에 대해 할 말이 없었다(자신들의 전문 영역이 아니라는 이유에서). 마찬가지로 인권 단체들은 경제 분야의 급진적 변혁에 대해 할 말이 없었다(자신들의 좁은 법적 영역을 넘어서는 일이라는 이유로 말이다).

탄압정책과 경제정책이 하나의 통합된 프로젝트라는 견해를 밝힌 인권보고서는 단 하나뿐이었다. 바로 브라질의 「네버 어게인」이었다. 이는 국가나 외국 재단에 관계없이 독립적으로 발행된 유일한 보고서다. 독재 시절 용감한 법조인들과 교회 소속 운동가들이 몰래 복사한 군부정권의 법정기록들이 토대가 되었다. 보고서는 잔혹한 범죄들의 실상을 자세히 밝힌 후, 모두가 애써 외면해 왔던 중요한 질문을 던진다. 도대체 이유가 뭘까? 보고서는 이런 답변을 담담히 내놓았다. "한 국가의 대다수 사람들이 반감을 가지는 경제정책의 경우엔 무력으로 집행하는 수밖에 없다."[23]

독재시절에 깊이 뿌리 내린 급진적 경제모델은 장군들보다 더 굳건하게 자리를 잡았다. 훗날 군인들은 원래 자리로 돌아가고 남미는 다시 자신의 정부를 선출할 수 있게 되었다. 그러나 시카고학파의 논리는 오랫동안 그대로 남아 있었다.

아르헨티나의 언론인이자 교육자인 클라우디아 아쿠냐(Claudia Acuña)에 따르면, 1970~1980년대에는 군부가 폭력을 목적이 아닌 수단으로 사용했다는 사실을 알아차리기는 힘들었다고 한다. "그들의 인권유린은 너무 가혹하고 믿을 수 없을 정도여서, 우리에겐 인권 학대의 종식이 최우선 과제였습니다. 이제 비밀 고문센터는 모두 파괴되었습니다. 그러나 군부 때부터 지금까지 이어지는 경제 프로그램은 사라지지가 않네요."

결국 로돌포 왈스의 예측대로 총알보다 계획된 비극 때문에 사라진 생명이 더 많았다. 1970년대 남미 원추지대에서 벌어진 일은 당시엔 살인으로 다루어졌다. 그러나 실상은 극도의 폭력으로 무장한 약탈행위였다. 아쿠냐는 이렇게 말했다. "실종자들이 흘린 피는 경제 프로그램의 대가였습니다."

인권이 정치나 경제와 분리될 수 있는지에 대한 논쟁은 남미에만 해당되는 문제가 아니었다. 국가가 정책을 시행하는 무기로 고문을 사용할 때마다 그러한 질문이 터져 나왔다. 고문을 비밀스러운 것이나 정치영역을 벗어난 비정상적인 행위로 보려는 경향은 충분히 이해할 수 있다. 그러나 고문은 복잡하거나 비밀스러운 것이 아니라 가장 잔인한 형태의 강압 도구다. 통치에 필요한 동의를 얻지 못한 국내 정부 혹은 외국 점령군은 고문을 많이 사용한다. 필리핀의 마르코스(Ferdinand Edralin Marcos), 이란의 국왕들, 이라크의 후세인이 그러했다. 또한 알제리에서의 프랑스 군대, 팔레스타인 점령지역에서의 이스라엘, 이라크와 아프가니스탄에서의 미국도 마찬가지였다. 예를 들면 끝이 없다. 정치적, 종교적, 경제적 이유를 불문하고, 죄수들에게 자행된 학대는 다수가 반대하는 체제를 강행하겠다는 정치인들의 의지를 상징한다. 흔히 생물학자는 식물이나 조류의 '지표종'의 존재로 생태계를 정의한다. 그에 비유하자면 고문은 반(反)민주적 프로젝트를 수용한 정부의 지표종에 해당한다. 설사 그 정부가 선거를 통해 정권을 잡았을지라도 말이다.

고문은 심문 과정에서 정보를 빼내는 수단으로 악명 높다. 그러나 사람들에게 공포를 주고 통제하는 데 고문보다 더 효과적인 수단은 없다. 1950~1960년대 많은 알제리 사람들은 프랑스 진보주의자들에게 화를 냈다. 프랑스 군인들이 알제리 자유해방군에게 전기고문과 물고문을 가했다는 소식에 그저 도덕적 분노만을 표하면서, 학대의 원인인 점령을 종식시키기 위한 노력은 전혀 하지 않았기 때문이다.

1962년, 프랑스 변호사 지젤 힐리미(Gisèle Halimi)는 감옥에서 잔인하게 강간당하고 고문당한 알제리인들을 변호했다. 절망에 빠진 힐리미는 이렇게 표현했다. "항상 진부하고 똑같은 말뿐이다. 알제리에서 고문이 사용된 이래로 늘 똑같은 말, 똑같은 분노의 표현, 똑같은 대중의 항의 서명, 똑같은 약속이 반복된다. 그런 것들로는 전기쇼크기기나 물고문 세트를 철폐하지 못할 뿐 아니라, 고문자들의 권력을 막을 실질적인 방안도 제공하지 못한다." 그러한 주제에 관한 글을 쓴 시몬 드 보부아르(Simone de Beauvoir)도 같은 생각을 드러냈다. "권력 남용이나 권력 악용에 대해 도덕성을 이유로 항의하는 것은 커다란 실수다. 오히려 상황만 더 복잡하게 만들 뿐이다. 권력 남용이나 오용 같은 건 없다. 단지 체계적인 시스템만이 있을 뿐이다."[24]

보부아르의 핵심은 점령이란 인간적으로 진행될 수 없다는 것이다. 사람들의 의지를 꺾고 다스리는 데 있어 인간적인 방식은 없다. 그녀는 단 두 가지 선택만이 있다고 했다. 하나는 점령에 굴복하고 복종을 강요하는 방식을 받아들이는 것이다. 그러기 싫으면 특정 관행이 아닌 상위에 놓여 있는 더 큰 목적 자체를 거부해야 한다. 그러한 목적이 바로 문제의 핵심이기 때문이다. 오늘날 이스라엘-팔레스타인 그리고 이라크에서도 이와 같은 선택 방안만이 가능하다. 1970년대 남미 원뿔지대에서 국민들의 확고한 의지에 반하는 정책을 우호적이며 관대하게 실시할 수 있는 방법은 없었다. 시카고 보이스는 존엄성을 누리며 사는 데 필요한 것들을 수백만 시민들에게서 빼앗으려고 했다. 그러나 어떻게 평화적인 방식으로 그렇게 할 수 있겠는가. 토지든 삶의 방식이든 간에 무엇인가 강탈하려면 무력이나 위협을 가할 수밖에 없다. 강도들이 총을 갖고 다니며 때론 사용까지 하는 이유도 바로 그 때문이다. 고문은 혐오스러운 것이긴 해도 특정 목표를 이루는 데는 아주 이성적인 방법이다. 사실 그 같은 목표를 달성하는 유일한 방법일 것이다. 당시 남미에서 감히 누구도 대놓고 묻지 못했던 상당히 중요한 질문이 있다. 신자유주의는 본디부터 폭력적인 이데올로기인가? 잔인한 정치적 숙청과 인권 탄압을 통해 이루고자 하는 목표는 무엇이었는가?

세르히오 토마셀라(Sergio Tomasella)는 감동적인 증언을 통해 그러한 질문에 답해주었다. 그는 아르헨티나 농업연맹의 회장이자 담배농사꾼이다. 그리고 5년간 투옥되어 고문을 받았다. 그의 아내, 친구들, 가족들도 마찬가지였다.[*] 1990년 5월, 토마셀라는 코리엔테스(Corrientes: 아르헨티나 북동부 코리엔테스 주의 주도-옮긴이)의 외곽에서 부에노스아이레스로 가는 야간 버스를 탔다. 아르헨티나 법원에서 독재 시대의 인권유린에 관한 증언을 하러 가는 중이었다. 과거 범죄자들에게 면책특권을 부여해서는 안 된다는 주장에 힘을 실어주기 위해서였다. 토마셀라의 증언은 다른 사람들의 증언과 달랐다. 그는 농사할 때 입는 작업복과 부츠 차림으로 도시 청중들 앞에 섰고, 자신이 오랜 전쟁의 전형적인 피해자라고 설명했다. 땅 한 마지기라도 원하는 가난한 소작농과 지역 땅의

---

[*] 이 이야기는 마거리트 페이틀로비츠의 놀라운 책 『아르헨티나 고문의 잔재들(A Lexicon of Terror)』의 도움을 받았다.

절반을 차지해 막강한 기업적 권력을 가진 농장주들과의 전쟁 말이다. "상황은 전과 마찬가지입니다. 토착 원주민에게서 땅을 뺏은 사람들은 여전히 봉건체제를 유지하며 우리를 탄압합니다."**25**

그는 자신과 농업연맹 동료들이 당한 학대는 경제적 이득과 따로 떼어서 볼 수 없다고 주장했다. 그들에게 신체적 고통을 가하고 활동조직을 와해함으로써 얻는 거대한 경제적 이득 말이다. 따라서 그는 자신을 학대한 군인들의 이름이 아니라, 아르헨티나의 경제 종속으로 이득을 보는 국내외 기업들의 이름을 댔다. "외국 독점회사들은 우리에게 곡물 생산을 강요하고 땅을 오염시키는 화학물질 사용을 강요했습니다. 또한 자신들의 기술과 이념을 강요했지요. 이러한 일들은 땅을 소유하고 정치를 장악한 소수 실권자들을 통해 이루어졌습니다. 그러나 그런 소수 실권자들은 독점기업들의 지시를 받고 있었습니다. 포드 자동차, 몬산토(Monsanto: 세계 최대의 유전자변형농산물 및 종자회사−옮긴이), 필립모리스 같은 회사들 말입니다. 따라서 우리가 바꾸어야 할 것은 바로 구조 그 자체입니다. 제가 비난하는 것도 역시 그것이고요. 그게 전부입니다."

청중은 박수갈채를 보냈다. 토마셀라는 증언을 마무리하며 말했다. "결국엔 진실과 정의가 승리를 거둘 겁니다. 수세대가 걸릴지도 모르죠. 저는 이러한 투쟁을 진행하다 죽음을 맞을지도 모릅니다. 그러나 분명히 언젠가는 우리가 승리할 겁니다. 저는 적이 누구인지 압니다. 마찬가지로, 그들도 제가 누구인지 알고 있을 겁니다."**26**

우리는 시카고 보이스의 1970년대 첫 번째 모험을 인류에 대한 경고로 받아들여야 했다. 그들의 사상은 아주 위험한 아이디어였다. 시카고학파 이론 창시자들은 첫 번째 실험실에서 저지른 범죄에 대한 이념적 책임을 전혀 지지 않은 채, 뻔뻔스럽게 면책권을 부여받고 세상을 자유롭게 돌아다니며 다음 정복지를 찾고 있다. 요즘 우리는 또다시 조합주의 대학살 시대에 살고 있다. 각국은 군사적 폭력과 더불어 '자유시장' 경제로 바꾸려는 조직화된 시도에 시달리고 있으며, 실종과 고문은 무서운 기세로 다시 돌아왔다. 예전과 마찬가지로 자유시장 설립이라는 목표와 그에 필요한 잔인함은 또다시 상호 무관한 것으로 여겨지고 있다.

3부

생존을 위해
안간힘을 쓰는 민주주의

[법으로 만든 폭탄들]

국가들 사이의 무력 충돌은 우리를 두렵게 만든다.

그러나 경제적 전쟁도 무력 충돌 못지않다. 마치 외과수술 과정과 비슷하다.

경제적 전쟁은 장기적 고문이며, 그 참혹함은 전쟁을 다룬 문학작품에 묘사된 것만큼이나 끔찍하다.

때문에 다른 것은 생각할 겨를이 없다.

나는 반전운동이 훌륭하다고 생각하며 꼭 성공하기를 바란다.

그러나 악의 근원을 해결하지 않는 한, 반전운동은 실패할 것이라는 두려운 생각이 든다.

바로 인간의 탐욕 말이다.

1926년, 간디(M. K. Gandhi), 『비폭력: 가장 위대한 힘』

6장

전쟁에 의해 구원받다

대처리즘과 유용한 정적들

주권자는 긴급 시 국가 운명을 결정짓는 사람이다..

나치 시대 법률가 칼 슈미트(Carl Schmitt)[1]

시카고학파의 자비로운 후원자인 프리드리히 하이에크는 1981년 칠레를 방문하고 돌아왔다. 그는 아우구스토 피노체트와 시카고 보이스로부터 큰 감명을 받아 영국 수상인 마거릿 대처에게 편지를 보냈다. 그리고 케인스식 영국 경제를 남미 국가를 모델로 삼아 변혁하라고 설득했다. 대처와 피노체트는 훗날 절친한 친구 사이가 된다. 대처가 제노사이드, 고문, 테러로 기소되어 영국에서 가택연금 상태로 지내는 늙은 장군을 방문한 사실은 잘 알려져 있다.

영국 수상은 이른바 '칠레 경제의 엄청난 성공'에 대해 잘 알고 있었으며, 많은 교훈을 얻을 수 있는 경제 개혁의 멋진 사례라고 표현했다. 그러나 하이에크가 쇼크요법 정책을 실시하라고 제안했을 때, 대처는 피노체트에 대한 존경에도 불구하고 전혀 확신을 갖지 못했다. 1982년 2월, 영국 수상은 정신적 스승에게 보내는 개인적인 편지에서 어려움이 있음을 분명히 밝혔다. "민주적 제도와 국민들의 동의가 필요한 영국에서는 칠레에서 채택된 정책들을 받아들일 수 없습니다. 당신도 이에 동의할 겁니다. 이곳에서 개혁은 영국의 전통과 헌법을 준수하면서 진행되어야 합니다. 그래서 때론 고통스러울 만큼 느린 속도로 진행되지요."[2]

요점은 시카고 스타일의 쇼크요법이 영국 같은 민주주의에서는 불가능하다는 것이다. 대처는 첫 번째 임기의 3년째에 접어들고 있었다. 그리고 여론조사에 나타난 지지율은 떨어지고 있었다. 하이에크가 제안한 대중의 반발을 사는 급진적인 조치를 취한다면 다음 선거에서는 분명 패할 것이다. 따라서 전혀 고려할 수 없는 방안이었다.

시카고학파 캠페인과 하이에크로서는 매우 실망스러운 내용이었다. 몇몇 소수 기업들만 참가했지만 남미 원뿔지대의 실험은 엄청난 이득을 낳았다. 그래서 다국적기업들은 새로운 개척지를 찾는 데 혈안이 되어 있었다. 단지 개발도상국만이 아니라 서구 선진국 내에서도 대상을 찾았다. 국가가 통제하는 전화, 항공, 방송국, 발전소 같은 풍요로운 분야들은 충분히 영리 추구 형태의 운영이 가능했다. 선진국에서 이런 논의를 적극 후원할 사람이 있다면, 영국의 대처나 미국의 로널드 레이건 대통령이 될 것이다.

1981년 「포춘」은 '칠레의 대담한 레이거노믹스 신세계'를 찬양하는 기사를 실었다. "산티아고의 상점들에는 번쩍거리는 사치품이 가득하고 거리에는 멋진 일본제 신차가 다닌다." 그러나 칠레 전역에서 사람들이 탄압당하고 빈민촌이 급속도로 늘어나고 있다는 사실은 망각했다. "칠레의 실험을 통해 우리는 어떤 경제 교리를 배울 수 있을까?" 기사는 이런 질문을 내더니 곧바로 정답을 제시했다. "작은 개발도상국이 경쟁우위 이론에 맞추어 살 수 있다면, 자원이 더욱 풍부한 미국 경제도 이것이 분명 가능할 것이다."[3]

그러나 대처가 하이에크에 보낸 편지에서 밝혔듯, 그렇게 간단한 문제가 아니었다. 선거로 뽑힌 지도자는 유권자들의 업무수행평가에 신경을 써야 하고, 정기적으로 선거를 통해 국민들의 평가를 받는다. 1980년대 초반에는 레이건과 대처가 권력을 잡고 있었다. 또한 하이에크와 프리드먼이 영향력 있는 조언자로 활동하던 시대였다. 그런데도 남미 원뿔지대에서 잔인한 폭력으로 강요된 급진적 경제 어젠다가 영국과 미국에서도 가능할지는 불분명했다.

10년 전 프리드먼과 시카고학파 캠페인은 리처드 닉슨 대통령에 의해 큰 좌절을 맛보았다. 민주주의 국가에서는 그들의 정책을 받아들이기가 힘들다는 점을 다시 한 번 확인시켜준 사건이었다. 닉슨은 칠레에서 시카고 보이스가 권력 요직에 등용되도록 도움을 주었다. 그러나 미국 내에서는 매우 다른 노선을 취했다. 프리드먼은 그런 일관성 없는 모습을 용서할 수 없었다. 닉슨이 1969년에 취임했을 때, 프리드먼은 뉴딜의 잔재에 맞서 반혁명을 일으킬 기회가 왔다고 생각했다. "저와 의견이 일치하는 철학을 가진 대통령은 거의 없었습니다." 프리드먼은 닉슨에게 편지를 보냈다.[4] 두 남자는 대통령 집무실에서 자주 면담을 가졌다. 닉슨 대통령은 프리드먼을 비롯해 뜻을 같이하는 그의 친구들과 동료들을 경제 요직에 임명했다. 시카고 대학의 교수인 조지 슐츠(George Shultz)도 프리드먼의 도움으로 닉슨 행정부에 임용된 사람이다. 또 다른 이로는 당시 서른일곱 살이었던 도널드 럼즈펠드가 있다. 그는 시카고 대학의 세미나에 종종 참여하곤 했다. 훗날 그는 그 모임에 대해 아주 경건하게 말했다. 럼즈펠드는 프리드먼과 동료들을 '천재 집단'이라고 불렀다. "나와 다른 '신참'들은 그들의 발밑에서 배워야 한다. (중략) 나는 특혜를 받은 셈이다."[5] 당시 프리드먼은 대통령에게 개인적 존경심을 품고 있었고, 그가 아끼는 제자들이 정책을 만들고 있었다. 당연히 세계 최강의 경제 대국인 미국에서 자신의 사상이 곧 실현되리라고 굳게 믿을 수밖에 없었다.

그러나 1971년에 미국 경제는 슬럼프에 빠지기 시작했다. 실업률이 치솟고 인플레이션으로 물가가 높아졌다. 닉슨은 프리드먼의 자유방임주의 조언을 따를 경우, 수백만 명의 성난 시민들이 투표를 통해 자신을 물러나게 할 것임을 알고 있었다. 따라서 임대료나 기름값처럼 생활의 기반이 되는 가격들의 상한 폭을 규제했다. 이에 프리드먼은 격노했다. 정부의 왜곡 조치들 가운데 가격 통제가 최악이라고 여겼기 때문이다. 그는 이를 '경제 시스템의 작동 기능을 파괴하는 암적 요소'라고 불렀다.[6]

더욱 모욕적이게도, 케인스식의 정책을 실시한 것은 그의 제자들이었다. 럼즈펠드는 임금과 물가 조절 프로그램을 담당하고 있었다. 그리고 관리예산국 책임자인 슐츠와도 의견이 일치했다. 프리드먼은 백악관에서 제자였던 럼즈펠드를 불러내 비난하기도 했다. 럼즈펠드의 회상에 따르면 프리드먼은 지금 하는 일을 당장 그만두라고 설교했다. 그러자 신참 관료인 럼즈펠드는 정책이 효과가 있는 것 같다고 응답했다. 실제로 인플레이션은 줄어들고 경제는 성장하고 있었다. 프리드먼은 그게 바로 가장 큰 죄라고 맞받아쳤다. "네가 이러한 정책을 실시하는 바람에 사람들이 잘못된 교훈을 배우게 되었다."[7] 실제로 사람들은 이듬해에 지지율 60퍼센트로 닉슨을 재선출했다. 두 번째 임기에서 대통령은 프리드먼 교리를 더욱 산산조각 내면서 산업 환경과 안전기준의 개선을 요구하는 법안들을 통과시켰다. 닉슨은 "지금은 케인스 시대다."라는 유명한 선언을 했다. 이것은 프리드먼에게 가장 쓰라린 상처가 되었다.[8] 깊은 배신감을 느낀 그는 훗날 닉슨을 '20세기 미국에서 가장 사회주의적인 대통령'이라고 표현했다.[9]

닉슨의 통치는 프리드먼에게 분명한 교훈이 되었다. 시카고 대학의 교수는 자본주의와 자유가 같다는 전제하에서 시카고학파 캠페인을 시작했다. 그러나 자유 시민들은 그의 조언을 따르는 정치인을 선출하지 않았다. 더욱 좋지 않은 소식은 순수한 시장경제 독트린을 실행하려는 정부는 독재국가들뿐이라는 점이다. 시카고학파는 국내에서 당한 배신에 불만을 터뜨렸다. 그리고 1970년대 내내 군부정권들과 손을 잡았다. 우익 군사독재가 권력을 잡은 곳이라면 거의 어디에서나 시카고 대학의 존재감이 느껴졌다. 하버거는 1976년 볼리비아 군부정권의 자문으로 일했다. 그리고 아르헨티나 대학들이 군부의 통제를 받고 있던 1979년에 아르헨티나 투쿠만 대학에서 명예학위를 받았다.[10] 더 멀리 나아가, 그는 인도네시아의 수하르토와 버클리 마피아에게도 조언을 했다. 그리고 중국 공산당이 시장경제로 전환할 때 경제자유화 프로그램을 만들어주었다.[11]

스티븐 해거드(Stephen Haggard)는 캘리포니아 대학의 신자유주의 정치학자였다. 그는 개도국들의 전면적 개혁이 군부 쿠데타 이후 진행되었다는 슬픈 사실을 시인했다. 남미 원뿔지대와 인도네시아 외에도, 터키, 한국, 가나가 그러했다. 다른 성공담들은 군부 쿠데타가 일어난 곳이 아닌 멕시코, 싱가포르, 홍콩, 타이완 같은 일당체제 국가들에서 나왔다. 해거드는 민주주의와 시장지향 경제정책은 항상 함께하는 것은 아니라는 결론을 내렸다. 프리드먼의 주장과 반대인 것이다.[12] 실로 1980년대 초반에는 완전히 시장경제 쪽으로만 치중한 다당제 민주주의 국가는 찾아볼 수 없었다.

좌익들의 오랜 주장에 따르면 개도국에서 진정한 민주주의는 선거에 기업들이 영향력을 행사하지 못하는 공정한 법률과 부의 재분배에 중점을 두는 정부로 나타난다. 이러한 논리는 매우 간단하다. 개도국에는 부자들보다 가난한 사람들이 더 많다. 따라서 트리클다운(trickle down: 대기업의 성장을 촉진하면 덩달아 중소기업과 소비자에게도 혜택이 돌아가 총체적으로 경기를 활성화시킨다는 경제이론-옮긴이) 정책이 아니라, 땅을 직접 재분배하고 임금을 올려주는 정책이 필요하다. 그래야 가난한 대중의 이익을 반영할 수 있다. 따라서 모든 시민에게 투표권을 주고 공정하게 선거를 치른다면, 자유시장 경제를 추진하려는 정치인이 아니라 일자리와 땅을 더욱 많이 제공하는 정치인이 당선될 것이다.

때문에 프리드먼은 지적인 역설상황을 그저 노려보며 있을 수밖에 없었다. 그는 애덤 스미스(Adam Smith)의 기틀을 물려받은 관계로, 인간들은 사리(私利) 추구에 의해 관리될 수 있다고 믿었다. 또한 사리 추구가 모든 활동에 적용될 때 사회가 가장 잘 굴러간다고 믿었다. 단 선거라 불리는 사소한 활동은 예외다. 전반적으로 (미국을 포함해) 각국을 보면, 평균 수입보다 낮은 사람들이 더 많다. 따라서 최상층의 부를 자신들에게 재분배하겠다고 약속하는 정치인에게 표를 던지는 것이 단기적으론 이득이다.[13] 프리드먼의 오랜 친구인 앨런 멜처(Allan Meltzer)는 통화주의 경제학자다. 그는 "선거권은 수입보다 훨씬 공평하게 분배되어 있다. (중략) 중하층 선거권자들은 부의 이전을 통해 이윤을 얻는다."라고 재치 있게 표현했다. 멜처는 이러한 모습을 '민주주의 정부와 정치적 자유를 얻는 비용'으로 설명했다. 그러나 또한 "프리드먼과 아내 로즈는 이러한 트렌드에 반대했다. 물론 그들이 이러한 추세를 중지시키거나 되돌릴 수는 없었다. 그러나 사람들과 정치인들이 생각하고 행동하는 방식에 상당한 영향을 미쳤다."라고 말했다.[14]

대서양 건너편에서 대처는 이른바 '오너십 사회'를 후원해 영국식 프리드먼주의를 촉진했다. 특히 영국의 공영주택단지에 그런 노력을 기울였다. 대처는 국가가 주택시장에 개입하면 안 된다고 믿으며, 철학적인 이유로 공영주택단지를 반대했다. 공영주택단지에는 경제적 이해관계가 없어서 보수당(Tory Party)에 표를 주지 않을 사람들이 대부분이었다. 대처는 만약 그들이 시장 안으로 들어온다면, 재분배에 반대하는 부유한 사람들의 이해관계에 동참할 거라고 확신했다. 그러한 점을 염두에 두고, 그녀는 공영주택단지 주민들에게 할인된 가격으로 주택을 구입할 수 있도록 인센티브를 주었다. 일부 사람들은 집주인이 되었다. 반면에 전보다 두 배나 오른 집세를 감당하지 못하는 사람들도 있었다. 확실히 분열-정복(divide and conquer) 전략은 효과가 있었다. 세입자들은 계속 대처에 반대했고 영국 대도시 거리에는 집을 잃은 사람들이 눈에 띄게 증가했다. 그러나 여론조사에 따르면 새로 집주인이 된 사람들의 절반 이상이 보수당으로 성향을 바꾸었다.[15]

공영주택단지 판매는 민주주의에서 극우파 경제가 실현될 일말의 가능성을 보여주었다. 그런데도 대처의 두 번째 당선은 어려워 보였다. 1979년, 그녀는 "노동당은 제대로 일하고 있지 않다."라는 슬로건을 내걸어 당선되었다. 그러나 대처의 재임 시절인 1982년에 실업자의 숫자는 두 배로 늘어났다. 인플레이션도 마찬가지였다.[16] 그녀는 가장 강력한 노조인 광부노조를 상대하려고 했지만 실패했다. 취임한 지 3년이 지난 무렵, 그녀의 지지율은 25퍼센트로 떨어졌다. 조지 부시의 최저 지지율보다 낮은 수치이며, 여론조사 역사상 영국 총리들 가운데 가장 낮았다. 정부 전반에 대한 지지율은 18퍼센트에 불과했다.[17] 총선이 다가오자 대처리즘은 조기에 불명예스럽게 퇴진할 운명이었다. 대규모 민영화와 블루칼라 노조를 파괴하는 야심 찬 보수당의 목표를 달성하기도 전에 말이다. 바로 이러한 어려운 상황에서 대처는 하이에크에게 편지를 보냈다. 그리고 칠레 스타일의 변혁은 영국에서 "받아들이기 힘들다."라고 정중하게 밝혔다.

대처의 끔찍한 첫 임기는 시카고학파의 급진적인 영리 추구 정책들은 민주주의에서는 살아남을 수 없다는 닉슨 시대의 교훈을 재현하는 것 같았다. 경제 쇼크요법을 성공시키려면, 쿠데타든 아니면 억압정권의 고문실이든 간에, 뭔가 다른 종류의 쇼크가 필요했다.

특히 월스트리트로서는 매우 걱정스러운 상황이었다. 1980년대 초반 이란, 니카라과, 에콰도르, 페루, 볼리비아 같은 전제정권들이 무너지기 시작했다. 게다가 많은 국가들이 보수적인 정치학자 새뮤얼 헌팅턴(Samuel Huntington)이 민주주의의 '제3의 물결'이라 칭한 노선을 따랐다.[18] 선거에서 승리한 뒤 대중에 영합하는 정책을 지원하려는 제2의 아옌데가 나타나지 않도록 손을 써야 했다.

워싱턴은 1979년에 이란과 니카라과에서 같은 양상이 반복되는 것을 지켜보았다. 미국이 후원하는 이란 왕조는 좌파와 이슬람주의자들에 의해 전복되었다. 뉴스는 주로 인질사건과 이슬람의 종교지도자들에 관한 이야기들을 다루었다. 그러나 워싱턴은 경제적 측면에 대해 경계하고 있었다. 당시 아직 완전한 권위주의로 전환하지 않은 이슬람 정권은 은행을 국유화하고 토지 재분배 프로그램을 실시했다. 그리고 자유무역정책을 실시했던 이란 왕조와 달리 수출입을 통제하기 시작했다.[19] 그로부터 5개월이 지날 무렵, 미국이 지원했던 아나스타시오 소모사 데바일레(Anastasio Somoza Debayle) 독재정권은 니카라과 민중혁명으로 붕괴되었다. 그리고 좌익 산디니스타(Sandinista: 산디니스타 민족해방전선의 구성원. 니카라과 정치단체 중 하나로 1979년 아나스타시오 소모사 데바일레 대통령을 몰아내고 46년간이나 계속된 소모사 가문의 독재를 종식시켰다-옮긴이) 정부가 출범했다. 니카라과도 이란과 마찬가지로 수입을 통제하고 은행산업을 국유화했다.

혁명을 시작한 지 10년도 채 안 되는 1980년대 초반, 글로벌 자유시장의 꿈에 어두운 전망이 드리워졌다. 새로운 대중주의자들의 물결 속에서, 프리드먼의 혁명은 살아남기 어려운 상황에 직면했다.

전쟁 덕에 살아남다

대처가 하이에크에게 편지를 쓴 지 6주가 지날 무렵이었다. 그녀가 심경 변화를 일으키고 조합주의운동의 운명을 바꿀 일이 벌어졌다. 1982년 4월 2일, 아르헨티나는 영국 식민주의의 잔재인 포클랜드 제도를 침공했다. 포클랜드 전쟁은 작은 규모의 부도덕한 전투로 역사에 기록되어 있다. 아르헨티나인은 말비나스(Malvinas: 포클랜드의 아르헨티나 명칭-옮긴이) 전쟁으로 부른다. 아르헨티나 해안에 위치한 그 섬들은 영국에서 수천 마일이나 떨어져 있다. 영국으로선 섬을 방어하고 유지하는 데 상당한 비용이 들었다. 아르헨티나의 입장에선 영국의 전투 기지가 영해 내에 있다는 사실이 국가적 자부심에 상처를 주었다. 그러나 실제로 효용가치는 별로 없는 섬이었다. 유명한 아르헨티나 작가 호르헤 루이스 보르헤스(Jorge Luis Borges)는 그 영토분쟁을 '빗을 서로 갖겠다고 다투는 두 대머리 남자들 간의 싸움'이라며 냉담하게 표현했다.[20]

군사적 대치 상태에서 11주 동안 치른 전투는 역사적으로 별 의미가 없어 보였다. 그러나 그것은 자유시장 프로젝트에 끼친 엄청난 영향력을 간과한 것으로, 서구 자유민주주의 국가에서 최초로 급진적 자본주의 개혁 프로그램을 실시할 정치적 명분을 주었다.

양국 지도부는 전쟁을 할 이유가 충분했다. 1982년, 아르헨티나 경제는 부채와 부정부패로 무너지고 있었다. 게다가 인권운동이 점차 힘을 얻고 있었다. 레오폴도 갈티에리(Leopoldo Galtieri) 장군의 신군부정권은 국민들이 민주주의 탄압보다 제국주의에 더 큰 분노를 느낀다고 계산했다. 따라서 땅을 포기하지 않겠다고 선언하며, 영국에 대한 반제국주의 감정을 분출하도록 분위기를 조성했다. 파란색과 흰색의 아르헨티나 국기가 바위섬에 세워지자 국민들은 환호를 보냈다.

아르헨티나가 포클랜드의 영유권을 주장한다는 소식이 영국에 전해졌다. 대처는 이것을 정치적 운명을 뒤집을 마지막 희망으로 여겼다. 그리고 즉각 처칠식의 전투태세에 돌입했다. 사실 최근까지도 정부는 많은 재정적 부담을 안겨준다며 포클랜드 주둔군을 달갑지 않게 여겼다. 그래서 유지비용을 삭감하고 포클랜드를 수호하는 함정을 포함해 해군도 대폭 축소했다. 아르헨티나 장군들은 이것을 영토를 넘겨주려는 암시로 받아들였다(대처의 전기 작가에 따르면, 대처의 포클랜드 정책은 아르헨티나에게 어서 침입을 하라는 초대장과 같았다고 한다).[21] 영국이 전쟁에 나서자 정치권 내의 비판가들은 정치적 목적을 위해 군사력을 사용한다고 대처를 비난했다. 노동당 당수 토니 벤(Tony Ben)은 위태로운 것은 포클랜드 제도가 아니라 대처의 명성처럼 보인다고 말했다. 한편 보수적인 「파이낸셜타임스」는 "실제 문제와는 상관없는 영국 내의 정치적 견해 차이가 포클랜드 사안에 개입되어 유감이다. 포클랜드 전쟁은 아르헨티나 정부의 명예만 달린 문제가 아니다. 영국 보수당 정권의 위신을 비롯해 생존까지도 달려 있다."라고 밝혔다.[22]

전투 준비 과정에서는 건전한 비판이 있었지만, 일단 군대가 배치되자마자 상황이 달라졌다. 영국은 노동당이 결의를 통해 '호전적이며 군사주의적인 마인드'라고 표현한 징병 열풍에 휩싸였다. 포클랜드 섬을 사라져가는 대영제국의 영광을 지킬 마지막 수호지로 받아들인 것이다.[23] 대처는 영국을 뒤흔든 포클랜드 정신을 찬양했다. "요새를 없애버리자."라는 주장은 사그라지고, "군부 정권을 가만히 두지 않겠다!"라고 쓴 티셔츠가 불티나게 팔렸다.[24] 런던과 부에노스아이레스에서는 전쟁을 막으려는 진지한 노력이 보이지 않았다. 당시 대처의 모습은 오늘날 부시와 블레어가 이라크 전쟁을 준비한 과정과 비슷했다. 즉 유엔을 무시한 채 제재나 협상에는 관심을 두지 않은 것이다. 그들은 오직 전쟁에서의 영광스런 승리만을 원했다.

대처는 자신의 정치적 미래를 위해 싸웠다. 그리고 드디어 원하던 대로 성공했다. 영국군 255명과 아르헨티나군 655명이 목숨을 잃었다. 포클랜드 승리 이후, 영국 수상은 전쟁의 영웅으로 불렸다. 철의 여인이라는 별명은 이제 모욕이 아니라 찬사로 바뀌었다.[25] 그녀에게 표를 던진 유권자들의 숫자도 늘어났다. 대처의 지지율은 전투를 치르면서 두 배나 상승해, 25퍼센트에서 나중엔 59 퍼센트까지 올라갔다. 다음 해 선거에서 확정적인 승리를 거둘 길을 미리 깔아놓은 셈이었다.[26]

영국 군대의 포클랜드 반격은 코드명 조합주의 작전이었다. 군사적 정복 치곤 희한한 이름이었지만, 사실상 선견지명적인 작전명이었다. 대처는 승리로 얻은 엄청난 인기를 이용해 조합주의 혁명을 실행했다. 전쟁 전 하이에크에게 불가능하다고 말했던 바로 그 혁명이었다. 1984년, 광부들이 파업을 일으켰다. 대처는 아르헨티나와 치른 전쟁의 연장선에서 파업을 다루며 잔인한 해결책을 요구했다. "우리는 포클랜드에서 외부의 적과 싸워야 했습니다. 이제는 내부의 적과 싸워야 할 때입니다. 이것은 훨씬 더 어려운 일입니다. 그러나 마찬가지로 자유에 대한 위협에 대응하는 일입니다."[27] 대처는 영국 노동자들을 '내부의 적'으로 규정한 뒤, 파업 진압에 국가의 힘을 총동원했다. 경찰봉을 든 시위진압 기마경찰 8,000명을 내세워 위협을 가했으며, 공장 피켓라인을 급습해 700명의 부상자를 냈다. 장기간의 파업 동안에 부상자들의 숫자는 수천 명에 달했다. 「가디언(Guardian)」의 기자 시우마스 밀네(Seumas Milne)는 파업을 자세히 기록한 '내부의 적: 대처와 광부들의 비밀 전쟁'이라는 문서를 작성했다. 수상은 노조 감시를 강화하기 위해 안보조치를 강조했다. 특히 강경한 노조대표인 아서 스카길(Arthur Scargill)이 대상이었다. 영국 최대의 야심 찬 감시작전이 뒤따랐다. 여러 요원들과 정보원들이 노조에 침투했으며, 노조의 전화는 도청되었다. 노조원들의 집과 지도부가 자주 들르는 대중식당도 마찬가지였다. 한 고위급 노조임원이 '노조를 파괴하고 무력화할 목적'으로 파견된 영국 정보국 요원이라는 혐의를 받고 하원에서 조사를 받을 정도였다. 비록 본인은 혐의를 부인했지만 말이다.[28]

파업 당시 영국 재무부 장관인 나이젤 로손(Nigel Lawson)은 대처 정부가 노동조합을 적으로 간주했다고 설명했다. 로손은 10년 후에 이렇게 말했다. "1930년대 후반 히틀러의 위협에 직면했을 때의 전투 준비와 비슷했습니다. 만반의 태세를 갖추어야만 했죠."[29] 포클랜드 전쟁 때와 마찬가지로 정부는 노조와의 협상에는 별 관심이 없었다. 어떤 대가를 치르더라도 노동조합을 와해시키는 데만 혈안이 되어 있었다(하루에 경찰 3,000명을 추가로 파견하는 데는 엄청난 비용이 드는데도 말이다). 충돌 당시, 최전선에 있었던 경찰서장 콜린 네일러(Colin

Naylor)는 이를 '내전'이라고 표현했다.[30]

1985년, 대처는 이 전쟁에서도 승리를 거두었다. 굶주린 노동자들은 더 이상 견디지 못했다. 결국 966명이 해고되었다.[31] 영국에서 가장 강력한 노조에 치명타를 날린 것이다. 이제 사람들은 분명한 메시지를 이해하게 되었다. 대처는 국가에 조명과 난방을 제공하는 광부들을 와해시키기 위해 강경책을 썼다. 그러니 덜 필수적인 상품이나 서비스를 생산하는 약한 노조들이 대처의 신경제질서에 맞서는 것은 자살행위였다. 뭐든지 그냥 주어지는 대로 받아들이는 편이 나았다. 이는 취임한 지 몇 달이 지난 레이건 대통령이 항공교통 통제관들의 파업에 대처한 방식과 아주 유사하다. "일터에 나타나지 않는다는 것은 자신의 일자리를 스스로 없애는 셈이다. 따라서 그들은 필요가 없어졌다." 즉각 정부는 단번에 국가의 중요 일꾼들을 1만 1,400명이나 해고했다. 미국 노동운동은 아직도 그 충격에서 완전히 회복하지 못한 상태다.[32]

영국의 대처는 포클랜드 승리와 광부들을 상대로 거둔 승리를 바탕으로 급진적인 경제 논의로 넘어갔다. 1984~1988년 영국 정부는 텔레콤, 가스, 항공, 항공 통제시설, 철강을 민영화했다. 그리고 영국 석유공사의 지분을 매각했다.

2001년 9월 11일 일어난 사건은 인기 없는 한 대통령에게 대규모 민영화계획을 실시할 기회를 주었다(부시는 안보, 국방, 재건 분야를 민영화했다). 이와 비슷하게, 대처는 전쟁을 이용해 처음으로 대규모 민영화를 서구 민주주의 사회에서 시작했다. 역사적으로 큰 의미를 지닌 진짜 조합주의 작전이었다. 포클랜드 전쟁을 성공적으로 이용한 대처는 시카고학파 프로그램을 펼치기 위해서 반드시 군사독재나 고문실이 필요한 건 아니라는 첫 번째 명확한 증거였다. 만약 국력을 결집해야 할 커다란 정치적 위기가 있다면, 쇼크요법의 일부 제한된 미래상이 민주주의에서도 가능했다.

여전히 대처는 국가를 통합하기 위해 적이 필요했다. 다시 말해 긴급조치와 억압을 정당화할 비상상황 말이다. 그녀는 위기 덕택에 잔인하고 억압적인 모습이 아닌 강하고 단호한 모습으로 비쳤다. 전쟁은 그녀의 목적에 딱 들어맞았다. 그러나 포클랜드 전쟁은 1980년대 초반 상황에 비추어 봤을 때 좀 특이한 것으로, 과거의 식민주의적 분쟁으로 돌아간 것 같았다. 많은 사람들이 주장하듯 1980년대가 정말로 평화와 민주주의 시대의 여명기였다면, 포클랜드 유형의 충돌은 당시 글로벌 정치 프로젝트의 근간이 되기엔 너무나 드문 일이었다.

1982년, 밀턴 프리드먼은 강력한 문구로 쇼크 독트린을 요약했다. "실제 사실이든 아니면 인식된 것이든 간에, 오직 위기만이 진짜 변화를 만들어낸다. 그리고 위기가 발생하면 그동안 방치되었던 사상에 근거를 둔 조치를 취하게 된다. 나는 그것이 인간의 기본적인 기능이라고 생각한다. 정치적으로 불가능했던 것이 불가피해지는 순간이 올 때까지, 현 정책에 대한 대안을 발전시키고 활발하게 유지하는 것 말이다."**33** 이는 새로운 민주주의 시대를 맞은 자신의 시카고학파 캠페인에 대한 일종의 주문이었다. 그리고 앨런 멜처가 철학 면에서 공을 들였다. "사상은 위기 시에 변화의 촉매제로 사용되길 기다리는 대안이다. 프리드먼의 영향력 모델이란 사상을 적법화한 뒤 받아들일 수 있도록 만들어, 기회가 오면 시도해보는 것이다."**34**

프리드먼이 염두에 두었던 위기는 군사적 위기가 아닌 경제적 위기였다. 정상적 상황에서 경제적 결정은 경쟁적 이해세력 간의 협상에 의해 내려진다. 노동자들은 일자리와 임금을 원한다. 소유주들은 낮은 세금과 완화된 제한규정을 원한다. 정치가들은 이러한 경쟁세력들 사이에서 균형을 맞추어야 한다. 만약 경제 위기가 닥쳐 상황이 심각해질 경우를 생각해보자. 환율이 붕괴되고 시장이 무너지고 극심한 경기침체가 발생할 정도로 말이다. 그때는 위기 극복이 가장 중요한 문제가 된다. 따라서 지도자들은 필요한 (또는 필요하다고 주장하는) 조치가 무엇이든 간에, 국가적 긴급사태 해결이라는 명분으로 얼마든지 실시할 수 있다. 다시 말해 위기 시에는 민주주의가 잠시 보류된다. 동의나 합의를 구할 필요가 없는 정치상의 공백 기간이라 하겠다.

시장 붕괴가 혁명적 변화의 촉매제라는 생각은 사실 좌파 쪽에서 더 오랫동안 갖고 있었다. 특히 볼셰비키 이론이 대표적이다. 우선 하이퍼인플레이션으로 돈의 가치가 파괴되면, 대중은 자본주의의 파괴에 한 걸음 더 다가선다.[35] 특정 좌파들이 자본주의가 '위기'에 처할 상황만 항상 계산하는 이유도 그 때문이다. 마치 복음주의 기독교인들이 그리스도의 재림을 나타내는 계시만을 면밀히 살피듯 말이다. 1980년대 중반, 이런 공산주의 사상이 시카고학파에 의해 다시 힘차게 부활한다. 즉 시장 붕괴는 좌익 혁명을 불러오지만 우익 반혁명도 촉진할 수 있다. 이러한 이론은 '위기 가설(crisis hypothesis)'로 알려져 있다.[36]

위기에 관심을 가진 프리드먼은 대공황 이후 좌파의 승리에서 교훈을 찾으려 했다. 케인스와 제자들은 비주류에서 목소리를 내며 자신들의 사상을 준비하고 있었다. 그러다 당시 시장이 붕괴되자, 케인스의 제자들은 그동안 내를 기다리며 만들어온 새로운 뉴딜 해결책을 내놓았다. 1970~1980년대 프리드먼과 조합주의 관계자들은 재난을 대비하는 지성인들이라는 독특한 브랜드로 이러한 과정을 재현했다. 그들은 헤리티지와 카토를 비롯한 우익 싱크탱크의 새로운 네트워크를 정성 들여 세웠다. 그리고 프리드먼의 세계관을 확산시킬 가장 중요한 도구를 만들었다. 바로 세계적 대기업들이 후원해준 PBS 방송국의 10부작 미니시리즈 <선택의 자유(Free to Choose)>라는 프로그램이었다. 게티 오일(Getty Oil), 파이어스톤(Firestone), 타이어&러버(Tire&Rubber), 펩시콜라, 제너럴모터스, 벡텔, 제너럴밀스(General Mills)가 이를 후원했다.[37] 이후 위기가 닥치자 프리드먼은 시카고 보이스가 사상과 해결책을 제시해야 한다고 생각했다.

프리드먼이 처음으로 위기 이론을 구체화한 것은 1980년대였다. 미국은 하이퍼인플레이션과 실업 때문에 이중으로 고생을 하고 있었다. 그리고 분명 워싱턴에서 레이거노믹스로 알려진 시카고학파의 정책은 점차 세를 얻고 있었다. 그러나 프리드먼이 칠레에 처방해준 압도적인 쇼크요법은 레이건도 감히 실행하지 못했다.

프리드먼이 제시한 위기 이론의 실험실은 다시 한 번 남미가 되었다. 이번에 주도적으로 나선 이들은 시카고학파가 아니라 새로운 민주주의 시대에 어울리는 새로운 부류의 쇼크요법 전문가들이었다.

7장

새로운 쇼크 전문가들

경제 전쟁이 독재를 대신하다

볼리비아의 상황은 암 환자에 비유하면 좋을 것이다.
그는 자신이 가장 위험하고 고통스런 수술,
즉 통화안정 정책과 다른 조치들을 실행해야 한다는 것을 잘 알고 있다.
그러나 다른 대안은 없다.
1956년, 볼리비아의 미국인 경제자문 코넬리어스 존닥(Cornelius Zondag)[1]

–

정치적 담화에서 암이라는 단어 사용은 운명론을 부추기고 '심각한' 조치들을 정당화한다.
또한 치명적 질병이라는 통념을 강화시킨다.
질병의 개념은 순수하게 한 가지 의미만으로 사용되지는 않는다.
그러나 암이라는 은유는 제노사이드를 의미한다.
1977년, 수전 손택(Susan Sontag: 미국인 작가이자 사회운동가–옮긴이), 『은유로서의 질병(Illness as Metaphor)』[2]

1985년, 볼리비아도 당시 개도국들을 휩쓴 민주주의의 흐름을 탔다. 지난 18년 동안 볼리비아 사람들은 독재체제에서 살아왔다. 그러나 이제는 선거를 통해 대통령을 선출할 기회를 얻었다.

그러나 당시 볼리비아의 경제 운영권을 손에 쥐는 것은 보상이라기보다는 처벌처럼 보였다. 부채가 너무 많아 이자만 해도 국가의 예산을 넘을 정도였다.

1984년, 레이건 행정부는 볼리비아를 경계태세로 몰아넣었다. 코카인 재배 농부들에 대한 유례없는 공습을 개시한 것이다. 농부들은 코카인으로 쓸 수 있는 푸른 잎의 작물을 재배하고 있었다. 미국의 단속은 볼리비아의 상당 지역을 군사 지대로 바꾸어놓았다. 단지 코카인 무역만 봉쇄당한 것이 아니라 국가 수출액의 절반이 줄어들었다. 한마디로 경제적 붕괴상태였다. 「뉴욕타임스」에 따르면, 군대가 8월에 차파레(Chapare) 지역에 진입해 코카인 달러의 이동 통로를 막아버리자, 번성하던 달러 암시장에 즉각 충격이 몰아쳤다. 차파레 점령 일주일도 되지 않아, 정부는 페소의 공식적 가치를 절반 이상 떨어뜨려야 했다. 몇 개월이 지나자 인플레이션은 10배나 증가했다. 수천 명이 아르헨티나, 브라질, 스페인, 미국으로 일자리를 찾아 떠났다.[3]

인플레이션은 1만 4,000퍼센트나 증가해 불안한 상황이었다. 그런 가운데, 1985년 볼리비아는 역사적인 선거를 치렀다. 선거는 볼리비아인들에게 친숙한 두 인물 간의 대결구도였다. 과거 독재자였던 우고 반세르(Hugo Banzer)와 전직 대통령이었던 빅토르 파스 에스텐소로(Victor Paz Estenssoro)였다. 선거 결과는 막상막하여서 최종 결정은 볼리비아 의회가 내리게 되었다. 그러나 반세르의 측근은 승리를 확신했다. 그래서 결과가 발표되기도 전에 제프리 색스(Jeffrey Sachs)라는 당시 무명의 서른 살 난 경제학자에게 인플레이션을 가라앉힐 경제계획을 요청했다. 색스는 하버드 경제학부에서 떠오르는 스타였다. 학문적 수상 경험도 있고 하버드에서 최연소로 종신재직권을 부여받은 교수였다. 몇 달 전, 볼리비아 정치인 사절단은 하버드를 방문해 색스가 활동하는 모습을 보았다. 그들은 그의 대담함에 감명을 받았다. 색스는 하루 만에 인플레이션 위기를 되돌려놓을 수 있다고 말했다. 그는 개도국 경제에 경험은 전혀 없지만 충분히 해낼 수 있다고 자신했다. "저는 인플레이션에 관한 건 전부 다 알고 있습니다."[4]

색스는 제1차 세계대전 이후 독일의 파시즘 확산과 하이퍼인플레이션의 관계에 대한 케인스의 저술에 상당한 영향을 받았다. 독일에 부과된 평화협정은 1923년 325만 퍼센트의 하이퍼인플레이션을 포함해 심각한 경제 위기를 불러왔다. 몇 년 후 대공황에 의해 상황은 더욱 심각해졌다. 실업률이 30퍼센트에 달하자, 글로벌 음모 같은 상황에 대중은 분노했다. 나치즘이 활기를 칠 토대가 마련된 것이다.

색스는 "환율 변동보다 더 치밀하고 확실하게 사회의 기반을 전복시키는 수단은 없다. 경제법의 모든 숨겨진 힘들이 파괴행위에 총동원된다."[5]라는 케인스의 견해를 즐겨 인용했다. 그리고 어떤 대가를 치르더라도 이러한 파괴력을 제압하는 것이 경제학자의 신성한 의무라는 케인스의 견해에 동감했다. "내가 케인스에게 배운 것은 깊은 슬픔과 통제 불능 상태로 갈 수 있다는 위기의식이다. 그리고 독일을 절망적인 상태로 방치해둔 것이 얼마나 어리석은 일이었는지도 배웠다."[6] 색스는 전 세계를 돌아다니며 정치적으로 개입하는 케인스의 방식이 자신이 생각하는 이상적인 경제학자의 모습이라고 언론인들에게 말했다.

색스는 가난을 퇴치하는 경제적인 힘을 믿는 케인스의 신념에 공감했다. 그러나 그는 당시 레이건이 통치하는 미국의 영향도 받았다. 1985년은 케인스주의로 대표되는 것은 뭐든지 공격하는 프리드먼의 반격이 절정에 달했을 때다. 자유시장의 우월함을 주장하는 시카고학파의 견해는 하버드를 비롯한 아이비리그 대학들의 경제학부에서 확고한 정설로 받아들여졌다. 색스도 분명 그러한 영향을 받았다. "프리드먼의 시장에 대한 신념과 적절한 통화운영에 관한 일관된 주장을 존경한다. 개도국에서 유행하는 사이비 케인스학파나 애매모호한 구조주의보다 훨씬 더 정확한 정책이다."[7]

남미가 가난에서 벗어나려면 개입정책을 사용해 식민주의적 소유구조를 깨야 한다는 '애매모호한' 주장들은 10년 전 라틴아메리카에서 폭력으로 진압당했다. 개입정책이란 토지개혁, 무역 보호주의, 보조금, 국가자원의 국유화, 직장협동운영 등의 정책을 말한다. 색스에게는 구조적 변화를 추진할 시간이 없었다. 그는 볼리비아와 식민지 착취의 오랜 역사는 전혀 알지 못했다. 토착 원주민들에 대한 탄압과 1952년에 어렵게 얻어낸 혁명의 성과도 마찬가지로 몰랐다. 그런데도 그는 볼리비아가 고통받는 이유는 하이퍼인플레이션과 더불어 사회주의자들의 '낭만주의' 때문이라고 단언했다. 그것은 미국에서 교육받은 경제학자들이 남미에서 제거하려 했던 발전주의와 똑같은 허상이라는 것이다.[8]

그러나 색스는 시카고학파 정설과 달리 자유시장 정책들을 펼치려면 채무 탕감과 관대한 원조가 있어야 한다고 믿었다. 이 젊은 하버드 경제학자는 시장의 보이지 않는 손만으로는 충분하지 않다고 생각했다. 이러한 의견 불일치 때문에 훗날 색스는 자유방임주의를 주장하는 동료들과 노선을 달리한다. 그리고 원조에 상당한 노력을 쏟는다. 그러나 그런 일은 수년 이후의 얘기다. 당시 색스가 제시한 혼합된 이념은 볼리비아에서 기이한 긴축정책을 불러왔을 뿐이다. 라파스(La Paz: 볼리비아의 행정 수도-옮긴이)에 도착해 비행기에서 내렸을 때, 그는 처음으로 안데스 산맥의 희박한 공기를 들이마셨다. 그리고 자신을 하이퍼인플레이션의 '혼란과 불안정'으로부터 볼리비아인들을 구해낼 당대의 케인스라고 생각했다.* 케인스의 핵심 교리에 따르면, 심각한 경제 침체에 처한 국가들은 경제를 활성화시키기 위해 돈을 지출해야 한다. 그러나 색스는 정반대의 접근법을 사용했다. 위기가 한창인 상황에서 정부의 긴축재정과 가격 인상을 옹호한 것이다. 즉 「비즈니스위크」가 '고의적으로 경기침체를 야기하는 기이한 세계'라고 묘사한 칠레의 긴축 처방책과 똑같았다.[9]

색스는 반세르에게 급작스런 쇼크요법만이 볼리비아의 하이퍼인플레이션 위기를 치료할 수 있다고 단도직입적으로 조언했다. 석유 가격을 10배로 올리고, 가격 규제도 철폐하고, 예산을 삭감하라고 제안했다. 색스는 볼리비아-미

---

* 하이퍼인플레이션을 통제했어도 서독의 침체와 이후 파시즘의 발생은 막을 수 없었다. 따라서 서독에 계속 비유하면서도 그러한 점은 언급하지 않은 색스의 행동은 분명 모순이다.

국 상공회 연설에서 하이퍼인플레이션이 하루 만에 종식될 거라고 다시 한 번 예측했다. 그리고 "군중은 그러한 전망에 놀라는 한편 기뻐할 것이다."라고 밝혔다.[10] 그는 프리드먼과 마찬가지로 갑작스런 정책적 충격이 있어야 경제가 회복된다고 믿었다. 그러면 사회주의, 대량 부패, 중앙계획경제가 사라지고 정상적인 시장경제로 돌아올 것이다.[11]

색스가 대담한 약속을 할 무렵 볼리비아의 선거 결과는 여전히 오리무중이었다. 전직 독재자였던 우고 반세르는 승리한 것처럼 행동했지만, 경쟁자인 빅토르 파스 에스텐소로는 아직 포기하지 않았다. 선거운동 기간에 파스 에스텐소로는 인플레이션을 어떻게 처리할지에 대해 구체적인 세부사항을 거의 내놓지 않았다. 그러나 그는 쿠데타로 전복되기 이전에 세 번이나 대통령으로 선출되어 1964년까지도 직무를 맡았다. 파스는 볼리비아의 발전주의 개혁의 상징이었다. 대규모 철광을 국유화하고, 토지를 소작농들에게 재분배했으며, 모든 볼리비아인들에게 투표권을 보장했다. 그러나 아르헨티나의 후안 페론과 마찬가지로 파스 역시 정치계의 전형적인 인물이었다. 그는 종종 권력 장악이나 정계 복귀를 위해 성향을 갑자기 바꾸기도 했다. 1985년 선거운동 당시에, 나이든 파스는 과거의 '국가주의 혁명'에 헌신하기로 맹세했다. 그리고 적자 문제에 대해서는 분명한 태도를 보이지 않았다. 그는 사회주의자는 아니었지만 그렇다고 시카고학파 신자유주의자도 아니었다. 최소한 볼리비아 사람들은 그렇게 믿었다.[12]

누가 대통령으로 지명될지 최종 결정은 의회에 달려 있었다. 때문에 당, 하원, 상원 사이에 중대한 이해관계가 걸린 밀실협상과 현실적 타협이 진행되었다. 새로 선출된 상원의원 곤살로 산체스 데 로사다(Gonzalo Sánchez de Lozada)가 주도적 역할을 했다[볼리비아에서는 고니(Goni)로 알려져 있다]. 미국에서 오래 산 탓에 강한 미국식 억양의 스페인어를 구사하는 인물이다. 그는 부유한 사업가가 되어 볼리비아로 돌아왔다. 그리고 볼리비아에서 두 번째로 큰 사유 광산인 콤수르(Comsur)를 소유하고 있었다. 그 광산은 얼마 안 가 볼리비아 최대의 광산이 된다. 젊은 시절 고니는 시카고 대학에서 공부했다. 따라서 비록 경제학자는 아니지만 프리드먼의 사상에 상당한 영향을 받았다. 그리고 프리드먼의 사상이 여전히 국가가 통제하는 볼리비아 광산 분야에 유익한 영향력을 행사할 거라고 여겼다. 색스가 반세르의 팀에 쇼크요법을 제안하자 고니는 큰 감명을 받았다.

　밀실협상의 세부사항은 알려지지 않았지만 매우 분명한 결과로 나타났다. 1985년 8월 6일, 볼리비아 대통령으로 파스가 선언되었다. 나흘 후, 파스는 고니를 초당파적인 일급기밀 경제긴급팀의 책임자로 지명했다. 그리고 획기적인 경제 개혁 업무를 맡겼다. 경제팀의 출발점은 색스의 쇼크요법이었지만, 색스의 제안보다 확대되었다. 사실 파스는 자신이 10년 전에 세워놓은 국가 중심 경제모델을 완전히 해체하려 했다. 색스는 하버드에 돌아간 상태였다. 그러나 반세르의 정당인 민족민주행동당(ADN)이 새로운 대통령 및 경제팀과 함께 자신의 안정화 계획을 추진한다는 소식에 기쁨을 표했다.[13]

　파스의 정당은 자신의 리더가 밀실거래를 체결했다는 사실을 알지 못했다. 파스는 비밀 그룹에 속한 재정부 장관과 계획부 장관을 제외하고는 새로운 내각에 긴급경제팀의 존재를 알리지 않았다.[14]

　긴급경제팀은 17일 동안 연달아 고니의 자택 거실에서 모임을 가졌다. "우리는 신중하고 은밀하게 그곳에 은둔해 있었다." 계획부 장관 길레르모 베드레갈(Guillermo Bedregal)은 2005년 인터뷰에서 처음으로 당시의 세세한 사정을 밝혔다.[*15] 그들은 국가 경제를 해체해 개조할 방안을 모색했다. 너무나 전면적인 개혁이어서 민주주의에서는 시도된 적이 없을 정도였다. 파스 대통령은

---

* 지난 20년 동안 볼리비아인들은 쇼크요법 프로그램이 어디서 고안되었는지 알지 못했다. 최초의 집행명령이 나온 지 20년이 지난 2005년 8월 무렵이었다. 볼리비아의 저널리스트 수산 벨라스코 포르티요(Susan Velasco Portillo)는 당시 긴급경제팀의 일원들을 인터뷰했는데, 그들 가운데 여러 명이 은밀한 작전에 대해 정보를 내놓았다. 이 이야기는 그들의 회상에 근거를 둔 것이다.

가능한 한 신속하고 급작스럽게 시행하는 것이 중요하다고 확신했다. 그래야만 볼리비아의 악명 높은 강경파 노조들과 소작농 집단들이 급작스런 공격에 대응할 기회를 얻지 못할 것이다. 고니의 회상에 따르면 파스는 계속해서 "만약 할 거라면 지금 당장 하시오. 나는 두 번은 못 합니다."라고 말했다.[16] 선거가 끝나고 파스의 태도가 돌변한 이유는 아직도 미스터리로 남아 있다. 그는 2001년에 사망했다. 그러나 대통령직의 대가로 반세르가 계획한 쇼크요법에 찬성했는지, 아니면 정말로 이념적 전향을 했는지는 생전에 밝히지 않았다. 당시 볼리비아에 주재했던 미국 대사 에드윈 코르(Edwin Corr)는 내게 실마리를 제공해주었다. 그는 볼리비아의 각 정당을 만난 자리에서 쇼크요법 노선으로 갈 경우 미국의 원조가 있을 거라고 분명히 밝혔다고 회상했다.

17일이 지난 뒤, 계획부 장관 베드레갈은 쇼크요법 프로그램의 교본이 될 법안을 냈다. 그 내용은 식품 보조금 폐지, 가격 통제 철폐, 석유 가격 300퍼센트 인상이었다.[17] 그렇지 않아도 비참할 정도로 가난한 나라에서 생활비가 더 많이 들었다. 그런데도 정부가 지급하는 임금은 낮은 수준에서 1년 동안 동결되었다. 뿐만 아니라 정부지출도 대폭 삭감했다. 수입품을 제한 없이 받아들여 볼리비아 국경을 활짝 열었으며, 공기업 감축을 요구해 민영화의 시작을 알렸다. 1970년대 볼리비아는 남미에서 실시된 신자유주의 혁명에서 비켜나 있었다. 그러나 이제는 잃어버린 시간을 보충이라도 하려는 기세였다.

긴급경제팀의 팀원들은 드디어 새로운 법안을 완성했다. 그러나 그런 계획에 찬성표를 던진 적이 없는 유권자들은 물론이고 볼리비아의 의원들에게도 전혀 알리지 않았다. 해야 할 일이 한 가지 더 있었기 때문이다. 그들은 볼리비아에 주재하고 있던 IMF 대표의 사무실로 몰려가 자신들의 계획을 말해주었다. 대표의 반응은 고무적인 한편 괴로운 것이기도 했다. "IMF 관리들이 꿈꾸던 바입니다. 그러나 문제가 생길 경우, 다행히도 나는 외교면책이 있으니 비행기를 타고 바로 떠날 겁니다."[18]

그러나 계획을 마련한 볼리비아 경제팀원에게는 그러한 탈출구가 없었다. 그래서 몇몇은 대중의 반응을 두려워했다. "아마 국민들이 우리를 죽이려 들 겁니다." 팀에서 가장 젊은 페르난도 프라도(Fernando Prado)가 예언했다. 그러나 주도적으로 계획을 입안했던 베드레갈은 적을 상대하는 전투기 조종사에 비유하며 강경한 자세를 유지했다. "우리는 히로시마에 간 조종사처럼 행동해야 하오. 그는 원자폭탄을 투하했을 때 어떤 일이 벌어질지 몰랐소. 그러나 원폭 구름이 올라오는 걸 보고 난 뒤, '세상에, 미안해요.'라고 말했소. 우리도 그렇게 해야 하오. 이러한 조치들을 발표한 뒤, '세상에, 미안해요.'라고 말하는 거요."[19]

정책적 변화가 군사적 공격의 개시와 비슷하다는 생각은 경제적 쇼크요법가들의 계속된 주제다. 1996년 발간된 미국 군사 독트린 '충격과 공포: 단번에 기세를 장악하라'의 입안자들에 따르면 "침입군은 환경을 완전히 장악해야 한다. 적이 진행되는 사건을 인식하거나 이해하지 못하도록 마비시키거나 과부하상태로 만들어야 한다. 그러면 감히 저항할 생각도 못 하게 될 것이다."[20] 이러한 생각은 훗날 2003년 이라크 침공의 바탕이 된다. 경제적 쇼크도 비슷한 이론에 따라 전개되었다. 사람들은 여기서는 의료혜택을 줄이고 저기서는 무역정책을 바꾸는 점진적 변화에는 대응할 수 있다. 그러나 수십 가지 정책 변화가 단번에 전면적으로 시행된다면 대중은 무기력해지면서 맥없이 지쳐버린다.

볼리비아의 입안자들은 무기력함을 유발하고자, 취임한 지 얼마 안 된 상태에서 급진적 조치들을 한꺼번에 시행했다. 파스의 팀은 개별적 법률(새로운 세금양식, 새로운 물가법 등등)로 부분을 제시하는 방식이 아니라, 혁명을 하나의 집행명령으로 삼아 전체를 해결했다. 집행명령에 포함된 220개 법안들이 국가 경제 전반을 다스렸다. 규모나 야망 면에서 볼 때 시카고 보이스가 피노체트의 쿠데타를 준비하며 만든 청사진 '브릭'과 맞먹는다. 입안자들은 프로그램 전부를 받아들이든지 아니면 아예 거부하는 수밖에 없다고 선언했다. 따라서 수정 같은 건 없다. 그야말로 경제 분야의 충격과 공포 전술이라 하겠다.

경제팀은 문서를 완성한 뒤 다섯 부를 복사해서 파스, 고니, 재무부 장관에게 한 부씩 보냈다. 그리고 남은 두 부는 군 총사령관과 경찰총장에게 보냈다. 이는 볼리비아인들이 그 계획을 전쟁으로 여긴다는 사실을 파스와 경제팀이 분명히 알고 있었다는 증거다. 한편 파스의 내각은 여전히 이런 계획을 모르고 있었다. 광산을 국유화하고 토지를 재분배한 예전의 그 사람과 일하는 줄로만 알고 있었던 것이다.

대통령으로 임명된 지 3주일이 지날 무렵이었다. 파스는 마침내 내각을 총집합시킨 뒤 쇼크요법의 실시를 명했다. 그는 정부실 문을 닫고 비서들에게 장관들을 찾는 전화를 모두 돌려놓으라고 지시했다. 베드레갈은 대중을 경악시킬 60쪽의 문서를 읽어 내려갔다. 그는 너무 긴장해서 심지어 코피를 흘리기까지 했다고 고백했다. 파스는 집행명령에 대해 가타부타 논의할 수 없다고 잘라 말했다. 그는 밀실거래를 통해 이미 우익 야당의 지원을 확보해놓은 상태였다. 그리고 반대하는 사람은 장관직을 사임해도 좋다고 얘기했다.

"전 동의하지 않습니다." 산업부 장관이 말했다.

"그럼 떠나시오." 파스가 대답했다. 그러나 결국 장관은 그대로 있었다. 워싱턴은 인플레이션이 계속 치솟는 상황에서 쇼크요법을 쓸 경우 재정적 원조를 해주겠다는 강한 암시를 내비쳤다. 내각의 그 누구도 감히 떠나려 하지 않았다. 이틀 후 대통령은 텔레비전에 출현해 볼리비아가 죽어가고 있다는 연설을 했다. 그러고는 아무것도 모르고 있던 국민들에게 볼리비아판 브릭을 투하했다.

색스는 가격인상이 하이퍼인플레이션을 종식시킨다고 예측했다. 그것은 정확한 지적이었다. 2년이 지나자 인플레이션은 10퍼센트로 떨어졌다.[21] 어떤 기준에서 봐도 대단한 일임에 틀림없다. 볼리비아 신자유주의 혁명의 유산은 더 큰 논쟁을 불러왔다. 경제학자들은 급격한 인플레이션이 치명적인 것으로 통제되어야 한다는 점에 동의했다. 인플레이션 조정은 상당한 고통이 수반되는 과정이다. 따라서 논쟁의 주안점은 신뢰할 만한 프로그램을 어떻게 달성할지, 과연 누가 그러한 고통을 참아내야 할지였다. 리카르도 그린스펀(Ricardo Grinspun)은 요크 대학의 경제학 교수로 남미 전문가이다. 그의 설명에 따르면 케인스나 발전주의식 접근법은 주요 행위자인 정부, 노동자, 농부, 노조 간의 협상을 통해 부담을 나눈다. 또한 임금이나 물가처럼 수입 관련 정책에 대한 합의를 도출해내면서, 동시에 안정화 조치를 실시한다. "반대로 시카고학파 정설은 쇼크요법을 통해 모든 사회적 비용을 가난한 사람들에게 부과한다." 볼리비아에서 바로 그런 일이 일어났다.

칠레에서 프리드먼이 약속했듯이 자유무역은 실직자가 된 사람들에게 일자리를 새로 창출해주어야 했다. 그러나 실제로는 전혀 그렇지 않았다. 볼리비아의 실업률은 선거 때 20퍼센트에서 2년 후 25~30퍼센트로 늘어났다.[22] 파스가 1950년대에 국영화한 광산회사만 해도 직원 수 2만 8,000명에서 6,000명으로 인원을 감축했다.[23]

최저임금도 가치를 회복하지 못했다. 프로그램을 실시한 지 2년이 되자, 실질임금은 40퍼센트 감소했다. 한때 70퍼센트나 하락한 적도 있었다.[24] 쇼크요법을 실시한 1985년 볼리비아의 일인당 평균 수입은 845달러였다. 2년 후에는 789달러로 줄어들었다. 색스와 정부가 이렇게 만든 것이다. 상황이 나아지지 않았지만 수많은 볼리비아인들의 현저히 떨어진 생활수준을 회복시키려는 노력은 없었다. 평균 수입은 국가의 총수입을 국민들 숫자로 나누어 계산한다. 정부는 그러한 평균 수입을 내세워 볼리비아의 쇼크요법이 빈곤의 심화를 불러일으켰다는 사실을 숨기려 했다. 빈곤이 극심해지는 것은 다른 남미 지역도 마찬가지였다. 볼리비아에서 소수 엘리트 계층은 더욱 부자가 된 반면 대다수 노동자 계층은 경제에서 축출되어 잉여인구로 변했다. 1987년, 캄페시노(campesino)라 불리는 볼리비아 소작농들은 1년에 고작 140달러를 벌었다.[25] '평균 수입'의 5분의 1도 채 안 되는 금액이다. 따라서 '평균'만 계산하는 건 문제가 있다. 그것은 극심한 경제 격차를 제대로 반영하지 못한다.

소작농 노조의 리더는 이렇게 말했다. "정부의 수치는 텐트에서 살아야만 하는 가족들이 점점 늘어간다는 사실을 반영하지 못합니다. 아이들 수천 명이 하루에 빵 한 조각과 차 한 잔으로 끼니를 때우는 바람에 영양실조에 걸렸습니다. 일자리를 찾아 수도로 온 소작농 수백 명은 결국 거리에서 구걸하는 신세로 전락했죠."[26] 이것이 바로 볼리비아의 쇼크요법 속에 숨겨진 이야기이다. 연금이 나오는 수 만의 정규직 일자리는 사라지고 대신에 보호제도가 전혀 없는 불안정한 일자리로 바뀌었다. 1983~1988년에 사회보장을 받을 수 있는 볼리비아인의 숫자는 61퍼센트나 줄었다.[27]

색스는 경제 전환이 한창인 때 자문위원으로 볼리비아에 돌아왔다. 그는 음식과 가솔린 가격을 감당하도록 임금을 상승시키자는 제안에 반대했다. 대신에 치명적 타격을 입은 사람들에게 지원 자금을 주는 방안을 선호했다. 심각한 상처 부위에 일회용 밴드만 달랑 붙이는 셈이다. 파스 에스텐소로의 부탁을 받은 색스는 볼리비아로 돌아와 대통령 밑에서 직접 일했다. 그는 막강한 영향력을 행사했다. 고니(훗날 볼리비아의 대통령이 된다)에 따르면 대중이 쇼크요법의 인간적 희생에 항의하며 압력을 행사할 때 색스가 정책 입안자의 결의를 굳건하게 잡아주었다. 색스는 체류하는 동안 이렇게 말했다. "점진주의자들의 조치는 하나도 효과가 없습니다. 약을 써도 듣지를 않는다면 그 약을 투여하는 일은 그만 중단해야죠. 이제는 급진적인 조치를 취해야 합니다. 그렇지 않으면 환자는 죽을 겁니다."[28]

이런 해결책의 즉각적인 결과는 결국 볼리비아의 최빈곤층을 코카인 노동자로 만들었다. 코카인은 다른 작물보다도 수입이 10배나 많기 때문이다(이러한 현상은 모순이다. 미국이 코카인 단속을 지원하는 바람에 애초에 경제 위기가 생겨났기 때문이다).[29] 1989년, 노동자 10명당 1명이 코카인 산업으로 돌아섰다.[30] 이러한 노동자들 가운데는 에보 모랄레스(Evo Morales)의 가족도 있었다. 그는 강경한 코카인 조합의 전직 대표로 훗날 볼리비아의 대통령이 된다.

코카인 산업은 볼리비아의 경제를 회생시키고 인플레이션을 잡는 중요한 역할을 했다(오늘날 역사가들도 인정하는 사실이다. 그러나 색스는 인플레이션을 안정시킨 개혁을 설명하면서 이런 점은 한 번도 언급하지 않았다).[31] 경제 개혁 폭탄이 투하된 지 2년이 지날 무렵, 볼리비아인들은 다른 합법적 수출품을 모두 합친 것보다도 마약수출로 더 많은 돈을 벌어들였다. 대략 35만 명이 마약 거래로 생계를 유지하고 있었다. "볼리비아 경제는 코카인에 중독된 셈입니다." 한 외국계 은행 임원이 밝혔다.[32]

쇼크요법 직후의 이러한 복잡한 반격에 대해 논하는 사람은 볼리비아 외부에서 찾아보기 힘들었다. 대부분은 아주 단순한 이야기만 하고 있었다. 가령 「보스턴 매거진」은 대담한 젊은 하버드 교수가 사실상 혼자서 인플레이션으로 "고통받는 볼리비아의 경제를 구해냈다."라고 밝혔다.[33] 「이코노미스트」는 색스가 도와준 볼리비아의 인플레이션 극복은 눈부신 자유경제의 성공담이며, "현시대에서 가장 대단한 일이다."라고 표현했다.[34] 볼리비아의 기적 덕택에 색스는 재계에서 스타가 되었다. 위기에 처한 경제를 구해내는 전문가로서의 직업을 시작한 그는 아르헨티나, 페루, 브라질, 에콰도르, 베네수엘라에도 가게 되었다.

단지 가난한 국가에서 인플레이션을 잡았다는 이유만으로 색스가 칭송을 받는 건 아니다. 많은 이들은 민주주의의 틀 안에서 전쟁 없이 급진적 신자유주의로 전환하는 것은 불가능하다고 주장했다. 그런데 색스가 그러한 일을 해낸 것이다. 대처나 레이건이 시도한 것보다 더욱 전면적인 변화였다. 색스는 그러한 업적의 역사적 중요성을 잘 알고 있었다. "제 생각으론 경제적 변혁과 민주적 개혁의 혼합은 볼리비아가 최초일 겁니다." 몇 년이 흘러 그는 이렇게 말했다. "정치적 자유화와 민주주의가 경제 자유화와 혼합될 수 있다는 사실을 칠레보다는 볼리비아가 잘 보여주었습니다. 두 요소가 상호작용하며 힘을 실어주었다는 점이 중요한 교훈입니다."[35]

칠레와의 비교는 우연이 아니었다. 10년 전에 프리드먼이 산티아고로 운명적인 여행을 떠난 이래, 쇼크요법은 늘 독재와 죽음의 캠프라는 악취를 풍겼다. 이제 색스 덕분에 그러한 악취를 떨칠 수 있게 되었다. 「뉴욕타임스」는 그를 '민주적 자본주의의 복음가'로 묘사했다.[36] 비판가들의 주장과 반대로, 색스는 자유시장운동이 생존해 있으며 세계를 휩쓴 민주화 물결을 타고 있다는 걸 증명해 보였다. 그는 케인스를 칭송하며 개도국의 운명을 발전시키겠다는 이상향을 분명히 추구했다. 색스는 자유시장운동을 더욱 자비롭고 평화로운 시대로 진입시킨 완벽한 인물이었다.

그러나 볼리비아 좌파는 파스의 집행명령을 경제적 피노체티즘(economic Pinochetism)이라 불렀다.[37] 볼리비아 안팎의 재계에서는 볼리비아가 독재자 없이 피노체트 스타일의 쇼크요법을 도입했다는 점에 주목했다. 볼리비아의 한 은행가는 감탄하며 이렇게 말했다. "피노체트가 총검을 가지고 한 일을 파스는 민주주의 시스템 안에서 행했다."[38]

볼리비아의 기적은 신문, 잡지 기사, 색스의 프로그램, 색스가 저술한 베스트셀러, PBS의 3부작 다큐멘터리 <세계경제 패권(Commanding Heights: The Battle For the World Economy)>을 통해 계속해서 들려왔다. 그러나 한 가지 큰 문제가 있었다. 바로 이 모든 것이 사실이 아니라는 점이다. 볼리비아는 선거를 치른 국가에서도 쇼크요법이 적용 가능함을 보여주었다. 그러나 탄압 없이 민주적으로 적용될 수 있다는 걸 보여주지는 않았다. 오히려 정반대의 진실을 다시 한 번 드러냈을 뿐이다.

우선 가장 큰 문제는 볼리비아 유권자들이 파스 대통령에게 경제구조를 전면 개조할 권한을 주지 않았다는 점이다. 그는 선거에서 민족주의 강령을 내세웠다. 그러더니 이후 밀실거래에서 갑자기 이를 포기했다. 몇 년 후, 저명한 자유시장 경제학자 존 윌리엄슨(John Williamson)은 파스의 행동을 주술 정치(voodoo politics: 정부가 공약과 정책을 내걸지만 실제로 효과가 없거나 의도와 다른 효과가 나타나는 경우로, 국민을 상대로 한 기만행위를 한 것이나 마찬가지인 정치-옮긴이)라는 용어로 나타냈다. 사람들 대부분은 그냥 거짓말이라고 부른다.[39] 민주주의 측면에서 봤을 때 문제는 그것만이 아니다.

파스를 뽑은 유권자들은 당연히 그의 배신행위에 분노했다. 집행명령이 발표되자 수만 명이 즉각 거리로 나왔다. 그들은 노동자를 해고하고 가난을 부추기는 계획을 저지하려 했다. 주요 노조들이 가장 큰 반대에 나서며 산업 전반을 정지시킬 정도의 전체 파업을 요구했다. 대처가 광부들을 다룬 방식은 파스의 노조진압에 비하면 오히려 온건한 편이었다. 파스는 즉각 '비상사태'를 선포했다. 수도 거리에는 탱크가 돌아다니고 삼엄한 통행금지령이 내려졌다. 국내를 여행하는 데에도 특별 통행권이 필요했다. 시위진압 경찰은 공장뿐만 아니라 노동조합 강당, 대학, 라디오 방송국을 급습했다. 정치적 집회나 시위는 금지되었으며, 모임을 가지려면 국가의 허락을 받아야 했다.[40] 반세르 독재시대와 마찬가지로 정부에 반대하는 집회는 실질적으로 금지되었다.

경찰은 거리를 정화하기 위해 시위자 1,500명을 체포하고 군중에게 최루가스를 뿌렸다. 그리고 경찰을 공격했다는 이유로 파업자들에게 총을 발포했다.[41] 또한 공동선을 위해 시위를 막아야 한다며 더욱 강경한 조치를 취했다. 노조 지도자들이 단식 투쟁에 나서자 파스는 경찰과 군대에 지시해 고위급 노조 지도부 200명을 체포했다. 그리고 비행기에 태워 아마존의 외딴 감옥에 수감시켰다.[42] 로이터 통신에 따르면 그들은 볼리비아 노동연맹의 지도부와 다른 노조의 고위급 인사들이었다. 따라서 노조활동이 제한될 수밖에 없었다.[43] 정부는 대량 납치한 그들을 인질로 삼아 요구 조건을 내걸었다. 즉 노조들이 파업시위를 취소해야 죄수들이 풀려날 수 있다는 것이다. 결국 노조는 따를 수밖에 없었다. 필레몬 에스코바르(Philemon Escobar)는 광부이자 당시 거리에서 활동하던 노동운동가였다. 최근 볼리비아에 사는 그를 전화로 인터뷰했다. "거리에서 노조 지도부를 색출해 정글로 끌고 가서, 벌레들에게 여기저기 몸을 뜯기도록 내버려두었어요. 그들이 석방되었을 때는 이미 새로운 경제계획이 자리를 잡았더군요." 에스코바르는 이렇게 말했다. "정부는 고문이나 살해를 목적으로 사람들을 정글로 데려간 것이 아닙니다. 경제계획을 추진하기 위해서였습니다."

비정상적 국가비상사태는 3개월 동안 계속되었다. 그리고 그 100일 동안 경제정책이 추진되었다. 잔혹한 쇼크요법 기간에는 국가 전체가 감금 상태였다. 1년 후, 파스 정부는 광산에서 대량 해고를 감행했다. 다시 노조가 거리로 나오자 예전과 같은 극단적인 사건들이 다시 벌어졌다. 즉각 비상사태가 선포되었다. 볼리비아 공군 비행기 두 대에 실린 노조운동 지도자 100명은 볼리비아 열대 평원의 수용소로 끌려갔다. 이번에는 전직 노동부 장관 두 명과 전직 상원의원도 잡혀 갔다. 이는 피노체트 치하에서 레텔리에르가 끌려갔던 남부 칠레의 VIP 감옥을 떠올리게 만든다. 노조가 항의시위와 단식 투쟁을 그만둘 때까지, 노조 지도부는 2주일 반 동안 수용소에 구금되었다.[44]

정부는 일종이 군부정권치럼 행동한 셈이다. 경제 쇼크요법을 실행하려면 일시적이긴 해도 특정 인물들은 사라져야 했다. 비교적 덜 잔인한 방식이긴 하지만 볼리비아의 실종은 1970년대와 같은 목적을 달성했다. 노동자들을 경제적으로 말살시키려는 개혁 정책에 저항하지 못하도록 노조원들을 구금시킨 것이다. 결국 일자리는 사라지고 그들은 라파스 변두리의 슬럼가와 빈민가에 살게 되었다.

볼리비아에서 색스는 경제 붕괴가 파시즘을 불러온다는 케인스의 경고를 인용했었다. 그러나 그가 내린 고통스런 처방책은 거의 파시스트에 버금가는 조치들이 필요한 것들이었다.

당시 국제 언론에서는 파스 정부의 강경한 진압을 다루었다. 그러나 고작 하루나 이틀 정도 남미의 일반적인 폭동 뉴스로 다루었을 뿐이다. 볼리비아의 '자유시장 개혁' 성공담을 말할 때면, 이러한 사건 얘기는 나오지 않는다(피노체트의 폭력 정치와 칠레의 '경제 기적'이 관련되어 있다는 얘기를 쏙 빼놓듯이 말이다). 물론 제프리 색스가 시위진압 경찰이나 국가비상사태 선포를 요구한 것은 아니다. 그러나 그는 저서 『빈곤의 종말(The End of Poverty)』에서 한 단원에 걸쳐 볼리비아의 인플레이션 극복을 다루면서도, 계획 실행에 필요했던 탄압에 대해서는 전혀 언급하지 않았다. 그저 자신의 공이라며 흡족해하는 모습이다. "안정화 프로그램 초반에 다소 긴장된 순간이 있었다."라는 애매한 언급이 전부다.[45]

심지어 그러한 사실을 아예 부정하는 경우도 있다. 고니는 경제 안정화가 국민들의 인권을 침해하지 않고도 민주주의 내에서 순조롭게 이루어졌다고 말했다. 국민들이 자유롭게 의사를 표현했다는 것이다.[46] 그나마 파스 정부의 한 장관이 비교적 냉철한 평가를 내렸다. "그들은 전제주의 미치광이들처럼 행동했다."[47]

이러한 불협화음은 볼리비아의 쇼크요법 실험이 남긴 가장 오래된 유산이다. 볼리비아는 극단적 쇼크요법을 실시하려면 성가신 사회집단과 민주적인 제도에 충격적인 기습을 가해야 한다는 사실을 보여주었다. 또한 조합주의운동은 전제주의의 수단에 의해 전개된다는 사실도 함께였다. 시민들의 자유가 억압되고 민주주의의 희망은 무시되었다. 그런데도 그들은 선거로 선출되었다는 이유만으로 민주주의라고 칭송받는다(이는 장차 러시아의 보리스 옐친에게 좋은 교훈이 된다). 볼리비아는 더욱 구미에 맞는 새로운 전제주의에 대한 청사진을 제공했다. 그것은 군복 차림의 군인들이 일으킨 쿠데타가 아니었다. 양복 차림의 정치인들과 경제학자들이 민주주의의 틀 안에서 실행한 민간 쿠데타의 미래상이었다.

8장

효과를 거둔 위기

쇼크요법 패키지

내 머릿속을 엉망으로 만들고 기억을 없애는 것이 무슨 소용이 있는가?
기억은 내 전부인데 말이다. 나는 아무 의미도 없게 되었다.
멋진 치료법일지는 몰라도 환자를 잃은 셈이다.
1961년, 어니스트 헤밍웨이(Ernest Hemingway), 자살 직전에 전기쇼크요법을 받음1

제프리 색스는 첫 번째 국제적 모험을 통해 교훈을 얻었다. 바로 적절한 강경책과 극적인 조치가 있다면 하이퍼인플레이션 추세를 멈출 수 있다는 것이다. 그는 인플레이션을 제압하기 위해 볼리비아로 갔다. 그리고 의도대로 목적을 달성했다. 더 논쟁할 것이 없는 분명한 사실이었다.

존 윌리엄슨은 워싱턴에서 영향력 있는 경제학자이자 IMF와 세계은행의 자문위원이다. 그는 색스의 실험을 유심히 살펴본 뒤, 볼리비아에서 더욱 중요한 의미를 찾아냈다. 그는 쇼크요법 프로그램을 '빅뱅' 순간으로 표현했다. 시카고학파 독트린을 전 세계에 도입하는 과정의 대발견인 셈이다.[2] 그 이유는 경제학 자체보다는 기법과 관련되어 있다.

의도한 것은 아니겠지만 색스는 프리드먼의 위기 이론이 절대적으로 옳다는 것을 멋지게 보여준 셈이었다. 볼리비아의 하이퍼인플레이션은 정상적 상황이라면 정치적으로 불가능했을 프로그램을 밀어붙일 핑계가 되었다. 볼리비아는 좌파 전통이 강한 국가로, 강경한 노동운동이 존재하는 국가였다. 체게바라가 마지막으로 활동했던 곳이기도 하다. 그러나 제어가 불가능해진 통화를 안정시킨다는 명분 속에서 가혹한 쇼크요법을 받아들여야만 했다.

1980년대 중반, 경제학자들은 하이퍼인플레이션 위기가 군사적 전쟁 효과를 낸다고 밝혔다. 즉 공포와 혼란을 확산시키며, 피난민들을 만들어내고, 수많은 인명 손실까지 가져온다.[3] 볼리비아에서 하이퍼인플레이션은 피노체트의 '전쟁'이나 마거릿 대처의 포클랜드 전쟁 같은 역할을 했다. 즉 긴급사태라는 상황을 만들어 민주주의 원칙을 일시 정지시켰다. 그리고 고니의 거실에 모인 전문가팀이 한시적으로 경제를 운영하는 비정상적인 국가가 되었다. 색스는 하이퍼인플레이션을 해결해야 할 문제로 보았다. 그러나 윌리엄슨 같은 철저한 시카고학파 이론가들은 오히려 절호의 기회로 보았다.

1980년대에 그러한 기회는 수없이 많았다. 남미만이 아니라 개도국 상당수가 하이퍼인플레이션에 휩쓸려 있었다. 두 가지 요인이 원인인데, 둘 다 워싱턴의 경제기관에서 나온 것들이다. 첫 번째 원인은 독재정권 때 축적된 비합법적인 채무를 민주주의 신정권이 물려받아야 한다는 주장이었다. 두 번째는 프리드먼의 영향을 받아 이자율이 치솟는 것을 방치한 미국 연방준비제도이사회의 결정이었다. 그 때문에 하룻밤 사이에 부채가 엄청나게 늘어났다.

증오스러운 채무를 물려받다

바로 아르헨티나가 대표적인 사례다. 1983년, 포클랜드 전쟁 이후 군부가 붕괴하자 국민들은 라울 알폰신(Raúl Alfonsín)을 대통령으로 선출했다. 아르헨티나는 자유를 되찾았다. 그러나 이른바 채무폭탄 탓에 폭발할 지경이었다. 그것은 물러난 군부가 민주주의로의 '숭고한 전환'이라 이름 붙인 조치 때문이었다. 워싱턴은 장군들이 쌓아놓은 채무를 갚으라고 요구했다. 아르헨티나 군부 시절에 대외부채는 쿠데타 전년에 79억 달러였지만, 새로운 정권이 들어설 무렵에는 450억 달러에 달했다. 모두 IMF, 세계은행, 미국 수출입은행, 민간 은행 등에게 진 빚이었다. 다른 남미 지역도 마찬가지 처지였다. 우루과이 군부는 초창기 5억 달러였던 빚을 50억 달러까지 늘려놓았는데, 인구 300만의 국가에는 너무 큰 부담이었다. 가장 심각한 경우는 브라질이었다. 1964년에 경제를 살리겠다며 정권을 잡은 군부는 부채를 30억 달러에서 1985년에 1,030억 달러까지 늘렸다.[4]

민주주의 체제 전환기 무렵, 이런 채무에 대한 도덕적, 법적 논쟁이 일어났다. 즉 이러한 채무들은 너무나 '혐오스러운' 것들이어서 자유를 되찾은 국민들이 억압자들과 고문자들의 빚을 갚아줄 필요가 없다는 주장이다. 남미 원뿔지대는 특히나 그런 상황이었다. 왜냐하면 대외채무의 상당 부분이 군부와 경찰에 직접 유입되어 최신 총기, 물대포, 고문캠프에 사용되었기 때문이다. 칠레에서 군비는 3배나 늘어났는데, 이 모두 빌린 돈으로 충당했다. 칠레 군대는 1973년 4만 7,000명에서 1980년에는 8만 5,000명으로 확대되었다. 세계은행은 아르헨티나 장군들이 빌려간 100억 달러가 군비로 사용되었다고 추정했다.[5]

무기에 쓰이지 않은 돈의 상당 부분은 그냥 사라져버렸다. 부정부패 문화는 군부체제에 뿌리박혀 있었다. 돈을 제멋대로 관리하는 경제정책이 장차 러시아, 중국, 이라크의 자유사기지대(한 냉정한 미국 자문위원의 표현을 빌리자면)에 퍼졌을 때의 모습을 미리 보여준 셈이다.[6] 한마디로 부정부패가 만연한 미래다. 2005년 미 상원 보고서에 따르면 피노체트는 최소한 외국에 비밀계좌 125개를 두고 치밀한 자금관리를 했다. 가족의 이름을 쓰거나 자신의 이름을 혼합해 만든 명의로 계좌에 넣어둔 것이다. 가장 악명 높은 계좌는 워싱턴 소재의 리그스(Riggs) 은행에 있었는데, 거의 2,700만 달러를 숨겨두었다.[7]

아르헨티나 군부는 더욱 탐욕스럽다는 비난을 받았다. 1984년의 경제 프로그램을 설계했던 호세 마르티네스 데 오스는 대규모 국가 보조금을 자신이 대표로 있던 회사에 제공한 사기죄로 체포되었다(그의 소송은 나중에 기각되었다).[8] 한편 세계은행은 군부가 빌려간 차관 350억 달러를 추적해봤다. 그랬더니 전체의 46퍼센트에 해당하는 190억 달러가 국외로 반출되었다. 스위스 관리들은 상당한 자금이 수많은 번호계정(이름 대신 번호로 등록되는 은행계좌-옮긴이)에 있음을 확인해주었다.[9] 미국 연방준비제도이사회는 1980년도 한 해에만 아르헨티나의 부채가 90억 달러 증가했다고 밝혔다. 그해에 아르헨티나인이 해외에 예치한 금액은 67억 달러 증가했다.[10] 래리 샤스타드는 시카고 대학의 저명한 교수로 아르헨티나의 많은 시카고 보이스를 교육시켜왔다. 그는 (바로 자신의 제자들이 보는 앞에서 횡령되어) 사라진 수 억 달러를 '20세기의 가장 큰 사기사건'이라고 표현했다.[*11]

군부는 심지어 자금횡령 범죄에 희생자들을 개입시키기도 했다. 부에노스아이레스에 위치한 ESMA 고문센터의 경우를 살펴보자. 뛰어난 외국어 능력을 가졌거나 대학교육을 받은 죄수들은 주기적으로 감방에서 불려나와 자신을 체포한 사람들을 위해 일을 해야 했다. 생존자인 그라시엘라 달레오(Graciela Daleo)는 요원들에게 횡령자금의 해외 도피처를 조언해주는 문서를 작성해야만 했다.[12]

---

* 당시로서는 그 말이 맞을지도 모른다. 그러나 사실 20세기의 사기사건은 끝나지 않았다. 앞으로 다가올 러시아의 시카고학파 실험이 기다리고 있었다.

차관의 나머지 자금은 대개 이자를 갚는 데 사용되거나, 의심쩍은 구제금융 명목으로 사기업에 제공되었다. 1982년에 아르헨티나 독재정권이 붕괴되기 직전, 군부는 기업들에게 마지막으로 호의를 베풀었다. 칠레의 피라냐들처럼 아르헨티나의 대내외 기업들은 파산 직전에 돈을 빌렸다. 아르헨티나 중앙은행의 총재인 도밍고 카바요(Domingo Cavallo)는 그러한 채무를 국가가 책임져야 한다고 주장했다. 이 군더더기 없는 협정에 따르면, 이러한 회사들은 계속 자산과 이윤을 유지하는 반면에 국민들은 150~200억 달러의 부채를 갚아야 한다. 이처럼 관대한 혜택을 받은 기업들로는 포드 자동차 아르헨티나, 체이스 맨해튼, 시티뱅크, IBM, 메르세데스벤츠가 있다.[13]

부적법한 용도로 사용된 부채는 갚지 않아도 된다고 주장하는 사람들도 있다. 그들에 따르면 채권자들은 빌려준 돈이 탄압이나 부정부패에 사용된다는 걸 알고 있었거나 아니면 눈치 챘어야만 했다. 최근 국무부가 회담문서를 공개하자 그러한 주장은 더욱 거세졌다. 1976년 10월 7일, 헨리 키신저 국무부 장관과 아르헨티나 독재정권의 외무부 장관 세사르 아우구스토 구세티 사이의 면담 기록이었다. 문서는 쿠데타 이후 나타날 국제적 인권 비난에 대해 논의하고 있었다. "우리의 기본 입장은 당신들의 성공을 바란다는 겁니다. 난 친구끼리는 서로 도와야 한다는 옛 사고방식을 갖고 있는 사람입니다. 당신들이 빨리 성공할수록 우리는 더 좋지요." 키신저는 이렇게 말하면서 구세티에게 차관 문제를 꺼냈다. 그리고 아르헨티나의 '인권 문제'로 미국 행정부가 꼼짝 못 할 지경이 되기 전에, 가능한 한 빠른 시일 내에 많은 액수의 외국 원조를 요청하라고 조언했다. 키신저는 미주개발은행을 언급하며 두 종류의 차관이 있다고 말해주었다. "우리는 차관 제공에 전혀 반대하지 않을 겁니다." 그는 또한 장관에게 지시를 내렸다. "아르헨티나의 수출입은행이 요구하는 모양새로 진행시키세요. 우리는 당신네 경제 프로그램이 성공하기를 바랍니다. 따라서 돕는 데 최선을 다할 겁니다."[14]

미국 정부는 군부의 공포정치에 사용될 것을 알고 있으면서도 차관을 제공한 것이다. 1980년대 초반 워싱턴이 아르헨티나의 민주주의 신정부에게 갚으라고 한 채무는 바로 이러한 역겨운 돈이었다.

정체를 드러낸 채무쇼크

채무는 민주주의 신정부에 버거운 짐이 되었다. 그러나 더 막중한 부담이 기다리고 있었다. 새로운 유형의 충격이 뉴스에 나오고 있었다. 바로 볼커쇼크(Volcker Shock)다. 연방준비제도이사회의 의장인 폴 볼커(Paul Volcker)의 결정에 따른 여파를 경제학자들은 그렇게 불렀다. 그는 미국 이자율을 거의 21퍼센트나 상승시켜, 1981년에는 최고점에 달했다. 1980년대 중반 내내 그런 추세는 계속되었다.[15] 치솟는 이자율 때문에 미국에서는 파산이 잇따랐다. 1983년 모기지 상환금을 갚지 못한 사람들의 숫자는 3배나 증가했다.[16]

그러나 가장 극심한 고통은 외국에서 나타났다. 채무가 많은 개도국에게 볼커쇼크는 워싱턴에서 발사한 거대한 테이저건(Taser gun: 전기쇼크를 가하는 총-옮긴이)과 마찬가지였다. 그리고 개도국 세계를 격변으로 몰아넣었다. 볼커쇼크는 채무 충격 또는 채무 위기로도 알려져 있다. 이자율이 올라가면 외채에 대한 이자를 더 많이 내야 한다. 그러다보니 결국 더 많은 부채를 지게 된다. 즉 채무악순환이 생겨난다. 아르헨티나에는 이미 군부가 물려준 450억 달러라는 엄청난 채무가 있었다. 1989년이 되자 이는 650억 달러로 늘어났다. 이러한 상황은 당시 전 세계 빈곤국 어디에서나 마찬가지였다.[17] 볼커쇼크 이후 브라질의 채무는 폭발적으로 증가했다. 불과 6년 만에 500억 달러에서 1,000억 달러로 늘어난 것이다. 1970년대에 많은 빚을 졌던 상당수 아프리카 국가들도 비슷한 상황이었다. 나이지리아는 단기간에 부채가 90억 달러에서 290억 달러로

늘었다.[18]

1980년대 개도국 세계에 타격을 가한 것은 단지 경제쇼크만이 아니었다. 커피나 주석 같은 수출품 가격이 10퍼센트 이상 떨어질 때마다 '가격쇼크'가 발생했다. IMF에 따르면 1981~1983년에 개도국들은 그러한 충격을 25번 겪었다. 채무 위기가 최고조였던 1984~1987년에는 140번이나 겪는 바람에 더욱 심각한 채무 위기에 빠졌다.[19] 그러던 중 1986년에 볼리비아에 위기가 닥쳤다. 볼리비아가 색스의 쓰라린 처방전을 받아들이고 자본주의로 전환한 지 1년 정도 된 시점이었다. 코카인을 제외하면 볼리비아의 첫 번째 수출품은 주석이었다. 그런데 주석 가격이 55퍼센트나 떨어지면서, 국가 경제는 잘못도 없이 파탄이 나기 시작했다. (1950~1960년대 발전주의 경제학은 원자재 수출 의존에서 벗어나야 한다고 주장했다. 그러나 서구 선진국의 경제기관들은 '터무니없는' 주장이라며 이를 무시했다.)

이곳에서 프리드먼의 위기 이론은 더욱 강력해졌다. 그의 처방을 받아들인 글로벌 경제는 이자율이 치솟고 가격 규제가 철폐되었으며 수출 지향적인 경제가 되었다. 그럴수록 이제 각국의 경제 시스템은 위기에 더욱 취약해졌다. 그 결과 그의 급진적 조언을 수용하기 쉬운 환경인 붕괴상황이 만들어진다.

이런 식으로 위기는 시카고학파 경제모델 속으로 편입되었다. 무제한의 자금이 빠른 속도로 세계를 자유롭게 이동하고, 투기꾼들은 코카인부터 외국환까지 모든 상품을 거래할 수 있다. 이는 결국 엄청난 변동성을 초래한다. 그리고 자유무역정책으로 인해 가난한 국가들은 계속해서 커피, 구리, 오일, 밀 같은 원자재 수출에 의존한다. 결국엔 계속되는 위기의 악순환이라는 덫에 빠질 것이다. 예를 들어 커피 가격의 급락은 국가 경제를 침체로 몰아넣는다. 그러면 외환 트레이더들은 이를 경제적 붕괴로 여기고 해당 국가의 통화를 팔아치운다. 결국 통화가치는 떨어지고 위기는 더욱 심각해진다. 거기에 이자율까지 상승하면 국가 부채는 하룻밤 새에 눈덩이로 불어난다. 이것이 바로 경제 혼란을 만드는 비법이다.

시카고학파 신봉자들은 1980년대 중반을 자신들의 이념이 승리를 거둔 시기로 묘사한다. 각국이 민주화 물결에 합류함과 동시에 자유로운 국민들과 규제 없는 자유시장이 함께 출현했다는 것이다. 그러나 그러한 생각은 허구에 불과하다. 시민들이 오랫동안 빼앗겼던 자유를 마침내 되찾은 것은 사실이다. 필리핀의 페르디난드 마르코스나 우루과이의 후안 마리아 보르다베리(Juan María Bordaberry) 같은 독재자의 고문실 충격에서 벗어난 것이다. 그러나 사람들은 얼마 지나지 않아 엄청난 변동성과 규제가 풀린 글로벌 경제가 만들어낸 경제쇼크에 쓰러졌다. 채무쇼크, 가격쇼크, 환율쇼크 말이다.

채무쇼크가 다른 쇼크와 맞물려 더욱 심각해진 아르헨티나의 모습은 불행히도 드문 일이 아니다. 라울 알폰신은 볼커쇼크가 한창인 1983년에 취임했다. 새로운 정부는 첫날부터 위기 모드로 돌입해야 했다. 1985년에는 인플레이션이 너무 심해 새로운 통화 아우스트랄(austral)이 도입되었다. 새로운 통화를 개시하면 경제를 살릴 수 있을까 싶어 도박을 한 것이다. 그러나 4년이 채 안 되어 물가가 너무 뛰어 식료품 폭동까지 일어났다. 종이보다 돈이 더 싸서 아르헨티나의 식당에서는 돈을 벽지로 사용할 정도였다. 1989년 6월 한 달 동안에 인플레이션이 203퍼센트 증가했다. 퇴임을 5개월 앞둔 상황에서 알폰신은 두 손을 들고 포기했다. 그는 사임하고 조기 선거를 요구했다.[20]

알폰신의 위치에 있는 정치인에게는 다른 방안들도 있었다. 가령 아르헨티나의 엄청난 채무에 대해 디폴트(채무불이행)를 선언할 수 있었다. 또는 비슷한 위기에 처한 이웃 국가들과 연합해 채무자 카르텔을 형성할 수도 있었다. 남미지역이 가학적인 군부체제의 손아귀에 들어갔을 때, 발전주의에 기초한 공동시장이 막 만들어지고 있었다. 다시 한 번 그러한 공동시장을 만들어볼 수도 있었을 것이다. 그러나 민주주의 신정부는 공포체제의 잔재를 상대해야 하는 어려움이 있었다. 1980~1990년대, 개도국들은 일종의 공포 후유증을 앓고 있었다. 문서상으로 자유국가가 되었지만 여전히 조심스런 경계태세를 취했다. 독재의 어둠에서 벗어난 뒤 국민이 선출한 정치가들은 1970년대에 큰 인기를 끈 정책들을 다시 추진했다. 그러나 미국이 언제 또다시 자금을 대서 쿠데타를 일으킬지 모를 일이었다. 특히 그들을 괴롭혔던 군부 관계자들은 대부분 감옥에 가지 않았고, 오히려 면책을 주장하며 군대에서 상황을 지켜보고 있었다.

따라서 채권자인 워싱턴의 재정기관들과 전쟁을 피하려는 것은 당연했다. 위기에 처한 정부들은 워싱턴의 규정에 따르는 것 외에는 달리 도리가 없었다. 1980년대 초반, 워싱턴의 규정은 더욱 엄격해졌다. 채무쇼크는 남북 관계라는 새로운 시대가 시작되면서 발생했다. 군부독재는 굳이 필요가 없어졌다. 이제 '구조조정' 시대의 시작이었다. 채무가 독재정권과 같은 영향력을 행사하기 시작한 것이다.

철학적인 측면에서 보면 밀턴 프리드먼은 IMF나 세계은행을 믿지 않았다. 그것들은 오히려 자유시장의 복잡한 신호를 방해하는 큰 정부의 전형적인 예들이었다. 때문에 워싱턴 DC 19번가에 위치한 두 기관의 본부에 시카고 보이스가 고위직을 상당수 차지한 건 어찌 보면 모순이다.

아널드 하버거는 시카고 대학의 남미 프로그램 책임자다. 그는 얼마나 많은 제자들이 세계은행과 IMF에서 높은 자리에 있는지 자랑하곤 했다. "세계은행의 4대 지역을 담당하는 수석 경제학자들이 모두 내 제자들인 적도 있었지요. 그들 가운데 마르셀로 셀로스키(Marcelo Selowsky)는 새로운 성향의 과거 소련 지역을 담당하는 수석 경제학자로 갔어요. 세계은행에서 가장 막중한 업무를 맡은 겁니다. 또 무슨 일이 있었는지 아십니까? 그의 후임으로 서배스천 에드워즈(Sebastian Edwards)가 왔는데 그도 나의 제자입니다. 이들이 계속 승승장구하는 모습을 지켜보니 정말 기쁩니다. 나는 그들이 경제학자로서 성장하는 데 도움을 준 것이 자랑스럽습니다."[21] 또 다른 스타로는 클라우디오 로세르(Claudio Loser)가 있다. 1971년에 시카고 대학을 졸업한 아르헨티나 사람이다. 그는 IMF 서반구 지역의 책임자로, 남미를 상대하는 최고 직위에 올랐다.[*] 시카고학파 출신들은 수석 경제학자, 연구책임자, 아프리카를 담당하는 고위급 경제학자는 물론, 두 번째로 높은 부총재도 겸했다.[22]

철학적인 면에서는 IMF와 세계은행에 반대했을지도 모르지만, 실질적으로 그의 위기 이론을 실행하는 데 이러한 기관들보다 더 적합한 곳도 없었다. 1980년대, 각국은 위기의 악순환에 빠졌다. 세계은행과 IMF 외에는 달리 의지할 곳이 없었다. 그들은 바로 정통파 시카고 보이스의 문을 두드린 셈이다. 이들 기관은 경제적 재앙을 해결해야 할 문제가 아니라 자유시장의 개척지를 확보할 절호의 기회로 보았다. 위기를 기회로 이용하는 것이 세계에서 손꼽히는 경제기관들의 지침이 되었다. 그러나 그러한 행동은 IMF와 세계은행의 설립 원칙을 근본적으로 위반한 것이다.

유엔과 마찬가지로 세계은행과 IMF는 제2차 세계대전의 두려움을 극복하는 과정에서 나왔다. 세계 강대국들은 유럽의 심장부에서 파시즘이 출현하게 만든 실수를 다시는 되풀이하지 않기 위해 1944년 뉴햄프셔 주 브레튼우즈에 모여 새로운 경제틀을 구상했다. 세계은행과 IMF는 43개국의 후원금으로 설립되었다. 그리고 바이마르 공화국을 흔들어놓았던 경제쇼크와 붕괴를 방지할 의무를 부여받았다. 세계은행은 각국이 가난에서 벗어나도록 장기투자를 했다. IMF는 금융투기와 시장변동성을 감소시키는 경제정책을 촉진했다. 한마디로 일종의 글로벌 충격흡수기 역할을 하는 셈이다. 국가가 위기에 처할 것 같으면, IMF는 안정화에 필요한 자금과 차관을 제공해 미연에 방지해야 한다.[23] 그리

---

[*] 로저는 2001년 아르헨티나 경제 붕괴 이후 해임되었다. 그가 재임했던 시절의 IMF에 대해서는 자유시장 정책에만 너무 치중했다는 평가가 일반적이다. 각국이 지출을 삭감하고 경제를 민영화하는 동안, 상당한 부채와 더불어 대량실업이나 부정부패 만연 같은 경제 악화를 알리는 신호들이 나타났지만 그냥 무시했다. 게다가 각국은 IMF에 감당할 수 없을 정도의 대규모 부채까지 지게 되었다.

고 워싱턴 거리에서 마주보고 있는 IMF와 세계은행은 서로 대응책을 조율한다.

당시 존 케인스는 영국 대표단의 수장이었다. 그는 시장이 스스로를 조절하게 놔둘 경우 생기는 정치적 위험성을 세계가 깨달았을 것이라고 확신했다. "시장 스스로 조절 가능하다고 믿는 이는 거의 없을 겁니다." 케인스가 회의가 끝날 무렵 말했다. "이런 기관들이 설립 원칙을 충실히 지킨다면 인류애는 단지 문구에서 끝나지 않을 겁니다."[24]

IMF와 세계은행은 보편적인 미래상에 부응하지 못했다. 유엔 총회처럼 일국일표 원칙을 바탕에 둔 것이 아니라 각국의 경제 규모에 맞추어 권력을 배분했다. 미국은 중요한 결정에 거부권을 행사할 수 있다. 즉 미국, 유럽, 일본이 나머지 다수 국가들을 통제하는 협정이다. 레이건과 대처가 1980년대에 권력을 잡았을 때 이념적인 두 행정부는 두 기관을 자신의 목적에 이용했다. 자신의 권력을 강화하고 조합주의운동을 추진하는 도구로 바꾸어놓은 것이다.

시카고학파의 세계은행과 IMF 식민지화는 외부에 드러나지 않았다. 그러나 1989년 존 윌리엄슨이 이른바 '워싱턴 컨센서스(Washington Consensus: 미국식 시장경제체제의 대외 확산 전략을 뜻하는 말. 미국의 정치경제학자인 존 윌리엄슨이 1989년 자신의 저서에서 제시한 남미 등 개도국에 대한 개혁처방을 워싱턴 컨센서스라고 이름 붙인 데서 유래함─옮긴이)'를 밝히면서 공개되었다. 워싱턴 컨센서스는 한마디로 경제정책 목록이다. 두 기관이 보기에 경제적 건전함을 위한 최소 수준의 정책들이다. '모든 뛰어난 경제학자들이 받아들인 지혜의 핵심'이라는 것이다.[25] 이 정책들은 전문적이면서도 논쟁의 여지가 없다는 가면을 썼다. 모든 공기업의 민영화, 외국 회사의 진입을 막는 장벽 철폐 같은 대담한 이념적 주장이 들어 있었다.[26] 완성된 목록은 바로 프리드먼의 신자유주의 3요소인 민영화, 규제 없는 자유무역, 정부지출 삭감이었다. 윌리엄슨은 '워싱턴의 세력가들이 남미에 강요한 정책들'이라고 말했다.[27] 조지프 스티글리츠(Joseph Stiglitz)는 세계은행의 전직 수석 경제학자로, 새로운 경제 교리에 반대한 마지막 인물들 가운데 하나다. "자신의 이론에 무슨 일이 생겼는지 케인스가 알게 된다면 무덤에서도 깜짝 놀랄 것이다."[28]

세계은행과 IMF의 관리들은 언제나 차관을 제공하면서 정책 권고안도 함께 제시했다. 1980년대 초반에 개도국은 매우 절박한 상태였다. 기세가 등등해진 IMF는 급진적인 자유시장에 대한 요구를 하기에 이르렀다. 위기에 처한 국가들이 채무탕감과 긴급 차관을 요청하자, IMF는 전면적인 쇼크요법 프로그램을 내놓았다. 볼리비아의 고니의 거실에서 작성된 220가지 법안이 담긴 명령과 규모 면에서 비슷했다. 혹은 피노체트 아래의 시카고 보이스가 고안해낸 브릭과도 닮았다.

IMF는 1983년에 처음으로 전면적인 구조조정 프로그램을 내놓았다. 이후 20년 동안, 대규모 차관을 빌리기 위해 IMF를 찾은 국가들은 경제를 완전히 뜯어고치라는 권고를 받는다. 데이비슨 버드후(Davison Budhoo)는 IMF의 고위급 경제학자다. 그는 1980년대 남미와 아프리카의 구조조정 프로그램을 짰다. 훗날 그는 "1983년부터 우리가 했던 일은 남미 지역을 '민영화'하거나 아니면 죽게 내버려둔다는 생각에서 나왔다. 수치스럽게도, 1983~1988년에 이러한 목적을 달성하기 위해 남미와 아프리카에서 경제적 혼란을 일으켰다."라고 시인했다.[29]

이러한 급진적이고 (또한 매우 수지가 맞는) 새로운 임무를 추진했지만 IMF와 세계은행은 언제나 안정화라는 목적을 위해서였다고 주장한다. IMF의 공식적 의무는 사회방향 제시나 이념적 변혁이 아닌 경제 위기 방지다. 때문에 경제 안정화를 공식적인 이유로 내세울 수밖에 없는 것이다. 국제적 채무 위기는 실제로는 나라를 막론하고 프리드먼의 쇼크 독트린에 근거한 시카고학파 논의를 전개시키는 지렛대 역할을 했다.

세계은행과 IMF의 경제학자들도 당시 이러한 사실을 시인했다. 단지 그러한 시인은 경제적 용어로 암호처럼 나타나거나, 특별 포럼이나 동료 '기술관료'

를 위한 인쇄물에 국한되어 있었을 뿐이다. 대니 로드릭(Dani Rodrik)은 많은 분야에 걸쳐 세계은행과 일해온 저명한 하버드 경제학자다. 그는 '구조조정' 전체를 하나의 뛰어난 마케팅 전략이라고 표현했다. 1994년, 로드릭은 이렇게 밝혔다. "세계은행은 구조조정이라는 개념을 만들어내고 성공적으로 마케팅했다. 미시경제학과 거시경제학적인 개혁을 아우르는 개념이다. 위기로부터 경제를 구하기 위해 겪어야만 하는 과정인 구조조정은 마치 상품처럼 팔렸다. 각국 정부들은 구조조정이라는 패키지 상품을 구입했다. 때문에 외적 균형과 가격 안정을 위한 건전한 미시경제정책과 자유시장 같은 개방성을 강조하는 정책을 구별해내기가 힘들다."[30]

알고 보면 원리는 아주 간단했다. 즉 위기에 처한 국가들은 환율 안정을 위한 긴급자금이 절실했다. 그런데 민영화와 자유무역 정책들은 긴급자금과 패키지로 묶여 있었다. 따라서 각국은 패키지 전체를 받아들일 수밖에 없다. 경제학자들은 자유무역이 위기 종식과 아무 관련이 없다는 사실을 알고 있었다. 그러나 그러한 정보는 교묘하게 '감추어졌다.' 사실 로드릭은 그런 조치를 칭찬했다. 그 패키지는 가난한 국가들로 하여금 워싱턴이 선택한 정책들을 받아들이게 했을 뿐만 아니라, IMF가 원하는 결과를 낸 유일한 것이기도 했다. 로드릭은 자신의 주장을 뒷받침할 수치를 제시했다. 1980년대 급진적 자유무역정책을 채택한 각국들을 조사했고, 그 결과 "1980년대 개도국에서의 중대한 무역 개혁은 하나같이 심각한 경제 위기 속에서 일어났다."라는 사실을 알아냈다.[31]

그것은 깜짝 놀랄 만한 시인이었다. 당시 세계은행과 IMF는 각국 정부들이 희망을 발견하고 워싱턴 컨센서스가 유일한 안정화 해법이자 민주주의라는 사실을 깨달은 것이라고 공개적으로 주장했다. 그러나 워싱턴에 세워진 경제기관들 내부에서도 잘못된 주장과 노골적인 강요로 개도국들을 복종시켰다고 자인한 것이다. 당신네 국가를 구하고 싶소? 그럼 매각하시오. 구조조정 패키지의 두 가지 핵심은 민영화와 자유무역이었다. 로드릭은 심지어 민영화와 자유무역은 안정화 창출과 직접적 관련이 없음을 시인했다. 만약 직접적 관련이 있다고 주장한다면, 로드릭이 보기엔 그것은 '잘못된 경제학'이었다.[32]

아르헨티나는 당시에 IMF의 가장 이상적인 학생이었고, 새로운 질서를 시험할 창구 역할을 다시금 해주었다. 하이퍼인플레이션 위기 때문에 알폰신 대통령은 사임했다. 그리고 카를로스 메넴(Carlos Menem)이 뒤를 이었다. 그는 작은 지역의 통치자로, 페로니스트였다. 가죽 재킷을 입고 구레나룻 수염을 기른 모습은 살벌한 군대와 채권자들에 맞설 정도로 강해 보였다. 이제껏 페론당과 노조운동을 제거하려는 갖은 폭력적 시도가 있었다. 그러나 이제 아르헨티나는 후안 페론의 민족주의적 경제정책의 부활을 약속하며 친노조운동을 이끌던 사람을 대통령으로 맞게 되었다. 볼리비아에서 파스가 취임했을 때처럼 매우 감동적인 순간이었다.

그러나 그가 파스와 너무나 똑같다는 사실이 곧 드러난다. 취임한 지 1년이 지나자 메넴은 IMF의 상당한 압력 속에서 '주술 정치'로 반란을 개시했다. 독재에 저항한 정당의 상징으로 선출되었음에도 불구하고, 그는 도밍고 카바요를 경제부 장관으로 임명했다. 그리고 기업들의 부채를 마지막 선물이라며 책임져준 군부시대의 관리들을 다시 복귀시켰다.[33] 경제학자들은 새로운 정부가 군부의 조합주의 실험을 이어받았다는 분명한 신호로 받아들였다. 부에노스아이레스 주식시장은 열렬한 환호로 반응했다. 카바요가 임명되는 순간, 그날 하루에만 거래가 30퍼센트 급상승했다.[34]

카바요는 밀턴 프리드먼과 아널드 하버거의 제자들로 정부를 꾸려, 시카고학파 이념에 즉각 힘을 실어주었다. 사실상 고위직 경제 직급은 시카고 보이스로 채워졌다. 중앙은행 총재는 세계은행과 IMF에서 일했던 로케 페르난데스(Roque Fernández), 중앙은행의 부총재는 독재정권에서 일했던 페드로 포우(Pedro Pou), 중앙은행의 수석 자문은 파블로 기도티(Pablo Guidotti)다. 기도티는 IMF에서 전직 시카고 대학의 교수인 마이클 무사(Michael Mussa) 밑에서 일을 하다가 발탁되었다.

아르헨티나만 이런 상황을 맞은 게 아니다. 1999년 시카고학파의 국제적 동창생들을 살펴보자. 이스라엘부터 코스타리카까지, 시카고학파 출신의 장관만 해도 25명이 넘고 중앙은행 총재도 12명 이상이다. 한 대학의 학부로서는 상당한 영향력을 행사한 것이다.[35] 아르헨티나의 시카고 보이스는 다른 나라에서와 마찬가지로 국민이 선출한 정부를 둘러싼 뒤 이념적 협공을 펼쳤다. 한 그룹은 내부에서 몰아세우고, 다른 그룹은 워싱턴에서 압력을 가했다. 예를 들어 부에노스아이레스에 파견된 IMF 대표단은 아르헨티나의 시카고 보이스인 클라우디오 로세르가 이끌었다. IMF 대표단과 아르헨티나의 재정부 장관이나 중앙은행 총재와의 회담은 적과의 협상이 아니었다. 친구들, 시카고 대학 동창생들, 또는 19번가의 직장동료들 간의 토의였다. 이러한 글로벌 경제 동문클럽의 영향력을 밝힌 책이 아르헨티나에서 출간되었다. 책 제목도 딱 어울리게 '부에노스 무차초스(Buenos Muchachos)'이다. 마틴 스코세이지의 마피아 고전이기도 한 '좋은 친구들'이란 뜻이다.[36]

이 동문클럽의 회원들은 아르헨티나 경제에 어떠한 조치를 취하고 어떤 식으로 실행할지 서로 합의를 본 상태였다. 이른바 카바요 플랜(Cavallo Plan)은 세계은행과 IMF가 완성시킨 교활한 패키지 수법이었다. 그들은 혼란과 하이퍼인플레이션 위기의 절박함을 이용해 민영화를 통과시켰다. 민영화는 IMF 구제임무의 필수 부분이 되었다. 카바요는 통화 시스템을 안정시키기 위해 공공지출을 대폭 줄였다. 그리고 새로운 통화방식을 도입했다. 즉 아르헨티나의 페소를 미국 달러에 연동시킨 것이다. 1년도 안 되어 인플레이션은 17.5퍼센트로 낮아졌다. 그리고 몇 년이 지나자 인플레이션 현상은 사라졌다.[37] 이로써 결국 통화는 안정되었다. 그러나 프로그램의 다른 부분에 대해서는 '알아차리지 못하게' 되었다.

아르헨티나 독재정부는 외국인 투자가들을 기쁘게 해주는 데 헌신했다. 그러나 국영 항공사부터 파타고니아(Patagonia)의 석유매장지까지, 알짜배기 자산은 국가가 관리했다. 따라서 카바요와 시카고 보이스가 보기엔 절반만 완수된 혁명이었다. 그들은 경제 위기를 이용해 제대로 마무리하기로 했다.

1990년대 초반 아르헨티나는 국가자산을 신속하게 전부 매각하기 시작했다. 10년 전 칠레에서보다 더욱 광범위한 수준으로 진행된 프로젝트였다. 1994년까지 공기업의 90퍼센트가 시티뱅크, 뱅크 보스턴, 프랑스 다국적기업인 수에즈(Suez)와 비방디(Vivendi), 스페인의 레프솔(Repsol: 스페인의 에너지 관련 기업-옮긴이)과 텔레포니카(Telefonica: 스페인의 전문 통신업체-옮긴이) 같은 사기업에 매각되었다. 메넴과 카바요는 공기업을 매각하기 전에 새로운 소유주들을 위해 중요한 서비스까지 해주었다. 카바요는 당시 노동자 70만 명이 해고되었다고 추정했다. 일부는 더 높은 수치를 제시하기도 한다. 국유 석유회사만 해도 노동자 2만 7,000명이 메넴 집권기에 해고되었다. 제프리 색스를 숭배하던 카바요는 이러한 과정을 쇼크요법이라고 불렀다. 메넴은 더욱 잔인한 표현을 썼는데, '마취 없이 한 대수술'이라고 했다. 그것도 대규모 고문으로 아직도 정신적 상처에서 벗어나지 못한 나라에서 말이다.*[38]

아르헨티나의 경제 전환이 한창일 때 「타임」은 메넴을 표지에 실었다. 해바라기 중앙에서 웃고 있는 그의 얼굴과 함께 '메넴의 기적'이라는 표제가 적혀 있었다.[39] 정말 기적 같은 일이었다. 도대체 어떻게 해서 메넴과 카바요는 급진적이면서도 고통스러운 민영화 프로그램을 국민들의 폭동 없이 추진할 수 있었을까?

---

* 카바요와 메넴이 물러난 지 한참이 지난 2006년 1월 무렵이었다. 아르헨티나인들은 놀라운 뉴스를 접한다. 즉 카바요 플랜이 실상은 카바요의 작품이 아니었다는 것이다. IMF가 고안한 것도 아니다. 요컨대 1990년대 초반의 아르헨티나 충격요법 프로그램은 JP모건과 시티뱅크가 비밀리에 작성한 것이었다. 두 은행은 아르헨티나의 최대 채권자들이었다. 저명한 역사가 알레한드로 올모스 가오나(Alejandro Olmos Gaona)는 아르헨티나 정부에 대한 소송을 진행하면서, 입이 딱 벌어질 정도로 놀라운 1,400쪽짜리 문서를 발견한다. 그것은 바로 카바요를 위해 두 미국 은행들이 작성한 문서였다. "문서엔 1992년부터 정부가 추진한 정책들이 들어 있었다. 기본 국가시설의 민영화, 노동법 개혁, 연금 시스템의 민영화를 내용으로, 아주 세세한 사항까지 꼼꼼하게 작성되어 있었다. 지금껏 우리는 1992년부터 추진된 경제 개혁을 카바요가 고안한 것으로 알고 있었는데, 사실은 전혀 그렇지 않았던 것이다."

몇 년 뒤 카바요는 이렇게 설명했다. "당시 하이퍼인플레이션은 사람들에게 고통을 안겨주었다. 특히 소득이 적거나 모아놓은 돈이 별로 없는 사람들에게는 더욱 그랬다. 불과 몇 시간 혹은 며칠 사이에 굉장한 속도로 물가가 올라서 임금이 줄어드는 것과 마찬가지였다. 사람들은 정부에 '제발 어떤 조치든 취해달라.'라고 요청한다. (중략) 정부는 좋은 안정화 계획을 내놓으면서 다른 개혁도 함께 추진할 기회를 얻은 것이다. 가장 중요한 개혁은 경제개방, 민영화, 탈규제화다. 그런데 이러한 개혁을 실시할 유일한 방법은 하이퍼인플레이션으로 발생한 상황을 이용하는 길뿐이었다. 대중은 하이퍼인플레이션을 제거하고 정상으로 돌아갈 수만 있다면 극적인 변화도 기꺼이 받아들일 준비가 되어 있었다."[40]

장기적으로는 카바요의 프로그램은 아르헨티나에게 재앙이었다. 그의 환율 안정화 방법, 즉 페소를 미국 달러에 연동시킨 방안은 국내에서 제품생산비용을 너무 높여놓았다. 때문에 국내 공장들은 물밀듯이 밀려오는 값싼 수입품과 경쟁할 수 없었다. 수많은 일자리가 사라져 전체 국민의 절반이 빈곤층으로 전락했다. 그러나 단기적으로 보자면 그 계획은 원하던 바를 이루어냈다. 따라서 카바요와 메넴은 하이퍼인플레이션의 충격에 빠져 있는 동안 슬며시 민영화를 추진할 수 있었다. 요컨대 위기는 제 몫을 해낸 것이다.

당시 아르헨티나의 지도부가 추진한 것은 경제적 기법보다는 심리적 기법에 가까웠다. 위기에 처한 국민들은 마법과 같은 해법을 갖고 있다고 말하는 사람에게 기꺼이 권력을 넘겨준다. 군부정권 전문가 카바요는 그러한 점을 잘 알고 있었다. 위기는 경제 혼란이 될 수도 있고, 혹은 훗날 부시 행정부가 주장하듯 테러리스트의 공격일 수도 있다.

이런 식으로 프리드먼은 민주주의 전환 과정에서 살아남았다. 프리드먼 지지자들은 유권자들에게 시카고학파의 세계관을 알려주며 설득하는 방법을 쓰지 않았다. 대신에 위기가 발생한 곳마다 정신없이 찾아다녔다. 그러고는 경제적 긴급사태의 절박함을 교묘하게 이용해 아직 미약한 민주주의 신정부의 손을 묶어버릴 정책들을 추진했다. 일단 전략이 완성되자 기회는 엄청나게 많아졌다. 볼커쇼크가 끝나자 1994년 멕시코의 테킬라 위기(Tequila Crisis)가 이어졌다. 그 다음으로는 브라질에서도 위기가 발생했다. 이러한 충격과 위기가 점차 힘을 잃기 시작할 무렵 더욱 끔찍한 것들이 나타났다. 바로 쓰나미, 허리케인, 전쟁, 테러 공격이었다. 이제 재난 자본주의가 형체를 드러내기 시작한 것이다.

4부

전환 과정에서 길을 잃다

[흐느끼고 전율하고 몸부림친 순간]

최악의 순간은 근원적인 경제 개혁의 필요성을
이해한 사람에게 절호의 기회가 된다.
1994년, 스티븐 해거드와 존 윌리엄슨, 『정책 개혁의 정치경제(The Political Economy of Policy Reform)』

9장

역사의 문을 닫아걸며

폴란드 위기와 중국 학살사태

나는 이제 자유로운 폴란드에 살고 있다.
나의 조국이 누리는 자유의 학문적 설계사는 밀턴 프리드먼이라 하겠다.
2006년 11월, 전직 폴란드 재무부 장관 레셰크 발체로비치(Leszek Balcerowicz)[1]
-

돈을 10배 정도 벌면 위에서 특정 물질이 분비된다.
상당히 중독성이 강한 물질이다.
폴란드의 자본주의 초창기에 투자한 펀드매니저 윌리엄 브로더(William Browder)[2]
-

질식할까봐 겁이 난다고 해서 아예 음식을 안 먹을 수는 없다.
중국 공식기관지 「인민일보」, 톈안먼 사태 이후에도 자유시장 개혁은 계속되어야 한다며[3]

무너진 베를린 장벽은 공산주의 붕괴의 상징이 되었다. 그러나 소련의 장벽이 무너지는 징후를 보여준 또 다른 예가 그보다 먼저 있었다. 일시적으로 해고된 전기기술자 레흐 발레사(Lech Walesa)가 바로 그 상징이다. 그는 콧수염을 기르고 헝클어진 머리칼을 갖고 있었다. 발레사는 폴란드의 그단스크에서 꽃과 깃발로 장식한 철제 담장을 기어 올라가고 있었다. 그 철제 담장은 레닌조선소와 노동자 수천 명을 보호하는 장치였다. 철제 담장 안에는 공산당의 밀 가격 인상결정에 항의하는 노동자들이 진을 치고 있었다.

조선소 노동자들의 파업은 35년 동안 모스크바의 통제를 받은 폴란드 정부에 대한 유례없는 저항이었다. 누구도 앞일을 예측하지 못했다. 모스크바에서 탱크를 보낼까? 파업 노동자들에게 총격을 가해 다시 강제로 복귀하게 만들까? 파업이 길어지면서 조선소는 전제주의 국가에서 외롭게 고립된 대중민주주의 구역이 되었다. 노동자들은 요구조건을 늘려갔다. 그들은 공산당 정치국 당원들이 자신들의 일터를 통제하는 걸 원하지 않았다. 당원들은 말로만 노동자 계층을 대변한다고 주장할 뿐이었다. 노동자들은 독립적인 노조를 원했으며, 협상, 거래, 파업할 권리를 요구했다. 그들은 공산당 당국의 허락이 떨어지길 기다리지 않았다. 즉각 투표를 통해 노조를 구성한 뒤 자유노조라고 이름 붙였다.[4] 1980년 전 세계는 자유노조 그리고 노조 지도자 레흐 발레사와 사랑에 빠졌다.

당시 서른여섯 살이었던 발레사는 폴란드 노동자들의 열망과 너무나도 맞아떨어졌다. 마치 정신적 유대관계를 맺은 듯한 모습이었다. "우리는 같은 빵을 먹은 사람들입니다!" 그는 그단스크 조선소에서 마이크에 대고 소리쳤다. 비단 발레사의 블루칼라 경력만을 언급하는 게 아니다. 새롭고 선구적인 노조운동에서 나타난 가톨릭의 막강한 역할도 짐작할 수 있다. 노동자들은 공산당원들이 종교를 못마땅하게 생각하는 상황에서 용기의 상징으로 종교를 믿었다. 그리고 바리케이드 뒤에서 가톨릭 영성체에서 사용하는 포도주를 마시기 위해 줄을 섰다. 발레사의 태도에는 성스러움과 세속적인 것이 섞여 있었다. 그는 한 손에는 나무 십자가를 다른 손에는 꽃다발을 들고 자유노조 사무실을 출범시켰다. 자유노조와 정부가 기념비적인 첫 노동협정에 서명했을 때, 발레사는 '교황 요한 바오로 2세의 모습이 담긴 기념품 펜으로 서명'했다. 발레사와 교황은 서로 존경하는 사이였다. 폴란드인 교황은 발레사에게 자유노조를 위해 기도한다고 말했다.[5]

자유노조는 전국의 광산, 조선소, 공장으로 순식간에 확산되었다. 1년 만에 노조원은 1,000만 명으로 늘어났는데, 폴란드 노동연령 인구의 절반이 가입한 셈이었다. 협상할 권리를 얻은 자유노조는 구체적으로 일을 진행시켰다. 먼저 주6일이 아닌 5일제 근무를 실시하고, 공장운영에 더 많은 발언권을 행사하게 해달라고 요구했다. 국가는 노동계층을 이상화해서 숭배하는 반면에 진짜 노동자들에게는 학대를 가했다. 자유노조원들은 이에 진저리를 치며, 공산당원들의 부정부패와 잔인성을 비난했다. 공산당원들은 폴란드 국민들이 아니라 멀리 떨어져 있는 모스크바 관료들의 뜻을 받들었다. 일당 독재체제에서 억눌렸던 민주주의와 자기결정권에 대한 욕구가 자유노조를 통해 분출되자 수많은 사람들이 공산당에서 이탈하기 시작했다.

　　모스크바는 폴란드 사태를 동유럽 제국의 가장 심각한 위협으로 보았다. 소련 내부에서 저항은 주로 정치적 우익 성향의 인권운동가들로부터 나왔다. 그러나 자유노조원들을 그저 자본주의의 앞잡이로 치부할 수는 없었다. 사실 그들은 손에 망치를 들고 석탄가루를 뒤집어쓴 노동자들이었다. 즉 마르크스가 말한 당의 기반이 되는 사람들이다.* 더욱 위협적인 것은 자유노조의 미래상이 공산당의 미래상과 정반대라는 점이었다. 자유노조는 전제주의가 아닌 민주주의, 중앙집권이 아닌 권력분산, 관료주의가 아닌 참여주의를 주장했다. 자유노조원 1,000만 명은 폴란드 경제를 중단시킬 수 있는 힘을 갖고 있었다. 발레사는 조롱하듯 말했다. "우리는 정치적 투쟁에서 질지도 모른다. 그러나 강제로 우리에게 일을 시킬 수는 없을 것이다. 탱크를 만들길 원한다면 우리는 시내전차를 만들 것이다. 트럭도 거꾸로 가게 만들 것이다. 우리는 시스템을 엉망으로 만드는 방법을 아주 잘 알고 있다. 우리가 바로 그러한 시스템의 제자들이기 때문이다."

---

* 1980년대, 유명한 자유노조의 슬로건은 "사회주의는 좋다. 그러나 왜곡된 사회주의는 반대한다."였다(폴란드에 딱 맞는 슬로건이라 하겠다).

자유노조의 민주주의를 향한 갈망은 반대편인 공산당 내부에도 감명을 주었다. "사악한 소수의 인간들 때문에 당이 잘못 운영되었다고 믿었던 순진한 시절이 있었다." 중앙위원회의 당원이었던 마리안 아렌트(Marian Arendt)가 폴란드 신문에서 밝혔다. "이제 더 이상 그런 환상은 없다. 전반적인 구조와 체제 전체에 문제가 있는 게 분명하다."**6**

1981년 9월, 자유노조원들은 운동을 다음 단계로 진행시켰다. 폴란드 노동자 900명이 노조의 첫 번째 전국회의를 열기 위해 그단스크에 다시 모였다. 자유노조는 폴란드의 경제와 정치에 관한 독자적 대안을 제시하며, 정권을 인수하려는 혁명적 운동으로 바뀌었다. 자유노조의 계획은 이렇다. "우리는 모든 관리 단계에서 자치적이고 민주적인 개혁을 요구한다. 그리고 자유노조 계획, 민주정치, 시장이 혼합된 새로운 사회경제 시스템을 원한다." 요컨대 국영회사들이 정부의 통제에서 벗어나 노동자들의 민주적 협력체로 바뀌는 급진적인 미래상이다. 당시 노동자 수백만 명이 국영회사에서 일하고 있었다. 노동자들이 계획한 경제 프로그램을 보면, "사회화된 기업이 경제의 기본 단위가 돼야 한다. 그리고 전체를 대표하는 노동자 의회가 통제권을 가지며, 경선을 거쳐 의회가 지명한 대표가 협동적으로 운영하도록 한다."**7** 발레사는 이러한 요구에 반대했다. 공산당 지배에 대한 정면 도전이어서 행여 노동운동의 파멸을 불러올까 두려웠기 때문이다. 그러나 다른 이들은 노동운동에 목적이 있어야 한다고 주장했다. 단지 적만 규정할 게 아니라 미래를 위한 긍정적 희망이 필요하다는 것이다. 결국 발레사는 논쟁에서 졌고, 이러한 경제 프로그램은 자유노조의 공식정책이 되었다.

발레사의 파멸에 대한 두려움은 괜한 걱정이 아니었다. 자유노조의 엄청난 야심에 모스크바는 경악과 분노를 금치 못했다. 모스크바의 강한 압력 속에서 폴란드의 지도자 보이치에흐 야루젤스키(Wojciech Jaruzelski) 장군은 1981년 12월 계엄령을 선포했다. 탱크들이 눈길을 헤치고 공장과 광산을 에워쌌다. 자유노조원들은 수천 명씩 검거되었다. 발레사를 비롯한 지도부는 체포되어 투옥되었다. 「타임」의 보도에 따르면 "군인들과 경찰들은 저항하는 노동자들을 무력으로 해산시켰다. 카토비체(Katowice: 폴란드 남부 실롱스키에 주의 주도-옮긴이)의 광부들은 도끼와 쇠지레로 맞서 싸웠다. 최소한 7명이 사망하고 수백 명이 부상을 당했다."[8]

자유노조는 지하로 숨어들어야 했다. 그러나 경찰국가가 통치한 8년 동안 자유노조의 전설은 커져만 갔다. 1983년, 발레사는 노벨평화상을 수상했다. 여전히 활동에 제약을 받는 상황이어서 직접 상을 받을 순 없었다. "노벨상 수상자의 좌석은 비어 있습니다."라고 노벨상위원회의 대표가 시상식에서 말했다. "그러므로 그의 빈 좌석에서 나오는 침묵의 연설에 더욱 귀를 기울입시다."

빈 좌석이라는 은유는 적절했다. 모두들 그 빈자리에서 자신들이 원하는 것을 찾아냈으니 말이다. 노벨상위원회는 '평화로운 파업이라는 무기 이외에 다른 것은 사용하지 않는 남자'를 보았다.[9] 좌익은 스탈린이나 마오쩌둥의 범죄에 물들지 않은 사회주의의 미래상을 보았다. 우익은 공산주의 국가들이 온건한 성향의 반체제 인사에게까지 잔인하게 군다는 증거를 찾아냈다. 인권운동가들은 신념을 위해 투옥된 죄수들을 보았다. 가톨릭은 공산주의 무신론에 대항한 연대조직을 보았다. 그리고 마거릿 대처와 로널드 레이건은 소비에트의 힘에 균열이 생기고 구멍이 나는 모습을 보았다. 사실 두 지도자는 자유노조가 쟁취하려는 권리를 자국에서 뿌리 뽑기 위해 애쓰고 있었지만 말이다. 자유노조를 탄압하면 할수록 자유노조의 신화는 더욱 커졌다.

초반에 가졌던 파멸의 두려움이 점차 가시면서 폴란드 노동자들은 1988년에 다시 한 번 대규모 파업을 벌였다. 당시 폴란드 경제는 곤두박질치고 있었다. 모스크바에서는 미하일 고르바초프(Mikhail Gorbachev)의 온건한 정부가 정권을 잡고 있었다. 공산주의자들은 결국 두 손을 들었다. 자유노조를 합법화하고 조기 선거를 치르기로 동의했다. 이제 자유노조는 두 분파로 나뉘었다. 하나는 노동조합이고, 또 하나는 선거에 나설 자유노조 시민위원회였다. 그러나 두 단체는 서로 연결될 수밖에 없었다. 노조의 지도부가 바로 선거에 나설 후보자들이었다. 게다가 선거강령이 마땅치 않아 자유노조의 구체적인 모습은 노조의 경제 프로그램이 제공해주었다. 발레사는 직접 참여하지 않고 노조의 대표로 있었다. 그러나 그는 "우리와 함께하면 더욱 안전할 겁니다."라는 슬로건을 내건 선거유세의 상징이었다.[10] 선거에서 공산당은 형편없이 패배했다. 반면에 자유노조는 후보를 낸 261개의 의석 가운데 260석을 차지하는 승리를 거두었다.* 발레사는 뒤에서 모든 것을 지휘하며 총리직을 타데우시 마조비에츠키(Tadeusz Mazowiecki)에게 맡겼다. 그는 발레사만큼의 카리스마는 없었지만 자유노조 주간지의 편집자이며 노조운동의 손꼽히는 지식인으로 알려진 인물이다.

권력이 가한 쇼크

남미 사람들은 전제주의 체제는 경제 프로젝트가 붕괴하는 순간이 돼서야 비로소 민주주의를 수용한다는 사실을 얼마 전에 깨달았다. 폴란드의 상황도 마찬가지였다. 공산주의자들은 수십 년 동안 경제를 잘못된 방향으로 이끌면서 엄청난 비용이 드는 치명적 실수들을 계속 저질렀다. 결국엔 경제 파탄의 순간에까지 이르렀다. "불행하게도 우리가 정권을 잡았습니다!" 발레사는 이런 유명한 말을 남겼다(미래를 예측하듯 말이다). 자유노조가 취임했을 당시의 사정이 어떠했는지 살펴보자. 인플레이션은 600퍼센트나 늘어난 데다, 식료품은

---

* 분명 선거는 획기적인 일이었지만 선거 과정에서 여러 농간이 나타났다. 즉 공산당은 의회 하원의 65퍼센트 의석을 보장받았으며, 자유노조는 나머지 의석에 대해서만 경쟁할 수 있었다. 그런데도 전면적인 승리 덕분에 자유노조는 실질적인 정부 통제권을 얻어낼 수 있었다.

부족하고, 암시장이 성행했다. 많은 공장들은 구매자가 없어서 그냥 창고에서 썩힐 물건이나 만들고 있었다.[11] 이런 혹독한 상황에서 폴란드인들은 민주주의로 진입했다. 마침내 자유가 왔다. 그러나 박봉 때문에 축하할 여유가 있는 사람은 거의 없었다. 상점에 물건이 들어온 날이면 밀가루나 버터를 사기 위해 하루 종일 줄을 서야 했다.

선거에서 승리를 거둔 뒤, 그해 여름 내내 자유노조 정부는 우유부단하게 행동하며 아무것도 하지 못했다. 구질서의 붕괴 속도와 갑작스런 선거 열풍은 그 자체로 충격이었다. 불과 몇 달 전만 해도 자유노조원들은 비밀경찰을 피해 다니는 신세였다. 그런데 이제는 그러한 요원들의 임금을 책임지는 자리에 올랐다. 더 충격적인 것은 임금을 지급할 돈이 정부에 없다는 사실이었다. 지금은 자신들이 꿈꾸어왔던 경제를 건설할 때가 아니었다. 당장 눈앞에 닥친 경제 붕괴와 대량 기아사태부터 막아야 했다.

자유노조 지도부는 국가가 경제를 완전히 통제하는 구조를 종식시키고 싶었다. 그러나 그 대신 어떤 경제체제를 받아들여야 할지 정하질 못했다. 강경한 다수 노조원들은 노조의 경제 프로그램을 시험해보려고 했다. 국영 공장들이 노동자 협력체로 바뀐다면 경제적 실용성을 거둘 수 있었다. 즉 당 관료들에 대한 추가비용을 들일 필요가 없으니 노동자 관리는 더욱 효율적일 것이라 생각한 것이다. 한편 모스크바에서 고르바초프가 지원하는 점진적 개혁법을 주장하는 이들도 있었다. 수요공급의 경제 규칙이 적용되는 영역을 차츰 확장하면서(합법적 상점과 시장을 더 많이 늘리는 것이다), 동시에 스칸디나비아 반도의 사회민주주의 모델에서 보듯 강한 공공부문을 혼합시키는 것이다.

그러나 남미에서 그랬듯 무엇보다도 폴란드는 부채탕감과 당면한 위기에서 벗어날 원조 자금이 필요했다. 이론상 경제적 재앙을 막기 위한 안정화 자금을 제공하는 일은 IMF의 의무였다. 그리고 그러한 생명줄을 받을 만한 정부를 찾는다면, 바로 자유노조가 이끄는 정부일 것이다. 폴란드는 40년 만에 처음으로 공산주의 체제를 민주적으로 종식시킨 동유럽 국가다. 철의 장막 뒤에서 전체주의를 비난하던 냉전이 끝나갈 무렵, 폴란드의 새로운 지도자들은 어느 정도 도움을 기대했을 것이다.

그러나 그러한 도움은 전혀 없었다. IMF와 미국 재무부는 시카고학파 경제학자들이 장악한 상태였다. 따라서 폴란드 문제를 쇼크 독트린의 프리즘을 통해 바라보았다. 경제 파탄과 심각한 채무 부담에다 갑작스런 체제 변화의 혼란까지 더해진 상황이었다. 즉 폴란드는 급진적인 쇼크요법 프로그램을 받아들이기 딱 좋은 취약한 상태가 된 것이다. 게다가 경제적으로 걸려 있는 판돈은 남미보다 더 크다. 소비자 시장이라 할 만한 것이 거의 없는 동유럽은 서구 자본주의에서 비켜나 있었다. 때문에 가치 있는 자산들은 여전히 국가 소유여서, 민영화로 전환하기 가장 좋은 후보들이었다. 그것은 먼저 차지하는 사람에게 엄청난 이득을 가져다 줄 것이다.

경제상황이 악화되면 정부가 무제한적인 자본주의로의 전환을 받아들일 가능성은 더 커진다. 이런 점을 잘 알고 있는 IMF는 심각한 부채와 인플레이션 상황을 내버려두었다. 조지 H. W. 부시의 백악관은 공산주의에 대항한 자유노조의 승리를 축하했다. 그러나 미국 행정부는 새로운 정부가 과거 정권의 채무를 갚기를 원했다. 그것은 자유노조를 억압하고 구금시킨 군부정권의 빚이었다. 그러면서 원조로 겨우 1억 1,900만 달러를 제공했다. 경제 파탄으로 근본적인 재건이 필요한 국가에는 너무나 적은 액수였다.

이러한 상황에서 당시 서른네 살이었던 제프리 색스는 자유노조의 자문위원으로 일하기 시작했다. 색스는 볼리비아를 잘 이용했다. 이후 그에 대한 과대선전은 광적인 수준이었다. 그가 경제쇼크 전문가로서 여러 국가에서 분주히 활동하면서 교수직도 계속 유지하는 모습에 모두들 경외감을 나타냈다. 「로스앤젤레스타임스」는 아직도 하버드 대학의 토론팀 회원처럼 보이는 그를 '경제학계의 인디애나 존스'라고 선언했다.[12]

그는 자유노조가 승리하기 전부터 공산주의 정부의 요구로 폴란드에서 일을 시작했다. 먼저 하루 일정 여행으로 출발해서 공산주의 정부와 자유노조를 만나보았다. 색스가 실질적인 역할을 하도록 후원한 사람은 조지 소로스(George Soros)였다. 소로스는 억만장자 투자가이자 통화 트레이더다. 소로스와 색스는 바르샤바로 함께 여행을 갔다. 색스는 "저는 자유노조와 폴란드 정부에게 심각해지는 경제 위기를 해결하도록 도와주겠다고 말했습니다."라고 회상했다.[13] 소로스는 색스와 동료 데이비드 립턴(David Lipton)이 폴란드 임무에 착수할 비용을 대주기로 했다. 립튼은 IMF에 몸담고 있던 철저한 자유시장 경제학자였다. 한편 자유노조가 선거를 휩쓸자 색스는 자유노조와 긴밀히 일하기 시작했다.

그는 IMF나 미국 정부에 소속된 사람이 아니라 자유계약 자문이었다. 그런데도 자유노조 고위급 인사들의 눈에는 구세주와 같은 존재였다. 그는 워싱턴 고위직들과의 인맥과 전설과 같은 명성을 가지고 있었다. 당연히 신정부의 유일한 희망인 부채탕감과 원조를 해결할 열쇠를 가진 것처럼 보였다. 색스는 자유노조에 상속된 부채를 거절해야 한다고 말했다. 그리고 원조금으로 30억 달러를 얻어올 수 있다고 자신만만해했다. 부시가 제공하겠다는 액수에 비해 너무 큰 금액이었다.[14] 그러나 그는 볼리비아가 IMF에서 차관을 얻고 채무를 재협상하게 도와준 사람이다. 따라서 그의 말을 의심할 이유가 없었다.

물론 도움을 얻기 위해서는 비용을 치러야 했다. 자유노조는 색스의 인맥과 협상력을 얻었지만, 폴란드의 언론이 색스 플랜(Sachs Plan) 혹은 쇼크요법이라 부른 것을 먼저 채택해야 했다.

그것은 볼리비아의 쇼크요법보다 더 급진적인 것이었다. 단 하룻밤 사이에 가격 통제를 철폐하고 보조금을 대폭 삭감했다. 색스 플랜에 따르면, 국영 광산, 조선소, 공장들을 사기업에 매각해야 했다. 자유노조의 노동자 오너십 경제 프로그램과는 정반대였다. 노조 지도부들은 그러한 논쟁적인 아이디어에 대해 더 이상 말을 꺼내지 않았지만, 많은 노조원들은 그들의 믿음을 여전히 굳게 간직하고 있었다. 색스와 립튼은 15쪽에 달하는 폴란드 쇼크요법 개혁안을 하룻밤 만에 작성했다. 색스는 "내가 알기론 사회주의경제에서 시장경제로 전환하는 전면적 계획안은 이것이 처음일 것이다."라고 밝혔다.[15]

색스는 제도적 차이를 어서 극복해야 한다고 주장했다. 다른 문제들 외에도 하이퍼인플레이션 상황이 눈앞에 다가왔기 때문이다. "일단 하이퍼인플레이션 현상이 발생하면 엄청난 경제 파탄이 이어질 것이다. (중략) 재앙 그 자체가 될 것이다."[16]

그는 자유노조의 주요 임원들에게 계획을 설명하기 위해 일대일 세미나를 여러 차례 가졌다. 어떤 경우엔 네 시간이나 지속되었다. 또한 선출된 공무원들을 전부 모아놓고 연설을 하기도 했다. 자유노조 지도부 가운데 상당수는 색스의 아이디어를 좋아하지 않았다. 자유노조운동은 물가를 갑작스럽게 인상하려는 공산주의자들에 대항한 폭동에서 시작되었다. 그런데 색스는 물가 전체를 인상하라고 말했다. 그는 자유노조가 잘 해낼 수 있을 거라고 주장했다. "왜냐하면 자유노조는 대중의 신뢰를 받고 있기 때문이죠. 그 점이 가장 중요합니다."[17]

자유노조의 지도자들이 노조원 대다수에게 극심한 고통을 줄 정책에 국민의 신뢰를 이용하려고 계획한 것은 아니었다. 그러나 그들은 그동안 지하, 감옥, 국외추방지에서 수년을 보내면서 실제 노동자들과는 떨어져 있었다. 폴란드인 편집자 프셰밀라프 비엘고시(Przemylaw Wielgosz)는 "사실상 노조운동의 핵심층은 떨어져나갔다. 이제 후원은 공장이나 발전소가 아니라 종교계에서 나온다."라고 설명했다.[18] 또한 지도부는 고통스러울지라도 단시일 안에 경제를 바로잡고 싶었다. 색스가 제의한 것도 바로 그것이었다. "정말 효과가 있을까요? 제가 알고 싶은 것은 그것입니다. 이 정책으로 경제를 살릴 수 있습니까?" 자유노조의 저명한 지성인 아담 미흐니크(Adam Michnik)가 물었다. 색스는 조금의 흔들림도 없이 말했다. "아주 좋은 방안이니 분명 효과를 볼 겁니다."*[19]

색스는 볼리비아가 이상적 모델이며 이를 모방해야 한다고 자주 말했다. 나중에 폴란드인들은 볼리비아라는 말만 나와도 진저리를 칠 정도였다. "볼리비아에 한번 가봤으면 좋겠어요." 자유노조의 한 지도자가 기자에게 말했다. "정말 멋지고 이국적인 곳이겠죠. 그러나 정말 여기서는 더 이상 볼리비아 얘기는 듣고 싶지 않아요." 특히 레흐 발레사는 볼리비아에 심한 적대감까지 갖게 되었다. 몇 년 후 정상회담에서 볼리비아 대통령 고니를 만났을 때 그는 그 점을 솔직히 밝혔다. 고니는 이렇게 회상했다. "발레사가 내게 오더니 이렇게 말했습니다. '난 항상 볼리비아 사람을 만나보고 싶었습니다. 특히 볼리비아 대통령을 말입니다. 왜냐하면 당신들 때문에 우리가 이런 쓴 약을 삼켜야 했거든요. 볼리비아도 이렇게 했으니 당신들도 해야만 한다는 말을 들었습니다. 이제 당신을 직접 만나보니 나쁜 사람은 아니군요. 그러나 그동안 정말 당신을 미워했습니다.'"[20]

색스는 볼리비아에 대해 수없이 얘기했다. 그런데도 쇼크요법 프로그램을 추진하기 위해 정부가 비상사태를 선포하고 노동조합 지도부를 두 번이나 감금했다는 사실은 전혀 밝히지 않았다. 불과 얼마 전에 비밀경찰이 국가비상사태 아래에서 자유노조의 지도부를 투옥시킨 것처럼 말이다.

많은 사람들은 색스의 약속이 상당히 설득력이 있었다고 회상했다. 색스는 자신의 가혹한 충고를 따른다면 폴란드는 비정상에서 벗어나 '정상'으로 돌아온다고 약속했다. '정상적인 유럽 국가'처럼 말이다. 색스의 주장대로 국가의 구체제를 제거해 프랑스나 독일 같은 국가로 직행할 수 있다면 고통을 감내할 가치가 있지 않은가? 유럽 국가가 될 수 있는 방안이 바로 제시된 상태에서, 왜 굳이 실패할 가능성이 많은 점진적인 변화 노선이나 제3의 길을 시도하겠는가? 색스는 쇼크요법으로 물가가 상승하면 '일시적 혼란'이 발생한다고 예측했다.

---

* 미흐니크는 훗날 "공산주의 이후에 찾아온 상황은 최악이었다."라고 씁쓸하게 말했다.

"그러나 곧 혼란은 가라앉고 사람들은 제자리를 찾게 될 것이다."[21]

색스는 새로 임명된 폴란드 재무부 장관 레셰크 발체로비치와 연합했다. 바르샤바 경제대학의 경제학자인 그가 임명되었을 때, 그의 정치적 성향에 대해서는 거의 알려지지 않았다(공식적으론 경제학자들은 하나같이 사회주의자다). 그러나 그는 프리드먼의 『선택의 자유』 번역판을 탐독한 뒤, 자신을 시카고 보이스 명예회원으로 생각했다. 훗날 그는 "그 책 덕택에 사람들은 공산주의 통치의 암흑기에서도 자유로운 미래를 꿈꿀 수 있었다."라고 설명했다.[22]

프리드먼의 근본주의적 자본주의 미래상은 발레사가 그해 여름에 국민에게 약속했던 것과는 거리가 멀었다. 발레사는 여전히 폴란드가 더 자비로운 제3의 길을 찾아야 한다고 주장했다. 바바라 월터스(Babara Walters)와의 인터뷰에서 그는 이렇게 말했다. "일종의 혼합된 체제를 원합니다. (중략) 자본주의는 이닙니다. 자본주의보나 나은 시스템을 찾고 있어요. 자본주의의 폐해는 배제된 시스템 말입니다."[23]

많은 이들은 색스와 발체로비치가 선전하는 즉각적인 경제 회복이란 단지 신화일 뿐이라고 주장했다. 즉 쇼크요법은 폴란드를 건강하고 정상적인 상태로 돌려놓는 게 아니며, 전보다 더 가난해지고 산업화에서도 뒤처지게 만들어 큰 혼란을 겪을 것이라는 주장이다. "폴란드는 가난하고 취약한 상태입니다. 충격을 감당하지 못할 겁니다." 의료혜택 서비스를 찬성하는 한 유명한 의사가 「뉴요커」의 저널리스트 로런스 웨슬러(Lawrence Weschler)에게 말했다.[24]

자유노조는 선거에서 역사적인 승리를 거두어 범법자에서 의원으로 신분이 확 바뀌었다. 그러나 3개월이 지난 뒤 자유노조의 내부 상황은 암담했다. 서로 논쟁하고 초초한 듯 왔다 갔다 하며, 소리를 지르고 줄담배만 피워대며, 어떻게 할지 결정을 내리지 못했다. 그 사이 국가 경제는 날이 갈수록 심각해졌다.

매우 주저하며 받아들이다

1989년 9월 12일, 폴란드 총리 타데우시 마조비에츠키는 처음으로 의회 앞에 섰다. 자유노조의 간부들은 어떤 경제정책을 취할지 마침내 결정했다. 그러나 최종 결정을 알고 있는 사람들은 극소수였다. 색스 플랜일까 아니면 고르바초프의 점진적 노선일까? 혹시 자유노조 강령인 노동자 협동체는 아닐까?

마조비에츠키가 국가 중대사에 관한 답변을 하는 중요한 연설 자리에서 최종 결정을 발표하려는 순간이었다. 그런데 갑자기 뭔가 일이 잘못되었다. 그는 비틀거리더니 단상을 움켜쥐었다. 당시 목격자의 진술에 따르면 총리는 얼굴이 창백해지더니 숨을 몰아쉬면서 "상태가 좋지 않아요."라고 더듬거리며 말했다.[25] 수행원들이 급히 그를 의회실 밖으로 데리고 나갔다. 그러자 415명의 의원들은 수군거리기 시작했다. 심장마비인가? 독극물에 감염된 건 아닐까? 공산주의자들이 꾸민 짓일까? 아니면 혹시 미국인들이 그런 건가?

한 층 아래에서 의사들이 마조비에츠키를 진찰하고 심전도검사를 했다. 원인은 심장마비도 독극물도 아니었다. 총리는 극심한 피로 때문에 쓰러진 것이다. 잠도 제대로 못 잔 데다 스트레스를 너무 많이 받은 탓이었다. 그는 한 시간 동안 어지러운 상태로 있다가 마침내 다시 의회실로 입장했다. 사람들은 열렬한 박수로 그를 환영했다. "죄송합니다." 고지식한 마조비에츠키가 말했다. "내 건강상태는 현재 폴란드 경제상태와 똑같네요."[26]

마침내 최종 결정이 발표되었다. 폴란드 경제는 극심한 피로를 쇼크요법으로 치료할 것이다. '예산 삭감, 국영산업의 민영화, 주식시장 및 자본시장의 창설, 변동 환율제, 중공업에서 경공업으로의 전환' 같은 급진적인 과정이었다. 그것도 가능한 한 빠른 속도로 일시에 진행될 것이다.[27]

그단스크의 벽을 열정적으로 오르던 발레사는 자유노조의 꿈이 시작되었음을 알렸다. 반면에 경제문제로 지치다 못해 굴복한 마조비에츠키는 꿈의 종말을 의미한다. 결국은 돈 문제로 귀결되었다. 자유노조원들은 협동적으로 운영되는 경제의 미래상이 잘못된 방향으로 나아가는 것이라고 여기지 않았다. 그러나 지도부는 공산주의 시대의 채무를 탕감받고 즉각 환율을 안정시키는 것이 중요하다고 생각했다. 헨리크 부예츠(Henryk Wujec)는 폴란드에서 협동체를 옹호하던 대표적 인물이었다. 그는 당시를 이렇게 표현했다. "만약 시간만 충분했다면 우리는 성공할 수도 있었다. 그러나 당시엔 시간이 별로 없었다."[28] 반면에 색스는 당장 자금을 제공할 수 있었다. 그는 폴란드가 IMF와 협상하고 부채를 일부 탕감받게 도와주었다. 또한 환율 안정에 필요한 10억 달러를 확보해주었다. 그러나 IMF는 자유노조가 쇼크요법을 충실히 따라야 한다는 조건을 엄격하게 내세웠다.

이제 폴란드는 프리드먼 위기 이론의 교과서적 사례가 되었다. 급격한 정치 변화와 경제 붕괴로 인한 집단적 공포가 섞여 혼란이 일어났다. 때문에 신속하고 마법 같은 치료법을 주겠다는 말은 너무나 유혹적이어서 차마 거부할 수 없었다. 인권운동가인 할리나 보르트노프스카(Halina Bortnowska)는 당시의 변화 속도를 이렇게 말했다. "생활방식의 변화는 개 같은 세월과 사람다운 세월의 간격만큼이나 컸다. (중략) 반쯤 정신병자 같은 반응들을 볼 수 있을 정도였다. 뭘 해야 할지 모를 정도로 혼란스러울 때, 사람들은 더 이상 자신의 이익에 따라 행동하지 않는다. 또는 누구에게 이로운 것인지도 더 이상 신경 쓰지 않는다."[29]

재무부 장관 발체로비치는 긴급한 상황에서 자본주의로 전환하는 것이 교활한 전략임을 시인했다. 그것은 쇼크요법과 마찬가지로 정적들을 제거하는 방법이었다. 그는 자유노조의 미래상과 반대되는 정책을 밀어붙일 수 있었던 이유는 폴란드가 이른바 '비정상적인 정치 시기'였기 때문이라고 설명했다. 즉 '정상적인 정치 규칙들(협의, 토의, 논쟁)'이 적용되지 않는 일시적 시기로, 민주주의 체제 내에서 민주주의가 없는 상태라 하겠다.[30]

그는 "비정상적 정치는 한 국가의 역사에서 단절을 의미한다. 예를 들자면 심각한 경제 위기가 오고, 기존 시스템이 붕괴하며, 외부 억압으로부터 해방(또는 전쟁의 종식)되는 시기다. 1989년 폴란드에서는 세 가지 현상이 한꺼번에 일어났다."라고 말했다.[31] 비정상적 상황 덕택에 그는 적법절차를 피하고, 쇼크요법 패키지를 통과시키기 위해 '입법과정을 단축'시키라고 강요할 수 있었다.[32]

1990년대 초반, 발체로비치의 '비정상적 정치'에 관한 이론은 워싱턴 경제학자들 사이에서 상당한 관심을 끌었다. 당연히 그럴 것이다. 폴란드가 쇼크요법을 수용하겠다고 발표한 지 두 달이 지날 무렵이었다. 역사에 엄청난 변화를 가져오고, 폴란드 실험에 국제적 중요성을 부여할 일이 발생했다. 1989년 9월에 베를린 장벽이 무너진 것이다. 베를린 시는 미래에 대한 희망으로 들떠 축제 분위기였으며, 마치 동베를린이 달 표면인 듯 MTV 깃발이 장벽 잔해에 꽂혔다. 갑자기 전 세계가 베를린과 같은 상황을 맞는 것 같았다. 이제 소련은 곧 해체되고, 남아프리카의 아파르트헤이트(apartheid: 남아프리카공화국의 극단적인 인종차별정책과 제도를 일컫는 말-옮긴이)는 최후를 맞는 것 같았다. 남미, 동유럽, 아시아의 전제정권들은 붕괴했다. 나미비아부터 레바논까지, 오랜 세월 이어진 전쟁들이 종식되고 있었다. 구체제는 붕괴되었고, 아직 완전한 형태를 갖추지는 못했지만 새로운 체제가 나타나고 있었다.

몇 년도 안 되어, 전 세계의 절반이 '비정상적 정치기' 또는 '전환기'를 보내는 모습이었다. 1990년대에 해방된 국가들은 흔히 그렇게 불렸다. 마치 과거와 미래 사이의 어디쯤에서 멈추어 있는 것 같았다. 미국 정부의 토머스 캐러더스(Thomas Carothers)는 앞장서서 민주주의를 촉진시킨 인물이다. "1990년대 전반에 '전환기 국가'들이 대폭 늘어났다. 거의 100여 개 국가들(대략 남미에 20개국, 동유럽과 소련에서 25개국, 사하라 아래쪽 아프리카에서 30개국, 아시아의 10개국, 중동의 5개국)이 기존 모델에서 다른 모델로 극적인 전환을 진행하고 있었다."[33]

사람들은 이러한 추세와 상징적인 장벽들의 붕괴 때문에 이념적 교리가 종식될 것이라고 주장했다. 세계 각국은 강대국들이 벌인 냉전의 영향력에서 해방되었다. 이제 양 세계의 최선책을 선택할 수 있다. 가령 정치적 자유와 경제적 안보의 혼합 말이다. 고르바초프는 이렇게 표현했다. "수십 년 동안 도그마 혹은 교과서적 방식에 최면이 걸린 것 같았다. 이제 진실로 우리는 창의적인 정신을 원한다."[34]

그러나 시카고학파 내부에서 혼합되고 조율된 이념에 대한 논의는 공개적인 경멸 대상이었다. 폴란드의 사례는 혼란스러운 전환기를 이용해 순식간에 급격한 변화를 추진할 수 있음을 보여주었다. 공산주의에서 순수한 프리드먼주의로 전환하려는 순간이었다. 일부 타협을 본 케인스식 협상이 아니라 말이다. 프리드먼이 말했듯, 모두가 여전히 질문을 하면서 자신의 입장을 찾는 동안 시카고학파 신봉자들은 이미 해결책을 제시할 준비를 마쳤다.

이러한 세계관을 신봉하는 자들이 모여 일종의 부흥회를 열었다. 격동적인 1989년의 겨울이었으며, 장소는 잘 어울리게도 시카고 대학이었다. 프랜시스 후쿠야마의 '역사의 종말에 다가서고 있는가?'라는 제목의 연설이 준비되었다.* 후쿠야마는 당시 미국 국무부의 고위급 정책 입안자였다. 그는 무제한 자본주의를 지지하는 사람들을 위한 전략을 제시했다. 전략은 이렇다. 제3의 길을 주장하는 군중과 논쟁하지 말고 곧장 당신의 승리를 선언하라.

후쿠야마는 공산주의와 자유주의 가운데 한쪽이 일방적으로 승리했다고 보았다. 양쪽의 장점들만 모아놓거나 양쪽의 차이를 조율해놓은 것은 없다고 확신했다. "공산주의 붕괴는 '이념의 종식'이나 자본주의와 사회주의 간의 수렴현상으로 연결되는 것이 아니다. (중략) 바로 정치경제적 자유주의의 분명한 승리로 연결된다." 즉 이념의 종식이 아니라 '역사 그 자체'가 아예 종식된 것이다.[35]

---

* 이 강의는 3년 뒤에 출간될 후쿠야마의 『역사의 종언(The End of History and the Last Man)』의 근간이 된다.

존 오린(John. M. Olin)도 후쿠야마의 주장을 지지했다. 그는 밀턴 프리드먼의 이념운동을 오랫동안 후원해왔으며, 우익 싱크탱크 붐을 조성한 지원자였다.[36] 후쿠야마는 사실상 자유시장과 자유로운 국민이 하나의 프로젝트라는 프리드먼의 주장을 반복했을 뿐이다. 그의 주장 덕에 시너지 효과가 생겼다. 후쿠야마는 프리드먼의 이론을 과감히 새로운 영역으로 가져갔다. "정치 영역의 자유민주주의와 합쳐진 경제 영역의 규제 없는 시장은 인류의 역사적 진화에서 종착점을 의미한다. (중략) 한마디로 정부의 최종 형태다."[37] 민주주의와 급진적 자본주의는 서로 함께한다. 뿐만 아니라 현대성, 진보, 개혁과도 융화되어 있다. 이러한 융합에 이의를 제기하는 사람들은 뭔가 문제가 있는 정도가 아니다. 후쿠야마의 표현에 의하면 그들은 여전히 역사 속에 있는 사람이다. 그리스도가 재림해서 남들이 모두 '역사 이후의' 천국행 비행기에 오를 때, 함께 못 가고 혼자 덩그러니 남겨진 사람 말이다.[38]

그러한 주장은 시카고학파가 정교하게 연마한 민주주의 회피 수법의 분명한 예다. IMF는 긴급 안정화 프로그램이라는 명목으로 남미와 아프리카에 민영화와 자유무역을 슬며시 도입했다. 마찬가지로 후쿠야마는 논란의 여지가 많은 주장을 바르샤바에서 마닐라에 이르는 민주화 물결에 슬쩍 끼워 넣으려 했다. 후쿠야마의 지적대로 누구나 민주적으로 자신의 일을 결정할 권리가 있다는 합의가 도출된 것은 사실이다. 그러나 민주주의에 대한 열망이 고용 안정성과 대량 해고를 야기하는 경제 시스템에 대한 요구로 연결된다는 주장은 미국무부의 엄청난 환상이다.

좌익 독재 혹은 우익 독재에서 탈출한 사람들에게, 민주주의란 중요한 결정에 발언권을 가질 수 있다는 사실을 의미한다. 어떤 이념을 일방적인 무력으로 밀어붙이는 것은 민주주의가 아니다. 다시 말해 후쿠야마가 '국민의 주권'으로 표현한 보편적 원칙에는 국가의 부를 어떻게 분배할지 선택할 국민의 권리가 포함되어야 한다. 국영기업들의 운명부터 학교나 병원에 쓰일 자금에 이르기까지를 국민이 결정할 수 있어야 한다. 전 세계 시민들은 어렵게 얻어낸 민주주의의 힘을 이용해 국가의 운명을 스스로 결정하려 했다.

1989년, 역사는 멋진 전환점을 맞이해 진정한 개방성과 가능성의 시대로 들어섰다. 국무부의 후쿠야마가 그 순간을 이용해 역사책을 닫고자 한 것은 우연이 아니었다. 세계은행이나 IMF가 불안정한 시대를 골라 워싱턴 컨센서스를 드러낸 것도 우연이 아니었다. 자유시장이론이 아닌 다른 경제사상에 관한 논쟁이나 토의는 모두 종식시키려는 시도였다. 즉 예치기 못하게 등장한 자기결정권을 미연에 처리하기 위해 고안된 민주주의 봉쇄 전략이었다. 자기결정권은 시카고학파의 운동에 가장 큰 위협요소이기 때문이다.

톈안먼 광장의 충격

후쿠야마의 대담한 발언이 먼저 무너진 곳은 중국이었다. 1989년에 후쿠야마의 연설이 있은 지 두 달 후, 민주화운동이 베이징에서 폭발적으로 일어났다. 대중은 톈안먼 광장에 자리를 잡고 시위를 했다. 후쿠야마는 민주주의 개혁과 자유시장 개혁은 분리할 수 없는 쌍둥이 과정이라고 주장했다. 그러나 중국 정부는 그 둘을 분리했다. 임금과 물가에 대한 규제를 제거하고 시장의 범위를 늘리고자 노력하는 한편, 시민들의 자유와 선거에 대한 요구에는 강하게 반발했다. 민주화 시위자들은 규제 없는 자본주의로 가려는 정부의 움직임에 반대했다. 톈안먼 사건을 다룬 서구 언론들은 이런 사실은 쏙 빼버렸다. 중국에서 민주주의와 시카고학파 경제학은 함께하지 않았다. 오히려 톈안먼 광장을 둘러싼 바리케이드의 양 반대편에 있었다.

1980년대 초반, 중국 정부는 덩샤오핑(鄧小平)이 이끌고 있었다. 그는 노동자들에게 당의 독점체제를 위협하는 자치운동을 허락해준 폴란드 사태가 중국에서 발생하지 않도록 애를 썼다. 중국 지도자들은 공산주의 국가의 핵심인 국영공장과 공영농장을 보호하려 들지 않았다. 오히려 덩샤오핑은 국영 경제체제의 전환에 열성이었다. 그리고 1980년에 밀턴 프리드먼을 중국으로 초대할 정도로 적극적이었다. 수백 명의 고위 관리, 교수, 중국 공산당의 경제학자들은 자유시장이론의 기본에 대해 교육받았다. "당시에는 초대장을 보여주어야만 들어올 수 있었다." 프리드먼은 베이징과 상하이의 청중들에 대해 회상했다. 연설의 핵심은 공산주의 국가에 비해 자본주의 국가의 사람들이 얼마나 더 잘 사는지였다.[39] 그는 순수한 자본주의 지대인 홍콩을 예로 들었다. 그리고 '개인적 자유, 자유무역, 낮은 세금, 최소한의 정부 개입에 의해 창출된 역동적이고 혁신적인 특성'을 존경해왔다고 밝혔다. 그는 홍콩이 민주주의가 없음에도 불구하고, 경제 영역에 정부가 덜 간섭하기 때문에 오히려 미국보다 더 자유롭다고 주장했다.[40]

　프리드먼이 내린 자유의 정의에 따르면 규제 없는 교역의 자유에 비해 정치적 자유는 부수적인 것이다. 심지어는 불필요하다고 말하기도 했다. 중국 당국이 짜놓은 미래상과 잘 어울리는 주장이었다. 중국 당국은 사적 소유와 소비주의에 경제를 개방시키길 원하면서도, 정치권력은 그대로 쥐고 있으려 했다. 국가자산을 경매에 내놓을 때 당 간부들과 친척들에게 가장 좋은 거래를 넘겨줄 계획이었다. 아마 가장 큰 이윤이 떨어지는 줄에 세울 게 분명했다. 이러한 전환의 구상에 따르면, 공산주의에서 국가를 통제하던 사람들은 자본주의로 바뀌어도 여전히 국가를 통제할 수 있다. 그것도 상당한 생활수준 향상을 누리면서 말이다. 중국 정부의 모델은 미국이 아니었다. 바로 권위주의적 정치통제와 결합한 자유시장을 강압적으로 요구했던 칠레의 피노체트 체제였다.

　덩샤오핑은 탄압이 필요하다는 점을 처음부터 알고 있었다. 마오쩌둥은 인민에게 잔인한 통제를 가했으며, 정적을 처리하고 반체제 인사들을 굴복시켰다. 그러나 마오쩌둥의 탄압은 노동자의 이름으로 부르주아에 저항한다는 명목으로 일어났다. 반면 지금의 당은 반혁명을 개시하면서 노동자들에게 혜택과 안정성을 포기하라고 요구했다. 그래야만 소수가 막대한 이윤을 모을 수 있기 때문이다. 그런 과정은 쉽지 않을 것이다. 1983년에 덩샤오핑이 외국 투자에 문호를 개방하고 노동자들에 대한 보호를 줄이면서, 40만 명 규모의 강력한 인민무장경찰을 창설하라고 지시한 것도 그 때문이다. 새로운 진압부대는 경제범죄(가령 파업이나 시위)가 될 만한 것은 모두 파괴하라는 임무를 맡았다. 중국 역사가 모리스 마이스너(Maurice Meisner)는 "인민무장경찰의 무기저장고에는 미국 헬기와 가축용 전기봉이 있었다."라고 밝혔다. 그들은 "시위진압 훈련을 배우려고 폴란드로 여러 대대를 파견했다." 폴란드의 계엄령 당시에 자유노조를 탄압한 기법을 익히기 위해서였다.[41]

덩샤오핑 개혁의 상당 부분은 성공을 거두며 인기를 끌었다. 농부들은 자신의 삶에 대해 더 많은 통제권을 갖게 되었다. 그리고 도시에서는 교역이 다시 일어났다. 그러나 1980년대 후반, 덩샤오핑은 도시 노동자들이 반기지 않는 조치들을 도입하기 시작했다. 그 결과 가격 통제가 사라져 물가가 치솟고, 직업 안정성이 사라지면서 실업 물결이 밀어닥쳤다. 새로운 중국에서는 승자와 패자 사이의 불평등이 갈수록 심해졌다.

1988년, 중국 공산당은 강력한 반발에 부딪히자 가격 규제를 철폐하려는 정책을 일부 취소해야만 했다. 공산당의 노골적인 부정부패와 족벌주의에 대한 분노가 일었다. 중국 시민들은 시장에서 더 많은 자유를 원했다. 그러나 중국 당국의 개혁은 당 간부들이 재벌로 변하는 규범에 불과했다. 많은 당 간부들은 관료였을 때 관리하던 자산들을 불법적으로 점유하기 시작했다.

자유시장 실험이 위기에 처할 무렵, 밀턴 프리드먼은 다시 한 번 중국을 방문해달라는 초청을 받는다. 1975년 칠레에서 경제 프로그램으로 폭동이 일어났을 때, 시카고 보이스와 피라냐가 그에게 도움을 요청했듯 말이다.[42] 자본주의의 정신적 지주인 저명인사의 방문이야말로 중국의 개혁가들에게 필요한 후원이었다.

프리드먼과 아내 로즈는 1988년 9월 상하이에 도착했다. 그들은 홍콩과 비슷한 분위기와 느낌을 주는 중국 본토를 보고 입을 다물지 못했다. 민중 사이에서는 분노가 들끓었지만 모든 것들이 자유시장의 힘에 대한 신념을 확인시켜 주는 듯했다. 프리드먼은 당시를 '중국 실험의 가장 희망찬 시기'로 표현했다.

프리드먼은 국영 언론이 함께한 자리에서 자오쯔양(趙紫陽) 공산당 총서기와 2시간 동안이나 면담을 가졌다. 상하이 위원회의 당서기인 장쩌민(江澤民)도 만났다. 그는 훗날 중국 주석이 된다. 프리드먼이 장쩌민에게 해준 조언은 칠레 프로젝트가 파산 직전이었을 때 피노체트에게 해준 조언과 같다. 압력에 굴복하지 말고 묵인하지 말라.

프리드먼은 "단번에 민영화와 자유시장과 자유화를 실시하는 것이 중요하다고 강조했다."라고 회상했다. 그는 오히려 쇼크요법을 늘려야 한다고 주장했다. "중국 개혁의 초기 단계는 매우 성공적이었다. 중국이 '자유로운 사적 시장'에 보다 중점을 둔다면 더욱 큰 진전을 볼 수 있을 것이다."[43]

미국으로 돌아간 직후, 프리드먼은 피노체트에게 조언을 해주었을 때 일어났던 논란을 기억했다. 그러고는 학생신문 편집자에게 '악의에 찬' 편지를 썼다. 그는 자신을 비판하는 사람들이 이중 기준을 갖고 있다고 비난했다. 자신은 중국에서 단 12일 정도 체류했으며, 정부의 초대로 고위급 당원들과 만났다고 설명했다. 그러나 프리드먼은 이러한 만남이 미 대학의 캠퍼스에서 인권 비난을 불러일으키지 않았다고 지적했다. "우연하게도 나는 칠레와 중국에 같은 조언을 했다." 그는 빈정거리는 태도로 한 가지 질문을 던지며 마무리했다. "그렇게 사악한 정부에 조언을 해주었으니, 이제 산더미 같은 항의를 받을 준비를 해야 하는가?"[44]

몇 달이 지나서 그 악의에 찬 편지와 같은 상황이 일어났다. 중국 정부가 피노체트의 가장 악명 높은 전략을 따라 하기 시작한 것이다.

프리드먼의 여행은 원하던 결과를 내지 못했다. 당 관료들에게 후원을 보내는 교수의 사진이 당 기관지에 실렸다. 그러나 대중을 안정시키지는 못했다. 이후 몇 달 동안 시위는 더 단호하고 격렬해졌다. 가장 눈에 띄는 저항의 상징은 톈안먼 광장에서 학생들이 벌인 시위였다. 세계 언론들은 이 역사적 시위를 비슷비슷한 내용으로 보도했다. 근대적이며 이상주의적인 학생들은 서구 스타일의 민주적 자유를 원한 반면에, 보수적인 권위주의자들은 공산주의 국가를 수호하려 했다. 그리고 결국 두 세력이 충돌한 모습이 바로 톈안먼 시위라는 것이다. 최근에 들어 톈안먼 광장 시위의 의미를 다르게 해석하는 경향이 나타났다. 주류 시각과는 다른 관점에서 보면, 이야기의 중심에 프리드먼이 위치해 있다. 왕후이(汪暉)도 그런 비주류 관점을 가진 사람들에 속한다. 그는 1989년에 시위에 참여했다. 그리고 지금은 중국의 '신좌파'라 알려진 선도적인 중국 지성인이다. 2003년의 저서 『중국의 새로운 질서(China's New Order)』를 보면, 시위자들은 사회 각계각층에서 나왔다. 단지 엘리트 대학생들만이 아니라 공장 노동자, 중소기업가, 교사들도 있었다. 그는 덩샤오핑의 '혁명적' 경제 개혁에 대한 대중의 불만이 시위를 유발했다고 회상했다. 임금이 낮아지고 물가가 올라 '해고와 실업의 위기'가 일어났기 때문이다.[45] "그러한 변화가 1989년 사회운동의 촉매제였다."[46]

시위대가 경제 개혁 자체를 반대한 것은 아니다. 단지 프리드먼식 개혁의 속도와 무자비함에 저항했다. 그리고 개혁 과정이 상당히 비민주적으로 진행된 탓도 있다. 그는 선거와 언론의 자유를 요구하는 시위자들의 요구는 사실 경제적 불만과 관련되어 있다고 말했다. 민주주의를 요구한 이유는 당이 광범위한 변혁을 대중의 동의 없이 추진했기 때문이다. "그들은 개혁 과정이 공정하게 진행되는지 감독할 민주적 수단을 달라고 요구했다. 그리고 사회적 혜택을 다시 조직해달라고 했다."[47]

이러한 요구에 직면한 당국은 분명한 선택을 내려야 했다. 흔히 주장하듯 민주주의와 공산주의, 또는 개혁 대 구체제 중에 하나를 선택하는 것이 아니었다. 훨씬 더 복잡한 계산이 필요했다. 시위자들을 전복시키고 자유시장 논의를 밀어붙여야 할까? 아니면 시위자들의 민주주의 요구를 수용하고 독점 권력을 이양해, 경제 프로젝트의 상당 부분을 철회하는 위험을 감수해야 할까?

당 내의 일부 자유시장 개혁가들은 경제적 개혁과 정치적 개혁이 양립 가능하다고 확신하며 민주주의에 도박을 걸어보려 했다. 공산당 총서기 자오쯔양도 그런 입장이었다. 그러나 당 내 강경파는 그러한 위험을 감수할 생각이 없었다. 드디어 최종 결정이 내려졌다. 국가는 시위자들을 처벌해 경제 개혁 프로그램을 보호하기로 했다.

1989년 5월 20일, 중화인민공화국 정부는 계엄령 선포로 분명한 메시지를 전달했다. 6월 3일, 인민군 탱크들이 시위대 쪽으로 진격해 군중을 향해 무차별적으로 발포했다. 군인들은 학생 시위자들이 숨어 있는 버스를 습격해 몽둥이로 구타했다. 또한 학생들이 민주주의 여신상을 세워둔 톈안먼 광장으로 진격해 주모자들을 체포했다. 전국적으로 동시에 비슷한 진압이 일어났다.

얼마나 많은 사망자와 부상자가 발생했는지 신뢰할 만한 수치는 없다. 당은 수백 명의 사상자가 생겼다고 인정했다. 목격자들은 2,000~7,000명이 사망하고 3만 명이 부상당했다고 추정한다. 반체제 인사들과 정적들에 대한 국가적 마녀사냥이 잇따랐다. 4만 명이 체포되었으며, 수천 명이 투옥되었고, 수백 명이 처형되었다. 남미에서 그랬듯 정부는 공장 노동자들에게 가장 가혹한 탄압을 가했다. 노동자들이 바로 탈규제화된 자본주의의 가장 직접적인 위협이기 때문이다. 처형 또는 체포된 사람들의 대다수는 노동자들이었다. 모리스 마이스너는 "국민을 공포에 몰아넣으려는 사악한 목적을 가졌다. 체포된 개인들을 구타하고 고문하는 것이 국가의 공식적 정책이 되었다."라고 썼다.[48]

대체로 서구 언론은 그 학살사건을 공산주의의 잔인함을 드러내는 한 단면으로 다루었다. 마오쩌둥은 문화대혁명 시기에 정적을 싹 쓸어버렸다. 마찬가지로 이제 덩샤오핑은 베이징의 백정이 되어 마오쩌둥의 거대한 초상화 아래에서 정적들을 해치우기 시작했다. 「월스트리트저널」은 '중국의 가혹한 행동은 개혁운동을 10년 후퇴시킬 수 있다.'라는 헤드라인을 실었다. 마치 덩샤오핑이 대담하게 새로운 영역에서 개혁을 시도하려는 시카고학파의 수호자가 아니라 개혁의 적인 것처럼 말이다.[49]

유혈사태가 있은 지 5일이 지나 덩샤오핑은 대국민 연설을 했다. 그리고 공산주의가 아닌 자본주의를 보호하고자 진압에 나섰다고 말했다. 그는 시위자들이 사회의 대규모 쓰레기라며 멸시했다. 이 중국 지도자는 경제적 쇼크요법에 대한 당의 의지를 다시 확인시켜주었다. "한마디로 이것은 시험이었으며 우리는 통과했습니다." 덧붙여 이렇게 말했다. "이런 불행한 일을 통해 우리는 더욱 안정적이며 빠른 속도로 개혁과 개방정책을 추진할 수 있을 겁니다. 잘못된 것은 전혀 없습니다. 경제 개혁의 4대 핵심 원칙에는 아무 문제가 없습니다. 잘못된 것이 있다면, 이러한 원칙들이 철저하게 실행되지 않은 것입니다."*[50]

오빌 셸(Orville Schell)은 언론인이자 중국을 연구하는 학자다. 그는 덩샤오핑의 선택을 요약해주었다. "1989년 학살 이후, 그는 경제 개혁을 멈추지 않을 거라고 말했습니다. 사실상 정치 개혁은 중단한 셈이죠."[51]

덩샤오핑과 당원들에게 자유시장의 가능성은 제한받을 게 전혀 없었다. 피노체트는 혁명적인 변화를 위해 공포정치로 거리를 정화했다. 마찬가지로 톈안먼 사태는 반란을 걱정할 필요 없이 급진적 변혁을 추진하게 해주었다. 농부와 노동자의 삶은 더욱 고달파질 것이다. 조용히 정책을 받아들이든지, 아니면 군대와 비밀경찰의 탄압을 받아야 한다. 대중이 생생한 공포를 느끼는 가운데 덩샤오핑은 전면적인 개혁을 빠른 속도로 밀어붙였다.

---

* 덩샤오핑에게는 막강한 지원군이 있었다. 바로 헨리 키신저로, 그는 톈안먼 학살 이후 다른 대안이 없었다는 사실을 내놓았다. "수도의 중심부 광장을 8주 동안 수만 명의 시위자들이 점거하도록 놔둘 정부는 세상 어디에도 없을 것이다. 따라서 진압은 불가피했다."

톈안먼 사태 이전에는 몇몇 고통스런 조치들은 빠뜨려야만 했다. 그러나 학살 이후 석 달이 지나자 덩샤오핑은 그러한 조치들을 다시 실시했다. 또한 가격 규제 철폐 같은 프리드먼의 다른 권고안들도 시행했다. "1980년대 후반에는 이런 경제 개혁은 실행하지 못했다. 그러나 1989년 이후엔 경제 개혁이 완전히 마무리되었다." 왕후이는 그럴 수 있었던 이유를 다음과 같이 밝혔다. "1989년의 폭력이 개혁 과정에서 생긴 사회적 혼란을 억누르는 역할을 했기 때문이다. 결국 새로운 가격 시스템은 마침내 형태를 갖추었다."[52] 다시 말해 학살의 충격이 쇼크요법을 가능케 한 것이다.

유혈사태 이후 3년이 지났다. 중국은 국가 전역에 특별수출지역을 지정해 외국 투자에 문을 열었다. 덩샤오핑은 새로운 구상을 발표하면서 이렇게 말했다. "장차 반란이 생길 경우 모든 수단을 사용해 제압할 것이다. 계엄령을 내릴 것이며, 더 심각한 방법도 취할 수 있다."[*53]

이러한 개혁 물결은 중국을 국제적인 노동착취 공장으로 만들었다. 중국은 계약 공장을 지으려는 다국적기업들이 가장 선호하는 장소가 되었다. 어떤 국가도 중국보다 더 좋은 조건을 제시하지 못했다. 낮은 세금과 관세 그리고 부패한 관리들이 있었다. 무엇보다도 풍부한 저임금 노동자들을 빼놓을 수 없다. 앞으로 오랫동안 노동자들은 폭력적 진압에 대한 두려움 때문에 가장 기본적인 작업장 내 보호나 적정 임금 같은 것도 요구하지 못할 것이다.

외국 투자가들과 당으로서는 윈윈(win-win) 협정이었다. 2006년 논문에 따르면 중국의 억만장자들(중국의 위안화로 계산했을 때)의 90퍼센트가 공산당원의 자녀들이었다. 흔히 '태자당'으로 알려진 2만 9,000명의 당원 자제들이 2,600억 달러를 소유하고 있었다.[54] 이는 피노체트의 칠레에서 과감히 시도했

---

* 뉴욕 대학 인류학자 데이비드 하비(David Harvey)의 보고에 따르면, 덩샤오핑의 그 유명한 중국 남순강화도 톈안먼 사태 이후에 시작되었다. 당시 중앙 정부는 대외무역과 외국 직접투자에 문호를 개방하는 데 총력을 기울이고 있었다.

던 조합주의 국가의 모습이다. 기업가와 정치 엘리트는 서로 연결되어 있었다. 즉 노동자들을 배제하기 위해 힘을 모아 조직적인 정치권력을 만들어냈다. 오늘날도 이러한 조합주의 협정을 찾아볼 수 있다. 외국계 다국적 언론과 첨단기술 회사들은 중국의 자국민 감시를 도와준다. 가령 학생들이 톈안먼 광장 사태 같은 문구를 웹에서 검색하면 어떤 문서도 나타나지 않는다. 왕후이는 "오늘날 시장사회의 창조는 우연한 사건들이 연달아 발생한 결과가 아니다. 바로 국가 개입과 폭력의 결과다."라고 밝혔다.[55]

톈안먼 사태의 진실은 권위주의적 공산주의와 시카고학파 자본주의가 매우 유사하다는 것이다. 그들은 기꺼이 정적들을 제거하고, 저항을 일절 허용하지 않으며, 백지상태에서 새롭게 시작하려 했다.

프리드먼은 중국 관리들에게 고통스럽고 대중이 반기지 않는 자유시장 정책을 계속 추진하라고 조언했다. 그리고 불과 몇 개월 후에 학살이 벌어졌다. 그런데도 프리드먼은 '그런 사악한 정부에 조언을 해준 것에 대해 수많은 항의'를 받지 않았다. 늘 그렇듯 자신의 조언과 그것을 실행한 폭력 사이에는 아무 관련이 없다고 주장했다. 프리드먼은 중국의 탄압 사용을 비난했다. 그러나 여전히 '번영과 자유를 촉진하는 자유시장 협정의 효율성을 보여주는 사례'로 여겼다.[56]

아주 신기하게도 톈안먼 광장 사태가 일어난 날은 자유노조의 역사적 선거가 폴란드를 휩쓴 날과 같다. 둘 다 1989년 6월 4일이다. 어떻게 보면 쇼크 독트린에 관한 매우 다른 두 가지 사례다. 두 국가는 충격과 공포를 이용해 자유시장 전환을 밀어붙여야 했다. 중국은 공포, 고문, 살해라는 강압적 방법을 썼다. 시장의 관점에서 볼 때 그 결과는 제대로 된 성공이 아니었다. 반대로 경제 위기와 급격한 변화의 충격만 사용한 폴란드는 어떤 과잉 폭력도 없었다. 그리고 충격의 여파가 사라진 뒤, 그 결과는 이렇다 저렇다 말하기 어려운 상태였다.

폴란드에서 쇼크요법은 선거 이후에 실시되었다. 자유노조에 투표한 다수 유권자들의 소망과 정반대인 정책이므로 민주주의 과정을 무시한 처사라 하겠다. 1992년, 폴란드 국민들의 60퍼센트는 여전히 중공업의 민영화에 반대했다. 색스는 자신의 비대중적인 행동을 옹호했다. 그리고 자신을 응급실의 외과의사에 비유하며 다른 대안이 없다고 주장했다. "응급실에 한 남자가 실려 왔는데 심장이 멈추어 있다고 가정해봅시다. 빨리 흉부를 절개해야 합니다. 흉터가 생기는 데 신경 쓸 틈이 없지요. 제 아이디어는 남자의 심장을 다시 뛰게 하는 겁니다. 피범벅으로 큰일을 치러야 하겠죠. 그러나 다른 도리가 없습니다."**57**

그러나 폴란드 국민들은 수술에서 회복한 뒤 의사와 치료법에 대해 의문을 갖게 되었다. 폴란드에서 쇼크요법은 색스가 예측한 '일시적 혼란'이 아닌 심각한 경기침체를 불러왔다. 일차 개혁이 끝나고 2년이 지났다. 산업생산은 30퍼센트 감소했으며, 정부는 예산을 삭감했고, 값싼 수입품이 밀려왔다. 실업률도 치솟았는데, 1993년 일부 지역의 경우 25퍼센트에 달했다. 폴란드는 공산주의 시대에 많은 학대와 시련을 겪긴 했어도 실업사태는 없었던 나라였다. 따라서 그것은 매우 고통스런 변화였다. 경제가 다시 성장하기 시작한 뒤에도 높은 실업률은 만성적이었다. 세계은행의 최근 수치에 따르면 폴란드 실업률은 20퍼센트다. 이는 유럽연합에서 가장 높은 수치다. 24세 미만의 경우에는 상황이 더욱 심각하다. 2006년, 젊은 노동자 인구의 40퍼센트가 일자리를 구하지 못했다. 이는 EU 평균치의 두 배. 빈곤층의 숫자도 급격히 늘어났다. 1989년, 폴란드 인구의 15퍼센트가 빈곤층이었다. 그러나 2003년에는 인구의 59퍼센트가 빈곤층이다.**58** 쇼크요법 때문에 고용 안정성이 떨어지고 생활비가 더 많이 들어가게 되었다. 이는 (안정된 노동법과 관대한 사회적 혜택이 주어지는) 유럽의 '정상적' 국가로 가는 길이 아니었다. 오히려 엄청난 불평등으로 가는 길이었다. 칠레에서 중국까지, 반혁명이 승리를 거둔 곳에서는 하나같이 사회적 불평등이 뒤를 따라왔다.

자유노조는 폴란드의 생산직 노동자들이 세운 정당이다. 그런데도 빈곤층이 나타나는 상황을 지켜보기만 했다는 사실에 노동자들은 배신감을 느꼈다.

풀릴 길 없는 냉소와 분노가 일었다. 자유노조 지도부는 당의 근본이 사회주의라는 점을 경시했다. 발레사는 과거를 회상하며, 1980년대에는 '자본주의를 건설해야만' 했다고 주장했다. 카롤 모젤레프스키(Karol Modzelewski)는 자유노조의 강경파 지성인으로, 공산주의 시절에 감옥에서 8년 반을 보냈다. 그녀는 이런 상황에 분노하며 이렇게 비난했다. "나는 자본주의 감옥에서는 8년 반은 고사하고 한 달 아니 일주일도 견디지 못하겠다."[59]

자유노조 통치가 시작되고 1년 반 동안, 노동자들은 자신들의 영웅들이 하는 말을 굳게 믿었다. 이것은 폴란드가 현대 유럽에 편입하기 위해 필요한 과정이며 고통은 일시적일 것이라는 약속 말이다. 그래서 실업률이 치솟아도 형식적인 파업에 그쳤다. 쇼크요법의 효과가 나타나기를 참을성 있게 기다렸다. 그러나 약속했던 경제 회복은 나타나지 않았다. 최소한의 일자리도 생기지 않았다. 자유노조원들은 당황하기 시작했다. 어떻게 공산주의 시절보다 생활수준이 더 나빠질 수가 있지? "1980년대 내가 노동조합 위원회를 만들었을 때 자유노조는 나를 지켜주었습니다." 마흔한 살의 건설 노동자가 말했다. "그러나 내가 이번에 도움을 청하자 그들은 개혁을 위한 것이니 고통을 견디라고 말하더군요."[60]

폴란드는 18개월에 걸쳐 '비정상적인 정치'를 펼쳤다. 자유노조의 노동자들은 참을 만큼 참았으니 실험을 끝내라고 요구했다. 파업 숫자가 뚜렷하게 증가한 데서 불만이 극에 달했음을 알 수 있다. 1990년, 노동자들이 자유노조에게 위임권을 주었을 때는 겨우 250건의 파업이 일어났다. 1992년에는 6,000건 이상의 파업이 발생했다.[61] 아래로부터의 압력에 직면한 정부는 가장 야심 찬 민영화계획의 속도를 늦출 수밖에 없었다. 거의 7,500건의 파업이 일어난 1993년 말, 당시 폴란드 전체 산업의 62퍼센트는 여전히 국영이었다.[62]

폴란드 노동자들이 산업의 민영화를 중지시켰다는 것은 개혁이 고통스러웠던 것만큼 더 심한 행동도 할 수 있다는 의미였다. 파업의 물결은 분명 수만명의 일자리를 구해냈다. 안 그랬더라면 생산성이 떨어지는 회사들이 문을 닫거나 규모를 줄여 매각하는 바람에 일자리가 사라졌을 것이다. 흥미롭게도 폴란드의 경제는 이 시기에 급성장하기 시작했다. 저명한 폴란드 경제학자이자 자유노조 회원이었던 타데우시 코발리크(Tadeusz Kowalik)에 따르면 국영회사는 모두 비효율적이고 고리타분하다는 의견은 분명 잘못된 것이었다.

폴란드 노동자들은 파업 외에도 한때 동맹이었던 자유노조에 분노를 표할 다른 방법을 찾아냈다. 투쟁을 통해 얻어낸 민주주의를 이용해 선거에서 당을 처벌한 것이다. 한때 사랑했던 지도자 레흐 발레사도 포함해서 말이다. 가장 극적인 처벌은 1993년 9월 19일에 일어났다. 이전 통치당인 공산당을 비롯해 좌파 당연합(민주좌익연합이라는 이름으로 나왔다)이 의회 의석의 66퍼센트를 차지했다. 노조는 5퍼센트도 얻지 못해 의회에서 공식적인 당 지위를 상실했다. 마조비에츠키 총리가 이끄는 신당은 겨우 10.6퍼센트였다. 이는 쇼크요법에 대한 격렬한 거부 표시였다.

앞으로 몇 년 동안 각국들은 경제를 어떻게 개혁할지 고심하게 된다. 급진적 자유시장 전환이 민주적이면서도 평화적으로 이루어질 수 있다는 증거로 폴란드가 제시된다. 파업, 선거 패배, 정책 취소 같은, 걸림돌이 되는 상세한 이야기는 다 빼버리고 말이다.

그러나 전환기의 국가에 관한 많은 이야기와 마찬가지로, 폴란드 이야기 역시 하나의 통념에 불과했다. 진실을 알면 끔찍할 것이다. 거리에서든 선거에서든, 폴란드에서 민주주의는 자유시장에 대항하는 무기로 사용되었다. 반면에 중국은 제한 없는 자본주의를 추진하기 위해 톈안먼 광장의 민주주의를 탄압했다. 그 결과 충격과 두려움이 근대 역사상 가장 수익성 높고 지속 가능한 투자 붐을 일으켰다. 학살을 통해 태어난 또 다른 기적이었다.

10장

족쇄에서 태어난 민주주의

남아프리카의 제한된 자유

화해는 역사의 어두운 구석에 있었던 사람들이 억압과 자유의 질적 차이를 느낄 수 있어야 가능하다.
이제 그들에게 자유란 깨끗한 물과 전기 공급을 받는 것, 쾌적한 집에서 사는 것,
좋은 일자리를 얻는 것, 자녀를 학교에 보내고 의료 서비스를 받을 수 있는 것이다.
이들의 삶의 질이 높아지고 향상되지 않는다면 체제 전환이 무슨 소용이 있는가?
삶이 나아지지 않는다면 투표는 무용지물이다.
2001년, 대주교 데즈먼드 투투(Desmond Tutu), 남아프리카의 진실화해위원회1

권력을 넘겨주기 전에 국민당(1948년에서 1994년까지 남아프리카공화국을 통치한
보수주의 정당으로 배인우월정책을 씀—옮긴이)은 권력을 유명무실하게 만들려고 했다.
그들은 일종의 교환을 하자며 협상에 나섰다.
즉 국가를 운영할 권리를 포기하고 넘겨주는 대신에 흑인들이 독자적으로 운영하지 못하도록 한 것이다.
남아프리카 저널리스트 앨리스터 스파크스(Allister Sparks)2

1990년 1월, 넬슨 만델라(Nelson Mandela)는 일흔한 살의 나이로 감옥에서 바깥의 후원자들에게 글을 쓰고 있었다. 그는 감옥에서 27년을 보냈는데, 대부분 케이프타운 해안의 로빈 아일랜드에 있었다. 그래서 그 때문에 아파르트헤이트 국가인 남아공을 경제적으로 전환시키려는 그의 의지가 약해진 것은 아니냐는 논쟁이 일어났다. 만델라는 그러한 논쟁을 가라앉히고자 글을 쓴 것이

다. 그는 단 두 단락으로 자신의 뜻을 분명히 나타냈다. "광산, 은행, 독점산업의 국유화는 아프리카민족회의(African National Congress, ANC)의 정책이다. 우리의 관점을 바꾸거나 수정하는 건 생각할 수도 없다. 물론 우리가 지원하고 원하는 목표는 흑인들의 경제적 권력이다. 그러나 남아공의 사정상, 경제의 특정 분야를 국가가 통제하는 것은 피할 수 없는 일이다."[3]

후쿠야마의 주장과 달리 역사는 아직 끝난 게 아니었다. 남아공은 아프리카 대륙에서 가장 큰 경제이다. 그리고 일부 사람들은 억압자들이 부당하게 획득한 재산을 회수해 재분배할 것을 요구할 권리도 자유에 포함된다고 믿었다.

그러한 믿음이 문서화된 것이 바로 자유헌장이다. 이것은 이후 35년간 ANC의 정책 기반이 되었다. 자유헌장 초안에 관한 이야기는 남아프리카에서는 전설이나 마찬가지다. 충분히 그럴 만하다. 1955년, ANC는 자원봉사자 5만 명을 흑인 거주지역과 변두리에 파견했다. 자원봉사자들의 업무는 자유에 대한 요구사항을 수집하는 것이었다. 사람들이 꿈꾸는 아파르트헤이트 종식 이후의 미래상은 모든 국민들이 동등한 권리를 가지는 사회였다. 봉사자들은 "토지가 없는 모든 사람들에게 토지가 주어져야 한다." "생계가 가능한 정도의 임금과 노동시간 단축을 원한다." "무상 의무교육을 피부색, 인종, 민족에 관계없이 제공해달라." "자유롭게 이주해 거주할 수 있는 권리를 달라." 등등의 요구를 받아 적었다.[4] ANC의 지도자들은 요구사항을 최종 문서로 종합했다. 그리고 1955년 6월 26일 클립타운에서 열린 민족회의에서 공식 채택했다. 클립타운은 요하네스버그의 백인 거주자들을 소웨토(Soweto)의 대중으로부터 보호하기 위해 만든 '완충지대'였다. 흑인, 인도인, '유색인종', 몇몇 백인이 포함된 대표단 3,000명이 회의에 참석했다. 그들은 텅 빈 뜰에 앉아서 문서의 내용을 투표로 결정했다. 넬슨 만델라의 역사적 클립타운 회동에 관한 이야기를 살펴보자. 헌장은 남아공 공식 언어인 영어, 세소토어(Sesotho), 코사어(Xhosa)로 일정 간격을 두고 크게 낭독되었다. 군중은 "아프리카를 되살리자."라고 외치며 승인의 뜻을 나타냈다.⁵ 자유헌장의 대담한 첫 번째 요구는 이렇게 되어 있다. "국민들이 다스려야 한다!"

당시는 1950년대 중반으로, 그러한 꿈은 수십 년 후에나 이루어진다. 바로 다음 날 경찰은 대표단이 테러를 모의한다며 과격하게 집회를 해산시켰다.

30년 동안 네덜란드 태생의 백인들과 영국인들은 남아공 정부를 장악했다. 아파르트헤이트를 종식시키려는 ANC와 다른 정당은 금지되었다. 탄압은 극심했지만 자유헌장은 계속 발행되어, 혁명의 지하세계에서 손에서 손으로 전달되었다. 희망과 저항을 고무시키는 힘은 사그라지지 않았다. 1980년대 흑인 거주지구의 신세대 민병대들은 자유헌장을 채택했다. 그들은 인내와 선한 행동에 진저리를 치며 백인 지배를 종식시키기 위해 무엇이든 하려고 했다. 젊은 급진주의자들의 대담함은 부모 세대를 놀라게 했다. 그들은 어떤 환상도 가지지 않았다. 거리로 몰려나가 "총알이든 최루탄이든, 무엇도 우리를 막지 못한다."라고 외쳤다. 학살은 계속 이어졌고, 친구들이 죽어서 땅에 묻혔다. 그래도 그들은 노래하며 계속 나아갔다. 민병대에게 무엇에 대항해 투쟁하는지 물어보면 '아파르트헤이트' 또는 '인종차별'이라고 대답했다. 무엇을 위해 투쟁하는지 물으면 많은 이들이 '자유' 또는 '자유헌장'이라고 말했다.

자유헌장은 일할 권리, 쾌적한 주택에 살 권리, 사상의 자유를 신성시했다. 또한 아프리카에서 가장 부유한 남아공의 부를 공유할 권리를 급진적으로 주장했다. 소중한 자산 가운데는 세계에서 가장 큰 금광도 포함되어 있다. "국가의 재산, 즉 남아공 사람들의 유산을 국민들에게 돌려주어야 한다. 광물자원, 은행, 독점산업은 국민 전체의 것으로 이전되어야 한다. 그리고 산업과 무역은 국민들의 복지를 지원하는 방향으로 통제되어야 한다."⁶

초안 당시, 해방운동을 하는 사람들은 자유헌장이 희망적이며 공정하다고 보았다. 그러나 너무나 미약하다고 보는 사람들도 있었다. 범아프리카주의(Pan-Africanism: 아프리카의 통일을 목적으로 하는 운동–옮긴이) 지지자들은 ANC

가 백인들에게 너무 많은 양보를 했다고 비난했다[왜 남아프리카공화국이 흑인과 백인 모두의 국가란 말인가? 그들은 이러한 질문을 던졌다. 자메이카의 흑인 민족주의자 마르쿠스 가비(Marcus Garvey)가 그랬듯, 선언문은 아프리카인들을 위한 아프리카를 요구해야 했다]. 그리고 강경한 마르크스주의자들은 그러한 요구를 비열한 부르주아적 요구라고 거부했다. 다시 말해 땅의 소유권을 국민들이 나눠 가지는 것은 혁명이 아니다. 레닌에 따르면 사적 소유 자체를 폐지해야 한다.

아파르트헤이트는 단지 투표권과 거주이전의 권리를 누구에게 허락할지 규제하는 정치 시스템만이 아니라, 인종차별을 이용해 엄청난 이윤을 얻으려는 경제 시스템이기도 했다. 이는 해방투쟁의 각 분파가 모두 인정하는 사실이었다. 소수 백인 엘리트들은 남아공의 광산, 농장, 공장을 통해 커다란 부를 축적했다. 다수인 흑인은 땅을 소유할 수도 없고 노동에 비해 낮은 임금을 받아야 했다. 항의라도 할라치면 구타당하고 투옥되었다. 광산에서 백인들의 임금은 흑인보다 10배나 많았다. 대기업들은 남미에서와 마찬가지로 불성실한 노동자들을 제거하기 위해 군대와 긴밀히 협의했다.[7]

자유헌장이 주장하는 것은 해방운동의 기본적 합의였다. 흑인들이 국가의 통제권을 잡았다고 해서 자유가 오는 것이 아니라, 불법으로 징발당한 땅의 수익이 사회 전체에 환원되고 재분배될 때에만 가능한 것이다. 아파르트헤이트 시절에 남아공은 흔히 캘리포니아의 생활수준을 누리는 백인들과 콩고의 생활수준을 누리는 흑인들의 국가로 묘사되었다. 그러나 더 이상 그럴 수는 없다. 자유란 그 중간지점을 찾는 것을 의미했다.

만델라가 감옥에서 작성한 두 단락의 글도 그 점을 확인해주었다. 부의 재분배 없이는 여전히 자유가 없었다. 많은 국가들이 '전환기'에 있는 상황에서 이는 의미하는 바가 매우 크다. 만델라가 ANC의 권력을 장악하고 은행과 광산을 국유화할 경우, 다른 국가들도 같은 정책을 취할 것이다. 선례가 있다면 시카고학파 경제학자들은 곤란해진다. 그러한 정책을 단지 과거의 잔재로 치부하며 거부할 수 없는 것이다. 또한 제한 없는 자유시장과 자유무역만이 불평등을 해결할 수 있다는 주장도 힘을 얻기 어려워진다.

만델라가 편지를 쓴 지 2주일이 지난 1990년 2월 11일이었다. 만델라는 드디어 자유로운 신분으로 감옥 밖으로 걸어 나왔다. 전 세계는 그를 살아 있는 성인으로 여겼다. 남아공의 흑인 거주지구에는 축하의 물결이 넘실댔다. 사람들은 자유를 향한 투쟁은 누구도 막을 수 없다는 확신을 새롭게 다졌다. 남아프리카의 해방운동은 동유럽에서와는 달리 무너지지 않고 승승장구했다. 한편 만델라는 문화충격에서 오는 놀라움 때문에 고생했다. 카메라 마이크를 보고는 감옥에 있는 동안 새롭게 발명된 무기로 오해했을 정도다.[8]

분명 그가 27년 전 떠났던 세상과는 아주 달라졌다. 만델라가 체포되었던 1962년에는 제3세계 민족주의 물결이 아프리카 대륙을 휩쓸던 때였다. 그러나 지금 아프리카는 전쟁으로 갈기갈기 상처가 났다. 그리고 사회주의 혁명은 그가 감옥에 있는 동안 불이 붙었다가 사그라졌다. 체게바라는 1967년에 볼리비아에서 죽임을 당했다. 살바도르 아옌데는 1973년 쿠데타로 사망했다. 모잠비크의 해방 영웅이자 대통령인 사모라 마셸(Samora Machel)은 의문의 비행기 사고로 사라졌다. 그럼 1980년대 후반부터 1990년대 초반은 어떠했는가. 베를린 장벽이 무너지고, 톈안먼 광장 사태가 일어났으며, 공산주의는 붕괴되었다. 이러한 변화들을 따라잡기엔 시간이 부족했다. 만델라는 석방되자마자 내전과 경제 붕괴를 막는 한편 사람들에게 자유를 주어야 했다. 둘 다 분명히 실현 가능해 보였다.

만약 공산주의와 자본주의 사이에 제3의 길이 있다면, 바로 ANC가 지배하는 남아프리카공화국이 그 영원한 꿈을 현실로 만들 위치에 있었다. 한마디로 국가를 민주화하는 동시에 부를 재분배하는 것이다. 전 세계에서 만델라에게 존경과 후원을 보냈다. 게다가 반(反)아파르트헤이트 투쟁도 도움이 되었다.

1980년대 아파르트헤이트 반대운동은 세계적인 대중운동이 되었다. 외국의 운동가들이 가장 효과적으로 사용한 무기는 기업 보이콧이었다. 남아공에서 제조한 상품과 아파르트헤이트 국가와 사업하는 기업의 제품은 전부 보이콧했다. 보이콧 전략은 기업에 압박을 가하기 위함이었다. 결국 기업들은 강경한 남아공 정부에 아파르트헤이트를 종식하라고 로비를 하게 되었다. 그러나 도덕적 요소도 작용했다. 많은 소비자들은 백인우월주의 법령으로 이윤을 얻는 회사들이 재정적 타격을 입어야 한다고 굳게 믿었다.

덕분에 ANC는 당시의 자유시장 교리를 거절할 기회를 얻었다. 아파르트헤이트 범죄에 기업들의 책임도 있다는 공통된 인식이 널리 퍼져 있었다. 남아프리카공화국의 핵심 경제 분야를 자유헌장의 요구대로 국유화해야 하는 이유를 설명할 자리가 마련된 셈이다. 또한 아파르트헤이트 체제의 채무는 국민이 선출한 신정부에 적법하지 못한 부담이라는 점도 설명할 수 있었다. 물론 그러한 독자적인 행동에 IMF, 미국 재무부, 유럽연합은 상당한 분노를 표했을 것이다. 그러나 만델라는 살아 있는 성자로 추앙받으며 대중적 지원을 받고 있었다.

어떤 요소가 가장 강력한 힘을 발휘한 것인지는 정확히 말하기 어렵다. 그러던 중 만델라가 감옥에서 글을 쓴 날부터 1994년 ANC가 선거를 휩쓸어 대통령이 될 때까지의 시기에 중요한 사건들이 벌어졌다. 대중의 지지를 받는다는 명성만으로는 강탈당한 나라의 부를 환원하고 재분배할 수 없음을 당 간부들이 확인한 사건들이었다. 결국 남아공은 캘리포니아와 콩고의 중간 지점에서 만나지 못했다. ANC가 채택한 정책은 남아프리카를 베벌리힐스와 바그다드로 나눌 정도로 불평등과 범죄를 폭발적으로 증가시켰다. 경제 개혁과 정치적 변혁이 단절될 경우 어떻게 되는지 생생하게 보여준 것이다. 정치적으로 보면 국민들은 투표권과 시민자유 그리고 대중에 의한 통치를 누렸다. 그러나 경제적으로 보면 남아프리카공화국은 가장 빈부차가 심한 브라질의 수준을 넘어섰다.

나는 2005년에 남아프리카공화국을 방문했다. 전환기인 1990~1994년에

도대체 무슨 일이 일어났기에, 만델라가 생각할 수도 없다고 단호하게 밝혔던 노선으로 가게 되었는지 알아보기 위해서였다.

ANC는 통치하고 있던 국민당과 협상했다. 이웃 국가 모잠비크가 겪었던 악몽을 피하기 위해서였다. 모잠비크는 1975년 포르투갈의 식민통치를 종식시켰다. 포르투갈 사람들은 모잠비크를 떠나면서 앙심을 품고 멋대로 행동했다. 시멘트를 엘리베이터 기계에 붓고, 트랙터를 부수고, 가져갈 수 있는 건 모두 다 들고 갔다. 남아공은 ANC 덕택에 비교적 평화로운 인수 과정을 거쳤다. 그러나 아파르트헤이트 시절의 통치자들은 기득권을 그대로 갖고 빠져나갔다. 모잠비크의 포르투갈인들과는 달리, 국민당은 콘크리트를 퍼붓지 않았다. 그들의 방해공작은 치명적이면서도 훨씬 교묘한 것이었고, 역사적인 협상의 그럴듯한 문서를 통해 진행되었다.

아파르트헤이트를 끝내는 조건의 협상은 두 가지 측면에서 진행되었다. 하나는 정치적인 것이고, 또 다른 하나는 경제적인 것이었다. 자연히 대부분의 관심은 만델라와 국민당의 지도자 데 클레르크(F. W. de Klerk) 간의 고위급 정치 회담에 쏠렸다.

데 클레르크는 가능한 한 많은 권력을 그대로 유지하기 위한 협상 전략을 썼다. 그래서 대규모 토지를 몰수하고 기업들을 국유화하려는 다수의 통치를 막기 위해 갖은 방안을 내놓았다. 연방국가 방안, 소수당의 거부권을 보장하는 방안, 각 인종별로 일정 비율의 의석을 보장하는 방안 등을 내걸었다. 만델라는 훗날 이렇게 말했다. "국민당은 우리의 동의 아래 백인우월 지배체제를 유지하려고 애썼다." 데 클레르크의 배후에는 무력과 재력이 있었다. 그러나 그의 상대방에게는 수백만의 운동원들이 있었다. 만델라와 협상 대표인 시릴 라마포사(Cyril Ramaphosa)는 거의 모든 거래에서 승리를 거두었다.[9]

이런 격정적인 정치회담과 더불어 훨씬 낮은 급의 경제협상도 진행되었다.

ANC의 타보 음베키(Thabo Mbeki)가 이를 맡았다. 이후 그는 당 내부에서 떠오르는 스타가 되었으며 현재 남아프리카공화국의 대통령이다. 정치적 회담이 진행되자 국민당은 ANC가 의회를 장악할 것이 분명하다는 사실을 깨달았다. 그러자 남아프리카의 엘리트 당은 경제협상에 모든 에너지와 창조성을 쏟기 시작했다. 남아프리카공화국의 백인들은 흑인들의 정부 인수를 막을 수 없었다. 그러나 아파르트헤이트 체제에서 축적한 부만큼은 좀처럼 포기하려 들지 않았다.

데 클레르크 정부는 협상에서 이중 전략을 취했다. 우선 경제를 운영하는 유일한 방식이 되어버린 워싱턴 컨센서스에 의지했다. 그러면서 무역정책이나 중앙은행 같은 경제정책 입안의 핵심을 '기술적인' 또는 '행정적인' 문제로 표현했다. 또한 국제무역협정, 헌법변경, 구조조정 프로그램 같은 폭넓고 새로운 정책 도구들을 사용했다. 자칭 공정하다는 전문가, 경제학자, IMF 관리, 세계은행 관리, 관세무역일반협정(GATT) 그리고 국민당의 손아귀에 중요한 권력기관을 넘기기 위해서였다. ANC의 해방운동 전사들만 달랑 소외시킨 채 말이다. 한마디로 발칸화(Balkanization: 서로 적대적이거나 비협조적인 여러 개의 지역으로 분열시키는 것-옮긴이) 전략이다. 지정학적 측면이 아니라 경제학적 측면에서 말이다(데 클레르크는 처음에는 지정학적 측면의 발칸화를 시도했다).

ANC의 지도자들은 의회를 장악하는 데만 정신이 팔려 있던 터라 그들의 계획은 성공적으로 처리되었다. ANC는 음흉한 전략에 맞서 스스로를 지키지 못했다. 자유헌장의 경제조항과 정반대인 치밀한 대비 계획이 남아프리카에서 법으로 모습을 바꾸었다. "국민들이 지배할 것이다!"라는 말은 곧 현실이 되었지만 국민이 지배하는 영역은 빠르게 줄고 있었다.

적들끼리의 긴장된 협상이 계속되는 동안, ANC당 내부는 취임준비로 바빴다. ANC의 경제학자들과 법률가팀은 자유헌장이 약속한 주택 보조와 건강보험을 실제 정책으로 전환할 수 있는지 파악하기 위해 워킹그룹을 짰다. 그리고 민주주의 실행계획인 MDW를 야심 차게 내놓았다. 이는 아파르트헤이트 이후의 미래에 대한 경제적 청사진으로서, 고위급 협상이 진행되는 과정에서 만들어졌다. 그러나 당시 당 지지자들은 한 가지 중요한 사실을 모르고 있었다. 즉 협상팀은 야심 찬 계획을 만드는 한편, 협상 테이블에서는 계획을 불능으로 만들 양보를 하고 만 것이다. "발표되기도 전에 이미 사문화된 계획이었죠." 경제학자 비슈누 파다야체(Vishnu Padayache)가 MDW에 대해 말했다. "결국 최종본은 원래 계획과는 전혀 다른 것이 되었습니다."

파다야체는 ANC에서 활동하는 사람들 가운데 드물게 정식교육을 받은 경제학자였다. 그는 MDW에 주도적으로 참여했다(그는 엄청난 숫자 계산이라고 표현했다). 장기간의 정책회의에 참가했던 사람들은 대부분 ANC 정부에서 고위직에 올랐다. 그러나 그는 정부 요직을 모두 거절했다. 더반(Durban)에서 학문 생활을 하길 원했기 때문이다. 그는 가르치고 글을 쓰는 한편 아이크 서점을 차려 애정을 쏟아 부었다. 서점 이름은 백인이 아닌 첫 서적판매상 아이크 마예트(Ike Mayet)의 이름을 딴 것이다. 그곳에는 이미 절판된 두꺼운 아프리카 역사책들이 조심스럽게 쌓여 있었다. 그 서점에서 우리는 전환기에 대해 얘기를 나누었다.

파다야체는 1970년대 남아프리카 노조운동의 조언자 역할을 하며 해방투쟁에 참여했다. "우리 모두는 문에 자유헌장을 붙여놨죠."라고 그는 회상했다. 나는 경제적 약속들이 실현되지 않을 것을 언제 알게 되었냐고 물어봤다. 그는 1993년에 처음으로 의구심을 가졌다고 말했다. 당시 파다야체와 MDW 워킹그룹의 동료들은 협상팀으로부터 전화를 받았다. 협상팀은 국민당과 막판 힘겨루기를 하고 있었다. 협상팀이 전화를 건 이유는 남아공의 중앙은행을 정부의 간섭을 받지 않는 완전한 독립기관으로 만들면 어떤 장단점이 있는지 다룬 의견서를 받기 위해서였다. 그것도 다음 날 아침까지 말이다.

"우리는 방심한 틈에 정곡을 찔린 겁니다." 현재 50대 초반인 파다야체가 회상했다. 그는 볼티모어의 존스홉킨스 대학에서 대학원 과정을 마쳤다. 그는 심지어 미국의 자유시장 경제학자들도 중앙은행의 독립을 끔찍한 아이디어로 생각했다는 것을 알고 있었다. 중앙은행을 정책 입안자들의 손길이 닿지 않는 국가 내의 독립된 공화국처럼 운영한다는 생각은 몇몇 시카고학파 사상가들이 좋아하는 이론일 뿐이었다. *10 파다야체와 동료들은 ANC가 취해야 할 입장을 분명히 제시했다. 그는 신정부의 '성장, 고용, 재분배라는 원대한 목표'를 따르는 통화정책이 필요하다고 굳게 믿었다. 따라서 남아공에서 완전 독립된 중앙은행은 불가하다고 밝혔다.

파다야체와 동료들은 밤을 새워서 국민당의 책략을 저지할 보고서를 작성했다. 만약 중앙은행(남아프리카에서는 준비은행이라고 부른다)이 정부와 분리되어 운영된다면 자유헌장의 약속을 지키려는 ANC의 발목을 잡을 것이다. 게다가 중앙은행이 ANC 정부의 지시를 따르지 않는다면 대체 누구의 지시에 따른단 말인가? IMF란 말인가? 아니면 요하네스버그 주식시장? 국민당은 선거에 졌지만 권력을 유지할 뒷문을 찾으려 애를 썼다. 어떤 대가를 치르더라도 반드시 국민당의 시도를 저지시켜야 했다. "그들은 가능하면 많이 차단하고 움켜쥐려고 했습니다."라고 파다야체는 회상했다. "그것이 논의의 중요한 일부였죠."

파다야체는 아침에 보고서를 팩스로 보냈다. 그리고 수주일 동안 아무 연락도 없었다. "우리는 어떻게 되었냐고 물어봤죠. '글쎄요. 저희 쪽에서 포기했습니다.'라고 말하더군요." 새로운 헌법이 독립성을 보장해주는 바람에 중앙은행은 남아공 내에서 자치기관이 되었다. 게다가 아파르트헤이트 체제에서 총재로 있던 크리스 스탈스(Chris Stals)는 그대로 자리에 남았다. ANC는 중앙은행만 포기한 것이 아니었다. 아파르트헤이트 체제의 재무부 장관 데릭 키즈(Derek Keyes)도 계속 장관직에 있도록 양보해주었다. 아르헨티나 독재시대의 재무부 장관과 중앙은행 총재가 민주주의 체제에서도 그대로 자리를 유지한

---

* 밀턴 프리드먼은 자신의 뜻대로만 할 수 있다면 중앙은행을 순수한 경제학에만 근거해 움직이고 싶다고 말했다. 그래서 사람은 전혀 두지 않고 거대한 컴퓨터가 운영하게 만들고 싶다고 농담처럼 말하곤 했다.

것처럼 말이다. 「뉴욕타임스」는 키즈를 '비즈니스 친화적인 저비용 정부를 추진하는 뛰어난 주창자'라고 추켜세웠다.[11]

파다야체는 말을 이어갔다. "우리는 여전히 기대를 하고 있었습니다. 혁명적인 투쟁이었으니까 최소한 뭔가는 나오겠지 하면서요." 그러다 아파르트헤이트 보스들이 중앙은행과 재무부를 운영할 거라는 사실을 알게 되었다. "경제 변혁의 관점에서 본다면 모든 걸 잃은 셈입니다." 나는 "당시 협상가들은 자신들이 커다란 손해를 봤다는 사실을 알고 있었나요?"라고 물어보았다. 그는 조금 망설이더니 "솔직히 말하자면 아닙니다."라고 말했다. 그것은 단순하고 현실적인 타협이었다. "저쪽이 뭔가를 포기하면 우리 측에서 뭔가를 주었죠. 그저 주고받는 식이었습니다."

파다야체는 그런 일이 발생한 것은 ANC 지도부가 배신을 했기 때문이 아니라고 했다. 비교적 덜 중요해 보였던 문제에서 허를 찔린 것이다. 그러나 결국 남아공의 자유화는 어정쩡한 상태에 빠졌다.

ANC는 난해한 규칙 및 규정으로 만들어진 일종의 새로운 덫에 빠졌다. 국민이 선출한 지도자의 권력을 제한하고 억누르기 위한 덫이었다. 그러나 당시에 덫의 존재를 알아차린 사람은 별로 없었다. 신정부는 권력을 넘겨받아 자유롭게 정책을 펴려고 했다. 유권자들이 기대했던 자유화의 가시적인 혜택을 주고 싶었다. 또한 그들이 지지했던 사상의 혜택도 실시하려 했다. 그러나 그 순간 덫이 그들을 옭아매기 시작하면서 정부는 자신의 권력이 제한적임을 알아차렸다. ANC가 통치한 첫해에 패트릭 본드(Patrick Bond)는 만델라의 사무실에서 경제자문으로 일했다. 당시 조직 내에서 "이봐, 우리는 국가를 가졌는데, 권력은 도대체 어디에 있는 거지?"라는 농담이 유행했다고 회상했다. 신정부는 자유헌장의 꿈을 구체화하려고 했다. 그러나 권력은 다른 곳에 있었다.

토지를 재분배하고 싶은가? 그러나 그럴 수가 없다. 마지막 순간에 협상가들이 신헌법에 모든 사적 재산을 보호하는 조항을 추가했기 때문이다. 그러므로 토지개혁은 사실상 불가능했다. 실직 노동자 수백만 명에게 일자리를 창출해주고 싶은가? 그것도 불가능하다. 수백 개의 공장들은 사실상 파산상태였다. ANC가 세계무역기구 WTO의 전신인 GATT에 서명한 탓에 자동차 공장과 직물 공장에 보조금을 주는 것은 불법이 되었다. 에이즈가 급속도로 퍼지고 있는 흑인 거주지구에 무료로 에이즈 치료제를 나누어주고 싶은가? 그러면 WTO의 지적재산권 조항을 위반하게 된다. GATT의 연장인 WTO에는 국민과의 토론도 없이 가입했다. 가난한 사람들을 위한 보다 넓은 주택들을 더 많이 짓고, 흑인 거주지구에 무료로 전기를 제공하고 싶은가? 불행히도 예산은 아파르트헤이트 정부가 남겨놓은 대규모 채무상환에 쓰이고 있다. 아파르트헤이트 시대의 중앙은행 총재에게 한번 부탁해보든지 하라. 모두에게 공짜로 물을 공급하고 싶은가? 어려울 것이다. 대규모 대표단인 경제학자, 조사원, 연구원들을 국내에 파견한 세계은행(자칭 지식은행이라고 주장한다)이 민간부문 파트너십 서비스 규범을 만드는 중이다. 잔인한 투기자본의 피해를 막기 위해 환율 통제를 하고 싶은가? 말도 안 될 소리다. 선거 직전에 서명한 IMF와의 거래 조건을 위반하게 된다. 아파르트헤이트 시대의 빈부격차를 줄이기 위해 최저임금을 올리고 싶은가? 그것도 안 될 일이다. 이미 IMF와 '임금제한 규정'을 약속했다.[12] 이러한 약속들을 어길 생각은 아예 하지도 마라. 조금이라도 고친다면 심각한 국가적 배반으로 받아들여질 것이다. 다시 말해 개혁 의지 부족과 법치주의 시스템 부재로 간주된다. 그러면 곧 환율 위기, 원조 삭감, 자본 이탈이 뒤를 잇는다. 남아공은 자유로워 보일 것이다. 그러나 사실은 포로로 잡힌 신세다. 이런 규정들은 새로운 정부의 손발을 묶어놓은 덫의 일부였다.

오랫동안 아파르트헤이트의 철폐를 주장했던 운동가 라술 스니먼(Rassool Snyman)은 덫을 아주 분명하게 설명했다. "우리는 해방된 게 아닙니다. 그들은 우리의 목과 발목에 사슬을 감았죠." 야스민 수카(Yasmin Sooka)는 남아프리카의 저명한 인권운동가다. 그는 변화를 이렇게 말했다. "ANC는 명목상으로만 다스릴 뿐이고 실권은 국민당이 갖고 있었습니다. ANC 정부는 정치권력을 잡 긴 했지만 허울상의 통치를 했을 뿐이죠. 실제 통치는 다른 곳에서 이루어졌습 니다."*13 새로운 정권을 어린애 취급하는 것은 전환기 국가들이 공통적으로 겪는 일이다. 달랑 집 열쇠만 주고 금고 비밀번호는 알려주지 않는 셈이다.

나는 자유를 위해 힘들게 투쟁해놓고는 왜 이런 상황이 되도록 내버려둔 것인지 알고 싶었다. 해방투쟁의 지도부가 경제적 전선에서 포기한 이유만 궁 금한 게 아니었다. ANC의 밑바탕이자 많은 희생을 한 대중은 왜 지도부의 행 동을 가만히 보고만 있었는지 알고 싶었다. 도대체 왜 자유헌장의 약속을 지키 라고 요구하는 민중운동을 벌이지 않았을까? 양보가 이루어졌을 때 항의하지 않은 이유는 무엇이었을까?

나는 윌리엄 구메데(William Gumede)에게 질문을 던졌다. 그는 3세대 ANC 운동가다. 전환기에 학생운동 리더로 활동하며 격동의 세월을 거리에서 보냈 다. 그는 "모두가 정치협상을 주시하고 있었죠."라고 회상했다. 데 클레르크와 만델라의 회담 말이다. "만약 그 협상이 제대로 이루어지지 않았다면 사람들은 대규모 시위를 벌였을 겁니다. 그러나 경제협상가들이 진행상황을 보고했을 때, 국민들은 전문가들이 알아서 하는 것이라 생각했지요. 따라서 누구도 관심 을 가지지 않았습니다." 경제협상은 행정적인 문제이며 대중적 관심사가 아니 라고 말한 음베키의 영향도 컸다('기술관료들이 장악한 민주주의'의 칠레인들처럼 말이다). 그는 좌절감을 드러내며 말했다. "우리는 경제에 관련된 것을 놓쳐버렸

---

* 민주주의가 없는 자본주의 과정을 추진한 선구자들은 바로 칠레의 시카고 보이스였다. 그들은 흔히 새로운 민주주의를 세운다 는 표현을 썼다. 17년간의 군부독재가 종식되고 국민이 선출한 정부에 정권을 이양할 때, 칠레의 시카고 보이스들은 헌법과 법 정 시스템에 농간을 부려 과거의 파격적인 법률들을 고치지 못하도록 만들었다. 그들은 이러한 과정을 고도로 기술화된 민주주 의, 보호받는 민주주의 등으로 불렀다. 피노체트의 젊은 장관인 호세 피녜라의 표현대로 정치로부터의 단절이었다. 피노체트의 경제부 차관 알바로 바르돈(Alvaro Bardón)은 시카고학파의 전형적인 논리를 설명했다. "경제학을 하나의 과학으로 받아들 인다는 것은 정부나 정치조직에 비교적 권력이 없다는 의미입니다. 경제에 관련된 결정을 내릴 책임을 상실하게 되니까요."

습니다. 정말로 중요한 것을 놓친 거지요."

구메데는 오늘날 남아프리카공화국의 존경받는 언론인으로 각종 파문의 진상을 밝히는 보도로 유명하다. 그는 기술적 회담에서 자국의 진짜 미래가 결정되었음을 알게 되었다고 말했다. 비록 당시엔 대다수가 눈치 채지 못했지만 말이다. 구메데는 나와 이야기를 나눈 많은 사람들과 마찬가지로 당시 남아공이 내전이 벌어질 것만 같은 상황이었다고 밝혔다. 흑인 거주지구는 국민당이 무기를 제공해준 폭력배들 때문에 두려움에 떨었다. 경찰들의 학살행위는 여전했으며 해방투쟁 지도자들은 계속 살해되었다. 국가가 유혈사태에 빠질 거라는 얘기가 나돌았다. "나는 정치적인 것에 중점을 두었죠. 비쇼(Bisho: 시위자들과 경찰들이 최후의 결전을 벌였던 곳)에 사람들이 몰려가 '저들은 반드시 물러나야 한다!'라고 외치던 모습들 말입니다." "그러나 그것은 진짜 투쟁이 아니었습니다. 경제에 대해 투쟁했어야 했습니다. 너무 순진했던 당시를 생각하면 부끄러워집니다. 그러한 사안을 이해할 정도로 정치적으로 성숙하다고 생각했습니다. 그런데 어떻게 그냥 지나쳤을까요?"

그때부터 구메데는 잃어버린 시간을 보상하기 시작했다. 우리가 만났을 때, 그의 신작 『타보 음베키 그리고 ANC의 영혼을 위한 전투(Thabo Mbeki and the Battle for the Soul of the ANC)』는 전국적인 논쟁에 휩싸여 있었다. 당시에는 너무 바빠 신경을 쓰지 못했던 경제회담에서 ANC가 어떻게 국가의 경제주권을 날려버렸는지 철저하게 규명한 책이었다. "화가 나서 그 책을 썼습니다." 구메데가 내게 말했다. "나 자신과 당에 대해서 화가 났습니다."

결과가 어떻게 달라질 수 있었는지 말하기는 어렵다. 파다야체의 말대로 ANC의 협상가들이 자신들이 얼마나 거래를 망쳤는지 그 중대성을 인식하지 못했다고 가정해보자. 그렇다면 거리에서 운동을 펼쳤던 일반 해방전사들은 말해서 무엇 하겠는가?

경제거래에 서명한 그 중요한 시기 내내 남아공 사람들은 끊임없는 위기

속에 있었다. 만델라가 자유롭게 걸어 나오는 모습에 환호성을 질렀지만, 크리스 하니(Chris Hani)가 인종차별주의자의 저격으로 사망하자 분노가 들끓었다. 모두들 가장 젊은 민병대원 크리스 하니가 만델라의 뒤를 이어 지도자가 될 거라고 믿었기 때문이다. 몇몇 경제학자들 외에는 누구도 중앙은행의 독립에 대해 말하지 않았다. 그것은 정상적 상황에서도 매우 고리타분한 주제였다. 구메데의 지적에 따르면 사람들 대부분은 권력을 잡기 위해 어떤 양보를 했든 간에 일단 ANC가 취임하면 무효로 할 수 있다고 생각했다. "어차피 우리 편이 정부가 될 테니 그때 가서 수정하면 되겠지." 하는 식이었다.

그러나 협상 과정에서 변경된 것은 바로 민주주의의 본질이었다. 게다가 너무 많이 변경되었다. 규제의 덫이 이미 국가를 옭아맨 뒤라 실질적으로 나중에 어떻게 해볼 도리가 없을 정도였다. 당시 ANC의 활동가들은 그러한 사실을 알지 못했다.

ANC 통치 초반 2년 동안, 당은 제한된 자원을 이용해 재분배 약속을 지키려 했다. 그래서 공공부문에 상당한 투자를 했다. 가난한 사람들을 위해 주택 수십만 채 이상을 지었다. 그리고 수백만 명에게 수도, 전기, 전화시설을 보급했다.[14] 그러나 흔히 그렇듯 정부는 채무 부담에 시달렸다. 또한 공공서비스를 민영화하라는 국제적 압력이 가해졌다. 결국 정부는 물가를 올리기 시작했다. ANC가 통치한 지 10년이 지났다. 수백만 명이 요금을 내지 못해 새로 연결해준 수도와 전기는 다 끊겼다.* 2003년까지 새로 연결된 전화의 40퍼센트가 서비스 중지상태였다.[15] 만델라가 국유화를 주장했던 '은행, 광산, 독점산업'은 백인 소유의 4개 대기업체의 수중에 있었다. 이들 기업체가 요하네스버그 주식시장의 80퍼센트를 차지한다.[16] 2005년, 흑인들이 소유 또는 운영하는 회사는 주식거래소에 등록된 회사들 가운데 4퍼센트에 불과했다.[17] 2006년, 전체 인구의 10퍼센트를 차지하는 백인들이 남아공 영토의 70퍼센트를 차지하고 있었다.[18]

더욱 비참하게도, ANC 정부는 에이즈에 감염된 500만 명의 생명을 구할 약을 찾기보다는, 에이즈 위기의 심각성을 부인하는 데에 더 많은 시간을 투자했다. 2007년 초반에 상황이 조금 나아지긴 했지만 말이다.[19] 가장 경악할 만한 통계 수치는 1990년 만델라가 감옥에서 나온 이후 남아공 사람들의 평균 기대수명이 30년이나 줄었다는 것이다.[20]

이러한 사실들과 수치들은 알고 보면 ANC의 운명적인 결정이 가장 큰 원인이다. 지도부는 경제협상에서 허를 찔렸음을 알아차렸다. 선택 방안은 두 가지였다. 해방투쟁을 다시 시작해 전환 과정에서 짜인 숨 막히는 덫에서 풀려나든가, 아니면 한정된 권력과 새로운 경제질서를 그냥 받아들이는 것이다. ANC 지도부는 두 번째 방안을 택했다. 그래서 부를 재분배하는 정책에 중점을 두지 않았다. 그들이 정강으로 삼은 자유헌장의 핵심인데도 말이다. 그 대신에 일단 정부가 되자 당시의 지배적인 논리를 받아들였다. 즉 외국 투자가들을 찾아 새로운 부와 혜택을 창출하면 가난한 사람들에게까지 혜택이 돌아간다는 논리 말이다. 그러한 경제모델을 실시하려면 정부는 투자가들을 불러오도록 행동을 급진적으로 바꾸어야 했다.

감옥에서 나온 만델라는 쉬운 일이 아님을 깨달았다. 그가 석방되자마자 남아프리카 주식시장은 패닉현상을 보이며 붕괴되었다. 남아프리카의 통화 랜드(rand)는 10퍼센트 떨어졌다.[21] 몇 주 후 다이아몬드 기업 드비어스(De Beers)는 본사를 남아프리카에서 스위스로 옮겼다.[22] 이처럼 시장이 즉각적으로 처벌을 내리는 것은 만델라가 처음 투옥되었던 30년 전에는 상상도 할 수 없는 일이었다. 1960년대에는 다국적기업들이 마음대로 국적을 바꾼다는 건 들어보지

---

* 새로운 서비스의 수혜자들보다 서비스 공급을 박탈당한 사람들이 더 많다는 논쟁이 남아공에서 한창이다. 한 믿을 만한 논문은 서비스 공급이 끊긴 사람들의 숫자가 새로운 수혜자들의 숫자보다 많다는 사실을 분명히 밝히고 있다. 정부는 900만 명이 수도 시설의 혜택을 새로이 받았다고 말하지만, 이 논문은 수도시설의 서비스를 박탈당한 사람들의 숫자가 1,000만 명에 이른다고 추정한다.

못한 일이었다. 그리고 세계 통화 시스템은 여전히 금본위(金本位)였다. 그러나 오늘날 환율은 통제권을 상실했으며, 무역 장벽은 낮아지고, 투자는 대부분 단기 투기자금이었다.

변덕스런 시장은 석방된 만델라의 사상을 좋아하지 않았다. 게다가 만델라와 ANC 지도부의 엉뚱한 발언에 국제 기관투자가들은 천재지변을 일으켰다. 「뉴욕타임스」의 칼럼니스트 토머스 프리드먼은 그런 기관투자가들을 '전자 들소떼(electronic herd)'라고 재치 있게 이름 붙였다.[23] 어쨌든 만델라의 석방을 맞이해준 대혼란은 ANC 지도부와 시장이 서로 주고받는 대화의 시작이었다. 이 충격 대화는 새로운 게임 규칙으로, ANC를 훈련시키는 과정이었다. 당의 최고 관리가 자유헌장을 정책으로 삼을 거라는 불길한 암시를 줄 때마다 시장은 랜드 가치를 하락시키는 충격으로 반응했다. 규칙은 아주 단순하고 노골적이었다. 외마디 비명 소리가 날 정도의 충격이었다. 정의는 비싼 것이니 팔아버리고, 대신 기득권 보호를 사라는 것이었다. 만델라는 석방된 직후 유명한 사업가들과 점심식사를 하는 자리에서 국유화를 찬성하는 발언을 다시 한 번 했다. 그리고 요하네스버그 주식시장의 주가지수가 5퍼센트나 떨어졌다.[24]

심지어 경제와는 관련이 없는 행동도 시장에 충격을 가져왔다. 급진주의 성향을 드러낸 것으로 여겨졌기 때문이다. ANC 수상인 트레버 마누엘(Trevor Manuel)은 남아프리카 럭비를 '소수 백인들의 게임'이라고 불렀다. 왜냐하면 팀 전체가 백인들이기 때문이었다. 이 발언 때문에 랜드는 또다시 타격을 받았다.[25]

새로운 정부에 가해진 제한들 가운데 가장 운신의 폭을 좁게 만든 것은 바로 시장이었다. 어떤 면에서 그것은 제한 없는 자본주의의 본질이었다. 그것은 스스로 작동하고 있었다. 일단 국가가 글로벌 시장의 변덕스러운 환경에 문을 개방하면 시카고학파의 정설에서 조금만 벗어나도 즉시 뉴욕과 런던의 트레이더들이 환율을 공격함으로써 처벌을 받는다. 그러면 심각한 위기가 찾아오고, 더 많은 차관이 필요해지고, 더 많은 부가조건이 붙는다. 1997년에 만델라는 덫을 알아차렸다. ANC의 전국회의에서 그는 이렇게 말했다. "자본의 이동성, 자본의 세계화, 시장의 세계화 때문에 국가는 시장의 반응을 고려하지 않고서는 정책을 시행할 수 없습니다."[26]

ANC 내부에서 충격을 중단시킬 방법을 아는 사람은 타보 음베키뿐이었다. 그는 만델라가 대통령으로 있을 때 오른팔 역할을 하다가 나중에 그의 뒤를 이어 대통령이 된다. 음베키는 망명 시절을 주로 영국에서 보냈다. 서식스 대학에서 공부했고 나중에 런던으로 옮겨 갔다. 1980년대에 조국의 흑인 거주지구가 최루가스에 휩싸였을 때, 그는 대처리즘의 매연을 들이마시고 있었다. ANC의 지도부 가운데 재계 리더들과 가장 쉽게 어울렸던 사람도 음베키였다. 만델라가 석방되기 전에는 다수 흑인들이 지배하는 세상이 오는 것을 두려워하는 기업 중역들과 여러 차례 비밀회담을 가졌다. 1985년, 음베키와 남아프리카 사업가들은 잠비아의 게임 라운지에서 위스키를 마시며 저녁시간을 보냈다. 유명한 비즈니스 잡지의 편집자인 휴 머리(Hugh Murray)는 "ANC의 책임자인 음베키는 가장 두려운 상황에서 신뢰를 불어넣는 탁월한 능력을 지녔다."라고 논평했다.[27]

음베키는 시장을 안정시킬 열쇠는 ANC가 우호적인 신뢰를 대규모로 불어넣는 것이라고 확신했다. 구메데에 따르면 음베키는 당 내에서 자유시장을 가르치는 가정교사였다. 음베키는 종종 시장의 야수가 고삐에서 풀려났다는 식으로 설명했다. 야수를 길들일 방법은 없다. 시장의 야수가 원하는 먹이를 줄 수밖에 없다. 그것은 바로 성장 그리고 더 많은 성장이었다.

만델라와 음베키는 광산의 국유화를 요구하기는커녕 해리 오펜하이머(Harry Oppenheimer)와 주기적으로 만나기 시작했다. 그는 광산업계 거물인 앵글로아메리칸(Anglo-American)과 드비어스의 사장이었다. 이 둘은 아파르트헤이트 통치시대의 상징적인 회사들이다. 1994년 선거 직후, 만델라는 ANC의 경제 프로그램을 오펜하이머에게 보내며 허락을 구했다. 그리고 그와 다른 고위 사업가들이 우려하는 조항들은 모두 수정했다.[28] 만델라가 선거 이후 대통령으로서 첫 인터뷰를 가졌을 때였다. 그는 시장에 충격을 가하지 않기 위해서, 국유화를 옹호했던 예전과는 다른 태도를 보였다. "우리의 경제정책에서 국유화를 언급하는 부분은 없습니다. 그리고 이것은 우연이 아닙니다. 마르크스주의 이념과 관련된 슬로건은 단 하나도 없습니다."*29 경제 언론들은 이러한 전향적 태도에 꾸준한 성원을 보냈다. 「월스트리트저널」은 "ANC는 여전히 강력한 좌파조직을 갖고 있다. 그런데도 과거에 사회주의자 혁명가라고 여겨졌던 만델라는 이제 마거릿 대처에 더 가깝다."라고 밝혔다.30

급진적인 과거에 대한 기억은 여전히 ANC에 남아 있었다. 그리고 위협적이지 않은 모습을 보이려는 정부의 절실한 노력에도 시장은 계속 고통스런 충격을 가했다. 1996년 단 한 달 동안에 랜드는 20퍼센트 하락했다. 예민해진 부유층들이 돈을 해외로 옮겨서 국가는 계속 자산손실을 입었다.31

음베키는 만델라에게 과거와의 확실한 단절이 필요하다고 주장했다. ANC는 완전히 새로운 경제플랜이 필요했다. 그것은 대담하고 충격적이어야 했다. 시장이 이해할 수 있는 분명하고도 극적인 움직임 속에서 의사소통할 수 있는 뭔가가 필요했다. 한마디로 ANC는 워싱턴 컨센서스를 수용할 준비가 된 것이다.

볼리비아에서 쇼크요법 프로그램은 은밀한 군사적 작전의 비밀 속에서 준비되었다. 마찬가지로 남아프리카공화국에서는 음베키의 몇몇 측근만이 신경제플랜의 진행을 알고 있었다. 1994년 선거 당시에 약속했던 것과는 매우 다른 계획이었다. 구메데는 "좌파가 음베키의 계획을 눈치 채지 못하도록 모두가 비밀을 준수하기로 맹세했으며 전체 과정을 절대기밀로 했다."라고 말했다.32 경제학자 스티븐 겔브(Steven Gelb)가 새로운 프로그램의 초안을 작성했다. 그는 "대중의 압력을 피하기 위해 대중과 격리된 곳에서 정책결정자들에게 자치권

---

* 선출 당시 ANC의 공식적인 경제정책은 국유화를 통해 전략적 분야에서 공적 영역을 늘려나가겠다는 것이었다. 그리고 당의 성명서는 여전히 자유헌장에 기반을 두고 있었다.

을 부여한 위로부터의 개혁이다."라고 말했다.**33** (비밀과 격리를 강조하는 것은 모순처럼 보인다. ANC는 아파르트헤이트 전제정치 아래에서 자유헌장을 구성하기 위해 개방적, 참여적 과정을 이끌어냈다. 그런데 새로운 민주주의 질서 아래에서 당은 경제플랜을 간부들에게조차 숨기려 했다.)

1996년 6월, 음베키는 결과를 발표했다. 남아프리카공화국을 위한 신자유주의적 쇼크요법 프로그램이었다. 민영화 확대, 정부지출 삭감, 노동시장 유연성, 자유무역, 자본흐름에 대한 느슨한 통제를 요구하는 내용이었다. 겔브에 따르면 ANC 정부가 시카고학파 교리를 충실히 따르고 있다는 사실을 잠재적 투자자들에게 알리는 것이 주된 목적이었다.**34** 음베키는 뉴욕과 런던의 트레이더들에게 메시지를 더욱 크고 분명하게 전달하기 위해 "나를 대처주의자로 부르시오."라고 농담처럼 말하며 계획을 개시했다.**35**

쇼크요법은 이론에도 나와 있듯 항상 시장에서 연출을 한다. 특히 주식시장은 주식 공모, 대규모 인수합병 발표, 유명한 전문경영인 고용처럼 주가를 치솟게 만드는 과장되고 잘 관리된 순간들을 좋아한다. 경제학자들은 전면적인 쇼크요법 패키지를 발표하라고 각국들을 부추기는데, 극적인 시장 사건을 모방하거나 이례적인 상황을 유발하려는 시도가 깔려 있다. 개별적 주식을 팔기보다는 국가를 파는 셈이다. 그들은 "아르헨티나 주식을 사세요!" 혹은 "볼리비아 본드를 사세요!"라는 식의 반응을 원한다. 이와 반대로 점진적이고 신중한 접근은 덜 잔인하지만 과대 거품이 사라진다. 과대 거품이 있어야 큰돈을 벌 수 있다. 쇼크요법은 항상 커다란 도박이었다. 그리고 남아프리카공화국은 도박을 걸었지만 실패했다. 음베키의 커다란 제스처는 장기투자를 끌어오지 못했다. 투기자본들 때문에 통화가치만 더욱 떨어졌을 뿐이다.

대중의 충격

"새로운 전향자들은 항상 이러한 것들에 더욱 질투를 느끼죠. 심지어 그들은 더욱 비위를 맞추려고 듭니다." 더반에 기반을 둔 작가 애시윈 데사이(Ashwin Desai)와 만나 전환기의 기억에 대해 얘기를 나누던 중 그가 말했다. 데사이는 자유화 투쟁 기간을 감옥에서 보냈다. 그리고 감옥에서의 심리와 ANC 정부의 행동 사이에 비슷한 요소가 있음을 알게 되었다. "감옥에서는 교도관의 비위를 맞출수록 더 나은 대접을 받습니다. 남아공 사회는 그런 논리에 따라 움직였지요. 그들은 스스로 더 나은 죄수임을 증명하려고 합니다. 다른 어떤 국가보다도 잘 훈련된 죄수들이 많았습니다."

그러나 놀랍게도 ANC의 대중은 훨씬 다루기 힘들었다. 따라서 많은 규율이 필요했다. 야스민 수카는 남아공의 진실화해위원회의 배심원이다. 그는 그렇게 규율로 다스리려는 풍조가 정의 추구를 비롯해 전환기의 전 영역에 영향을 끼쳤다고 말했다. 진실위원회는 고문, 살해, 실종에 관한 증언을 수년 동안 들어왔다. 그리고 잘못된 것을 시정하기 위해 무엇을 해야 할지 묻게 되었다. 물론 진실과 용서도 중요하지만 희생자들과 가족들에 대한 보상도 마찬가지였다. 새로운 정부에게 보상금을 지급하라고 하는 것은 이치에 맞지 않다. 그들이 저지른 범죄가 아니기 때문이다. 또한 아파르트헤이트가 저지른 학대의 보상에 돈을 사용한다면, 자유를 되찾은 국가는 가난한 이들을 위한 주택과 학교 건설에 돈을 사용하지 못하게 된다.

위원회의 일부 위원들은 아파르트헤이트 체제에서 이윤을 얻은 다국적기업들이 보상금을 내야 한다고 여겼다. 결국 진실화해위원회는 희생자들을 위한 자금을 모으기 위해 1퍼센트의 기업세라는 온건한 권고안을 내놓았다. 이는 연대책임세라고 불렸다. 수카는 온건한 권고안을 ANC가 후원해주기를 기대했다. 그러나 음베키 정부는 기업 보상이나 연대책임세 제안을 거부했다. 시장에 비즈니스를 규제하는 메시지를 보내는 것이 아닐까 두려웠기 때문이다. "대통령은 재계에 책임을 묻지 않기로 결정했습니다. 아주 분명히 밝혔죠." 후원회의 걱정대로 결국 정부는 예산에서 돈을 내어 요구한 것의 일부만 추진했다.

남아공의 진실화해위원회는 성공적인 평화 구축 모델로 꼽혔다. 그리고 스리랑카부터 아프가니스탄에 이르는 다른 분쟁지역에도 수출되었다. 그러나 위원회 당사자들은 상당히 양면적인 태도를 보였다. 위원회의 의장 데즈먼드 투투 주교는 2003년 3월에 최종 보고서를 발표했다. 그러면서 자유가 제대로 효력을 내지 못하고 있다며 신랄하게 비난했다. "자유를 얻은 지 10년이 지났습니다. 그런데도 여전히 흑인들이 누추한 빈민가에서 아침을 맞이하는 현실을 어떻게 설명할 수 있을까요? 흑인들은 대개 백인들이 거주하는 도시로 일을 하러 갑니다. 백인들은 궁전 같은 집에 살고 있죠. 하루가 끝날 무렵 흑인들은 다시 빈민가로 돌아옵니다. 나는 왜 사람들이 '평화 같은 소리 하네. 투투와 위원회는 다 지옥으로 꺼져버려.'라고 말하지 않는지 모르겠습니다."[36]

수카는 지금 남아공의 인권협회를 이끌고 있다. 고문, 끔찍한 대우, 실종 같은 아파르트헤이트의 외적인 측면에 관한 청문회가 열렸다. 그러나 학대를 일으켰던 경제 시스템은 그대로다. 30년 전에 레텔리에르가 인권에 관심을 두지 않는 현실을 걱정했던 것과 일맥상통한다. "만약 다시 한 번 그런 과정을 겪는다면 난 전혀 다르게 대처할 겁니다. 아파르트헤이트의 시스템, 토지 문제, 다국적기업의 역할, 광산산업의 역할을 유심히 살필 겁니다. 왜냐하면 그러한 것들이 남아프리카공화국의 진짜 문제이기 때문입니다. 아파르트헤이트 정책들의 체계적 영향력을 주시할 겁니다. 그리고 고문 청문회는 한 군데 정도만 집중할 겁니다. 왜냐하면 고문에만 초점을 맞추면 고문의 목적이 무엇인지는 보지 못하기 때문입니다. 그러다 보면 진짜 역사를 잘못 이해하게 됩니다."

주객이 전도된 보상

ANC가 기업들에게 보상을 요구하라는 위원회의 제안을 거부한 것은 불공정한 처사였다. 수카는 정부가 계속 아파르트헤이트의 채무를 갚기 때문에 더욱 그렇다고 지적했다. 정권 인수 첫해에, 새로운 정부는 300억 랜드(약 45억 달러)를 채무상환에 사용했다. 정부가 아파르트헤이트 시대에 살해와 고문을 당한 1만 9,000명의 희생자들과 가족들에게 지불한 총액은 불과 8,500만 랜드다. 채무상환액에 비해 상당한 차이가 난다. 넬슨 만델라는 채무 부담이 자유헌장의 이행에 가장 큰 걸림돌이라고 지적했다. "그 300억 랜드를 정부가 되기 전에 계획했던 대로 집을 짓는 데 쓸 수 없었습니다. 아이들을 좋은 학교에 보내지도, 실업에 제대로 대처하지도, 모두가 직업을 얻고 충분한 임금을 가져가게 하는 데도 쓰지 못했죠. 사랑하는 가족들에게 거처를 제공하고 생계를 책임지고 존엄성을 누리게 하는 데도 사용하지 못했습니다. 우리는 물려받은 채무 때문에 제한을 받고 있습니다."[37]

만델라는 아파르트헤이트의 채무상환이 엄청난 부담임을 알고 있었다. 그런데도 당은 디폴트 선언을 하라는 제안을 거부했다. 부채가 악의적임을 법적으로 주장할 수도 있었다. 그런데도 디폴트 선언을 하면 투자가들이 위험스런 급진 지역으로 볼까 두려웠던 것이다. 그들은 또다시 시장 충격이 야기될까 걱정했다. 데니스 브루투스(Dennis Brutus)는 오랫동안 ANC의 일원이었으며 로벤 섬에서 수감생활을 하기도 했다. 그는 그러한 두려움의 벽을 정면으로 돌파하기로 했다. 1998년, 그는 새로운 정부가 재정적 스트레스를 받는 걸 지켜보며, 그와 남아프리카공화국의 운동가들이 앞으로 닥칠 투쟁을 지원할 최선의 방법은 채무에 반대하는 시민운동을 시작하는 것이라고 결심했다. "전 상당히 순진했던 거죠." 현재 70대의 나이인 브루투스가 내게 말했다. "정부가 우리에게 감사를 표할 거라고 생각했죠. 민중이 채무 문제를 들고 일어나면 정부가 외국에 채무 문제를 제기할 때 유리해지니까요. 그러나 놀랍게도 정부는 우리를 거부하면서 '아뇨, 여러분의 성원은 필요없습니다.'라고 말하더군요."

채무를 계속 갚으려는 ANC의 결정에 브루투스 같은 운동가들이 그렇게 격분하는 이유는 빚을 갚을 때마다 커다란 희생을 치러야 하기 때문이다. 예를 들어 1997~2004년 동안, 남아프리카 정부는 국영기업 18개를 팔아 40억 달러를 얻었다. 그러나 그 돈의 절반은 부채상환에 사용되었다.[38] ANC는 광산, 은행, 독점산업들을 국유화하겠다는 만델라의 처음 공약을 어겼다. 거꾸로 국가의 자산을 억압자들의 빚을 갚기 위해 팔아치운 것이다.

돈이 정확히 어디로 가는지도 문제다. 데 클레르크의 팀은 정권을 넘겨준 뒤에도 모든 공무원들의 지위를 보장해달라고 요구했다. 또한 공직을 떠나길 원하는 사람에게는 충분한 연금을 주어야 한다고 주장했다. 사회적 안전망이라고 할 만한 것이 거의 없는 국가임을 감안하면 매우 과도한 요구라 하겠다. 그러나 이는 결국 ANC가 양보한 여러 '기술적' 사안들 가운데 하나가 되었다.[39] 즉 새로운 ANC 정부는 2개 정부의 비용을 부담해야 할 판이었다. 새로운 정부의 비용과 권력에서 물러나 사라진 백인 정부의 비용 말이다. 매년 부채상환의 40퍼센트가 대규모 연금으로 나간다. 수혜자는 아파르트헤이트 체제에서 일했던 직원들이다.*[40]

결국 남아프리카공화국은 주객이 전도된 보상으로 고통받고 있다. 기업들은 아파르트헤이트 체제에서 흑인 노동력을 이용해 막대한 이윤을 얻었지만 한 푼도 보상하지 않았다. 오히려 아파르트헤이트의 희생자들은 가해자들에게

---

* 아파르트헤이트 시대로 인한 부담은 국가의 전반적인 채무가 늘어나는 것과 동시에 매년 수십억 랜드의 공적자금을 원하는 곳에 쓸 수 없다는 것이었다. 1989년, 기술적 계산방식이 변하면서 국가연금 시스템이 부과방식에서 적립방식으로 바뀌었다. 즉 해당 연도의 보험료 수입을 가지고 연금을 지급하는 방식에서 어느 때라도 전체 책임의 70~80퍼센트를 지급할 수 있을 정도의 자금을 수중에 갖고 있어야 하는 방식으로 바뀐 것이다. 이는 지금까지와는 전혀 다른 시나리오였다. 그 결과 1989년에 300억 랜드였던 연금 기금은 2004년에는 3,000억 랜드를 넘어섰다. 분명 채무쇼크라 하겠다. 남아공 사람들은 연금 기금이 독자적으로 운영하는 막대한 자금에 손을 댈 수 없었다. 즉 주택 건설, 의료혜택, 기본 서비스에 쓸 수 없는 자금인 셈이었다. ANC에서는 남아공 공산당의 전설적인 리더인 조 슬로보(Joe Slovo)가 대표로 나가 연금 협정을 협상했다. 오늘날까지도 남아공 사람들은 이러한 사실에 커다란 분노를 느끼고 있다.

목돈을 보내고 있다. 이렇게 관대한 행동에 필요한 돈은 어디서 난 것일까? 민영화를 통해 국가자산을 거의 다 매각한 돈이다. ANC는 모잠비크처럼 근대적 약탈을 당하지 않기 위해 협상에 동의했다. 그러나 모잠비크에서는 공무원들이 기계를 부수고 주머니를 채워 달아났을 뿐이다. 반대로 남아프리카에서는 국가의 분해와 재산 강탈이 오늘날까지 계속되고 있다.

내가 남아프리카공화국에 도착했을 때는 자유헌장에 서명한 지 50주년이 되는 해였다. ANC는 언론의 주목을 받을 이벤트로 50주년을 축하하기로 했다. 의회를 케이프타운의 멋들어진 건물에서 자유헌장이 처음 비준된 소박한 클립타운 근처로 옮기기로 한 것이다. 대통령 타보 음베키는 그 행사를 통해 클립타운의 중심 교차로를 월터 시술루(Walter Sisulu) 기념광장으로 명명했다. 월터 시술루는 ANC에서 가장 존경받는 리더다. 그리고 새로운 자유헌장 기념비 행사에 참가해 영원한 '자유의 불꽃'을 밝혔다. 자유헌장 기념비는 자유헌장의 글귀를 석판 위에 새긴 탑이다. 근처에는 또 다른 기념비가 건립 중이었다. 바로 자유 타워라고 불리는 검은색과 흰색의 콘크리트 기둥이다. 이는 "남아프리카공화국은 이곳의 백인과 흑인 모두의 것이다."라는 자유헌장의 유명한 구절을 상징한다.[41]

행사의 전반적인 메시지는 금방 알아차릴 수 있었다. 즉 50년 전에 ANC는 남아공에 자유를 가져오겠다고 약속했는데, 이제 그 약속을 이루었다는 것이다. ANC의 '임무 완수' 순간인 셈이다.

그러나 행사에는 이상한 점이 있었다. 클립타운은 가난한 흑인 거주지구다. 낡은 판잣집이 밀집하고 정화되지 않은 폐수가 거리에 흐른다. 실업률은 아파르트헤이트 시절보다 더 높은 수치인 72퍼센트다. 이곳은 멋진 축하행사의 장소가 아니라 깨져버린 자유헌장의 약속을 상징하는 것 같다.[42] 기념행사를 준비하고 미술감독을 맡은 것은 ANC가 아니라 블루 아이큐(Blue IQ)라는 이상한 단체였다. 블루 아이큐는 공식적으로는 지방정부의 한 조직이다. 그러나 반들거리는 파란 안내책자에 따르면, "블루 아이큐는 상당히 잘 조직화된 환경에서 일을 하고 있으며, 마치 정부부서라기보다는 사기업 같은 느낌을 받을 것이다."라고 적혀 있었다. 블루 아이큐의 목표는 남아프리카공화국에 새로운 외국 투자자들을 끌어모으는 일이다. 이는 ANC가 제시한 '성장을 통한 재분배 프로그램'의 일환이다.

블루 아이큐는 관광산업을 성장 가능성 있는 투자 분야로 정했다. 자체 시장조사에 따르면 남아프리카공화국을 찾는 관광객들은 탄압을 이겨낸 ANC의 명성에 큰 매력을 느낀다. 따라서 블루 아이큐는 역경을 극복한 남아프리카의 승리를 보여주는 데 있어 자유헌장보다 더 좋은 상징물은 없다고 확신했다. 그런 점을 염두에 두고 클립타운을 자유헌장 테마파크로 전환하려는 프로젝트가 시작되었다. 국내외 관광객들에게 독특한 경험을 제공하는 세계적 수준의 관광지와 유적지를 만들려는 것이다. 박물관, 자유를 테마로 한 쇼핑몰, 유리와 강철로 만든 자유호텔까지 갖출 것이다. 빈민가 지역은 이제 부유하고 멋진 요하네스버그 교외처럼 바뀌게 된다. 그리고 예전부터 이곳에 살던 사람들은 덜 역사적인 지역의 빈민가로 재이주해야 할 것이다.[43]

블루 아이큐는 자유시장의 각본에 맞추어 클립타운의 이미지를 일신하려는 계획을 세웠다. 투자를 하는 사업체에 인센티브를 주면서 그 과정에서 일자리가 창출되길 바랐다. 클립타운의 프로젝트가 특이한 것은 직접적 빈곤 타파를 주장한 문서인 자유헌장에다 트리클다운 방식을 적용하려 한다는 점이다. 자유헌장을 만든 사람들은 토지를 재분배해서 수백만 명이 토지로 생계를 꾸릴 수 있게 만들라고 주장했다. 또한 광산을 국가가 관리해 수익금으로 주택과 기반시설을 확충하고 일자리를 창출하라고 했다. 다시 말해 중간업자를 없애라는 것이다. 많은 사람들에게 유토피아적인 포퓰리즘(populism: 일반 대중의 인기에 영합하는 정치행태로 대중주의라고도 함-옮긴이)으로 들릴 것이다. 그러나 시카고학파 교리의 수많은 실험들이 실패한 뒤에도 자유헌장 테마파크 같은 계획이 가난한 2,200만 남아프리카공화국 국민들의 건강과 경제문제를 해결할 거라고 믿는 사람들이야말로 진짜 몽상가들이다. 실상은 가난한 사람들의 소유물을 빼앗아 기업들에게 나누어주려는 계획일 뿐이다.[44]

남아프리카공화국이 대처리즘으로 완전히 돌아선 지 10년이 지났다. 트리클다운의 정의를 실험한 결과는 창피하기 짝이 없다.

- ANC가 권력을 잡은 1994년 이후, 하루에 1달러도 안 되는 돈으로 생활하는 사람들의 숫자가 200만 명에서 2006년에는 400만 명으로 두 배가 늘었다.[45]
- 1991~2002년 사이에 흑인들의 실업률은 23퍼센트에서 48퍼센트로 두 배 이상 늘어났다.[46]
- 남아프리카공화국의 흑인 시민 350만 명 가운데 수입이 1년에 6만 달러 이상인 사람은 5,000명에 불과하다. 반면 1년에 6만 달러 이상의 수입을 올리는 백인들의 숫자는 20배나 높다. 그리고 백인들의 상당수가 6만 달러 이상을 벌고 있다.[47]
- ANC 정부는 주택 180만 채를 건설했다. 반면에 집을 잃은 사람은 200만 명이다.[48]
- 민주주의 이후 10년 사이에 100만 명가량이 농장에서 쫓겨났다.[49]
- 그로 인해 판자촌 거주민들의 숫자는 50퍼센트나 늘었다. 2006년, 남아공 사람들 4명 중 1명 이상이 비공식적인 빈민가의 판자촌에서 산다. 수도나 전기시설 없이 지내는 사람이 태반이다.[50]

자유헌장이 배신당했다는 사실은 남아공 주류사회에서 자유헌장이 어떻게 받아들여지고 있는지를 보면 잘 알 수 있다. 얼마 전만 해도 자유헌장은 백인의 특권에 대한 절대적 위협이라고 상징되었던 문서였다. 그러나 오늘날엔 좋은 의도를 가진 헌장이라는 평가가 비즈니스 라운지나 상류층 거주지에서 나오고 있다. 위협요소가 전혀 없어 듣기에도 좋은 헌장이라는 것이다. 마치 화려한 수사어구의 기업행동지침과 비슷하게 받아들여진다. 그러나 자유헌장이 채택된 클립타운의 흑인 거주지구에서는 많은 이들이 지켜지지 않은 약속 때문에 고통스러워한다. 국민들은 정부가 후원하는 기념행사를 보이콧했다. "자유헌장의 내용은 아주 좋죠." 더반에서 급성장하고 있는 빈민가 주민운동의 지도자인 스부 지코데(S'bu Zikode)가 내게 말했다. "그러나 배신만 당했을 뿐입니다."

자유헌장에서 약속한 재분배를 포기하면서 내세운 주장은 아주 빤한 소리였다. 즉 지금 세상에선 누구나 그럴 수밖에 없다는 것이다. 비슈누 파다야체에 따르면, ANC 지도부는 서구 정부와 IMF 그리고 세계은행으로부터 "세상은 변했다. 좌익에 관련된 것은 아무것도 남아 있지 않다. 이것만이 유일한 방법이다."라는 메시지를 받았다. 구메데는 이렇게 밝혔다. "제대로 대비하지 못했던 ANC는 맹공격을 당했다. 경제 리더들은 주기적으로 세계은행이나 IMF 같은 국제기구의 본부에 갔다. 1992~1993년, ANC의 일원들은 경제적 자질이 전혀 없었지만 외국의 비즈니스 스쿨, 투자 은행, 경제정책 싱크탱크, 세계은행 등의 기관에서 단기 CEO 과정을 이수했다. 그리고 그곳에서 신자유주의 사상을 질리도록 주입받았다. 정말 아찔한 경험이었다. 예비 정부가 그렇게 심하게 국제 공동체로부터 설득을 당한 적은 없었다."[51]

만델라는 1992년 다보스 세계은행 경제포럼에서 유럽 지도자들과 만났다. 당시 그는 마치 교정에서 또래집단의 압력을 받는 기분이었다. 그는 제2차 세계대전 이후 서유럽이 마셜플랜 아래에서 했던 것 이상의 급진적인 조치는 취하지 않을 거라고 말했다. 그러자 네덜란드 재무부 장관은 관련성이 없는 얘기라며 반박했다. "그 당시는 그랬었죠. 그러나 지금 세계경제는 상호의존적입니다. 세계화가 뿌리를 내리고 있어요. 따라서 어떤 경제도 타국의 경제와 별개로 발전해나갈 수는 없습니다."**52**

만델라 같은 지도자들은 세계화 순방을 다니면서 좌익 성향의 정부들도 워싱턴 컨센서스를 받아들였다는 사실에 충격을 받았다. 베트남과 중국의 공산주의자들도 워싱턴 컨센서스를 받아들였다. 폴란드의 노동조합원들과 피노체트 독재에서 해방된 칠레의 사회민주주의자들도 마찬가지였다. 심지어 러시아인들도 신자유주의의 영향을 받았다. ANC가 가장 중요한 협상을 하던 때에 모스크바는 조합주의자들의 무자비한 공격을 받으면서 국가자산을 과거 당원들이 었던 기업가들에게 신속하게 매각하는 중이었다. 모스크바도 막강한 글로벌 추세에 두 손을 들었는데 남아공의 힘없는 자유전사들이 어떻게 저항하겠는가?

급성장하는 전환체제 산업을 만들어낸 법조인, 경제학자, 사회사업가들은 그러한 메시지를 유포하기 시작했다. 전쟁에 지친 국가부터 위기로 흔들리는 도시까지 가리지 않고 돌아다니는 전문가팀은 당황한 정치인들에게 부에노스아이레스의 최고 관행, 바르샤바의 고무적인 성공담, 아시아 호랑이들의 놀라운 도약에 관한 이야기를 들려주었다. '전환이론가들[뉴욕 대학의 정치과학자 스티븐 코헨(Stephen Cohen)은 그렇게 불렀다]'은 자신들의 조언을 받는 정치인들보다 우위에 있었다. 그들은 엄청난 이동성을 가진 반면, 해방투쟁 지도자들은 본디 내부 지향적이었다.**53** 따라서 강도 높은 국가적 전환을 주도하는 해방투쟁 지도자들은 자신의 이야기와 권력 투쟁에만 좁게 초점을 맞출 뿐, 자신의 경계선 너머의 세계에는 관심을 집중시키지 못한다. 실로 불행한 일이다. 만약 ANC 지도부가 전환이론가들의 정보 조작을 차단한 뒤, 모스크바, 바르샤바, 부에노스아이레스, 서울에서 무슨 일이 일어났는지 직접 알아봤다면 전혀 다른 양상을 맞았을 것이다.

11장

신생 민주주의의 횃불

러시아는 '피노체트 옵션'을 선택하다

활기찬 도시의 각 부분들은 고유한 전통이 있다는 점을 고려하지 않고서는 경매에 부칠 수 없다.

그러한 전통은 외국인들의 눈에는 기이하게 보일 수도 있다.

(중략) 그러나 우리의 전통이고 우리의 도시다.

우리는 오랫동안 공산주의 독재체제에서 살았다.

그러나 이제 우리는 사업가들의 독재 아래에서의 삶도 그에 못지않음을 알게 되었다.

그들은 자신들이 어느 나라에 있는지 전혀 관심이 없다.

1993년, 러시아 작가 그리고리 고린(Grigori Gorin)1

–

진실을 퍼뜨려라.

경제법은 엔지니어링의 법과 같다.

어디서나 한 세트의 법이 적용된다.

1991년, 세계은행 수석 경제학자 로런스 서머스(Lawrence Summers)2

　　소련 대통령 미하일 고르바초프는 1991년 7월 G7 정상회담에 처음으로 참가하기 위해 런던으로 갔다. 그는 아마 영웅에 대한 환영을 기대했을 것이다. 지난 3년 동안 그는 국제무대를 돌아다녔다는 말로는 부족했다. 언론의 환호를 받고, 군비감축 조약에 서명하고, 1990년에는 노벨평화상을 수상했다.

　　그는 심지어 미국 대중의 마음도 사로잡았다. 예전에는 상상도 할 수 없는 일이었다. 이 러시아 지도자는 악의 제국이라는 이미지를 철저하게 무너뜨렸다. 미국 언론은 그를 고르비(Gorby)라는 귀여운 별명으로 불렀다. 1987년 「타임」은 소련 대통령을 그해의 인물로 선정하는 위험한 결정을 내리기도 했다. 잡지 편집자는 고르바초프가 이전 러시아 지도자들(털모자를 쓴 괴물들)과 달리 러시아의 로널드 레이건이라고 설명하면서, '크렘린(Kremlin: 러시아 대통령궁─옮긴이) 버전의 소통의 달인(Great Communicator: 흔히 미국 내에서 레이건을 이렇게 부른다─옮긴이)'이라고 불렀다. 노벨상위원회는 "그의 업적 덕택에 냉전의 종식을 축하할 수 있게 되었다."라고 선언했다.[3]

1990년대가 시작되면서 고르바초프는 글라스노스트(개방)와 페레스트로이카(개혁)라는 두 정책으로 상당한 민주화를 이루었다. 우선 언론에 자유를 주었다. 그리고 러시아 의회, 지방의원, 대통령, 부통령은 선거로 선출하도록 했다. 아울러 대법원도 독립시켰다. 경제 면에서는 자유시장을 받아들이는 동시에 핵심 부분은 국가가 통제하는 강한 사회안전망도 추진했다. 그는 이러한 혼합체제가 완성되려면 10~15년은 걸릴 것이라고 예측했다. 최종 목표는 스칸디나비아 반도 모델에 근거한 사회민주주의, 즉 '모든 인류를 위한 사회주의 등대'를 세우는 것이었다.[4]

처음에는 서구도 고르바초프가 소비에트 경제의 규제를 풀어 스웨덴의 경제모델과 유사한 체제로 전환하기를 원했다. 노벨상위원회는 그러한 체제 전환에 대한 후원으로 상을 주는 것이라고 공개적으로 밝혔다. 다시 말해 필요한 순간에 도움을 주는 손인 셈이다. 고르바초프는 프라하를 방문해 혼자서는 이 일을 해낼 수 없다고 분명히 말했다. "밧줄에 매달려 산을 오르는 등반가들처럼 전 세계 국가들은 함께 정상을 향해 올라가든지, 아니면 다 같이 깊은 나락으로 떨어진다."[5]

때문에 1991년 G7 회담에서 일어난 일은 전혀 예기치 못한 것이었다. 고르바초프는 각국 정상들로부터 경제 쇼크요법을 즉각 수용하지 않는다면 밧줄을 잘라 그를 떨어뜨리겠다는 메시지를 받았다. "체제 전환의 속도와 방법에 대한 제안은 경악스러울 정도였다."라고 고르바초프는 그날에 대해 기록했다.[6]

폴란드는 IMF와 제프리 색스의 지도 아래 첫 번째 쇼크요법을 막 마친 상태였다. 영국 수상 존 메이저(John Major), 미국 대통령 조지 H. W. 부시, 캐나다 수상 브라이언 멀로니(Brian Mulroney), 일본 수상 가이후 도시키(海部俊樹)는 소련이 훨씬 빠른 일정으로 폴란드의 선례를 따라야 한다는 데 의견을 같이했다. 회담이 끝난 뒤 고르바초프는 IMF, 세계은행, 다른 주요 차관 제공 기관들로부터 역시 같은 지시를 받았다. 러시아는 끔찍한 경제 위기를 진정시키기 위해 채무탕감을 요청했지만, 채무를 상환하라는 냉정한 대답이 돌아왔다.[7] 색스가 폴란드의 원조와 부채탕감을 도와준 이후로 정치 분위기는 예전과 달라졌다. 한마디로 더욱 야비해졌다.

이후의 일들은 근대 역사에 잘 기록되어 있다. 소련은 해체되고, 고르바초프는 사라지고, 옐친이 등장했다. 그리고 러시아에서 경제 쇼크요법의 격앙된 과정이 실시되었다. 그러나 이러한 이야기는 종종 '개혁'이라는 듣기 좋은 말로 표현된다. 이는 너무나 일반적인 이야기로, 근대 역사상 민주주의 아래에서 저질러진 가장 큰 범죄를 숨기고 있다. 러시아는 중국과 마찬가지로 시카고학파 경제 프로그램과 진정한 민주주의 혁명 사이에서 선택을 해야 했다. 중국 지도부는 민주주의가 자유시장계획을 방해하지 못하도록 국민들을 공격했다. 그러나 러시아는 달랐다. 민주적 혁명은 고르바초프가 시작해 이미 잘 진행되고 있었다. 그러다 시카고학파 경제 프로그램을 추진하면서 평화롭고 희망찬 민주화 과정은 폭력적으로 중단되고 상황은 급반전되었다.

고르바초프는 G7과 IMF가 옹호한 쇼크요법을 실행하려면 무력을 쓸 수밖에 없음을 알았다. 그 정책을 추진한 서구에서 그랬듯 말이다. 1990년, 「이코노미스트」는 고르바초프에게 "강자의 힘을 보여주는 정책을 사용해 중요한 경제개혁에 대한 저항을 박멸해야 한다."라고 촉구하는 기사를 내보냈다.[8] 노벨상위원회가 냉전의 종식을 선언한 지 2주 정도 지난 시점이었다. 「이코노미스트」는 고르바초프에게 냉전시대의 가장 악독한 살인자 모델을 따르라고 권하며, '미하일 세르게이비치 피노체트?'라는 표제로 기사를 냈다. 기사의 결론은 유혈 사태가 일어날지라도 자유경제에 대한 피노체트의 접근법을 받아들여야 한다는 것이다. 「워싱턴포스트」는 한술 더 떴다. 그들은 1991년 8월 '피노체트의 칠레가 소련 경제에 실용적인 모델이 되어줄 것이다.'라는 제목의 논평을 실었다. 또한 더디게 진행하는 고르바초프를 쿠데타로 제거하는 방안에 지지를 보냈다. 그러나 기사를 쓴 마이클 슈라지(Michael Schrage)는 소련 대통령의 정적들에게는 피노체트 옵션을 실시할 분별력이나 자원이 없다고 걱정했다. "쿠데타를 어떻게 일으키는지 잘 알고 있는 독재자의 모델을 따라야 한다. 바로 은퇴한 칠레의 장군 아우구스토 피노체트 말이다."[9]

조만간 고르바초프는 피노체트 역할 이상을 해낼 훨씬 강경한 정적을 만나게 된다. G7 정상회담 한 달 뒤인 1991년 8월 19일 극적인 변화가 일어났다. 공산주의의 수호세력이 러시아 의회 건물로 탱크를 몰고 진입했다. 그들은 처음으로 선출된 의회를 공격해 민주주의를 중단시키겠다고 위협했다. 새로운 민주주의를 수호하기로 결심한 러시아인들 가운데 옐친이 있었다. 그는 탱크 위에 올라서서 이것은 냉소적인 우익 성향의 쿠데타 시도라고 비난했다.[10] 결국 탱크는 물러났고 옐친은 민주주의의 용감한 수호자로 떠올랐다. 거리에 서 있던 한 시위자는 "처음으로 나 자신이 조국의 상황에 영향을 끼칠 수 있다고 느꼈습니다. 우리의 영혼은 높이 비상했습니다. 그것은 일체감이었죠. 우리는 무적과도 같았습니다."라고 말했다.[11]

그렇게 생각한 것은 옐친도 마찬가지였다. 지도자로서 그는 항상 고르바초프와 정반대였다. 고르바초프는 예절과 금주를 계획했었다(가장 논란이 된 조치는 공격적으로 펼친 보드카 금주 캠페인이었다). 반면에 옐친은 대식가에다 대한한 음주가였다. 쿠데타 이전에 많은 러시아인들은 옐친에 대해 판단을 유보했다. 그러나 공산주의 쿠데타에서 민주주의를 구한 이후 그는 국민들의 영웅이 되었다.

옐친은 즉각 승리를 정치권력의 확대로 전환했다. 소련이 그대로 있는 한 그는 고르바초프보다 더 많은 통제권을 잡을 수 없었다. 쿠데타가 실패로 끝난 지 4개월이 지난 1991년 12월 무렵이었다. 옐친은 놀라운 정치적 재능을 발휘했다. 다른 두 소련 공화국들과 연합해 소비에트연방을 즉각 해체한 뒤 고르바초프의 사임을 강요한 것이다. '대다수 러시아인들이 여태 알고 있었던' 소련의 폐지는 러시아에 상당한 심리적 충격을 주었다. 정치과학자 스티븐 코헨이 말한 대로 러시아인들이 앞으로 3년 동안 견뎌야 할 '세 가지 정신적 충격'의 첫 번째 단계였다.[12]

옐친이 소련 연방이 더 이상 존재하지 않음을 발표한 날, 제프리 색스는 크렘린 궁의 방에 있었다. "러시아 대통령은 '여러분들, 저는 소련이 종식되었음을 알립니다.'라고 말했습니다. 이에 나는 이렇게 말했죠. '세상에, 이것은 한 세기에 한 번 있을까 한 사건입니다. 믿을 수 없을 정도로 놀라운 일입니다. 진정한 해방입니다. 이 사람들을 도와줍시다.'"[13] 옐친은 색스를 경제자문으로 러시아에 초대했다. 색스는 상당한 영향력을 행사했다. 그는 "폴란드도 해냈습니다. 그러니 러시아도 할 수 있습니다."라고 단언했다.[14]

그러나 옐친은 단지 조언만 원한 게 아니었다. 그는 색스가 폴란드를 위해 해주었던 자금 모금을 원했다. "유일한 희망은 선진 7개국이 대규모 원조 자금을 주겠다는 약속을 하는 겁니다."[15] 색스는 옐친에게 모스크바가 자본주의 경제를 설립하려면 '빅뱅' 접근법을 사용해야 한다고 말했다. 그리고 150억 달러 정도를 모금할 수 있다고 장담했다.[16] 그들은 이제 야망을 가지고 보다 신속하게 움직여야 했다. 그러나 옐친은 색스의 운이 바닥나기 시작했다는 것은 모르고 있었다.

러시아가 자본주의로 전환한 것은 2년 전에 중국의 톈안먼 광장 시위를 유발한 부정한 방법과 비슷했다. 모스크바의 시장 가브릴 포포프(Gavrill Popov)는 중앙 통제된 경제를 붕괴시키는 데에는 두 가지 방안이 있다고 주장했다. "재산을 사회의 모든 구성원들이 나누어 가지거나, 아니면 최고로 좋은 부분을 리더들에게 주는 방안이 있습니다. 한마디로 민주주의적 접근법과 특권계층 및 당 간부를 중시하는 방법이 있습니다."[17] 옐친은 후자의 방법을 취했는데, 그것도 매우 서두르고 있었다. 1991년 후반, 그는 의회에서 이례적인 제안을 했다. 1년 동안만 자신에게 특별권력 행사권을 부여해달라는 것이다. 즉 법안을 의회에서 상정해 통과시키는 방식이 아니라 자신의 법령으로 발할 수 있게 해달라는 것이다. 그렇게만 해준다면 경제 위기를 해결하고, 번영을 누리는 건전한 시스템으로 되돌리겠다고 말했다. 옐친이 요구한 것은 민주주의자가 아닌 독재자들이 누렸던 집행권이었다. 그러나 의회는 쿠데타 시도를 막아준 대통령에게 여전히 고마워하고 있었다. 그리고 국가는 외국의 원조를 절실하게 원했다. 따라서 대답은 '예스'였다. 옐친은 러시아의 경제를 재건하기 위해 1년 동안 절대 권력을 가질 수 있었다.

그는 즉각 경제학자들로 팀을 구성했다. 상당수는 공산주의 말년에 자유시장 독서클럽을 결성한 이들이었다. 그들은 시카고학파 사상가의 기본서를 읽고, 러시아에 어떤 식으로 적용할 수 있을지 논의하곤 했었다. 미국에서 공부한 적은 없지만 모두 밀턴 프리드먼의 열렬한 팬이었다. 그래서 러시아 언론들은 옐친의 팀을 '시카고 보이스'라고 불렀다. 그들은 진짜 시카고 보이스들보다 더욱 철저했다. 러시아의 번성하는 암시장 경제의 상황에도 적합했다. 서구는 그들을 '젊은 개혁가들'이라고 불렀는데, 예고르 가이다르(Yegor Gaidar)가 그들을 이끌었다. 옐친은 그를 2명의 부총리들 가운데 1명으로 임명했다. 1991~1992년 옐친의 장관이었던 표트르 아벤(Pyotr Aven)은 이러한 내부 모임의 회원이었다. 그는 자신이 참여했던 집단에 대해 이렇게 말했다. "그들은 자신들이 절대적으로 우월하다고 믿으며 스스로를 신으로 여겼다. 불행히도 그것은 우리 개혁가들의 전형적 모습이었다."[18]

러시아 신문 「네자비시마야 가제타(Nezavisimaya Gazeta)」는 갑작스레 모스크바에서 권력을 잡은 집단을 조사하다 다소 놀라운 진행 과정을 발견한다. 자칭 프리드리히 하이에크와 밀턴 프리드먼의 시카고학파를 따르는 자유주의자들 그룹이 처음으로 정부에 들어간 것이다. "그들의 정책은 매우 분명했다. '쇼크요법 처방전'에 따른 '엄격한 재정 안정화'였다." 옐친은 그들을 임명함과 동시에 악명 높은 실력자 유리 스코코프(Yury Skokov)에게 안보와 탄압 부서를 맡겼다. 그것은 바로 군대, 내무부, 국가안보위원회였다. 이러한 결정들은 분명 서로 관련이 있었다. "경제학자들이 경제에서 안정화를 이루는 동안 스코코프는 정치에서 엄격한 안정화를 이룰 수 있다." 기사는 예상으로 결론을 냈다. "만약 국내판 피노체트 시스템을 세우려고 한다면 가이다르의 팀이 시카고 보이스 역할을 하는 건 당연하다."[19]

미국은 옐친의 시카고 보이스에게 이념적, 기술적 후원을 제공했다. 민영화 법안을 만드는 작업부터, 뉴욕 스타일의 주식시장을 시작하고, 뮤추얼펀드 시장을 만드는 작업까지, 전환 전문가들에게 돈을 대주었다. 1992년 가을, 미 국제협력처는 하버드 국제개발부와 210만 달러의 계약을 맺고, 젊은 법률가들과 경제학자들을 가이다르팀에 은밀히 보냈다. 1995년 5월, 하버드는 하버드 국제개발연구소의 책임자로 색스를 임명했다. 그는 이제 러시아의 개혁기에 두 가지 역할을 하게 되었다. 옐친의 자유계약 조언자로 시작했다가 미국 정부가 돈을 대는 하버드의 대규모 러시아 전초기지를 감독하는 역할로 옮겨간 것이다.

자칭 혁명가 그룹은 급진적인 경제 프로그램을 위해 다시 한 번 은밀히 만나 논의를 했다. 드미트리 바실리예프(Dimitry Vasiliev)는 주도적 개혁가로서 그 때를 이렇게 회상했다. "초반에 우리는 직원이 1명도 없었다. 심지어 비서조차 없었다. 게다가 팩스는 고사하고 어떤 장비도 없었다. 이러한 상황에서 단 한 달 반 만에 포괄적인 민영화 프로그램을 짜야 했다. 규범이 될 20건의 법을 작성했다. 정말로 낭만적인 시기였다."[20]

1991년 10월 28일, 옐친은 가격 통제를 철폐한다고 선언하며 가격 자유화가 모든 것을 정상상태로 돌려놓을 거라고 예측했다.[21] 고르바초프 사임 이후 일주일 만에, 개혁가들은 경제 쇼크요법 프로그램을 개시한 것이다. 이는 세 가지 정신외상적 쇼크들 가운데 두 번째 쇼크다. 쇼크요법 프로그램에는 자유무역 정책들과 22만 5,000개의 국영회사들을 단번에 민영화하는 첫 단계도 포함되었다.[22]

"러시아는 시카고학파 프로그램으로 충격을 받았습니다." 옐친의 첫 경제 조언자들 가운데 1명이 회상했다.[23] 그것은 고의적으로 급작스런 충격을 가해 아예 저항을 못 하게 만들려는 가이다르의 전략이었다. 대개 그랬듯 그의 팀에 문제가 된 것은 자신들의 계획을 방해하는 민주주의의 위협이었다. 러시아인들이 공산주의 중앙통제위원회가 경제를 건설하길 원한 거 아니었다. 그러나 대부분 여전히 부의 재분배와 정부의 적극적 역할을 믿고 있었다. 마치 자유노조를 후원한 폴란드인들이 그랬듯 말이다. 1992년의 여론조사에서 러시아인들의 67퍼센트는 노동자 협력체가 공산주의 국가의 자산을 민영화하는 가장 효율적인 방안이라고 응답했다. 79퍼센트는 완전고용의 유지가 정부의 핵심 기능이라고 말했다.[24] 옐친의 팀은 자신들의 계획을 토론에 맡길 경우를 생각해 보았다. 혼란스러워하는 대중에게 강력한 공격을 가하기는커녕, 시카고학파의 혁명은 오히려 기회를 잡지 못할 수도 있었다.

블라디미르 마이(Vladimir Mau)는 당시 보리스 옐친의 자문위원이었다. "개혁을 하기 가장 좋은 상태는 공포에 질린 대중이 정치투쟁에 지쳐 있을 때입니다. 정부가 가격 자유화를 앞두고 자신만만해한 것도 그 때문입니다. 격렬한 사회적 투쟁이 일어날 수 없는 상황이었습니다. 대중혁명에 의해 정부가 전복될 리도 없고요." 그는 러시아 인구의 70퍼센트가 가격 통제 철폐에 반대했다고 설명했다. "그러나 지금이나 그때나 사람들은 자신의 개인 농경지 산출량에 중점적으로 신경을 쓰고 있었습니다. 일반적으로 개인적인 각자의 경제상황에 관심을 두고 있었던 거죠."[25]

　조지프 스티글리츠는 세계은행의 수석 경제학자였다. 그는 쇼크요법가들의 사고방식을 요약했는데, 그의 은유는 어디에서 많이 들어본 소리다. 즉 '전환기의 혼란'이 제공한 '기회의 창'이 열린 동안에 신속하게 행동해야만 변화를 만들어낼 수 있다는 것이다. 대중이 자신의 기존 이득을 보호하기 위한 조직화된 행동을 하기 전에 말이다.[26] 한마디로 쇼크 독트린이다.

　스티글리츠는 극적 혁명을 좋아하는 러시아 개혁가들의 성향을 빗대 이를 '시장 볼셰비키'라고 불렀다. 볼셰비키는 구체제가 붕괴된 뒤에 중앙계획국가를 세우려 했다.[27] 그러나 시장 볼셰비키들은 일종의 마법을 믿었다. 즉 이윤 창출의 최적상태가 만들어진다면 국가는 스스로 재건되므로 계획 따위는 필요 없다는 것이다(이러한 믿음은 10년 후 이라크에서 다시 나타난다).

　옐친은 6개월 정도는 상황이 악화되겠지만 곧 경제가 회복되어 경제적 거인이 될 것이라고 말했다. 그러면서 세계의 4대 경제에 들겠다는 야심 찬 약속을 했다.[28] 그러나 창조적 파괴의 논리는 사회를 궁핍과 파괴의 악순환으로만 이끌었다. 겨우 1년이 지났는데도 쇼크요법은 끔찍스런 결과를 낳았다. 러시아인들은 돈의 가치가 떨어지는 바람에 평생 모은 저축을 상실했다. 그리고 보조금의 대폭 삭감으로 노동자 수백만 명이 몇 달째 임금을 받지 못했다.[29] 1991년에 비해, 러시아인들은 1992년에 평균적으로 40퍼센트 소비를 줄였다. 전체 인구의 3분의 1이 빈곤층으로 떨어졌다.[30] 중산층은 거리에서 카드테이블에 소지품들을 올려놓고 팔아야 할 지경이었다. 시카고학파 경제학자들은 이러한 절망적인 행동을 자본주의 르네상스의 진행을 보여주는 '기업가적' 증거라고 칭송했다.[31]

　러시아인들은 폴란드에서처럼, 참을 만큼 참다가 결국엔 가학적인 경제 모험을 끝내라고 요구했다('더 이상 실험은 그만.'이라는 유명한 그라피티를 모스크바의 벽에서 볼 수 있었다). 옐친의 권력 장악을 지원했던 의회는 유권자들로부터 압력을 받았다. 그래서 대통령과 시카고 보이스가 누리는 권력을 되찾아올 때라고 결정했다. 1992년 12월, 의원들은 예고르 가이다르를 사퇴시키기 위해 투표했다. 그리고 석 달 후인 1993년 3월, 의회는 법령만으로 경제법을 실시하게 해준 특별 권력을 취소하기 위해 투표했다. 이제 특혜 기간은 만료되었고 그동안의 결과는 끔찍했다. 어쨌든 지금부터 법은 의회를 통해 자유민주주의의 기본 원칙에 따라 제정되어야 했다. 그리고 러시아 헌법에 정해진 절차를 준수해야 했다.

의원들은 자신들의 권리 내에서 활동했지만, 옐친은 확장된 권력에 점차 익숙해졌다. 그리고 자신을 대통령이 아니라 전제군주로 생각하게 되었다[자신을 보리스 1세(Boris I)라고 부르기까지 했다]. 의회의 반란이 일자 그는 텔레비전에 나가 긴급사태를 선언함으로써 제왕적 권력을 되찾기 위해 대응했다. 3일 후 러시아의 독립헌법재판소(고르바초프가 창설한 기구로, 가장 중요한 민주주의적 혁신이었다)는 8건의 사건의 경우에 옐친의 권력 장악이 수호하기로 맹세한 헌법을 위반했다며, 9대 3으로 판결을 내렸다.

그때까지는 러시아에서 경제 개혁과 민주 개혁을 하나의 같은 프로젝트로 보았다. 그러나 일단 옐친이 비상사태를 선포하자 두 프로젝트는 충돌했다. 옐친과 쇼크요법 전문가들은 국민이 선출한 의회와 헌법의 반대편에 선 것이다.

그런데도 서구는 배후에서 옐친에게 힘을 실어주었다. 미국 대통령 빌 클린턴(Bill Clinton)은 옐친이 여전히 '진실로 자유, 민주주의, 개혁에 헌신'하는 진취적 역할을 하고 있다고 말했다.[32] 서구 언론들도 의회에 맞서는 옐친의 편을 들어주면서, 의원들을 민주적 개혁을 되돌리려는 '강경파 공산주의자'로 폄하했다.[33] 「뉴욕타임스」의 모스크바 지국장에 따르면, 그들은 소비에트 세계관에서 벗어나지 못했다. 즉 개혁에 회의적이며, 민주주의를 무시하며, 지성인과 민주주의자들을 혐오하는 세계관을 가졌다는 것이다.[34]

의원들에게 흠이 있긴 해도(1,041명이나 있다 보니 문제도 많았을 것이다), 그들은 바로 1991년 강경파의 쿠데타에 맞서 옐친과 고르바초프의 편을 들어주었던 정치인들이었다. 그리고 소련의 해체에 찬성했으며, 최근까지도 옐친을 뒤에서 후원해주었다. 그러나 「워싱턴포스트」는 러시아 의원들을 반정부적이라고 표현했다. 마치 그들이 극단주의자이며 정부의 일원이 아닌 것처럼 말이다.[35]

1993년 봄, 의회는 IMF의 엄격한 긴축재정예산 요구를 따르지 않는 예산안을 냈다. 이제 갈등은 한층 커졌다. 옐친은 이에 대응해 의회를 해산시키려 했다. 그는 서둘러 유권자들에게 의회 해산을 원하는지 묻는 국민투표를 요구했는데, 언론들은 왜곡된 선전으로 그를 후원해주었다. 그러고는 예정보다 일찍 선거를 치렀다. 옐친에게 위임권한을 주려는 투표권자의 수는 충분하지 않았다. 그러나 그는 선거 결과가 러시아가 자신의 편에 있음을 보여주는 증거라며 승리를 주장했다. 왜냐하면 그는 자신의 개혁을 지지하느냐는 완전히 별개의 질문으로 슬쩍 넘어갔기 때문이다. 그 질문에는 절반을 약간 넘는 다수가 찬성을 나타냈다.[36]

러시아에서 그 국민투표는 대개 잘못된 선전활동으로 여겨졌다. 사실상 옐친과 워싱턴은 여전히 헌법적 권리에 따라 일하고 있는 의회와 맞서고 있었다. 한편 의회가 쇼크요법의 속도를 늦추자 강력한 압력이 가해졌다. 미국 재무부 차관 로런스 서머스는 "러시아 개혁의 모멘텀을 반드시 되살려야 하며, 다자적 지원으로 강화시켜야 한다."라고 경고했다.[37] IMF는 즉각 그러한 메시지를 알아들었다. IMF의 한 익명의 관리는 러시아의 개혁 후퇴에 대한 불만으로 약속한 15억 달러의 차관이 취소되었다고 언론에 흘렸다.[38] 옐친 시대의 장관인 표트르 아벤은 이렇게 말한다. "IMF는 예산계획과 통화계획에 광적으로 집착했다. 다른 것은 그들에게 피상적이고 형식적인 것에 불과했다. 이러한 태도는 당시 상당한 영향을 미쳤다."[39]

IMF의 누설사건이 있고 나서 옐친은 서구의 지원을 확신했다. 그래서 '피노체트 옵션'을 향해 단호하게 첫걸음을 내디뎠다. 그는 1,400개의 법령을 발하고, 헌법을 폐지하고, 의회 해산을 선언했다. 이틀 후, 의회 특별회기에서 635대 2의 투표로 옐친의 권력 남용(미국 대통령이 일방적으로 의회를 해산한 것과 마찬가지다)을 탄핵했다. 한편 부통령인 알렉산드르 루츠코이(Aleksander Rutskoi)는 옐친과 개혁가들이 실시한 정치적 모험 때문에 러시아는 이미 엄청난 대가를 치렀다고 밝혔다.[40]

이제 옐친과 의회의 무력 충돌은 불가피해졌다. 헌법재판소는 옐친의 행동이 헌법에 위배된다고 또다시 선언했다. 그런데도 클린턴은 계속 그를 후원했다. 미국 의회는 25억 달러의 원조를 옐친에게 제공하는 법안에 동의했다. 이에 고무된 옐친은 군대를 보내 의회를 포위하고, 의회 건물의 전기와 난방과 전화선을 끊었다. 모스크바의 글로벌 연구소 소장 보리스 카가를리츠키(Boris Kagarlitsky)는 이렇게 말했다. "러시아의 민주주의 지지자들이 의회 건물의 봉쇄를 막기 위해 수천 명씩 왔습니다. 그들은 2주 동안 군대와 경찰과 대치하며 평화로운 시위를 벌였습니다. 덕분에 의회 건물의 일부 봉쇄를 뚫고, 내부에 음식과 물을 공급할 수 있었죠. 평화로운 저항은 점점 인기를 얻고 날이 갈수록 폭넓은 지지를 얻었습니다."

양측은 서로 자신의 입지를 다지고 있었다. 대치상황을 해결할 유일한 방안은 조기 선거에 동의해 대중의 평가를 받는 길뿐이었다. 많은 이들이 그 방안을 따르라고 촉구했다. 옐친은 이리저리 저울질하다가 선거 쪽으로 가닥을 잡으려 했다. 그러나 바로 그때 폴란드 유권자들이 자유노조에 단호한 처벌을 내렸다는 뉴스가 들려왔다. 쇼크요법으로 유권자를 배신했기 때문이었다.

자유노조의 선거 참패를 지켜본 옐친과 서구 조언자들은 조기 선거가 너무 위험부담이 크다는 사실을 분명히 알게 되었다. 거대한 석유매장지, 세계 매장량의 30퍼센트를 차지하는 천연가스, 20퍼센트인 니켈 같은 엄청난 자산이 어떻게 될지 모르는 상황이었다. 군수공장들 그리고 거대한 인구를 통제하는 수단이었던 국영 미디어도 빠뜨릴 수 없었다.

옐친은 협상을 포기하고 전투태세로 나섰다. 옐친은 군인들의 임금을 두배로 올려주어 자신의 편으로 만들었다. 「워싱턴포스트」의 보도에 따르면, "내무부 군인 수천 명, 철조망, 물대포로 의회를 포위한 뒤, 누구도 통과하지 못하도록 했다."[41] 부통령 루츠코이는 옐친의 강력한 라이벌이었다. 그는 당시 경호원들을 무장시키고 파시스트 민족주의자들을 자신의 진영으로 흔쾌히 받아들였다. 또한 자신의 지지자들에게 "옐친의 독재를 좌시하지 마라."라고 촉구했다.[42] 당시 시위에 참여했던 일화를 책으로 낸 카가를리츠키는 이렇게 말했다. "10월 3일, 의회를 지지하는 군중은 오스탄키노(Ostankino) 텔레비전센터로 행진해 뉴스를 내보내라고 요구했죠. 일부 무장한 사람들도 있었지만 군중 대부분이 비무장상태로, 어린애들도 있었지요. 그런데 옐친의 군대는 충격을 가했습니다." 시위자 100명과 군인 1명이 사망했다. 이후 옐친은 러시아 전역의 모든 시의회와 지역의회를 해산시켰다. 이제 러시아의 신생 민주주의는 산산조각 났다.

일부 의원들이 군중을 부추기면서 평화로운 협상에 대해 반감을 표시한 것은 사실이다. 그러나 심지어 전직 미국 국무부 관리 레슬리 겔브(Leslie Gelb)도 "우익 과격파들은 의회를 장악하지 못했다."라고 표현할 정도였다.[43] 사실 위기를 발생시킨 원인은 의회 불법 해산과 국가 최고법정에 대한 무시 때문이었다. 그것은 간신히 얻어낸 민주주의를 포기하지 않기 위해 절망스런 조치에 항거한 운동이었다.*

워싱턴이나 유럽연합은 옐친에게 의원들과 진지한 협상을 맺으라고 분명한 신호를 보낼 수도 있었다. 그러나 옐친은 오히려 의회 탄압에 대한 격려를 받았다. 1993년 10월 4일 아침, 옐친은 오랫동안 정해진 운명을 완성시키듯, 러시아의 피노체트가 되어 폭력사태를 일으켰다. 정확히 20년 전의 칠레 쿠데타와 한 치의 오차도 없이 똑같았다. 이것은 옐친이 러시아 국민들에 가한 세 번

---

* 가장 선정적인 보도의 대표적인 사례는 「워싱턴포스트」가 될 것이다. "약 200명의 시위자들은 러시아 국방부로 진격했다. 그곳은 핵무기 통제장치가 있는 곳으로, 최고위 장성들이 모여 있었다." 그러더니 민주주의를 수호하려는 러시아 군중이 핵전쟁을 개시하려 했다는 어처구니없는 추측을 내놓았다. "장관들이 문을 걸어 잠그고 군중을 몰아내 다행히 아무런 사고도 없었다."

째 정신외상적 충격이다. 그는 망설이는 군대에 의회 건물을 공격해 불을 지르라고 명령했다. 그는 2년 전에 의회를 수호한 행동으로 명성을 얻었다. 그러나 이제는 의회 건물을 화염에 휩싸이게 만들었다. 총 한 발 발사하지 않고도 공산주의는 무너질 수 있었다. 그러나 시카고 스타일의 자본주의를 보호하기 위해서는 엄청난 무력이 필요했다. 옐친은 군인 5,000명, 탱크 수십 대, 무장 수송차량, 헬리콥터, 자동소총으로 무장한 엘리트 쇼크부대를 소집했다. 민주주의라는 만만치 않은 위협으로부터 러시아의 새로운 자본주의 경제를 보호하기 위해서였다.

「보스턴글로브」는 옐친의 의회 포위를 보도했다. "어제 10시간 동안 30대의 러시아 탱크와 군인 수송차량들이 모스크바 중심부의 의회 건물을 에워싼 뒤 쉴 새 없이 공격을 가했다. 한편 보병부대는 자동소총을 난사했다. 오후 4시 15분쯤 경호원, 의원, 직원들을 포함한 약 300명이 손을 머리에 올린 채 건물에서 일렬로 나왔다."[44]

하루가 끝날 무렵에 보니, 전면적인 군사적 공격으로 500명이 사망하고 1,000명이 부상을 입었다. 1917년 이래로 모스크바에서 벌어진 가장 잔혹한 폭력사태였다.[45] 피터 레다웨이(Peter Reddaway)와 드미트리 글린스키(Dmitri Glinski)는 당시 옐친 시절에 대한 자세한 기록인 『러시아 개혁의 비극: 민주주의에 대항한 시장 볼셰비즘(The Tragedy of Russia's Reforms: Market Bolshevism against Democracy)』을 남겼다. "의회 건물 안팎에서 소탕작전을 벌여 1,700명을 체포하고 무기 11점을 압수했다. 일부는 스포츠 스타디움에 감금되었다. 칠레의 피노체트가 1973년 쿠데타 직후 사용했던 과정들이 연상된다."[46] 상당수는 경찰서로 연행되어 심한 구타를 당했다. 카가를리츠키는 자신이 머리를 처박고 있을 때 한 경찰관이 소리치며 말한 것을 기억한다. "이 망할 놈들, 민주주의를 원한다고? 우리가 민주주의가 뭔지 보여주지!"[47]

그러나 러시아는 칠레를 완전히 모방한 것은 아니다. 순서는 칠레와 정반대였다. 피노체트는 쿠데타를 먼저 일으킨 뒤 민주주의 제도들을 해체하고 쇼크요법을 실시했다. 반대로 옐친은 민주주의 아래에서 쇼크요법을 실시했다. 그러다가 쇼크요법을 지키기 위해 민주주의를 해체하고 쿠데타를 일으켰다. 그러나 둘 다 서구의 열광적인 지원을 받은 상태에서 계획을 수행했다.

쿠데타 다음 날 「워싱턴포스트」에 '옐친은 공격을 감행하는 데 있어 전폭적인 지원을 받다.'라는 헤드라인이 실렸다. "민주주의의 승리로 보인다." 「보스턴글로브」는 '과거의 지하 감옥으로 돌아갈 뻔한 러시아가 탈출했다.'라는 기사를 냈다. 미국 국무부 장관 워런 크리스토퍼(Warren Christopher)는 옐친과 가이다르를 지지하기 위해 모스크바로 갔다. 그는 "미국은 의회를 중단시키는 행동을 지지하는 경우가 거의 없지만, 이번만은 예외다."라고 선언했다.[48]

러시아 내부에서는 이를 다른 시각으로 보았다. 옐친은 의회를 수호해 권좌에 오른 인물이었다. 이제 그는 의회에 말 그대로 불을 질렀다. 의회 건물은 블랙 하우스라는 별명이 생길 정도로 심하게 그을렸다. 공포에 질린 한 중년의 모스크바 주민은 외국의 카메라 촬영팀에게 말했다. "사람들이 옐친을 지지한 이유는 민주주의를 약속했기 때문이오. 그런데 그는 민주주의를 공격했소. 민주주의를 위반한 정도가 아니라 아예 무력으로 공격한 거요."[49] 비탈리 네이먼(Vitaly Neiman)은 1991년 쿠데타 때 의회 건물의 정문을 지키던 경비였다. 그는 배신감을 토로하며 말했다. "우리가 얻은 결과는 꿈꾸어왔던 것과는 정반대였죠. 우리는 그들을 위해 바리케이드로 가서 목숨을 내놓았어요. 그런데 그들은 약속을 지키지 않았지요."[50]

그런데도 제프리 색스는 급진적인 자유시장 개혁이 민주주의와 양립할 수 있음을 증명했다고 칭찬했다. 그는 옐친이 의회를 공격한 이후에도 그를 계속 지지하며, 옐친의 정적들을 '권력에 중독된 과거 공산주의자들'이라고 일축했다.[51] 그는 저서 『빈곤의 종말』에서 자신의 러시아 개입을 자세히 밝혔다. 그러나 이러한 극적인 일화에 대해서는 단 한 번의 언급도 없이 그냥 넘어갔다. 마치 볼리비아에서 쇼크 프로그램 이후에 노동계 지도자들이 공격받고 체포당했던 사실을 생략한 것과 같다.[52]

러시아는 쿠데타가 끝난 뒤 무제한적인 독재 통치에 들어갔다. 국민에 의해 선출된 조직은 해체되었다. 헌법재판소는 헌법과 마찬가지로 기능을 정지했다. 탱크들이 거리를 누볐고 통금조치가 내려졌다. 시민들의 자유는 곧 복원되었다. 그러나 언론은 대폭적인 검열을 받아야 했다.

시카고 보이스와 서구 조언자들은 이런 중요한 순간에 무엇을 했을까? 그들은 산티아고가 화염에 휩싸였을 때와 똑같이 행동했다. 장차 바그다드가 불탔을 때도 마찬가지였다. 그들은 민주주의의 속박에서 벗어나서 맘대로 법안을 만들었다. 쿠데타가 발생하고 3일이 지날 무렵이었다. 색스는 이제까지는 쇼크요법이 일관성 없이 진행된 탓에 사실상 없었던 것이나 마찬가지라고 밝혔다. 지금부터야말로 제대로 뭔가를 할 기회가 왔다고 말했다.[53]

그리고 그들은 뭔가 일을 해냈다. "요즘 옐친의 자유주의 경제팀은 승승장구하고 있다."라고 「뉴스위크」가 보도했다. "러시아 대통령은 의회를 해산시킨 후에 시장 개혁가들에게 법령을 만들라는 지시를 내렸다." 또한 러시아 정부와 긴밀하게 일하던 한 서구 경제학자의 기쁨에 들뜬 표현을 인용했다. 그 경제학자는 러시아에서 항상 민주주의가 경제계획의 걸림돌이었음을 분명히 밝혔다. "의회가 제거되고 나니 개혁하기 가장 좋은 순간이 왔습니다. 그동안 이곳 경제학자들은 매우 낙담했었습니다. 그러나 이제는 밤낮으로 일하고 있지요." 정말로 그들에겐 쿠데타만큼 신나는 건 없어 보였다. 세계은행의 러시아 담당 수석 경제학자인 찰스 블리처(Charles Blitzer)는 「월스트리트저널」에서 이렇게 밝혔다. "살면서 이렇게 즐거운 적은 없었다."[54]

그러한 즐거움은 시작에 불과했다. 국가가 쇼크 공격으로 몸부림치고 있을 때, 옐친의 시카고 보이스는 가장 논란적인 조치를 추진했다. 바로 예산 대폭 삭감, 빵을 포함한 생필품 가격 통제 철폐, 더욱 많은 분야의 신속한 민영화였다. 이 모두 즉각 상당한 비극을 불러올 정책들이었다. 따라서 폭동을 진압할 경찰 국가가 필요해 보였다.

옐친의 쿠데타 이후에 IMF의 수석 부총재(또 1970년대 시카고 보이스였던) 스탠리 피셔(Stanley Fischer)는 '각 분야에서 가능한 한 신속하게 추진할 것을' 주장했다.[55] 클린턴 행정부에서 러시아 정책 입안에 도움을 주었던 로런스 서머스도 마찬가지였다. 3대 정책인 '민영화, 안정화, 자유화'를 가능한 한 빨리 완성하라고 요구했다.[56]

러시아인들은 급격한 변화를 맞추어 갈 수 없었다. 심지어 노동자들은 자신이 다니는 공장이나 광산이 팔렸다는 사실조차 모르고 있었다. 어떻게 매각되었는지 또는 누구에게 팔린 건지는 고사하고 말이다(10년 뒤 이라크의 국영공장에서도 이와 같은 심각한 혼란이 목격된다). 이론상으론 러시아 경제를 침체에서 구할 호황을 위해서 수단과 방법을 가리지 않았다. 그러나 실제로는 공산주의 국가가 조합주의 국가로 대체된 셈이었다. 경제호황의 수혜자는 러시아의 소수 클럽에 한정되었다. 대부분 공산당 기관원 출신들과 민영화된 러시아 회사에 투자한 몇몇 서구 뮤추얼펀드 매니저들이었다. 이른바 과두재벌의 일원인 신흥 억만장자들은 거의 제국 수준에 가까운 부와 권력을 누렸다. 그들은 옐친의 시카고 보이스와 팀을 이루어 러시아에서 값나가는 것은 전부 강탈했다. 그리고 한 달에 20억 달러씩 해외로 막대한 이윤을 이전했다. 쇼크요법 이전의 러시아에서는 백만장자를 찾아보기 힘들었다. 그러나 2003년 러시아에서는 억만장자만 해도 「포브스」에 17명이나 실렸다.[57]

러시아는 시카고학파 정설의 보기 드문 이례적 사례였다. 옐친과 경제팀은 외국계 다국적기업들이 러시아의 자산을 직접 매입하지 못하도록 했다. 먼저 러시아인들을 위한 상품으로 내건 뒤 과두재벌 소유의 민영화된 회사들을 외국인 주주들에게 개방했다. 그런데도 외국인들은 천문학적인 이윤을 얻을 수 있었다. "3년 만에 이윤 2,000퍼센트를 얻을 수 있는 투자처를 찾고 있습니까?" 「월스트리트저널」은 이렇게 물었다. "그런 희망을 주는 주식시장은 단 한 곳뿐입니다. 그것은 바로 러시아입니다."[58] 재력을 가진 금융가들은 물론 크레디트 스위스 퍼스트보스턴(Credit Suisse First Boston) 같은 투자은행들은 재빨리 러시아 전용 뮤추얼펀드를 창설했다.

과두재벌과 외국 투자가들에게 한 가지 먹구름이 끼기 시작했다. 그것은 바로 옐친의 인기가 추락하고 있다는 점이었다. 경제 프로그램의 여파로 일반 러시아인들이 너무 비참한 상태로 전락한 데다 추진 과정에서 부정부패가 만연했다. 때문에 지지율은 한 자리까지 떨어졌다. 옐친이 물러난다면 누가 그 자리를 이어받든 간에, 러시아의 극단적 자본주의 모험은 중단될 것이다. 과두재벌들과 개혁가들은 비헌법적 정치 환경에서 나누어 가졌던 자산이 다시 국유화될까봐 걱정했다.

역사상 절박해진 지도자들이 권력을 유지하기 위해 으레 그랬듯, 1994년 12월 옐친은 전쟁을 시작했다. 국가안보국장 올레크 로보프(Oleg Lobov)가 한 의원에게 말했다. "대통령의 지지율을 높이기 위해 소규모 전쟁에서의 승리가 필요하다." 그리고 국방장관은 몇 시간 만에 분리된 체첸 공화국 군대를 장악할 수 있다고 예측했다. 식은 죽 먹기라는 것이다.[59]

한동안 그 계획은 그럴듯해 보였다. 초기 단계에서 체첸 독립운동은 부분적으로나마 진압되었다. 러시아 군대는 이미 버려진 그로즈니 대통령궁을 인수한 뒤 영광스런 승리를 선언했다. 단기적으로 옐친은 체첸과 모스크바에서 승리를 거둔 셈이었다. 1996년, 그는 재선거를 치렀다. 옐친은 여전히 인기가 없었으며 패배가 확실해 보였다. 그러자 그의 조언자들은 투표를 취소하는 속임수를 쓰려고 했다. 러시아 전국 신문들에 실린 러시아 은행가들이 서명한 편지가 그러한 가능성을 암시하고 있었다.[60] 옐친의 민영화 장관 아나톨리 츄바

이스(Anatoly Chubais: 색스는 그를 '자유 투사'라고 불렀다)는 노골적으로 '피노체트 옵션'을 지지했다.[61] "사회에 민주주의를 도입하려면 반드시 독재 권력이 필요하다."[62] 칠레의 시카고 보이스가 피노체트를 위해 만들어낸 변명과 똑같은 얘기다. 덩샤오핑이 자유를 배제한 채 실시한 프리드먼주의와도 비슷하다.

결국 선거는 진행되었고, 과두재벌이 대준 1억 달러(법적 금액의 3배) 덕분에 옐친은 승리했다. 과두재벌이 장악한 텔레비전에 경쟁자들보다 800번이나 더 많이 나온 덕도 봤다.[63] 정권이 바뀔 위험이 사라지자 잠시 활동을 중단했던 시카고 보이스는 가장 논쟁이 많으면서도 수익률이 높은 분야로 이동했다. 레닌이 소련 경제의 '사령탑'이라 불렀던 것들을 매각하려는 것이다.

프랑스의 에너지기업 토털(Total)의 규모와 맞먹는 한 석유회사의 지분 40퍼센트가 8,800만 달러에 팔렸다(2006년에는 1,930억 달러에 회사 전체가 팔렸다). 노릴스크니켈(Norilsk Nickel)은 전 세계 구리의 5분의 1을 생산하는 회사로, 1억 7,000만 달러에 팔렸다. 조만간 회사의 이윤은 연간 15억 달러에 달하게 되는데도 말이다. 대규모 석유회사 유코스(Yukos)는 쿠웨이트보다 더 많은 석유를 장악한 회사로, 3억 900만 달러에 팔렸다. 지금은 해마다 30억 달러의 수입을 올리고 있다. 석유 재벌 시단코(Sidanko)의 41퍼센트가 1억 3,000만 달러에 팔렸다. 시단코는 2년 후 국제시장에서 28억 달러의 자산가치를 평가받는다. 거대한 군수공장도 아스펜(Aspen: 미국의 유명한 휴양 지역-옮긴이)의 별장 한 채 가격인 300만 달러에 팔렸다.[64]

단지 러시아의 공공자산이 헐값에 팔린 것만 문제가 아니다. 그러한 자산들은 조합주의 방식에 의해 공적자금으로 구매되었다. 「모스크바타임스」의 저널리스트 맷 비번스(Matt Bivens)와 조너스 번스틴(Jonas Bernstein)에 따르면, "정부의 한 부서가 다른 부서에 돈을 지불하는 식으로 커다란 사기를 친 것이다. 그런 식으로 몇몇 재력가들이 러시아의 국영개발 석유매장지를 공짜로 인수했다." 국영회사를 파는 정치인들과 매입하는 사업가들은 서로 협력하는 대

범함을 보였다. 옐친의 여러 장관들은 국립은행이나 재무부에 들어갈 막대한
공적자금을 과두재벌이 급조해 차린 은행들로 이체했다. 그러고는 석유매장지
나 광산의 민영화 입찰계약을 바로 그 은행들과 체결한다.* 입찰을 주관하는 은
행들은 동시에 참가도 한다. 당연히 과두재벌이 소유한 은행들이 공공자산의
새로운 소유주로 결정된다. 국영기업의 소유지분을 매입하는 자금은 옐친의
장관들이 미리 예치해놓은 공적자금이다.[65] 즉 러시아인들은 돈은 돈대로 내
고 국가재산도 강탈당한 것이다.

러시아의 '젊은 개혁가들' 가운데 1명의 표현에 따르면, 러시아 공산주의자
들은 소련 해체를 결정하면서 권력과 재산을 바꾸었다.[66] 옐친의 가족은 정신
적 스승인 피노체트와 마찬가지로 엄청난 부자가 되었다. 그리고 옐친의 자녀
들과 배우자는 민영화된 기업의 고위직으로 임명되었다.

러시아의 주요 자산을 장악한 과두재벌들은 자신들의 새로운 회사를 유망
한 다국적기업들에게 개방해 그들도 상당한 몫을 챙기게 해주었다. 1997년 로
열더치셸(Royal Dutch/Shell)과 비피(BP)는 러시아의 거대한 석유회사 가스프롬
(Gazprom)과 시단코와 파트너십을 맺었다.[67] 매우 수지맞는 투자였지만 러시
아에서 부의 배분은 외국 파트너가 아닌 러시아인 관계자들의 손에 달려 있었
다. IMF와 미 재무부는 장차 볼리비아와 아르헨티나의 민영화 입찰에서는 이
러한 실수를 바로잡는다. 그리고 침공 이후의 이라크에서 미국은 더욱 앞서 나
간 조치를 취했다. 수지맞는 민영화 거래에서 이라크 엘리트들은 완전히 배제
된 것이다.

웨인 메리(Wayne Merry)는 1990~1994년까지 모스크바의 미국 대사관에서
수석 정치분석가로 근무했다. 웨인 메리는 러시아에서 민주주의와 시장이윤

---

* 과두재벌과 연결된 두 은행들은 미하일 호도르콥스키(Mikhail Khodorkovsky)의 메나텝(Menatep) 은행과 블라디미르 포
타닌(Vladimir Potanin)의 유넥심뱅크(Uneximbank)이다.

간의 선택은 아주 분명했다고 자인했다. "미국 정부는 정치적인 것보다 경제적인 것을 우선했습니다. 가격 자유화, 산업 민영화, 제한이나 규제 없는 자본주의 창설을 선택했습니다. 법치주의, 시민사회, 대의민주주의는 경제적인 것들에 따라 자동으로 생겨나기를 바랐죠. (중략) 불행히도 대중의 의사를 무시한 채 정책으로 억누른 셈이었습니다."[68]

이 시기 러시아에서는 엄청난 부가 창출되었다. '개혁가들'도 한몫 끼지 않을 수 없었다. 실제로 당시 다른 어느 곳보다도 러시아에서의 상황이 기술관료 신화의 실상을 제대로 폭로해주었다. 박식한 자유시장 경제학자들이 확신에 넘쳐 교과서적 모델을 실시했다는 신화 말이다. 사실 러시아에서는 경제적 쇼크요법과 부정부패 만연이 함께 나타난 칠레나 중국과 같은 상황이 벌어졌다. 옐친의 시카고학파 장차관들은 고위직 부정부패 파문으로 자리에서 쫓겨났다.[69]

하버드에는 러시아 프로젝트의 귀재들이 있었다. 그들은 러시아에서 민영화와 뮤추얼펀드 시장 조성을 맡았다. 프로젝트를 이끈 두 학자는 하버드 경제학 교수 안드레이 슐라이퍼(Andrei Shleifer)와 그의 대리인 조너선 헤이(Jonathan Hay)였다. 그들은 자신들이 만들어낸 시장에서 직접적 이득을 본 것으로 드러났다. 슐라이퍼는 가이다르팀에서 민영화 정책의 자문위원으로 일했으며, 그의 아내는 민영화된 러시아 자산에 상당한 투자를 했다. 그리고 하버드 로스쿨 출신인 서른한 살의 헤이는 러시아 석유주식에 개인적으로 투자를 했다. 때문에 훗날 하버드는 USAID 계약을 직접적으로 위반했다는 혐의를 받는다. 헤이가 러시아 정부를 도와 새로운 뮤추얼펀드 시장을 세우는 동안, 나중에 아내가 되는 여자친구는 러시아에서 처음으로 뮤추얼펀드 회사의 설립 허가를 받는다. 초반에 그 회사는 미국 정부가 지원해주는 하버드 사무실에서 관리되었다. (법적으로 보면 러시아 프로젝트를 이끄는 하버드 국제개발연구소의 책임자인 색스는 슐라이퍼와 헤이의 상관인 셈이다. 그러나 색스는 더 이상 러시아 현장에서 일하

지 않기 때문에 어떤 의심스런 행동에도 연루되지 않았다.)[70]

이러한 이해관계가 드러나자 미국 사법부는 하버드 대학을 고소했다. 고위직 업무를 이용해 개인적 이득을 취하지 않겠다고 서명한 계약을 슐라이퍼와 헤이가 위반했다는 혐의 때문이었다. 7년간의 조사와 법적 투쟁이 이어졌다. 마침내 미국 보스턴 법원은 하버드가 계약을 위반했으며, 두 학자가 '미국을 상대로 사기를 공모'했음을 밝혀냈다. 그리고 "슐라이퍼가 명백한 내부자 거래를 했다."라는 사실도 드러났다. 그리고 헤이는 "아버지와 여자친구를 통해 40만 달러를 돈세탁하려 했다."[71] 하버드는 합의금으로 2,650만 달러를 냈는데, 하버드 역사상 최고 금액이었다. 둘 다 혐의를 인정하진 않았지만 슐라이퍼는 200만 달러를 물어주기로 했다. 그리고 헤이는 얻은 소득에 따라 100만~200만 달러에 달하는 금액을 내기로 했다.*[72]

사실 내부자 거래는 러시아 실험의 본질상 피할 수가 없다. 안데르스 오슬룬드(Anders Aslund)는 당시 러시아에서 일했던 영향력 있는 서구 경제학자였다. 그는 '어떤 것이든 정복하려는 자본주의의 마법 같은 인센티브와 유혹' 때문에 쇼크요법이 효과를 볼 거라고 주장했다.[73] 정말로 탐욕이 러시아를 재건하는 엔진이라면, 그러한 열풍에 직접 참여한 옐친의 측근과 가족들 그리고 하버드맨들과 그들의 아내와 여자친구는 대표 사례가 될 것이다.

이러한 사건은 자유시장 이념에 대한 아주 지겨우면서도 중요한 질문을 던진다. 정말 그들은 자유시장이 저개발을 치료할 수 있다는 이념 및 신념의 '진정한 신봉자'들인가? 아니면 겉으론 이타적인 동기를 부르짖는 한편 탐욕에 따라 마음껏 행동하기 위해 그러한 이념이나 신념을 교묘하게 이용하는 건가? 물론

---

* 불행히도 그 돈은 부패한 민영화 과정의 진짜 희생자들인 러시아 사람들에게 돌아가지 않았다. 대신에 미국 정부로 흘러들어갔다. 마찬가지로 이라크의 미국 계약업자들에 대한 내부 고발 소송은 미국 정부와 내부 고발자가 배상액을 나누어 가지는 식이었다.

모든 이념에는 부패의 요소가 있을 수 있다(공산주의 시대에 러시아의 당 기관원들이 개인적 특권을 추구한 것을 봐도 알 수 있다). 그리고 정직한 신자유주의자도 분명 있을 것이다. 그러나 시카고학파 경제학은 특히나 부정부패에 취약해 보였다. 어떤 사회를 막론하고 대규모 이윤과 탐욕이 커다란 혜택을 가져온다고 보기 때문이다. 그렇다면 개인적인 부의 축재는 자본주의라는 부를 생성하고, 경제성장을 촉진하며, 자본주의의 창조적인 기반에 공헌한 것으로 정당화될 수 있다. 비록 그것이 자신과 동료들을 위한 것일지라도 말이다.

조지 소로스가 동유럽에서 보여준 박애주의적인 행동도 논란을 피해 갈 수는 없다. 색스의 여행 경비를 대준 것도 그에 포함된다. 소로스가 동유럽에서 민주화의 목적에 헌신했다는 점은 의심의 여지가 없다. 그러나 민주화에 수반되는 경제적 개혁에서 경제적 이득을 본 것도 사실이다. 그는 세계에서 가장 막강한 환율 트레이더다. 따라서 국가가 변동환율을 채택하고 자본 규제를 철폐할 때 상당한 이득을 얻는다. 그는 또한 국영회사들이 경매에 나왔을 때 참가한 유력인사들 가운데 한 사람이었다.

소로스는 박애주의자로서 시장의 개방에 도움을 주었다. 그리고 바로 그 시장에서 직접적으로 이윤을 얻는 행위는 합법적이었다. 그러나 그 모습이 그다지 좋아 보이지는 않는다. 한동안 그는 소로스 재단이 활동하는 국가에서는 자사의 투자를 금지하는 식으로 이해관계의 충돌에 대처하려 했다. 그러나 러시아가 매각 대상에 나오자 소로스는 더 이상 저항할 수 없었다. 1994년, 그는 이렇게 설명했다. "러시아 시장이 발전하고 있기 때문에 나는 정책을 수정했다. 나에겐 나의 펀드나 주주들이 러시아에서 투자하지 못하게 막을 이유나 권리가 없다. 마찬가지로 이러한 국가들이 나의 펀드에 접근할 기회를 막을 이유나 권리도 없다." 한 예로, 소로스는 이미 1994년 러시아의 민영화된 전화 시스템 회사의 주식을 매입했다(나중에 보니 좋지 않은 결과를 낸 투자로 드러났지만 말이다). 폴란드의 커다란 식품회사도 획득했다.[74] 공산주의가 붕괴되던 초기 시절, 소로스는 색스의 업무를 통해 경제 변혁에 쇼크 접근법을 사용하도록 배후에서 지휘한 인물이었다. 그러나 1990년대 후반에 들어서자 그는 심경의 변화를 일으켜 앞장서서 쇼크요법을 비판했다. 그리고 민영화가 추진된 곳에서 부정부패를 방지하는 NGO 기구들을 후원하라고 자신의 재단에 지시했다.

그러나 그러한 각성도 카지노 자본주의에서 러시아를 구해내기엔 너무 늦었다. 쇼크요법은 수익성이 높은 단기 투기자본과 환율거래 같은 핫머니(Hot Money)에 문을 열게 만들었다. 1998년 아시아 경제 위기가 확산되었을 때, 극심한 투기를 벌인 러시아는 무방비상태였다. 안 그래도 위태로운 경제가 완전히 붕괴되었다. 대중은 옐친을 비난했으며, 그의 지지율은 말도 안 될 정도인 6퍼센트였다.[75] 과두재벌들은 다시 한 번 위기에 처했다. 그들은 경제 프로젝트를 구하기 위해 또 다른 충격을 가하려고 했다. 그리고 러시아에 다가오는 진정한 민주주의라는 위협요소를 제거하려 했다.

1999년 9월, 러시아는 경악할 만한 테러 공격을 받는다. 난데없이 아파트 건물 4채가 한밤중에 폭파되어, 거의 300명이 사망했다. 이후 상황은 2001년 9월 11일 이후의 미국과 비슷하게 전개된다. 공포로 인해 테러 이외의 사안들은 정치적 영역에서 묻혀버렸다. "말 그대로 공포였죠." 러시아 저널리스트 예브게니야 알바츠(Yevgenia Albats)가 설명한다. "민주주의나 과두재벌에 대한 논의는 자기 아파트 안에서 죽을지도 모른다는 공포와는 비교가 안 되었습니다."[76]

'짐승 같은 놈들'을 잡아들일 적임자는 냉정하고도 사악한 러시아 총리 블라디미르 푸틴(Vladimir Putin)이었다.[*77] 아파트 폭발사건 이후, 즉각 푸틴은 체첸 공화국에 공중폭격을 가하고 시민 거주지를 공격했다. 이제 러시아는 테러라는 새로운 국면을 맞았다. 푸틴은 공산주의 시대의 가장 두려운 상징이었던 KGB에 17년간 몸담은 베테랑이었다. 갑자기 많은 러시아인들은 그런 사실에 안도감을 느꼈다. 한편 옐친은 알코올 중독으로 제대로 업무를 보지 못하고 있었다. 보호자 푸틴은 옐친의 뒤를 이을 대통령으로 적격이었다. 1999년 12월 31일, 체첸 전쟁으로 모든 논쟁을 종식시킨 과두재벌들은 필요한 선거도 없이 옐친에서 푸틴으로 조용히 정권을 교체했다. 권력의 자리에서 물러나기 전에 옐친은 피노체트 각본에서 마지막 장을 뜯어내어 면책을 요구했다. 따라서 대통령이 된 푸틴은 옐친을 모든 범죄 기소로부터 보호해주는 법안부터 서명했다. 그것이 부정부패이든, 혹은 집권기에 벌어진 군인들의 민주화 시위자 살상이든 간에 말이다.

역사상 옐친은 위협적인 독재자보다는 부패한 익살꾼으로 여겨졌다. 그러나 옐친의 경제정책과 그로 인한 전쟁은 시카고학파 운동의 인명 피해를 가져온 원인이었다. 그러한 경제적 인명 피해는 1970년대 칠레 이후 계속 커지고 있었다. 옐친의 10월 쿠데타로 인한 살상 외에도 체첸 전쟁으로 시민 10만 명이 죽임을 당했다.[78] 게다가 천천히 이루어지지만 피해 숫자는 훨씬 많은 더 큰 학살도 저질렀다. 즉 경제 쇼크요법으로 많은 시민들이 인적, 물적, 부수적 피해를 입은 것이다.

대규모 기근, 전염병, 대규모 전투를 제외하면 그렇게 많은 사람들이 단기간에 죽은 적은 없었다. 1998년 무렵 러시아 농가의 80퍼센트 이상이 파산했다. 거의 7만 개의 국영공장들이 문을 닫았으며 실업이 만연했다. 쇼크요법 전인 1989년의 상황을 보면, 러시아 연방에서 200만 명이 하루에 4달러도 안 되는 돈으로 가난하게 살았다. 쇼크 전문가들이 쓴 약을 처방한 1990년대 중반을 살펴보자. 세계은행에 따르면 러시아인 7,400만 명이 빈곤층으로 전락했다. 러시

---

* 러시아 지배층이 저지른 엄청난 범죄를 감안할 때 이러한 사건들을 둘러싼 음모이론이 떠도는 것은 놀랄 일이 아니다. 많은 러시아인들은 아파트 폭발사건과 체첸이 관련이 없다고 믿고 있었다. 즉 푸틴을 옐친의 후계자로 삼기 위한 비밀작전이었다는 것이다.

아의 경제 개혁이 단 8년 만에 7,200만 명을 가난하게 만든 것이다. 1996년에는 러시아인의 25퍼센트인 3,700만 명이 '비참한' 수준의 가난 속에서 살았다.[79]

최근 석유와 가스 가격 상승 덕에 수백만 러시아인들은 가난에서 벗어나고 있다. 그러나 극빈층은 계속 나타나고 있으며 유기상태에서 나타나는 온갖 질병을 앓고 있다. 공산주의 시절의 삶이 끔찍하긴 했지만, 그때는 붐비고 추운 아파트에서라도 살 수 있었다. 2006년, 정부는 러시아에 집 없는 아이들이 71만 5,000명이라고 시인했다. 유니세프는 더 높은 수치인 350만 명으로 예측한다.[80]

냉전 당시 공산주의 체제에서의 삶은 너무 힘들었다. 러시아인들은 하루를 견디기 위해 상당한 양의 보드카를 마셔야 했다. 그 증거로 서구는 러시아에 만연한 알코올 중독 현상을 든다. 그러나 자본주의 체제가 되자 러시아인들은 전보다 두 배나 많은 술을 마셨다. 또한 더욱 강력한 진통제를 찾았다. 러시아의 제약 재벌인 알렉산드르 미하일로프(Aleksandr Mikhailov)는 진통제 사용자의 숫자가 1994년부터 2004년 사이에 900퍼센트 증가해 400만 명 이상이라고 말했다. 이들 중 상당수는 헤로인 중독자이기도 하다. 약물 남용도 또 다른 조용한 사망 원인이다. 1995년, 5만 명의 러시아인들이 에이즈 양성반응자였다. 2년 후에 이 숫자는 두 배로 늘어났다. 10년이 지나자 유엔 산하 에이즈 전문기구인 유엔에이즈(UNAIDS)는 거의 100만 명의 러시아인들이 에이즈 양성반응자라고 밝혔다.[81]

서서히 진행되는 죽음과 달리 단번에 사망하는 경우도 있었다. 쇼크요법이 1992년에 도입되자마자, 그렇지 않아도 높은 자살률은 더욱 가파르게 상승하기 시작했다. 1994년, 개혁의 절정기에 자살률은 8년 전보다 두 배 증가했다. 그리고 서로 간에 싸우다 살인이 벌어지는 경우도 더욱 빈번해졌다. 1994년, 폭력 범죄는 4배 이상 늘어났다.[82]

"지난 15년 동안 나의 조국과 국민들에게 무슨 일이 일어난 것인가?" 모스크바의 학자인 블라디미르 구세프(Vladimir Gusev)는 2006년에 민주주의 시위를 하며 이런 질문을 던졌다. "잔학한 자본주의 시기 동안 러시아 인구의 10퍼센트가 목숨을 잃었다." 러시아 인구는 정말로 가파르게 줄어들었다. 1년에 대략 70만 명이 줄어들었다. 쇼크요법이 전면적으로 실시된 1992년부터 2006년 사이에 러시아 인구는 660만 명이 줄었다.[83] 시카고학파의 변절자인 안드레 군더 프랑크는 30년 전에 밀턴 프리드먼이 '경제적 대학살'에 관여했다는 비난 편지를 썼다. 오늘날 많은 러시아인들은 시민들의 죽음을 그와 비슷한 용어로 표현한다.

계획된 비극은 더욱 기이한 모습을 드러냈다. 왜냐하면 엘리트들이 모스크바에서 과시하는 부는 석유를 생산하는 아랍 국가로 여겨질 정도이기 때문이다. 부유한 사람과 가난한 사람 간의 소득격차는 너무 커서, 마치 다른 국가에 사는 사람들처럼 보인다. 심지어는 다른 세기를 사는 듯하다. 모스크바 도심은 21세기 미래에 나타나는 악의 도시와 같다. 과두재벌들이 검은색 메르세데스-벤츠를 타고 최정예 용병들의 경호를 받는다. 서구에서 온 금융 매니저들은 낮에는 완전 개방된 투자법령에 현혹되고, 밤이면 공짜로 제공되는 창녀들에게 빠져 있다. 다른 시간대에 사는 열일곱 살 된 한 소녀가 있다. 그녀에게 미래에 대한 희망을 묻자 이렇게 대답했다. "촛불에 의지해 글을 읽으면서 21세기에 대해 얘기하자니 어렵네요. 21세기는 중요하지 않아요. 여긴 19세기거든요."[84]

러시아의 막대한 부를 강탈하기 위해서는 의회 침입이나 체첸 침공 같은 극단적인 공포 조성이 필요했다. "가난과 범죄를 낳는 정책은 민주주의가 탄압될 때 생존 가능하다." 옐친의 초기 시절에 (그리고 무시된) 경제 조언자였던 게오르기 아르바토프(Georgi Arbatov)가 말했다.[85] 남미 원뿔지대에서, 국가비상사태의 볼리비아에서, 톈안먼 사건이 발생한 중국에서도 그랬다. 미래의 이라크에서도 마찬가지다.

의구심이 들면 부정부패를 탓하라

러시아 쇼크요법 시기를 다룬 서구 언론의 보도를 다시 읽어본다면 당시 논의들이 10년도 더 지나서 나올 이라크 논쟁과 매우 유사하다는 사실에 놀랄 것이다. 클린턴과 부시 행정부의 목표는 러시아에서 기존의 국가를 지우고 무자비한 자본주의자들을 위한 환경을 만드는 것이었다. 유럽연합과 G7과 IMF는 말할 것도 없다. 그렇게 하면 자유시장 민주주의가 시작될 것이라고 생각했다. 갓 학교를 졸업한 미국인들이 시장을 관리했는데 그들은 자신감이 과도했다. 즉 폭탄만 없을 뿐이지 이라크와 마찬가지였다.

러시아에서 쇼크요법 열의는 최고조에 달했다. 당시 후원자들은 기존 제도들의 완전 파괴가 국가가 재탄생할 환경을 만든다고 자신했다. 이러한 백지상태의 꿈은 훗날 바그다드에서 다시 출현한다. 하버드의 역사가 리처드 파이프스(Richard Pipes)는 "제도적인 구조가 남아 있지 않을 때까지 계속 해체하는 것이 '바람직'하다."라고 썼다.[86] 콜럼비아 대학의 경제학자 리처드 에릭슨(Richard Ericson)은 1995년에 "역사상 전례가 없는 규모로 개혁은 파괴적이어야 한다. 경제적, 정치적, 사회적 제도 전체가 폐기되어야 한다. 그런 뒤 생산, 자본, 기술의 실질적 구조물로 마무리해야 한다."라고 썼다.[87]

이라크와 닮은 점이 또 있다. 옐친은 민주주의를 닮은 건 뭐든지 가혹하게 파괴했다. 그런데도 서구는 그의 통치를 '민주주의 전환'의 일부로 보았다. 푸틴이 몇몇 과두재벌들의 불법적 활동을 처단하기 시작하면서부터 비로소 이야기가 달라졌다. 마찬가지로 부시 행정부는 항상 이라크를 자유로 가는 여정에 있다고 표현했다. 공공연한 고문, 무법자 같은 죽음의 부대, 언론 검열이 만연하다는 분명한 증거가 있는데도 말이다. 한편 러시아의 경제 프로그램이 항상 '개혁'으로 묘사되었듯이, 이라크는 여전히 '재건' 중이라고 표현된다. 이라크의 폭력 사태가 급증하자 미국 계약업자들이 모두 내빼서 기반시설이 누더기 상태인데도 말이다. 러시아에서 1990년대 중반 '개혁가들'의 지혜에 감히 의문을 품는 자는 스탈린 시대에 대한 향수로 치부되었다. 그리고 이라크 점령을 비판하는 사람들은 사담 후세인 체제의 삶이 더 낫다고 생각한다는 비난을 수년 동안 받아왔다.

그러나 러시아에서 쇼크요법 프로그램의 실패는 더 이상 숨길 수 없을 지경에 이르렀다. 그러자 비난은 러시아의 부정부패 문화로 향했다. 전제주의의 오랜 역사 때문에 러시아인들이 진정한 민주주의를 맞을 준비가 되어 있지 않다며 말이다. 워싱턴의 싱크탱크 경제학자들은 자신들이 러시아에 세우는 데 이바지한 프랑켄슈타인 경제를 황급히 부정했다. 그들은 '마피아 자본주의'라고 폄하하면서 그것이 마치 러시아에만 나타나는 고유한 현상처럼 말했다. "러시아에 관한 한 좋은 것은 아무것도 없다." 「애틀랜틱먼슬리(Atlantic Monthly)」는 2001년 러시아의 한 사무직원의 말을 인용했다. 저널리스트이자 소설가인 리처드 로리(Richard Lourie)는 「로스앤젤레스타임스」에서 "러시아인들은 불행한 민족이다. 심지어 투표하고 돈을 버는 정상적이고 평범한 일도 다 망쳐버린다."라고 선언했다.[88] 경제학자 안데르스 오슬룬드는 '자본주의의 유혹'만으로 러시아를 변혁시킬 수 있으며, 탐욕이라는 힘이 국가 재건의 모멘텀을 제공할 거라고 주장했다. 몇 년 후 무엇 때문에 경제가 실패한 것인지 물어보자 그는 이렇게 대답했다. "부정부패, 부정부패, 부정부패 때문이죠." 그가 열정적으로 칭송했던 자본주의의 유혹의 노골적 표현이 바로 부정부패인데 말이다.[89]

10년 후 이라크 재건 비용 가운데 수십억 달러가 사라졌을 때도 이와 똑같은 뻔뻔스런 수법이 다시 사용된다. 러시아에선 공산주의의 잔재와 제정정치를 실패 이유로 들었다. 마찬가지로 이라크에서는 사담 후세인의 잔재와 '급진적 이슬람'의 병리학을 비난했다. 미국은 총구를 겨누고 선물한 '자유'를 이라크 국민들이 받아들이지 않자 분노했다. 그러한 분노는 학대로 이어졌다. 단지 '배은망덕한' 이라크 사람들에 대한 신랄한 사설뿐만 아니라, 미국과 영국의 군인들에 의해 이라크 시민들의 신체에 직접 가했다.

지난 30년 동안 제한 없는 자유시장운동은 강력한 정치적 트렌드였다. 러시아를 비난하는 담화의 진짜 문제는 그러한 자유시장운동의 실상이 주는 교훈을 진지하게 검토할 기회를 없앴다는 점이다. 사람들은 과두재벌들의 부패가 시장을 오염시켰다고 말하며, 그러지만 않았어도 멋진 자유시장이 되었을 것이라고 주장한다. 그러나 부정부패는 러시아에서 자유시장 개혁의 걸림돌이 아니었다. 오히려 서구 강대국들은 신속하고도 더러운 거래가 경제를 회복시킬 가장 빠른 방법이라며 적극 부추겼다. 시카고 보이스와 조언자들은 러시아의 제도들을 파괴시키고, 탐욕을 이용해 국가를 구원하려 했다.

재앙적인 결과는 러시아만의 문제가 아니었다. 지난 30년 동안 시카고학파의 실험 자체가 대규모의 부정부패였다. 그것은 안보를 강조하는 국가와 대기업과의 조합주의적 결탁이었다. 칠레의 피라냐들, 아르헨티나의 패거리 자본주의, 러시아의 과두재벌, 엔론사의 에너지 사기, 이라크 '자유사기지대'가 그에 해당한다. 쇼크요법의 핵심은 거대한 이윤이 신속하게 창출될 수 있는 기회를 만드는 것이다. 바로 당시의 혼란한 상황 덕분에 그렇게 된 것이었다. '러시아는 국제적 펀드 투기꾼들을 위한 금광지대가 되었다.' 1997년 한 러시아 신문의 머리기사다. 「포브스」는 러시아와 중앙 유럽을 '새로운 개척지'라고 표현했다.[90] 식민지 시대의 용어로나 적합한 말이다.

밀턴 프리드먼이 1950년대에 개시한 운동은 고수익이 생기는 무법의 개척지를 포획하려는 다국적 자본의 시도라고 보면 가장 좋을 것이다. 신자유주의의 지적 선구자인 애덤 스미스가 그렇게 숭상했던 개척지 말이다. 그러나 반전이 있다. 서구의 법이 존재하지 않는 스미스의 '야만스럽고 미개한 국가'들을 통해서가 아니었다(이러한 국가는 실질적으로 없다). 이 운동은 체계적으로 기존의 법과 규정을 해체해 초기의 무법상태를 만들려 했다. 스미스의 식민주의자들은 '헐값'으로 이른바 '쓸모없는 땅'을 획득해 놀랄 만한 이윤을 얻었다. 반면에 오늘날 다국적기업들은 정부 프로그램과 공공자산을 비롯해 판매용이 아닌 것들을 모두 정복 또는 획득의 대상으로 바라본다. 우체국, 국립공원, 학교, 사회안전망, 재난 구호처럼 공적 분야에서 관리되는 것들이 예가 되겠다.[91]

시카고학파 경제학이 보기에 국가는 식민지적 개척지다. 선조 약탈자들이 안데스의 금은을 고국으로 옮겨갈 때 그랬듯, 기업 정복자들은 단호한 결단과 정열을 갖고 약탈을 하고 있다. 스미스는 버려진 푸른 대지가 팜파스와 프레리의 비옥한 농지로 바뀌는 모습을 봤다. 반면에「월스트리트」는 "칠레 전화 시스템, 아르헨티나 항공사, 러시아 석유매장지, 볼리비아 수도 시스템, 미국의 공중파 방송, 폴란드의 공장에서 '푸른 대지의 기회'를 봤다. 공공재산으로 만들어진 것들이 헐값으로 기업들에게 팔렸다.[92] 국가의 협력을 얻어 자연자원과 생물 형태에 특허나 가격표를 붙여 부를 창출하는 경우도 있다. 가령 전에는 재산으로 생각하지도 못했던 씨앗, 유전자, 대기권의 탄소 등이다. 시카고학파 경제학자들은 공공부문에서 수익성 좋은 새로운 개척지를 무자비하게 찾아낸다. 마치 아마존을 통과하는 새로운 수로를 확인하고 잉카 사원 내부에 숨겨진 금의 위치를 표시하는 식민지 시대의 지도 제작자를 보는 듯하다.

식민지 시대의 골드러시 때 그랬듯 개척지에서 부정부패는 늘 일어나는 일이다. 중대한 민영화 거래는 항상 경제적, 정치적 위기의 혼란 속에서 이루어졌다. 명확한 법이나 효과적인 규정이 제구실을 못 할 때다. 분위기는 혼란스럽고, 가격은 멋대로 정해졌고, 정치인들은 뜻대로 했다. 우리가 지난 30년 동안 살아온 세월은 바로 개척지 자본주의의 시대였다. 개척지가 위치한 장소는 위기에서 위기로 계속해서 바뀐다. 그리고 법이 자리를 잡자마자 즉각 다른 곳으로 이동한다.

러시아의 억만장자 과두재벌들의 출현은 경고를 담은 이야기가 아니었다. 오히려 산업국가의 강탈이 얼마나 많은 이윤을 내는지 증명해준다. 월스트리트는 더 많은 것을 원했다. 따라서 소련의 붕괴 이후 미국 재무부와 IMF는 위기에 봉착한 국가들에게 즉각적인 민영화를 요구하며 더욱 거칠게 나왔다. 가장 극적인 사건은 옐친의 쿠데타 다음 해인 1994년으로 거슬러 올라간다. 멕시코 경제가 이른바 테킬라 위기로 인해 완전히 붕괴되어 고통받고 있을 때였다. 미국의 구제금융 조건은 신속한 민영화였다. 「포브스」는 민영화 과정에서 23명의 새로운 억만장자들이 나타났다고 밝혔다. "교훈은 아주 분명하다. 다음에 어디서 억만장자들이 나타날지 예측하려면 시장이 개방되는 국가를 찾으면 된다." 또한 멕시코는 전례 없이 외국인 소유도 허락해야 했다. 1990년에는 멕시코 은행들 가운데 단 한 곳만이 외국인 소유였지만, "2000년에는 30개 은행 중 24개 은행이 외국인 소유였다."[93] 이는 분명 러시아에서 배운 교훈이다. 부의 이전이 더욱 빠르고 무지막지하게 진행될수록 더 많은 이윤이 창출된다.

곤살로 산체스 데 로사다(고니)도 그러한 교훈을 잘 알고 있었다. 고니는 1985년 자신의 거실에서 볼리비아의 쇼크요법 계획을 작성한 사업가다. 그는 1990년대 중반 대통령이 되었다. 그리고 국가가 소유한 석유회사, 국영 항공사, 철도, 전기, 전화회사를 매각하기 시작했다. 가장 큰 상품이 내국인들에게 돌아간 러시아와는 달리, 볼리비아의 특매는 엔론, 로열더치셸, 엠코사(Amco Corp), 시티코프(Citycorp)에 직접 매각되었다. 국내 회사와 파트너십을 할 필요가 전혀 없었다.[94] 「월스트리트저널」은 1995년 라파스의 서부시대 풍경을 묘사했다. "래디슨 플라자 호텔은 AMR사의 아메리칸 에어라인, MCI 커뮤니케이션, 엑슨(Exxon), 살로몬 브라더스(Salomon Brothers) 등 주요 미국 회사들의 중역으로 가득했다. 민영화와 관련된 법을 재작성하고 입찰에도 참가하라는 볼리비아의 초대를 받은 것이다." 그들은 아주 깔끔한 협정을 맺었다. 대통령 산체스 데 로사다는 쇼크요법 방식을 밝혔다. "중요한 것은 변화를 확고부동하게 만드는 것이다. 또한 반대 세력이 나서기 전에 일을 마무리해야 한다." 볼리비아 정부는 '반대 세력'이 나서지 않도록 과거의 비슷한 상황에서 벌어졌던 일들을 그대로 답습했다. 정치집회를 금하고 걸림돌이 되는 정적들을 체포하는 장기적

'국가비상사태'를 선포한 것이다.[95]

　당시 아르헨티나는 부패한 민영화의 모습으로 악명을 떨쳤다. 그런데도 골드만삭스(Goldman Sachs)의 투자보고서는 이를 '멋진 신세계'라고 칭찬했다. 카를로스 메넴은 노동자의 목소리를 대변하겠다는 약속으로 권력을 잡은 페로니스트 대통령이다. 그러나 집권한 후에는 석유매장지, 전화 시스템, 항공사, 기차, 항공, 고속도로, 상수도, 은행들의 인원을 감축한 뒤 매각했다. 심지어 부에노스아이레스 동물원도 매각했다. 나중엔 체신국과 국영연금 계획까지 매각 대상이었다. 국가의 자산이 해외로 매각되면서, 아르헨티나 정치인들의 생활방식은 점점 사치스러워졌다. 이전에 가죽재킷과 노동자 계층이 기른 구레나룻으로 유명했던 메넴은 이탈리아제 양복을 입었고 성형수술을 하러 여행을 가기도 했다(그는 수술로 부은 부위를 "벌침에 쏘였다."라고 해명했다). 마리아 훌리아 알소가라이(Maria Julia Alsogaray)는 메넴 정부의 장관으로 민영화를 담당했는데, 유명 잡지에 정교하게 장식된 털 코트만 달랑 걸친 모습으로 실리기도 했다. 한편 메넴은 한 사업가가 감사의 표시로 '선물'한 빨간색 페라리를 몰고 다녔다.[96]

　러시아의 민영화를 모방한 국가들은 옐친 정부와 비슷한 정부를 경험했다. 처음엔 민주주의 편에 서다가 나중엔 민주주의를 전복시킨 정부 말이다. 그들은 선거를 통해 평화롭게 권력을 잡은 뒤, 개혁과 권력을 유지하기 위해 점차 잔인성을 높였다. 제한 없는 신자유주의 통치는 2001년 12월 19일 아르헨티나에서 종식되었다. 대통령 페르난도 델라루아(Fernando de la Rúa)와 재무부 장관인 도밍고 카바요가 IMF가 처방한 긴축조치를 실시하자 대중은 폭동을 일으켰다. 델라루아는 연방 경찰대를 보내 무슨 수단을 쓰더라도 군중을 해산시키라는 명령을 내렸다. 나중에 그는 헬리콥터를 타고 피신해야 할 처지가 되었다. 그러나 경찰의 진압에 의해 이미 시위자 중 21명이 살해되고 1,350명이 부상을 당한 뒤였다.[97] 볼리비아의 고니 집권 말기는 더욱 잔인했다. 그의 민영화는 볼리비아에서 수차례 전쟁을 불러왔다. 첫 번째는 물 전쟁으로, 수도세를 300퍼센트 인상하려는 벡텔의 계약에 항거했다. 두 번째는 IMF가 처방한 계획에 따라 빈민층 근로자들에게 세금을 거두어 예산 부족을 메우려는 조치에 대항한 세금 전쟁이다. 마지막은 미국에 가스를 수출하려는 계획에 항거한 가스 전쟁이었다. 결국 고니는 대통령궁을 빠져나와 미국으로 망명할 수밖에 없었다. 그러나 델라루아의 경우와 마찬가지로 이미 많은 사람들이 목숨을 잃은 뒤였다. 그가 거리시위자들을 진압하라고 군대에 명령을 내렸을 때 군인들은 약 70명을 살해했다. 그들 대다수는 그냥 지나가던 사람들이었다. 부상자는 거의 400명에 달한다. 2007년 초, 고니는 학살혐의로 볼리비아 최고 법정의 구인을 받았다.[98]

워싱턴은 대규모 민영화를 실시한 아르헨티나와 볼리비아 정권을 쿠데타나 탄압 없이 평화적이고 민주적으로 쇼크요법을 진행한 사례로 든다. 그러나 중요한 것은 두 정권 모두 초기에는 총구를 들이대지 않았지만 후반엔 그렇게 끝났다는 점이다.

남반구에서는 신자유주의를 '두 번째 식민주의 약탈'로 부른다. 첫 번째 약탈이 땅에서 부를 갈취해 갔다면, 두 번째는 국가에서 부를 뜯어 갔다. 이익 광풍이 휩쓸고 간 뒤에는 굳은 다짐을 하게 된다. 국가의 자산을 매각하기 전에는 확실한 법이 제 기능을 하게 하겠다. 모든 과정은 투철한 윤리의식을 가진 냉철한 감독관과 감시자들이 지켜보도록 하겠다. 그리고 다음번엔 (러시아 이후의 이야기들을 참고해) 민영화를 하기 전에 '제도적 장치'를 만들어놓을 것이다. 그러나 이미 이윤이 해외로 다 유출된 상황에서 법과 질서를 요구해봤자, 단지 도적 행위를 소급해 합법화시킬 뿐이다. 유럽의 식민주의자들이 조약으로 땅의 소유권을 확고히 했듯 말이다. 애덤 스미스도 알고 있었듯 개척지의 무법천지는 문제가 아니라 핵심이었다. 피해 국가는 언제나 절망감과 후회로 부들부들 떨며 다음번에 더 잘하겠다는 맹세를 하기 마련이었다.

12장

자본주의의 정체

러시아와 잔혹한 시장의 새로운 시대

당신은 지금 현재의 문제점을 고치려는 국가들의 수탁자 노릇을 자청했습니다.

기존 사회 시스템의 틀 안에서 합리적인 실험을 통해 해결해나가려는 국가들이죠.

만약 당신이 실패한다면, 전 세계는 그러한 합리적 변화에 대해 잘못된 선입관을 가질 겁니다.

그리고 자유방임주의를 따르는 교리와 혁명의 공격을 받을 겁니다.

1933년, 존 케인스가 프랭클린 루스벨트에게 보내는 편지에서1

2006년 10월 나는 제프리 색스를 만나러 가는 길이었다. 뉴욕은 축축한 안개에 흠뻑 젖어 있었다. 몇 발자국만 가다 보면 여기저기에 활기찬 레드 색상이 나타났다. 보노(Bono: 록그룹 U2의 멤버인 보노는 유명업체들과 손을 잡고 레드 브랜드를 내놓았음-옮긴이)의 레드 브랜드가 화려하게 출시되었다. 도시 전체가 번쩍거렸다. 레드 아이팟(iPOD)과 아르마니 선글라스는 머리 위 광고판에 나타났다. 버스 정류장마다 제각기 다른 붉은 의상을 입은 스티븐 스필버그(Steven Spielberg)와 여배우 페넬로페 크루즈(Penelope Cruz)를 내세운 광고가 도배되어 있었다. 도시의 갭(Gap) 아웃렛들도 출시에 참여했다. 5번가의 애플(Apple) 상점은 장밋빛 불빛을 내보냈다. "탱크톱 하나가 세상을 바꿀 수 있을까요?"라는 광고가 보인다. 그렇다. 판매이윤의 일정액을 에이즈, 결핵, 말라리아를 퇴치하는 국제기금에 보내기 때문에 충분히 그럴 수 있다고 우리에게 설득한다. "계속 쇼핑하세요!" 얼마 전 텔레비전에 출현한 보노는 오프라 윈프리(Oprah Winfrey)와 함께 쇼핑 열풍에 휩싸여 이렇게 말했다.[2]

그 주에 여러 저널리스트들이 색스와 이야기를 나누고 싶어 했다. 후원기금을 모으는 새로운 유행방식을 슈퍼스타 경제학자가 어떻게 바라보는지 궁금했기 때문이다. 나중에 보노는 색스를 자신의 교수라고 말하기도 했다. 콜럼비아 대학(색스는 2002년에 하버드를 떠났다)의 색스 집무실에 들어가자 보노와 찍은 사진이 나를 반겨주었다. 멋진 기부가 한창 진행되던 당시, 나는 훼방꾼처럼 보였을 것이다. 교수가 가장 꺼리는 주제를 다루려고 했기 때문이다. 색스는 인터뷰를 하던 중 그 주제를 꺼낸 기자들에게 전화를 끊겠다고 말했었다. 어쨌든 나는 러시아에 대해 질문하기로 했다. 그리고 러시아에서 무엇이 문제였는지 알아보고 싶었다.

색스는 세계적인 쇼크 전문가에서 빈국에 대한 원조 증대를 부르짖는 적극적 운동가로 변신했다. 아마 러시아에서 쇼크요법을 실시한 그 첫해가 지난 뒤부터였을 것이다. 그러한 변신 때문에 이전 동료들 그리고 쇼크요법 협력자들과 마찰을 빚었다. 그러나 색스의 생각으론 자신은 전혀 달라진 게 없었다. 항상 관대한 원조와 부채탕감을 통해 각국이 시장 기반 경제를 활성화시키도록 도왔다는 것이다. 수년 동안 그는 IMF 및 미국 재무부와 파트너십을 통해 일하면서 이런 목표를 이루었다. 그러나 러시아에서 활동할 때 논의의 분위기는 바뀌었다. 그는 워싱턴의 무관심에 충격을 받았고, 그에 항거하면서 워싱턴의 경제

기관들과 갈등을 빚었다.

그는 러시아가 시카고학파 혁명의 새로운 장을 열었음을 뒤늦게 깨달았다. 1970~1980년대의 초창기 쇼크요법 실험실에는 실험을 성공적으로 보이게 하려는 미국 재무부와 IMF의 희망이 있었다. 앞으로 뒤따를 다른 국가들의 모범 사례가 되기 때문이다. 1970년대 남미 독재정권은 노조 탄압과 국경 개방에 대해 지속적 차관으로 보상을 받았다. 칠레는 세계에서 가장 큰 구리광산을 국가에서 통제했다. 아르헨티나 군부는 민영화에 더딘 모습을 보였다. 시카고학파 정설에서 이탈한 것이다. 그런데도 차관은 계속 제공되었다. 1980년대 쇼크요법을 수용한 첫 민주주의 국가인 볼리비아는 원조를 받고 부채의 일부를 탕감받았다. 1990년대 고니가 민영화를 추진하기 전의 일이다. 폴란드는 쇼크요법을 실시한 첫 동유럽 국가다. 색스는 별 어려움 없이 폴란드를 위한 차관을 확보했다. 폴란드에서는 원래 계획이 강한 반대에 부딪혔고 결국 대규모 민영화의 속도가 늦춰지고 흔들리기 시작했다.

그러나 러시아는 사정이 달랐다. "너무 많은 충격만 있을 뿐 이룬 것은 없다."라는 평가가 대부분이다. 서구 강대국들은 가장 고통스런 '개혁'을 요구하는 강경한 태도를 취했다. 그리고 대가로 제공하는 원조도 상당히 인색했다. 그나마 피노체트는 쇼크요법의 충격을 빈민가 어린이들을 위한 음식 프로그램으로 완화할 수 있었다. 그러나 워싱턴의 채권자들은 옐친에게 그렇게 해줄 이유가 없다고 보았다. 한마디로 러시아를 약육강식 세계의 악몽으로 몰아넣은 것이다.

러시아에 대해 색스와 충분한 논의를 나누는 것은 쉽지 않았다. 나는 그가 처음의 방어적 태도에서 벗어나 대화를 해주었으면 했다. ["난 옳았고 그들이 틀린 겁니다." 그는 내게 말했다. "나한테 묻지 말고 래리 서머스한테 물어보시오. 아니면 보브 루빈(Bob Rubin), 클린턴, 체니에게 물어보든지요. 러시아가 그 지경이 되어서 행복하냐고 물어보란 말이오."] 또한 단순한 낙담 이상의 얘기를 하고 싶었다. ("난 정말 뭔가 해보려고 했는데, 결국 부질없는 일이 되어버렸소.") 내가 자세히 알고 싶었던 것은 그가 러시아에서 실패한 이유다. 왜 제프리 색스의 그 유명한 행운이 당시에만 위력을 발휘하지 못했는지 알고 싶었다.

지금에 와서야 그는 당시 모스크바에 도착했을 때부터 뭔가 달라졌다는 사실을 알았다고 말했다. "첫 순간부터 뭔가 조짐이 이상했죠. 난 처음부터 좌절감이 들었습니다. 러시아는 일급 위기에 처했습니다. 지금까지의 어떤 위기보다도 심각하고 불안한 상태였죠." 그가 알기론 탈출구는 아주 분명했다. 기본적인 시장의 기능을 작동시키려면 폴란드에 처방했던 쇼크요법이 필요했다. 그리고 대규모 원조도 있어야 했다. "나는 1년에 300억 달러의 원조를 생각하고 있었습니다. 러시아에 150억 달러를 주고, 나머지 공화국들에 150억 달러를 배분할 생각이었죠. 평화롭고 민주적인 전환을 위해서죠."

폴란드와 러시아에서 그가 추진한 사악한 정책들에 대해 말하는 동안 색스는 상당히 선별적인 기억력을 보였다. 인터뷰를 하는 내내 자신이 신속한 민영화와 대량 삭감을 요구했다는 점에 대해서는 계속 얼버무리며 발뺌했다(자신은 지금 쇼크요법이라는 단어를 싫어한다고 했다. 그리고 당시의 쇼크요법은 전면적인 국가 개조가 아니라 좁은 범위의 가격정책을 의미한다고 주장했다). 그의 기억에 따르자면 자신과 쇼크요법은 미미한 역할을 했다. 자신은 원조 자금을 모금하는 데만 신경을 썼다는 것이다. "폴란드 계획은 안정화 펀드, 부채탕감, 단기적 재정 원조, 서유럽 경제로의 편입이었습니다. 옐친의 팀으로부터 도와달라는 요청을 받았을 때, 저는 기본적으로 똑같은 제안을 했죠."[*]

색스가 얘기한 핵심 사실들은 거의 논쟁의 여지가 없다. 그가 세운 러시아 계획의 핵심은 막대한 원조 자금의 투입이었다. 옐친을 경제쇼크 프로그램에

---

[*] 존 카시디(John Cassidy)가 2005년 「뉴요커 프로파일(New Yorker Profile)」에 보도한 바에 따르면, "폴란드와 러시아에서 색스는 점진적 변화와 체제 구축보다는 대규모 사회 개조를 선호했다. 가령 재앙 같은 민영화 정책이 그 예가 될 것이다. 민영화의 대부분은 색스가 러시아를 떠난 뒤에 이루어졌지만, 정책의 기본적인 틀은 색스가 머물던 1992년과 1993년에 만들어졌다."

복종시킨 유인책이기도 했다. 색스는 마셜플랜에 근거해 구상을 했다고 말했다. 미국은 제2차 세계대전 이후 유럽에 기반시설과 산업을 재건할 수 있게 126억 달러(오늘날 달러로 환산하면 1,300억 달러다)를 나누어주었다. 이는 워싱턴의 가장 성공적인 외교적 유인책으로 평가받는다.[3] "마셜플랜은 국가가 혼란에 빠진 경우, 혼자서는 제대로 설 수 없음을 보여주었습니다. 마셜플랜에서 가장 흥미로운 것은 신중한 통화유입이 어떤 식으로 유럽 경제 재건의 토대를 만들었는지에 대한 부분입니다." 그는 일에 착수하면서 러시아를 성공적인 자본주의 경제로 전환시키는 작업에 워싱턴이 강한 정치적 의지를 보일 거라고 확신했다. 제2차 세계대전 이후 서독과 일본의 재건에 진정으로 노력했듯이 말이다.

그는 뚜렷한 근거도 없이 미국 재무부와 IMF를 설득해 새로운 마셜플랜을 얻어낼 수 있다고 확신했다. 당시 「뉴욕타임스」는 그를 '세상에서 가장 중요한 경제학자'로 묘사했다.[4] 그는 폴란드 정부의 자문위원이었을 때, "백악관에서 하루 만에 10억 달러를 모금했습니다."라고 회상했다. "그러나 러시아에 대해 똑같은 제안을 했을 때는 누구도 관심을 보이지 않았습니다. IMF는 내가 미친 소리라도 한다는 듯 노려보기만 하더군요."

워싱턴엔 옐친과 시카고 보이스를 숭배하는 사람들이 많았다. 그러나 누구도 원조를 기꺼이 해주려 들지 않았다. 색스는 고통스런 정책의 대가로 내건 원조 약속을 지키지 못했다. 그의 자아비판도 그때부터 시작되었다. "가장 큰 실수는 보리스 옐친 대통령에게 '걱정하지 마십시오. 곧 도움의 손길이 올 겁니다.'라고 말한 겁니다. 나는 러시아에 대한 지원이 중요하고, 이것이 서구에도 중대한 의미로 남을 거라고 여겼지요. 러시아는 근본적으로 상당히 혼란스러운 상태였습니다." 색스는 러시아 논쟁이 한창인 때에 이렇게 말했다.[5] 그러나 문제는 IMF와 재무부가 색스에 귀를 기울이지 않은 것만이 아니었다. 그는 원조가 불확실한 상태에서 쇼크요법을 밀어붙였는데, 이 도박으로 수백만 명이 대가를 치러야 했다.

나는 색스에게 질문을 다시 했다. 그러자 자신의 진짜 실수는 워싱턴의 정치적 분위기를 잘못 파악한 것이라고 말했다. 조지 부시의 국무장관인 로런스 이글버거(Lawrence Eagleburger)와의 논의를 회상했다. 색스는 자신의 주장을 내세웠다. 만약 러시아를 더욱 혼란스런 경제상황으로 곤두박질치게 놔둔다면 대량 기근, 민족주의 부활, 파시즘이 기세를 떨칠 것이라고 말했다. 사실상 남아도는 상품이라곤 핵무기가 전부인 국가에서는 위험스런 일이다. "당신의 분석이 맞을지도 모르죠. 그러나 그런 일은 없을 것이오." 이글버거가 대꾸했다. 그러더니 그는 색스에게 물었다. "당신은 올해가 몇 년도인지나 알고 있소?"

그해는 클린턴이 미국 대선에서 부시를 패배시킨 1992년이었다. 클린턴 캠페인의 핵심은 부시가 해외의 영광을 좇느라 국내의 경제적 어려움을 소홀히 했다는 것이다. ("경제가 엉망진창입니다.") 색스는 러시아가 미국 내 정치투쟁의 피해자라고 믿었다. 그러다 지금에 와서야 다른 요인도 있었음을 알게 되었다고 말한다. 워싱턴의 실권자들은 여전히 냉전과 싸우고 있었던 것이다. 그들은 러시아 경제 붕괴를 지정학적 승리이자 미국의 우월을 보증하는 결정적인 승리로 보았다. "난 전혀 그렇게 생각하지 않았어요." 자주 그러듯 색스는 시트콤 <소프라노스(Sopranos)>의 한 에피소드에 나오는 보이스카우트처럼 말했다. "나는 단지 '멋진데, 끔찍한 체제가 드디어 종식되었군. 이제 정말로 러시아인들을 돕자. 모든 역량을 발휘해보자.'라고 생각했죠. 되돌아보면 미국의 정책 입안자들 눈에는 내가 미친놈으로 보였을 겁니다."

자신의 실패에도 불구하고 색스는 당시 러시아 정책이 자유시장 이데올로기에서 나온 것이라고 생각하지 않았다. 대신 그는 게으름에서 나온 것이라고 말했다. 러시아에 원조를 제공할지, 시장에 맡겨야 할지에 대한 열띤 논쟁이 불가피했다. 그러나 모두 손을 놓고 있을 뿐이었다. 그는 중대한 결정을 내려줄 진지한 조사나 논쟁이 없어서 놀랐다고 말했다. "가장 큰 문제는 노력의 부족이었어요. 최소한 이틀 정도는 러시아 문제에 대해 논의해보자라는 식의 노력조차도 하지 않았어요! '소매를 걷어붙이고 문제 해결책을 찾아보고 어떻게 될지 곰 곰이 생각해봅시다.'라는 열정적인 모습은 전혀 없었죠."

그가 말한 진지한 노력은 뉴딜정책, 위대한 사회, 마셜플랜 시대의 일이었 다. 아이비리그 출신 젊은이들이 소매를 올려붙이고 전망 좋은 테이블에 둘러 앉아, 이자율과 밀 가격에 대해 열띤 논쟁을 벌이던 시대였다. 주위에는 빈 커피 잔들과 정책 보고서들이 가득 쌓여 있었다. 케인스 이론의 전성기에 정책 입안 자들은 그렇게 행동했다. 러시아의 재앙도 그 정도 조치가 필요했다.

그러나 러시아의 포기를 단지 워싱턴의 집단적 게으름 탓으로 돌리는 건 뭔가 설득력이 부족하다. 자유시장 경제학자들이 좋아하는 시각으로 이해하는 편이 더 나을 것이다. 냉전의 절정기에 소련이 건재할 때, 세계인들은 최소한 이 론적으론 자신이 원하는 이데올로기를 골랐다. 양극단의 두 사상만이 아니라 중간에도 많은 사상들이 있다. 따라서 자본주의는 손님들을 끌어야 했다. 즉 뭔 가 인센티브를 제공해야 했다. 그러기 위해서는 좋은 상품이 필요했다. 케인스 이론은 자본주의가 경쟁해야 한다는 의미다. 루스벨트 대통령은 단지 대공황 의 절박함만을 해소하고자 뉴딜정책을 시작한 게 아니었다. 미국 시민들은 규 제 없는 자유시장의 거친 공격을 받고 있었다. 국민들이 다른 경제모델을 요구 하지 못하도록 차단해야 했다. 사실 일부 시민들은 급진적인 다른 방식을 원하 고 있었다. 1932년 대통령 선거에서 미국인 100만 명이 사회주의나 공산주의 성 향의 후보자에게 투표했다. 점점 더 많은 미국인들이 휴이 롱(Huey Long)에게 관심을 가졌다. 그는 루이지애나의 상원의원으로 대중의 인기를 끌었고, 모든 미국인에게 연봉 2,500달러를 보장해야 한다고 주장했다. 1935년 뉴딜정책에 더 많은 사회복지 혜택을 추가한 이유를 묻자, 루스벨트 대통령은 '롱의 기세를 꺾기' 위해서였다고 말했다.[6]

미국 산업가들이 루스벨트의 뉴딜정책을 투덜대며 받아들인 것도 그러한 맥락이다. 시장 위기를 공공부문의 일자리로 완화시켜 누구도 굶주리지 않도록 해야 했다. 한마디로 자본주의의 미래가 위태로운 상황이었다. 냉전시대 자유세계의 어떤 국가도 이러한 압력에서 자유롭지 않았다. 사실 50년 된 자본주의의 업적은 노동자 보호, 연금, 의료혜택, 북미 국가의 빈곤층 지원이다. 색스는 이를 정상적 자본주의라고 부른다. 강력한 좌파에 맞부딪힌 상황에서, 실용주의적 측면에서 실시한 커다란 양보들이다.

마셜플랜은 이러한 경제 전선에 배치된 최강의 무기였다. 전쟁 이후 독일의 경제는 위기에 처해 다른 서유럽 국가까지 침체에 몰아넣을 만큼 위협적이었다. 그리고 상당수 독일인들은 사회주의에 빠져 있었다. 이때 미국 정부는 독일 정부를 둘로 나누는 방안을 선택했는데, 독일 전체가 붕괴되거나 좌파에 넘어가지 않도록 하기 위해서였다. 미국 정부는 서독에서 자본주의 시스템을 세우기 위해 마셜플랜을 사용했다. 포드나 시어스(Sears)를 위한 신속하고도 손쉬운 새로운 시장을 만들려는 게 아니었다. 그것은 유럽의 시장경제를 번창시키고 사회주의의 매력을 없애려는 목적을 달성했다.

1949년 무렵, 서독 정부는 긍정적인 면에서 비자본주의적인 정책들을 용인했다. 즉 국가가 직접 일자리를 창출하고, 공공부문에 막대한 투자를 했으며, 독일의 회사들과 강력한 노조에 보조금을 지급했다. 1990년대 러시아 또는 미국 점령하의 이라크에서는 생각도 할 수 없는 일이었다. 당시 미국 정부는 자국 기업들에게 외국 투자 모라토리엄을 부과했다. 따라서 전쟁으로 망가진 독일 회사들은 원상 복구되기도 전에 외국 기업과 경쟁하는 일은 겪지 않았다. "외국 회사를 독일 내로 들어오게 하는 것은 마치 도적질처럼 느껴졌지요." 오늘날 칭송받는 마셜플랜의 입안자인 캐럴린 아이젠버그(Carolyn Eisenberg)는 내게 말했다.[7] "오늘날과 달리 당시 미국 정부는 독일을 고수익을 낼 시장으로 여기지 않았습니다. 독일인들의 반감을 사지 않으려 했습니다. 독일을 경제적으로 약탈한다면 유럽 전체의 회복에 지장이 생길 거라고 생각했죠."

아이젠버그는 마셜플랜이 이타주의에서 나온 관점이 아니라고 했다. "소련은 장전된 총과 같았습니다. 독일 경제는 위기에 처했고 독일 내부에는 좌파가 상당수 있었습니다. 서구는 빨리 독일인들의 신뢰를 얻어야 했지요. 독일인의 영혼을 놓고 서구는 소련과 겨루고 있었거든요."

마셜플랜이 나오게 된 이념 전쟁은 색스의 업적에 나타나는 약점을 보여준다. 최근 아프리카 원조를 늘리려는 훌륭한 노력을 포함해서 말이다. 색스는 대규모 대중운동은 언급하지 않은 채, 단지 엘리트가 역사를 만들어간다고 여긴다. 따라서 적절한 기술관료들을 적절한 위치에 배치하는 게 중요하다. 라파스와 모스크바의 밀실에서 쇼크요법 프로그램이 만들어졌듯, 소련에 대한 300억 달러 원조 프로그램도 상식적인 논쟁을 바탕으로 만들려고 했다. 그러나 아이젠버그의 기록에 따르면 원래 마셜플랜은 자비로움이나 이성적인 주장에서 나온 것이 아니라, 대중 폭동의 두려움에서 나왔다.

색스는 케인스를 숭상했다. 그러나 그는 케인스주의가 미국에서 가능했던 이유에는 관심이 없었다. 힘을 얻어가는 노조와 사회주의자들의 호전적인 요구는 급진적인 해결책으로 상당한 위협을 가했다. 때문에 뉴딜정책은 받아들일 만한 타협처럼 느껴졌다. 대중운동의 역할을 인정하지 않는다면 심각한 결과를 맞을 테니 말이다. 색스가 옹호했던 사상을 내켜하지 않는 정부가 이를 받아들인 것은 대중운동 때문이었다. 무엇보다 색스는 러시아의 당면한 정치현실을 제대로 살피지 않았다. 러시아를 위한 마셜플랜이 나올 리가 없다. 애초에 마셜플랜은 러시아 때문에 생긴 것이기 때문이다. 옐친의 소련연방 해체는 마셜플랜의 원인이었던 장전된 총이 무장해제된 것이나 다름없다. 한편 공산주의가 사라지자 자본주의는 즉각 잔인한 모습을 마음껏 드러냈다. 러시아에서만 아니라 세계 어디서나 그랬다. 요컨대 소련의 와해로 자유시장은 세계를 독점했다. 그러니 완전한 균형을 방해하는 왜곡 조치들은 더 이상 필요 없게 되었다.

때문에 폴란드인들과 러시아인들이 믿었던 약속은 무참히도 깨졌다. 쇼크요법을 따르기만 하면 정상적인 유럽 국가에 합류할 수 있을 거라 여겼던 믿음이 산산조각 난 것이다. 정상적 유럽 국가들(튼튼한 사회안전망, 노동자 보호, 강력한 노조, 사회주의적 의료혜택)은 공산주의와 자본주의 간의 타협으로 출현했다. 그러나 이제 더 이상 타협은 없다. 온건한 사회정책들은 서유럽에서 공격을 받았다. 캐나다, 오스트레일리아, 미국에서도 마찬가지였다. 따라서 그러한 정책들은 러시아에도 도입되지 않을 것이며, 서구가 그러한 정책에 자금을 대줄 리는 더욱더 없었다.

모든 제한에서 해방된 자본주의는 바로 시카고학파 경제학의 본질이다(또는 신자유주의로 알려져 있다. 미국에서는 신보수주의로도 불린다). 이는 새로운 발명품이 아니라 케인스의 부가조건을 삭제한 자본주의다. 독점적 위치에 선 자본주의는 원하는 대로 할 수 있었다. 더 이상 사람들을 고객으로 대할 필요가 없다. 얼마든지 반사회적이며, 반민주적이고, 거칠어질 수 있다. 공산주의의 위협이 있을 때는 케인스 이론을 실행한다는 신사협정이 있었다. 그러나 양극 대결 시스템이 무너지자 과거의 협정들은 취소되었다. 50년 전에 프리드먼이 제시한 가장 순수한 자본주의가 목표가 되었다.

1989년, 시카고 대학 강의에서 후쿠야마가 선언한 '역사의 종말'이라는 극적인 주장의 진짜 핵심은 이 세상에 다른 사상들이 없다는 의미가 아니다. 공산주의 붕괴 때문에 적수가 될 정도의 강력한 사상이 없어졌다는 뜻이다.

색스는 소련의 와해를 전제주의 지배로부터의 해방으로 보았다. 그래서 소매를 걷어붙이고 도와주려 했다. 반면에 시카고학파 동료들은 이를 다른 자유로 받아들였다. 마침내 케인스주의, 그리고 제프리 색스처럼 선한 행동을 하려는 사상으로부터 벗어나게 된 것이다. 색스는 러시아 문제에 수수방관하는 태도에 격노했다. 그러나 그런 방관적 태도는 단순한 게으름이 아니라 자유방임주의가 활동을 개시했다는 증거다. 부시 행정부의 국방부 장관인 딕 체니, 재무부 차관 로런스 서머스, IMF의 스탠리 피셔는 그대로 내버려두고 아무것도 하지 말라며 자유방임식 주장을 따랐다. 그리고 순수한 시카고학파 이념을 실천하며 시장이 최악의 상황을 맞도록 내버려두었다. 이런 이념은 실질적으로 부자가 되든지 아니면 죽으라는 식의 지옥을 칠레보다 러시아에서 더 잘 보여주었다. 10년 후, 이는 이라크에서 또다시 재현된다.

게임의 새로운 규칙이 1993년 1월 13일 워싱턴 D.C.에서 선보였다. 중요한 소규모 행사가 열렸는데 초대받은 사람들만 참석할 수 있었다. 행사는 백악관에서 차로 7분 정도 거리에 있는 듀폰서클(Dupont Circle)의 카네기회의센터 10층에서 열렸다. IMF와 세계은행가 근처다. 존 윌리엄슨은 은행과 펀드 쪽에서 저명한 경제학자다. 그는 신자유주의 인사들의 역사적 모임을 개최했다. 전 세계에서 시카고 독트린을 퍼뜨리는 캠페인의 선두에 나선 스타급 정무직 경제전문가들이 무수히 참가했다. 스페인, 브라질, 폴란드의 전·현직 경제장관들, 터키와 페루의 중앙은행 총재들, 멕시코 대통령을 대신한 수석 직원, 전직 파나마 대통령 등이었다. 색스의 오랜 친구이자 영웅 대접을 받는 레셰크 발체로비치도 왔다. 그는 폴란드의 쇼크요법을 입안한 인물이다. 하버드 동료인 대니 로드릭도 참석했다. 그는 신자유주의 재건을 수용한 국가는 하나같이 심각한 위기에 처했다는 사실을 증명한 경제학자다. 장래 IMF 수석 부총재가 되는 앤 크루거(Anne Krueger)도 있었다. 피노체트의 가장 열성적인 총리 호세 피녜라는 칠레의 선거활동으로 올 수 없어 대신에 상세한 보고서를 보냈다. 그리고 옐친의 자문위원이었던 색스가 중요한 연설을 하기로 되어 있었다.

그날 내내 참가자들은 경제학자들이 제일 좋아하는 소일거리로 시간을 보냈다. 즉 어떻게 하면 망설이는 정치인들을 설득해 대중이 반기지 않는 정책을 실시하게 만들 수 있을지에 대해 전략을 논의했다. 선거 이후 얼마쯤 지나서 쇼크요법을 개시해야 할까? 예기치 못한 충격임을 감안할 때, 중도 좌파 정당이 우익 정당보다 더 효과적일까? 대중에게 경고를 해주는 편이 나을까, 아니면 주술 정치로 사람들을 놀라게 하는 것이 나을까? 회의의 명칭은 '정책개혁 측면에서 본 정치경제'로 불렸다. 언론의 관심을 피하기 위한 밋밋한 제목이었다. 그러나 실상은 '마키아벨리주의 경제학'이라며 그중 한 참가자가 교활하게 말했다.[8]

색스는 그들의 대화를 몇 시간 동안 듣더니 저녁식사를 마치고 연설을 하기 위해 강단에 올라섰다. 색스의 경향을 잘 나타내듯 '경제 응급실에서의 삶'이라는 제목이었다.[9] 그는 한눈에도 흥분된 듯 보였다. 청중들은 민주주의 시대로 쇼크요법의 횃불을 가져간 우상의 연설을 속히 듣고 싶었다. 그러나 그는 축하를 할 기분이 아니었다. 색스는 유력인사들인 청중에게 러시아 사태의 심각성을 연설을 통해 알리려 했다고 내게 설명했다. 그는 청중에게 제2차 세계대전 직후 유럽과 일본에 제공한 원조를 상기시켰다. "훗날 일본이 거둔 눈부신 성공의 필수요소입니다." 프리드먼주의의 본거지인 헤리티지 재단의 한 분석가가 보낸 편지를 언급하기도 했다. "그 편지는 러시아의 개혁은 필요하지만 원조제공은 안 된다는 내용이었습니다. 저를 포함한 자유시장 사상가들의 공통된 관점입니다. 이는 그럴듯해 보이지만 사실은 잘못된 생각입니다. 시장은 혼자서 해낼 수 없어요. 반드시 국제적 도움이 있어야 합니다." 자유방임주의에 집착하는 태도가 러시아를 재앙으로 몰아넣었다. "러시아의 개혁가들이 아무리 적극적이고 똑똑하고 운이 좋아도, 외부의 대규모 지원 없이는 해낼 수가 없습니다. (중략) 우리는 역사적인 기회를 놓칠지도 모릅니다."

물론 색스는 한차례 박수를 받았다. 그러나 청중의 반응은 무덤덤한 편이었다. 도대체 왜 낭비적인 사회지출을 좋게 평가하는 것인지 의아해했다. 새로운 뉴딜정책을 입안하려는 것이 아니라 뉴딜정책을 해체하는 글로벌 운동에 나선 사람들이었다. 이어진 회의 시간에 색스의 도전을 지지하는 사람은 1명도 없었다. 오히려 정반대 의견을 밝힌 사람들이 여럿 나타났다.

색스는 위기의 실상을 설명하고 급박함을 전달하려 했다고 말했다. "워싱턴의 정책 입안자들은 경제적 혼란의 실상을 이해하지 못하고 있었습니다." 그는 그들이 현실을 직시하길 바랐다. "위기는 점점 통제 불능으로 치닫다가 결국엔 다른 재앙들을 몰고 옵니다. 히틀러 같은 부류가 권력을 잡거나 아니면 대량 기아사태가 올 수도 있어요. (중략) 그러니 러시아를 돕기 위해 당장 나서야 합니다. 불안한 상황은 정상적 균형이 아닌 불안정성을 증가시키니까요."

색스가 청중들에게 신뢰를 주지 못한 것은 보나 마나 한 사실이다. 그들은 밀턴 프리드먼의 위기 이론에 매료되어 자국에 위기 이론을 도입한 사람들이다. 대부분 경제 붕괴가 얼마나 고통스럽고 불안정한지 잘 알고 있다. 그러나 그들은 러시아로부터 다른 교훈을 얻어냈다. 고통스럽고 갈피를 잡지 못했던 러시아의 정치상황 탓에, 옐친은 즉각 국가의 자산들을 매각할 수밖에 없었다. 그리고 그 결과 이들은 상당한 수익을 얻었다.

회의 주최자인 존 윌리엄슨은 토의 방향을 실용적인 우선순위로 전환했다. 색스는 스타급 권력을 가진 인물이었지만, 청중들이 정신적 지도자로 생각한 사람은 윌리엄슨이었다. 그는 대머리에다 텔레비전 화면에 어울리지 않는 외모이며 정치적으로 온당치 못한 처신을 했던 인물이었다. 그리고 바로 '워싱턴 컨센서스'라는 문구를 만든 사람이기도 하다. 이는 아마 현대 경제학에서 가장 많이 인용되는 논쟁적인 단어일 것이다. 그는 치밀하게 짜인 밀실회의와 세미나로 유명하다. 모두 그의 대담한 이론을 테스트하기 위해 만들어진 것이다. 그는 1월 회의에서 급박한 사안을 갖고 있었다. 이른바 '위기가설'이라고 불리는 이론을 단번에 실험해보고 싶었던 것이다.[10]

윌리엄슨은 강의에서 위기에 처한 국가를 구해야 한다는 경고 메시지는 전혀 언급하지 않았다. 오히려 비극적인 사건들에 대해 수사적으로 말했다. 그는 청중에게 국가가 정말로 고통을 겪을 때만 쓰라린 처방전을 수용한다는 증거를 주지시켰다. 요컨대 충격에 빠져야만 쇼크요법에 굴복한다는 것이다. 그는 "최악의 상황은 근본적인 경제 개혁의 필요성을 이해한 사람들에게는 최고의 기회다."라고 선언했다.[11]

윌리엄슨은 재계의 내면을 언어로 표현하는 데서 뛰어난 재능을 자랑하며,

일부 의문점이 생길 수 있다고 말했다.

> 개혁을 방해하는 정치적 걸림돌을 없애기 위해 고의적으로 위기를 조성하는 것이 이치에 맞는지 물어봐야 할 것이다. 예를 들어 브라질에서 모두에게 두려움을 주어 변화를 수용하게 만들기 위한 하이퍼인플레이션의 조장은 가치가 있었다는 의견이 나온다. 그러나 1930년대 중반, 역사적 혜안을 가진 사람이 패전 이후 엄청난 성장을 할 수 있으니 독일이나 일본은 전쟁에 나서야 한다고 주장하지는 않을 것이다. 그러나 조금 덜 심각한 위기로 똑같은 효과를 볼 수 있지는 않을까? 진짜 위기 없이, 가짜 위기로도 긍정적 효과를 볼 수 있을까?[12]

윌리엄슨의 진술은 쇼크 독트린의 중대한 도약을 보여준다. 당시 많은 재무부 장관들과 중앙은행 총재들이 무역회의에 참석했다. 따라서 적극적으로 심각한 위기를 창조해 쇼크요법을 추진하자는 사상이 공개적으로 논의된 셈이다.

그러나 최소한 한 참석자는 연설을 통해 위험한 사상과 거리를 두어야겠다고 생각했다. 서식스 대학의 영국인 경제학자 존 토이(John Toye)는 "개혁을 유발하기 위해 인위적으로 위기를 유발하는 것이 좋은 행동이라는 윌리엄슨의 의견은 도발적이며 조롱받아 마땅할 사상이다."라고 말했다.[13] 윌리엄슨이 조롱받았다는 증거는 없었다. 오히려 그의 사상은 이미 워싱턴의 고위급 경제정책 입안 과정에 적용된 상태였다. 그리고 이제는 워싱턴을 넘어 확산되고 있었다.

윌리엄슨의 워싱턴 회의가 열린 뒤 한 달이 지날 무렵이었다. 나는 조국 캐나다에서 가짜 위기에 대한 새로운 열망을 보게 되었다. 당시 그 사건을 글로벌 전략의 일부로 이해한 사람은 거의 없었다. 1993년 2월, 신문을 읽거나 텔레비전을 본 사람들이라면 캐나다가 경제적 재앙으로 치닫고 있다는 결론을 내렸을 것이다. 전국 신문인 「글로브앤드메일(Globe and Mail)」의 앞면에는 '채무 위기가 드리워졌다.'라는 머리기사가 대문짝만 하게 났다. 국영 방송국의 스페셜 프로그램은 "경제학자들의 예상에 따르면 내년 또는 2년 안에 캐나다 재무부 차관이 내각에서 캐나다의 신용이 밑바닥임을 발표할 것이다. (중략) 이제 우리의 삶은 완전히 바뀔 것이다."라는 보도를 했다.[14]

그리고 갑자기 '채무 장벽'이라는 용어가 등장했다. 현재의 삶이 안락하고 평화로워 보일지 몰라도, 사실 캐나다는 수입에 비해 과도하게 지출을 해왔다는 것이다. 때문에 조만간 무디스(Moody's)나 스탠더드앤드푸어스(Standard & Poor's) 같은 월스트리트의 신용회사들이 캐나다의 트리플 A 등급을 훨씬 낮은 단계로 하향조정할 것이다. 그러면 세계화와 자유무역이라는 새로운 규칙 덕택에 해방된 유동적인 투자가들은 캐나다에서 자금을 빼내 다른 안전한 곳으로 옮길 것이다. 유일한 해결책은 실업보험과 건강보험 같은 프로그램의 지출을 대폭 줄이는 길뿐이다. 결국 일자리 창출이라는 정강으로 선출되고 정권을 잡은 자유당은 그렇게 했다(캐나다 버전의 '주술 정치'라 하겠다).

적자 히스테리가 절정에 달한 지 2년이 지났다. 진실을 파헤치는 저널리스트인 린다 맥퀘이그(Linda McQuaig)는 캐나다의 거대 은행들과 기업들이 후원하는 몇몇 싱크탱크가 의도적으로 위기를 조작했다고 폭로했다. 특히 호웨(Howe) 연구소와 프레이저(Fraser) 연구소를 대표적인 예로 꼽았다(밀턴 프리드먼이 적극 후원하던 단체다).[15] 캐나다는 적자 문제가 있긴 했다. 그러나 실업보험과 사회보장 프로그램에 돈을 썼기 때문이 아니었다. 캐나다 통계청은 그 원인이 높은 이자율 때문이라고 밝혔다. 볼커쇼크는 1980년대 개도국의 빚을 부풀려놓았다. 그와 마찬가지로 이자율이 부채를 급증시킨 것이다. 맥퀘이그는 월스트리트에 있는 무디스 본사를 찾아가 캐나다 신용등급을 정하는 수석 분석가 빈센트 트루글리아(Vincent Truglia)와 얘기를 나누었다. 트루글리아는 아주 놀라운 사실을 말해주었다. 캐나다의 기업 중역들과 은행가들이 캐나다 금융에 관한 부정적 보고를 발표하라고 압력을 넣었다는 것이다. 그러나 캐나다가 최상의 안정적인 투자처라고 생각했기 때문에 그렇게 하지 않았다. "자국의 등급을 낮추어달라고 한 국가는 생전 처음이었지요. 그것도 주기적으로 말입니다. 캐나다의 등급이 너무 높다고 생각했나 봅니다." 그는 보통 자국의 신용등급이 너무 낮게 측정되었다고 말하는 각국 대표들의 전화를 받는다고 말했다. "그러나 캐나다인들은 외국인들보다도 더 낮게 자국을 평가했습니다."

캐나다 금융권에서는 '적자 위기'가 열띤 정치 투쟁에서 강력한 무기였다. 트루글리아가 기이한 전화를 받았던 당시, 재계는 건강보험과 교육 등의 사회 프로그램에 지출을 줄이는 한편 세금을 낮추라는 압력을 정부에 보내고 있었다. 사회 프로그램들은 대다수 캐나다인들이 추진한 것이다. 때문에 지출 삭감을 정당화할 수 있는 방안은 국가 경제의 붕괴, 즉 전면적인 국가 위기 정도가 되어야 했다. 그러나 무디스가 최상의 채권 등급(A++ 정도)을 매기는 바람에 종말론적 분위기를 내지 못하게 된 것이다.

투자가들은 혼란스런 메시지에 당황했다. 무디스는 캐나다에 대해 낙관적인 데 반해, 캐나다 언론은 계속해서 국가 금융이 재앙에 처했다고 보도하니 말이다. 트루글리아는 캐나다가 제시하는 정치화된 통계수치에 진저리가 났다. 마치 자신의 조사 결과가 의심받는 느낌이었다. 그래서 캐나다의 지출이 통제 한도를 벗어난 것이 아니라는 '특별 보고서'를 내는 조치까지 취하면서, 우익 싱크탱크의 희한한 계산방식을 전면적으로 공격했다. "최근에 발행된 여러 보고서들을 보면 캐나다의 채무상태를 지나치게 과장했다. 일부 보고서는 숫자를 두 번 계산하거나 부적절한 국제적 비교를 사용했다. (중략) 부적절한 수치 계산 때문에 캐나다 채무의 심각성이 과장되었다." 무디스의 특별 보고서는 캐나다엔 채무 장벽이 드리워진 적이 없다고 밝혔다. 그러자 캐나다 재계는 불만을 터뜨렸다. "한 경제단체의 캐나다인이 전화를 걸어 내게 소리를 질러댔죠. 말 그대로 고함을 질러대더군요. 정말 희한한 일이었죠."[*16]

캐나다인들은 기업들이 후원한 싱크탱크가 채무 위기를 과장했다는 것을 깨달았다. 그러나 되돌리기엔 너무 늦었다. 예산 삭감은 이미 진행되어 자리를 잡았으며, 실업자를 위한 사회 프로그램들은 치명적 타격을 받았다. 그리고 이후 추가 예산이 있었지만 원상 복구되지 않았다. 이러한 위기 전략은 반복되어 사용된다. 1995년 9월, 온타리오 주 교육부 장관인 존 스노벨렌(John Snobelen)의 비디오가 캐나다 언론에 공개되었다. 비디오엔 그가 밀실회담에서 공무원들과 나눈 대화가 담겨 있었다. 그는 교육비 삭감과 대중이 반기지 않는 개혁을 발표하기 전에 공포 분위기를 조성해야 한다고 말했다. '자신이 얘기하는 것보다' 더욱 끔찍한 내용의 정보를 흘려 공포 분위기를 내라는 것이다. 그는 이것을 '유익한 위기 창출'이라고 불렀다.[17]

워싱턴의 통계수치 악용

1995년, 서구 민주주의 국가들의 정치적 담화는 채무 장벽과 급박한 경제 붕괴였다. 그리고 예산 대폭 삭감과 더욱 야심 찬 민영화를 요구했다. 프리드먼 이론을 믿는 싱크탱크들은 노골적으로 위기를 부르짖었다. 워싱턴의 영향력 있는 재정기관들은 언론을 통해 위기 분위기만 낸 것이 아니라, 진짜 위기를 창출하기 위해 구체적 조치까지도 취했다. 윌리엄슨이 위기 '조성'의 의견을 밝힌 지 2년이 지났다. 세계은행 발전경제학의 수석 경제학자 마이클 브루노(Michael Bruno)는 언론의 눈초리를 피해 다시 한 번 비슷한 주장을 공개적으로 했다. 1995년, 튀니지에서 열린 국제경제학협회 모임에서 그는 강의를 했다. 그

---

* 트루글리아는 월스트리트에서 보기 드문 인물임에 틀림없다. 주식과 채권 등급은 정치적 압력에 따른 영향을 받는 경우가 흔하며, 시장 개혁에 대한 압박을 가하기 위해 사용되곤 하기 때문이다.

리고 68개국에서 온 경제학자들 500명에게 "큰 위기는 주저하는 정책 입안자에게 충격을 주어 생산성을 높이는 개혁을 하게 만든다."라는 합의가 점차 커지고 있다고 알려주었다.[18] 이 연설은 나중에 세계은행의 보고서로도 출간된다. 브루노는 심각한 위기로 혜택을 본 사례로 남미 국가들을 들었다. 특히 아르헨티나가 멋진 일을 해냈다고 말했다. 카를로스 메넴 대통령과 재무부 장관 도밍고 카바요가 급박한 분위기를 이용해 신속히 민영화를 추진했다는 것이다. 청중이 핵심을 놓쳤을까봐 우려한 그는 이렇게 말했다. "한 가지 큰 주제만 강조하겠습니다. 심각한 위기에 처한 정치경제는 긍정적인 결과를 낳는 급진적 개혁을 받아들일 수밖에 없게 됩니다."

그는 국제기관들이 워싱턴 컨센서스를 추진하려면 경제 위기를 이용하는 데서 그쳐서는 안 된다고 주장했다. 즉 위기를 더욱 심화시키기 위해 원조 차단 조치가 필요하다는 것이다. "그로 인한 '역충격(정부수입 감소나 대외거래 감소)'은 개혁 전에 지체되는 시간을 줄여주기 때문에 오히려 복지를 증진시키는 셈이다. '나은 미래를 위해 현 상황을 악화시켜야 한다.'라는 관념이 자연스럽게 나타난다. (중략) 사실 비교적 덜 심각한 위기에서 허우적거리는 것보다는 높은 인플레이션의 위기가 국가를 더 나은 상황으로 이끈다."

브루노는 심각한 경제 파탄을 일으키거나 더욱 심화시키는 것은 두려운 일이라고 인정했다. 정부는 임금도 지불하지 못하는 처지가 되고 공공 인프라는 녹슬어갈 것이다. 그런데도 시카고학파 신봉자인 브루노는 이러한 단계가 창조의 첫걸음이니 받아들이라고 설득한다. "위기가 심해지면 정부는 서서히 힘을 잃어갈 겁니다." 브루노는 말했다. "그러나 그 과정은 결국 긍정적 결과를 냅니다. 개혁을 강경하게 반대하던 세력이 약해지니까요. 단기적 편안함보다 장

---

* 비록 브루노는 시카고 대학에 다니지는 않았지만, 시카고학파에 속하는 저명한 인물 돈 파틴킨 밑에서 공부하며 그를 정신적 스승으로 삼았다. 돈 파틴킨은 시카고학파 경제학을 논리적 완결성 측면에서 마르크스주의에 비유했다.

기적 해결책을 선택한 지도자는 개혁 지지를 얻어낼 겁니다."[19]

시카고학파의 위기 집착은 지적으로 급속하게 확산되는 추세였다. 불과 몇 년 전 그들은 하이퍼인플레이션 위기가 쇼크정책에 필요한 충격적 상황을 만든다고 생각했다. 이제는 세계은행의 수석 경제학자가 폐허더미에 새로운 기회가 있다며 경제 파탄을 만들어내라고 주장하고 있다. 178개국의 세금으로 운영되며 휘청거리는 경제를 재건해 튼튼하게 만들 의무를 가진 기관에서 일하는 경제학자가 말이다.[20]

국제 금융기관들이 위기수법을 쓴다는 루머는 수년 동안 나돌았다. 윌리엄슨의 표현에 따르면 국가들을 자기 뜻대로 다루기 위해서였다. 물론 그러한 루머가 사실이라고 증명하는 일은 쉽지 않았다. 그러나 IMF의 직원에서 내부 고발자가 된 데이비슨 버드후가 자세한 증언을 해주었다. 그는 IMF가 말을 안 듣는 빈국들을 처벌하기 위해 숫자를 조작하는 속임수를 쓴다고 고발했다.

버드후는 그레나다(Grenada: 서인도제도 동부의 독립국-옮긴이) 출신으로, 런던 정경대학에서 교육받은 경제학자다. 그는 외양도 특이한 사람이라 워싱턴에서도 눈에 확 띄었다. 사방으로 뻗친 아이슈타인 헤어스타일에다, 세로 줄무늬 양복보다는 스포츠 점퍼를 선호했다. 그는 12년간 IMF에서 아프리카, 남미, 조국인 카리브 연안 국가들의 구조조정 프로그램 입안을 맡았다. 그러다 레이건과 대처의 시기에 IMF가 급변했고, 독립적인 성향을 가진 버드후는 자신의 일이 편치 않았다. 당시 철저한 신자유주의자였던 미셸 캉드쉬(Michel Camdessus)가 총재였다. 캉드쉬의 리더십 아래에는 열정적인 시카고 보이스들이 가득했다. 버드후는 1988년 IMF를 떠나면서, 다니던 직장의 비밀을 폭로하는 데 모든 걸 바치기로 했다. 우선 캉드쉬에게 보내는 공개편지부터 시작했다. 그는 10년 전 안드레 군더 프랑크가 프리드먼에게 보낸 편지에 나타난 고발적 어조를 인용했다.

IMF의 고위급 경제학자들은 거의 쓰지 않는 언어로 가득한 편지는 이렇게 시작한다. "오늘 나는 12년 동안 일한 IMF의 직책을 그만두었습니다. 당신이 내린 처방과 속임수로 남미와 아프리카 사람들과 정부를 공격한 지난 1,000일 동안의 공식적 업무도 이제 그만둡니다. 사직과 더불어 나는 해방되었습니다. 내 손은 가난하고 굶주린 수백만 명의 피로 얼룩져 있습니다. 이제 그런 손을 씻어내는 첫걸음을 내디뎠습니다. 그들이 흘린 피는 강을 이룰 정도입니다. 그 피가 굳어 나의 온몸에 달라붙었습니다. 당신의 이름으로 저지른 나의 행동을 씻어낼 비누는 이 세상에 충분하지 않은 것 같습니다."[21]

그러고는 자신의 주장을 펼쳤다. 그는 IMF가 통계수치를 '치명적' 무기로 사용한다고 비난했다. 1980년대 IMF 직원이었던 그는 석유가 풍부한 트리니다드토바고(Trinidad and Tobago: 카리브해 남동부에 위치한 공화국-옮긴이)에 관한 IMF 보고서가 어떻게 수치를 교묘히 악용해 과장했는지 속속들이 문서화했다. 보고서는 그러한 국가들을 실제보다 불안정한 상황에 있는 듯 보이게 했다. 버드후의 주장에 따르면 IMF는 노동비용을 계산하는 중요한 수치를 두 배 이상 부풀렸다. 때문에 트리니다드토바고는 매우 비생산적인 국가로 보였을 것이다. IMF는 정확한 정보를 갖고 있었지만 수치를 바꾸었다. 또한 말 그대로 "난데없이 엄청난 미상환 부채를 만들어내기도 했다."[22]

버드후는 역겨운 불법 행위가 계산상 실수가 아닌 고의라고 주장한다. 금융시장은 이러한 자료를 사실로 받아들였다. 트리니다드토바고는 위험성이 높은 지역으로 분류되어 금융융자가 끊겼다. 따라서 주요 수출품인 석유 가격이 하락하면서 생긴 경제문제가 이제 재앙 수준이 되었다. IMF에 구제금융을 간청해야만 했다. 버드후의 표현에 따르면 IMF가 요구한 정책은 '치명적인 약'이었다. 즉 인원 감축, 임금 삭감, '전면적인' 구조조정 정책이었다. 그는 이것을 '사기를 쳐서 고의적으로 국가의 생명줄을 조이는 과정'이라고 표현했다. "트리니다드토바고를 경제적으로 파탄 나게 한 후 이념적 전향을 시키려는 것이었다."

2001년에 사망한 그는 자신의 논쟁이 단지 몇몇 관리들이 한 국가만을 그렇게 다룬 문제가 아니라는 사실을 분명히 밝혔다. 그리고 IMF의 구조조정 프로그램을 대규모 고문으로 표현했다. "고통 때문에 비명을 지르는 정부와 국민들은 우리 앞에 무릎을 꿇어야 했다. 부서지고 공포에 질려 방향을 잃은 채 합리성과 친절을 조금이라도 보여달라고 애걸했다. 그러나 우리는 그들 앞에서 잔인하게 웃었다. 그리고 고문은 조금도 감소되지 않았다."

편지가 발행된 이후, 트리니다드토바고 정부는 그러한 혐의가 사실인지 조사하기 위해 두 개의 독립적인 연구를 위임했다. 그 결과 혐의는 사실로 드러났다. IMF는 수치를 부풀리고 위조해 엄청난 손해를 입힌 것이다.[23]

그러나 그런 입증에도 불구하고 버드후가 고발한 의혹은 흔적도 없이 사라졌다. 트리니다드토바고는 베네수엘라 해안에 위치한 작은 제도다. 따라서 그곳 주민들이 워싱턴 D.C. 19번가의 IMF 본부를 급습하지 않는 한, 그들의 불평은 세상의 주목을 받지 못할 것이다. 그러던 중 1996년에 버드후의 편지가 연극으로 만들어졌다. 'IMF에서 사직한 버드후가 보낸 편지'라는 제목으로 뉴욕 이스트 빌리지(East Village)의 소극장에서 공연되었다. 놀랍게도 「뉴욕타임스」는 긍정적인 평가를 내리면서, '보기 힘든 창조성'과 '발명적인 도구'들을 사용했다고 칭찬했다.[24] 버드후의 이름이 「뉴욕타임스」에 언급된 것은 그 짤막한 연극 평론이 전부였다.

13장

도와주지 말고 그냥 내버려두어라

아시아 약탈과 '두 번째 베를린 장벽의 붕괴'

돈은 기회가 있는 곳으로 흐른다. 그리고 지금 이순간 아시아는 아주 헐값이다.
뉴욕 UBS 금융그룹의 은행가 제라드 스미스(Gerard Smith), 1997~1998년 아시아 경제 위기에 대해1

_

좋은 시절은 나쁜 정책을 만들어낸다.
인도네시아 수하르토 장군의 경제자문 모하마드 사들리(Mohammad Sadli)2

아주 단순한 질문 같았다. 당신 임금으로 뭘 살 수 있나요? 집세를 내기엔 충분한가요? 부모님에게 보낼 돈은 좀 남나요? 공장까지 오가는 교통비는 어떤가요? 그러나 내가 아무리 이런저런 말로 표현해도 대답은 "상황에 따라 다르죠." 혹은 "잘 모르겠어요."라는 말뿐이었다.

마닐라 근처의 갭(Gap) 의류공장에서 일하는 열일곱 살 난 노동자는 이렇게 말했다. "몇 달 전에는 가족들에게 매달 조금씩 돈을 부치곤 했어요. 그런데 지금은 제가 먹을 음식 사기도 빠듯하네요."

"임금이 줄었나요?" 나는 물었다.

"아뇨. 그런 건 아니에요." 그녀는 약간 당황한 듯 말했다. "단지 예전처럼 물건을 살 수가 없어요. 물가가 계속 올라서요."

당시 1997년 여름, 나는 아시아에 있었다. 수출품 생산공장이 붐이었던 아시아의 노동환경을 조사하기 위해서였다. 나는 노동자들이 시간외 근무나 감독관의 학대보다 더 큰 문제에 처해 있음을 알았다. 갑자기 전면적 침체로 불리는 상황에 처한 것이다. 인도네시아에서 위기는 더욱 심각했다. 당시 분위기는 위험할 정도로 불안했다. 인도네시아 통화는 아침과 저녁 사이에도 계속 떨어졌다. 공장 노동자들은 생선과 쌀을 살 수 있었지만, 하루가 지난 다음 날엔 쌀로만 살아야 할 정도였다. 식당과 택시 안에서 나누는 대화를 들어보면 하나같이 중국인들 탓이라는 이야기였다. 인도네시아의 상인 계층인 중국 민족은 물가 상승으로 직접적인 이득을 보았다. 그래서 사람들의 분노를 샀던 것이다. 그것은 바로 케인스가 경고한 경제 혼란의 위험성이었다. 분노, 인종주의, 혁명이 혼합되어 어떤 식으로 발산될지는 누구도 짐작할 수 없다.

동남아시아 국가들은 특히 음모이론과 민족적 희생양에 취약한 상태였다. 금융 위기에 처하면 이성적 이유를 찾기 힘들다. 텔레비전과 신문은 마치 아시아 지역이 정체불명의 치명적 질병에 걸린 것처럼 말했다. 시장 붕괴는 '아시아 독감'이라는 명칭을 얻었다. 나중에 남미와 러시아까지 확산되자 '아시아 전염병'으로 명칭이 업그레이드되었다.

모든 것이 잘못되기 불과 몇 주 전만 해도, 이들 국가는 경제적 건강함과 활력의 표본이었다. 이른바 아시아 호랑이들은 세계화의 생생한 성공담이었다. 주식 중매인들은 고객들에게 아시아의 신흥시장 뮤추얼펀드에 저축액을 쏟아 붓는 것보다 돈을 버는 더 확실한 길은 없다고 말했다. 그런데 얼마 지나지 아서 그들은 때로 몰려와 아시아에서 자금을 빼간 것이다. 트레이더들은 바트(baht), 링기트(ringgit), 루피아(rupiah) 등의 아시아 통화(차례대로 태국, 말레이시아, 인도네시아의 화폐단위-옮긴이)를 '공격'했다. 「이코노미스트」가 전면 전쟁이라 칭할 정도로 아시아의 경제는 붕괴되었다.[3] 아시아 호랑이들의 경제에서 크게 달라진 점은 없었다. 예전처럼 족벌주의 엘리트들이 시장을 지배했으며, 자연재해나 전쟁이 일어난 것도 아니었고, 대규모 적자상태도 아니었다. 심지어 어떤 국가는 전혀 적자가 없었다. 많은 재벌들은 상당한 부채를 지고 있었지만, 여전히 운동화부터 자동차에 이르는 모든 걸 생산하며 전과 마찬가지로 판매 실적도 좋았다. 1996년에 투자가들은 한국에 1,000억 달러를 쏟아 부을 정도로 시장을 낙관했다. 그런데 바로 다음 해에는 200억 달러의 투자 적자가 일어났다. 1,200억 달러의 차이는 도대체 어떻게 생긴 것일까?[4] 이러한 환율 공격을 어떻게 설명해야 할까?

아시아 국가들은 글로벌 시장의 속도와 가변성 때문에 치명적으로 변한 공포의 희생물이었다. 당시 태국이 환율을 방어할 정도의 달러를 갖고 있지 않다는 루머가 나돌았다. 그런데 루머로 시작된 것이 대량의 자금 이탈 행렬을 일으켰다. 은행들은 빌려준 돈을 즉각 상환하라고 요구했다. 급성장해 거품현상까지 보였던 부동산 시장은 붕괴했다. 쇼핑몰, 고층빌딩, 리조트들은 반쯤 건설되다 중단되었다. 방콕의 스카이라인 위로는 멈추어 선 건설 크레인들이 드리워 있었다. 아마 속도가 느린 자본주의 시대였다면 위기는 그 정도에서 멈추었을 것이다. 그러나 뮤추얼펀드 브로커들은 아시아 호랑이들을 하나의 투자 패키지로 묶어 판매했다. 따라서 한 국가의 경제가 흔들리면 모두 흔들리는 셈이다. 태국에서 생긴 공포는 인도네시아, 말레이시아, 필리핀으로 확산되어 여기저기서 자금이 이탈되었다. 심지어 세계에서 11번째 규모의 경제권이자 세계화라는 창공의 눈부신 스타였던 한국도 마찬가지였다.

아시아 정부들은 환율을 사수하기 위해 중앙은행을 다 털어야 했다. 초기의 공포가 현실이 되고 있었다. 이제 정말로 아시아 국가들은 파산할 지경이었다. 시장은 더욱 극심한 공포로 반응했다. 수십 년에 걸쳐 모은 6,000억 달러가 단 1년 사이에 아시아 주식시장에서 사라졌다.[5]

위기는 파괴적인 행동을 불러왔다. 가난에 찌든 인도네시아 시민들은 도시 상점을 습격해 무엇이든 갖고 나왔다. 습격당한 자카르타 쇼핑몰에 불이 나서 수백 명이 죽은 끔찍한 사건도 있었다.[6]

한편 한국의 텔레비전 방송국들은 시민들에게 금을 기부하라는 대규모 캠페인을 벌였다. 그렇게 모은 금을 녹여 국가의 채무를 갚으려 한 것이다. 단 몇 주 만에 300만 명이 목걸이, 귀고리, 스포츠 메달, 트로피를 내놓았다. 결혼반지를 내놓은 여성이 있는가 하면, 금으로 된 십자가를 기증한 성직자도 있었다. 텔레비전 방송국들은 <당신의 금을 내놓으세요>라는 저질 게임쇼를 방영했다. 세계 금값을 움직일 수 있을 정도인 200톤의 금이 모였다. 그런데도 한국의 환율은 계속 곤두박질쳤다.[7]

대공황 시기에 그랬듯 위기는 자살로 이어졌다. 가정에는 평생 저축이 사라지고, 중소기업 수천 개가 문을 닫았다. 한국의 자살률은 1998년 50퍼센트 상승했다. 60세 이상의 연령대에서 가장 급증했다. 나이 든 부모들이 고생하는 자녀들에게 경제적 부담을 주지 않기 위해서였다. 한국 언론은 가족 전체의 집단 자살이 놀라울 정도로 급증했다고 보도했다. 채무에 시달리다 못해 아버지가 식구들과 함께 죽기로 한 것이다. 그러나 가장의 죽음만이 자살로 분류되고 나머지는 살인으로 등록된다. 때문에 당국은 실제 자살 숫자는 발표된 수치보다 훨씬 높다고 지적했다.[8]

아시아의 위기는 전형적인 공포의 악순환 때문이었다. 공포를 잡을 유일한 방안은 1994년 테킬라 위기 때 멕시코의 환율을 구했던 조치와 같았다. 간단히 말해 즉각 신속하고 단호하게 제공된 차관뿐이었다. 미국 재무부는 멕시코가 붕괴되도록 놔두지 않겠다는 의지를 시장에 보여주었다.[9] 그러한 시기적절한 조치가 아시아의 앞날엔 없었다. 사실 위기가 닥치자마자 놀랍게도 영향력 있는 재정기관들은 단합된 목소리를 냈다. 요컨대 아시아를 돕지 말라는 것이다.

밀턴 프리드먼은 당시 80대 중반의 나이에 들어섰다. 그는 아주 오랜만에 CNN에 나와 뉴스 앵커 루 돕스(Lou Dobbs)에게 어떠한 원조 자금도 제공해서는 안 되며, 시장 스스로 해결하도록 두어야 한다고 말했다. 그러자 창피할 정도로 그 스타를 동경하는 돕스가 말했다. "세상에, 교수님. 이런 원론적 토론에서 당신의 지지를 얻다니 뭐라 말할 수가 없네요." 프리드먼의 오랜 친구이자 전직 시티뱅크 책임자였던 월터 리스턴(Walter Wriston)도 붕괴하게 내버려두자고 주장했다. 우익인 후버(Hoover) 연구소에서 프리드먼과 함께하는 조지 슐츠도 마찬가지였다. 그는 투자회사 찰스슈왑(Charles Schwab)의 이사다.[10]

월스트리트의 주요 투자은행인 모건스탠리(Morgan Stanley)도 그러한 생각에 공개적으로 찬성했다. 모건스탠리의 잘나가는 신흥시장 전략가 제이 펠로스키(Jay Pelosky)는 밀큰(Milken) 재단이 주최한 로스앤젤레스 회의에 참가했다. 그는 IMF와 미국 재무부는 1930년대 대공황과 맞먹는 위기의 고통을 누그러뜨리기 위한 어떤 조치도 취하지 말아야 한다고 말했다. "우리는 지금 아시아에서 더욱 나쁜 소식이 들려오길 바랍니다. 그래야 구조조정을 촉진할 수 있어요."[11]

클린턴 행정부는 월스트리트에서 힌트를 얻었다. 위기가 발생한 지 넉 달이 지난 1997년 11월, APEC 정상회담이 캐나다 밴쿠버에서 열렸다. 빌 클린턴은 아시아의 경제 재앙을 '도로 위의 사소한 고장' 정도로 일축했다.[12] 아시아 각국 정상들은 분노했다. 미국의 메시지는 분명했다. 미 재무부는 서둘러 아시아 위기의 고통을 멈출 생각이 없는 것이다. 경제 위기를 막기 위해 설립된 IMF는 그저 수수방관하고 있었다. 러시아 위기 이래로 계속 그래왔듯 말이다. 나중에야 반응을 보이기는 했다. 그러나 금융 위기에 필요한 신속한 안정화 자금이 아니었다. 대신에 요구사항이 가득 적힌 기다란 목록이었다. 아시아의 재앙은 가면을 쓴 기회라는 시카고학파의 신념이 주입되어 있었다.

1990년대 초반으로 돌아가보자. 자유무역 옹호자들은 논쟁을 할 때면 늘 아시아 호랑이들을 성공적인 예로 들었다. 아시아 호랑이들은 순조롭게 성장하는 기적 같은 경제였다. 자유무역 옹호론자들은 그 이유가 아시아 국가들이 제한 없는 세계화에 문을 활짝 열었기 때문이라고 주장했다. 그럴듯한 이야기다. 확실히 아시아는 정신을 못 차릴 정도의 속도로 발전하고 있었다. 그러나 아시아의 경제성장이 자유무역에 바탕을 두었다는 이야기는 허구다. 당시 말레이시아, 한국, 태국은 매우 보호주의적인 정책을 유지하고 있었다. 외국인들은 토지를 소유하거나 국영회사를 매입할 수 없었다. 여전히 국가가 비중 있는 역할을 하며, 에너지와 운송수단은 공공부문에 있었다. 또한 국내 시장을 강화하면서, 일본, 유럽, 북미의 많은 수입품들을 차단했다. 분명 의심할 여지없는 경제적 성공담이다. 그러나 이는 잘 관리된 혼합경제가 서부시대식의 워싱턴 컨센서스를 따를 때보다 더욱 공평하게 급성장했다는 증거였다. 서구와 일본의 투자은행들과 다국적기업들은 이런 상황이 불만스러웠다. 아시아의 소비시장이 폭발적으로 커지자 그들은 당연히 제한 없이 상품을 팔기를 원했다. 또한 아시아 호랑이 경제의 최고 회사들을 매입할 권리도 원했다. 특히 한국의 대우, 현대, 삼성, LG 같은 눈부신 종합기업들 말이다. IMF와 새로 설립된 WTO의 압력 속에서, 1990년대 중반 아시아 정부들은 정책 조율에 동의했다. 외국인이 국영기업을 소유하지 못하게 금지하는 법은 그대로 유지했다. 또한 주요 국영회사들을 민영화하라는 압력에도 저항했다. 그러나 금융 분야의 장벽은 제거해야 했다. 요컨대 환율거래와 증권투자를 허락한 것이다.

1997년, 단기자본의 물결이 아시아에서 이탈한 것은 서구의 압력으로 합법화된 투기성 투자의 직접적 결과였다. 물론 월스트리트는 그렇게 여기지 않았다. 최고의 투자 분석가들은 위기를 기회로 보았다. 아시아 시장을 보호하는 남은 장벽들을 단번에 제거할 기회 말이다. 모건스탠리의 전략가 펠로스키가 특히 그러한 생각을 노골적으로 밝혔다. 위기가 심해지도록 놔두면 아시아에서 외국 통화는 완전히 고갈될 것이다. 곧 아시아의 회사들은 문을 닫거나, 아니면 서구 회사들에 매각되어야 한다. 어느 쪽이든 모건스탠리에게는 이득이다. "나는 회사들의 폐업과 자산 매각을 바랍니다. 자산 매각은 매우 어렵죠. 보통 소유주들은 최후의 순간이 오기 전까지는 좀처럼 팔려고 하지 않아요. 따라서 그들이 회사를 팔도록 압력을 넣을 더욱 나쁜 소식들이 있어야 합니다."[13]

아시아의 붕괴를 거창한 용어로 설명하는 사람들도 있다. 호세 피녜라는 피노체트 체제하의 스타급 수상이다. 지금은 워싱턴 D.C.의 카토 연구소에서 일하고 있다. 그는 아시아 위기에 한가득 웃음을 지으며 반겼다. "최후 심판의 그날이 왔습니다." 피녜라의 눈에 비친 위기는 1970년대 그와 동료 시카고 보이스들이 칠레에서 시작한 전쟁의 마지막 장이었다. 아시아 호랑이들의 몰락은 '두 번째 베를린 장벽의 붕괴'를 상징했다. '자유시장을 바탕으로 한 민주주의적 자본주의와 사회주의적 국가주의 사이에 제3의 길이 있다는 생각'의 붕괴라는 것이다.[14]

피녜라는 비주류가 아니었다. 미 연방준비제도이사회의 의장이자 세계에서 가장 강력한 경제정책 입안자인 앨런 그린스펀(Alan Greenspan)도 마찬가지였다. 그린스펀은 위기를 미국식 시장 시스템의 합의로 가는 극적인 사건이라고 표현했다. 현재의 위기 때문에 많은 아시아 국가들은 정부 주도 투자 시스템의 잔재를 제거하게 될 것이다.[15] 다시 말해 아시아의 관리된 경제가 파괴되는 과정은 바로 새로운 미국 스타일의 경제가 창출되는 과정과 같았다. 몇 년 후에 나온 더욱 폭력적인 표현을 빌리자면 새로운 아시아를 위한 출산의 고통이었다.

미셸 캉드쉬는 당시 IMF의 총재로, 세계에서 두 번째로 강력한 통화정책 입안자였다. 그도 비슷한 견해를 밝혔다. 그의 흔치 않은 인터뷰에 따르면, 위기는 아시아가 낡은 껍질을 벗고 새롭게 태어날 기회였다. "경제적 모델은 영원하지 않습니다. 유용할 때도 있지만 낡아서 폐기해야 할 때도 오지요."[16] 가짜를 진짜로 만든 루머가 만들어낸 위기가 그러한 때를 제공해주었다.

IMF는 기회를 놓치고 싶지 않았다. 때문에 긴급사태가 더욱 악화된 몇 개월 동안 아무런 조치도 취하지 않았다. 그리고 마침내 고통받는 아시아 각국 정부들과 협상에 들어갔다. IMF에 저항한 유일한 국가는 말레이시아였다. 상대적으로 적은 부채 덕분이었다. 말레이시아 총리 마하티르 모하맛(Mahathir Mohamad)는 많은 논란을 불러왔다. 그는 '더 나아지기 위해 경제를 파괴해야 한다는 생각'을 믿지 않았다. 그 때문에 광란의 급진주의자란 별명을 얻었다.[17] 위기에 처한 나머지 아시아 각국들은 외국환이 너무나도 절실히 필요해 수백억 달러의 IMF 차관을 거부할 수 없었다. 태국, 필리핀, 인도네시아, 한국은 모두 협상 테이블에 나왔다. "강제로 IMF에 도움을 요청하게 만들 수는 없지요. 그러나 국가의 돈이 떨어지면 의지할 데가 많지 않습니다." IMF의 협상 담당자인 스탠리 피셔가 말했다.[18]

피셔는 러시아에서 가장 노골적으로 쇼크요법을 옹호한 사람들 가운데 1명이다. 러시아인들의 비참한 희생이 있었지만 그의 태도는 아시아에서 전혀 누그러지지 않았다. 각국 정부들은 자본이 제어장치도 없이 국경을 대규모로 쉽게 이동할 수 있어서 위기가 발생했다고 보았다. 따라서 보강 장벽을 세우는 게 합리적이라고 제안했다. 다시 말해 끔찍한 '자본 통제'를 하자는 것이다. 당시 중국은 자금 흐름의 통제권을 꽉 잡고 있었다(프리드먼의 조언을 무시했다). 덕택에 아시아 지역에서 위기로 휘청거리지 않은 유일한 국가였다. 그리고 통제권을 보강한 말레이시아는 효과를 보는 듯했다.

피셔와 IMF팀은 그런 아이디어는 실현 불가능하다며 일축했다.[19] IMF는 위기의 진짜 원인이 뭔지는 관심이 없었다. 대신에 약점을 찾는 교도소 심문관처럼 오로지 위기를 어떻게 지렛대로 이용할지를 골몰했다. 강경했던 국가들은 경제가 붕괴하면서 자비를 애걸했다. 시카고학파 경제학자들이 운영하는 IMF로서는 그렇게 활짝 열린 기회를 이용하지 않는다면 직무유기가 될 것이다.

IMF는 아시아의 호랑이들이 재정이 고갈된 파산상태라는 것을 알고 있었다. 개조될 준비가 된 것이다. 첫 단계는 무역 및 투자보호와 적극적인 국가 개입을 완전히 제거하는 것이다. 정치과학자 월든 벨로(Walden Bello)가 아시아 기적의 핵심이라고 표현한 요인들인데 말이다.[20] IMF는 또한 상당한 정부예산 삭감을 요구했다. 이미 기록적인 숫자의 사람들이 자살한 상태에서 공공부문의 노동자들을 대량 해고했다. 한국과 인도네시아의 경우, IMF는 위기가 정부의 과다 지출과는 상관이 없다는 결론을 내렸다. 그런데도 위기가 준 특이한 지렛대를 이용해 고통스런 긴축정책을 이끌어냈다. 훗날 피셔도 이러한 점을 인정한다. 「뉴욕타임스」는 IMF의 행동을 이렇게 비유했다. "수술이 한창인 상황에서 심장 전문의는 갑자기 폐와 신장도 같이 수술하기로 했다."*[21]

IMF는 아시아 호랑이들의 예전 습관과 방식들을 없애 시카고 스타일로 재탄생시키려 했다. 기본 서비스의 민영화, 독립적인 중앙은행, '유연한' 노동시장, 낮은 사회지출비용, 완전한 자유무역도 있다. 새로운 협정문에 따르면 태국은 외국인들이 은행의 대규모 지분을 소유하는 것을 허락해야 한다. 인도네시아는 식량가격 보조금을 삭감했다. 한국은 노동자의 대량 해고를 금지하는 법을 폐지했다.[22] 심지어 IMF는 한국의 경우 해고 분야를 정해주었다. 즉 차관을 얻으려면 은행 분야는 노동력을 50퍼센트 줄여야 했다(나중엔 30퍼센트로 낮추어졌다).[23] 이러한 요구는 서구 다국적기업들에게 아주 중요했다. 아시아 회사들을 매입할 때 즉각 인원 감축을 할 수 있기 때문이다. 요컨대 피녜라가 말한 '베를린 장벽의 붕괴'였다.

경제 위기가 일어나기 1년 전의 한국에서는 노조의 과격성이 절정에 달했

---

* IMF는 종종 미 재무부의 꼭두각시로 묘사된다. 그러나 이러한 협상이 진행되는 동안만큼 그러한 관계가 확연히 드러나는 경우도 없을 것이다. 미 재무부에서 국제관계를 담당하는 차관 (그리고 폴란드 쇼크요법 프로그램에서 색스의 파트너 역할을 했던) 데이비드 립턴은 한국으로 날아와 힐튼호텔에 머물렀다. 미국 회사들의 이익이 최종 문서에 확실히 반영되도록 하기 위해서였다. 그곳은 IMF와 한국 정부의 협상이 이루어졌던 곳이다. 「워싱턴포스트」의 폴 블루스틴(Paul Blustein)에 따르면 립턴의 존재는 "미국이 IMF 정책을 좌지우지하고 있다는 분명한 표시였다."

다. 그때는 감히 생각도 못할 조치들이었다. 당시엔 한국 역사상 가장 큰 규모의 파업이 일어나 직업 안정성을 줄인 새로운 노동법에 대응했다. 그러나 위기 때문에 게임의 규칙이 바뀌었다. 경제 붕괴가 너무 심해서, 정부는 일시적으로 전제주의 통치를 선언할 허가를 얻었다(볼리비아에서 러시아까지 위기에 처한 국가가 늘 그랬듯 말이다). 그런 통치기간은 오래 지속되진 않았지만 IMF 법령을 실시할 만큼은 길었다.

태국의 쇼크요법 패키지는 논의를 거치는 정상적 과정을 밟지 않았다. 국회에서 긴급법령 4개만으로 추진되었다. "우리는 미시경제정책을 결정할 능력과 자치권을 상실했습니다. 불행한 일입니다." 태국의 부총리인 수파차이 파니치팍디(Supachai Panitchpakdi)가 시인했다(IMF에 협력적 태도를 보인 그는 훗날 WTO의 사무총장으로 임명되는 보상을 받는다).[24] 한국에서는 IMF의 민주주의 전복 과정이 더욱 노골적이었다. IMF의 협상이 마무리되던 시점은 우연히도 대선과 겹쳤다. 두 명의 후보자가 IMF에 반대하는 강령으로 선거에 나섰다. 그러자 IMF는 주권 국가의 정치 과정에 개입하는 비정상적 행동을 했다. 즉 4명의 주요 후보자들이 당선될 경우 IMF의 새로운 규칙을 지킨다는 약속을 해야 돈을 주겠다고 한 것이다. IMF는 사실상 국가를 인질로 잡고 몸값을 요구하며 당당한 기세를 뽐냈다. 후보자들은 문서로 규칙 준수를 맹세했다.[25] 경제문제에 민주주의가 개입하지 못하게 하라는 시카고학파의 임무가 이보다 더 노골적으로 드러난 적은 없었다. 한국 국민들은 투표는 할 수 있었다. 그러나 그러한 투표는 경제 관리와 경제 조직에는 아무런 영향도 행사할 수 없는 셈이었다(IMF 조약에 서명한 날은 한국의 '국치일'로 불렸다).[26]

위기에 처한 국가 가운데 민주주의 봉쇄 조치가 필요하지 않은 국가가 하나 있었다. 바로 인도네시아로, 아시아 지역에서 규제 없는 외국 투자에 문호를 개방한 첫 국가였다. 여전히 30년 이상을 수하르토 장군이 다스렸다. 그러나 수하르토는 (독재자들은 종종 그러하듯) 노령에 이르자 서구에 점점 덜 순응하기 시작했다. 인도네시아의 석유와 광물자원을 외국 회사들에 수십 년 동안 팔더니, 갑자기 다른 사람들을 부자로 만들어주는 데 싫증을 냈다. 그래서 지난 10년 동안은 자신과 자녀들 그리고 골프 친구들의 이해관계를 살피는 데 시간을 보냈다. 한 예로 장군은 아들 토미가 소유한 자동차회사에 막대한 보조금을 지급했다. 포드와 도요타는 경악했다. 왜 자신들이 이른바 분석가들이 '토미의 장난감'이라 부르는 것과 경쟁을 해야 하는지 이해하지 못했다.[27]

수개월 동안 수하르토는 IMF가 요구하는 대규모 삭감을 포함시키지 않은 예산을 내세우며 저항했다. 이에 IMF는 고통의 수준을 높여 맞대응했다. 공식적으로 IMF 대표단은 협상이 진행되는 동안은 언론에 관련 이야기를 해서는 안 된다. 협상에 대한 아주 작은 암시라도 시장에 엄청난 영향을 줄 수 있기 때문이다. 그런데도 한 익명의 고위급 IMF 관리는 「워싱턴포스트」에서 과연 인도네시아 지도부가 IMF 프로그램과 개혁 조치를 준수할 수 있을까 하는 의구심이 시장에 퍼져 있다고 말했다. 기사는 IMF가 인도네시아에 약속한 수십 억 달러의 차관을 보류할지도 모른다는 예측으로 이어졌다. 기사가 뜨자마자 인도네시아의 환율은 바닥으로 내려가 단 하루 만에 25퍼센트나 떨어졌다.[28]

대공습이 시작되자 결국 수하르토는 항복했다. "현재 상황이 어떻게 돌아가고 있는지 아는 경제학자 좀 구해주겠소?" 인도네시아의 외교부 장관이 공개적으로 호소했다.[29] 수하르토는 그런 경제학자를 찾아냈다. 사실 그것도 여러 명을 찾아냈다. 그는 IMF와의 최종 협상이 순조로울 거라고 장담하며 버클리 마피아를 복귀시켰다. 버클리 마피아는 수하르토 통치 초반에 핵심적 역할을 했지만 나이 들어가는 장군과 함께 영향력이 수그러들고 있었다. 이제 그들은 정치적으로 방황하던 끝에 위드조조 니티사스트로(Widjojo Nitisastro)와 함께 다시 임무를 맡았다. 인도네시아에서 버클리 마피아의 수장으로 알려져 있는 일흔 살의 위드조조가 협상을 주도했다. 수하르토의 전직 장관이었던 모하마드 사드리의 설명에 따르면, "경제 호황기에는 위드조조와 경제학자들은 주목을 받지 못했으며, 수하르토는 측근들의 말에 귀를 기울였다. 그러나 위기가 닥치면 기술관료그룹이 최고에 오른다. 이제 수하르토는 그들의 말을 경청하며 다른 장관들에겐 입을 다물라고 지시했다."[30] 한편 위드조조의 팀원은 이렇게 말했다. "IMF와의 협상은 대학 동료들 간의 지적인 토의 분위기였다. 한쪽이 다른 쪽에 압박을 가하는 일은 전혀 없었다." 자연스레 IMF는 원하는 것을 모두 얻어냈다. 그것은 140개의 구조조정 법안이었다.[31]

새로운 경제정책을 선보이다

IMF가 보기에 위기는 순조롭게 진행되고 있었다. 1년도 안 되어 태국, 인도네시아, 한국, 필리핀과 전면적 개조에 가까운 경제정책을 협상해냈다.[32] 이제 가장 중요한 순간이 다가왔다. 협상 결과물인 경제정책을 충격에 빠진 전 세계 주식시장과 환율시장에 선보이는 일이었다. 드디어 IMF는 경제정책을 만방에 공개했다. 이제 모든 것이 순조롭게 돌아가, 작년에 아시아를 떠났던 단기자본은 아시아 호랑이들의 매력적인 새로운 주식들과 채권과 통화를 사기 위해 다시 몰려올 것이다. 그런데 전혀 다른 일이 벌어졌다. 시장은 오히려 공포에 질렸다. 만약 IMF가 아시아의 호랑이들을 완전히 개조할 정도로 가망 없는 상황이라고 본다면, 실제로 아시아는 예상보다 더 나쁜 상태임이 분명하다고 판단한 것이다.

IMF의 발표에 트레이더들이 아시아로 다시 돌아오기는커녕 자금 이탈은 더 심해졌다. 아시아의 통화는 더욱 거센 공격을 받았다. 한국은 하루 만에 10억 달러를 잃고, 채권은 정크본드 수준으로 격하되었다. IMF의 도움은 오히려 위기를 더 큰 재앙으로 만들었다. 오늘날 국제 금융기관과 공개적으로 전투를 치르는 제프리 색스의 표현에 따르면, "IMF는 끄라는 불은 안 끄고 오히려 불이

낳다고 고래고래 소리만 지르고 다닌 셈이다."**33**

IMF의 기회주의 때문에 아시아인들도 러시아인들만큼이나 큰 희생을 치렀다. 국제 노동기구는 이 시기에 2,400만 명이 직업을 잃었다고 밝혔다. 인도네시아의 실업률은 4퍼센트에서 12퍼센트로 올라갔다. 태국은 개혁이 한창인 때에 하루에 일자리 2,000개가 사라졌다. 한 달에 거의 6만 개의 일자리가 사라진 셈이다. 한국에서는 매달 노동자 30만 명이 해고되었다. 불필요하게 정부 예산을 줄이고 이자율을 인상하라는 IMF의 요구 탓이었다. 1999년, 한국과 인도네시아의 실업률은 2년 사이에 3배나 늘었다. 1970년대 남미에서 그랬듯, 아시아의 기적이라 할 수 있는 대규모 중산층이 사라졌다. 1996년에는 한국인의 63.7퍼센트가 스스로를 중산층이라고 생각했다. 그러나 1999년이 되자 38.4퍼센트로 줄었다. 세계은행에 따르면 아시아인 2,000만 명이 빈곤계층으로 떨어졌다. 바로 로돌포 왈스가 '계획된 비극'이라 부른 시기였다.**34**

이런 수치들 이면에는 끔찍한 희생과 잘못된 결정들이 숨어 있었다. 항상 그렇듯 위기가 닥치면 여자들과 아이들이 가장 고생을 한다. 필리핀과 태국의 많은 시골 가정에서는 딸들을 인신매매단에게 넘겨 호주, 유럽, 북미의 성매매 업소에서 일하게 했다. 태국 건강관리국 관리들은 불과 1년 사이에 아동매춘이 20퍼센트 증가했다고 발표했다. IMF의 개혁이 있은 지 1년이 지난 무렵이었다. 필리핀도 같은 추세였다. "경제 호황으로 가장 이득을 본 것은 부유층이었죠. 그런데 위기로 인해 가장 큰 대가를 치른 건 오히려 빈민층입니다." 태국 동북부의 한 지역사회 리더인 쿤 분잔(Khun Bunjan)이 말했다. 그녀는 남편이 공장에서 일자리를 잃은 후 자녀들을 청소부로 일하게 할 수밖에 없었다. "학교나 건강보험의 제한적인 접근조차도 이제는 사라졌어요."**35**

이러한 상황에서 미 국무부 장관 매들린 올브라이트(Madeleine Albright)는 1999년 3월 태국을 방문했다. 그녀는 매춘과 '치명적인 마약 문제'에 대해 태국 국민들을 비난했다. "어린 소녀들이 착취당하거나 학대받지 않고 에이즈에 노출되지 않도록 해야 합니다. 그런 것에 맞서 싸우는 게 중요합니다." 올브라이트는 도덕적 결의로 가득 차 말했다. 그렇게 많은 태국 소녀들이 성매매산업에 종사할 수밖에 없는 현실과 그녀가 태국을 방문해 지지했던 긴축정책이 연관되어 있다는 생각은 하지 않은 채 말이다. 밀턴 프리드먼이 피노체트나 덩샤오핑의 인권유린에 불만을 표하면서도 경제 쇼크요법을 대담하게 수용했다고 칭찬하는 것과 다를 바가 없다.[36]

폐허에 의지하다

아시아 위기에 관한 이야기는 흔히 IMF는 도우려고 했지만 제대로 되지 않았다는 식으로 끝난다. 심지어 IMF 내부 평가도 같은 결론이다. IMF의 독립 평가국은 구조조정 요구가 잘못된 조언이라는 결론을 내렸다. 위기 해결에 도움이 되지도 않았으며 필요 이상으로 넓은 범위에서 진행되었다는 것이다. 또한 어떤 장점이 있든지 상관하지 않고 지렛대 효과가 크다고 해서 위기를 이용해 오랫동안 논의한 개혁을 실시해서는 안 된다고 경고했다.* 특히 내부 보고서는 IMF가 자유시장 이념에 맹목적으로 매달려 자본 통제를 고려하는 것조차도 제도적으로 불가능할 정도였다고 강하게 비난했다. "금융시장이 세계자본을 이성적이고 안정적인 방식으로 분배하지 않는다는 주장은 마치 이단처럼 취급받았다. 그러니 자본 통제를 고려하는 것은 천벌을 받을 죄처럼 여겨졌다."[37]

IMF는 아시아인들에게는 도움을 주지 않으면서도 월스트리트는 저버리지 않았다. 단기자본은 IMF의 극단적 처방에 겁을 먹었다. 그러나 거대 투자사

---

* 몇몇 이유 때문에 비판적인 보고서는 위기가 일어난 지 5년이 지난 2003년이 돼서야 나왔다. 위기 이용에 대해 경고를 하기엔 다소 늦은 감이 있다. 이미 IMF는 아프가니스탄을 구조적으로 개조하고 있었으며, 이라크에 대한 계획도 세운 상태였다.

와 다국적기업들은 고무되었다. "물론 이런 시장은 상당히 가변적이죠." 런던 애쉬모어(Ashmore) 투자사의 사장인 제롬 부스(Jerome Booth)가 말했다. "그래서 신나는 겁니다."**38** 이런 재미를 찾는 회사들은 IMF가 요구한 구조조정의 결과로 아시아의 많은 자산이 매각 대상으로 나올 것을 알고 있었다. 시장이 더욱 공포에 질릴수록 절박해진 아시아의 회사들은 가격을 바닥까지 낮추면서까지 팔려고 할 것이다. 모건스탠리의 제이 펠로스키가 말했다. "아시아에 필요한 것은 더욱 안 좋은 소식입니다. 그래야 기업들이 자기 회사를 팔 수밖에 없게 되지요." IMF 덕분에 그런 일이 일어나게 되었다.

IMF가 아시아 위기의 심화를 계획했던 것인지, 아니면 그저 무관심했던 것인지는 논쟁거리다. 가장 좋게 해석한다면 IMF는 실패를 예상하지 못했을 것이다. 구조조정이 신흥시장의 주식에 또 다른 거품을 넣는다면 호황이 이어진다. 만일 더 많은 자본 이탈을 유발한다면 벤처 자본가들에게는 노다지가 된다. 어느 쪽이든 IMF에겐 상관이 없었다. 때문에 완전 붕괴의 가능성이 있었지만 IMF는 마음 편하게 주사위를 던졌다. 그리고 이 게임의 승자가 누구인지는 아주 분명하게 나타났다.

IMF가 한국과 최종 협상을 마친 지 두 달이 지날 무렵이었다. 「월스트리트 저널」은 '월스트리트가 아시아-태평양에서 먹잇감을 찾아다닌다.'라는 제목의 기사를 실었다. 유명한 투자사뿐만 아니라 펠로스키의 회사도 은행단을 아시아-태평양 지역에 파견했다. 그들은 싼 가격에 거머쥘 중개회사, 자산관리회사, 은행 등을 찾고 있었다. 하루빨리 아시아에서 쓸 만한 회사들을 사냥해야 했다. 왜냐하면 메릴린치(Merrill Lynch & Co.)와 모건스탠리가 이끄는 미국 증권회사들이 해외확장을 우선순위로 두었기 때문이다.**39** 간략한 지시만으로 중대한 매입이 이루어졌다. 메릴린치는 태국의 가장 큰 증권회사와 일본의 야마이치 증권사를 매입했다. 반면에 AIG는 헐값에 방콕 투자사를 매입했다. JP 모건은 기아자동차의 주식을 매입했다. 트래블러스(Travelers) 그룹과 살로몬스미스바니(Salomon Smith Barney)는 다른 여러 회사들을 비롯해, 한국의 대형 섬유 회사를 매입했다. 흥미롭게도 살로몬스미스바니에 인수합병 조언을 해준 국제 자문단의 의장은 도널드 럼즈펠드였다(1999년 5월에 임명되있다). 딕 체니도 자 문단에 있었다. 또 다른 승자는 칼라일(Carlyle) 그룹으로, 워싱턴에 기반을 둔 투자회사다. 전직 국무장관 제임스 베이커(James Baker)부터 전직 영국 수상 존 메이저와 조지 H. W. 부시에 이르기까지, 전직 대통령과 수상들이 컨설턴트로 많이 취업하는 회사다. 칼라일은 최고위급 인맥을 이용해 대우의 텔레콤 부문 과 쌍용정보통신(한국의 가장 큰 하이테크 회사들 가운데 한 곳)을 차지했다. 그리 고 한국의 손꼽히는 은행에서 거대 주주가 되었다.[40]

제프리 가튼(Jeffrey Garten)은 전직 미국 상공부 차관으로, "IMF가 끝나면 아시아는 상당히 다른 모습으로 변할 것이다."라고 말했다. 미국 회사들이 더 많이 침투해 접근할 수 있는 아시아가 된다는 것이다.[41] 그의 말은 농담이 아니 었다. 2년 만에 아시아의 얼굴은 바뀌었다. 수백 개의 국내 브랜드가 다국적 거 인들로 대체되었다. 「뉴욕타임스」는 '세계에서 가장 큰 파산 세일'이라고 표현 했다. 「비즈니스위크」는 '비즈니스 구매 자선장터'라고 했다.[42] 이러한 재난 자 본주의의 예고편은 9·11 테러 사건 이후 시장의 규범이 되었다. 외국 회사들은 끔찍한 비극을 이용해 아시아를 급습했다. 자신의 사업을 구축하거나 경쟁하 기 위해서가 아니었다. 수십 년 동안 한국 회사들이 쌓아온 시설, 노동력, 소비 자 기반, 브랜드 가치를 낚아채기 위해서였다. 그들은 회사를 분리해 인원 감축 을 하거나, 아니면 아예 폐쇄시켜 경쟁 업체를 없앴다.

한국의 거인인 삼성은 붕괴되어 계열사를 매각했다. 볼보(Volvo)는 중공업 분야를, SC존슨앤드선(SC Johnson & Son)은 약학 계열을, 제너럴일렉트릭은 조명 분야를 맡았다. 몇 년 후 한때 강력했던 대우의 자동차 계열은 60억 달러 의 가치에도 불구하고 GM에 단 4억 달러에 팔렸다. 러시아의 쇼크요법 때만큼 이나 엄청난 횡재였다. 그러나 당시 러시아와는 달리 한국에서는 다국적기업

들이 국내 회사를 깡그리 해치웠다.[43]

아시아의 고통스런 세일에 참여한 또 다른 행위자로는 시그램스(Seagram's), 휴렛패커드(Hewlett-Packard), 네슬레(nestlé), 인터브루(Interbrew), 노바티스(Novartis), 까르푸(Carrefour), 테스코(Tesco), 에릭슨(Ericsson)이 있다. 코카콜라는 한국의 음료회사를 5억 달러에 매입했다. 프록터앤드갬블(Procter and Gamble)은 한국의 포장회사를 구매했다. 닛산(Nissan)은 인도네시아의 자동차 회사를 매입했고, GM은 한국의 냉장고 제조업체 LG의 막강한 주주가 되었다. 영국의 파워젠(Powergen)은 LG에너지를 거머쥐었다. 「비즈니스위크」에 따르면, 사우디 왕자 알왈리드 빈 탈랄(Alwaleed bin Talal)은 "크림색 보잉 727 자가용 비행기를 타고 아시아 전역을 누비며 구매를 했다." 구매 목록에는 대우의 지분도 포함되어 있다.[44]

큰 목소리로 위기의 심화를 요구했던 모건스탠리는 당연히 상당수 거래에 참가해 짭짤한 중개료를 챙겼다. 자동차 분야 매각을 할 때는 대우의 자문위원으로 있었으며, 한국의 여러 은행들의 민영화 과정에서 중개인 역할을 했다.[45]

외국인들에게 매각된 것은 단지 아시아의 사기업만이 아니었다. 이전의 남미와 동유럽에서 일어난 위기와 마찬가지로, 정부들은 필요한 자본을 급히 얻기 위해 공공서비스 분야를 매각했다. 미국 정부는 초기부터 이러한 효과를 기대하고 있었다. 미국 의회에서는 아시아 개조를 위해 IMF에 수십억 달러를 제공해야 하느냐는 논쟁이 일어났다. 미국 무역대표부 바셰프스키(Charlene Barshefsky)는 '미국 회사들에게 새로운 사업 기회를 가져다줄 것'이라고 장담했다. 아시아는 "에너지, 운송수단, 전기, 통신을 비롯해 핵심 분야의 민영화를 가속화해야 한다."고 요구했다[46]

확실히 위기는 민영화 물결을 불러왔다. 그리고 외국 다국적기업들은 모든 것을 쓸어갔다. 벡텔은 마닐라 동부에서 수도와 하수도 시스템의 민영화 계약을 따냈다. 인도네시아 술라웨시(Sulawesi)의 석유정제소 계약도 얻어냈다. 모토로라(Motorola)는 한국 기업 어필텔레콤(Appeal Telecom)의 통제권을 완전히 장악했다. 뉴욕에 기반을 둔 거대한 에너지회사 시더(Sithe)는 태국의 공공 가스회사인 코제너레이션(Cogeneration)의 상당 지분을 얻었다. 인도네시아의 수도 시스템은 영국의 템스 워터(Thames Water)와 프랑스의 리요네즈데조(Lyonnaise des Eaux)가 나누어 가졌다. 캐나다의 웨스트코스트 에너지(Westcoast Energy)는 말레이시아와 한국의 체신 서비스의 대주주가 되었다. 벨 캐나다(Bell Canada)는 한국 기업 한솔텔레콤의 지분 일부를 취득했다.[47]

외국 다국적기업들은 인도네시아, 태국, 한국, 말레이시아, 필리핀에서 단 20개월 만에 186개 회사를 인수합병했다. 런던 정경대학의 경제학자인 로버트 웨이드(Robert Wade)와 경제 컨설턴트인 프랑크 베네로소(Frank Veneroso)는 이러한 과정을 지켜본 뒤 이렇게 예상했다. "IMF 프로그램은 부를 국내인으로부터 외국인에게 평화적으로 이전시킬 것이다. 지난 50년 동안 세계 어디에서도 볼 수 없는 규모로 말이다."[48]

IMF는 초반 대응에 약간의 실수가 있었음을 인정했다. 그러나 곧 시정했으며, 안정화 프로그램은 성공적이라고 주장한다. 아시아의 시장이 마침내 진정된 건 사실이다. 그러나 엄청난 대가를 치렀으며 희생은 계속되고 있다. 위기가 한창일 때 밀턴 프리드먼은 공포감에 대해 주의를 주며 이렇게 주장했다. "곧 끝날 겁니다. 금융혼란이 진정되면 아시아는 다시 성장으로 돌아설 겁니다. 그러나 그렇게 되기까지 어느 정도 시간이 걸릴지는 누구도 알 수 없죠."[49]

10년이 지났지만 아시아의 위기는 여전히 끝나지 않았다. 경제 위기의 2년 동안에 2,400만 명이 일자리를 잃었다. 어떤 문화도 흡수하기 어려운 새로운 절망감이 뿌리를 내리고 아시아 전역에서 각기 다른 형태로 표출되었다. 인도네시아와 태국에서는 종교적 극단주의가 뚜렷하게 증가했다. 그리고 아동 성매매의 폭발적 증가도 볼 수 있었다.

인도네시아, 말레이시아, 한국의 고용률은 여전히 1997년 이전 수준으로 돌아가지 못하고 있다. 위기 때 직장을 잃은 노동자들이 복직하지 못했기 때문만이 아니다. 새로운 외국인 소유자들이 보다 많은 이윤을 얻길 원했기 때문에 해고는 계속되었다. 자살 또한 계속되었다. 한국에서 자살은 이제 네 번째 사망원인이 되었다. 위기 전에 비해 두 배 이상 자살률이 증가했다. 거의 매일 38명이 자살하는 셈이다.[50]

이상이 IMF가 안정화 프로그램이라고 부르는 정책의 숨겨진 이야기들이다. 국가들은 마치 시장이라는 거센 바다에서 이리저리 휩쓸리는 배들과 같았다. 그들은 마침내 안정을 찾았다. 그러나 수백 명을 배 바깥으로 내던지는 희생을 치른 끝에 균형을 잡은 것이다. 공공부문 노동자들, 중소기업가, 보조금을 받던 농부들, 노조가 희생되었다. 안정화 프로그램의 추한 비밀은 이들이 결코 다시는 갑판 위로 올라오지 못했다는 점이다. 희생된 사람들은 결국 빈민가에서 살게 되었다. 빈민가는 10억 인구의 집인 셈이다. 창녀촌이나 화물 선박 컨테이에서도 그들을 찾아볼 수 있다. 그들은 아무것도 없는 사람들이다. 독일 시인 라이너 마리아 릴케(Rainer Maria Rilke)의 표현대로 과거도 미래도 없는 사람들이다.[51]

아시아에서 IMF의 시카고학파 교리에 희생된 사람들은 그들만이 아니다. 1997년 여름 인도네시아에서 내가 목격했던 반(反)중국인 정서는 더욱 커져만 갔다. 정치권은 관심을 다른 데로 돌리기 위해 이러한 분위기를 부추겼다. 특히 수하르토가 생필품 가격을 올린 후 더욱 심해졌다. 전국에서 폭동이 일어났는데 중국인들을 표적으로 삼은 경우가 다반사였다. 중국인 1,200명이 살해되고, 중국 여성 수십 명이 집단 강간을 당했다.[52] 그들 역시 시카고학파 이념의 희생자들이다.

인도네시아인들의 분노는 마침내 수하르토와 대통령 관저에까지 향했다. 30년 동안 인도네시아인들은 수하르토가 권력을 잡은 유혈사태에 대한 기억 때문에 체제에 순응했다. 인도네시아와 동티모르에서 벌어진 주기적 살상은 그런 기억을 반복해서 상기시켰다. 반(反)수하르토 분노는 당시 수면 아래에서만 들끓었다. 그러나 IMF는 분노에 기름을 끼얹은 셈이었다. 모순적이게도 가솔린 값을 인상하라는 IMF의 요구 때문이었다. 결국 인도네시아인들은 봉기해서 수하르토를 퇴진시켰다.

IMF는 마치 감옥의 심문관처럼 위기라는 극도의 고통을 아시아 호랑이들의 의지를 꺾고 완전한 복종을 얻어내는 데 사용했다. 그러나 CIA의 심문 매뉴얼은 일정 수준을 넘어서 지나치게 많은 고통을 직접적으로 가할 경우엔, 퇴행과 순종 현상이 나타나지 않는다고 밝혔다. 오히려 죄수는 자신감과 반항심을 갖게 된다. 인도네시아가 바로 그런 상황을 맞았다. 쇼크요법을 너무 지나치게 가해 일종의 반격이 일어난 것이다. 이는 볼리비아에서부터 이라크까지 흔히 나타나는 현상이다.

그러나 자유시장의 사도들은 쇼크요법의 의도하지 않은 결과를 금방 깨닫지 못했다. 막대한 이윤을 안겨준 아시아 매입에서 얻은 교훈은 쇼크 독트린에 대한 더욱 강한 확신뿐이었다. 새로운 개척지를 개방시키려면 사회에 엄청난 충격을 가하는 재앙이 최고라는 데 많은 증거를 제공했다는 것이다(아직도 증거가 더 필요한가 보다). 위기가 최고조에 달한 뒤 몇 년이 지났다. 저명한 평론가들은 파괴적인 면에도 불구하고, 아시아에 일어난 일들이 실상은 축복이라고 말했다. 「이코노미스트」는 "한국은 국가 위기 덕분에 내부 지향적 국가에서 외국 자본과 변화 그리고 경쟁을 수용한 국가로 변모했다."라고 밝혔다. 토머스 프리드먼은 베스트셀러 『렉서스와 올리브 나무(The Lexus and the Olive Tree)』에서, 아시아에서 일어난 일은 전혀 위기가 아니라고 말했다. "1990년대에 태국, 한국, 말레이시아, 인도네시아, 멕시코, 러시아, 브라질의 경제가 붕괴되었다. 나는 결국 그로 인해 세계화가 모두를 이롭게 했다고 생각한다. 부패한 관습과 제도를 깡그리 들추어냈기 때문이다."[53] 그는 「뉴욕타임스」 칼럼에서 이라크 침공을 지지하면서 역시 비슷한 논리를 전개했다. 이라크의 경우 단지 환율거래가 아니라 크루즈 미사일로 붕괴시킨 것이 다를 뿐이다.

아시아 위기는 위기의 이용이 얼마나 효과적인지 보여주었다. 동시에 시장 붕괴의 파괴적인 힘과 서구의 냉소적 반응은 만만치 않은 반격을 불러왔다.

다국적 자본은 아시아에서 마음껏 힘을 과시했다. 그러나 그것은 대중의 새로운 분노를 유발했다. 결국 대중은 제한 없는 자본주의 이념을 펼치는 조직에 정면 대항했다. 「파이낸셜타임스」에 실린 균형 잡힌 사설의 내용을 살펴보자. "대중이 자본주의에 불안을 느끼고, 세계화의 영향력이 걱정스런 수준에 도달했다는 경고다. 아시아 위기는 성공적인 국가들도 갑작스런 자본 이탈 때문에 무릎을 꿇을 수 있음을 보여주었다. 사람들은 비밀스런 헤지펀드의 변덕이 지구 정반대편에 대규모 빈곤을 일으킨다는 사실에 분노한다."[54]

소련의 경우 공산주의에서 시장민주주의로 전환하는 고통스런 과정에서 쇼크요법의 계획된 비극이 진행되었다. 이와 달리 아시아 위기는 글로벌 시장의 창설이었다. 세계화의 최고 권위자들이 재난지대에 사절단을 파견했을 때, 그들이 원한 건 오직 고통의 심화뿐이었다.

그 결과 사절단은 더 이상 예전처럼 안락한 익명성을 누릴 수 없었다. IMF의 스탠리 피셔는 협상 초반에 한국을 방문했는데, 서울 힐튼 호텔 주위는 서커스 같은 분위기였다고 회상했다. "나는 호텔 방에 감금된 것과 마찬가지였습니다. 전혀 나갈 수가 없었어요. 문 앞에는 수많은 사진기자들이 죽치고 있었으니까요." IMF 대표단들은 협상이 진행되는 연회실로 가기 위해 힐튼 호텔의 커다란 주방을 통과한 뒤, 층층계단을 오르락내리락하며, 뒷문으로 뺑뺑 돌았다.[55] IMF 관리들은 그러한 관심 집중에 익숙하지 않았다. 결국 그들은 5성급 호텔과 회의센터에서 죄인처럼 지내는 경험을 하게 되었다. 이는 장차 워싱턴 컨센서스의 밀사들에게는 익숙한 상황이 될 것이다. 전 세계 어디든 그들의 모임이 있는 곳엔 대규모 시위가 벌어지기 때문이다.

1998년 이후부터 평화적 수단으로는 쇼크요법 스타일의 개조가 어려워졌다. 무역 정상회담에서 IMF의 괴롭힘이나 강압이 잘 통하지 않게 되었다. 그리고 남반구의 새로운 저항 분위기가 국제무대에 모습을 드러냈다. 1999년, 시애틀에서 WTO 회담이 실패했을 때, 많은 언론들은 대학생 연령의 시위자들을 기사로 다루었다. 그러나 진짜 반란은 회의센터 내부에서 일어났다. 개도국들은 서로 단결해서 의결권 블록을 형성했다. 유럽과 미국이 계속해서 자국 산업에 보조금을 주고 보호하는 한 더 많은 무역 양보를 하라는 요구를 받아들일 수 없다는 것이다.

당시 시애틀 협상의 결렬을 그저 조합주의의 일시적 주춤거림이라고 가볍게 넘길 수도 있다. 그러나 몇 년도 채 되지 않아 커다란 변화가 일어나고 있다는 사실을 부인할 수 없게 되었다. 미국 정부는 아시아-태평양 지대를 아우르는 통합된 자유무역지대를 창설하려는 야심 찬 꿈을 포기했다. 알래스카에서 칠레에 이르는 미주자유무역협정(FTAA)을 구상한 국제 투자가들의 협정과 계획도 폐기되었다.

반세계화 운동의 가장 큰 영향은 시카고학파 이념이 글로벌 논쟁의 중심에 놓이게 되었다는 점이다. 새천년으로 전환되는 짧은 시기 동안 그다지 큰 위기는 없었다. 채무쇼크는 희미해지고, '체제 전환'은 이미 이루어진 상태다. 그리고 새로운 글로벌 전쟁은 아직까진 시작되지 않았다. 자유시장운동이 실제 세계에 남긴 흔적만 남아 있을 뿐이다. 프리드먼은 피노체트에게 다른 사람의 돈으로 좋은 일을 하려는 것은 실수라고 조언했다. 각국 정부들은 그러한 프리드먼의 충고를 받아들였지만, 남은 것은 비참할 정도로 불평등한 현실, 부정부패, 환경침해뿐이었다.

되돌아보면 적수가 될 만한 사상이나 반대 세력과 경쟁하지 않아도 되었던 자본주의의 독점 시기는 아주 짧았다. 1991년 소련의 붕괴부터 1999년 WTO 협상 결렬까지 겨우 8년 정도였다. 그러나 반대 세력의 출현도 엄청난 이윤의 경제적 의제를 전개하려는 의지를 막지는 못했다. 자유시장 지지자들은 전보다 더욱 큰 충격이 만들어낸 공포와 혼란의 흐름을 금세 타게 되었다.

5부
충격의 시기

[재난 자본주의 복합체의 부상]

창조적파괴는 사회 내부 또는 해외에서 우리의 상징이다.

사업부터 과학, 문학, 예술, 건축, 영화, 정치, 법에이르는 전체 영역에서 구질서를 해체한다.

그것들은 살아남고자 우리를 공격할 것이다.

마찬가지로, 우리는 역사적 임무를 수행하기 위해 그것들을 파괴해야만 한다.

2002년, 마이클레딘(Michael Ledeen),『테러범들과의 전쟁(The War Against the Terror Masters)』
–

"목장에 관해 뭘 묻든지 간에, 그는 전기톱으로 잘라버리라는 겁니다.

그가 체니와 럼즈펠드와 서로 잘 맞는 것도 그러한 점 때문인가 봐요."

2005년 4월 30일, 로라 부시, 백악관 출입 기자협회와의 저녁식사에서

14장

미국에서의 쇼크요법

국토안보 버블

"그는 무자비한 깡패자식이다. 당신도 분명 알 것이다."
1971년, 미국 대통령 리처드 닉슨이 도널드 럼즈펠드를 지칭하며1

-

이미 우리는 온 사방에 설치된 감시 사회 속에 살고 있습니다.
2006년, 영국 정보담당관 리처드 토머스(Richard Thomas)2

-

국토안보는 1997년 인터넷 투자가 히트했을 당시와 비슷한 수준까지 갔다.
그때는 회사명 앞에 'e'만 갖다 붙이면 회사의 상장지수가 그냥 솟구쳤다.
2005년 6월, 대니얼 그로스(Daniel Gross), 「슬레이트(Slate:미국 최대의 온라인 매거진-옮긴이)」3

안개 낀 월요일, 워싱턴에서 도널드 럼즈펠드는 싫어하는 일을 하려던 참
이었다. 바로 직원들에게 얘기하는 일이다. 국방부 장관으로 취임한 이후, 그는
합참부에서 독선적이고 비밀스럽다는 평판을 굳히고 있었다. 오만하다는 말을
계속 들을 정도였다. 따라서 그에 대한 직원들의 적대감은 이해할 만했다. 럼즈
펠드는 펜타곤에 발을 들인 이래로 리더와 동기부여자라는 주어진 역할을 폐

기처분한 뒤 냉혹한 청부업자처럼 행동했다. 마치 인원 감축 업무를 맡은 CEO 같았다.

럼즈펠드가 장관직을 수락하자 많은 사람들은 의아해했다. 그는 당시 예순 여덟의 나이였다. 손자도 다섯 명인 데다 재산도 2억 5,000만 달러에 이르렀다. 그리고 이미 제럴드 포드(Gerald Ford)의 행정부에서 국방부 장관을 했었다. 그러나 그의 재임 기간에 발생한 전쟁들로 판단해보건대, 럼즈펠드는 전통적인 국방부 장관이 될 생각이 전혀 없었다.[4] 그는 훨씬 더 큰 야심을 갖고 있었다.

이 신임 장관은 지난 20개월 동안 다국적기업들의 대표를 맡으며 이사회에 있었다. 그리고 고통스런 재건과 인수합병을 거쳐 회사들을 이끌어왔다. 1990년대, 그는 자신을 새로운 경제의 주역이라고 생각했다. 디지털 텔레비전 회사의 책임자로 있기도 했으며, 전도유망한 '전자비즈니스 솔루션' 관련 회사의 이사회에도 있었다. 몇몇 주요 에이즈 치료약과 조류독감 치료제에 독점특허권을 가진 바이오테크 회사의 대표이사로도 근무했다.[5] 2001년에 부시 행정부 내각에 참여한 그는 군대를 21세기에 맞게 개혁하라는 임무를 부여받았다. 육체적인 것보다 심리적인 측면을 강조하고, 보다 군사적 위용을 드높일 수 있고, 보다 많은 이윤을 추구할 수 있도록 하라는 것이었다.

논란을 불러일으킨 럼즈펠드의 '변혁' 프로젝트에 관한 기록은 많이 있다. 당시 그의 프로젝트에 반발한 퇴역 장군 8명은 그의 사퇴를 요구하기도 했다. 2006년 중간선거가 끝나고, 그는 마침내 사퇴했다. 부시는 그의 사임을 발표하면서 가장 큰 공헌으로 이라크 전쟁이나 테러와의 전쟁이 아니라 '전면적인 변혁' 프로젝트를 들었다. "그가 이 분야에서 세운 업적은 언론의 주목을 받지 못했습니다. 그러나 그가 실천한 개혁들은 역사적인 겁니다."[6] 정말로 그러했다. 그러나 그러한 개혁이 무엇을 의미하는 것인지는 분명치 않았다.

고위급 장성들은 '그의 개혁'을 허무맹랑한 헛소리라고 비웃었다. 그리고 럼즈펠드는 그러한 비난이 맞다고 증명하기로 작정한 듯했다(그것도 아주 우스

꽝스러운 방식으로 말이다). "이제 미군은 중요한 현대화 과정을 거칠 겁니다." 럼즈펠드는 2006년 4월에 이렇게 말했다. "지금은 분과별로 나눈 군대이지만 이제 모듈(module)형 여단 전투전력으로 바뀔 겁니다. 서비스 중심의 전투에서 벗어나, 분쟁 해제 전투와 상호정보처리 운영방식에 중점을 둘 겁니다. 이제는 상호의존체제로 나아가야 합니다. 매우 어려운 작업이 될 것입니다."**7** 그러나 실상은 럼즈펠드의 말과 달리 그렇게 복잡한 프로젝트가 아니었다. 어려운 용어들의 이면을 보면, 자기가 몸담았던 비즈니스 세계의 아웃소싱과 브랜딩 혁명을 미군 심장부에 들여오려는 시도였다.

1990년대에 많은 회사들은 전통적으로 상품을 제조하고 안정적인 대규모 노동력을 유지하고 있었다. 그러다가 나이키 모델로 알려진 방식을 수용한다. 공장도 없이 계약업자 및 하위 계약업자의 복잡한 망을 통해 물건을 생산한다. 그리고 본사는 디자인과 마케팅에 모든 자원을 쏟아 붓는다. 한편 다른 대안인 마이크로소프트 모델을 선택한 회사들도 있었다. 회사의 '핵심 경쟁분야'를 담당하는 직원들과 주주들이 치밀하게 짜인 통제센터를 유지한다. 대신에 우편물 처리부터 코드작성 등의 작업은 임시직에게 하청을 준다. 이렇게 변화된 방식으로 재조직된 회사들을 '공동기업(hollow corporation)'이라고 부른다. 눈에 보이는 실체가 거의 남아 있지 않기 때문이다.

럼즈펠드는 미국 국방부를 그렇게 개조하려고 했다. 「포춘」은 "그가 재계 CEO 자리에서 지휘했던 재조직 작업을 국방부에 지시하고 있다."라고 보도했다.**8** 그러나 당연히 차이점도 있다. 기업들은 지리적 제약을 받는 공장과 정규직 노동자의 부담에서 벗어나게 되었다. 한편 럼즈펠드는 대규모 정규군 대신에 핵심 인력을 선호했다. 이는 배후에서 예비군과 국가수비대 같은 싼 임시직 군인들이 지원해주는 시스템이다. 그리고 블랙워터와 핼리버튼 같은 계약업자들이 위험한 운전 업무, 죄수 심문, 물자 수송, 의료 서비스를 맡았다. 기업들은 디자인과 마케팅에 모든 자본을 쏟아 부은 반면에, 럼즈펠드는 군대와 탱크를 줄이고 최신 위성과 사기업의 나노테크놀로지에 돈을 쓰려고 했다. 럼즈펠드는 현대화된 군대에 대해 이렇게 말했다. "21세기엔 군수물자의 수나 양이 아니라 속도와 민첩성 그리고 정확성에 대해 생각해야 한다." 마치 정신없이 일을 추진하는 경영 컨설턴트 톰 피터스(Tom Peters)와 아주 흡사했다. 1990년대 후반, 톰 피터스는 회사들이 '고급 두뇌를 지닌 행위자'가 될 것인지, 아니면 '단순한 물건 전달자'가 될 것인지 결정해야 한다고 했다.[9]

펜타곤을 좌지우지하는 장군들이 봤을 땐, 전쟁에서 '군수물자'와 '군수물자의 양'은 여전히 중요했다. 따라서 럼즈펠드의 공동(空洞) 군대 미래상에 큰 적대감을 보였다. 취임한 지 7개월도 채 지나지 않은 장관은 국방부 실세들의 비위를 상하게 했다. 이제 곧 장관이 해임될 것이라는 루머가 떠돌았다.

그러한 때에 럼즈펠드가 펜타곤 직원들에게 '타운 홀 미팅'을 이례적으로 요구한 것이다. 사람들은 이유를 추측하기 시작했다. 사임을 발표하려는 건가? 아니면 격려 연설을 해보려는 걸까? 뒤늦게나마 변혁을 옹호하는 입장을 바꾸려는 건가? 펜타곤의 고위급 직원 수백 명은 월요일에 강당을 가득 메웠다. "전부 다 궁금해하는 분위기였죠." 한 직원이 내게 말했다. "과연 우리를 어떻게 설득시킬 것인지 궁금했습니다. 그에 대한 반감이 상당했으니까요."

마침내 그가 입장했다. "우리는 정중하게 일어섰다 다시 앉았죠." 사임을 발표하거나 직원들을 격려하는 연설이 아니었다. 역사상 미 국방부 장관들의 연설 가운데 가장 기이한 연설이었다.

오늘 주제는 미 안보를 아주 심각하게 위협하는 적에 대한 얘기입니다. 이 적은 중앙통제계획의 마지막 전초기지입니다. 그리고 5개년 계획을 통해 권세를 휘두릅니다. 한 국가의 수도에서 시작해 시간대, 대륙, 대양을 넘어 자신의 요구사항을 집행하려 합니다. 또한 끔찍한 일관성을 강요하며 자유사상을 말살하고 새로운 아이디어를 파괴합니다. 미국의 국방력을 떨어뜨리고 제복을 입은 사람들의 삶을 위험에 몰아넣습니다.

이 적은 마치 과거의 소련처럼 들릴 겁니다. 그러나 소련은 벌써 사라졌지요. 상대는 더욱 교묘하고 막강합니다. (중략) 적은 아주 가까이에 있습니다. 그것은 바로 펜타곤의 관료주의입니다.[10]

미사여구로 포장된 그의 꿍꿍이가 드러나자 청중의 얼굴은 굳어졌다. 청중의 상당수는 소련과 싸우는 데 평생을 바친 사람들이었다. 때문에 공산주의와 비교당한 것에 심기가 불편해졌다. 럼즈펠드는 계속 말을 이었다. "우리는 적을 알고 있습니다. 그 위협도 알고 있습니다. 막강한 적의 요구에 맞서겠다는 굳은 목표를 계속 유지해야 합니다. 이제 우리는 관료제와의 전쟁을 선포합니다."

그는 말을 마쳤다. 국방부 장관은 펜타곤을 미국에 대한 심각한 위협으로 묘사했을 뿐만 아니라, 자신이 몸담은 조직과의 전쟁을 선포했다. 청중들은 어안이 벙벙해졌다. "우리가 적이라는 겁니다. 세상에, 적이라니요. 우리들은 국가의 일을 책임지고 있다고 생각하는데 말입니다." 한 직원이 내게 말했다.

럼즈펠드는 국민들의 세금을 아끼려는 게 아니었다. 오히려 예산을 11퍼센트 늘려달라고 의회에 요구했다. 그는 큰 정부와 큰 비즈니스가 힘을 합쳐 자금을 재분배하려는 조합주의 반혁명의 원칙을 따르고 있었다. 그래서 많은 공공 자금을 사기업의 금고로 직접 이체했다. 반면에 직원들에게는 돈을 덜 쓰려고 하면서, 자기만의 '전쟁'을 개시했다. "모든 부서는 직원을 15퍼센트 감축해야 합니다. 전 세계 미군기지들도 마찬가지입니다. 이러한 요구는 단순히 법적 사항만이 아니라 좋은 아이디어이기도 합니다. 우리는 분명 해낼 겁니다."[11]

그는 고위급 직원들에게 상업적 아웃소싱으로 비용 절감을 할 수 있는 국방부 기능을 찾아내라고 지시했다. "왜 국방부만이 지구상에서 유일하게 자신의 서비스 가격을 자기가 정하는가? 창고를 효율적으로 운영해주는 업체가 있는데, 국방부가 굳이 그렇게 많은 창고를 직접 운영하고 관리할 필요가 있는가? 왜 국방부는 서비스 업무를 아웃소싱하지 않고 전 세계 미군기지에서 직접 쓰레기를 치우고 바닥을 닦는가? 사업체에서는 다들 그렇게 하는데 말이다. 심지어 우리는 컴퓨터 시스템 지원 작업도 더 많이 아웃소싱할 수 있다."

그는 심지어 군대조직의 신성한 곳까지도 포함시켰다. 바로 군인들을 위한 의료 서비스 분야였다. 왜 그렇게 의사들이 많이 있는 건가? 럼즈펠드는 의아해했다. "전투와 관련 없는 일반 또는 전공 진료는 민간분야에서 하는 것이 더 효과적이다. 군인과 가족들을 위한 주택은 어떠한가? 공공-민간 파트너십을 통해 해결해야 할 것이다."

국방부는 핵심 경쟁분야에 집중해야 한다. "바로 전투 말이다. (중략) 그러나 그 밖의 경우엔 부수적 활동들을 효율적으로 담당할 민간업체를 찾아야 한다."

럼즈펠드는 군대를 아웃소싱하려는 대담한 미래상을 지녔다. 연설 이후 많은 펜타곤 직원들은 그러한 미래상을 방해하는 유일한 걸림돌은 미국 헌법임을 알아차렸다. 미국 헌법은 국가의 안보를 사기업이 아닌 정부의 의무로 규정하고 있다. 그러나 럼즈펠드는 그다지 큰 문제로 여기지도 않았다. "그 연설 때문에 럼즈펠드가 자리에서 물러날 거라고 생각했습니다." 한 취재원이 내게 말했다.

그러나 그런 일은 일어나지 않았다. 게다가 그가 펜타곤에서 선언한 전쟁에 대한 언론보도는 찾아보기 힘들었다. 논란을 일으킨 연설을 한 날이 바로 2001년 9월 10일이었기 때문이다.

9월 10일 CNN 저녁 뉴스는 '국방부 장관이 펜타곤 관료주의에 전쟁을 선포하다.'라는 헤드라인으로 짧은 기사를 내보냈다. 그것은 역사상 희한한 일이었다. 바로 다음 날 아침 방송은 펜타곤에 가해진 직접적인 공격을 보도하게 되었으니 말이다. 불과 24시간 전에 럼즈펠드가 국가의 적이라고 했던 펜타곤 직원 125명이 사망하고 110명이 심각한 부상을 입은 사건이 일어났다.[12]

체니와 럼즈펠드 : 최초의 재난 자본주의자들

언론에 잊힌 럼즈펠드 연설의 중심 사상은 바로 부시 체제의 핵심 강령이기도 했다. 즉 정부의 업무는 통치가 아니라 통치 업무를 더 효율적이면서 뛰어난 사기업에 아웃소싱하는 일이었다. 럼즈펠드가 분명히 밝혔듯, 예산조정 같은 만만한 일은 물론 전혀 아니었다. 이러한 사상의 주창자들에겐 공산주의에 대한 승리만큼이나 세계를 바꿀 움직임이었다.

부시팀이 정권을 잡을 무렵, 1980~1990년대 민영화 지지자들(연방정부 및 주정부는 물론 클린턴 행정부가 수용했던 사람들이다)은 대규모 공기업을 매각하거나 아웃소싱 시스템으로 바꾸었다. 수도, 전기, 고속도로 관리, 쓰레기 수거 등의 분야다. 이런 부서들이 잘려나가자 국가는 핵심 분야만 남게 되었다. 즉 정부의 고유기능에 해당하므로 사기업에 맡겼다가는 국가 위기가 올 수 있는 분야다. 군대, 경찰, 소방서, 감옥, 국경통제, 정보부, 질병통제, 공립학교 시스템, 정부 관료 관리가 그에 해당한다. 민영화 물결은 기업들에 많은 이윤을 안겨주었다. 따라서 국가의 일부 기능을 담당했던 기업들은 단번에 엄청난 돈을 벌 수 있는 정부의 핵심 기능에도 탐욕스러운 눈길을 주기 시작했다.

1990년대 무렵, 핵심 기능은 민영화 대상이 아니라는 금기를 깨뜨리려는 강력한 움직임이 있었다. 여러 면에서 봤을 때, 그것은 현상 유지 논리에서 나온 것이다. 러시아의 석유매장지, 남미의 텔레콤, 아시아의 산업은 1990년대 주식시장에 엄청난 이윤을 가져다주었다. 이제 그러한 경제적 역할을 미국 정부가 하고 있었다. 그리고 중요성은 점점 더 커져갔다. 개도국 사이에 민영화와 자유무역에 대한 반발이 급격하게 퍼지는 바람에, 성장의 또 다른 수입원이 차단된 상태이기 때문이다.

이러한 움직임은 쇼크 독트린을 자기중심적인 새로운 영역으로 이동시켰다. 이제껏 재난과 위기는 급격한 민영화계획을 추진하는 데 이용되었다. 그러나 재난을 창출하거나 그에 대처하는 힘을 가진 군대, CIA, 적십자사, 유엔, 재난 '응급대처' 기관들은 공공부문의 마지막 보루였다. 기업들은 이런 핵심 분야를 먹어치우기로 작정한 것이다. 지난 30년 동안 연마해온 위기 이용방식을 지렛대로 삼아 민영화를 시도하려 했다. 한마디로 프리드먼 위기 이론의 최첨단 버전이라 하겠다.

이른바 민영화된 경찰국가를 만들려는 선발대는 부시 행정부의 요직에서 일했다. 딕 체니, 도널드 럼즈펠드, 조지 W. 부시가 바로 그들이다.

시장 논리를 미군에 적용하려는 럼즈펠드의 아이디어는 40년 전으로 거슬러 올라간다. 1960년대 초반, 그가 시카고 경제학부 세미나에 참석하던 때부터다. 그는 특히 밀턴 프리드먼과 절친한 사이였다. 럼즈펠드는 서른 살의 나이에 의회에 입성했다. 그때부터 프리드먼은 조숙한 공화당원인 그를 자신의 진영으로 끌어들였다. 그는 럼즈펠드가 대담한 자유시장 정강을 만드는 걸 도와주고 경제학 이론도 가르쳐주었다. 그렇게 수년 동안 두 사람은 절친한 사이를 유지했다. 럼즈펠드는 매년 헤리티지 재단의 총재 에드윈 퓰너(Edwin Feulner)가 주최하는 프리드먼의 생일파티에 참가했다. 프리드먼이 아흔이 되었을 때, 럼즈펠드는 정신적 스승에 대해 이렇게 말했다.[13] "밀턴의 주위에 있거나 함께 대화를 나누다 보면 나 자신이 훨씬 더 똑똑해지는 느낌이 들었다."

럼즈펠드와 프리드먼은 서로를 존경했다. 프리드먼은 시장을 탈규제화하려는 럼즈펠드의 의지에 감명을 받았다. 그래서 1980년 선거에서 부통령 후보를 조지 부시가 아닌 럼즈펠드로 지명하라고 레이건에게 강력하게 로비했다. 레이건은 그의 조언을 받아들이지 않았다. 프리드먼은 그러한 행동을 결코 용서하지 않았다. 프리드먼의 비망록에 따르면, "레이건은 조지 H. W. 부시를 부통령 후보자로 선택했다. 큰 실수를 한 것이다. 사실 나는 그의 대통령직뿐만 아니라 캠페인 자체가 최악의 선택이었다고 생각한다. 내가 선호한 후보자는 도널드 럼즈펠드다. 그를 선택했다면 레이건은 대통령으로서 성공했을 것이다. 또한 유감스런 부시 시대와 클린턴 시대는 결코 오지 않았을 것이다."[14]

럼즈펠드는 부통령 후보에 지명되진 못했지만, 급성장하는 비즈니스 분야에서 경력을 쌓으며 이를 극복해냈다. 그는 국제 제약회사 서얼(Searle)에서 CEO로 일하며, 정치 인맥을 활용해 아스파탐(aspartame: 인공 감미료로 쓰이는 저칼로리 단백질로, 발암논란이 있음-옮긴이)의 미국식품의약국(FDA) 허가를 얻어냈다. 흔히 새로운 감미료로 선전되는 제품이다. 이 제품은 상당한 논란에도 불구하고 높은 이윤을 얻었다. 그는 또한 몬산토가 서얼을 매입하도록 중개한 대가로 1,200만 달러의 개인이득을 취했다.[15]

럼즈펠드는 큰 거래를 성사시킨 덕분에 재계에서 영향력 있는 인물이 되었다. 그리고 시어스(Sears)와 켈로그(Kellogg's) 같은 대기업의 이사로 취임했다. 한편 아이젠하워가 군산복합체라고 불렀던 회사들은 전직 국방부 장관 출신인 그를 높게 평가했다. 항공기 제조업체 걸프스트림(Gulfstream)의 이사로 재직했으며, 스위스의 거물급 엔지니어링 회사인 ABB의 이사회에 있으면서 연봉 19만 달러를 받았다. 북한에 플루토늄 생산기술을 포함해 핵기술을 판 사실이 드러나 뜻하지 않게 주목을 받았던 회사다. 원자로를 판매한 2000년 당시, 럼즈펠드는 ABB 이사회에서 유일한 북미인이었다. 그는 원자로 판매가 이사회에서 다루어진 기억이 없다고 주장했지만, 회사는 "이사들에게 분명히 알렸다."라고 밝혔다.[16]

그는 1997년 바이오테크 회사인 질리드 사이언시스(Gilead Sciences)의 이사장이 되었을 때, 최초의 재난 자본주의자로서 자신의 위치를 철저하게 확립했다. 이 회사는 인플루엔자 치료제이자 조류독감에 쓰는 약품인 타미플루(Tamiflu)에 대해 특허를 신청했다.* 따라서 상당한 전염성을 가진 바이러스가

---

* 타미플루에 대한 논쟁이 한창 진행 중이다. 약을 복용한 젊은이들 가운데 혼란, 편집증, 환각 그리고 자살 충동을 느꼈다는 보고가 점차 늘어나고 있기 때문이다. 2005년 11월부터 2006년 12월 사이에 타미플루와 관련된 죽음이 전 세계에서 25건이나 보고되었다. 지금 미국에서는 환자들에게 경고문구와 함께 이 약을 제공하고 있다. 자해나 혼란을 일으킬 가능성이 크니 행여 이상한 행동 조짐을 보이지는 않는지 주의하라는 내용이다.

발생한다면(또는 그러한 위협이 있다면), 정부는 질리드 사이언시스로부터 수십만 달러의 치료제들을 사야만 한다.

대중건강을 위협하는 비상질병의 치료제 및 백신에 특허를 내주는 것에 대한 논란은 아직도 여전하다. 미국은 지난 수십 년 동안 전염병을 겪지 않았다. 그러나 1950년대 중반 소아마비 발병이 절정에 이른 적이 있었을 때, 질병을 통해 부당 이득을 취하는 것이 윤리에 맞는지에 대한 열띤 논쟁이 벌어졌다. 당시 소아마비 발생은 거의 6만 건에 달했다. 부모들은 자신의 자녀들이 사지가 마비되거나 심지어 죽게 될까봐 두려워했다. 따라서 치료제를 찾으려는 노력은 거의 광적이었다. 마침내 피츠버그 대학의 과학자 조나스 소크(Jonas Salk)가 치료제를 찾아냈다. 1952년에 첫 소아마비 백신을 개발한 것이다. 그는 생명을 구한 그 치료제에 대해 특허를 신청하지 않았다. "특허는 없습니다." 소크는 방송인 에드워드 머로(Edward R. Murrow)에게 말했다. "당신은 태양을 특허 낼 수 있습니까?"[17]

만약 태양도 특허 대상이라면 도널드 럼즈펠드가 이미 오래전에 미국 특허상표국에 신청을 해놨을 것이다. 그가 몸담았던 질리드 사이언시스는 네 가지 에이즈 치료제에 대해서도 특허권을 갖고 있었다. 이 회사는 개도국에서 수많은 생명을 구할 저렴하고 대중적인 치료제가 되지 않도록 안간힘을 쓰고 있어, 미국 공중보건운동가들의 비난 대상이 되어왔다. 운동가들은 질리드의 주요 약품이 납세자들이 내는 후원금으로 개발되었다고 지적했다.[18] 질리드 입장에선, 역병은 성장하는 시장이다. 때문에 만일의 경우를 대비해 타미플루를 비축해놓으라며 사업체와 개인들에게 공격적 마케팅 캠페인을 펼치고 있다. 럼즈펠드는 정부에 재입성하기 전에 고수익의 새로운 비즈니스에 매료되었으며 성장 가능성을 확신했다. 그래서 바이오테크와 제약회사에 집중 투자하는 펀드들의 설립을 도왔다.[19] 모두 질병이 만연하는 재난 같은 미래에 의지하는 회사들이다. 이제 각국 정부들은 사기업이 특허를 통해 독점하고 있는 생명을 구할 약품들을 비싼 돈을 주고 구입해야 할 판이다.

딕 체니는 포드 행정부에서 럼즈펠드의 피보호자였다. 그 역시 암담한 미래가 주는 수익성을 통해 부를 축적했다. 럼즈펠드가 역병을 통해 호황의 시장을 봤다면, 체니는 전쟁의 미래를 바탕으로 해서 돈을 벌었다. 체니는 군대의 규모를 줄이는 대신 민간 계약업자에게 맡기는 비중은 대폭 높였다. 그는 휴스턴 소재의 핼리버튼 계열사인 브라운앤드루트(Brown&Root)와 계약을 맺었다. 미군의 업무 가운데 민간분야가 대신 맡아 이윤을 낼 수 있는 업무를 찾아내라는 계약이었다. 당연히 핼리버튼은 사기업이 할 수 있는 일들은 죄다 찾아냈다. 그 결과 대담하고도 새로운 펜타곤 계약을 맺게 되었다. 그것은 바로 민간군수 지원강화 프로그램이었다. 펜타곤은 예전부터 무기 제조업자들과 엄청난 금액의 계약을 맺어 악명을 떨쳤다. 그러나 이것은 전혀 새로운 것이었다. 사기업이 군대에 장비를 제공하는 차원이 아니라 아예 작전 매니저로 일하는 것이었다.[20]

선택받은 일부 회사들만이 미군을 위한 무한정한 '병참 지원'에 참가하라는 초대를 받았다. 정확히 무슨 일을 하는 건지 애매모호했으며, 더군다나 계약 금액도 정해져 있지 않았다. 낙찰을 받은 회사가 미군을 위해 무슨 일을 하든지 간에, 펜타곤에서 모든 비용을 지급하기로 되어 있었다. 게다가 이윤도 보장되어 있었다. 바로 '비용 플러스' 계약이었다. 당시는 부시 시니어 행정부의 말기인 1992년으로, 계약을 따낸 회사는 다름 아닌 핼리버튼이었다. 「로스앤젤레스타임스」의 크리스천 밀러(T. Christian Miller)에 따르면, "핼리버튼은 36개 입찰자들을 물리치고 5년 계약을 따냈다. 원래 계획을 제안한 회사가 핼리버튼인 것을 생각하면 놀랄 것도 없다."

1995년, 백악관에 클린턴 정부가 있을 당시 핼리버튼은 체니를 새로운 사장으로 영입했다. 핼리버튼 계열사인 브라운앤드루트는 오랫동안 미군의 계약업자였다. 그러나 체니의 리더십 아래서 핼리버튼의 역할은 너무나 확장되어 현대전의 본질을 바꿀 정도였다. 체니는 펜타곤에 들어간 뒤 핼리버튼과 융통성 있는 계약을 작성했다. 덕분에 핼리버튼은 병참 지원의 의미를 확장시킬 수 있었으며, 해외 미군기지 전체를 건설할 책임까지 맡게 되었다. 군대는 단지 군인과 무기만 제공할 뿐이다. 한마디로 군대는 내용물을 제공하고 나머지는 핼리버튼이 알아서 진행한다.

그 결과는 발칸반도에서 처음 나타났는데, 해외파병은 일종의 중무장한 패키지 휴가 같은 모습이었다. "발칸반도에 군인들이 도착했을 때 제일 먼저 맞아준 사람은 우리 회사 직원들이었습니다. 떠날 때 작별인사를 해준 것도 마찬가지였고요." 핼리버튼의 대변인이 설명했다. 마치 회사 직원들이 군수병참 지원 담당자가 아니라 크루즈 여행의 총책임자인 듯 말했다.[21] 핼리버튼이 다른 회사들과 구별되는 점이 바로 그것이었다. 체니는 미국의 고수익 서비스 경제에 전쟁이 끼지 못할 이유가 없다고 보았다. 요컨대 상냥한 미소로 침공 업무를 서비스하는 것이다.

클린턴은 발칸반도에 병력 1만 9,000명을 파견했다. 그리고 핼리버튼이 지은 미니 도시들이 여기저기 생겨났다. 단정하고 보안시설이 잘 갖춰진 교외지역 같은 모습이었다. 핼리버튼은 군대에 고국의 안락함을 제공하기 위해 최선을 다했다. 패스트푸드 아웃렛, 슈퍼마켓, 영화관, 최첨단 헬스장도 있었다.[22] 일부 고위급 관리들은 군대에 쇼핑몰을 건설하는 것이 군대 훈련과 무슨 관련이 있는지 의아해했다. 그러나 그들도 역시 그러한 혜택을 누렸다. 핼리버튼의 '모든 것들은 최고급'이라고 누군가 내게 말했다. "그러니 불평할 것은 없지요." 핼리버튼으로서는 고객들을 만족시키는 것이 좋은 사업이 되기 때문이다. 그리고 더 많은 계약을 따낼 수 있다. 게다가 사용 비용의 몇 퍼센트를 이윤으로 주는 식이기 때문에 더 많은 비용을 들일수록 이윤도 커진다. "걱정할 것 없소. 비용이 많이 들수록 좋은 거니까." 이는 바그다드의 그린존에서 아주 유명한 말이다. 그러나 호화스런 전쟁은 클린턴 시대부터 시작되었다. 체니는 핼리버튼에서 몸담은 5년 동안 미국 재무부로부터 받는 금액을 12억 달러에서 23억 달러로 거의 두 배나 증가시켰다. 게다가 연방대출과 대출보증을 통해 받은 금액은 15배나 증가했다.[23] 그리고 체니 본인도 수고비를 톡톡히 받았다. "부통령으로 취임하기 전에 체니의 자산은 1,800만 달러에서 8,190만 달러로 늘어났다. 핼리버튼의 600만~3,000만 달러에 달하는 주식도 포함된다. 체니에겐 총합해서 126만 주가량의 핼리버튼 주식옵션이 있다. 10만 주는 이미 사용했으며, 현재 76만 주가 청구 가능하다. 그리고 (2000년) 12월이면 16만 6,667주가 적법해진다."[24]

　서비스 경제를 정부의 심장부로까지 확장시키는 것은 체니에겐 익숙한 일이다. 1990년대 후반, 그는 미군기지를 핼리버튼이 건설한 교외 지역처럼 바꾸어놓았다. 아내 린은 세계에서 가장 큰 방위계약업체 록히드마틴의 이사로 일하며 임금과 스톡옵션을 받고 있었다. 린은 1995~2001년 록히드에 있었다. 공교롭게도 그때는 회사의 중요한 전환기였다.[25] 냉전 종식 후 방위비는 점차 줄어들고 있었다. 이런 회사들의 수입은 대개 정부와의 무기계약에서 나온다. 따라서 새로운 비즈니스 모델이 필요했다. 마침내 록히드 같은 군수물자업체들은 새로운 업무를 공격적으로 추진할 전략을 찾아냈다. 그것은 바로 정부를 관리하고 비용을 받는 것이었다.

　1990년대 중반, 록히드는 미국 정부의 정보기술 부문을 맡기 시작해 컴퓨터 시스템과 수많은 데이터를 관리했다. 대중은 록히드가 너무 많이 개입한다고 느끼기 시작했다. 2004년 「뉴욕타임스」에 따르면, "록히드마틴이 미국을 경영하는 것은 물론 아니다. 그러나 놀랄 정도로 많은 부분을 돕고 있다. 여러분의 우편물을 정리하고, 세금을 합산하고, 사회보장수표를 처리하고, 미국의 인구통계를 계산하며, 우주 비행을 관리하고, 항공 교통을 통제한다. 록히드는 이 모든 걸 해내느라 마이크로소프트보다 더 많은 컴퓨터 코드를 사용하고 있다."*[26]

　이 부부는 강력한 한 팀이었다. 딕 체니가 해외에서 핼리버튼을 통해 군대 기반시설을 운영하는 동안 린은 국내에서 정부의 일상적 운영업무를 관리했다. 때때로 둘은 경쟁 상대가 되는 경우도 있었다. 1996년, 텍사스 정부가 복지 시스템을 운영할 회사를 찾는다고 발표했다. 5년에 20억 달러가 달린 계약이었다. 거물급 IT회사인 일렉트로닉데이터시스템(Electronic Data Systems, EDS)과 록히드는 체니가 이사회에 있다고 자랑하며, 둘 다 입찰에 참여했다. 그러나 나중에 클린턴 정부가 개입해 입찰을 중지시켰다. 아무리 아웃소싱의 열정적인 지지자라 할지라도 복지혜택의 수혜 대상을 결정하는 일은 정부의 핵심 역할로 볼 수밖에 없었다. 따라서 민영화 대상이 아니었다. 그러자 록히드와 EDS는 반칙이라며 울부짖었다. 텍사스 주지사인 조지 W. 부시도 마찬가지였다. 그는 복지 시스템의 민영화가 멋진 아이디어라고 생각했다.[27]

조지 W. 부시는 주지사로서 그다지 두각을 나타내지 못했다. 그러나 한 분야에서만은 두드러졌다. 선거로 당선된 그는 주정부의 여러 기능을 사업체에 분배했다. 특히 안보기능이 대상이었다. 훗날 테러와의 전쟁을 민영화하려는 생각도 이때부터 시작되었다. 그의 재임 시절, 텍사스에서 민영화된 교도소는 26곳에서 42곳으로 증가했다. 「아메리칸 프로스펙트(American Prospect)」는 부시의 텍사스를 '민영화 감옥 사업의 세계적 수도'라고 불렀다. 1997년, FBI는 휴스턴 외곽으로 40마일 떨어진 브라조리아(Brazoria) 카운티 교도소를 조사했다. 한 지역 방송국이 교도소 비디오를 방송에 내보낸 이후였다. 경비원들이 저항하지 못하는 죄수들의 허벅지를 걷어차고 스턴건(Stun Gun)을 쏘고 개로 공격하는 모습이 촬영되었다. 비디오에 나온 한 경비원은 교도소와 경비원 공급 계약을 맺은 사기업의 제복을 입고 있었다.[28]

부시의 민영화 열정은 브라조리아 사건 후에도 전혀 수그러들지 않았다.

---

* 당시 대규모 무기 제조업자들은 모두 정부 관리 비즈니스에 뛰어들었다. 컴퓨터 사이언시스(Computer Sciences)라는 회사는 생체인식 신분확인 기술을 포함해 군대에 정보기술을 제공했다. 그러다 샌디에이고 카운티와 6억 4,400만 달러의 계약을 맺고 정보기술을 제공하게 되었다. 같은 종류의 계약으로는 최고 액수다. 한편 샌디에이고 카운티는 이 회사의 수행능력에 만족하지 못해 계약을 갱신하지 않았다. 대신에 B-2 스텔스 폭격기를 생산하는 무기업체 노스럽 그러먼에 계약을 넘겼다.

몇 주가 지나서, 그는 피노체트 독재 때 사회복지를 민영화한 칠레의 호세 피녜라 총리를 만났다. 부시는 마치 예수의 출현이라도 본 듯 행동했다. 피녜라는 그 만남을 이렇게 표현했다. "그는 내 말에 아주 집중했다. 그의 몸짓과 적절한 질문으로 볼 때, 내 사상의 핵심을 완전히 이해하고 있었다. 사회복지 개혁이 멋진 은퇴, 노동자와 자본주의자들이 어울리는 세상, 오너십 사회를 만든다는 약속 말이다. 그는 너무나 열정적이었다. 나중엔 웃으면서 내 귀에 '플로리다로 가서 내 동생에게도 말해주시오. 아주 좋아할 겁니다.' 하고 속삭였다."[29]

국가를 경매에 내놓으려는 미래 대통령의 의지는 체니의 군대 아웃소싱 리더십과 럼즈펠드의 전염병 예방약품의 특허와 혼합되었다. 이 세 남자가 함께 건설한 국가는 바로 완전한 공동(空洞) 국가다. 2000년 부시 선거캠페인에서는 이러한 급진적 프로그램을 중점에 두진 않았다. 그러나 어떤 계획을 갖고 있는지에 대한 암시는 있었다. "사기업이 할 수 있는 일을 하는 연방 공무원들이 수만 명이나 됩니다." 부시는 한 선거유세 연설에서 말했다. "그러한 업무들은 경쟁적인 입찰에 맡길 겁니다. 사분야가 더 낫다면, 그쪽이 계약을 따야죠."[30]

9월 11일과 공공서비스 복귀

부시와 그의 내각은 2001년 1월 취임했다. 미국 기업들을 위한 새로운 성장의 원천을 마련해주는 것이 시급한 과제였다. 첨단기술 버블은 이미 공식적으로 터진 상태였다. 다우존스 주가지수는 취임 두 달 반 만에 824포인트가 빠졌다. 한마디로 심각한 경제 침체에 직면한 것이다. 케인스는 정부가 공공사업으로 경제적 인센티브를 제공해 침체에서 벗어나야 한다고 주장했다. 그러나 부시가 내놓은 해결책은 정부가 스스로를 파괴하는 것이었다. 즉 공공자산의 상당 부분을 잘라내어 미국 기업들을 부양하려는 것이다. 기업들에게 세금을 감면해줌과 동시에 그들과 고수익 계약을 맺는다. 미치 대니엘스(Mitch Daniels)는 부시의 예산 책임자이자 싱크탱크 연구원이다. 그는 "정부의 일은 서비스를 제공하는 것이 아니라, 서비스가 잘 제공되고 있는지 살피는 것이다."라고 말했다.[31] 재난 대처도 마찬가지다. 부시는 공화당원 조셉 앨보(Joseph Allbaugh)에게 테러 공격을 비롯해 각종 재난에 대처하는 연방 긴급사태 관리국(Federal Emergency Management Agency, FEMA)을 맡겼다. 그는 새로 맡은 일터가 "과잉이라 할 정도로 너무 많은 업무를 담당하고 있다."라고 말했다.[32]

그런 와중에 9·11 테러 사건이 일어났다. 자신의 업무를 축소한 정부는 좋은 아이디어가 아님이 드러났다. 겁에 질린 대중은 정부의 강하고 확실한 보호를 원했다. 때문에 부시의 공동 정부 프로젝트는 흐지부지될 수도 있었다.

한동안은 정말로 그런 듯했다. 테러 공격이 있은 지 10일이 지날 무렵, 처음으로 에드윈 풀너가 "9·11 테러 사건이 모든 걸 바꾸어놓았다."라는 운명적인 진술을 했다. 그는 밀턴 프리드먼의 오랜 친구이자 헤리티지 재단의 총재다. 많은 이들은 풀너와 이념적 동지들이 30년 동안 국내외에서 추진한 급진적인 반(反)국가 논의가 재고될 것이라고 생각했다. 결국 9·11 테러 사건의 안보 실패는 지난 20년간 공공부문을 잘라내어 영리를 추구하는 기업들에게 아웃소싱을 맡긴 결과였다. 위험스러울 정도로 방치된 국가의 실상이 그대로 드러났다. 마찬가지로 뉴올리언스 수해는 공공 인프라의 빈약함을 드러냈다. 9·11 테러 사건 당시, 뉴욕 경찰들과 소방관들이 쓰는 무선통신은 구조 작업이 한창인 중에 고장이 났다. 항공교통통제소는 비행기의 이탈을 제때 파악하지 못했다. 그리고 테러리스트들은 계약직 직원들이 일하는 공항 보안대를 그냥 통과했다. 항공통제소의 계약직들 가운데는 푸드 코트에서 일하는 직원보다 더 적은 임금을 받는 사람들도 있었다.[33]

미국에서 프리드먼주의 반혁명의 첫 번째 승리는 로널드 레이건의 항공교통통제소 노조 탄압과 항공사의 탈규제화였다. 그로부터 20년 후 항공통행 시스템은 민영화되어, 탈규제화와 인원 감축이 이루어졌다. 항공안보는 대체로 훈련이 제대로 안 된 저임금 비노조 계약직들이 맡았다. 테러 공격 이후 교통부의 감찰관은 비행기 안보를 책임진 항공사들이 모두 비용 절감을 위해 날림식이었다고 증언했다. "그런 태도가 안보의 치명적 약점을 불러왔다." 그는 부시가 만든 9·11 테러 사건 위원회에서 말했다. 오랫동안 연방비행국에서 근무한 한 안전요원은 위원회에서 이렇게 증언했다. "항공사의 안보 관념이란 그저 남 탓만 하고 사실을 부정하다가 일처리를 질질 끄는 식이었다."[34]

항공산업이 저비용으로 고수익을 거두고 있던 9월 10일엔 아무 문제도 없는 듯했다. 그러나 9월 12일이 되자 시간당 6달러의 계약직에게 항공안보를 맡긴 것이 위험한 일이었음이 드러났다. 같은 해 10월에는 흰색 가루가 담긴 봉투가 의원들과 언론인들에게 배달되었다. 대규모 탄저병 사태가 발생할지도 모른다는 공포가 확산되었다. 이런 상황이 오자 사람들은 1990년대의 민영화에 대해 재고하게 되었다. 왜 사기업 연구소가 탄저균 백신을 생산할 독점권을 갖고 있는 건가? 연방정부는 중대한 공중보건의 비상사태로부터 국민을 보호할 책임을 넘겨버린 건가? 문제의 사기업 연구소인 바이오포트(Bioport)가 여러 번의 검사를 통과하지 못했고, 심지어 당시엔 FDA가 백신 배포 권리를 허락하지도 않았다는 사실은 도움이 되지 않았다.[35] 더군다나 언론의 보도대로 탄저균, 천연두, 치명적인 질병들이 우편물, 음식 공급, 수도 시스템을 통해 확산된다면, 부시가 추진한 우편업무 민영화계획은 정말 좋은 아이디어였던 것일까? 누가 해고된 식품 검사관들과 상수도 검사관들을 다시 데려올 수는 없을까?

친기업적 합의에 대한 반발은 엔론 사건 같은 새로운 스캔들 때문에 더욱 심해졌다. 9·11 테러 사건 이후 석 달이 지날 무렵 엔론은 파산을 선언했다. 수천 명의 직원들은 퇴직금을 상실했지만, 내부 정보가 있었던 중역들은 돈을 챙겨 떠났다. 이러한 사태 때문에 필수적 서비스를 제공하는 사기업에 대한 신뢰는 곤두박질쳤다. 특히 수개월 전 캘리포니아의 대규모 정전사태가 엔론의 에너지 가격 조작으로 생겼다는 사실이 밝혀지면서 더욱 그랬다. 아흔 살인 밀턴 프리드먼은 추세가 다시 케인스주의로 바뀔까 걱정하며, "대중은 사업가를 마치 이등시민처럼 바라본다."라고 불만을 터뜨렸다.[36]

CEO들은 이렇게 어려운 상황에 있었다. 그러나 노조화된 공공부문의 노동자들은 대중의 높은 평가를 받았다. 시카고학파는 프리드먼의 반혁명에 저항하는 반란자들로 여겼지만 말이다. 테러 공격 이후 두 달 만에 정부에 대한 신뢰는 1968년 이후 가장 높아졌다. 이에 부시는 연방 직원들에게 말했다. "여러분들이 맡은 바 임무를 잘해주었기 때문입니다."[37] 9·11 테러 사건의 최고 영웅들은 블루칼라의 응급대원인 소방관, 경찰관, 구조요원들이었다. 건물 안의 사람들을 대피시키고 피해자들을 돕는 과정에서 403명이 목숨을 잃었다. 갑자기 미국은 제복을 걸친 사람들과 사랑에 빠진 듯했다. 한편 정치인들은 뉴욕경찰(NYPD)과 뉴욕소방서(FDNY)의 약자가 새겨진 야구모자를 쓰고 나와 새로운 분위기에 맞추느라 정신이 없었다.

부시는 9월 14일 그라운드 제로(Ground Zero: 9·11 테러 사건으로 사라진 무역센터 자리-옮긴이)에 소방관 그리고 구조요원들과 함께 섰다. 그가 '확성기'를 들고 국민에게 연설한 순간이었다. 그 자리에서 부시는 보수주의 운동이 없애려고 노력했던 노조화된 공무원들을 감싸 안았다. 물론 그래야 했을 것이다(심지어 딕 체니는 안전모까지 착용하고 있었다). 그러나 그렇게까지 남보란 듯이 할 필요는 없었다. 어쨌든 부시 측의 일부 진실된 감정과 당시와 어울리는 지도자를 바라는 대중의 갈망이 섞여, 부시의 정치 인생에서 가장 감동적인 연설이 되었다.

테러 공격이 있고 수주 후, 대통령은 공공부문 시찰을 실시했다. 공립학교, 소방서, 기념관, 질병통제센터를 둘러보면서 공무원들을 껴안고 그들의 노고와 애국심에 감사를 표했다. "우리는 새로운 영웅들을 얻었습니다." 부시는 응급구조인력, 교사, 체신부 직원, 의료 서비스 직원들을 칭찬하며 연설했다.[38] 지난 40년 동안 미국에서 볼 수 없었던 공공업무에 대한 존경과 존엄을 나타냈다. 갑자기 비용 절감은 의제에서 사라졌다. 대통령은 연설을 하면서 새롭고 야심 찬 공공 프로그램을 발표했다.

"위축된 경제와 테러와의 급박한 전쟁, 이 두 가지 요구로 인해 부시 대통령이 가지고 있던 의제의 철학적 핵심이 바뀌었다." 9·11 테러 사건 공격이 있은 지 11일이 지난 후, 「워싱턴포스트」의 존 해리스(John Harris)와 다나 밀뱅크(Dana Milbank)가 자신 있게 말했다. "부시는 로널드 레이건의 이념적 후계자로 자칭하며 권력을 잡았다. 그러나 9개월 후, 프랭클린 루스벨트의 후계자에 가깝게 변했다. 더 나아가 부시는 경기침체를 막기 위해 대규모 경제 활성 패키지를 진행 중이다. 대규모 자금을 유입해 취약한 경제를 적극적으로 끌어올리려 하는 것이다. 그러한 조치는 케인스식 경제학의 기본 전제이자, 루스벨트 대통령의 뉴딜정책이 주장하는 핵심이었다."[39]

기업들을 위한 뉴딜정책

대중 앞에서 보여준 연설과 사진과 달리, 사실 부시와 측근은 케인스주의로 전향할 생각이 전혀 없었다. 9·11 테러 사건의 안보 실패는 공공부문 축소의 의지를 흔들기는커녕, 오직 사기업만이 새로운 안보 난제에 맞는 지력과 혁신을 갖추었다는 이념적 (그리고 자신들의 이해관계가 걸린) 신념을 더욱 굳게 만들었다. 백악관은 납세자들이 낸 막대한 세금을 경제부양에 사용하려 했다. 그러나 분명 루스벨트 대통령의 모델은 아니었다. 부시의 뉴딜정책은 오직 미국 기업들에게만 해당되는 것으로, 한 해에 수천 억 달러의 공적자금이 사기업들에게 전해졌다. 많은 경우 은밀히 제의된 계약 형태였으며, 경쟁이나 감찰도 없었다. 관련 산업네트워크는 테크놀로지, 언론, 커뮤니케이션, 교도소사업, 엔지니어링, 교육, 의료 분야까지 점점 확대되었다.*

돌이켜보면 테러로 대중이 정신을 못 차릴 때를 틈타 경제 쇼크요법이 미국 내에 실시된 것이다. 철저한 프리드먼 성향인 부시팀은 국가에 퍼진 공포를 즉각 이용해, 전투부터 재난 구조까지 모든 것을 영리 추구 사업으로 보는 공동 정부의 꿈을 추진했다.

한마디로 쇼크요법의 대담한 혁명이라 하겠다. 1990년대는 공기업들을 매각하는 방식이었지만, 이제는 거기에서 벗어나 완전히 새로운 구조를 만들어냈다. 그것은 테러와의 전쟁이었다. 애초부터 사기업에서 시작되었는데 두 단계를 거쳐 진행되었다. 첫 번째, 백악관은 9·11 테러 사건 이후 사회에 널리 퍼진 위기의식을 이용해 고위 부서의 정책, 감시, 감금, 전투수행에 관한 권력을 증가시켰다. 군사사학자 앤드루 바세비치(Andrew Bacevich)는 이런 식의 권력 장악을 '정체를 숨긴 은밀한 쿠데타'라고 표현했다.[40] 두 번째, 풍족한 지원을 받은 안보, 침입, 점령, 재건 분야는 사기업에 아웃소싱으로 넘겨져 영리 목적으로 운영되었다.

테러와의 전쟁이 목적이라고 말은 했지만, 진짜 목적은 재난 자본주의 복합체를 창설하고자 함이었다. 국토안보, 민영화된 전쟁, 재난 이후 재건이라는 새로운 경제가 국내외에서 민영화된 안보국가를 건설하고 운영하는 것이다. 이러한 전면적인 구상의 경제적 자극은 세계화와 닷컴 거품이 사라진 자리를 대신하기에 충분했다. 즉 인터넷이 닷컴 거품을 만들었다면, 9·11 테러 사건은 재난 자본주의 거품을 만들어냈다. "IT 산업이 문을 닫고 거품이 꺼졌을 때, 돈을 갖고 있는 곳은 어디였을까요? 바로 정부입니다." 국토안보회사들에 투자하는 벤처 회사인 노박 비들 벤처 파트너스(Novak Biddle Venture Partners)의 로저

---

* 부시 재임 시절 내내 입찰 경쟁 없이 계약을 수주하는 모습은 확연히 눈에 띌 정도였다. 「뉴욕타임스」는 2007년 2월 "(가령 새로운 계약들과 기존 계약에 대한 대금 지급을 포함해) 계약 결정들 가운데 전면적 공개입찰에 맡겨지는 것은 전체의 절반도 안 되는 수준이다."라고 보도했다. 2001년 79퍼센트가 경쟁에 맡겨졌지만, 2005년에는 그 수치가 48퍼센트로 떨어졌다.

노박(Roger Novak)이 말했다. 이제 그는 이렇게 말한다. "얼마나 큰 판돈이 걸려 있는지 알게 되자, 펀드들마다 어떻게 자기들도 좀 껴줄 순 없냐고 묻습니다."[41]

바로 프리드먼이 시작한 반혁명의 절정이었다. 수십 년 동안 시장은 국가의 부수적 분야를 먹고 살았다. 그러다 이제는 핵심 분야까지 먹어치우기 시작한 것이다.

씁쓸하게도 이런 과정에서 가장 써먹기 좋은 이념적 도구는 경제이념은 더 이상 미국 대내외 정책의 결정요인이 아니라는 주장이었다. "9·11 테러 사건이 모든 걸 바꾸었다."라는 말은 마치 신비한 주문 같았다. 그러나 사실은 자유시장론자들과 기업들이 이익이 걸린 야심 찬 의제를 쉽게 추진하게 되었음을 숨기는 가면이었다. 새로운 정책은 의회에서 당파 간의 정치적 논쟁이나 공공부문 노조와의 충돌과정에서 나온 것이 아니었다. 백악관은 대통령 배후의 애국주의적 지원단체와 말은 그만 하고 행동으로 보이라며 언론들이 쥐어준 백지 위임권을 이용했다. 「뉴욕타임스」는 2007년 2월, "계약업자들은 대중토론이나 정식 정책결정 없이 사실상 정부의 4번째 부서가 되었다."라고 밝혔다.[42]

부시팀은 9·11 테러 사건으로 안보 문제가 나타났는데도, 공공 인프라의 허점을 메울 전면계획을 세우지 않았다. 대신에 정부의 새로운 역할을 고안해냈다. 즉 정부가 안보 제공을 하는 것이 아니라 시장가격으로 안보를 구매하는 것이다. 9·11 테러 사건 이후 두 달이 지난 2001년 11월, 국방부는 닷컴 분야에 경험이 있는 이른바 '벤처 자본가 컨설턴트들'과 자리를 함께했다. 그리고 테러와의 글로벌 전쟁을 수행하는 미국을 지원할 '최신 테크놀로지 솔루션'을 찾아내라는 임무를 맡겼다. 2006년 초반이 되자, 이 비공식적 교류는 펜타곤의 공식 부서인 DeVenCI(Defense Venture Catalyst Initiative)가 되었다. DeVenCI는 정치적으로 연결된 벤처 자본가들에게 안보 관련 정보를 전해주는 '운영사무실'이었다. 그러면 벤처 자본가들은 새로운 감시기술과 관련된 상품을 생산할 민간분야를 찾아낸다. "우리는 검색 엔진입니다." DeVenCI의 책임자인 보브 포한카(Bob Pohanka)가 설명했다.[43] 부시의 구상에 따르면 정부의 역할은 새로운 전쟁시장을 개시하는 데 필요한 돈을 모으는 것이다. 그리고 더욱 뛰어난 혁신 장비를 만들도록 사업체들을 장려한 뒤, 창조적인 사업체에서 나온 최상의 상품을 구입한다. 다시 말해 정치가들이 필요한 걸 요구하면 민간분야가 모든 해결책을 제공한다. 이러한 국토안보와 21세기 군수산업의 호황은 모두 납세자들의 돈으로 이루어졌다.

국토안보부는 부시 체제가 만든 최신 부서인데, 정부의 아웃소싱 모드를 가장 잘 나타내준다. 국토안보부 조사국의 부국장인 제인 알렉산더(Jane Alexander)는 이렇게 설명했다. "우리가 직접 만드는 건 없습니다. 산업 쪽에서 공급해주지 않으면 할 수가 없죠."[44]

또 다른 부서론 방첩활동국인 CIFA(Couterintelligence Field Activity)가 있다. 럼즈펠드 아래에서 만들어진 새로운 정보기관이다. CIA와는 독립적으로 움직이는 별개 기관이다. 이 스파이 기관은 예산의 70퍼센트를 사계약업자의 아웃소싱에 썼다. 국토안보부와 마찬가지로 공동 국가를 만들기 위한 틀이었다. 국가안전보장국(NSA)의 국장이었던 켄 미니한(Ken Minihan)은 "국토안보는 너무나 중요한 사안이라 정부에 맡겨둘 수 없죠."라고 말했다. 미니한은 급성장하는 국토안보산업체에서 일하려고 공직을 떠났다. 뛰어난 스파이인 그는 국토안보산업을 창설하는 데 이바지했다. 부시 행정부의 다른 직원 수백 명도 같은 길을 걸었다.[45]

부시 행정부는 적의 정의, 개입 규칙, 계속 커지는 규모에 이르기까지 테러와의 전쟁에 사용하는 기준들을 밝혔다. 그러한 기준에 따르면 시장 측면에서의 수익성과 지속성은 최대로 커진다. 국토안보부의 설립 문서는 "오늘날의 테러리스트는 언제든지, 어디서나, 어떤 무기든 사용할 수 있다."라고 밝히고 있다. 따라서 안보 서비스는 언제, 어디서, 어떤 식으로 있을지 모를 위험으로부터의 보호를 의미한다. 체니의 유명한 '1퍼센트 독트린'까진 아니어도, 위협이 전면적 방어가 필요할 정도로 진짜인지를 입증할 필요도 없다. 1퍼센트 독트린은 이라크 침공을 정당화하는 데 사용되었다. 즉 위협이 1퍼센트라도 있다면 미국은 위협이 100퍼센트인 것처럼 대응해야 한다는 주장이다. 이러한 논리는 다양한 최첨단 감시장비 제조업자들에게는 특별한 선물이 되었다. 가령, 천연두 공격이 있을지도 모른다는 생각이 들자 국토안보부는 사기업들에 5억을 배분해주었다. 확실치도 않은 위협을 막기 위한 탐지 장비를 개발해 설치해달라는 계약을 맺은 것이다.[46]

테러와의 전쟁, 이슬람 급진파와의 전쟁, 이슬람파시즘에 대한 전쟁, 제3차 세계대전, 오래된 전쟁, 세대의 전쟁 등 명칭은 다양하게 바뀌어 왔다. 그러나 분쟁의 기본적 형태는 그대로다. 시간, 공간, 표적의 제한을 전혀 받지 않는다. 군사적 관점에서 보면 테러와의 전쟁은 확산되지만 실체가 없는 특성 때문에 이길 수 없는 계획이 되었다. 그러나 경제적 관점에서 보면 테러와의 전쟁은 천하무적의 전쟁이다. 속전속결로 단번에 승리를 거둘 수 있는 전쟁이 아니라 글로벌 경제구조에 영원히 영향력을 행사하게 된다.

바로 이것이 9·11 테러 사건 이후, 부시 행정부가 기업 위주의 미국에 내놓은 사업개요서다. 펜타곤을 통해 국민들의 세금이 무한정 기업들에게 들어간다(1년에 사계약업자들에게 2,700억 달러가 들어갔다. 부시가 취임한 이후로 1,370억 달러가 늘어났다). 게다가 미국 정보부(아웃소싱 계약업자들에게 1년에 420억 달러를 지급했다. 1995년 수준과 비교해 두 배 이상 늘었다)와 가장 최근에 창설된 국토안보부도 빼놓을 수 없다. 2001년 9월 11일부터 2006년 사이에 국토안보부는 1,300억 달러를 민간 계약업자들에게 지급했다. 예전 경제에서는 유례가 없던 액수의 돈이다. 칠레나 체코 공화국의 GDP보다 많은 금액이다. 2003년, 부시 행정부는 3,270억 달러를 사적 분야와의 계약에 썼다. 자기 재량으로 처리할 수 있는 돈의 40퍼센트를 여기다 투입한 것이다.[47]

워싱턴 주변의 교외지역에는 국토안보와 관련된 '신생회사'들과 '창업지원' 회사들이 입주한 회색 건물들이 나타나기 시작했다. 1990년대 후반 실리콘밸리처럼 누구나 할 것 없이 뛰어들었고, 엄청난 속도로 자금이 몰려들었다. 부시 행정부는 이런 열띤 시기에 돈을 마구 쓰는 벤처 자본가 역할을 하고 있었다. 1990년대엔, 경쟁 상품들을 제치고 시장을 평정할 상품을 개발해 마이크로소프트나 오라클에 팔곤 했다. 그러나 이제는 용의자를 찾아서 체포하는 기술, 즉 테러리스트를 잡는 기술을 구상해 국토안보부나 펜타곤에 판다. 바로 그 때문에 재난산업은 관련 신생회사들과 투자펀드 이외에 로비회사들도 등장시키고 있다. 신생회사들을 국회의사당의 관계자들과 연결해주는 것이다. 2001년에는 안보 관련 로비회사가 두 곳 있었지만, 2006년 중반에는 543곳으로 늘어났다. "저는 1990년대 초반부터 사조직에 있었습니다." 국토안보회사 팔라딘(Paladin)의 전무이사인 마이클 스티드(Michael Steed)가 「와이어드(Wired)」에서 말했다. "요즘처럼 거래가 계속 들어온 적이 없었습니다."[48]

테러리즘 시장

닷컴 거품처럼 재난 거품은 즉흥적이고 혼란스런 경향을 보이며 팽창하고 있다. 국토안보산업의 첫 번째 붐은 감시카메라였다. 영국에는 420만 개가 설치되어 있으니, 거의 14명당 한 대 꼴이다. 미국은 3,000만 대의 카메라를 설치해 1년에 40억 시간을 녹화하고 있다. 그런데 한 가지 문제가 생겼다. 누가 40억 시간에 해당하는 녹화테이프를 일일이 확인할 수 있는가? 그래서 녹화테이프를 스캔해서 파일 속의 이미지와 대조하는 분석소프트웨어 시장이 생겨났다. 다양한 감시 시스템의 네트워킹은 가장 수익성 높은 계약을 따내는 분야다. 공군에서부터 오래된 전략컨설팅 회사 부즈앨런앤드해밀턴(Booz

Allen&Hamilton)을 비롯해 거물급 방위계약업자들의 컨소시엄에 이르기까지, 계약 규모가 90억 달러에 달한다.⁴⁹

그러나 이러한 프로그램 개발은 또 다른 문제를 만들어냈다. 안면 인식 소프트웨어는 사람들이 카메라 앞과 중앙에 섰을 때만 신원을 제대로 확인할 수 있다. 그런데 사람들이 출퇴근하기에 바쁜 시간에는 그런 경우가 드물다. 그래서 디지털 이미지 강화라는 또 다른 시장이 만들어진다. 세일런트 스틸스(Salient Stills)는 비디오 이미지를 분리해 강화시키는 소프트웨어를 파는 회사다. 원래는 이러한 기술을 언론사에 팔았지만 이제는 FBI와 사법기관들로부터 더 많은 수입을 올리고 있다.⁵⁰ 한편 정부는 전화추적, 도청, 재정기록, 메일, 감시카메라, 웹 서핑 같은 사생활을 추적하는 장비들 때문에 각종 정보에 치이게 되었다. 그 결과 정보 관리와 데이터 마이닝이라는 커다란 시장이 열렸다. 또한 단어, 숫자, 의심스런 행동에 관한 정보 사이의 '연관성을 찾아내는' 소프트웨어 시장도 열렸다.

1990년대 하이테크 회사들은 독재체제를 무너뜨리고, 벽을 낮춘 국경 없는 세계와 정보기술의 놀라움을 과시했다. 그러나 오늘날 재난 자본주의 복합체에서 정보혁명의 도구들은 정반대 목적에 사용된다. 휴대전화와 웹 서핑은 독재 국가가 대중을 감시하는 도구로 변모했다. 이는 민영화된 전화회사들과 검색 엔진의 협력으로 가능해졌다. 가령 야후는 중국 정부와 협력해 반체제 인사들의 위치를 찾아낸다. AT&T는 미국 국토안보부를 도와 영장도 없이 고객들을 도청한다(부시 행정부는 이러한 관행이 근절되었다고 주장하지만 말이다). 세계화의 상징이자 약속인 국경 개방은 이제 국경감시산업의 폭발적 증가로 대체되었다. 멕시코와 미국 사이의 국경에는 시야 스캐닝과 생체측정 신분확인 장비 그리고 최첨단 담장까지 설치되어 있다. 보잉사를 비롯한 여러 회사들의 컨소시엄에 25억 달러가 들어간 결과다.⁵¹

하이테크 회사들이 경제 버블마다 쫓아다니자 안보와 쇼핑문화의 쓸쓸한 합병이 일어났다. 오늘날 테러와의 전쟁에 사용되는 많은 기술들은 9·11 테러 사건 이전에는 고객신상목록을 만들기 위해 개발된 것들이다. 민간분야에서 마이크로마케팅의 새로운 개척지를 연 셈이다. 베린트 시스템(Verint System), 사이신트(Seisint), 엑센츄어(Accenture), 초이스포인트(ChoicePoint) 같은 회사들은 생체측정 신원확인, 비디오 감시카메라, 웹 추적, 데이터 마이닝 기술을 판다. 이들은 슈퍼마켓과 쇼핑몰에서 직원 수를 줄일 수 있다고 말한다. 현금카드에 결부된 생체측정 신분증 덕분에 계산원이 따로 필요 없기 때문이다. 그러나 사생활 침해에 대한 전반적인 불쾌함 때문에 상당수 계획이 중단되었다. 이에 마케터와 소매업자들은 불만을 터뜨렸다. 그러다 9·11 테러 사건이 일어난 후 다시 계획들을 추진하게 되었다. 감시 사회에 사는 두려움보다 테러 공포가 컸기 때문이다. 현금카드나 '회원고객' 카드에서 얻은 정보는 여행사나 의류상점에 마케팅 데이터로 팔린다. 그러나 또한 FBI에 보안 데이터로도 팔려, 전화카드처럼 사용하는 휴대전화 구입이나 중동여행 같은 의심스러운 모습들을 찾아내는 역할을 하기도 한다.[52]

비즈니스 잡지 「레드 헤링(Red Herring)」의 상세한 기사를 읽어보자. 100여 가지의 방식으로 철자가 써지는 이름을 국토안보부의 데이터베이스에 있는 이름과 대조해 테러리스트를 추적하는 프로그램도 있다. 모하마드(Mohammad)라는 이름을 예로 들어보자. 소프트웨어에는 그 이름을 표기할 수 있는 수백 가지 방식이 들어 있다. 순식간에 테라바이트 단위의 데이터까지 검색한다. 아주 멋진 기술이다.[53] 엉뚱한 모하마드를 체포하지만 않는다면 말이다. 이라크, 아프가니스탄, 토론토 교외에 이르기까지 그러한 실수가 종종 벌어지고 있다.

사실 실수할 가능성은 이라크부터 뉴올리언스까지 부시 집권기의 특징인 무능과 탐욕이 있는 곳이라면 어디에나 있다. 그리고 점점 끔찍한 상황으로 가고 있다. 검색 결과에서 잘못 나온 신원은 정치와 전혀 무관한 한 가장을 잠재적 테러리스트로 몰고 갈 수도 있다. 자신의 이름과 비슷한 사람과 외모가 닮았을 경우 여지없이 그렇게 된다(아랍어나 이슬람 문화와 전혀 관련이 없는데도 말이다). 그리고 감시목록에 사람들 이름이나 조직을 올리는 일도 사기업의 임무다. 데이터뱅크에 저장된 이름과 여행자들의 이름을 대조하는 프로그램이 이를 맡아서 하고 있다. 2007년 6월, 국가테러방지센터의 테러용의자 목록에는 50만 명의 이름이 올라 있다. 또한 미국을 통과하는 여행객 수천만 명의 위험도를 등급으로 표시하는 ATS(Automated Targeting System)라는 프로그램이 2006년 대중에게 선보였다. 탑승객들은 전혀 볼 수 없는 이 등급은 상업적 데이터마이닝을 통해 의심스런 행동패턴을 찾아내 분류했다. 편도 항공권 구입기록, 좌석 선호도, 자주 이용하는 항공노선, 짐 가방 숫자, 항공권 지불방법, 심지어는 주문한 식사 같은 정보까지도 항공사에 의해 제공된다.[54] 탑승객들의 등급을 정하기 위해 미심쩍은 행동으로 보이는 것들은 모두 기록으로 남는다.

이와 같은 애매한 기술은 안면 인식 소프트웨어를 통해 확인된 희미한 이미지, 철자가 잘못된 이름, 잘못 이해된 일부 대화를 증거물로 내놓을 수 있다. 그러면 누구든지 탑승이 거부되거나 미국 입국비자가 거부될 수 있다. 심지어는 체포되어 '교전 대상자'로 불릴 수도 있다. 미국 시민이 아닌 사람이 적으로 체포될 경우, 그들은 자신에게 어떤 판결이 났는지도 알 수 없다. 부시 행정부가 공정한 재판과 적극적인 변호를 받을 권리는 물론, 인신보호영장이나 법정에서 증거를 볼 권리도 박탈했기 때문이다.

결국 용의자들은 관타나모로 끌려가 핼리버튼이 지은 최대 200명까지 수용하는 새로운 감옥에 수감된다. 그는 CIA의 '범죄자 해외이송 프로그램'의 희생자가 될 수도 있다. 밀라노 거리나 미국 공항에서 비행기를 환승하는 동안에 납치되어, 이른바 CIA의 비밀 구금소가 있는 비밀 장소로 사라지게 된다. 호화로운 비즈니스 제트기처럼 만들어졌지만, 실상은 범죄자 이송 목적으로 개조된 보잉 737기가 두건을 씌운 죄수들을 실어 나른다. 「뉴요커」에 따르면 보잉사는 CIA의 여행사 노릇을 하고 있다. 그들은 1,245건이나 되는 해외이송을 담당하며, 지상요원 및 심지어 호텔까지도 예약해준다. 스페인의 한 경찰 보고서에 따르면 산호세에 있는 보잉 계열사인 젭슨 인터내셔널 트립 플래닝 (Jeppesen Internatioanl Trip Planning)이 일을 맡고 있다. 2007년 5월, 미국 시민 자유연합은 보잉 계열사에 소송을 제기했다. 현재 회사는 이 혐의를 시인도 부인도 하지 않고 있다.[55]

목적지에 도착한 죄수들은 심문관들을 만난다. 일부는 CIA나 군인들이 아닌 민간 계약업자가 고용한 사람들이다. 빌 골든(Bill Golden)은 구직 사이트 www.IntelligenceCareers.com을 운영하고 있다. "현장에서 일하는 방첩활동 전문가의 절반 이상이 계약업자 아래에서 일하고 있습니다."[56] 프리랜서 심문 관들이 고수익의 계약을 계속 유지하려면, 워싱턴의 고용주들이 찾고 있는 기소 가능한 정보를 죄수들에게서 빼내야 한다. 그러니 학대가 일어나는 것도 무리가 아니다. 고문을 받는 죄수들은 고통을 멈추기 위해서 뭐든시 밀하게 된디. 그리고 계약업자들은 원하는 정보를 얻기 위해 어떤 수법이든 사용하려는 강력한 경제적 인센티브를 갖고 있다. 정보의 신뢰성과는 상관없이 말이다[부시 행정부는 럼즈펠드의 비밀스런 특수작전국(OSP)에서 일하는 민간 계약업자들에 크게 의지하고 있다. 정부 요원들보다 행정부의 정치적 목적에 부합하는 정보를 얻어내고 조작하려는 의지가 더 크기 때문이다. 다음 번 계약 여부가 달려 있으니 당연히 그럴 것이다].

테러와의 전쟁에는 시장적 해결방안을 적용한 로테크(low-tech)도 사용된다. 즉 테러리스트 용의자에 대한 정보를 제공하는 사람들에게 상당한 돈을 지급하는 것이다. 아프가니스탄 침공 당시, 미국 정보요원들은 알카에다 또는 탈레반 전사들을 넘겨주면 3,000~2만 5,000달러를 주겠다고 널리 알렸다. "상상하기 힘들 정도의 권력과 부를 얻을 수 있습니다."라는 전형적인 문구가 실린 전단지가 배포되었다. 이 전단지는 2002년 관타나모 죄수들의 연방법정 서류에 증거물로 제시되었다. "탈레반 소탕을 돕는다면 수백만 달러를 벌 수 있습니다. 당신의 가족, 마을, 부족을 평생 돌볼 수 있는 돈입니다."[57]

얼마 가지 않아 바그람(Bagram)과 관타나모의 감옥은 양치기, 택시운전사, 요리사, 점원들로 넘쳐났다. 이들을 넘겨주고 보상금을 타간 사람들에 따르면 극도로 위험한 인물들이라고 한다.

"왜 정부와 파키스탄의 정보부 요원들이 돈을 받고 당신을 미국인들에게 넘겼는지 알고 있나요?" 군사재판관이 관타나모 감옥에 투옥된 이집트인 죄수에게 물었다.

자세한 기록에 따르면 죄수는 그 질문이 믿기지 않는다는 표정이었다. "이봐요, 어떻게 된 건지 다 알고 있잖소. 파키스탄에서는 10달러면 사람을 살 수 있소. 그러니 5,000달러면 어떻겠소?"

"그럼 그들이 돈 때문에 그런 것이오?" 재판관은 그럴 줄은 미처 몰랐다는 듯이 물었다.

"맞아요."

펜타곤의 통계수치를 한번 살펴보자. 관타나모 죄수의 86퍼센트가 현상금이 발표된 이후 아프가니스탄인과 파키스탄인 전사들이나 요원들에 의해 넘겨진 사람들이었다. 2006년 12월, 펜타곤은 관타나모 죄수들 가운데 360명을 석방했는데, AP통신사가 그들 가운데 245명을 추적해봤다. 그중 205명은 귀국한 후에 석방되거나 모든 혐의가 풀렸다.[58] 테러리스트 검거를 시장적 접근법으로 다룰 경우 정보의 질이 얼마나 떨어지는지 알 수 있다.

불과 몇 년 사이에 국토안보산업은 할리우드나 음악산업보다 더 큰 규모로 발전했다. 9·11 테러 사건 전에는 거의 존재하지도 않는 분야였는데 말이다.[59] 그러나 가장 놀라운 것은 안보 붐이 경제영역으로서 분석되거나 토론되는 일이 없다는 점이다. 누구의 감독도 받지 않은 경찰 권력과 자본주의가 전례 없이 한곳으로 집중되었다. 즉 이제 쇼핑몰과 비밀 감옥이 하나로 합해졌다. 누가 안보에 위협이 되는지 여부에 관한 정보는 팔 수 있는 상품이 되었다. 누가 아마존에서 해리포터를 샀는지, 누가 캐리비안 해안에서 크루즈 여행을 즐겼는지, 또는 알래스카에서 즐겼는지에 대한 정보가 상품으로 사용되면서, 결국엔 문화의 가치관까지도 바꾸어놓는다. 이는 정탐하고 고문하고 거짓 정보를 만들어낼 계기를 만들 뿐만 아니라, 이러한 산업을 만들어낸 공포와 위기감을 계속 유지하려는 강한 충동을 낳는다.

포드식 혁명에서부터 IT 붐에 이르기까지 매번 새로운 경제가 출현했다. 그때마다 부의 생산에 나타난 지각변동이 하나의 문화로서 일하는 방식, 여행하는 방식, 심지어 두뇌가 정보를 처리하는 방식을 바꾸는지에 대한 분석과 논쟁이 줄을 이었다. 그러나 재난경제에 대해서는 이러한 전면적인 토론이 전혀 없다. 물론 애국법의 헌법부합 가능성, 계속된 구금, 고문과 해외이송에 대한 논쟁이 있어왔고, 여전히 지금도 그러하다. 그러나 이러한 관행들이 상업적 거래로서 이루어진다는 것이 무엇을 의미하는지는 논의가 없는 실정이다. 전쟁으로 부당이득을 취하는 개인들의 사건과 부정부패 추문에 한정되어 있을 뿐이다. 물론 해외 계약업자들을 제대로 감독하지 못하는 정부에 대한 실망감도 있다. 그런데도 더 광범위하고 심오한 현상에 대해서는 말이 없다. 끝이 없는 민영화된 전쟁에 개입한다는 것이 무엇을 의미하는지에 대한 논의 말이다.

문제는 재난 자본주의가 우리에게 살금살금 다가오고 있다는 점이다. 1980~1990년대, 새로운 경제는 으스대며 요란한 선전을 하고 모습을 드러냈다. 특히 하이테크 거품은 과대선전을 해대는 신흥부자들의 선례를 만들었다. 언론들은 개인용 제트기, 원격 조정 요트, 목가적인 시애틀 별장 같은 젊은 CEO들의 라이프스타일을 세세하게 실었다.

오늘날 그러한 부는 재난 자본주의 복합체에 의해 만들어지고 있다. 대다수 사람들은 그에 대해 들어보지도 못한 상태지만 말이다. 2006년 한 논문에 따르면, "테러와의 전쟁이 시작된 이후 상위 34개 방위계약 회사들의 CEO들은 9·11 테러 사건 이전 4년 동안에 받았던 금액의 두 배 이상을 받고 있다. 그리고

2001~ 2005년 사이에 이들이 받는 보수는 108퍼센트나 증가했다. 같은 시기 다른 대기업들의 중역들 경우엔 고작 6퍼센트 상승했을 뿐이다."[60]

재난 자본주의는 닷컴 수준의 이윤에 도달할 것으로 보인다. 그러나 재난 자본주의자들은 CIA 수준의 신중함을 보이고 있다. 즉 가급적 언론의 주목을 받지 않으려 하고, 부를 과시하거나 거들먹거리는 행동은 피한다. "우리는 테러리즘으로부터 시민들을 보호하는 산업의 호황을 반기지 않습니다." 국토안보 창업지원회사인 체사피크 이노베이션센터(Chesapeake Innovation Center)의 존 엘스트너(John Elstner)가 말했다. "그러나 분명 커다란 비즈니스가 진행 중이고, 저희는 주도적인 역할을 할 겁니다."[61]

클린턴 행정부 시절, 피터 스위어(Peter Swire)는 정부의 프라이버시 자문위원으로 일했다. 그는 테러와의 전쟁 버블 이면에 숨겨진 세력 연합에 대해 밝혔다. "정보수집이라는 성스러운 임무를 부여받은 정부와 새로운 시장을 절실하게 찾는 정보기술산업이 만난 겁니다."[62] 다시 말해 조합주의가 탄생한 것이다. 막강한 재계 쪽 세력과 막강한 정부 쪽 세력은 시민들을 규율하고 통제하기 위해 서로의 권력을 합쳤다.

15장

정계와 재계의 경계선이 사라진다

조합주의 국가의 등장

아주 희한하고도 정신 나간 소리 같소.
돈 때문이라고 말하다니, 미친 게 틀림없군.
당신은 다시 학교로 돌아가야 할 것 같소.
조지 H. W. 부시, 미국 회사들에 새로운 시장을 열어주기 위해 자신의 아들이 이라크를 침공했다는 비난에 대해1

-

사기업에는 없는 것을 공무원은 갖고 있습니다.
그것은 바로 더 큰 공익에 헌신할 의무입니다.
소수의 이득이 아닌 전체의 최고선에 헌신해야 할 의무 말입니다.
반면에 회사들은 국가가 아니라 주주들에게 충성해야 할 의무가 있죠.
2007년 2월, 미 회계 감사원장 데이비드 워커(David M, Walker)2

-

그는 공적 이득과 사적 이득을 구분하지않는다.
2004년 2월, 미 공군 장성 샘 가디너(Sam Gardiner)가 딕 체니를 가리키며 한 말3

2006년 중간선거가 한창인 때, 조지 W. 부시는 비공개적으로 대통령 집무실에서 국방수권법 서명식을 가졌다. 도널드 럼즈펠드의 사임을 발표하기 3주 전이었다. 그런데 1,400쪽이나 되는 두께에 질려 누구도 알아차리지 못하고 그냥 넘어간 조항들이 있었다. 긴급사태가 발생하면 대통령은 계엄령을 선포하고 주방위군을 포함한 무장군대를 배치할 권한을 갖는다는 내용이었다. 주정부의 의

견에 관계없이 공공질서를 되찾고 혼란을 통제하기 위해 군대를 파견할 수 있다. 긴급사태는 허리케인이나 대규모 시위도 될 수 있다. 그리고 국민의 건강을 위협하는 비상사태도 해당되는데, 군대는 검역을 하고 백신물품들을 지키게 된다.[4] 이 법이 나오기 전에는 대통령은 오직 반란 시에만 계엄령을 선포할 수 있었다.

선거유세에서 민주당 상원의원 패트릭 레이히(Partick Leahy)는 동료와 함께 외롭게 경고의 목소리를 냈다. "법 집행을 위해 군대를 이용하는 것은 민주주의의 설립 기조에 어긋난다. 바뀐 법조항이 주는 함의는 엄청나다. 그런데도 연구도 거의 없이 국방수권법에 그냥 묻혀갔다. 의회 사법위원회는 제안된 법안에 관해 공청회는커녕 논평할 기회도 얻지 못했다."[5]

비상 대권을 지닌 국가경영진 외에도 또 다른 승자가 있었다. 바로 제약산업이다. 어떤 질병이 발병하든 그들은 연구실과 약품들을 보호하고 검역을 위해 군대를 소집할 수 있다. 그것은 부시 행정부의 오랜 숙원이자 정책 목표였다. 럼즈펠드가 몸담았던 회사인 질리드 사이언시스에게는 반가운 소식이었다. 질리드는 조류독감을 치료하는 타미플루에 특허를 낸 회사다. 럼즈펠드가 회사를 떠난 뒤 타미플루는 눈부신 실적을 냈다. 조류독감에 대한 계속된 두려움뿐만 아니라 새로운 법 덕택이다. 불과 5개월 만에 주가가 24퍼센트나 상승했다.[6]

기업들의 이해관계가 이 법을 구체화시키는 데 어떤 역할을 했을까? 아마도 없을 것이다. 그러나 물어볼 가치는 충분하다. 더 넓은 범위의 비슷한 맥락에서 몇 가지 질문을 해보자. 핼리버튼과 벡텔 같은 계약업자들과 엑슨모빌(ExxonMobil) 같은 오일회사들은 이라크를 침공해 점령하려는 부시팀의 열정에 어떤 영향력을 미쳤을까? 동기를 찾는 이런 질문에 대해 정확한 답변을 내리긴 어렵다. 왜냐하면 그들은 기업이득과 국가이득을 하나로 보는 것으로 유명하기 때문이다. 스스로도 분간을 못 할 정도다.

전직 「뉴욕타임스」 특파원이었던 스티븐 킨저(Stephen Kinzer)는 2006년 『전복(Overthrow)』이라는 책을 냈다. 그는 지난 세기 동안 외국 쿠데타를 지시한 미국 정치인들의 근본적인 동기를 알아내려고 했다. 그리고 1893년 하와이부터 2003년 이라크까지 체제 전환 작전에 나선 미국의 개입을 연구한 결과, 세 단계의 진행과정을 알아냈다. 먼저 미국에 기지를 둔 다국적기업들은 외국정부의 조치로 기반을 위협받는다. 가령 세금을 내라고 하거나 노동법이나 환경법을 지킬 것을 요구한다. 때때로 국영화되거나, 자산이나 토지의 일부를 팔아야만 할 경우도 있다. 두 번째 단계로, 미국 정치인들은 이런 기업들의 불만을 미국에 대한 공격으로 재해석한다. "경제적 동기를 정치적, 지정학적 동기로 바꾸는 겁니다. 즉 미국 회사를 괴롭히는 정권은 모두 반미적, 억압적, 독재적 체제가 틀림없다고 생각합니다. 미국을 해치려는 외국의 세력이나 이해관계가 반영된 것으로 보는 거죠." 세 번째 단계로, 정치인들은 대중에게 개입의 필요성을 말하면서 이를 마치 선과 악의 투쟁처럼 표현한다. "가난하고 억압된 국가를 독재의 잔인함에서 해방시킬 기회나. 독재자가 아닌데 미국 회사를 귀찮게 굴겠는가?"**7** 많은 미국 외교정책들은 자기 이득을 추구하는 소수 엘리트들이 자신의 필요와 욕구를 전 세계의 필요와 욕구로 결합시킨 것들이다. 그리고 마치 대중이 원하는 것처럼 보이게 만들었다.

킨저의 지적에 따르면, 특히 재계에 있다가 공직으로 넘어온 정치인들이 이런 경향을 많이 보인다. 예를 들어 아이젠하워 정부의 국무부 장관 존 포스터 덜레스는 국제기업들의 변호사로 지내며, 외국 정부와 갈등을 빚은 부유한 회사들을 대표해왔다. 킨저와 마찬가지로, 덜레스의 전기 작가들은 국무부 장관이 기업들의 이익과 국익을 구분하지 못했다는 결론을 내렸다. "덜레스는 평생 두 가지에 집착했다. 공산주의와 싸우는 것과 다국적기업들의 권리를 보호하는 일이었다. 그가 보기에 두 가지는 밀접하게 관련되어 있으며 서로에게 힘을 실어주었다."**8** 따라서 두 가지 가운데 하나만 선택할 필요가 없었다. 가령, 유나이티드 과일회사의 이득을 해치는 과테말라 정부의 행동은 사실상 미국에 대한 공격이기 때문에 군사적 대응을 해야 한다고 주장했다.

한편 테러리즘과 싸우는 동시에 다국적기업들의 이득을 보호해야 한다는 두 가지 신념을 추구한 부시 행정부에는 대기업 이사회에서 공직으로 넘어온 CEO들로 가득했다. 따라서 부시 행정부도 덜레스와 마찬가지로 공적 이득과 사적 이득이 혼란스러운 상태로 섞여 있었다. 그러나 차이점도 상당하다. 덜레스가 대표한 회사들은 외국의 광산, 농업, 은행, 석유 등에 대규모 투자를 한 다국적기업들이었다. 이러한 회사들은 비즈니스를 할 수 있는 안정적인 고수익의 환경이라는 뚜렷한 목적을 갖고 있었다. 즉 규제가 덜한 투자법, 유순한 노동자들, 강제재산수용이 없는 환경을 원했다. 쿠데타와 군사적 개입은 단지 그러한 목적을 이루기 위한 수단이었다. 한마디로 쿠데타나 군사 개입 자체가 목적인 것은 아니었다.

테러와의 전쟁을 설계한 사람들은 최초의 재난 자본주의자들이다. 그들은 이전의 전임자와는 다른 부류다. 즉 전쟁과 재난 자체를 목적으로 삼는다. 딕 체니와 도널드 럼즈펠드는 록히드, 핼리버튼, 칼라일, 질리드에 이로운 것을 미국과 세계에 이로운 것으로 융화시켰다. 그러한 태도는 매우 위험한 결과를 낳을 수 있다. 이러한 회사들의 순익을 올려주는 것은 전쟁, 역병, 자연재해, 자원 부족 같은 재난이기 때문이다. 부시가 취임한 이후 그들의 재산이 부쩍 증가한 것도 그 때문이다. 게다가 더욱 위험스러운 측면이 있다. 그것은 부시 행정부의 관리들이 민영화된 전쟁과 재난 대처라는 새로운 시대를 알렸을 때, 재난 자본주의 복합체와 아주 긴밀한 이해관계를 맺고 있었다는 점이다. 따라서 재난 창출에 이바지했던 그들은 즉각 이윤을 얻을 수 있었다.

럼즈펠드는 2006년 중간선거에서 공화당이 패배한 후에 사임했다. 당시 언론은 그가 사적 분야로 돌아갔다고 보도했다. 그러나 그는 사실상 사적 분야를 떠난 적이 한 번도 없었다. 국방부 장관 자리를 받아들였을 때, 공직에서 내리는 결정으로 좌우될 수 있는 재산은 멀리해야 했다. 이러한 의무는 다른 공직자들도 마찬가지다. 한마디로 안보나 국방에 관련된 재산은 모두 처분해야 했다. 그러나 럼즈펠드는 상당히 곤란한 처지였다. 재난산업에 관련된 재산이 너무나 많아 기한 내에 전부 정리하기가 힘들었던 것이다. 그는 가능하면 재산을 그대로 갖고 있으면서 윤리법 규정을 무력화시키려 했다.

그는 록히드와 보잉을 비롯한 방위산업 회사들의 주식을 팔았다. 그리고 5,000만 달러의 주식을 공직과 무관한 대리인에게 맡겨 간섭할 수 없게 했다. 그러나 여전히 방위산업과 바이오기술에 주로 투자하는 회사들의 부분 또는 완전한 소유주였다. 럼즈펠드는 이런 회사들을 급하게 팔아치우는 손해를 보려고 하지 않았다. 오히려 기한을 두세 달 더 늘려달라고 요청했다. 그 정도 자리에 있는 사람치고는 하기 힘든 행동이다. 국방부 장관으로 취임한 뒤에도 6개월 정도 계속해서 자기 회사의 적절한 인수자를 찾겠다는 의미였다. 어쩌면 더 길어질지도 모를 일이었다.[9]

국방부 장관은 비즈니스 이득과 공식 업무 사이에서 선택을 내리라는 요구를 거절하며, 질리드 사이언시스에 대해 단호한 태도를 취했다. 질리드는 타미플루에 특허를 낸 회사로 자신이 이사로 있었던 회사다. 전염병은 국가적 안보 사항이기 때문에 국방부 장관이 다루는 포트폴리오 안에 분명히 있었다. 그러나 럼즈펠드는 이해관계 충돌에도 불구하고 800만~3,900만 달러의 질리드 주식을 임기 내내 보유했다.[10]

상원 윤리위원회는 그가 공직자들의 이익 충돌에 관한 규정들을 준수하길 바랐다. 그러나 럼즈펠드는 이를 공개적으로 거부하며, 정부 윤리위원회에 편지를 보냈다. 매우 복잡하고 어려운 재산공개 서류를 작성하느라 회계사 비용만 6만 달러나 들었다는 불평이었다. 임기 내내 9,500만 달러의 주식을 보유하기로 작정한 사람에게 6만 달러의 비용은 아무것도 아닐 텐데 말이다.[11]

그는 자신의 업무가 여러 면에서 영향을 끼칠 수 있는 안보 최고위직에 있으면서도, 재난으로 돈을 버는 일을 관둘 수 없다며 강경하게 나왔다. 취임 첫해, 주식 처분에 신경을 쓰느라 수많은 주요 정책 결정 과정에서 빠져나와야 했다. AP

통신에 따르면, "그는 에이즈를 논하는 펜타곤 회의에서 나와야 했다." 당시 연방 정부는 제너럴일렉트릭, 허니웰(Honeywell), 노스럽 그러먼(Northrop Grumman), 실리콘밸리 그래픽스(Silicon Valley Graphics) 같은 방위산업 계약업자들이 포함된 매각 및 합병에 개입해야 할지를 결정해야 했다. 이러한 고위급 회의도 역시 참가할 수 없었다. 럼즈펠드의 공식 대변인의 말에 따르면, 그러한 회사들과 재정적으로 연결되어 있었기 때문이다. "저는 가급적 그런 사안들을 피해왔습니다." 한 기자가 매각 사안에 관한 질문을 던지자 럼즈펠드가 대답했다.[12]

6년 동안 재직하면서 그는 조류독감 치료나 관련 약품 구입에 관한 얘기가 나올 것 같으면 회의 자리를 떠야 했다. 럼즈펠드의 주식을 보유하게 허락해준 협정 문서에 따르면, 질리드에 직접적으로 영향을 주거나 혹은 그럴 것이 예상되는 경우엔 토론에서 빠져야만 했기 때문이다.[13] 그러나 그의 동료들이 그의 이익을 대신 잘 살펴주었다. 2005년 7월, 펜타곤은 5,800만 달러 상당의 타미플루를 구입했다. 몇 달 후 보건복지부도 10억 달러 상당의 약품을 주문하겠다고 발표했다.[14]

재산 처분 요구를 거부한 결과 그는 상당한 이득을 보았다. 만약 장관에 취임한 2001년 1월에 질리드 주식을 팔았다면, 주식 1주에 7.45달러밖에 못 받았을 것이다. 그러나 조류독감의 두려움, 바이오테러에 대한 공포, 정부의 대규모 투자 결정 덕분에, 그가 물러났을 때는 1주에 67.60달러에 달했다. 거의 807퍼센트 상승했다(2007년 4월에는 1주에 84달러나 했다).[15] 국방부 장관에서 물러났을 때, 그는 취임 당시보다 훨씬 더 부자가 되었다. 이제껏 공직에서 근무한 억만장자들의 경우 그런 적은 거의 없었다.

럼즈펠드가 질리드를 결코 버리지 못했다면, 체니 역시 핼리버튼과의 인연을 끊으려 하지 않았다. 그러나 럼즈펠드와 질리드 관계와 달리 체니의 경우엔 상당한 언론의 주목을 받았다. 체니는 조지 부시의 러닝메이트가 되기 위해 경영인의 자리에서 물러났다. 그리고 핼리버튼 주식과 옵션을 받는 조건으로 은

퇴 패키지를 협상했다. 그는 언론의 껄끄러운 질문들이 있고 난 뒤에야 핼리버튼 주식의 일부를 파는 데 동의했다. 그 결과 주식 처분으로 1,850만 달러의 이득을 얻었다. 그러나 주식 전부를 현금화한 것은 아니었다. 「월스트리트저널」에 따르면 체니는 18만 9,000주의 핼리버튼 지분과 50만 주의 미확정된 옵션을 갖고 있었다. 비록 주식에서 얻은 이익금을 기부하겠다는 법적 협정을 나중에 체결하긴 했지만 말이다.[16] 임기 4년 동안 그는 핼리버튼으로부터 매년 21만 1,000달러의 이익을 지급받았다. 거의 공직 연봉과 맞먹는 금액이다. 한편, 핼리버튼의 자산은 치솟는 오일 가격과 공개입찰 없이 진행된 계약체결로 인해 급증했다. 물론 두 요인 모두 이라크 침공 결정 덕분이었다. 체니는 미국의 이익을 위해 반드시 필요한 일이었다고 주장했다. 그러나 이라크 전쟁은 미국을 실질적, 경제적으로 더욱 취약하게 만든 것으로 드러났다. 반면에 핼리버튼에게는 큰 승리를 안겨주었다. 전쟁 전에 한 주당 10달러였던 주가가 3년 후에는 41달러가 되어, 거의 300퍼센트나 상승했다.[17] 이라크는 킨저의 공식에 딱 들어맞았다. 사담 후세인은 미국 안보에 대한 위협이 아니라 미국 에너지기업들에 대한 위협이었다. 당시 이라크는 러시아 석유 재벌과 계약을 체결하고, 프랑스의 토털과 협상 중이었다. 미국과 영국의 오일회사들에겐 아무것도 남기지 않은 채 말이다. 세계에서 세 번째로 큰 석유매장지가 앵글로아메리칸의 손아귀에서 벗어나게 생겼다.[18] 미국은 이라크 전쟁으로 사담 후세인을 제거한 뒤, 엑슨모빌, 셰브런(Chevron), 셸, BP 같은 석유회사들에게 새로운 개척지를 열어주었다. 모두 이라크에서 새로운 거래를 위해 기반을 다지고 있던 회사들이다. 이러한 회사를 에너지 서비스와 설비를 판매할 최적의 위치인 두바이로 옮긴 핼리버튼도 포함된다.[19] 이라크 전쟁 자체가 핼리버튼의 역사상 가장 고수익을 안겨준 사건이었다.

럼즈펠드와 체니는 정계에 재입성했을 때, 재난 관련 주식들을 처분하는 명확한 조치를 취할 수도 있었다. 그랬다면 개인적 이득 때문에 재난을 만들어냈다는 의심도 받지 않을 것이다. 그러나 그들은 재산 처분을 거부하며, 오히려 자신들의 항의를 정부 윤리위원회가 받아들이도록 만들었다.

제2차 세계대전 당시 프랭클린 루스벨트 대통령은 전쟁으로 이득을 취하는 자들을 강력하게 비난했다. "세계적인 재난을 이용한 백만장자가 미국에서 단 1명도 나오지 않길 바란다." 만약 그가 2004년의 럼즈펠드를 봤다면 뭐라고 말할지 참으로 궁금하다. 국방부 장관으로 있던 당시, 럼즈펠드는 질리드 주식의 현금화라는 유혹을 이기지 못했다. 그해의 재산공개에 따르면, 주식 처분으로 500만 달러를 벌어들였다고 한다. 그러나 공직을 떠났을 때 기다리고 있던 이윤에 비하면 소소한 금액이다.[20] 요컨대 부시 행정부에서 전쟁으로 이득을 본 사람들은 정부에 연줄을 대려고 애쓸 필요가 전혀 없었다. 그들 자신이 바로 정부였기 때문이다. 전혀 구분이 불가능할 정도였다.

부시의 재임 기간에 최근 들어 가장 저속하고 뻔뻔스런 부정부패 추문들이 터지는 것도 무리가 아니다. 잭 에이브러모프(Jack Abramoff)는 의회 의원들에게 골프 휴가를 제공했다. 랜디 '듀크' 커닝햄(Randy 'Duke' Cunningham)은 방위산업 계약업자에게 뇌물을 받은 혐의로 8년형을 선고받았다. 그는 의회용지에다 적어놓은 '뇌물목록'을 통해 요트 듀크 스터(Duke Stir)도 얻었으며, 워터게이트 호텔에서 매춘부들과 파티를 가지기도 했다. 마치 1990년대 중반의 모스크바나 부에노스아이레스를 보는 듯하다.[21]

정부와 국방산업 사이에는 항상 회전문이 있었다. 정치인들은 대개 행정부에서 물러난 후에야 정부 인맥을 이용해 돈을 벌곤 했다. 그러나 부시의 재임 기간에 국토안보시장이라는 노다지의 유혹은 너무 커서 상당수 공직자들은 저항할 수가 없었다. 정부 각 부처의 공무원들은 임기가 끝날 때까지 기다리지 못하고 관련 산업계로 빠져나갔다. 에릭 립튼(Eric Lipton)은 국토안보부에서 벌어진 이러한 현상을 추적해 「뉴욕타임스」에 실었다. "워싱턴의 베테랑 로비스트들과 시민단체들에 따르면, 정부기관의 고위급 직원들이 임기가 끝나기도 전에 이처

럼 대규모로 이탈한 적은 거의 없었다." 립튼은 국토안보부에서 일했다가 이제
는 국토안보 사기업에서 일하는 전직 공무원들의 예를 94건이나 제시했다.[22]

일일이 나열할 수 없을 정도지만, 테러와의 전쟁을 계획한 인물들 몇 명만
들어보자. 존 애쉬크로프트(John Ashcroft)는 전직 법무부 장관으로 애국법을 주
도적으로 추진했다. 지금은 국토안보회사들이 연방계약을 따낼 수 있도록 도와
주는 일을 전문으로 하는 애쉬크로프트 그룹을 이끌고 있다. 국토안보부의 초
대 책임자였던 톰 리지(Tom Ridge)는 지금 톰 리지 글로벌(Tom Ridge Global)을
차렸다. 또한 루슨트(Lucent)에서 자문위원으로 있는데, 안보 분야에서 활동하
는 커뮤니케이션 회사다. 루돌프 줄리아니(Rudolf Giuliani)는 전직 뉴욕시장으
로 9·11 테러 사건 대처를 통해 영웅으로 떠올랐다. 그는 넉 달 뒤, 위기 컨설턴
트 서비스를 제공하는 회사인 줄리아니 파트너(Giuliani Partner)를 차렸다. 리처
드 클라크(Richard Clarke)는 클린턴과 부시 시절에 활동한 테러방지 전문가이
며 행정부를 노골적으로 비판하던 사람이었다. 이제 그는 국토안보와 테러방
지를 전문으로 하는 굿 하버 컨설팅(Good Harbor Consulting)의 회장이다. 제임
스 울시(James Woolsey)는 1995년까지 CIA의 총책임자였다. 지금은 팔라딘 캐
피탈 그룹(Paladin Capital Group)에서 일하는데, 국토안보 관련 회사에 투자하
는 투자회사다. 또한 국토안보산업의 리더 격인 부즈앨런해밀턴에서 부사장을
맡고 있다. 조 앨보(Joe Allbaugh: 조셉 앨보를 지칭하는 애칭-옮긴이)는 9월 11일에
FEMA의 책임자였다. 그리고 불과 18개월 후, NBS(New Bridge Strategies)를 창
업하기 위해 사임했다. NBS는 고수익 정부계약과 이라크 투자 기회에 사업체
들을 연결시켜주는 회사다. 그의 후임으로는 마이클 브라운(Michael Brown)이
임명되었다. 그도 겨우 2년 만에 그만두고 재난 대처 전문회사를 차렸다.[23]

FEMA가 허리케인 카트리나 재난으로 한창 바쁠 때, 마이클 브라운은 같은
부서의 직원에게 "지금 관둬도 괜찮을까?"라는 메일을 보내 유명해졌다.[24] 이
러한 행동은 일종의 철학에 근거했다. 큰 계약을 제공하는 정부 부서에서 멋진

직함을 얻어 내부 정보를 모을 때까지 공직에 있어라. 그리고 사임한 뒤에는 사기업체 동료들에게 정부와 연결될 수 있는 방법을 팔아라. 공직 근무는 재난 자본주의 복합체가 어떤 일을 해야 할지 파악하기 위해 갔다 오는 사전답사에 불과했다.

그러나 어떤 면에서 부정부패와 회전문에 대한 이야기는 여전히 정부와 재난 자본주의 복합체 사이에 분명한 경계선이 있다는 잘못된 인상을 줄 수 있다. 사실 그러한 경계선은 이미 오래전에 사라졌다. 부시 정부의 혁신은 정치가들이 단기간에 공직 세계에서 기업 세계로 이동했다는 점이 아니다. 바로 당당하게 동시에 두 세계를 정복했다는 점이다. 리처드 펄(Richard Perle)이나 제임스 베이커 같은 부류는 공정한 전문가나 정치인처럼 행동하며, 정책을 만들고, 고위급에 조언을 하고, 언론을 상대했다. 동시에 민영화된 전쟁과 재건 사업에도 개입되어 있었다. 그들은 조합주의 목표를 실현한 것이었다. 먼저 안보란 이름으로 정치 엘리트와 기업 엘리트를 하나로 통합한다. 그리고 국가는 비즈니스 길드의 의장 노릇을 한다. 정부계약 경제 덕택에, 국가는 비즈니스 기회를 계속해서 제공해주는 원천이 되었다.

지난 35년 동안 산티아고부터 모스크바, 베이징, 부시의 워싱턴에 이르기까지 어디가 됐든 간에, 재계 소수 엘리트와 우파 정부의 동맹은 일종의 탈선으로 간주되었다. 마피아 자본주의, 과두재벌 자본주의, 부시의 '정실 자본주의(Crony Capitalism)'가 대표적이다. 그러나 그것은 일탈이 아니었다. 민영화, 탈규제화, 노조박멸이라는 세 가지 강박관념을 갖고 있는 시카고학파 운동이 이끄는 세상이었다.

럼즈펠드와 체니는 재난 관련 주식과 공직 의무 사이에서 하나만 선택할수는 없다고 단호하게 거절했다. 그러한 모습은 진짜 조합주의 국가가 도래했다는 첫 번째 신호다. 그리고 다른 신호들도 많이 찾아볼 수 있다.

전직자들의 권력

부시 행정부의 뚜렷한 특징은 핵심적 정부 기능을 수행하기 위해 외부의 조언자와 프리랜서들에게 의지했다는 점이다. 몇 명을 꼽자면 이라크해방위원회와 국방정책위원회의 위원들뿐만 아니라 제임스 베이커, 폴 브레머, 헨리 키신저, 조지 슐츠, 리처드 펄을 들 수 있다. 의회는 중요한 결정에서 단지 거수기 역할을 할 뿐이고, 대법정의 판결은 부드러운 권고에 지나지 않는 상황이었다. 반면에 이러한 자발적 조언자들은 엄청난 영향력을 행사했다.

그들이 권력을 누리는 이유는 정부에서 핵심적 역할을 수행한 적이 있다는 사실 때문이다. 대개 전직 국무장관, 전직 대사, 전직 국방부 장관 출신들이다. 그리고 공직에서 물러난 뒤에 재난 자본주의 복합체에서 높은 임금을 받는 일자리를 잡았다. 그들은 직원이 아니라 계약업자로 분류되기 때문에 대개 선출 또는 지명된 정치인들처럼 이익 충돌에 관련된 규정의 적용을 받지 않는다. 때문에 실상 어떤 제한도 받지 않는다고 봐도 무방하다. 이른바 정부와 관련 산업 사이의 회전문이 없어지고 [재난 관리 전문가인 어윈 레드레(Irwin Redlener)가 내게 표현했듯] 그냥 연결통로가 생긴 셈이다. 재난산업은 막강한 정치가들의 명성을 보호막 삼아 정부 내에 상점을 연 것이다.

2006년 3월, 제임스 베이커가 이라크연구그룹의 공동의장으로 임명되었을 때, 당파를 초월해 모두들 안도하는 분위기였다. 이라크연구그룹은 이라크에서 나아갈 새로운 방향에 대한 권고안을 내는 자문패널이다. 위원들은 훨씬 안정적이고 성숙했던 시기에 국가를 이끌었던 원로 정치인들이었다. 확실히 베이커는 지금에 비해 신중했던 시대의 베테랑이었다. 그러나 그것은 15년 전 얘기다. 지금의 제임스 베이커는 과연 어떠한 인물인가?

그는 체니와 마찬가지였다. 부시 시니어의 임기 말에 공직을 떠나면서, 제임스 베이커 3세는 정부계약으로 큰돈을 벌었다. 특히 1차 걸프전 때 사우디아라비아와 쿠웨이트에서 만든 인맥을 살려 큰 이윤을 얻었다.**25** 휴스턴에 소재한 그의 법률회사 베이커 보츠(Baker Botts)는 핼리버튼, 러시아에서 제일 큰 석유회사 가스프롬, 사우디 왕실을 대변하고 있다. 또한 칼라일 그룹의 지분 참여 파트너가 되어, 매우 비밀스런 그 회사의 지분 1,800만 달러를 획득했다.[26]

칼라일은 로봇 시스템과 방위 커뮤니케이션 시스템 판매로 전쟁에서 상당한 수익을 거두었다. 그리고 칼라일의 계열사인 USIS는 이라크 경찰을 훈련시키는 계약을 따냈다. 이 회사의 자산 규모는 560억 달러에 달한다. 그리고 방위산업 계약기업들을 모은 뒤 기업 공개를 통해 주식을 상장하는 일을 전문으로 하는 방위산업 투자업체도 갖고 있다. 이 투자업체는 최근에 매우 수지맞는 기업이 되었다. "지난 18개월은 최고였답니다." 칼라일의 수석 투자가 빌 콘웨이(Bill Conway)가 이라크에서의 초반 18개월을 언급하며 말했다. "우리는 돈을 벌었습니다. 그것도 아주 빨리요." 칼라일의 몇몇 투자가들에게 이라크 전쟁은 66억 달러라는 엄청난 이익을 안겨준 재난이었다.[27]

부시 주니어는 베이커를 이라크 대외채무 담당 특사로 임명해 다시 공직으로 불러들었다. 그러나 베이커는 칼라일 그룹이나 베이커 보츠의 주식을 현금화하라는 요구를 받지 않았다. 전쟁에 직접적으로 이해관계를 갖는 회사들인데도 말이다. 처음에 여러 논설위원들은 잠재적 이익 충돌이 심각하게 우려된다고 지적했다. 「뉴욕타임스」는 베이커가 칼라일 그룹과 베이커 보츠의 자리를 사임하고 채무 사절단으로서 존엄성을 지킬 것을 요구하는 사설을 실었다. "베이커는 이윤을 추구하는 사기업들의 이해관계에 너무 깊이 개입되어 있다. 어떤 채무 회의이든 간에, 그는 이해 당사자가 될 수밖에 없다." 그리고 마지막으로 결론을 내렸다. "베이커가 이라크 채무와 관련된 고객들로부터 돈을 받지 않는 걸로는 불충분하다. 새로 맡은 공직 업무를 명예롭게 수행하려면 베이커는 두 회사에서 반드시 물러나야 한다."[28]

그러나 베이커는 행정부 최고위직의 사례를 들어가며 그러한 요구들을 거절했다. 부시는 오히려 그의 결정을 두둔했다. 그러고는 베이커에게 이라크의 엄청난 외채를 탕감할 수 있도록 각국 정부들을 설득하는 임무를 맡겼다. 그가 1년 정도 그 임무를 수행할 무렵, 나는 비밀문서의 사본을 하나 입수했다. 베이커의 공직과 사익이 알려진 것보다도 더욱 직접적이며 심각한 수준임을 증명해주는 문서였다. 그것은 칼라일 그룹을 포함한 회사들의 컨소시엄이 이라크의 주요 채권국인 쿠웨이트 정부에 제출한 65쪽짜리 사업계획안이었다. 이들 컨소시엄은 이라크가 아직 갚지 않은 270억 달러의 빚을 회수하려면 고위급 정치 인맥을 이용하라고 쿠웨이트에 제안하고 있었다. 270억 달러는 사담 후세인이 쿠웨이트를 침공했을 때 생긴 빚이었다. 이는 분명 사담 후세인 시절의 채무는 모두 취소해줄 것을 각국 정부에게 설득하는 특사 역할과는 정반대다.[29]

'이라크에 대한 채무상환을 보장받으려는 쿠웨이트 정부를 지원하는 제안'이라는 제목의 문서였다. 그리고 베이커가 임명되고 두 달이 지날 무렵 쿠웨이트에 제출되었다. 문서에는 제임스 베이커의 이름이 11번이나 언급되어 있었다. 또한 이라크 채무탕감 임무를 맡은 사람을 고용한 회사와 일하면 분명 혜택을 볼 것이라고 밝혔다. 그러나 그에 대한 대가가 있었다. 즉 문서는 쿠웨이트 정부가 칼라일 그룹에 10억 달러를 투자해야 한다고 밝혔다. 직접적으로 베이커의 영향력을 흥정하고 거래한 것이다. 한마디로 말해 베이커로부터 보호를 원한다면 베이커의 회사에 돈을 지불하라. 나는 그 문서를 워싱턴 대학의 법학교수이자 정부 윤리와 규제 분야에서 손꼽히는 전문가인 캐서린 클라크(Kathleen Clark)에게 보여주었다. 그녀는 "베이커는 전형적인 이익 충돌 상태에 있습니다. 공직과 사기업 양측에 있으니까요. 즉 미국의 이득을 대변하는 위치에 있지만, 다른 한편으론 칼라일의 고위급 자문입니다. 게다가 칼라일은 쿠웨이트가 이라크에게 빚을 받아내도록 도우려고 하고요."라고 말했다. 문서를 검토한 후 클라크는 이렇게 말했다. "칼라일을 비롯한 회사들은 베이커의 현재 지위를 이용해 쿠웨이트와 거래를 맺으려고 합니다. 바로 미국 정부의 이익을 해치는 거래를 말입니다."

베이커에 대한 내 취재가 「네이션」에 실린 다음 날, 칼라일은 컨소시엄에서 발을 뺐다. 10억 달러를 얻을 기회도 포기했다. 그리고 여러 달 후 베이커는 칼라일 그룹에서 빠져나와 자문위원을 사임했다. 그러나 이미 피해는 발생한 뒤였다. 베이커의 특사 역할은 형편없었다. 부시 행정부가 약속했고 또한 이라크도 요구했던 부채탕감은 이루지 못했다. 2005년과 2006년에 이라크는 사담 후세인의 전쟁 보상비로 쿠웨이트에 25억 9,000만 달러를 지급했다. 이라크의 인도주의적 위기를 처리하고 국가 재건에 절실히 필요한 자원인데 말이다. 특히 계약받은 일도 끝내지 않은 상태에서 미국 기업들이 방만하게 지급된 원조 자금을 갖고 떠나버린 터라 더욱 그랬다. 베이커의 임무는 이라크 채무의 90~95퍼센트 탕감이었다. 그러나 채무는 그저 일정만 재조정되었을 뿐이다. 여전히 국가 GDP의 99퍼센트에 해당하는 금액을 갚아야 했다.[30]

이라크 정책의 또 다른 핵심 부분 역시 프리랜스 특사들에게 넘겨졌다. 모두 전쟁으로 기록적인 이득을 올리는 회사들과 관련된 사람들이었다. 특히 전직 국무부 장관 조지 슐츠는 이라크해방위원회를 이끌고 있었다. 이라크해방위원회는 2002년에 백악관의 요구로 조직된 압력단체로, 대중에게 전쟁의 명분을 인식시키는 것을 돕기 위해 만들어졌다. 슐츠는 그 임무를 기꺼이 받아들였다. 그는 행정부와 밀접하게 연결되어 일했기 때문에 어떤 증거나 사실 제시의 부담 없이 사담 후세인의 위협에 대한 히스테리를 부추길 수 있었다. "만약 뜰에 독사가 있다고 가정해봅시다. 물릴 때까지 기다릴 것 없이 미리 자기방어를 해야 합니다." 그는 2002년 9월 「워싱턴포스트」에 '지금 당장 행동하라. 긴박한 위험이 다가온다. 사담 후세인은 반드시 제거되어야 한다.'라는 제목으로 글을 기고했다. 그러나 오래전에 CEO로 있었던 벡텔에서 지금 이사로 활동하고 있음을 독자들에게 밝히지 않았다. 벡텔은 슐츠가 그토록 파괴하고 싶었던 나라에서 재건작업을 맡아 23억 달러를 벌었다.[31] 돌이켜보면 슐츠가 당장 행동에 나서자고 전 세계에 요구했을 때, 그는 진심으로 걱정하는 원로의원으로서 말한 것일까? 아니면 벡텔을 대표해 말한 것인가? 혹은 록히드마틴의 대표로서 말한 걸까?

비영리 시민단체인 정부감시계획(POGO)의 이사인 대니얼 브라이언(Danielle Brian)에 따르면, "정부와 록히드의 경계는 구분하기 불가능할 정도다." 록히드와 이라크해방위원회의 경계를 구분하는 건 더욱 어렵다. 슐츠는 그 단체를 이끌면서 전쟁 옹호 기반으로 사용했다. 위원회를 소집한 사람은 브루스 잭슨(Bruce Jackson)으로, 불과 석 달 전만 해도 록히드마틴에서 전략과 계획을 짜는 부사장 자리에 있었다. 잭슨은 백악관의 요구로 위원회를 구성하게 되었다고 말했다. 그는 록히드의 오랜 동료들로 위원회를 구성했다. 잭슨 외에 록히드의 대표들이 여럿 있었다. 록히드에서 항공우주와 전략 미사일 분야를 맡은 부사장 찰스 커퍼먼(Charles Kupperman), 록히드의 방어 시스템 디렉터인 더글러스 그레이엄(Douglas Graham)이 그들이다. 백악관의 요구대로 이라크 전쟁의 선전부서 역할을 하는 게 분명한데도, 그들 중 누구도 록히드를 퇴사하거나 소유지분을 팔지 않았다. 위원회 위원들은 자신들이 꾀한 전쟁 덕분에 록히드의 주가가 145퍼센트나 뛰어 덕을 봤다. 2003년 3월 주가는 41달러였는데, 2007년 2월에는 102달러가 되었다.[32]

그리고 헨리 키신저도 빼놓을 수 없는 인물이다. 그는 피노체트의 쿠데타를 도우면서 반혁명을 시작했다. 보브 우드워드(Bob Woodward)는 2006년 저서 『부정의 나라(State of Denial)』에서, 딕 체니가 매달 키신저와 모임을 갖는다고 폭로했다. 그리고 부시는 두 달에 한 번씩 키신저를 만났다고 한다. 결국 키신저는 부시에게 가장 자주 외교정책을 조언하는 사람이 되었다. 체니는 우드워드에게 "나는 그 누구보다도 헨리 키신저와 대화를 많이 나누었죠."라고 말했다.[33]

그러나 이러한 고위급 회의에서 키신저는 누구를 대변했을까? 그는 베이커와 슐츠와 마찬가지로 전직 국무부 장관이었다. 그러나 지난 30년 동안 공직에서 물러나 있었다. 1982년에는 비밀스러운 개인회사 키신저 어소시에이츠

(Kissinger Associates)를 창업해 고객들을 대변해왔다. 고객으로는 코카콜라부터 유니온 카바이드(Union Carbide), 헌트 오일(Hunt Oil), 거물급 엔지니어링 회사 플루어(Flour:이라크에서 가장 큰 건설계약을 따낸 회사) 등이 있다. 심지어 칠레에서 비밀행동의 오랜 파트너로 일했던 ITT도 있다.[34] 결국 키신저는 체니와 만났을 때 원로의원으로 행동한 걸까? 아니면 많은 돈을 받고 오일회사와 엔지니어링 회사 고객들을 위해 일하는 로비스트였던 걸까?

2002년 11월 부시가 그를 9·11 테러 사건 조사위원회의 의장으로 임명했을 때, 키신저는 자신의 충성심이 어디에 있는지 분명히 보여주었다. 애국심이 있는 사람이라면 누구든지 하던 일을 관두고 그 중요한 직책을 맡았을 것이다. 희생자들의 가족들은 테러사건 조사와 이해관계 충돌이 있을지도 모를 기업고객들의 목록을 요구했다. 그러나 그는 공공책임성과 투명성을 보장하는 그러한 기본적인 행동도 못 하겠다며 거부했다. 그리고 끝내 고객들의 이름을 밝히지 않다가 결국 위원회의 의장 자리를 사퇴했다.[35]

리처드 펄은 키신저의 친구이자 사업동료다. 1년 후 그도 같은 선택을 내린다. 펄은 레이건 시대 국방부 관리로 일했다. 럼즈펠드는 그에게 국방정책위원회의 의장을 맡아달라는 부탁을 했다. 펄의 취임 이전에 국방정책위원회는 매우 자문적인 성격의 패널이었다. 이전 행정부가 알고 있던 정보를 현 정부에게 전해주는 역할을 했다. 그러나 펄은 그 직책을 자신을 위한 발판으로 삼았다. 영향력 있는 지위를 이용해 이라크에 대한 즉각적인 공격을 언론에 강력하게 주장했다. 뿐만 아니라 다른 쪽으로도 이용했다. 「뉴요커」의 시모어 허시(Seymour Hersh)의 조사에 따르면, 그는 새로 세운 자신의 회사에 투자를 얻어내는 데도 직위를 이용했다. 펄은 9·11 테러 사건 이후 시대의 첫 번째 재난 자본가로 드러났다. 테러 공격 두 달 후, 그는 투자회사 트라이림 파트너스(Trireme Partners)를 창업했다. 국토안보와 방위에 관련된 상품과 서비스를 생산하는 회사들에 투자하는 회사다. 트라이림은 투자자를 모집하는 편지에서 정치적 인맥을 과시했다. "트라이림 경영진 가운데 3명이 현재 미국 국방정책위원회에서 일하며, 미국 국방부 장관에게 조언을 해주고 있습니다." 그 셋은 바로 펄과 친구 제럴드 힐먼(Gerald Hillman)과 헨리 키신저다.[36]

펄의 초창기 투자가들 중에는 보잉사가 있었다. 보잉사는 두 번째로 큰 펜타곤의 계약업자로서, 트라이림의 창업자금으로 2,000만 달러를 투자했다. 그러자 펄은 노골적으로 보잉사를 지지했다. 보잉사가 펜타곤과 맺은 170억 달러 규모의 공중급유기 계약에 대한 논란이 일어나자, 그는 계약을 지지하는 사설을 기고하기도 했다.*[37]

펄은 투자자들에게 펜타곤과 연줄이 있다고 말해왔다. 그러나 국방정책위원회의 동료들은 그가 트라이림에 대해 전혀 얘기하지 않았다고 말했다. 그 회사에 대해 들은 1명은 윤리적으로 문제가 있거나 위반을 한 것이라고 말했다. 결국 키신저와 마찬가지로, 그는 이해관계의 충돌이 발목을 잡는 바람에 선택을 내려야 했다. 공직에서 국방정책을 짜거나, 아니면 사기업에서 테러와의 전쟁으로 이득을 추구하든지 말이다. 2003년 3월 이라크 전쟁이 막 시작되자, 계약업자들에게 노다지가 펼쳐졌다. 즉각 펄은 국방정책위원회의 의장직에서 물러났다.[38]

그러나 펄이 분노하며 가장 듣기 싫어하는 말은 개인적 이익 때문에 모든 악을 없애기 위한 무조건적인 전쟁에 찬성한 것 아니냐는 얘기였다. CNN의 울프 블리처(Wolf Blitzer)는 "펄이 차린 회사가 전쟁으로 이윤을 얻었다."라는 허시의 주장을 근거로 펄에게 따져 물었다. 그것은 아주 분명한 사실이었다. 그런

---

* 공중급유기 거래 건은 근래 펜타곤 역사에서 가장 큰 파문을 일으켰다. 결국 국방부 고위 관리 1명과 보잉사 중역 1명이 감옥에 가는 것으로 끝났다. 그 국방부 관리는 거래를 진행하는 동안 보잉사에서의 일자리를 협상하고 있었다. 럼즈펠드는 조사 과정에서 재임 기간에 그러한 부정 거래를 알아차리지 못한 이유를 질문받았다. 그러자 그는 계약 체결 시에 자신이 어떠한 역할을 했는지 자세한 기억이 없다고 대답했다. 무려 170억~200억 달러의 세금이 투입된 계약인데도 말이다. "그 거래를 제가 승인했는지 잘 기억이 안 납니다. 그래도 계속 물으신다면 승인을 거부했던 기억은 분명 없다고 말씀드리겠습니다." 럼즈펠드는 형편없는 관리운영으로 혹평을 받았다. 그러나 이 국방부 장관은 방위산업 관련 소유재산에 영향을 끼칠 구매계약 논의에서 하도 자주 빠져나간 탓에, 그의 건망증 역시 거의 재앙 수준이었다.

데도 그는 분노를 터뜨리며 퓰리처상 수상자 허시를 '미국 언론인 가운데 테러리스트와 가장 비슷한 인물'이라고 칭했다. 그는 블리처에게 말했다. "어떤 회사도 전쟁에서 이윤을 낼 수는 없습니다. 제가 전쟁에 찬성한 이유가 국토안보 산업에 대한 투자 가능성 때문이라는 주장은 완전히 헛소리입니다."[39]

아주 희한한 주장이었다. 보안회사나 방위업체에 투자하는 투자회사가 전쟁에서 이윤을 못 낸다면 어떻게 투자가들을 끌어 모을 수 있겠는가. 펄 같은 사람들의 역할에 대해 더 큰 의문이 생겨났다. 그는 재난 자본가와 공무를 담당하는 정책결정자 사이의 회색 지대에 있었다. 만약 록히드나 보잉 중역들이 (펄이 그랬듯) 폭스 뉴스(Fox News)에 나와서 이란의 체제를 전환시킬 이유를 댄다고 생각해보자. 그들의 이득이 뻔히 보이는 주장이어서 효과가 없을 것이다. 그러나 펄은 여전히 '분석가', '펜타곤 자문위원', '네오콘(neocon)'으로 소개된다. 멋진 단어들을 구사하는 무기 거래상이라는 언급은 전혀 없다.

워싱턴 측근들에게 그들이 후원한 전쟁에서 얻은 경제적 이득을 따져 물으면, 그들은 펄처럼 하나같이 터무니없고, 편협하며, 완전히 테러리스트 같은 주장이라고 말한다. 네오콘에는 체니, 럼즈펠드, 슐츠, 잭슨이 포함된다. 나는 키신저도 포함시키고 싶다. 그들은 자신들이 이념이나 거창한 사상에 따라 움직이는 거만한 지성인이나 강경파 현실주의자로 비치는 고통을 감내한다. 세상에 흔히 알려진 것과 달리 이윤 때문이 아니라는 걸 보여주듯 말이다. 예를 들어 브루스 잭슨은 자신이 부업으로 하는 외교정책 업무를 록히드가 인정하지 않았다고 말한다. 펄은 펜타곤과 관련된 바람에 오히려 재계에서 손해를 입었다고 말한다. "펜타곤 업무 때문에 말하거나 행동하는 데 제한을 받으니까요." 펄의 파트너 제럴드 힐먼은 "펄은 재계 인물이 아닙니다. 경제적 이득을 얻고자 하는 맘이 없는 사람입니다."라고 주장한다. 더글러스 페이스(Douglas Feith)는 국방부의 정책차관으로 있었다. 그는 "부통령이 이전에 핼리버튼에 있었다는 사실 때문에 오히려 정부관계자들은 KBR(Kellog, Brownand Root, 과거 핼리버튼

의 계열사)과의 계약을 꺼리게 되었습니다. 그것이 옳은 일임에도 불구하고 말입니다."라고 말했다.[40]

가장 신랄한 비판가들조차도 네오콘을 미국과 이스라엘의 우위 확보에 목을 맨 열성파로만 본다. 따라서 '안보'를 위해서라면 경제적 이득을 기꺼이 희생한다는 것이다. 그러나 그러한 주장은 억지인 데다 역겹기까지 하다. 무한정한 이윤을 추구할 권리는 항상 네오콘 이념의 핵심이었다. 9·11 테러 사건 이전부터 네오콘은 급진적 민영화와 사회복지비 삭감을 열띤 목소리로 요구했다. 철저한 프리드먼주의 성향의 미국기업연구소, 헤리티지 재단, 카토연구소 등의 싱크탱크에서 그러한 움직임이 활발하게 일어났다.

네오콘은 테러와의 전쟁을 치르는 과정에서도 조합주의의 경제적 목표를 포기하지 않았다. 그리고 더욱 효과적으로 목표를 성취할 수 있는 새로운 방법을 찾아냈다. 워싱턴의 강경파들은 세계에서 미국을 위해, 또는 중동에서 이스라엘을 위해 제국주의 역할을 수행했다. 그들은 해외에서는 끝없는 전쟁을, 국내에서는 안보국가를 추구하는 군사적 프로젝트를 펼쳤다. 그러한 군사적 프로젝트와 재난 자본주의 복합체의 이익은 절대로 분리해서 생각할 수 없다. 재난 복합체는 바로 조합주의 전제들에 근거해 엄청난 금액이 오가는 산업을 만들어냈기 때문이다. 그리고 정치적 목표와 이윤 창출의 목표가 이라크 전쟁터에서보다 더욱 분명하게 합쳐진 곳도 없다.

6부
돌고 도는 악순환, 이라크

[과잉 쇼크]

쇼크를 이용하는 작전은 '의도하지 않은 결과' 또는
기대치 않았던 반응을 불러올 수 있는 위험성이 따른다.
예로 한 국가의 기반시설, 전력망, 경제시스템에 대한 광범위한 공격은 극도의 고통을 준다.
그러한 극심한 고통은 교전 의지를 상실하게 만드는 게 아니라,
오히려 격렬한 반발로 이어진다.
2001년 10월 15일 「에어&스페이스 파워(Air&Space Power)」, 존 섀너핸(John Shanahan) 중령, '쇼크를 이용한 작전들"
_

직접적으로 육체적 학대를 가하는것은 분노나 증오
그리고 더 나아가 반발심만 들게 할 뿐이다.
고통스런 심문의 괴로움을 견뎌낸 사람들은 좀처럼 다루기 힘들다.
수감자들을 진압하는 게 아니라, 오히려 그들의 자신감과 성숙함을 드높인다.
1963년, CIA 매뉴얼인 『쿠바르크 방첩활동 심문법』

16장

이라크를 제거하라

중동에 적합한 모델 국가를 추구하며

내향적인 정신분열증 또는 우울증은 성문을 모두 걸어 잠그고
외부와의 무역을 거부하는 것과 마찬가지다.
(중략) 그러면 벽이 부서지고 세계와의 관계가 재정립될 것이다.
그러나 불행하게도 공격 과정에서 피해 정도를 통제할 수는 없다.
1940년, 영국 심리학자 앤드루 와일리(Andrew M. Wyllie), 전기쇼크요법에 대해1

9·11 테러 사건 이후, 나는 폭력의 신중한 사용은 치료효과를 볼 수 있다고 생각하게 되었다.
「워싱턴포스트」 칼럼니스트 리처드 코헨(Richard Cohen), 이라크 침공을 지지하며2

2004년 3월 바그다드에 도착한 지 3시간도 채 안 됐을 때였다. 당시 상황은 아주 좋지 않았다. 우선 우리가 타고 갈 차가 공항검문소에 나타나지 않았다. 그래서 사진기자인 앤드루 스턴(Andrew Stern)과 나는 '세상에서 가장 위험한 도로'에서 히치하이킹을 해야 했다. 분주한 카라다(Karada) 구역에 있는 호텔에 도착하자 마이클 버밍엄(Michael Birmingham)이 우리를 맞아주었다. 그는 아일

랜드 평화운동가로 이라크 침공 이전부터 이곳에서 활동했다. 나는 경제 민영화를 우려하는 이라크인들을 몇 명 소개해줄 수 있냐고 물었다. "여기선 누구도 민영화에 대해 신경 쓰지 않아요." 마이클은 우리에게 말했다. "생존이 우선이니까요."

그러고는 전쟁 지역에서 정치적 논의를 하는 것이 윤리적인지에 대한 격렬한 논쟁이 이어졌다. 마이클은 이라크인들이 민영화를 지지한다고 말하지는 않았다. 단지 더 급박한 사안이 있다고 했다. 그들은 사원에 폭격이 가해지지는 않을까, 또는 실종된 사촌들이 미국이 운영하는 아부그라이브 감옥에 끌려간 건 아닌지 걱정한다. 또 내일 쓸 식수와 씻을 물을 어떻게 구할지에 대해 생각하고 있다. 외국 회사들이 이라크 상수도 시스템을 민영화해 1년 후에 되팔려고 하는지에 신경 쓸 여력이 없다. 외부인은 전쟁과 점령의 실상을 기록하는 데서 그쳐야지, 이라크의 우선순위를 결정할 순 없다고 마이클은 주장했다.

나는 할 수 있는 한 나 자신을 변호하며, 이라크가 벡텔과 엑슨모빌에게 팔리는 걸 원하지 않는다고 밝혔다. 백악관이 이라크에 파견한 고위급 대표 폴 브레머 3세가 이미 일을 진행시키고 있었다. 수개월 동안 나는 이라크의 자산들이 호텔 무도장의 무역박람회에서 경매에 부쳐지는 현실에 대해 보도했다. 그곳에서는 아주 초현실적인 일들이 벌어지고 있었다. 방탄복을 입은 세일즈맨들은 신체 절단에 관련된 이야기로 사업가들에게 공포감을 심어주는 반면, 미국 무역부 관리들은 텔레비전에서 보는 것처럼 상황이 그렇게 끔찍한 건 아니라고 달래고 있었다. 워싱턴 D.C.의 '이라크 재건 2' 회의에서 한 위원은 열정적으로 말했다. "투자의 최적기는 전쟁의 피가 아직 가시지 않았을 때죠."

경제에 관심을 가지는 사람을 바그다드에서 찾기 어려운 것은 당연한 일이었다. 이라크 침공 계획자들은 쇼크 독트린의 열성 신자들이다. 이라크인들이 급박한 현실에 지쳐 있는 동안에 국가자산을 몰래 경매에 부친 뒤 최종 확정된 거래로 발표하려고 하고 있었다. 언론인이자 시민운동가인 우리는 엄청난 물리적 공격에만 관심을 둔 채, 정작 가장 큰 이득을 본 당사자는 전장에 모습을 드러내지 않고 있다는 사실을 잊었다. 이라크에는 자산이 널려 있었다. 세계에서 세 번째로 큰 석유매장지만이 아니다. 그곳은 프리드먼의 무제한적인 자본주의에 근거해 글로벌 시장을 세우려는 세력이 아직 점령하지 못한 마지막 보루였다. 남미, 아프리카, 동유럽, 아시아를 점령한 뒤, 이제 마지막 개척지로 아랍이 지목된 것이다.

마이클과 내가 주거니 받거니 토론을 하는 동안, 앤드루는 담배를 피우러 발코니로 나갔다. 그가 유리창을 여는 순간 방 안의 모든 공기가 밖으로 빨려나가는 듯했다. 창밖에 포탄이 떨어져 용암처럼 검붉은 불길이 치솟았다. 우리는 신발을 움켜쥐고는 양말만 신은 채 5층 계단을 내려갔다. 로비는 산산조각 난 유리로 가득했다. 근처 마운트 레바논 호텔은 폐허가 되었다. 400킬로그램이 넘는 폭탄에 근처 집들은 다 부서졌다. 이라크 전쟁 종식 이후에 벌어진 가장 큰 공격이었다.

앤드루는 카메라를 들고 폐허로 달려갔다. 그러지 않으려 했지만 결국엔 나도 그의 뒤를 따랐다. 바그다드에 도착한 지 불과 3시간 만에 폭탄이 터지는 곳을 뒤쫓지 말자는 나의 첫 번째 규칙을 이미 어긴 것이다. 호텔로 돌아오니 독립기자들과 NGO 요원들이 아랍 증류주를 마시며 가슴을 진정시키고 있었다. 모두들 나를 쳐다보고 웃으며 "바그다드에 온 걸 환영합니다!"라고 말했다. 나는 마이클을 쳐다보았다. 우리 둘 다 그가 논쟁에서 이겼음을 알아차렸다. 여기서 최종결론은 전쟁이 내려준다. "이곳에선 언론인들이 아니라 폭탄이 의제를 정한다." 정말로 그랬다. 폭탄의 소용돌이는 산소만이 아니라 우리의 관심, 열정, 용기도 다 빨아들였다.

그날 밤, 2년 전에 부에노스아이레스에서 만난 뛰어난 언론인 클라우디아 아쿠냐 생각이 났다. 그녀는 내게 로돌포 왈스의 '군부에 보내는 공개편지'의 사본을 건네주었다. 그녀는 극도의 폭력은 이면에 숨겨진 이해관계를 보지 못하게 한다고 경고했다. 반전운동도 그런 식으로 전쟁의 이면은 살피지 못한 채 전 개되었다. 전쟁이 시작된 이유는 석유, 이스라엘, 핼리버튼 같은 한 단어만으로 는 설명이 되지 않는다. 사람들 대부분은 이라크 전쟁을 자신을 왕으로 착각한 한 대통령과 역사의 승자 편에 서려고 했던 영국인 동료의 사기행위로 정의한 다. 반면에 매우 이성적인 정책 결정을 통해 이라크 전쟁이 발발했다는 주장엔 거의 관심을 가지지 않는다. 이라크 침공의 입안자들은 잔인한 폭력을 행사했 다. 평화적인 수단으로는 중동의 폐쇄경제를 개방시킬 수 없기 때문이다. 어느 정도의 공포를 사용할지는 걸린 판돈에 따라 정해진다.

정부는 이라크 침공을 대중에게 설득시킬 때 대량살상무기에 대한 두려움 을 이용했다. 폴 울포위츠(Paul Wolfowitz)가 설명한 대로 대량살상무기는 누구 나 동의할 사안이기 때문이다. 한마디로 최소 공통분모적인 변명이라 하겠다.[3] 전쟁을 찬성하는 지식인들이 주로 제시하는 고상한 이유는 모델이론이다. 모 델이론의 전문가들은 자칭 네오콘들이다. 그들은 테러리즘이 아랍과 무슬림 세계에서 나왔다고 주장한다. 9·11 테러 사건 용의자들은 사우디아라비아, 이 집트, 아랍에미리트, 레바논 출신이었다. 이란은 헤즈볼라에 돈을 대주었고, 시 리아는 하마스 지도부에 근거지를 제공했고, 이라크는 팔레스타인 자살폭탄대 원들의 가족들에게 돈을 보내주었다. 이라크 전쟁 옹호론자들은 이스라엘에 대한 공격을 미국에 대한 공격으로 동일시한다. 마치 두 국가가 별개의 국가가 아니라는 듯 말이다. 그러니 중동 전체를 잠재적 테러의 온상으로 여기는 것도 무리가 아니다.

이념에 눈이 먼 그들은 미국과 이스라엘의 정책이 곧 중동이 테러 양산 지 역이 된 원인임을 깨닫지 못한다. 심지어 테러를 도발하고 있다고는 전혀 생각 하지 않은 채 다른 것을 원인으로 제시한다. 바로 중동의 자유시장 민주주의 부 재가 이유라는 것이다.[*4]

아랍권을 단번에 정복할 수는 없다. 따라서 먼저 한 나라가 촉매제 역할을 해야 한다. 이 이론의 미디어 전도사인 토머스 프리드먼은 미국이 한 국가를 침입해 '아랍 무슬림 세계의 심장부에 전혀 다른 모델'을 세워놓으면 중동 전체에 민주적인 신자유주의 물결이 확산될 것이라고 주장했다. 조슈아 무라브칙(Joshua Muravchik)은 미국기업연구소의 전문가로, '테헤란과 바그다드에서 시작해 이슬람권 전체로 쓰나미가 몰아칠 것'이라고 예측했다. 부시 행정부의 자문위원인 마이클 레딘은 '세계를 개조할 전쟁'이라고 목표를 밝혔다.**5

이 이론의 내부논리를 보면 테러리즘과의 전쟁, 개척지 자본주의의 확산, 선거 실시라는 세 가지 요소가 하나의 프로젝트로 묶여 있다. 즉 중동에서 테러리스트를 없애고, 자유무역지대를 창설한 뒤, 사후 선거로 모든 것을 변경 불가능한 것으로 만들려는 것이다. 세 가지 묶음의 특별 패키지인 셈이다. 훗날 조지 W. 부시는 "문제 지역에 자유를 확산시키자."라는 문구로 이러한 이론을 요약했다. 대부분은 이를 민주주의에 대한 이상적인 집념으로 오해한다.6 그러나 여기서 말하는 자유는 전혀 다른 종류의 자유다. 1970년대 칠레 그리고 1990년대 러시아에 제공되었던 자유와 같다. 바로 새롭게 민영화된 국가에서 이윤을

---

* 자유시장 물결이 이 지역을 그냥 지나친 데에는 여러 이유가 있다. 우선 쿠웨이트, 사우디아라비아, 아랍에미리트 같은 부자 국가들은 오일 현금이 넘쳐나 IMF에서 돈을 빌릴 필요가 없었다(예를 들어 사우디아라비아 경제의 84퍼센트는 국가가 관리한다). 이라크는 이란과의 전쟁으로 큰 부채를 지고 있었지만, 세계화 시대가 시작될 무렵 1차 걸프전 이후 엄격한 제재 조치에 들어간 상태였다. 다시 말해 자유무역만이 아니라 무역 자체가 아예 없는 실정이었다.

** 워싱턴 컨센서스에 합류하지 않는다면 외국의 침입을 받아 마땅하다는 생각은 억지스러워 보일지도 모르겠다. 그러나 이미 선례가 있었다. 1999년 나토가 베오그라드에 폭격을 가했을 때, 공식적 이유는 세계를 공포에 떨게 한 슬로보단 밀로세비치(Slobodan Milošević)의 악명 높은 인권유린 때문이었다. 그러나 코소보 전쟁 이후 실상이 조금씩 폭로되던 무렵, 클린턴 행정부의 국무부 장관이자 당시 미국 측 협상 대표였던 스트로브 탤벗(Strobe Talbott)은 비교적 덜 이상적인 설명을 내놓았다. "당시 그 지역의 각국은 경제를 개혁하고, 종족 갈등을 누그러뜨리고, 시민사회를 확대하려 했다. 이와 달리 베오그라드는 정반대 방향으로 신나게 나아가고 있었다. 따라서 나토와 유고슬라비아가 충돌을 빚은 건 당연하다. 나토의 전쟁을 가장 잘 설명해주는 원인은 정치경제적 개혁, 즉 코소보에서 알바니아인들을 구해내기 위함이 아니었다. 그 지역 추세를 거스른 유고슬라비아의 저항이 원인이었다." 2005년 탤벗의 대외홍보 담당관으로 일했던 존 노리스(John Norris)는 『충돌 과정: 나토, 러시아 그리고 코소보(Collision Course: NATO, Russia, and Kosovo)』를 통해 이러한 사실을 자세히 폭로했다.

얻을 수 있는 서구 다국적기업들을 위한 자유다. 모델이론의 핵심이기도 하다. 이라크에서 전쟁 종식을 선언하고 고작 8일이 지난 무렵, 대통령은 그러한 의도를 분명히 밝혔다. 그러니까 10년 내에 미국-중동 FTA를 설립하겠다는 계획을 발표한 것이다.[7] 소비에트 쇼크이론 모험의 베테랑이자 딕 체니의 딸인 리즈(Liz Cheney)가 프로젝트를 맡았다.

아랍 국가를 침공해 모델 국가로 변모시키려는 생각은 9·11 테러 사건 이후 처음으로 받아들여졌다. 우선 대상 국가로 이라크, 시리아, 이집트의 이름이 물망에 올랐다. 그리고 마이클 레딘은 이란을 선호했다. 그러나 특히 이라크가 추천 대상에 오를 이유가 많았다. 무엇보다 거대한 석유매장지가 있었다. 그리고 군사기지로 손색이 없는 아랍의 중앙부에 위치해 있어서 사우디아라비아에 덜 의존할 수 있다. 또한 사담 후세인은 자국 국민들에게 화학무기를 사용했기 때문에 그에 대한 증오를 불러내기 쉬웠다. 그리고 흔히 간과되는 또 다른 요인은 미군이 이라크에 익숙하다는 이점이다.

1991년 걸프전은 수십만의 미군을 참가시킨 대규모 지상 전투의 마지막이었다. 이후 12년 동안 펜타곤은 걸프전을 워크숍, 훈련, 정교한 전쟁 게임에 이용했다. 걸프전 분석이론은 「충격과 공포: 단번에 우세를 장악하라」라는 논문으로 나왔는데, 즉시 도널드 럼스펠드의 마음을 사로잡았다. 이것은 1996년 국방대학의 한 독립적인 전략가 집단이 쓴 것으로, 다용도 군사 독트린이 되었다. 그러나 사실 걸프전을 다시 치를 경우에 대해 설명하고 있다. 1991년 이라크전에서 공중전 사령관이었던 척 호너(Chunk Horner) 장군은 사담 후세인과 싸우면서 가장 좌절했던 적이 언제였냐는 질문을 받았다. 그는 이라크군을 와해시키기 위한 미사일 투하 장소를 파악하지 못할 때였다고 대답했다. 할란 울먼(Harlan Ullman)은 그 논문의 핵심 저자이자 충격과 공포라는 문구를 만들어낸 장본인이다. 그는 이러한 질문에 답하기 위해 논문을 냈다고 말했다. 사막의 폭풍 작전이 다시 치러질 경우, 어떻게 하면 더 짧은 시간에 더 적은 병력으로 승리를 거둘 수 있을까? 성공의 열쇠는 미사일을 떨어뜨릴 지점을 찾는 것이다. 그곳만 집중공략하면 즉각 적이 와해되는 지점 말이다.[8] 논문의 저자들은 미군이 사담 후세인과 다시 싸울 기회가 있다면 이러한 '투하 지점'을 더욱 쉽게 찾을 수 있다고 확신했다. 새로운 위성기술과 아주 정확하게 '미사일'을 떨어뜨릴 수 있는 군수무기의 대변혁 덕분이다.

이라크에서 전쟁을 할 경우 유리한 점이 또 있다. 미군이 '초창기 비디오게임 아타리(Atari)와 최신 멀티게임 플레이스테이션(PlayStation)'의 차이에 맞먹는 기술적 진보를 통해 사막의 폭풍 작전을 재현할 환상에 빠져 있는 동안, 한 논평가의 표현대로 이라크의 군사능력은 각종 제재로 퇴보하고 있었다. 유엔의 무기사찰 프로그램 때문에 사실상 와해된 상태였다.[9] 다시 말해 이란이나 시리아에 비해 이라크 쪽이 이길 가능성이 더 높다는 의미였다.

토머스 프리드먼은 이라크가 모델로 선정된 의미를 노골적으로 드러냈다. "우리가 할 일은 이라크에서 국가를 건설하는 것이 아니라 아예 새로운 국가를 창조하는 겁니다." 그는 마치 석유가 풍부한 아랍 국가들 가운데 전면 개조할 국가를 쇼핑하듯 고르는 일이 자연스러운 데다, 심지어는 21세기에 해야 할 '숭고한' 임무인 듯 말했다.[10] 이라크 전쟁 지지자들은 침공 이후 학살이 이어질 줄은 몰랐다고 주장한다. 프리드먼도 마찬가지였다. 그러나 그가 그러한 세부적인 사항을 놓쳤다는 것은 납득하기 어렵다. 이라크는 지도상의 텅 빈 공간이 아니다. 문명만큼이나 오래된 문화를 지니고 있다. 제국주의에 대항했다는 강한 자부심, 강력한 아랍 민족주의, 굳은 종교적 신념을 가진 국가다. 게다가 성인 남성들의 상당수가 군사훈련을 받았다. 그리고 만약 이라크에서 새로운 국가를 창조한다면 기존 국가는 어떻게 되는 것인가? 위대한 실험의 기반을 마련하기 위해 기존 체제는 사라져야 한다는 묵시적 가정이 처음부터 존재했던 것이다. 그리고 비정상적인 식민주의적 폭력의 가능성도 있었다.

시카고학파의 반혁명은 30년 전에 처음으로 교과서에서 벗어나 실제 세계로 진입했다. 그들은 기존 국가를 제거하고 그 자리에 새로운 국가를 창조하려 했다. 2003년 이라크와 마찬가지로, 1973년 칠레는 반항적인 대륙을 다루는 시범케이스로 수년 동안 사용되었다. 1970년에 시카고학파 사상을 실시한 잔인한 그들은 칠레, 아르헨티나, 우루과이, 브라질에서 이상적인 국가를 탄생시키려면 기존의 국민들과 문화를 '뿌리 뽑아야' 함을 알고 있었다.

정치적 정화로 고통을 받은 국가들에서 폭력적인 역사를 제대로 보려는 집단적 노력이 나타났다. 진실위원회가 출범했고, 이름 없는 무덤들을 발굴했으며, 가해자에 대한 재판을 시작했다. 그러나 그것은 남미 군부들의 단독 행동이 아니었다. 쿠데타 전후로 워싱턴의 후원을 받았음을 증명하는 문서들이 많이 발견된다. 한 예로, 1976년 아르헨티나에서 쿠데타가 일어났을 때 젊은 운동가 수천 명이 집에서 끌려나와 체포되었다. 당시 군부는 워싱턴의 전폭적 재정지원을 받고 있었다(만약 해야 할 일이 있다면 서둘러 하라고 키신저는 말했다.)**11** 제럴드 포드가 대통령으로, 딕 체니가 비서실장, 도널드 럼즈펠드가 국방부 장관으로 있었던 해다. 당시 키신저의 행정보좌관은 폴 브레머라는 야심 찬 젊은이였다. 이들은 군부지원에 대한 진실규명이나 정의의 심판은 거치지 않고, 오랫동안 눈부신 지위를 누려왔다. 사실 너무 오랫동안 그런 탓에, 30년 후에 놀라울 정도로 비슷한 실험을 이라크에서 다시 실행했다. 그리고 이번에는 더욱 폭력적으로 변했다.

2005년 취임식 연설에서, 조지 부시는 냉전 종식부터 테러와의 전쟁 사이의 시기를 '평온한 안식년 같은 세월'이라고 말했다. 그러다 드디어 결전의 날이 왔다는 것이다.**12** 이라크 침공은 자유시장운동의 초창기 기법으로 잔인하게 복귀함을 의미한다. 그들은 이상적인 조합주의 국가 건설을 방해하는 걸림돌을 강제로 제거하려고 극단적인 쇼크를 사용한다.

CIA의 후원을 받은 이언 캐머런은 환자들을 유아상태로 퇴행시켜 기존 패턴을 분해하려 했던 심리학자다. 그는 소량의 충격이 유용하다면 결국 충격이 더 많을수록 효과가 더 좋을 것이라고 믿었다. 때문에 전기, 환각제, 감각 박탈, 감각 과부하 등 사람의 두뇌에 가할 수 있는 충격은 모두 가했다. 과거를 지우고 새로운 사상과 새로운 패턴을 주입할 백지상태를 만들기 위해 무엇이든 사용했다. 그러한 과정이 대규모로 적용된 것이 바로 이라크 침공과 점령 계획이었다. 전쟁의 입안자들은 쇼크요법의 무기창고를 살펴본 뒤 모든 무기를 다 쓰기로 결정했다. 군사적 기습폭격과 정교한 심리작전이 이를 후원해주었다. 그 뒤에는 급작스러운 정치경제적 쇼크요법 프로그램이 전면적으로 도입되었다. 저항하는 이들은 체포해 강경진압으로 복종시켰다.

이라크 침공은 성공적이었지만, 점령 과정은 실패였다는 분석 결과가 종종 나온다. 그러나 이는 침공과 점령이 하나의 전략에서 나왔다는 사실을 간과한 주장이다. 모델 국가를 그릴 캔버스를 깨끗이 하기 위해 먼저 폭격을 가한 것이었다.

집단 고문으로서의 전쟁

2003년 이라크 침입 전략가들은 전 지역에 미사일을 떨어뜨리기로 작정한 것 같았다. 1991년 걸프전 때는 대략 토마호크 크루즈 미사일 300기를 5주에 걸쳐 퍼부었다. 2003년에는 하루에 380기 이상을 사용했다. 미군은 3월 20일부터 5월 2일까지의 핵심 전투 기간에 이라크에 3만 개 이상의 폭탄을 투하했다. 잘 조종된 크루즈 미사일만 2만 기가 사용되었다. 이는 전체 제조량의 67퍼센트에 달한다.[13]

"너무나 무서웠어요." 세 자녀의 어머니인 야스민 무사(Yasmine Musa)가 폭탄이 투하될 당시에 대해 말했다. "항상 어디선가 폭탄 떨어지는 소리가 들리거나 그런 느낌을 받았지요. 안전한 곳은 어디에도 없었어요."[14] 이는 충격과 공포가 제대로 작동했음을 의미한다. 집단 처벌을 금지하는 전쟁법을 무시한 충격과 공포는 단지 적군만 표적으로 삼는 게 아니었다. 저자들이 강조한 대로 사회의 분위기에 초점을 맞춘 군사 독트린이었다. 대중에게 공포심을 주입하는 것이 전략의 핵심인 것이다.

충격과 공포의 특징은 전쟁을 케이블뉴스의 볼거리로 만들었다는 점이다. 전쟁은 방송을 통해 적, 미국인, 문제를 일으키려는 사람들 등의 여러 시청자에게 즉각 전달되었다. 「충격과 공포」 매뉴얼에 따르면, "공습 결과를 담은 비디오가 실시간으로 전 세계에 CNN을 통해 방송된다. 연합국에게는 긍정적 영향력을 주고, 잠재적 위협 지원자에게 부정적 영향력을 미친다."* 초반부터 워싱턴은 이라크 침입 메시지를 총탄, 귀가 터질 것 같은 폭발, 도시를 파괴하는 진동 소리의 언어를 통해 전 세계에 보냈다. 『1퍼센트 독트린(The One Percent Doctrine)』에서 론 서스킨드(Ron Suskind)는 "럼즈펠드와 체니의 이라크 침공 이유는 파괴적 무기를 소유하려거나 미국의 권위를 조롱하려는 무모한 자들의 행동에 시범을 보이려는 것이다."라고 말한다. 전쟁 전략이 아니라 국제적 행태주의 실험에 관한 얘기 같다.[15]

교전행위는 언제나 부분적으로는 연기이며, 대중 커뮤니케이션의 형태이다. 그러나 럼즈펠드는 그의 기술과 재계에서 얻은 미디어 노하우를 총동원해 공포 마케팅을 미국 군부 독트린의 중심에 놓았다. 냉전시대 핵공격의 두려움은 억지 전략의 중심이었지만, 실제로 핵미사일은 격납고에 머물러 있었다. 반면에 이번 공격은 달랐다. 럼즈펠드의 전쟁은 각종 폭탄을 사용해 자극을 폭발시키고 감정을 이용하여 메시지를 전달하는 쇼를 벌였다. 상징적 가치와 텔레비전에 나타날 영향력을 고려해 신중하게 고른 표적에 폭탄을 투하했다. 럼즈펠드의 전쟁이론은 변혁 프로젝트의 일부였다. 한편 장군들은 무력대결의 전

---

* 1991년 걸프전은 CNN이 중계한 첫 번째 전투였다. 그러나 24시간 보도라는 관념이 아직 뿌리내리지 못한 상태였기 때문에, 그때만 하더라도 미군은 방송매체를 전쟁계획에 완전히 편입시키지 않았다.

투전략을 가지고 있었다. 그의 이론과는 공통점이 적었기 때문에 럼즈펠드는 뜻대로 속력을 내지 못했다. 오히려 끝없는 전쟁을 선언한 테러리스트들과 공통점이 많아졌다. 테러리스트들은 정면대결로 승부를 보려 하지 않는다. 방송매체에 놀랄 만한 광경을 보여 대중의 영혼을 파괴하고, 즉각 적의 약점을 노출시키고, 자신들의 잔인함을 드러낸다. 9·11 테러 사건과 이라크 침입의 이면은 그런 맥락에서 봐야 한다.

'충격과 공포'는 종종 압도적인 전력을 보여주는 전략으로만 제시된다. 그러나 저자들은 그 이상을 추구했다. 즉 적의 저항의지를 표적으로 삼은 정교한 심리학적 청사진이었다. 이는 미국 군사시설의 한 부서가 사용하는 도구들과 아주 비슷하다. 방향 상실과 퇴행을 유발시키기 위한 감각 박탈과 감각 과부하 말이다. '충격과 공포'는 CIA의 심문 매뉴얼을 연상시킨다.

"노골적으로 말해, 단번에 기세를 제압한다는 것은 주변 환경의 통제권을 장악하고, 적의 인식과 사건에 대한 이해를 마비시키거나 감당하지 못할 정도로 만드는 것이다. 감각과 자극 투입을 실시간 조작하는 전략도 들어간다. 말 그대로 자신의 힘에 관련된 사건 및 상황을 인식하게 해주는 등불을 껐다 켜는 것이다. 궁극적으론 적이 속한 사회 전체에까지 적용된다. 특수한 경우엔 적의 의사소통과 관찰능력을 박탈하는 경우도 있다."[16] 이라크는 수개월 동안 대중 고문을 받으며 이런 실험을 당했다. 그리고 이 실험은 폭탄이 떨어지기 전부터 시작되었다.

공포 분위기 조성

캐나다 시민인 마헤르 아라(Maher Arar)는 2002년 JFK 공항에서 미국 요원들에 이끌려 시리아로 이송되었다. 그는 테러용의자 해외이송 프로그램의 희생자였다. 심문관들은 잔인한 고문기법을 사용했다. "그들은 나를 의자에 앉혔습니다. 1명이 내게 질문들을 했죠. 재깍 대답하지 않으면, 그는 구석에 놓인 철제 의자를 가리키며 '저걸 사용해볼까?'라고 물었죠. 너무 무서웠어요. 난 고문당하고 싶지 않았습니다. 고문을 피하기 위해서 뭐든지 말했죠."**17** 아라가 당한 기법은 도구를 보여주는 기법으로 알려져 있다. 미군식 용어로는 공포 조성이다. 그들은 가장 강력한 무기는 바로 죄수의 상상력임을 알고 있었다. 공포감을 주는 도구를 보여주기만 해도 실제 사용 이상의 효과를 낸다.

이라크 침공의 날이 다가오자 미국 뉴스 미디어는 펜타곤이 이라크에 '공포감을 조성'시키기 위해 짜놓은 내용에 맞추어 보도했다. 전쟁 개시 두 달 전에 CBS 뉴스는 "그들은 공습개시일이라고 부른다."라는 보도로 시작했다. "공습이 너무나 파괴적이어서 후세인의 군인들은 싸울 능력 또는 의지를 잃게 될 것이다." 그리고 「충격과 공포」의 저자인 할란 울먼을 시청자들에게 소개했다. 그는 "히로시마의 핵무기와 비슷한 즉각적인 결과를 볼 겁니다. 며칠이나 몇 주가 아니라 단 몇 분 만에 끝날 겁니다."라고 설명했다. 앵커 댄 래더(Dan Rather)는 어떠한 의도도 없다는 것을 밝히며 뉴스를 마쳤다. "이 보도는 국방부가 생각하기에 이라크 군대에 이로운 정보는 다루지 않았음을 분명히 말씀드립니다."**18** 댄 래더는 그 이상의 이야기도 할 수 있었다. 당시의 많은 보도들처럼 그것은 국방부 전략의 일부였다고 말이다. 한마디로 공포감 조성이었다.

이라크 국민들은 밀수한 위성안테나나 해외에 거주하는 친척들의 전화 등을 통해 끔찍한 보도를 접한 뒤, 몇 달 동안을 충격과 공포를 상상하며 보낸다. 그 자체가 강력한 심리전 무기다. 1991년보다 상황이 더 안 좋아질까? 미국인들은 정말 후세인이 대량살상무기를 가졌다고 생각하는 걸까? 핵공격이 시작되는 걸까?

침입 일주일 전, 그에 대한 답이 나왔다. 펜타곤은 워싱턴 군부대 취재단을 플로리다의 이글린 공군기지로 불러 MOAB라는 무기의 테스트를 직접 보게 해주었다. 공식 명칭은 공중폭발 대형폭탄이지만 군대에서는 모든 폭탄의 어머니로 불린다. 현존하는 비핵폭탄 가운데 가장 큰 폭탄으로, 무게가 10톤 정도 나간다. CNN의 제이미 매킨타이어(Jamie MacIntyre)는 "마치 핵무기처럼 300 미터 높이의 버섯구름을 만들어낸다."라고 말했다.[19]

매킨타이어는 비록 사용되지 않더라도 폭탄의 존재 자체가 강한 심리적 영향력을 행사한다고 말했다. 자기가 그러한 심리적 영향력을 전달하는 역할을 하고 있으면서 말이다. 감옥의 죄수들에게 그랬듯, 이라크 사람들에게 공포의 도구를 보여준 셈이다. "목적은 막강한 연합군의 능력이 이렇게 확실하고 대단하다는 것을 보여줌으로써 이라크군의 교전 의지를 상실케 만들려는 것이다." 라고 럼즈펠드는 설명했다.[20]

전쟁이 시작되자 바그다드의 주민들은 감각 박탈을 당했다. 도시의 감각 투입이 하나씩 절단되었다. 제일 먼저 청각이 사라졌다.

2003년 3월 28일 밤, 미군은 바그다드 근처로 진입했다. 통신국이 폭격을 받고 불길에 휩싸였다. 바그다드 전화 교환국 네 곳이 대량의 벙커버스터(bunker buster) 폭탄 공습을 받았다. 도시 전체의 전화선 수백만 개가 파괴되었다. 전화 교환국을 목표로 한 공격은 계속되었다. 4월 2일까지 모두 12번이었다.[21] 바그다드에는 거의 제대로 작동하는 전화가 없었다.*

같은 공습기간, 텔레비전과 라디오 전송시설도 공격을 받았다. 집 안에 피신해 있는 바그다드 시민들은 문밖에서 무슨 일이 벌어지고 있는지 희미한 신호도 잡을 수 없었다.

많은 이라크인들은 전화 시스템 파괴가 공중 공습에서 심리적으로 가장 두

---

* 바그다드의 전화 시스템을 전면 붕괴시킨 이유는 사담 후세인과 엘리트 지휘관들 사이의 의사소통을 차단하기 위해서였다. 전쟁 종식 후 미국 심문관들은 고위급 이라크 죄수들과 심도 있는 면담을 가졌다. 그 결과 수년 동안 사담 후세인이 스파이들의 도청을 두려워해 지난 13년 동안 전화를 딱 두 번만 사용했다는 사실을 알아냈다. 늘 그렇듯, 신뢰할 만한 정보는 그다지 필요하지 않았다. 게다가 벡텔에게는 새로운 시스템을 건설할 현금이 충분했다.

려운 부분이었다고 말했다. 청각과 촉각의 폭탄이 온 사방에 투하되었다. 사랑하는 이들이 살아 있는지 알아보려고 몇 블록 떨어진 곳에 전화를 거는 일도 불가능했다. 그리고 겁에 질린 해외의 친척들을 안심시킬 수 없는 것도 엄청난 고문이었다. 바그다드에 주재한 언론인들에게 지역주민들이 몰려들었다. 그들은 단 몇 분이라도 위성전화를 사용할 수 있게 해달라고 간청했다. 또는 런던이나 볼티모어에 있는 남동생이나 삼촌에게 전화해달라는 부탁과 함께 전화번호를 손에 쥐여주었다. "전부 괜찮다고 전해줘요. 그에게 어머니와 아버지 모두 무사하다고 말 좀 해줘요. 안부를 전해주고 걱정하지 말라고 말해주세요."22 당시 바그다드의 약국 대부분에서는 수면제와 우울증 치료제가 동났다. 항우울증 약물인 발륨(Valium)은 완전히 바닥났다.

그 다음 공격 대상은 시각이었다. "폭발 소리도 들리지 않았다. 초저녁 폭격 당시만 해도 아무 변화가 없었다. 그러나 잠시 후 500만 시민들이 사는 도시 선체가 공포감을 주는 끝없는 밤으로 변했다." 4월 4일 「가디언」은 지나가는 차들의 헤드라이트만이 유일하게 어둠을 밝혀주었다고 보도했다.23 집 안에 갇힌 바그다드 주민들은 서로 얘기도 못하고, 듣지도, 밖을 보지도 못했다. CIA의 블랙사이트에 감금된 죄수처럼 도시 전체가 수갑을 차고 두건으로 가려진 셈이다. 그 다음 단계는 모든 것의 박탈이었다.

위안을 주는 물건들

혹독한 심문을 통해 죄수를 무너뜨리는 첫 번째 단계는 옷을 전부 벗기는 것이다. 또한 정체성에 관련된 물건들, 즉 이른바 심리적 위안을 주는 물건들은 다 빼앗아간다. 가령 죄수들이 아끼는 코란이나 소중한 사진들은 공개적으로 멸시되었다. "넌 아무것도 아니야. 우리가 되라는 대로 되어야 한다." 이런 메시지를 보내 비인간화를 초래하려는 것이다. 이라크인들은 집단적으로 이러한 해체 과정을 겪었다. 소중히 여겼던 제도들이 붕괴되고 역사는 트럭에 실려 사라졌다. 폭격은 이라크를 파괴했지만, 국가 존재의 핵심을 망가뜨린 것은 바로 점령군이 방치해둔 약탈행위였다.

「로스앤젤레스타임스」는 "이라크 국립 박물관에서 약탈꾼 수백 명이 고대 도자기를 깨뜨리고, 전시 상자를 벗기고, 금과 다른 골동품을 훔쳐갔다. 초기 인류사회의 기록을 약탈한 셈이다."라고 보도했다. "박물관의 소중한 유물 17만 점 가운데 80퍼센트가 사라졌다."[24] 이라크에서 발행된 책과 논문이 보관된 국립도서관은 폐허로 변했다. 1,000년 동안 이어져 내려온 코란은 종교부에서 사라져 불에 그슬린 외장만 남았다. "이라크의 문화유산이 소실되었습니다."라고 바그다드의 한 고등학교 교사가 말했다.[25] 한 상인은 이렇게 말했다. "그것들은 이라크의 영혼입니다. 박물관에서 약탈된 보물을 되찾지 못한다면 영혼의 일부를 도둑맞는 것과 같습니다." 시카고 대학의 고고학자 맥과이어 깁슨(McGuire Gibson)은 "뇌엽절리술과 매우 비슷하다. 수천 년 동안 이어져 내려온 문화에 대한 깊은 기억을 제거한다."라고 말했다.[26]

약탈이 극심해지자 성직자들은 구조대를 조직했다. 덕분에 예술품의 일부는 원상 복구되었다. 그러나 많은 이라크인들은 아직까지도 그러한 기억 절리술이 고의적이라고 생각한다. 또한 유서 깊은 국가를 제거하고 새로운 모델로 교체하려는 워싱턴의 계획 중 일부라고 믿는다.

"바그다드는 아랍문화의 어머니입니다." 일흔 살의 아메드 압둘라(Ahmed Abdullah)가 「워싱턴포스트」에 밝혔다. "그리고 그들은 우리의 문화를 말살하려고 합니다."[27]

전쟁 입안자들은 약탈이 외국 군대가 아니라 이라크인들에 의해 저질러졌다고 지적했다. 물론 럼즈펠드가 약탈을 계획한 건 아니다. 그러나 그는 예방조치를 전혀 하지 않았으며, 약탈이 시작된 후에도 막으려는 노력을 하지 않았다.

단순한 실수로 넘겨버리기에는 너무 큰 잘못이다.

1991년 걸프전 때 이라크 박물관 13곳이 약탈자들의 습격을 받았다. 따라서 가난, 구체제에 대한 불만, 혼란스런 분위기로 인해 일부 이라크 사람들이 그런 식으로 행동할 거라고 충분히 예상할 수 있었다(후세인이 교전을 앞두고 몇 달 전에 교도소의 죄수들을 모조리 풀어준 점을 생각하면 더욱 그렇다). 펜타곤은 저명한 고고학자들로부터 박물관과 도서관을 보호할 치밀한 전략을 공격 전에 세우라는 경고를 받았다. 그리고 3월 26일 펜타곤이 연합사령부에 보낸 메모에는 '보호해야 하는 바그다드의 중요시설 16곳'이 중요도에 따라 목록으로 나와 있었다. 목록 순위 두 번째가 바로 박물관이었다. 공공질서를 유지하려면 군대와 함께 국제경찰을 파견해야 한다는 조언도 받았다. 그러나 럼즈펠드는 그 제안도 무시했다.[28]

그러나 바그다드에 설령 경찰이 없다 해도 미군 병사들이 충분히 있었다. 일부 병력만 중요 문화지에 파견해도 되었는데 그렇게 하지 않았다. 무장차량을 탄 미군 병사들이 약탈품을 실은 트럭이 사라지는 걸 그냥 지켜만 보았다는 보도가 여러 차례 있었다. 럼즈펠드는 전쟁 중에 늘 일어날 수 있는 일이라는 무심한 태도를 보였다. 일부 군대는 약탈을 막기 위해 나서기도 했지만 약탈에 동참한 부대도 있었다. 「타임」에 따르면, 바그다드 국제공항에는 여객기의 가구를 뜯어 달아나는 병사들로 가득했다. "미군 병사들은 비행기 구조물에서 뜯어낸 안락한 의자와 기념품들을 찾아다녔다. 그들은 의자를 부수고 조종실을 망가뜨리고 모든 유리를 깨뜨렸다." 그 결과 이라크 국영 항공회사는 1억 달러의 손해를 입었다. 이후 항공회사는 초반에 경매에 나와, 논란 속에서 부분적인 민영화를 이루었다.[29]

약탈 방지에 공식적 관심을 보이지 않은 이유는 이라크 점령 담당자인 두 남자에게서 찾을 수 있다. 바로 폴 브레머의 고위급 경제조언자인 피터 맥퍼슨(Peter McPherson)과 교육재건 고위급 담당자인 존 아그레스토(John Agresto)다.

맥퍼슨은 이라크인들이 차, 버스, 관공서 물건을 약탈하는 모습에 전혀 신경 쓰지 않았다. 그는 이라크에서 고위급 경제 쇼크요법가로 일하면서 국가의 규모를 줄이고 자산을 민영화했다. 그가 볼 때 약탈자들은 그러한 기반을 제공해주는 셈이었다. "사람들이 국가의 자산을 가져가고 국가 소유의 트럭을 몰고 갈 때, 자연스럽게 일종의 민영화가 이루어졌다고 생각한다." 레이건 행정부의 베테랑 관료이자 시카고경제학파의 열성 신도인 그는 '약탈'을 공공부문이 공식적으로 축소되는 과정이라고 표현했다.*[30]

　동료인 존 아그레스토도 바그다드의 약탈에 관한 텔레비전 보도를 접하고는 희망을 느꼈다. 그는 자신의 업무를 '더할 나위 없는 모험'으로 생각했다. 바로 이라크의 고등교육 시스템을 전면 개조하는 일이었다. 그는 대학과 교육부의 제거가 '깨끗한 출발을 위한 기회'이자 이라크 학교에 현대식 장비를 제공할 기회라고 설명했다. 만약 '국가 창조'가 임무라면 많은 사람들이 믿듯 옛 국가의 잔재는 걸림돌일 뿐이다. 그는 뉴멕시코 주의 세인트존스 대학에서 총장으로 있었다. 세인트존스는 고전 연구 커리큘럼이 특화되어 있는 곳이다. 아그레스토는 이라크에 대해 아는 것이 없었지만, '가능한 한 열린 마음을 갖고' 이라크에 오기 위해서 이라크 관련 서적을 전혀 읽지 않았다고 밝혔다.[31] 이라크의 대학들처럼 그는 백지상태였던 것이다.

　만약 이라크 관련 책을 한두 권이라도 읽었다면 모든 것을 없애고 새로 출발하려는 방안을 재고했을 것이다. 한 예로, 경제제재가 이라크의 목을 옭아매기 전에 이라크는 중동에서 최고의 교육 시스템을 갖고 있었다. 또한 글을 읽고 쓸 줄 아는 인구비율이 가장 높았다. 반대로, 뉴멕시코 주는 인구의 46퍼센트가

---

* 이러한 견해 때문에 핼리버튼이 미국 납세자들에게 과잉 청구하는 사태를 펜타곤은 새로운 시각에서 눈감아주었다. 아마도 미 국방부는 사라진 수백만 달러를 탈취가 아닌 공적 분야 축소로 본 것 같다. 한마디로 말하면 정부 규모는 줄이는 대신 비즈니스를 증강시키려는 캠페인이었다.

직무상 필요한 읽기와 쓰기 능력을 갖추지 못하고 있다. 게다가 인구의 20퍼센트는 물건 값을 합산하는 기본적인 산수도 못한다.[*32] 그런데도 그는 미국 시스템의 우월성을 자신했다. 이라크 사람들이 자신들의 문화를 보호하기를 원하고 파괴에 끔찍한 상실감을 느낄 거라는 생각은 전혀 하지 않았다.

신보수주의자들의 독단적인 태도는 테러와의 전쟁 전반에 나타난다. 관타나모 만에서 미국이 운영하는 감옥에는 '애정실(love shack)'이라 불리는 방이 있다. 교전 전투원이 아니라는 판정을 받고 곧 석방될 죄수들이 오는 곳이다. 이곳에서 죄수들은 할리우드 영화를 보고 미국식 정크푸드도 마음껏 먹을 수 있다. 아시프 이크발(Asif Iqval)은 '팁튼 3인방(Tipton Three: 영국 팁튼 지방에 사는 세 청년이 관타나모로 끌려가면서 붙여진 이름-옮긴이)'이라고 알려진 영국인 수감자 셋 가운데 1명이다. 그와 두 친구는 고국으로 돌아오기 직전 그곳을 여러 번 방문할 수 있었다. "우리는 DVD를 보거나 맥도날드와 피자헛 제품을 먹을 수 있었습니다. 편안하게 있었죠. 그곳에서는 수갑도 차지 않았습니다. 왜 그렇게 대해주는지 영문을 몰랐죠. 그날 이후론 보통 때처럼 감옥 안에 있었는데, 레슬리(FBI 요원)가 과자, 아이스크림, 초콜릿을 가져다준 적도 있었습니다. 그때가 영국으로 돌아가기 전 마지막 일요일이었죠." 그의 친구 루헬 아메드(Rhuhel Ahmed)는 이렇게 말했다. "자신들이 실수해서 2년 반 동안 우리를 고문했음을 깨닫고 특별대우를 해준 겁니다. 우리가 그 모든 것을 다 잊길 바라면서 말이죠."[33]

아메드와 이크발은 결혼식 참석차 아프가니스탄을 방문하던 중에 북부동맹(Northern Alliance: 탈레반 정권에 대항하기 위해 연합한 반군단체로 미국과 영국의

지원을 받음-옮긴이)에 납치되었다. 마구 구타당한 뒤 정체 모를 약물 주사를 맞고, 여러 시간 고통스런 자세로 있었으며, 잠도 못 자고, 강제로 머리를 밀어야했다. 29개월 동안 어떤 법적 권리도 인정받지 못했다.[34] 그러나 그 모든 것을 프링글스(Pringles) 과자의 압도적인 유혹으로 '잊게 만들려' 했다. 그것은 사실상 계획이었다.

믿기 어렵겠지만, 그것은 워싱턴이 짜놓은 이라크 게임플랜이었다. 국가 전체를 충격과 두려움으로 몰아넣는다. 그런 뒤 고의적으로 기반시설을 파괴하고, 문화와 역사의 약탈 과정을 방치해둔다. 나중엔 값싼 가정용품과 수입 정크푸드의 무한정 공급으로 민심을 달랜다. 이라크에서 문화를 제거한 뒤 새로운 문화를 이식하려는 논의는 단순히 이론상의 얘기가 아니었다. 그것은 불과 수주 만에 진행되었다.

부시는 폴 브레머를 이라크 점령 당국의 책임자로 임명했다. 그는 바그다드에 처음 도착했을 때 약탈이 여전히 횡행했으며 무질서했다고 인정했다. "공항에서 차로 나올 때 보니 바그다드는 말 그대로 불타고 있었습니다. 거리에는 전혀 차가 보이지 않았습니다. 전기, 석유생산, 경제활동은 전혀 없었습니다. 임무를 수행하는 경찰은 찾아볼 수 없었죠." 그러나 그가 내놓은 위기 해결책은 수입품에 제한을 두지 않고 국가를 활짝 개방하는 것이었다. 관세, 의무, 검역, 세금도 없었다. 이라크에 온 지 2주가 지날 무렵, 그는 비즈니스의 '전면 개방'을 선언했다.[35] 그동안 이라크는 고립적인 국가였으며 엄격한 유엔제재로 가장 기본적인 무역도 막혀 있었다. 그런데 하룻밤 사이에 전면적으로 시장이 개방된 것이다.

한편 약탈품으로 가득 찬 픽업트럭은 요르단, 시리아, 이란의 구매자들을 향해 달려갔다. 반대 방향에서는 중국산 텔레비전, 할리우드 DVD, 요르단 위성접시를 잔뜩 실은 차량들이 바그다드의 카라다 거리에 짐을 내렸다. 기존 문화가 불태워지고 붕괴되자, 다른 문화가 패키지로 쏟아지면서 자리를 대신한 것이다.

개척지 자본주의 실험의 관문이 되려고 준비하는 미국의 사업체들 가운데 하나가 NBS(New Bridge Strategies)다. 부시 아래에서 FEMA의 대표였던 조 앨보가 창업한 이 회사는 최고위 정계 인맥을 이용해 미국 다국적기업들의 이라크 참여를 도와주겠다고 약속한다. "프록터앤드갬블 상품을 배포할 권리의 획득은 금광을 얻는 것과 마찬가지입니다." 회사 파트너들 가운데 1명이 감격해하며 말했다. "상품이 잘 진열된 세븐일레븐 하나가 이라크 상점 30개를 이길 겁니다. 월마트는 국가 전체를 인수받는 셈입니다."[36]

관타나모 애정실의 죄수들의 경우와 마찬가지다. 즉 미국의 과자와 팝 문화로 이라크의 환심을 사려고 하는 것이다. 그것이 바로 부시 행정부의 전후 계획이었다.

17장

이념적 역류의 시작

자본주의자들이 만들어낸 재난

지금 세상은 너무 엉망이어서 누군가가 나서서 정리해야 한다.
2002년 9월, 콘돌리자 라이스(Condoleezza Rice), 이라크 침입의 필요성에 대해1

-

부시가 다른 모습의 중동을 자꾸 상상하는 것은 중동에 대한 무지 때문이다.
반작용이 생겨 원래의 의도에서 벗어나는 모습을 중동에 와서 직접 봤다면,
그는 낙담해서 그렇게 할 생각을 관두었을 것이다.
그러나 부시는 일상적인 실상은 보지 못한 채, 계속 중동에 대한 미래상만 그리고 있다.
「뉴스위크」 칼럼니스트 파리드 자카리아(Fareed Zakaria)2

-

왕좌에 앉은 사람은 "보아라, 내가 이 모든 새로운 것을 창조했다."라고 말했다.
또한 "이러한 말들을 받아 적어라. 모두 소중한 진실이니라."라고 말했다.
「요한계시록」 21장 5절(표준새번역판)

이라크 전쟁은 오랫동안 손실통제 모드여서 애초의 미래상을 잊을 정도다. 그러나 점령 초기엔 미국 국무부가 바그다드에서 소집한 회의를 통해 나온 미래 계획이 있었다. 회의에는 러시아와 동유럽에서 온 고위급 정치인 및 관료 14명이 참가했다. 재무부 장관, 중앙은행 총재, 전직 부총리 등이 총집합했다. 그들은 2003년 9월 바그다드 국제공항에 도착한 뒤 전투모와 방탄복을 착용하고

그린존으로 달려갔다. 그린존은 도시 안에 벽으로 두른 도시로, 미국이 관리하는 이라크 정부가 입주해 있었다. 지금은 미국 대사관이 들어서 있다. 사담 후세인의 옛 회의센터 내부에서는 VIP 손님들이 영향력 있는 몇몇 이라크인들에게 자본주의 체제 전환에 대한 강의를 했다.

강의 연설자들 가운데 마레크 벨카(Marek Belka)가 있었다. 폴란드의 이전 재무부 장관으로 우파 성향인 그는 수개월째 이라크의 브레머 아래에서 일했다. 국무부의 공식 보고에 따르면, 벨카는 이라크인들에게 혼란의 순간을 이용해 많은 이들을 퇴출시키는 정책을 강경하게 밀어붙이라고 강조했다. 그가 말하는 폴란드에서 배울 첫 번째 교훈은, 비생산적인 국영기업들은 공적자금으로 도울 필요 없이 즉각 매각해야 한다는 점이다(대중의 압력 덕택에 자유노조가 급격한 민영화 계획을 포기했으며, 덕분에 러시아와 같은 붕괴상황을 맞이하지 않았다는 점은 언급하지 않았다). 두 번째 교훈은 더욱 과감했다. 바그다드가 함락된 지 5개월이 지날 무렵 사람들은 인도주의적 위기에 처했다. 실업률은 67퍼센트이며 영양실조가 만연했다. 유엔제재 때 오일 대 음식 교환 프로그램 아래서 그랬듯, 그나마 대량 아사를 막은 것은 이라크 가정들이 국가가 보조해주는 음식과 다른 필수품을 받았기 때문이다. 또한 가스를 이용 가능했을 때는 비교적 싼 가격으로 가스탱크를 채울 수 있었다. 그런데 벨카는 이라크인들에게 시장을 왜곡시키는 무료제공은 즉각 폐지해야 한다고 말했다. "보조금 철폐부터 시작해 사적 분야를 발전시키십시오." 그는 보조금 철폐가 민영화보다 훨씬 더 중요하고 필수적이라고 강조했다.[3]

또한 옐친의 전직 부총리로 러시아 쇼크요법 프로그램의 입안자인 예고르 가이다르도 있었다. 미 국무부가 그를 바그다드로 초대한 것이다. 가이다르가 조국의 모스크바에서 깡패로 여겨진다는 사실을 이라크인들이 모를 거라고 생각했나보다. 그는 과두재벌들과 긴밀한 관련을 맺고 수천만 러시아인들을 가난에 몰아넣은 정책으로 비난을 받았다.* 사담 후세인 치하의 이라크인들이 바깥소식을 제대로 접하지 못한 것은 사실이다. 그러나 그린존의 회의에 참가한 사람들은 최근에 귀국한 해외동포들이었다. 따라서 1990년대 러시아가 붕괴했을 때 「인터내셔널 헤럴드트리뷴」을 통해 사정을 다 알고 있었다.

이라크의 임시 산업장관은 무함마드 토피크(Muhammad Tofiq)였다. 그는 당시 언론에서 다루지 않았던 기이한 회의에 대해 말해주었다. 회의를 한 지 수개월이 지날 무렵 바그다드의 임시 사무실에서 그를 만났다. 토피크는 여전히 그 회의를 비웃고 있었다. 그리고 이라크인들이 홍보 재킷을 입은 방문객들을 신랄하게 비난했다고 말했다. 제한 없는 수입품에 국경을 활짝 열자는 폴 브레머의 결정은 이미 전쟁에 시달린 국민들의 삶을 극도로 악화시켰다. 만약 가스 보조금을 끊고 식량 보조를 없애는 정책을 밀어붙인다면 곧 폭동이 일어날 것이었다. 회의에 참석한 쟁쟁한 연설가들에 대해 그는 이렇게 말했다. "만약 내가 민영화를 장려할 것 같으면 가이다르를 데려다가 '우리가 한 것과 정반대로 하면 됩니다.'라고 말하게 할 겁니다."

브레머가 바그다드에서 법령 발표를 하자 전직 세계은행 수석경제학자 조지프 스티글리츠는 "이라크가 소련에서보다 더욱 급진적인 쇼크요법을 취하고 있다."라고 경고했다. 그 말은 정말 사실이었다. 원래 워싱턴의 계획은 이라크를 1990년대 초반 러시아와 같은 개척지로 만들려는 것이었다. 그러나 러시아에서와 달리 이라크에서 손쉽게 수십억 달러의 이윤을 올린 당사자는 미국 회사들이었다. 이라크 국내 회사, 유럽 회사, 러시아 회사, 중국 회사들은 끼지

---

* 이라크 침공과 점령을 추진한 주요 인물들은 러시아에 쇼크요법을 요구한 베테랑 팀원들이었다. 조지 부시 시니어가 소련 해체 후의 러시아 정책을 짤 무렵, 딕 체니는 국방부 장관으로 일하고 있었다. 폴 울포위츠는 국방부 차관으로 있었고, 콘돌리자 라이스는 러시아 전환에 관한 조언자 역할을 했다. 이러한 고위급 인물들과 그 아래에서 일했던 수 십여 명은 1990년대 러시아의 경험이 이라크의 전환 모델로 손색이 없다고 당당하게 주장한다. 평범한 일반인들에게는 비참한 결과를 가져왔는데도 말이다.

못했다. 그리고 극도로 고통스런 경제 변화를 막을 장치는 전혀 없었다. 과거 소련, 남미, 아프리카의 상황과는 달리, IMF 관리들과 국내 정치인들 간의 조율된 협력이 필요 없었기 때문이다. 미국 재무부가 전권을 가지고 마음대로 결정했다. 워싱턴은 이라크에서 중개인들을 없앴다. IMF와 세계은행은 지원하는 정도로 그치고, 미국이 앞장서서 중심역할을 담당했다. 한 고위급 군관리가 연합통신사에 밝혔듯, 폴 브레머가 바로 이라크 정부였다. "이라크 국내 정부와 협상하는 건 의미가 없다. 협상은 우리가 결정한다."[4]

이러한 역학구조 때문에 이라크의 경제 전환은 초창기 실험실들과는 달랐다. 1990년대에는 '자유무역'이 제국주의 프로젝트가 아닌 것처럼 보이게 하려는 노력이 있었다. 그러나 여기서는 그런 노력들은 찾아볼 수 없었다. 그리고 예전에는 밀실협상으로 대표되는 비교적 약한 자유무역 사조였다. 그러나 이제는 강력한 자유무역 분위기로서, 대리인이나 꼭두각시는 필요 없었다. 선제 전투의 전쟁터에서 서구 다국적기업들은 새로운 시장을 직접 장악할 수 있었다.

'모델이론'의 지지자들은 이라크 전쟁을 망친 치명적 실수는 2006년 리처드 펄이 말했듯 브레머를 끼워 넣은 것이라고 주장한다. 데이비드 프럼도 이라크 개조에 '이라크의 얼굴'을 내세워야 했다고 말한다.[5] 그러나 그들은 청록색 돔의 사담 궁전에 폴 브레머를 앉혔다. 그는 미국 국방부로부터 이메일로 무역법과 투자법을 받아 프린트하고 서명한 뒤, 절대 명령을 통해 이라크에 실시했다. 브레머는 배후에서 감독하는 조용한 미국인이 아니었다. 요란한 외양을 하고 뉴스보도팀도 좋아했다. 마치 이라크 국민을 통치하는 자신의 절대권력을 만방에 떠들고 다니기로 작정한 것 같았다. 양옆에는 민간 군사기업 블랙워터에서 온 경호원을 대동하고, 번쩍거리는 블랙호크 헬리콥터를 타고, 이라크를 종횡무진 횡단했다. 트레이드마크인 유니폼은 말끔한 브룩스 브라더스(Brooks Brothers) 양복에다 팀버랜드(Timberland)의 베이지색 부츠 차림이었다. 바그다드로 가게 된 것을 기념해 아들이 선물로 준 부츠였다. 같이 준 카드에는 이런 글귀가 쓰여 있었다고 한다. "가서 혼쭐을 내주세요, 아버지."[6]

그는 이라크에 대해 무지함을 스스로도 인정했다("저는 아프가니스탄에서 산적이 있거든요."라고 한 인터뷰 기자에게 말했다). 그러나 그러한 무지함은 문제가 되지 않았다. 왜냐하면 브레머는 이라크에서의 임무인 재난 자본주의에 대해 아주 잘 알고 있었기 때문이다.[7]

2001년 9월 11일 당시에 그는 거대 보험회사 마시 앤드 맥레넌(Marsh & McLennan)의 책임자이자 고위급 정치 조언자로 일하고 있었다. 세계무역센터 북쪽 타워에 위치한 사무실은 그날 테러로 폐허가 되었다. 처음에는 직원 700명이 행방불명되었다가, 결국 295명이 사망한 것으로 확인되었다. 그리고 정확히 한 달이 지난 2001년 10월 11일, 폴 브레머는 CCP(Crisis Consulting Practice)를 세웠다. CCP는 마시의 새로운 계열회사로, 혹시 모를 테러리스트 공격을 비롯한 여러 공격에 다국적기업들이 대비하도록 도와주는 일을 전문으로 한다. 브레머와 회사는 레이건 행정부에서 테러리즘 방지 특사로 활동한 경험을 선전하며, 고객들에게 전반적인 테러방지 서비스를 제공했다. CCP는 정치적 위험 보험부터 홍보까지 다룬다. 심지어 무엇을 비축해야 하는지도 알려준다.[8]

브레머의 국토안보산업의 선구적인 참여는 이라크를 맡기기에 딱 좋았다. 부시 행정부가 9·11 테러 사건 대응 과정에서 처음 시도한 공식을 이라크 재건에도 사용하기로 결정했기 때문이다. 이라크 전후 처리는 단기간에 이윤을 낼 잠재력이 상당한 흥미진진한 기업공개(IPO) 같았다. 브레머는 많은 이라크인들의 감정을 상하게 했으며, 그의 임무는 이라크인들의 마음과 영혼을 얻지 못했다. 오히려 그는 이라크를 하나의 기업으로 준비시켰다. 이런 관점에서 보면 초창기에 내린 그의 악랄한 결정들은 논리적 일관성을 갖는다.

브레머는 신중한 장군 제이 가너(Jay Garner)의 뒤를 이어 책임자로 파견되었다. 그는 이라크에서 넉 달 동안 경제 전환에만 몰두하며, 전형적인 시카고학파 쇼크요법 프로그램을 구성할 법들을 통과시켰다. 침입 이전의 이라크 경제

는 국영 석유회사와 200개의 국영회사들이 이끌고 있었다. 모두 주요 식재료
들과 산업 원자재를 생산해내는 회사들이다. 브레머는 새로운 일터에 도착한
지 한 달 만에 200개의 회사들이 즉각 민영화될 거라고 발표했다. "비효율적인
공기업들을 사적 분야에 맡기는 것이 이라크 경제 재건의 핵심이다."[9]

　다음으론 새로운 경제법이었다. 브레머는 외국 투자자들이 이라크에서 민
영화 입찰, 새로운 공장 및 소매점 건설에 참여하게 만들기 위해 급진적인 법들
을 만들었다. 「이코노미스트」는 이를 '성장하는 시장을 꿈꾸는 외국 투자자들
의 희망목록'이라는 멋진 말로 표현했다.[10] 기업세를 대략 45퍼센트에서 15퍼
센트로 낮춘 법령도 있었다(밀턴 프리드먼의 각본을 그대로 따른 것이다). 그리고
외국 회사들이 이라크 자산을 100퍼센트 소유할 수 있는 법령도 있었다. 민영
화의 이윤이 국내 과두재벌에게 돌아갔던 러시아의 전철을 밟지 않으려는 시
도였다. 더 좋은 건, 투자자들이 이라크에서 번 이윤을 100퍼센트 국외로 이송
할 수 있다는 점이었다. 재투자할 필요도 없고 세금도 내지 않는다. 투자자들은
대여 계약도 맺을 수 있는데, 30년 동안 지속하다가 갱신할 수 있었다. 때문에
장차 선거로 선출될 정부는 점령 당국이 맺은 계약들에 발목을 잡히게 되었다.
워싱턴이 보류한 유일한 분야는 석유다. 워싱턴의 조언자들은 이라크 정부가 자
리를 잡기 전에 국영 석유회사를 민영화하거나 미개발된 매장지에 대한 소유권
을 주장하는 것은 전쟁행위처럼 보일 수 있다고 경고했다. 대신에 점령 당국은
이라크 국영 석유회사에서 나온 200억 달러의 수익금을 원하는 대로 썼다.[*][11]

　백악관은 새롭고 눈부신 이라크 경제를 선보이기 위해, 점령 초기에 새로

---

* 이러한 자금 가운데 88억 달러는 흔히 '이라크에서 실종된 수십억 달러'로 불린다. 그 돈은 2004년 미국이 지배하는 이라크 당
국 안으로 흔적도 없이 사라졌다. 브레머는 2007년 미 의회 위원회에서 방만한 감독을 오히려 옹호했다. "최고 우선순위는 경
제가 다시 돌아가도록 하는 겁니다. 그 첫 번째 단계는 가능한 한 빨리 이라크인들의 수중에 돈을 유입시키는 것이지요." 브레
머의 경제자문이자 퇴역 장성인 데이비드 올리버(David Oliver)도 사라진 수십억 달러에 대해 위원회에서 질문을 받았다. 그는
이렇게 대답했다. "예, 저도 알고 있습니다. 그런데 그게 원래 의도와 무슨 차이가 있을까요?"

운 통화를 개시하기로 결정했다. 그 과정은 대규모 병참사업과 마찬가지였다. 영국 회사 데라루(De La Rue)가 인쇄를 맡았고, 화폐는 비행기로 이라크에 배송되었다. 그리고 국가 전역에서 적어도 1,000가지 임무를 수행하는 무장차량과 트럭을 통해 배포되었다. 당시 국민의 반 정도가 식수 부족에 시달리고, 교통신호등은 작동되지 않고, 범죄는 만연한 상태였다.[12]

이런 정책을 실시한 사람은 브레머였지만, 우선순위는 상부에서 정한 것이다. 럼즈펠드는 상원 위원회에서 증언하면서, 브레머의 전면적 개혁을 자유세계에서의 가장 계몽적인 투자법 및 세금법이라고 말했다. 그러나 가장 구미가 당기는 법안이라고 하는 편이 낫다. 처음에 투자자들은 그러한 노력에 고마워했다. 불과 몇 달 만에 바그다드 중심부에 맥도날드를 열자는 논의가 나왔다. 그것은 이라크가 글로벌 경제에 합류했다는 궁극적인 상징이 될 수 있었다. 호화로운 스타우드(Starwood) 호텔에 대한 투자가 진행되었으며, 제너럴모터스는 자동차 공장을 설립할 계획이었다. 런던에 본부를 둔 국제은행 HSBC는 이라크 전역에 지점을 낼 수 있는 계약을 따냈다. 시티그룹은 이라크의 원유 판매를 담보로 한 신용대부 계획을 발표했다. 한편 주요 석유회사인 셸, BP, 엑슨모빌, 셰브런, 러시아의 루코일(Lukoil)은 조만간 자신들의 시대가 올 것이라고 확신하며, 최신 석유추출기술과 관리 모델을 이라크 공무원들에게 교육시키겠다는 협정에 서명했다.[13]

브레머의 법은 투자열풍 환경을 조성하기 위해 만들어졌다. 그러나 독창적인 것이 아니라, 단지 이전의 쇼크요법 실험에서 실시된 것을 좀 더 가속화한 버전이었다. 부시의 재난 자본주의 내각은 법이 효력을 발할 때까지도 참지 않았다. 이라크 실험은 대범한 새로운 영역으로 진입해, 침입, 점령, 재건을 새로운 민영화 시장으로 바꾸어놓았다. 이는 국토안보 복합체가 그러했듯, 막대한 공적자금의 투입으로 만들어진 시장이다. 재건 붐만 해도, 미국 의회의 380억 달러와 다른 국가들의 150억 달러와 이라크 석유자금인 200억 달러로 시작되

었다.[14]

초기에 수십억 달러가 발표되었을 때 당연히 이를 마셜플랜에 비유하며 칭찬하는 목소리가 나왔다. 부시는 마셜플랜 이래로 가장 큰 경제 회복 노력이라고 선언했다. 그리고 점령 후 몇 달이 지나 텔레비전에 나와 연설을 했다. "미국은 이런 일을 예전에도 했었지요. 제2차 세계대전 이후 미국은 일본과 독일 같은 패전국들을 고양시키고, 그들이 대표 정부를 세울 때 힘이 되어주었습니다."[15]

그러나 이라크 재건에 배정된 수십억 달러는 부시가 호소한 역사와는 전혀 상관없이 쓰였다. 마셜플랜 당시 미국 회사들은 유럽에 장비와 음식 물자를 보내 혜택을 보긴 했다. 그러나 분명한 목적은 전쟁에 시달린 경제가 자립 가능한 시장으로 회복하고, 일자리를 창출하고, 국내 사회 서비스를 재정지원할 수 있는 세금 기반을 만들게 도와주는 일이었다. 마셜플랜의 결과는 독일과 일본의 혼합경제(mixed economy)에서 알 수 있다.

사실 부시 내각은 마셜플랜과 정반대인 반(反)마셜플랜을 선포했다. 처음부터 이라크의 쇠약한 산업 분야에 손해를 입히고 실업률을 치솟게 만들 계획이었다. 제2차 세계대전 이후의 계획에 따르면, 허약해진 국가들을 이용하지 못하도록 외국 회사의 투자를 금지했다. 그러나 이라크 계획에 따르면 미국 기업을 유치할 수 있는 방안은 뭐든지 가능했다[유지연합(有志聯合, Coalition of the Willing: 이라크 전쟁의 과정에서 미국의 부시 정권이 내세운 안전보장 전략의 중심 개념으로, 뜻이 맞는 국가들의 연합-옮긴이)에 합류한 국가들의 기업에 일부 이윤을 던져준 것은 제외하고 말이다]. 이처럼 이라크 사람들로부터 재건 자금을 뺏는 사태는 미국은 우월하고 이라크는 열등하다는 독단적인 인종주의 전제에 기초해 있다. 단지 부정부패와 비효율성 같은 일반적인 문제점 때문이 아니라, 프로젝트 처음부터 그런 선입관이 깔려 있었던 것이다.

재건 자금은 이라크의 공장에 전혀 유입되지 않았다. 그랬다면 공장을 다시 열어 자립 가능한 경제의 토대를 만들고, 국내 일자리를 창출하고, 사회안전망에 자금을 지원할 수 있었을 것이다. 이라크인들은 사실상 전혀 참여하지 못했다. 미국 연방정부는 USAID와 관련된 업체들과 계약을 맺었다. 가령 버지니아와 텍사스에서 디자인한 재건 국가를 마치 상품처럼 이라크로 가져와 조립해주면 수수료를 주기로 한 셈이다. 점령 당국은 계속 "미국인들이 이라크인들에게 주는 선물입니다."라고 말했다. 이라크인들은 그저 선물 포장을 풀기만 하면 되는 것이다.[16] 심지어 조립 과정에서 이라크의 단순 노동력도 필요하지 않았다. 핼리버튼, 벡텔 그리고 캘리포니아 소재의 거대 엔지니어링 기업 파슨스(Parsons) 같은 미국 계약업자들이 다루기 쉬운 외국 노동자들을 수입하길 원하기 때문이다. 다시 한 번 이라크인들은 두려움에 빠진 군중 노릇을 해야 했다. 첫 번째는 미국 군대의 기술에 놀라고, 이제는 미국의 엔지니어링과 관리의 뛰어난 능력에 놀라는 것이다.

미국 정부의 직원들은 국토안보산업에서와 마찬가지로 부수적 역할만 할 뿐이었다. 인구 2,500만의 국가를 다스리는 브레머 밑에서 일하는 직원은 단지 1만 5,000명이 전부였다. 반면에 핼리버튼엔 5만 명의 직원이 있는데, 한평생 공직에 있다가 높은 임금에 매료되어 이직한 공무원들이 다수였다.[17]

빈약한 공적 분야와 활기찬 기업 분야는 부시 내각이 이라크의 재건(미 연방 관료들은 제대로 통제 못 하면서도, 반대로 이것만은 완벽한 통제권을 쥐고 있었다)을 완전히 아웃소싱된 공동 국가의 미래상을 실행하는 데 이용했다는 증거다. 이라크에서 계약업자에게 넘겨주지 못할 핵심적인 정부 기능은 하나도 없었다. 공화당에 재정적 공헌을 하거나 선거운동 기간에 기독교 보병 역할을 했던 사람들이 주로 계약업자가 된다. 이라크에서 외국 세력의 개입은 그것이 무엇이든 부시의 좌우명에 따라 진행되었다. 즉 사기업이 할 수 있는 임무라면 반드시 사기업에 맡기라는 것이다.

법률에 서명하는 일은 브레머가 했을지 몰라도, 실제로 경제를 구상하고 관리한 것은 사기업 회계사들이다(국제회계컨설팅 회사 KPMG의 계열사인 베어링

포인트(BearingPoint)는 이라크에 시장 지향 시스템을 세우기로 하고 2억 4,000만 달러를 받았다. 107쪽에 달하는 계약서의 상당 부분을 베어링포인트가 작성했는데, 민영화라는 단어가 51번이나 언급된다. 싱크탱크들은 아이디어를 제시한 대가로 돈을 받았다(영국의 애덤 스미스 연구소는 이라크 회사의 민영화를 도와주는 계약을 체결했다). 사적 보안회사들과 방위산업 계약업자들은 이라크의 새로운 군대와 경찰을 훈련시켰다. [그중 이름을 몇 개 나열하면, 딘코프(DynCorp), 빈넬(Vinnell), 칼라일 그룹의 USIS 등이다]. 교육컨설팅 회사들은 커리큘럼을 짜고 새로운 교과서를 인쇄했다[워싱턴 소재의 교육컨설팅 회사인 크리에이티브 어소시에이츠(Creative Associates)와 1억 달러 이상의 계약을 맺었다]. *18

체니가 발칸반도에서 핼리버튼을 위해 선구적으로 실시했던 모델은 미군 기지를 미니 핼리버튼 타운으로 변신시키는 것이었다. 이라크에서는 더욱 확장된 규모로 진행되었다. 콜로라도 소재의 엔지니어링 및 건설회사 CH2M Hill은 파슨스와 공동으로 4개의 계약업자를 감독하는 대가로 2,850만 달러를 받았다. 심지어 '지역 민주주의'를 건설하는 일도 민영화되었는데, 노스캐롤라이나 소재의 리서치 트라이앵글 연구소(Research Triangle Institute, RTI)가 4억 6,600만 달러에 계약을 맺었다. 정말로 RTI가 무슬림 국가에 민주주의를 가져왔는지는 불명확하지만 말이다. RTI의 이라크 지도부는 제임스 메이필드(James Mayfield) 같은 고위급 모르몬교도들이 대부분이다. 그는 휴스턴에 돌아와 이라크 임무에 관한 이야기를 했다. 그러면서 무슬림들이 예언자 무함마드의 가르침과 더불어 모르몬교 성경을 받아들일 것으로 생각했다고 말했다. 고국에 보내는 이메일에서는 이라크인들이 자신을 '민주주의의 창시자'로 여겨

---

* 아메드 알라힘(Ahmed al-Rahim)은 크리에이티브 어소시에이츠에 근무하는 이라크계 미국인이다. 그는 원래의 계획은 미국에서 커리큘럼을 짠 뒤 이라크에 도입하는 것이었다고 말했다. 그러나 알고 보니 이라크인들은 미국에서 만들어진 것을 부적절하다고 여겨 폐기한 것으로 드러났다.

동상을 세워주지 않을까 상상했다고 밝혔다.*19

외국 기업들이 들어오고 있을 때, 이라크의 200개 국영회사에 있는 기계들은 만성적인 정전으로 멈추어 서 있었다. 한때 이라크는 중동에서 가장 눈부신 산업경제를 이루었다. 그러나 지금은 이라크에서 제일 큰 회사마저 자국의 재건에서 최하위 하청조차 받지 못했다. 이라크 회사들이 노다지 광풍에 참여하려면 비상발전기와 기본적인 기계수리가 필요했다. 중서부 교외처럼 보이는 미군기지를 짓는 핼리버튼의 속도로 볼 때, 그것은 별로 어려운 일도 아니었다.

산업부의 무함마드 토피크는 발전기가 필요하다고 여러 번 요구했다고 말했다. 또한 이라크의 17개 국영 시멘트 회사들이 건축재를 공급할 수 있으며, 수만 명의 이라크 노동자들을 투입해도 좋을 것이라고 밝혔다. 그러나 이라크 회사들은 계약을 맺거나 발전기를 공급받지 못했다. 미국 회사들은 근로자뿐만 아니라 시멘트도 10배나 비싼 가격에 해외에서 수입했다. 그리고 브레머는 이라크의 중앙은행이 이라크 국영기업에 자금을 제공하지 못하게 금지하는 경제 법령을 제정했다(이러한 사실은 몇 년이 지난 후에도 보도되지 않았다).[20] 토피크에 따르면, 이라크 산업을 보이콧하는 이유는 실질적인 것이 아니라 이념적인 것이었다. 정책 입안자들 가운데 공공부문을 신뢰하는 이는 아무도 없었다.

이라크 사기업은 개방된 국경으로 들어온 수입품에 밀려나 무더기로 문을 닫았다. 그러나 브레머의 직원들은 위안이 될 말은 전혀 하지 않았다. 브레머의 부관인 마이클 플라이셔(Michael Fleischer)는 이라크 사업가들의 모임을 주재한 자리에서 이라크 사업체 상당수가 외국과의 경쟁에서 실패할 것이라고 단언했다. 바로 그것이 자유시장의 묘미라고 했다. "외국 기업들에 기가 눌렸습니까?" 그는 수사적으로 말했다. "해답은 여러분에게 달려 있습니다. 오직 여러분

---

* RTI는 여러 도시와 마을에서 이슬람 지역당의 민주적 정권 인수를 방해하다가, 결국엔 이라크에서 퇴출되었다.

들 가운데 최고만이 살아남을 겁니다." 그는 쇼크요법 때문에 파산한 러시아의 중소기업가들에게 "그래서 어쩌라고요? 죽을 사람은 죽어야죠."라고 말한 예고르 가이다르 같았다.[21]

잘 알려진 바와 같이 부시의 마셜플랜은 처음 의도한 대로 된 게 하나도 없었다. 이라크인들은 기업들의 재건을 선물이 아니라 현대화된 약탈로 보았으며, 미국 기업들의 속도와 효율성에 경탄하는 사람도 없었다. 한 이라크 기술자는 이제 재건이라는 단어가 누구도 웃지 않는 농담처럼 들린다고 말했다.[22] 미국의 계산 착오 때문에 저항은 더욱 거세졌고, 외국 군대의 억압조치에 대항하기 시작했다. 결국 이라크 전체는 폭력의 구렁텅이에 빠졌다. 2006년 7월, 신뢰할 만한 논문에 따르면 이라크 전쟁으로 65만 5,000명의 이라크인들이 목숨을 잃었다. 침입이나 점령이 없었다면 숙지 않았을 사람들이었다[23]

2006년 11월 퇴역한 미 육군 장교 랠프 피터스(Ralph Peters)는 「US 투데이」에 기고를 했다. "우리는 이라크 사람들에게 법치주의적 민주주의를 세울 소중한 기회를 주었다. 그러나 그들은 오래된 증오, 종파 간의 폭력, 민족적 편협함, 부정부패의 문화에 빠져 있었다. 냉소주의자들의 말이 맞았다. 우리가 알다시피 아랍 사회는 민주주의를 감당할 수 없었다. 국민들은 자기 수준에 맞는 정부를 갖는 법이다. 바그다드 거리의 유혈 폭력은 이라크 정부의 무능함을 상징한다. 또한 조직화된 인간행동의 영역에서 진보하지 못하고 있는 아랍 세계의 총체적인 무능을 상징하는 것이기도 하다. 우리는 지금 한 문명의 붕괴를 목격하고 있다."[24] 피터스가 격하게 표현하긴 했지만, 사실 많은 서구 평론가들도 같은 결론을 내렸다. 한마디로 전부 이라크인들 탓이라는 것이다.

그러나 이라크를 둘러싼 종파갈등과 종교적 극단주의는 침입 및 점령과 별개의 것이 아니다. 종파갈등은 전쟁 이전에도 분명히 존재했지만, 이라크가 미국의 실험실이 되기 전에는 미미한 수준이었다. 침입한 지 11개월이 지난 2004

년 2월 발표된 옥스퍼드 리서치 국제조사를 살펴보자. 대다수 이라크인들은 종교 색채가 없는 정부를 원했다. 응답자의 21퍼센트만이 정치체계를 이슬람 국가로 정하기를 바랐다. 그리고 14퍼센트만이 종교적인 정치인들을 가장 선호했다. 6개월이 지난 뒤 점령은 더욱 폭력적인 새로운 국면을 맞았다. 또 다른 조사에 따르면 이라크인들의 70퍼센트가 이슬람법을 국가의 기반으로 여겼다.[25] 한편 종파 간 폭력사태는 사실상 점령 첫해에는 거의 나타나지 않았다. 첫 번째 중요한 사건인 시아파 사원 폭발은 2004년 3월 아슈라(Ashoura) 축일(무함마드의 손자인 후사인의 죽음을 기리는 날-옮긴이)의 일이다. 그러니까 침입 이후 1년이 지난 시점이다. 미군 점령이 종파 간 증오를 심화시키고 부추긴 것이다.

부시의 반마셜플랜이 정착되어 점차 가속화되었다. 그러자 만연한 부정부패, 폭력적인 종파주의, 종교적 근본주의의 출현, 암살단의 횡포 같은 이라크를 분열시키는 요인들이 나타났다. 사담 후세인의 몰락 이후 이라크는 보수되고 통합되어야 마땅했다. 그것이 가능하려면 이라크인들이 주도적으로 참가해야 했다. 그러나 혼란의 시기에 이라크는 무자비한 자본주의의 실험실로 변했다. 개인들과 지역사회끼리 싸움을 붙이고, 수십만 명의 일자리와 삶의 터전을 앗아갔으며, 정의에 대한 요구를 외국 점령자들에 대한 면책권으로 대체한 시스템이었다.

현재 이라크의 재앙은 부시가 있는 백악관의 무능이나 족벌주의 때문만이 아니다. 그렇다고 이라크의 종파주의나 부족주의 때문만도 아니다. 실상은 전쟁 시작과 함께 발산된 끝없는 탐욕의 악몽인 자본주의자의 재난이었다. 이라크의 대실패는 시카고학파 이념을 교묘하고도 충실하게 적용했기 때문이다. 처음부터 (그리고 계속되는) 이야기는 '내전'과 이라크전 주도세력과 조합주의 프로젝트의 연결에 관한 것이었다. 한편 이념을 실천한 사람들에게 이념의 부메랑이 되돌아오고 있었다. 한마디로 이념의 반격이었다.

가장 유명한 반격 사건은 브레머가 맨 처음 내놓은 50만 노동자 해고 법안으로 나타났다. 주요 대상자는 군인들이었지만 의사, 간호사, 교사, 기술자들도 있었다. 이른바 이라크 사회를 지배했던 바트당에서 탈피하려는 탈(脫)바트당화 정책으로, 사담 후세인에 충성했던 정부를 정화하려는 의도에서 나왔다. 그러나 그것만으로는 이와 같은 대규모 해고를 설명하기 어렵다. 고위급 공무원들도 아닌 일반 노동자들에게 타격을 입히면서까지 공공부문을 붕괴시킨 것도 이해하기 어렵다.

밀턴 프리드먼은 피노체트에게 정부지출을 25퍼센트 줄이라고 조언했었다. 그 이후로 쇼크요법 프로그램에는 공공부문 파괴정책이 늘 수반되었다. 바로 그러한 정책을 보여준 것이다. 브레머는 이라크의 국영기업과 정부 부서를 스탈린식 경제라고 부르며 반감을 숨김없이 드러냈다. 이라크 기술자, 의사, 전기공, 도로건설자들이 수년 동안 축적한 지식과 특화된 기술은 전혀 고려하지 않았다.[26] 브레머는 직장을 잃은 사람들이 분노할 것을 잘 알고 있었다. 그러나 그의 비망록에 분명히 밝혔듯, 이라크의 전문가 계층을 갑작스럽게 제거하면 이라크가 제 기능을 하지 못하게 된다는 점은 미처 생각하지 못했다. 사실상 브레머의 임무에까지 지장이 생겼다. 맹목적인 해고는 사담 후세인에 대한 반감이 아니라 자유시장에 대한 열정과 관련되어 있었다. 정부를 짐으로 여기고 공무원들을 의미 없는 존재로 보는 사람만이 그와 같은 결정을 내릴 것이다.

이념적 맹목성은 구체적으로 세 가지 효과를 냈다. 숙련된 사람들을 직위에서 쫓아내는 바람에 재건에 지장을 주었고, 탈종교적인 이라크인들의 입지를 약화시켰으며, 분노한 사람들의 저항에 직면했다. 여러 고위급 미군 장교와 정보부 요원들에 따르면, 브레머가 해고한 군인 40만 명의 상당수가 곧장 저항단체로 갔다. 해군 장성 토머스 해머스(Thomas Hammes)는 "해고되면서 무기를 집으로 가져가 무장한 사람들이 수십만 명이다. 그들은 무기를 사용할 줄 알고, 미래가 없는 데다, 미국에 분노를 느끼는 사람들이다."라고 말했다.[27]

브레머는 외국 회사들이 이라크 자산을 100퍼센트 소유하도록 허락했다. 동시에 수입품 전면 개방이라는 전형적인 시카고학파식 결정을 내렸다. 그러자 분노한 이라크 사업가 계층은 얼마 안 되는 돈이나마 이라크 저항단체를 지원하는 데 보냈다. 기자 패트릭 그레이엄(Patrick Graham)은 수니파 트라이앵글(바그다드를 기점으로 북부의 티크리트, 사마라, 바그다드 서부의 팔루자를 잇는 저항세력의 근거지-옮긴이)에서 이라크 사람들의 저항이 처음 나타났던 해를 취재했다. 그러고는 「하퍼스(Harper's)」에 실상을 폭로했다. "새로운 외국 투자법에 따르면, 외국 회사들은 적은 돈으로 이라크 공장을 사들일 수 있다. 이에 이라크 사업가들은 분노했다. 외국 상품들이 물밀듯 들어오는 바람에 이라크 산업은 완전히 붕괴되었다. 사업가들이 보기에는 외국에 비해 이라크가 경쟁우위에 있는 것은 폭력뿐이었다. 이는 아주 단순한 비즈니스 논리다. 이라크에 문제가 많아질수록 외부인들이 개입하기 어려워지니 말이다."**28**

백악관은 미래의 이라크 정부가 브레머의 경제법을 바꾸지 못하도록 하겠다는 확고한 의지를 보였는데, 거기서 바로 이념의 반격이 생겨났다. IMF가 구조조정 프로그램을 처음으로 내놓은 이후 그래왔듯, 위기 초반에 이룬 변혁을 나중에라도 변경 불가능하게 만들려는 것이다. 워싱턴이 보기에 주권을 가진 이라크 정부가 몇 달 뒤에 법령을 고친다면 세상에서 가장 계몽적인 투자법은 아무 의미가 없는 셈이었다. 브레머의 법령들은 법적으로 회색지대에 있었기 때문에, 부시 행정부는 이라크 헌법을 새로 만들어 문제를 해결하려는 굳은 의지를 보였다. 먼저 브레머의 법을 변경 불가능으로 만든 임시 헌법으로 시작한 뒤, 이후 같은 목적(그러나 결국 실패한)을 가진 영구적 헌법을 만들려고 했다.

많은 법조인들은 헌법에 집착하는 워싱턴의 태도에 낙담했다. 다시 새로운 헌법을 쓸 급박한 필요가 전혀 없었기 때문이다. 1970년에 만들어진 이라크 헌법은 사담 후세인의 무시에도 불구하고 매우 실용적이었다. 게다가 이라크에는 그보다 더 급한 문제들이 많이 있었다. 무엇보다 헌법을 만드는 과정은 평화상태의 국가라 해도 두려운 일이다. 온갖 긴장, 경쟁, 편견, 잠재적 불만이 수면 위로 등장한다. 때문에 그러한 과정을 사담 후세인 이후의 분열된 이라크에 두 번이나 강요한다면 내전의 가능성이 커진다. 헌법 논의 과정에서 드러난 사회 균열은 치유되지 않은 채 국가의 분열만 가져올 수 있었다.

브레머는 이라크의 국영회사 200개를 민영화하려는 계획을 세웠다. 이라크 사람들은 이를 미국이 저지르는 또 다른 전쟁행위로 보았다. 무역 규제의 완전 철폐도 마찬가지였다. 한편, 이라크 노동자들은 외국 기업의 투자 유치를 위해 기존인력의 3분의 2가 해고된다는 사실을 알게 되었다. 이라크 공기업들에 대한 대규모 민영화 발표가 얼마나 많은 새로운 적들을 만들어냈는지 보여주는 한 일화를 소개하겠다. 식용유, 비누, 식기 세척제 등 각종 생필품을 만드는 공장 7곳의 연합체에서 일어난 일이다.

나는 바그다드 교외에 위치한 공장 복합체를 견학하다가 마흐무드를 만났다. 그는 단정한 턱수염을 기른 스물다섯 살의 자신감 넘치는 젊은이였다. 미국 점령 6개월 무렵 직장이 매각된다는 소식에 그와 동료들은 충격을 받았다. "만약 사기업이 우리 회사를 산다면 더 많은 돈을 벌기 위해 제일 먼저 인원 삭숙부터 할 겁니다. 그러면 우리는 가혹한 운명을 맞겠죠. 저희에겐 공장이 유일한 생계 터전입니다." 놀란 마흐무드를 포함한 노동자 17명은 경영자에게 따지기 위해 사무실로 찾아갔다. 그곳에서 충돌이 발생했다. 한 노동자가 경영자를 때리자 경호원이 노동자들에게 총을 발사했다. 그도 총에 맞아 병원에 한 달 동안 있었다. 몇 개월 후 상황은 더욱 과격해져서 경영자와 그의 아들은 일을 하러 오다가 심한 총상을 입었다. 헤어질 무렵 나는 반대에도 불구하고 공장이 팔리면 어떻게 할 거냐고 물었다. "두 가지 방안이 있어요." 그는 상냥하게 웃으며 말했다. "공장에 불을 질러 완전히 태워버리든지 아니면 점거할 겁니다. 어떤 경우에도 민영화는 절대 안 됩니다." 이러한 일화는 이라크인들에게 충격을 주어 복종시킬 수 있다며 자신만만해한 부시팀에 대한 초기 경고였다.

워싱턴의 민영화 꿈에는 또 다른 장애요소가 있었다. 바로 점령체제에 깔려 있는 자유시장 근본주의다. '국가주의'적인 것은 뭐든지 거부한 결과, 그린존 외부를 다스리는 점령 당국은 야심 찬 계획을 실시하려고 해도 인원과 자원이 부족해졌다. 특히 마흐무드와 같은 노동자들이 표출하는 강경한 저항에 직면하자 더욱 그랬다. 「워싱턴포스트」의 라지브 찬드라세카란(Rajiv Chandrasekaran)이 폭로했듯 연합군 임시행정처는 공동(空洞) 조직으로, 단 3명이 국영공장 민영화라는 엄청난 임무를 당당했다. "놀랄 건 없습니다." 3명의 단출한 직원들은 동독 대표단의 자문을 받고 있었다. 동독의 경우, 국영재산을 매각하는 프로젝트에 8,000명이 배정되어 있었다.[29] 연합군 임시행정처는 이라크를 민영화하는 작업조차도 민영화한 것이다.

단지 직원이 적은 것만이 문제가 아니었다. 국가를 개조해 재건하려는 복잡한 임무를 수행하려면 공적 분야에 기본적으로 신뢰가 있어야 한다. 그런데도 전혀 그렇지 않은 사람들이 직원으로 있었다. 정치학자 마이클 울프(Michael Wolf)가 말한 대로, "채식주의자가 세계 최고급 소고기 요리를 만들 수는 없다. 마찬가지로 보수주의자들은 국가를 제대로 통치할 수 없다. 자기가 해야 할 일을 옳지 못한 일로 생각하면서 그 일을 잘해낼 수는 없기 때문이다." 그는 덧붙여 말했다. "통치의 방식에서 봤을 때 보수주의는 재앙의 또 다른 이름이다."[30]

이라크에서의 상황이 바로 그랬다. 연합군 임시행정처에서는 경험 없고 젊은 미국의 정치적 피임명자들이 상당수 업무를 수행했다. 일부 20대 공화당원들이 130억 달러의 이라크 예산을 감독하는 중요한 역할을 맡은 것이다.[31] 이른바 브랫팩(brat pack: 1980년내 할리우드의 젊은 스타 무리를 이르던 말에서 비롯한 청춘스타 군단–옮긴이)인 그들은 나이도 어린 데다 신뢰도도 떨어졌다. 단순한 정치적 족벌주의로 볼 문제가 아니었다. 그들은 케인스주의의 유산에 맞서는 반혁명에 참여한 전사들로, 대부분 헤리티지 재단과 관련되어 있었다. 헤리티지 재단은 1973년 설립된 이후 줄곧 프리드먼주의의 근거지였다. 딕 체니의 스물두 살 인턴이든 아니면 60대의 대학 총장이든 상관없이, 그들은 하나같이 정부와 정부의 통치에 문화적 반감을 갖고 있었다. 그러한 반감은 미국에서 사회보장제도와 공공교육 시스템을 해체할 때 긴요하게 쓰일지는 몰라도, 이미 파괴된 공공기관을 다시 세우는 일에는 별로 도움이 되지 않았다.

오히려 그들 가운데 상당수는 재건 과정이 불필요하다고 믿는 것 같았다. 제임스 해브먼(James Haveman)은 이라크의 건강보호 시스템 재건을 맡고 있었다. 그는 이념적으로 무상 의료 서비스에 반대하는 인물이었다. 당시 어린이 사망의 70퍼센트를 차지하는 원인이 설사 같은 치료 가능한 질병이었으며 인큐베이터도 제대로 관리하지 못하는 상황이었다. 그런데 그는 가장 시급한 우선순위가 의약품 배급 시스템의 민영화라고 결정했다.**32**

그린존에 경험 많은 공무원들이 부족한 것은 부주의한 탓이 아니었다. 이라크 점령은 처음부터 공동 정부를 민들려는 급진적 실험이었다. 싱크탱크 직원들이 바그다드에 도착할 때쯤, 중요한 재건작업은 핼리버튼과 KPMG에 아웃소싱된 상태였다. 때문에 공무원으로 온 그들의 임무는 단지 현금 관리뿐으로, 수축포장된 100달러 시폐 디발을 이라크에서 계약업자에게 건네주는 것이었다. 즉 조합주의 국가에서의 정부 역할을 보여준 것이다. 정부는 공적자금을 사기업의 손에 쥐여주는 컨베이어 벨트인 셈으로, 세심한 현장 경험보다는 이념적 충성이 요구되는 직업이다.

이라크인들은 그 멈추지 않는 컨베이어 벨트에 분노했다. 미국은 국가보조금이나 무역보호 없는 철저한 자유시장을 채택하라고 계속 주장했다. 마이클 플라이서는 이라크 사업가들에게 여러 차례 강의를 하면서, 국가의 보호를 받는 사업은 결코 경쟁력을 갖출 수 없다고 설명했다.**33** 이라크 재건사업으로 혜택을 받는 핼리버튼, 벡텔, 파슨스, KPMG, RTI, 블랙워터 같은 미국 기업들이 거대한 보호주의 속에 있다는 것은 인식하지 못한 채 말이다. 미국 정부는 전쟁을 통해 시장을 창설하고, 경쟁자들은 아예 진입하지 못하게 한 뒤, 미국 회사에 일을 맡기고 돈을 지급했다. 납세자들의 돈으로 기업의 이득을 보장해준 것이다. 뉴딜의 복지국가를 해체하려는 목적으로 출현한 시카고학파의 운동은 마침내 기업을 위한 뉴딜정책으로 절정을 맞았다. 거추장스러운 것은 모두 제거해 더욱 단순해진 민영화였다. 기업들은 대규모 자산이전을 할 필요도 없이 드러내놓고 국가금고에 접근했다. 투자나 책임성은 찾아볼 수 없었으며, 그저 천문학적인 이윤만 있을 뿐이었다.

이라크인들을 재건계획에서 체계적으로 배제하면서 그들의 이중 기준은 극에 달했다. 제재와 침입으로 고통받은 이라크인들은 당연히 자국의 재건으로 혜택을 볼 권리가 있다고 생각했다. 단지 최종 생산물만이 아니라 그 과정에서 창출된 일자리를 통해서 말이다. 그러나 외국 계약업자들은 수만 명의 외국 노동자들을 데리고 이라크 국경선을 넘어왔다. 여전히 외국의 침입을 받는 것 같았다. 재건이 아니라 가면을 쓴 파괴행위나 마찬가지였다. 그것은 국가의 자부심이었던 산업을 완전히 말소시키는 행위로, 지역을 가리지 않았다. 브레머 재임 시절, 고작 이라크인 1만 5,000명만이 미국이 지원하는 재건 과정에서 일할 수 있었다. 너무나도 적은 숫자였다.[34] "재건계약은 전부 외국인들에게 넘어갔습니다. 외국인들이 경호요원들과 기술자들을 데리고 들어오는 바람에, 우리는 그저 바라만 보고 있어야 합니다. 그러니 뭘 기대하겠습니까?" 이라크계 미국인 노우리 시토(Nouri Sitto)가 그린존에서 내게 말했다. 시토는 재건을 위해 CPA와 함께 바그다드로 돌아왔다. 그러나 그는 실질적인 조치를 취하지 못하는 현실에 진력이 났다. "테러리즘과 치안 부재의 첫 번째 이유는 바로 경제입니다."

주로 외국인이 관리하는 작업장, 프로젝트, 노동자들에게 폭력이 가해졌다. 혼란을 확산시키려는 알카에다 같은 이라크 내부세력의 탓도 물론 있다. 그러나 재건이 처음부터 국가적 프로젝트로 인식되었다면, 이라크 대중은 자신이 속한 지역사회의 일부로 생각해 그것을 보호했을 것이다. 그리고 폭력선동가들이 활동할 입지도 줄어들었을 것이다.

부시 행정부는 국민의 돈을 받는 회사들이 이라크인들을 직원으로 고용하도록 규정을 만들 수도 있었다. 아니면 아예 이라크 회사들과 직접 계약을 맺을 수도 있었다. 그러나 그런 간단하고도 상식적인 조치는 수년 동안 일어나지 않았다. 그러한 조치는 이라크를 성장하는 시장경제의 버블로 전환하려는 전략과 반대되기 때문이다. 버블은 규제나 규칙이 없을 때 더 커진다는 것을 모두 알고 있었다. 따라서 계약업자들은 속도와 효율성이라는 명목 아래 자유롭게 고용하고, 뭐든지 수입할 수 있으며, 원하는 회사와 계약을 맺을 수 있었다.

만약 침입 6개월 내에 이라크인들이 벡텔이 건설한 파이프에서 신선한 물을 마시고, GE 전기회사가 제공한 전기시설을 이용하고, 노약자들은 파슨스가 건설한 청결한 병원에서 치료를 받고, 딘코프에서 교육받은 뛰어난 경찰들이 거리를 순찰했다고 가정해보자. 상당수 시민들은 (전부는 아니겠지만) 재건에서 배제된 분노를 극복할 수 있었을 것이다. 그러나 그런 상황은 전혀 나타나지 않았다. 이라크의 저항세력이 재건 장소를 표적으로 삼기 전부터, 방대한 정부임무에 자유방임주의를 적용한 조치가 바로 재앙을 불러온 것이다.

외국 회사들은 어떤 규정의 제한도 받지 않으며, 기소될 염려가 없고, 투입비용은 물론 이윤까지 보장해주는 계약을 맺었다. 그들이 어떤 행동을 할지는 뻔했다. 바로 멋대로 사기를 치기 시작한 것이다. 이라크에서 '최고'로 알려진 큰 계약업자들은 정교한 하청 시스템을 짜기에 정신이 없었다. 그들은 그린존, 심지어 쿠웨이트시나 암만에 사무실을 차리고는, 쿠웨이트 회사들에게 하청을 주었다. 쿠웨이트 회사들은 다시 사우디아라비아에 하청을 주었다. 치안이 너무 안 좋아질 경우, 사우디아라비아인들은 쿠르디스탄(Kurdistan)에 있는 이라크 회사들에게 일부 계약의 하청을 주었다. 민주당 상원의원 바이런 도건(Byron Dorgan)은 바그다드의 에어컨 계약을 예로 들어 이러한 구조를 설명했다. "계약은 하청업자에서 또 다른 하위 하청업자에게 계속 내려갑니다. 그렇게 해서 네 번째 하청업자에게 갑니다. 결국 에어컨 비용은 하청업자 4명에게 지불됩니다. 그리고 네 번째 하청업자는 방 안에 선풍기 한 대만 설치하고 맙니다. 미국 납세자들은 분명 에어컨 비용을 지불했습니다. 그러나 그 돈은 4명의 손을 빙빙 거치다가 결국 선풍기 한 대를 들여놓는 걸로 끝나지요."**35** 더 중요한 문제는 자신들의 원조 자금이 혼란한 시기를 틈타 강탈되고 있는 걸 이라크 사람들이 지켜봤다는 것이다.

벡텔은 2006년 11월에 짐을 챙겨 이라크를 떠나면서 프로젝트를 완수하지 못한 건 극단적인 폭력 탓이라고 비난했다. 그러나 계약업자의 실패는 무장 저항세력이 이라크에서 적극적으로 활동하기 전부터 이미 시작되었다. 벡텔이 재건한 첫 학교에서 즉각 불만이 터져 나왔다.**36** 이라크가 폭력에 휩싸이기 전인 2004년 4월 중순, 나는 미국 계약업자가 재건하기로 한 바그다드의 중앙 소아병원을 방문했다. 가보니 복도에는 더러운 하수가 흐르고, 변기는 하나도 작동되지 않았다. 이러한 난장판을 수습하려는 사람들은 하청업자 시스템의 맨밑에 있는 하청업자로, 그는 너무나 가난해 신발조차 없는 상태였다. 월마트의 하청업자의 하청업자의 하청업자를 위해 부엌에서 삯일거리로 바느질하는 여자들과 똑같았다.

미국 계약업자들이 이라크에서 발을 뺄 때까지 거의 3년 반 동안 잘못된 재건 관리는 계속되었다. 수십억 달러가 들었는데도 재건 업무는 아직도 상당수가 마무리되지 않은 상태였다. 파슨스는 의료시설 142곳을 짓기 위해 1억 8,600만 달러를 받았지만, 완공된 것은 달랑 여섯 개에 불과했다. 심지어 재건의 성공담으로 불리던 프로젝트마저 의심을 불러일으킨다. 2007년 4월, 미국 감사관들은 산부인과병원과 수질정화 시스템을 포함해 이라크에서 미국 계약업자들이 완성한 여덟 개의 프로젝트를 감사했다. 그리고 그중 7개가 제대로 작동되지 고 있다고 「뉴욕타임스」가 보도했다. 또한 이라크의 전기발전소는 2006년에 비해 2007년 들어 오히려 전기 생산량이 훨씬 줄었다고 밝혔다.**37** 2006년 12월, 주요 재건계약들이 종결되었을 무렵, 감사원은 이라크의 미국 계약업자들과 관련된 사기행위로 의심되는 87건의 사건들을 조사했다.**38** 이러한 부정부패는 서투른 관리 탓이 아니라 정책 결정의 결과였다. 이라크가 무법천지 자본주의의 다음 개척지가 되려면 법의 규제에서 자유로워야 했기 때문이다.

브레머의 연합군 임시행정처는 사기, 기만행위, 속임수를 근절하기 위해 노력하지 않았다. 왜냐하면 연합군 임시행정처 자체가 사기이기 때문이다. 이름 말고는 전혀 점령 당국이라고 할 수 없었다. 유명한 커스터배틀스 부정부패 사건에서 판사는 그러한 관점을 강하게 드러냈다.

커스터배틀스의 이전 직원 2명이 내부 고발 소송을 냈다. 회사가 연합군 임시행정처와 맺은 건설계약을 속이고 수백만 달러의 사기를 쳤다고 고발한 것이다. 바그다드 국제공항과 관련된 일이었는데, 회사는 회사용 회계자료와 연합군 임시행정처에 예산을 청구하는 회계자료를 따로 만들어 관리했다. 은퇴한 미 준장 휴 탄트(Hugh Tant)에 따르면, 이 회사의 일처리는 30년 군생활의 경험에 비추어 봤을 때 최악이었다고 증언했다(커스터배틀스의 위반 혐의 가운데는 공항에서 이라크 소유의 지게차를 횡령해 페인트칠을 새로 한 뒤에 연합군 임시행정처에 기계비용을 청구한 사건도 있었다).**39**

2006년 3월, 버지니아의 연방 배심원은 사기 혐의가 인정되니 손해배상금으로 1,000만 달러를 내라고 판결을 내렸다. 그러자 회사는 반박자료를 제시하며 판사에게 판결을 번복할 것을 요구했다. 연합군 임시행정처는 미국 정부의 일부가 아니기 때문에 정부 법에 종속되지 않는다는 주장이었다. 이러한 변론이 의미하는 바는 엄청나다. 부시 행정부는 이라크의 미국 기업들에게 이라크 법을 지킬 의무를 면제해주었다. 그런데 연합군 임시행정처가 미국 법에도 종속되지 않는다면, 계약업자들은 미국 법이든 이라크 법이든 간에 사실상 어떤 법에도 전혀 종속되지 않는 것이다. 결국 판사는 회사의 주장을 받아들였다. 커스터배틀스가 연합군 임시행정처에 '과장된 허위 송장'을 보냈다는 증거는 충분하지만, 그러한 주장을 미국에 제기할 수 있음을 원고 측이 증명하지 못했다는 것이다.[40] 경제 실험의 첫해, 이라크에서 미국 정부의 존재는 전혀 실체가 없었던 것이다. 미국 정부나 법도 미치지 않은 곳에서 미국 납세자의 돈과 이라크 오일 달러가 외국 기업을 통과하는 통로만 있었던 것이다. 이라크는 국가주의에 대항한 반혁명의 극단적인 모습을 상징했다. 바로 공동 국가 말이다. 법정의 최종 판결문처럼 그곳엔 어떠한 국가도 없었다.

미국 계약업자들에게 수십억 달러를 지급한 뒤 연합군 임시행정처는 와해되었다. 그리고 파문이 일자 직원들은 사기업으로 돌아갔다. 그린존의 비참한 상황을 지키기 위해 남으려는 사람은 아무도 없었다. 한편 이라크에서 사라진 수십억 달러는 현실에서 그대로 드러났다. "상황은 더욱 나빠졌습니다. 미국 회사들과 맺은 엄청난 계약에도 불구하고 나아진 게 없어요." 벡텔이 이라크에서 떠나겠다고 선언한 뒤 전기부의 한 기술자가 말했다. "수십억 달러가 전기시설에 들어갔는데 전혀 나아진 게 없다니 참 이상하죠. 그런데 정말로 더 나빠졌어요." 모술(Mosul)의 한 택시 운전사는 오히려 이렇게 반문했다. "재건은 무슨 재건입니까? 우리는 수십 년 전에 지어진 상태로 보수도 안 된 시설에서 나오는 정화되지 않은 물을 마시고 있어요. 전기는 고작 하루에 2시간 들어올 뿐이고요. 이라크는 퇴보하고 있어요. 가스도 없어서 산에서 주워온 장작으로 불을 지펴 요리를 한다고요."[41]

재건의 처참한 실패는 가장 치명적인 반격이었던 종파갈등과 종교적 근본주의와도 직접적 관련이 있다. 점령 당국이 치안 같은 기본적인 서비스도 제공하지 못하자, 사원과 민병대들이 그 자리를 대신했다. 젊은 시아파 성직자 무크타다 알사드르(Moqtada al-Sadr)는 브레머가 추진한 민영화된 재건의 실패를 잘 보여주는 인물이다. 그는 바그다드에서 바스라까지 시아파 빈민가에서 재건작업을 통해 많은 추종자들을 모았다. 사원의 기부를 통해 재정지원을 받았으며 나중엔 이란의 도움을 받아 재건센터를 차렸다. 전기나 전화선을 고치는 전기공을 파견하고, 혈액을 운반하고, 교통을 정리했다. "저는 공백을 발견했습니다. 누구도 메우지 않더군요." 알사드르가 점령 초기에 말했다. 덧붙여 "제가 할 수 있는 일을 할 따름입니다."라고도 했다.[42] 또한 그는 브레머 치하의 이라 크에서 직업도 희망도 찾지 못한 젊은이들을 데려와 검은색 옷을 입히고 러시 아제 기관총으로 무장시켰다. 그 결과 마흐디(Mahdi)군이 창설되었다. 마흐디 는 이라크의 분파 전쟁에서 가장 잔인한 부대다. 이러한 민병대들은 조합주의 의 유산이다. 만약 재건작업이 이라크인들에게 일자리, 안보, 서비스를 제공했 다면, 알사드르는 할 일도 없었을 것이고 많은 추종자들도 따르지 않았을 것이 다. 실상 미국 기업들의 실패는 알사드르가 성공을 거둘 수 있는 토대였다.

브레머의 이라크는 시카고학파 이론의 논리적 결론을 보여주었다. 공공부 문은 최소 인원으로 축소되었다. 그나마 대다수 직원들은 계약직 노동자들이 었다. 그들은 핼리버튼의 도시국가에 살면서 KPMG가 작성한 기업친화적인 법안에 서명하는 임무를 맡았다. 또한 무장 군인들의 보호를 받는 서구 계약업 자들에게 돈다발을 건네주는 동시에, 완벽한 법적 면책권으로 그들을 보호해 주었다. 분노한 이라크인들은 점차 종교적 근본주의로 전향했다. 공동 국가에 서 유일한 힘의 원천은 오직 그것뿐이기 때문이다. 러시아의 갱스터리즘과 부 시의 족벌주의와 마찬가지로, 이라크는 세계를 민영화하고자 50년간 계속된 운동의 창조물이다. 따라서 이라크의 현 상황은 그러한 이념과 단절된 것이 아 니라 오히려 생명을 준 이념의 순수한 화신으로 보인다.

18장

백지상태를 꿈꾸지만
초토화된 세상으로 끝나다

쇼크요법의 전체 과정

그러한 경우엔 정부가 국민들을 해체하고 새로운 국민들을 뽑는 게 더 쉽지 않을까?
1953년, 베르톨트 브레히트(Bertolt Brecht: 독일의 극작가이자 시인-옮긴이),「솔루션(Solution)」1

이라크는 중동에서 가장 큰 개척지다.
시추된 유정의 80퍼센트에서 석유가 발견되었다.
2007년 1월, 아일랜드 석유회사 페트럴(Petrel)의 중역 데이비드 호건(David Horgan)2

부시 행정부는 자신의 경제 프로그램이 이라크에서 격렬한 반발을 야기할 수 있다는 사실을 미처 몰랐을까? 최소한 그 정책을 실행한 폴 브레머만큼은 부정적 결과를 예측했을 것이다. 2001년 11월 테러방지회사 CCP(Crisis Consulting Practice)를 세운 직후 브레머는 정책 보고서를 썼다. 다국적기업이 국내외에서 테러리스트의 공격을 받을 위험이 커진 이유를 고객들에게 설명하는 보고서였다. '국제 비즈니스에 나타난 새로운 위험들'이라는 제목의 보고서에 따르면, 브레머는 그 원인이 기업들에게 막대한 이윤을 가져다준 경제모델 때문이라고 엘리트 고객들에게 설명했다. "자유무역은 전례 없는 부를 창출했지만 많은 사람들에게 부정적인 결과를 가져오기도 했다. 무엇보다도 많은 노동자들을 해고해야 했다. 그리고 외국무역에 시장을 개방하면서 전통적인 소매상과 독점회사에게 엄청난 부담을 주었다. 이러한 변화 때문에 '점차 빈부격차가 커지고 사회적 긴장이 야기'된다. 이는 미국 회사들에 대한 공격으로 이어지는데, 테러 공격도 그중 하나다."[3]

이라크에서 바로 그러한 일들이 벌어진 것이다. 전쟁 입안자들은 경제 프로그램에 정치적 반격이 없을 것이라고 확신했다. 물론 이라크인들이 체계적 강탈정책에 적극적으로 동의할 것이라고 생각하지는 않았을 것이다. 그들은 이라크인들이 혼란에 빠지고, 집단적으로 퇴행하고, 변환의 속도를 따라오지 못한다는 점을 믿고 있었다. 다시 말해 쇼크의 힘에 의지했던 것이다. 전직 국무부 차관 리처드 아미티지(Richard Armitage)는 이라크에서 군사적, 경제적 쇼크요법 전문가들이 생각한 가정들을 잘 표현했다. "미국의 전투력에 놀라고 후세인 제거에 안도감을 느낀 이라크인들은 쉽게 다음 단계로 넘어갈 것이다."[4] 그리고 몇 달만 지나면 전후의 혼란상태에서 벗어나, 아랍의 싱가포르에서 살게 된다는 사실에 즐거워할 것이다. 몇몇 시장 분석가들은 기쁨에 들떠서 이라크가 '티그리스의 호랑이'가 될 것이라고 말했다.

민주주의의 해체

이라크 침공 이후 여름 무렵, 이라크인들의 정치적 참여에 대한 억눌린 갈증은 커져만 갔다. 하루하루 시련을 겪었지만 바그다드는 축제 같은 분위기를 뽑냈다. 그들은 브레머의 해고에 분노하고, 정전과 외국인 계약업자 때문에 좌절했다. 그러나 수개월 동안 그러한 분노는 제한 없는 활기찬 자유 연설을 통해 발산되었다. 여름 내내 그린존의 보안시설 밖에서는 날마다 시위가 벌어졌는데, 대다수는 복직을 요구하는 노동자들이었다.

수백 개의 신생 신문들은 브레머와 경제 프로그램을 비판하는 기사를 싣고, 성직자들은 금요일 설교에서 정치를 비판했다. 사담 후세인의 치하에서는 불가능했던 자유들이었다.

가장 흥미로운 것은 전국의 도시, 마을, 지역구에서 동시선거가 치러졌다는 점이다. 사담의 억압통치에서 해방된 주민들은 마을회관에서 모임을 열고 새로운 시대에 자신들을 대표할 리더를 선출했다. 사마라(Samarra), 힐라(Hilla), 모술 같은 도시에서는 종교적 지도자들과 탈종교적 전문가들과 부족민들이 함께 모여 재건을 위한 지역적 우선순위를 정했다. 또한 종파주의와 근본주의에 대한 우려도 잠재웠다. 모임은 매우 열띤 양상을 보였지만, 즐거운 분위기이기도 했다. 해결해야 할 난제들은 산더미 같았다. 그러나 드디어 자유가 현실로 이루어졌다. 당시 미군은 민주주의를 확산시키기 위해 군대를 파견했다는 대통령의 말을 믿었다. 그래서 선거 과정을 돕고 투표장을 세우며 중요한 역할을 담당했다.

그러나 민주주의에 대한 열망은 브레머의 경제 프로그램에 대한 저항과 섞이면서 부시 행정부를 곤경에 몰아넣었다. 미국은 선거로 선출된 이라크 정부에게 몇 개월 내에 권력을 넘기고 정책결정 과정에 이라크인들을 참여시키겠다는 대담한 약속을 했다. 그러나 첫해 여름의 분위기로 볼 땐 어려운 일이었다. 권력을 양도했다간 곳곳에 미군기지가 들어선 이상적인 국가로 개조할 꿈은 포기해야 할 상황이었다. 경제적 민족주의가 대중에게 깊이 뿌리박혀 있었다. 가장 큰 전리품인 석유 매장지에 대해 특히 그랬다. 결국 워싱턴은 민주적 약속들을 포기하고, 쇼크 강도를 높이면 속아 넘어가지 않을까 싶어 더 심한 충격을 가했다. 남미 원뿔지대의 순수한 자유시장주의로 되돌아가려는 결정이었다.

당시 남미에서는 민주주의를 잔인하게 억압하면서 경제 쇼크요법을 실시했다. 게다가 방해하는 사람은 누구든지 납치해 고문했다.

폴 브레머가 이라크에 도착했을 때, 미국은 이라크 사회의 각 분야를 대표하는 헌법의회를 소집하고 각 분야 대표들이 과도통치위원회의 위원들을 뽑도록 하려 했다. 그러나 바그다드에서 2주를 보낸 후 브레머는 그 계획을 접고, 이라크 과도통치위원회의 위원들을 직접 임명하기로 했다. 브레머는 부시 대통령에게 보낸 메시지에서 위원선출 과정을 "정확한 정보가 없는 상황에서 나름대로 전략을 짜서 골랐습니다."라고 말했다.[5]

그는 통치위원회가 통치권을 가질 것이라고 말해놓고는 곧 마음을 바꾸었다. "당시 경험으로 볼 때 통치권 부여는 좋은 생각이 아니었다." 그는 위원들이 너무 느리고 신중하다고 설명했다. 그의 쇼크요법 계획에는 맞지 않는 것이다. 또한 "그들과는 제대로 손발이 맞지 않는다."라고 말했다. "그들은 시기적절하게 상황에 맞는 결정을 내리지 못한다. 또는 아예 어떤 결정도 내리지 못한다. 게다가 나는 우리가 주권을 넘겨주기 전에 헌법이 제대로 자리 잡는 게 중요하다고 생각했다."[6]

브레머에게 닥친 다음 문제는 전국의 마을과 도시에서 실시된 선거였다. 이라크에 머문 지 두 달째인 6월 말, 브레머는 모든 지역 선거를 중지시켰다. 통치위원회와 마찬가지로 점령군이 이라크 지역 대표들을 지명하기로 계획을 변경한 것이다. 이라크 시아파의 성지이자 가장 큰 종파가 있는 나자프(Najaf)는 미군의 도움으로 도시 전체에서 선거를 조직하고 있었다. 그러던 중에 이런 놀라운 소식이 전해졌다. 나자프 지역을 담당하는 중령은 선거 하루 전날에 해군 제독 짐 매티스(Jim Mattis)의 전화를 받았다. "선거를 취소하시오. 엉뚱한 인물이 선거에서 당선되게 할 수 없소. 안전해 보이는 사람들로 임명해 그들로 하여금 시장을 뽑게 할 것이오. 미국은 그런 식으로 선거 과정을 통제할 것이오." 마이클 고든(Michael Gordon)과 버나드 트레이너(Bernard Trainor) 장군이 공동 저술한 『코브라 II(Cobra II)』에 실린 내용이다. 책은 이라크 침입의 군부 역사를 자세히 다루고 있다. 결국에 미군은 후세인 시대의 군 장성을 나자프의 시장으로 임명했다. 전국의 도시와 마을도 사정은 마찬가지였다.[*7]

어떤 경우엔 이미 지역 대표를 선거로 선출한 후에 선거 금지 통보를 받기도 했다. 그럴 경우에도 브레머는 전혀 흔들림 없이 새로운 의회의 설립을 명했다. 타지(Taji)에서는 모르몬교가 운영하는 RTI가 지역 정부 설립 임무를 맡았는데, 이미 지역민들이 선출한 의회를 해산시킨 뒤 처음부터 다시 시작하게 했다. "우리는 퇴행하는 기분입니다." 한 남자가 불평했다. 브레머는 민주주의의 '전면 금지'는 아니라고 주장했다. "민주주의를 반대하는 게 아닙니다. 우리의 관심사를 배려하면서 진행하는 거지요. 너무 일찍 치른 선거는 치명적일 수 있어요. 매우 신중하게 처리해야 합니다."[8]

당시 이라크인들은 총선을 실시하고 다수가 선출한 정부에 권력을 즉각 이양하겠다는 워싱턴의 약속을 믿었다. 그러나 2003년 11월 지방선거를 취소한 브레머는 워싱턴에서 백악관 밀담을 가졌다. 이후 바그다드에 돌아와서는 총선이 취소되었다고 발표했다. 이라크의 첫 '주권' 정부는 선거가 아니라 임명으로 구성되었다.

상황 반전은 워싱턴 소재의 국제공화당연구소가 실시한 여론조사와도 관련이 있었다. 여론조사에서는 만약 기회가 된다면 어떤 정치인을 뽑을 것인지 이라크인들에게 물어보았다. 그랬더니 그린존의 조합주의자들에게 경종을 울릴 만한 결과가 나왔다. 응답자의 49퍼센트가 더 많은 정부 일자리를 창출하는

---

* 탈바트당 정책이 거센 분노를 불러일으킨 이유도 바로 그 때문이다. 하위 계급 군인들은 일자리를 잃었다. 직업적으로 승진하기 위해 당에 가입할 수밖에 없었던 교사들과 의사들도 마찬가지였다. 반면 고위급 바트당 군관계자들은 인권유린으로 악명을 떨쳤지만 각 도시와 마을에서 이러한 명령을 집행하는 권한을 부여받았다.

당에게 표를 줄 것이라고 했다. 더 많은 사기업 일자리 창출을 약속하는 정당에게 표를 주겠다는 의견은 4.6퍼센트에 불과했다.[9] 따라서 이라크인들이 자유롭게 정부를 선출하고 실권을 가질 경우, 워싱턴은 미군기지 건설과 미국 다국적기업의 이라크 진출이라는 두 가지 목표를 이루지 못할 수 있었다.

부시의 네오콘 진영 비판가들은 민주주의에 너무 많이 의존하는 바람에 이라크 계획이 실패했다고 비난했다. 자기결정권에 천진난만한 신념을 보였다는 것이다. 이런 이야기에 세뇌되어 점령 첫해에 사태가 벌어졌다. 브레머는 민주주의가 조금이라도 발붙이려 하면 어디든 제거했다. 임무를 맡은 지 6개월도 안 되어 그는 헌법의회를 취소해 헌법 작성자들을 선출하라는 제안을 거부했다. 그리고 수십 군데의 지역 및 지방선거를 무효화하거나 취소했다. 또한 총선이라는 괴물도 제거했다. 이것은 이상적인 민주주의자의 행동으로 보기 어렵다. 이제 와서 이라크인의 얼굴을 내세우지 않아서 실패했다고 주장하는 고위급 네오콘 가운데, 당시 바그다드와 바스라가 요구하는 직접선거를 지지한 사람은 1명도 없었다.

초기 몇 달 동안, 이라크에 부임해 있었던 상당수 사람들은 민주주의를 미루고 제거하려는 결정과 극렬해진 무장투쟁이 연관되어 있다고 본다. 침공 이후부터 이라크에 있었던 유엔 외교관 살림 론(Salim Lone)은 브레머가 민주주의에 역행하는 결정을 내렸던 중요한 순간을 지켜보았다. "이라크 주재 외국인들에게 치명적 공격이 처음 가해진 때는 2003년 7월 이라크 지도부인 통치위원회를 미국이 직접 선출한 직후였다. 그리고 바그다드의 요르단 대사관 테러사건이 일어났다. 곧이어 유엔 바그다드 본부가 폭파되어 무고한 사람들이 죽었다. 통치위원회와 미국에 대한 분노는 이라크에서 아주 분명했다." 론은 그 때문에 많은 친구들과 동료들을 잃었다.[10]

브레머의 총선 취소는 이라크 시아파에게 심한 배신감을 안겨주었다. 가장 큰 종파세력인 그들은 수십 년 동안 종속되어 살아왔다. 정부를 선출했다면 분명 다수인 그들이 장악할 수 있었을 것이다. 처음에 시아파의 저항은 대규모 평화시위로 표출되었다. 바그다드에서 10만 명이 시위를 벌였고 바스라에서도 3만 명이 참여했다. 그들은 힘을 모아 외쳤다. "선거를 원한다. 지명은 원하지 않는다." 이라크에서 두 번째로 높은 시아파 성직자 알리 압델 하킴 알 사피(Ali Abdel Hakim al-Safi)는 조지 부시와 토니 블레어에게 보내는 편지에서 "우리의 주된 요구는 임명이 아니라 선거를 통해 헌법기관을 설립하는 겁니다."라고 밝혔다. 브레머의 새로운 계획은 독재를 독재로 교체하는 것이며, 계속 그런 식으로 한다면 결국은 지는 싸움을 하는 거라고 경고했다.[11] 그런데도 부시와 블레어는 꿈쩍도 하지 않았다. 오히려 자유가 넘친다는 증거라고 시위를 칭찬하면서도, 사담 이후의 이라크 정부를 임명하겠다는 계획을 불도저처럼 밀어붙였다.

이러한 국면에서 무크타다 알사드르는 무시할 수 없는 정치세력이 되었다. 다른 주요 시아파 정당들이 임명된 정부에 참여해 그린존 내부에서 작성된 임시 헌법을 준수하기로 할 때, 알사드르는 정부 임명 과정과 헌법이 부적법하다고 비난하며 의견을 달리했다. 그는 브레머를 공개적으로 사담 후세인에 비교하며, 마흐디군을 열정적으로 모집하기 시작했다. 한편 평화시위는 아무 효력이 없었다. 이제 많은 시아파 사람들은 다수가 지배하는 민주주의를 현실로 이루려면 투쟁밖에 없다는 사실을 확신했다.

부시 행정부가 정부를 선거로 뽑은 뒤 즉각 권력을 이양하겠다고 약속했다면, 이라크의 저항은 전국적인 반란이 아니라 소규모로 진화되었을 것이다. 그러나 그런 약속을 지키려면 전쟁 이면의 경제적 논의를 희생해야만 했다. 따라서 그런 일은 결코 일어날 수 없었다. 요컨대 이라크에서 발생한 폭력사태는 미국이 이라크에서 민주주의를 부인한 것에 대한 폭력적 반발 및 이념적 반발이었다.

신체적 충격

저항세력이 몰려들자 미 점령군은 쇼크기법을 가속화하면서 맞섰다. 미군들은 늦은 밤이나 이른 새벽에 문을 두들기며 어두운 집 안에 불빛을 비추고 영어로 크게 외쳤다('개자식들', '알리바바', '사담 후세인' 같은 일부 단어는 이라크인들도 알아들었다). 여자들은 낯선 침입자들 앞에서 머리를 가리기 위해 허겁지겁 스카프를 찾았다. 미군은 남자들의 머리에 강제로 포대를 씌우고 군용트럭에 실었다. 그들은 곧장 감옥과 구금소로 보내졌다. 점령 이후 3년 반 동안, 대략 6만 1,500명의 이라크인들이 체포되어 미군에 의해 투옥되었다. 미군은 체포 충격을 최대화하기 위해 저런 방법을 사용했다. 2007년 봄에는 약 1만 9,000명이 구금되어 있었다.[12] 감옥 내부에서는 더욱 심한 충격이 이어졌다. 얼음물이 담긴 양동이, 이빨을 드러내고 으르렁거리는 독일산 셰퍼드, 각종 구타, 때로는 전선에 흐르는 전류의 충격도 있었다.

30년 전에 신자유주의 운동은 이러한 기법으로 시작되었다. 이른바 위험인물이나 테러 용의자들을 집에서 끌고 나와 눈가리개와 두건을 강제로 착용시킨다. 그들은 어두운 감방으로 이송되어 구타당하고 때로는 더욱 심한 일도 겪었다. 이라크에서 이상적인 자유시장이라는 꿈을 보호하기 위해 그러한 프로젝트가 다시 진행되고 있었다.

고문기법이 더욱 악랄해진 이유는 군대를 현대적으로 아웃소싱한 기업으로 변화시키려는 도널드 럼즈펠드의 결정 때문이었다. 그는 국방부 장관이 아니라 마치 임금을 적게 주려는 월마트 부사장의 입장에서 군대를 배치했다. 그는 초반 50만 병력을 요구했던 장군들에게 20만 명도 안 되는 인원을 제공해 장군들을 지치게 했다. 그런데도 여전히 더 인원을 줄여야 한다고 생각했다. 그는 내면의 CEO 기질을 충족시키고자 나중엔 전투계획에서 만 명 이상을 줄였다.[13]

그의 적시생산 시스템 군대는 후세인을 끌어내릴 수는 있었다. 그러나 브레머가 이라크에서 만든 법령을 실시할 가능성은 없었다. 대중은 공개적으로 반란을 꾀했고, 이라크 군대와 경찰이 담당했던 부분은 공백상태였다. 거리를 통제할 인원이 부족하자 점령군은 차선책을 실시했다. 즉 거리에 나온 사람들을 모두 체포해 감옥에 가두는 것이다. 급습으로 체포된 수천 명의 죄수들은 CIA 요원, 미군, 사설용병에게 끌려갔다. 제대로 훈련받지 않은 심문관들 상당수는 반란에 관해 알아내고자 공격적인 심문을 했다.

점령 초기에 그린존은 폴란드와 러시아의 경제 쇼크요법 전문가들에게 자리를 내주었는데, 그들은 다른 부류의 쇼크요법 전문가들을 불러왔다. 바로 저항운동을 탄압하는 어두운 기술의 전문가들 말이다. 민간 보안업체에는 콜럼비아, 남아프리카, 네팔에서 더러운 전쟁에 종사했던 베테랑들이 가득했다. 언론인 제레미 스카힐(Jeremy Scahill)에 따르면, 블랙워터와 민간 보안업체들은 700명 이상의 칠레 군인들을 고용해 이라크에 배치했다. 이들 중 상당수는 특수부대 작전군인들로 피노체트 아래에서 훈련받고 일했던 사람들이다.[14]

최고위 쇼크 전문가들 가운데는 미국 사령관 제임스 스틸(James Steele)이 있다. 그는 2003년 5월에 이라크에 도착했다. 스틸은 중앙아메리카 우익운동의 핵심인물이며, 암살대로 비난받는 엘살바도르의 군부대에 조언을 해준 미국 자문위원이다. 더욱 최근에는 엔론의 부사장을 지냈다. 원래 그는 에너지 컨설턴트로 이라크에 갔었다. 그러나 이라크에서 저항세력이 생기자 예전의 모습으로 돌아가 브레머의 주요 안보 자문위원이 되었다. 익명의 펜타곤 직원에 따르면, 스틸은 이른바 '엘살바도르 옵션'을 이라크에 도입했다.[15]

인권감시위원회의 고위급 조사위원인 존 시프턴(John Sifton)은 이라크의 죄수 학대행위는 일반적인 패턴에 들어맞지 않는다고 말했다. 분쟁지역에서는 대개 초기에 학대행위가 발생한다. 이른바 전쟁의 안개라 불리는 시기로, 전장이 혼란스러워 누구도 규칙을 알지 못할 때이다. 아프가니스탄에서 바로 그런 일이 벌어졌다. "그러나 이라크는 전혀 다릅니다. 전문가들이 들어오면서, 그들은 상황을 개선하는 것이 아니라 오히려 악화시키고 있습니다." 시프턴은 바그다드가 함락된 후 4개월이 지난 시점인 2003년 8월부터 학대 관련 보도가 나오기 시작했다고 말했다.

이러한 연대표에 따르면, 고문실 충격은 브레머가 논란이 되는 경제쇼크를 실시한 직후 나타난 셈이다. 8월 후반, 브레머의 입법과 선거 취소가 있었던 긴 여름이 끝나갔다. 브레머의 정책 때문에 저항군에 더 많은 지원자들이 몰렸다. 그러자 미군은 이라크에서 저항세력을 없애기 위해 문을 부수며 군인 정도의 나이에 해당하는 남자들을 끌어냈다.

이러한 변화의 타이밍은 아부그라이브의 파문 시점에서 나온 자세한 보고서를 통해 추적할 수 있었다. 보고서 기록은 2003년 8월 14일부터 시작한다. 윌리엄 폰세(William Ponce) 대위는 이라크 미군기지의 정보요원으로 이라크에 주둔한 동료 요원들에게 이메일을 보냈다. 이메일에는 아주 끔찍한 진술이 포함되어 있었다. "수감자들을 신사적으로 대할 필요가 없다. 군 장성은 이들을 파괴시키길 원한다고 분명히 밝혔다. 공격 피해가 엄청나기 때문에, 우리는 동료들이 추가 공격을 받지 않도록 정보를 수집해야 한다." 폰세는 죄수들에게 사용하고 싶은 기법에 대한 아이디어를 내라고 심문관들에게 요구했다. 그는 이것을 '희망목록'이라고 불렀다. 각종 제안이 쏟아졌는데, 그중엔 '낮은 볼트의 전기쇼크'도 있었다.[16]

2주가 지난 8월 31일, 관타나모 감옥의 교도소장인 미군 소장 제프리 밀러(Geoffrey Miller)는 아부그라이브 감옥을 기트모(Gitmo: 관타나모 기지를 부르는 또 다른 명칭-옮긴이)처럼 만들기 위해 이라크에 파견되었다.[17] 2주가 지난 9월 14일, 중령 리카르도 산체스(Ricardo Sanchez)는 이라크의 고위급 교관으로, 관타나모 모델이 바탕이 된 폭넓은 심문 과정을 감독했다. 심문 시에는 고의적인 모욕을 가하고('자부심과 자아의 격하'로 불린다), 아랍인들이 개를 두려워하는 것을 이용한다. 감각 박탈(조명 통제), 감각 과부하(고함과 커다란 음악)와 고통스런 자세들도 포함된다. 산체스의 메모가 보내진 직후인 10월 초반, 유명한 아부그

라이브 사진들에 나타난 사건이 발생했다.[18]

부시팀은 이라크에 충격과 공포 전략과 경제적 쇼크요법을 가하고도 이라크인들을 복종시키지 못했다. 그러자 쇼크기법들은 더욱 인신공격적으로 변했으며, 퇴행을 유발하기 위해『쿠바르크』심문 매뉴얼의 공식들도 이용되었다.

중요하다고 판단된 죄수들은 바그다드 국제공항 근처의 보안지대로 이송되었다. 미군과 CIA가 운영하는 곳으로 특별 신분증이 있어야 출입이 가능하다. 적십자에게도 비밀이며, 심지어 고위급 군 요원들도 출입이 금지된 곳이다. 그리고 외부에 노출되지 않기 위해 태스크포스 20에서, 태스크포스 121, 태스크포스 6-26, 태스크포스 145 식으로 계속해서 이름을 바꾼다.[19]

죄수들은 작고 평범한 건물에 감금되어 있었다. 완전한 감각 박탈을 포함해 교과서인『쿠바르크』에 나오는 상황을 재현하기 위해 지어졌다. 건물은 5개 지역으로 나누어져 있다. 의학 검사실, 거실처럼 보이는 '소프트 룸(협조적인 죄수를 위한 방)', 레드 룸, 블루 룸, 가장 무서운 블랙 룸이 있다. 블랙 룸은 전체가 검은색으로 칠해져 있고 사면에 스피커가 설치된 작은 방이다.

제프 페리(Jeff Perry)라는 가명을 쓰는 한 하사가 인권위원회에 접근하면서, 비밀 시설의 존재가 세상에 알려지게 되었다. 아부그라이브의 정신병원 같은 구금소는 훈련받지 않은 경비들이 지키고 있었다. 반면에 CIA의 공항 근처 시설은 비밀스럽게 명령을 내리는 데다 의료센터 같은 분위기다. 블랙 룸에서 죄수들에게 가혹한 기법을 사용하고 싶으면, 심문관은 컴퓨터에 가서 일종의 고문메뉴 신청서를 출력한다. "이미 전부 타이핑이 되어 있습니다." 페리가 회상했다. "환경 통제, 춥거나 덥게 만들기, 섬광전구 사용, 음악 사용 등이 있습니다. 개의 짖는 소리도 사용되죠. (중략) 어떤 기법을 사용하고 싶은지 확인만 받으면 됩니다." 형식을 작성한 뒤에는 감독관에게 가져간다. "허락 서명이 떨어지지 않는 경우는 한 번도 못 봤습니다." 페리가 말했다.

페리와 다른 심문관들은 그러한 심문기법이 굴욕적이고 모욕적인 처우를 금지하는 제네바협정을 위반함을 확신했다. 때문에 자신들의 일이 공개될 경우 나중에 기소될까 두려워했다. 페리와 다른 심문관 3명은 중령에게 항의하며 학대를 가하는 것이 꺼림칙하다고 말했다. 알고 보니 비밀감옥은 아주 효율적인 체계였다. 불과 2시간 만에 군 변호사팀이 방문해 파워포인트 연설을 시작하면서 구금자들이 제네바협정의 보호를 받지 않는 대상인 이유를 설명했다. 또한 CIA의 자체 연구와 정반대로 감각 박탈이 고문이 아닌 이유도 연설했다. "정말 신속하더군요." 페리는 자신들이 불만을 제기하자 그들이 곧바로 대응했다고 말했다. "미리 대비를 했던 것 같습니다. 2시간의 슬라이드 쇼는 준비된 것이었습니다."

여기 말고도 이라크 전역에는 『쿠바르크』 스타일의 감각 박탈 기법을 실시하는 기관들이 더 있다. 오래전의 맥길 실험을 연상시키는 곳도 있다. 또 다른 중사는 타이거(Tiger)라 불리는 군사기지의 감옥에 대해 얘기해주었다. 알 카임(al Qaim) 근처 시리아 국경지대에 있는 감옥으로 20~40명의 죄수들이 구금되어 있었다. 그들은 눈가리개를 하고 수갑이 채워진 채로 하루 종일 뜨거운 금속 컨테이너에 갇혀 있었다. "잠도 재우지 않고, 음식도 없고, 물도 없지요." 감각 박탈 박스에서 약해진 죄수들은 이어서 섬광전구와 엄청나게 시끄러운 메탈음악으로 고문을 당했다.[20]

비슷한 방법들이 티크리트 근처의 특수시설에서도 사용되었다. 다른 점이라면 죄수들이 더욱 좁은 방에 감금되었다는 점이다. 가로와 세로 120센티미터에다 높이는 50센티미터 정도다. 너무 좁아 성인 1명이 서지도 눕지도 못하는 공간이다. 이것은 남미 원뿔지대에서 들었던 감옥들을 떠올리게 만든다. 죄수들은 일주일 정도 극도의 감각 고립상태로 있게 된다. 미군의 부인에도 불구하고, 최소한 1명의 죄수는 전기쇼크를 받았다고 말했다.[21] 2004년 5월 14일, 대중의 관심을 받지 못한 한 사건이 있었다. 미군이 이라크에서 고문기법으로 전기쇼크를 사용했다는 중요한 증거가 나온 사건이었다. 이라크 수감자에게 전기쇼크를 가한 죄로 해군 2명에게 징역형이 선고된 것이다. 미국시민자유연합이 입수한 정부 문서에 따르면, 한 군인이 전기 변압기로 이라크 죄수에게 전기쇼크를 가했다. 죄수의 어깨 부위에 전선을 감은 뒤 고문을 했는데, 전기쇼크로 미친 듯이 '몸을 흔들 때'까지 계속되었다.[22]

그 유명한 아부그라이브 감옥의 사진이 공개된 후, 미군은 이상한 문제에 봉착했다. 공개된 사진에는 팔에 전선을 감고 박스에 선 채로 두건을 쓴 죄수의 모습이 찍혀 있었다. "문제의 사진 속에 나온 사람이 자기라고 주장하는 죄수들이 여럿 나타난 겁니다." 죄수 학대를 조사했던 미군 범죄수사대의 대변인이 설명했다. 그러한 주장을 하는 죄수들 가운데는 전직 시장이었던 하지 알리(Haj Ali)도 있었다. 알리는 두건을 뒤집어쓴 채 박스 위에 올라서서 몸에 전선을 감고 있었다고 말했다. 아부그라이브의 경비대는 그것이 가짜 전선이라고 밝혔다. 그러나 그는 PBS 방송을 통해 "그들이 전기쇼크를 가했을 때, 마치 눈알이 터져 나오는 것 같은 느낌이었습니다."라고 말했다.[23]

알리는 수천 명의 동료 수감자들과 마찬가지로 아부그라이브 감옥에서 무혐의로 풀려났다. "잘못 체포되었소."라는 말과 함께 트럭에서 떠밀린 것이다. 적십자에 따르면, 이라크 구금소 죄수들의 70~90퍼센트가 실수로 붙잡혔다는 사실을 미국 요원들도 인정했다. 알리는 미국이 운영하는 감옥에서 발생한 인간적 실수들이 복수를 불러온다고 말했다. "아부그라이브는 저항자들을 양산하는 사육장입니다. 모욕과 고문을 받은 그들은 이제 두려울 게 없습니다. 누가 그들을 탓하겠습니까?"[24]

많은 미군들도 그러한 반응을 이해하면서 두려워하고 있었다. "설사 좋은 사람이었더라도, 우리가 다룬 방식 때문에 이젠 악당이 되어버렸죠." 미군 제82공수사단의 한 중사가 말했다. 그는 팔루자 외곽의 미군기지에 설치된 잔인한 임시 감옥에 주둔했었다. 지금 그곳은 '살인광들'로 알려진 민병대의 터전이 되었다.[25]

이라크인들이 운영하는 감옥은 상황이 더욱 안 좋다. 사담 후세인은 권력을 유지하기 위해 늘 고문에 의존했었다. 사담 후세인 이후의 이라크에서 고문을 근절하려면 새로운 정부는 단호한 태도를 보여야만 할 것이다. 그런데 오히려 미국은 자신의 목적을 이루기 위해 고문을 수용했다. 그리고 새로운 이라크 경찰을 훈련시키고 감독하는 과정에서 고문행위에 관대한 기준을 세웠다.

2005년 1월, 인권감시위원회는 이라크가 운영하는 (그리고 미국이 감독하는) 감옥과 구금시설에서 전기쇼크를 비롯한 고문이 체계적으로 진행되었음을 알아냈다. 제1보병사단의 내부 보고서에 따르면, 이라크 경찰과 군인들은 자백을 받아내는 수단으로 전기쇼크와 목조르기를 사용했다. 이라크 간수들은 또한 남미 고문의 보편적인 상징물인 가축몰이용 전기봉 피카나를 사용했다. 2006년 12월 「뉴욕타임스」에 따르면, "파라지 마흐무드(Faraj Mahmoud)는 발가벗겨 천장에 매달린 채 전기채찍으로 고환 부위를 가격당했다. 당시 자신의 몸은 사방으로 튀어 올랐다고 말했다."[26]

2005년 3월, 「뉴욕타임스 매거진」 기자인 피터 마스(Peter Maass)는 제임스 스틸이 훈련시킨 특수 경찰대를 파고들어 조사했다. 마스는 사마라의 공공도서관에서 무시무시한 감옥으로 개조된 현장을 방문해보았다. 감옥 내부에는 수갑을 차고 눈가리개를 한 죄수들이 있었다. 일부는 맞아서 피멍이 들어 있었다. 테이블 가장자리에는 혈흔이 흘러내리고 있었다. 여기저기서 구토와 비명 소리가 들렸다. 그는 "마치 미친 사람들 또는 미쳐가는 사람들이 지르는 비명 소리 같아서 오싹했다."라고 표현했다. 또한 '감금시설 뒤쪽이나 내부에서' 두 발의 총성도 들었다.[27]

엘살바도르에서 암살대는 살인을 정적 제거뿐 아니라 대중에게 두려움을 주기 위해 사용해서 악명을 떨쳤다. 도로변에 놓인 절단된 시체는 지역사회에 주는 메시지였다. 즉 누구든 이탈행동을 한다면 바로 다음번 시체가 될 것이라는 뜻이었다. 고문당한 시체가 암살대의 서명이 적힌 표지판과 함께 놓여 있기도 했다. 표지판에는 마노 블랑코(Mano Blanco) 또는 막시밀리아노 에르난데스

(Maximiliano Hernandez) 부대라고 적혀 있었다. 2005년, 이러한 메시지가 이라크의 도로변에서 주기적으로 나타났다. 바로 내무부와 연결된 이라크 특공대에 구금되었던 죄수들의 시체였다. 발견된 시체들은 등 뒤로 수갑이 채워진 채 머리에 한 발의 총알을 맞은 상태였다. 혹은 뇌에 전기드릴 구멍이 뚫려 있기도 했다. 2005년 11월 「로스앤젤레스타임스」에 따르면, "바그다드 시체 공시소에는 일주일 간격으로 수십 구의 시체들이 도착한다. 경찰 수갑이 손목에 채워져 있는 시체들도 몇 구씩 눈에 띈다." 시체 공시소에서는 수갑들을 따로 수거해놨다가 경찰서에 돌려주기도 했다.[28]

이라크에서는 공포 메시지를 전하는 보다 고차원적인 방법도 사용된다. 미국이 후원하는 알 이라키야(Al Iraqiya) 네트워크에서 방송하는 텔레비전 쇼 <정의의 심판을 받는 테러리즘>은 널리 시청되는 프로그램이다. 이 시리즈는 엘살바도르 옵션과 유사한 이라크 특공대와 합동으로 제작된다. 석방된 죄수들이 그 쇼가 어떻게 만들어지는지 설명해주었다. 수감자들은 대개 급습당해 무작위로 끌려온 사람들이다. 그들은 구타와 고문을 당했다. 그리고 죄를 자백하지 않으면 가족들을 해치겠다는 위협을 받았다. 변호사들이 결코 일어난 적이 없음을 증명한 범죄들도 포함해서 말이다. 그런 뒤 비디오카메라로 절도, 동성애, 거짓말, 반란 기도 등의 죄를 고백하는 죄수들의 모습을 촬영한다. 매일 밤 이라크인들은 멍이 들고 상처가 부어올라 고문당한 게 분명해 보이는 죄수들의 고백을 듣는다. "이 쇼는 시민들에게 좋은 효과를 내고 있습니다." 특공대의 리더인 아드난 타빗(Adnan Thabit)이 마스에게 말했다.[29]

'엘살바도르 옵션'이 언론에 처음으로 언급된 지 10개월이 지날 무렵, 소름 끼치는 모습이 분명히 나타났다. 이라크 특공대는 원래 스틸이 훈련시켰는데, 공식적으로는 이라크 내무부의 통제를 받는다. 마스가 도서관에서 본 것에 대해 물어보자, 내무부 소속의 치안부대에서 죄수들에 대한 인권유린 행위는 일어날 수 없다고 주장했다. 그러나 2005년 11월 173명의 이라크인들이 내무부 지하 감옥에서 발견되었다. 너무 심하게 고문을 당해 피부가 벗겨져 있었다. 뇌에 드릴 자국이 나고 치아와 손톱이 뽑힌 죄수들도 있었다. 석방된 죄수들은 모두 가 다 살아남은 건 아니라고 말했다. 내무부 지하 감옥에서 고문을 받다 죽은 18 명의 목록이 작성되었다. 이라크의 실종자들이었다.[30]

나는 1950년대 이언 캐머런의 전기쇼크 실험을 조사하다가, 우연히 동료 심리학자 프레드 로이(Fred Lowy)의 의견을 보게 되었다. "프로이트를 따르는 학자들은 문제의 핵심을 알아내기 위해 양파 껍질을 하나씩 벗기는 모호한 방 법을 전개했다. 반면에 캐머런은 그것을 곧장 꿰뚫어 여러 층을 없애려 했다. 그 러나 그러한 층들은 여전히 존재한다는 걸 나중에야 알게 되었다."[31] 캐머런은 환자들을 둘러싼 여러 층을 제거해 다시 시작하게 만들 수 있다고 생각했다. 한 마디로 완전히 새로운 인성을 꿈꾼 것이다. 그러나 환자들은 다시 태어난 것이 아니라 혼란 속에서 상처받고 무너졌다.

이라크의 쇼크요법가들도 역시 여러 층을 파괴하며 새로운 모델 국가를 세 울 백지상태를 추구했다. 그러나 자신들이 만들어낸 폐허 무더기만 발견했을 뿐이다. 그리고 수백만 명이 심리적, 육체적으로 무너졌다. 사담 후세인에 의해 무너지고, 전쟁에 의해 무너지고, 서로에 의해 무너졌다. 부시의 재난 자본주의 자들은 이라크를 정화시킨 게 아니라 오히려 혼란스럽게 휘저었다. 과거의 흔 적이 없는 백지상태가 아니라 오래된 원한을 수면으로 떠오르게 했다. 그 결과 카바라에서, 사마라 사원에서, 시장에서, 정부 부서에서, 병원에서 유혈사태가 일어났다. 사람들과 마찬가지로, 국가는 충격을 가한다고 해서 제로 상태로 재 부팅되는 게 아니었다. 그들은 그저 파괴하고 또 파괴할 뿐이었다.

쇼크요법가들은 더욱 많은 격렬한 공격을 가했다. 복용량을 늘리고, 버튼을 오래 누르고, 더욱 많은 고통을 가하고, 더욱 많은 폭탄을 떨어뜨리고, 더욱 많 은 고문을 가했다. 전직 국무부 차관 리처드 아미티지는 이라크인들이 계획대로 쉽게 바뀔 것이라고 예측했다. 이제 그는 미국이 너무 부드러운 모습을 보인 게 문제였다고 결론을 내렸다. "연합군의 인도적인 전투방식은 사람들의 통합을 오히려 어렵게 만들었다. (제2차 세계대전 이후) 독일과 일본의 국민들은 전쟁에서 겪은 일들로 지치고 충격을 받은 상태였다. 그러나 이라크는 정반대다. 신속한 승리를 거두는 바람에 일본과 독일처럼 순종적인 국민을 만들지 못했다. (중략) 미국의 방식은 이라크 국민들에게 충격과 공포를 주지 못하고 있다."[32] 2007년 1월, 부시와 조언자들은 이라크 정부를 손상시키는 암세포인 무크타다 알사드르 소탕작전으로 이라크 국민들을 통제할 수 있을 거라고 확신했다. 소탕작전에 대한 보고서에 따르면 바그다드 중심부를 성공적으로 정화하는 것이 목표였다. 그리고 알사드르의 세력이 사드르(Sadr) 시로 이동하자, 시아파 근거지를 무력으로 없애버리려고 했다.[33]

　1970년대 조합주의운동이 시작되었을 때 사용한 기법은 인구의 특정 부분을 고의적으로 말살하는 정책이었다. 이는 법정에서 과도한 제노사이드 행위라고 판정한 조치들이었다. 그런데 이라크에서는 더 잔인한 일이 벌어졌다. 인구의 한 부분이 아니라 전체 국가를 말살하려 한 것이다. 이라크는 해체되고 사라지고 있었다. 흔히 그렇듯, 우선 여자들은 베일로 몸을 감싸고 집 안에만 숨게 되었다. 다음으로 학교에서 아이들이 사라졌다. 2006년의 경우 아이들의 3분의 2가 집에 머물러 생활했다. 그리고 의사, 기업가, 과학자, 약사, 판사, 변호사 같은 전문가들이 사라졌다. 미국의 침공 이후, 여러 학장들을 포함해 대략 300명의 이라크 학자들이 암살대에 의해 암살되었다. 그리고 수천 명 이상이 망명했다. 의사들은 더욱 나쁜 상황이었다. 2007년 2월, 대략 2,000명이 살해되고 1만 2,000명이 망명했다. 유엔 난민위원회는 2006년 11월 날마다 3,000명의 이라크인들이 나라를 떠난다고 추정했다. 그리고 2007년 4월까지 400만 명이 강제로 고향을 떠났다고 밝혔다. 대략 전체 인구의 7분의 1에 해당한다. 이러한 난민들 가운데 수백 명 정도만이 미국으로 갈 수 있었다.[34]

이라크의 산업은 완전히 붕괴되었다. 그런데도 유일하게 호황을 누리는 산업이 있었다. 바로 납치산업이었다. 2006년 초반 석 달 반 동안, 거의 2만 명이 이라크에서 납치되었다. 국제적인 언론이 관심을 가지는 것은 서양인들이 납치당했을 경우뿐이다. 그러나 납치된 사람들 대부분은 이라크의 전문직 기술자들로, 일터를 오가다 납치되었다. 가족들은 몸값으로 미국 달러로 수만 달러를 내든지 아니면 시체 공시소에서 시체를 확인해야 한다. 고문 또한 떠오르는 산업이 되었다. 인권단체는 이라크 경찰들이 죄수의 가족들에게 고문을 중지하는 대가로 수천 달러를 요구한 사건들을 문서화했다.[35] 한마디로 이라크 버전의 재난 자본주의라 하겠다.

이러한 모습은 부시 행정부가 이라크를 중동 세계의 모델 국가로 선정했을 때 의도했던 모습이 전혀 아니다. 이라크 점령은 백지상태와 산뜻한 출발이라는 활기찬 대화로 시작되었다. 그러나 곧 정화 사명은 사드르 시나 니지프에서 "이슬람주의를 뿌리 뽑자."라거나 팔루자와 라마디에서 "암세포인 급진적 이슬람주의를 제거하자."라는 대화로 흘러갔다. 정화되지 않는 것들은 강제로라도 지워버리겠다는 의지였다.

다른 국가에서 모델 사회를 건설하려는 프로젝트는 이렇게 되어버렸다. 정화 캠페인은 사전에 계획되는 경우가 드물다. 그 땅에 사는 사람들이 과거를 포기하길 거부할 때 나타난다. 그리고 백지상태라는 꿈은 또 다른 분신인 초토화된 땅으로 변한다. 완전한 창조의 꿈이 전면적 파괴의 캠페인으로 바뀌는 순간이다.

지금 이라크를 휩쓴 예기치 못한 폭력사태는 지나치게 낙관적인 전쟁 입안자들이 만든 결과다. 순수하고 심지어 이상적이기까지 한 문구인 '새로운 중동을 위한 모델'에서 원인을 찾을 수 있다. 이라크의 분열은 새로운 이야기를 쓰기 위해 백지상태를 요구했던 이념이 원인이었다. 그러나 태초의 백지상태는 전혀 나타나지 않았다. 그러자 이념의 신봉자들은 약속의 땅에 도달하겠다는 의지를 불태우며 격렬한 공격을 가하고, 소탕작전을 펼치고, 다시 또 공격을 가했다.

실패 : 성공의 새로운 얼굴

내가 바그다드를 떠나기 위해 탄 비행기 안은 폭력사태를 피해 떠나는 외국인 계약업자들로 가득 찼다. 당시는 2004년 4월로, 팔루자와 나자프는 포위된 상태였다. 그 한 주 동안에만 1,500명의 계약업자들이 이라크를 빠져나왔다. 그리고 많은 이들이 뒤를 이어 떠났다. 당시 나는 조합주의운동의 완전한 패배를 목격했다고 확신했다. 이라크는 핵폭탄을 제외한 각종 충격을 받았지만, 어떤 것도 이라크를 굴복시킬 수는 없었다. 한마디로 실험은 실패했다.

그러나 지금은 확신이 서지 않는다. 분명 프로젝트가 재앙 같은 결과를 낸 것은 사실이다. 브레머는 기업들의 유토피아를 건설하기 위해 이라크로 파견되었지만, 오히려 이라크는 엽기적인 지옥이 되었다. 단순한 사업 모임에 가기만 해도 구타당하고, 산 채로 불태워지고, 참수될 수 있었다. 언론보도에 따르면, 2007년 5월까지 900명 이상의 계약업자들이 살해되었다. 그리고 「뉴욕타임스」는 1만 2,000명 이상이 전투 중에 부상하거나 일을 하다 다쳤다고 밝혔다. 브레머가 유치하기 위해 안간힘을 썼던 투자자들은 결코 나타나지 않았다. HSBC와 프록터앤드갬블은 제너럴모터스와 마찬가지로 조인트벤처를 보류했다. 월마트가 이라크를 차지할 것이라고 감동적으로 말했던 NBS는 맥도날드가 조만간 개점할 것 같지는 않다고 기세를 누그러뜨렸다.[36] 벡텔의 재건계약은 수도와 전기 시스템을 운영하는 장기계약으로 전환될 것 같지 않다. 2006년 후반 반마셜플랜의 핵심이었던 민영화된 재건 노력은 완전히 중단되었으며, 많은 정책적 변화가 일어났다.

미국 특별 감사관 스튜어트 보언(Stuart Bowen)은 이라크 회사들과 직접적으로 몇 건의 계약을 맺었다고 보고했다. "훨씬 효율적이고 비용도 적게 들었습니다. 게다가 이라크인들에게 일자리를 제공해 경제를 활성화시켰고요." 이라크인들이 자국을 재건하도록 후원하는 편이 이라크나 이라크어를 전혀 모르는 거대한 다국적기업을 고용하는 것보다 낫다는 사실이 판명된 것이다. 다국적기업들은 하루에 900달러의 비용을 지급하는 용병들에 둘러싸여, 계약 예산의 55퍼센트 이상을 초과 지출했다.[37] 존 보어속스(John Bowersox)는 바그다드 미국 대사관에서 건강 자문위원으로 일하고 있다. 그는 모든 것을 새로 지으려 한 것이 문제였다는 급진적인 의견을 내놓았다. "2년 만에 의료 시스템을 완전히 바꾸려 할 것이 아니라, 저비용 의료시설에서 조금씩 개선할 수도 있었습니다."[38]

더욱 극적인 변화는 펜타곤에서 나왔다. 2006년 12월 펜타곤은 이라크의 국영공장들을 재개해 운영하겠다는 프로젝트를 발표했다. 모두 브레머가 스탈린식의 열등한 경제로 여겨 발전기를 제공하지 않겠다고 한 공장들이었다. 이제 펜타곤은 요르단과 쿠웨이트에서 시멘트와 기계 부품을 사지 않고, 대신에 무너져가는 이라크 공장들에서 살 수 있다는 사실을 깨달았다. 수만 명에게 일자리를 제공하고 지역사회에 수입을 보탤 수 있게 된 것이다. 미국 국방부 부차관인 폴 브링클리(Paul Brinkley)는 이라크에서 사업선환을 딤딩하고 있다. "이라크의 공장들을 유심히 살펴보니, 우리가 생각한 소련식의 낙후한 회사들이 아니더군요."[39]

육군 중령 피터 치아렐리(Peter Chiarelli)는 이라크에서 고위급 야전사령관으로 있다. 그는 "이라크의 분노한 젊은이들에게 일자리를 주어야 한다. 실업률이 상대적으로 아주 작게 감소할지라도, 종파 간 분쟁은 현저히 줄어든다."라고 했다. 그는 덧붙여 한마디 하지 않을 수 없었다. "4년 동안 이런 사실을 깨닫지 못했다니. (중략) 엄청나게 중요한 사실인데도 말이다. 점령계획에서 가장 중시해야 할 부분이었다."[40]

그렇다면 극적인 변화들은 재난 자본주의의 종말을 알리는 걸까? 그렇게 보긴 힘들다. 미국 관리들은 분명 완전히 새로우면서도 눈부신 국가를 재건할 필요가 없음을 인식했다. 이라크인들에게 일자리를 제공하고 수십억 달러의 재건에 이라크 사업체를 참여시키는 것이 중요하다는 점도 깨달았다. 그러나 이때는 벌써 재건 자금을 다 써버린 뒤였다.

신케인스주의 출현이 한창일 무렵 이라크에서는 위기를 이용하려는 대담한 시도가 나타났다. 2006년 12월, 제임스 베이커는 초당파적인 이라크 연구그룹의 책임자로, 오랫동안 기다려온 보고서를 냈다. "이라크 지도자들을 도와 국영 석유산업을 사기업으로 재조직하고, 이라크 석유 부문에 국제 공동체와 에너지회사들의 투자를 장려하라."라고 요구하는 내용이었다.[41]

백악관은 이라크 연구그룹이 낸 권고안의 대부분을 무시했지만, 이것만은 예외였다. 부시 행정부는 즉각 급진적인 이라크 석유법의 초안 작성을 돕기 시작했다. 그 법안 덕택에 셸과 BP 같은 기업들은 30년 계약을 맺을 수 있었다. 그들은 이라크 석유 이익의 상당 부분을 가져갈 수 있었는데, 거의 100억에서 1,000억 달러에 달한다. 이라크처럼 석유에 쉽게 접근 가능한 국가에서는 들어보지 못한 법이다. 정부 수입의 95퍼센트가 석유에서 나오는 국가에 영구적 가난을 선언한 셈이다.[42] 국민들의 극심한 반발이 예상되는 법안이어서, 심지어 점령 초기의 폴 브레머도 엄두를 못 내던 법이었다. 그러나 혼란이 심해진 틈을 타 기회를 잡은 것이다. 석유회사들은 안보 위험을 이유로 내세우며, 이익의 상당 부분을 외부로 반출하는 행동을 정당화시켰다. 바로 그러한 재난 때문에 급진적인 법률이 나올 수 있었는데 말이다.

워싱턴의 타이밍은 극도로 노골적이었다. 법이 추진될 때 이라크는 가장 심각한 위기에 처해 있었다. 국가는 종파주의 갈등으로 분열되고 매주 1,000명 정도가 죽어갔다. 사담 후세인은 저급하고도 도발적인 방식으로 사형에 처해졌다. 부시는 '덜 제한적인' 개입규칙을 실시하면서 이라크에서 군대의 '공격'을 자유롭게 해주었다. 당시 이라크는 석유 재벌들이 커다란 투자를 하기엔 너무나 불안정해서 새로운 법을 급히 만들 필요가 없었다. 그런데도 혼란을 이용해 가장 논쟁이 되는 사안에 대한 국민들의 토의를 피한 것이다. 이라크에서 선출된 입법자들 상당수는 새로운 법안에 대해 알지 못했다. 분명 법안의 최종 마무리 과정에도 참여하지 못했다. 그레그 뮤티트(Greg Muttitt)는 석유감시그룹인

플랫폼(Platform)의 연구원이다. "나는 최근에 이라크 의원들의 모임에 참여했다. 그 법안을 본 사람이 얼마나 되는지 물어봤다. 20명 가운데 오직 한 의원만이 보았다고 했다." 뮤티트는 "만약 그 법이 통과되면 이라크인들은 상당히 많은 걸 잃게 될 것이다. 좋은 거래를 맺을 능력이 없는 상태에서 작성된 것이기 때문이다."라고 밝혔다.[43]

이라크의 주요 노조들은 "석유산업의 민영화는 넘을 수 없는 마지막 선이다."라고 선언했다. 또한 합동연설을 통해 점령당한 이라크 국민들이 미래를 결정하는 시기를 이용해 에너지 자원을 획득하려는 시도라고 비난했다.[44] 결국 2007년 2월에 이라크 내각에서 법안이 채택되었는데, 예상보다 더욱 좋지 않았다. 외국 회사들이 이라크에서 반출할 수 있는 이윤에는 한도가 없었다. 또한 외국 투자가들이 이라크 회사들과 파트너십을 맺거나 이라크인들을 석유산업에 고용해야 한다는 구체적 요구조건도 없었다. 가장 뻔뻔스러운 건 이라크의 의원들에게 미래의 석유 계약을 정하는 조건에 대한 발언권을 주지 않았다는 점이다. 대신에 이라크연방 석유가스위원회라는 새로운 기구를 설립했는데, 「뉴욕 타임스」에 따르면 이라크 안팎의 석유 전문가들의 조언을 받는다고 한다. 이 비선출기구는 불특정 외국인들의 조언을 받으며, 모든 석유 문제에 관한 절대적인 결정권을 가진다. 즉 이라크가 서명할 계약과 그렇지 않을 계약을 결정한다. 그러므로 실상 이라크의 주요 수입원이자 공동 소유의 석유 매장지를 민주주의적 통제에서 배제하는 법이다. 상처받고 무기력한 이라크 정부와 더불어 존재하는 강력하며 부유한 석유 독재를 통해 석유 매장지를 통제하려는 것이다.[45]

이렇게 시도된 자원 강탈행위가 얼마나 부끄러운 행동인지는 말할 필요도 없다. 이라크의 석유 이윤은 평화를 되찾고 재건을 지원할 유일한 희망이었다. 국가 분열을 틈타 그러한 미래의 부에 소유권을 주장하는 것은 가장 뻔뻔스러운 모습의 재난 자본주의라 하겠다.

이라크에서 빚어진 혼란의 결과에는 또 다른 것도 있다. 거의 논의되지 않는 사항이다. 바로 혼란이 오래 지속될수록 외국인들은 더욱 많은 것을 민영화할 수 있다는 점이다. 이는 전쟁방식과 재앙에 반응하는 방식에 대한 새로운 패러다임을 만들어냈다.

반마셜플랜의 핵심인 급진적 민영화 이념은 대가를 치른다. 군대든 아니면 정부의 통제를 받는 행정관이든 간에, 부시 행정부는 이라크에 정부 직원을 파견하는 것을 한사코 거절했다. 덕분에 미국 정부를 아웃소싱 하려는 또 다른 전쟁에 큰 혜택을 주었다. 행정부는 더 이상 정부의 아웃소싱에 대해 공개적으로 밝히는 것을 그만두었다. 그러나 그에 대한 집착은 은밀하게 계속되었다. 그리고 공적 분야에 대한 전쟁들 가운데 가장 큰 성공을 거두었다.

럼즈펠드는 전쟁을 저스트 인 타임 방식(just-in-time: 간판방식이라고도 하는데, 필요한 때 필요한 부품만 확보하는 경영방식-옮긴이) 침공으로 계획했기 때문에, 군인들은 오직 핵심 전투기능만 담당했다. 이라크에 미군을 배치한 첫해에, 그는 국방부와 보훈처에서 일자리 5만 5,000개를 없앴다. 때문에 민간분야가 각 레벨에서 그들의 공백을 메우게 되었다.[46] 그리고 이라크가 혼돈에 휩싸일수록, 주력 부대를 지원하기 위해 더욱 정교하게 민영화된 전쟁산업이 나타났다. 이라크 현지에서든, 아니면 월터 리드(Walter Reed) 메디컬센터에서 군인들을 치료하든 말이다.

럼즈펠드가 군대 규모를 늘리는 해결책을 완강히 거부했기 때문에, 군대는 더 많은 군인을 전투에 참가시킬 방법을 찾아야 했다. 민간 보안회사들은 이라크로 몰려들어 이전에 군인들이 했던 기능을 수행했다. 고위 관리들을 경호하고, 미군기지를 지키고, 다른 계약업자들을 에스코트하는 일을 맡은 것이다. 그들의 역할은 이라크의 혼란이 커지면서 점차 확대되었다. 블랙워터의 원래 계약은 브레머에게 민간 경호를 제공하는 일이었다. 그러나 점령 후 1년이 지날 무렵 전면적인 거리 전투에 참여하게 되었다. 2004년 4월에 무크타다 알사드르의 저항운동이 나자프에서 봉기했을 때, 블랙워터는 마흐디군과 하루 종일 전투를 벌인 해군들에게 지령을 내렸다. 그 전투에선 수십 명의 이라크인들이 살해되었다.[47]

점령 초반 이라크에는 민간업체에 소속된 병사들이 1만 명가량 있었다. 제1차 걸프전 때보다 훨씬 많은 숫자다. 3년이 지나자 미 연방정부감시국은 민간업체를 통해 전 세계에서 이라크로 들어온 병사들의 숫자가 4만 8,000명이라고 밝혔다. 이라크에 파병된 군인들 가운데 용병들이 미군 다음으로 많았다. 심지어 '유지연합'군을 합한 것보다 많은 숫자다. 흔히 경제신문은 이를 '바그다드 붐'이라고 부른다. 바그다드 붐은 불쾌하고도 어두운 용병들을 받아들여 미국과 영국의 전투기계로 만들었다. 블랙워터는 공격적인 워싱턴 로비스트를 고용해 '용병'이라는 단어를 공식적 논의에서 삭제하게 만들었다. 그러고는 마치 회사가 미국을 위해 일하는 것처럼 보이게 했다. CEO인 에릭 프린스(Erik Pirnce)에 따르면, "이것은 우리 기업의 신성한 방침이라 하겠다. 페덱스(FedEx)가 특송 서비스를 담당하듯, 우리는 국가안보조직을 위해 일하고 있다."[48]

미군엔 제대로 훈련된 심문관들과 아랍어 번역가들이 부족한 탓에 새로운 죄수들로부터 정보를 알아낼 수 없을 지경이었다. 더 많은 심문관들과 번역가들이 절실해지자, 방위계약업체 CACI에 의지했다. CACI의 역할은 원래 계약상으론 군에 정보기술 서비스를 제공하는 것이었다. 그러나 '정보기술'이라는 말은 너무 막연해서 비열한 심문에까지 업무를 확장시킬 수 있었다. 일부러 그렇게 융통성 있게 계약을 작성한 것이다.[49] CACI는 새로운 부류의 계약자로, 마치 연방정부의 임시 에이전시처럼 활동한다. 계약내용을 애매하게 작성한 이 회사는 잠재적 직원들을 잔뜩 대기시켰고 어떤 자리든 채울 준비가 되어 있다. CACI의 직원들은 정부 공무원들에게 요구되는 철저한 훈련과 보안요건을 충족시킬 필요가 없다. 따라서 새로운 사무용품을 주문하는 것만큼이나 손쉽게, 새로운 심문관 수십 명이 순식간에 이라크에 도착했다.*

이라크의 혼란을 통해 가장 덕을 많이 본 기업은 핼리버튼이었다. 침공 이전에 맺은 원래 계약은 퇴각하는 사담 후세인의 부대가 석유에 불을 지를 경우 그것을 끄는 업무였다. 실제로 그러한 방화가 일어나지 않자, 핼리버튼의 계약은 새로운 업무를 포함해 더욱 확장되었다. 바로 국가 전체에 연료를 공급하는 일이었다. 쿠웨이트에 있는 탱크트럭을 모조리 동원하고도 100대 이상을 수입할 정도로 큰 임무였다.[50] 그리고 군인들을 전장에서 해방시킨다는 명목으로, 군대가 하던 전통적 기능을 수십 개 이상 맡았다. 거기엔 군 차량과 무전기를 관리하는 일도 포함된다.

전쟁이 계속됨에 따라, 군인들의 업무로 보였던 신병 모집도 영리 추구 사업이 되었다. 2006년, 서코(Serco) 그리고 무기재벌 L-3 커뮤니케이션에 속한 민간 헤드헌터 기업들이 신병을 모집했다. 군대 복무 경험이 전혀 없는 민간 채용업자들은 군인 1명을 채용시킬 때마다 보너스를 지급받았다. 한 회사의 대변인은 이렇게 으스댔다. "스테이크를 마음껏 먹고 싶다면 신병을 모아오시오."[51] 럼즈펠드의 재임 기간엔 군사훈련도 아웃소싱을 주면서 붐을 일으켰다. 큐빅 디펜스 애플리케이션(Cubic Defense Application)과 블랙워터 같은 회사들은 생생한 전투 트레이닝과 가상전쟁 게임을 통해 군인들을 관리했다. 또한 민간 훈련 시설로 데려가, 가상 마을에서 집집마다 돌아다니며 전투를 실시했다.

민영화에 집착하는 럼즈펠드는 2001년 9월 10일 첫 연설에서 병사들이 전후 스트레스로 고통받거나 향수병에 걸리면 민간 의료 서비스 회사들에게 치료를 받게 하자고 제안했다. 이라크는 전후 후유증이 큰 전쟁인 만큼 민간회사

---

* 문제는 계약업자들이 감시감독을 거의 받지 않았다는 점이다. 아부그라이브 추문을 조사한 뒤, 미군은 심문관들의 임무를 감독할 정부 관리들이 아부그라이브 감옥은 물론이고 아예 이라크에 가보지도 않았다는 결론을 내렸다. 따라서 계약의 효과적 관리는 불가능까지는 아니더라도 실질적으로 매우 어려운 일이었다. 조사 보고서는 육군 장성 조지 페이(George Fay)가 작성했다. 그는 정부의 심문관, 분석가, 지휘관들이 계약업자들이 고용한 심문관들의 출현에 제대로 대응을 하지 못했다는 결론을 내렸다. 게다가 그러한 인력을 관리, 통제, 훈련시키는 데 필요한 트레이닝도 전혀 받지 않았다. 요컨대 계약 준수에 관한 적절한 감독이 아부그라이브에서는 전혀 이루어지지 않았음이 분명했다.

들에게는 노다지가 굴러온 셈이었다. 이라크에서 심리적 외상을 입고 돌아온 병사들 덕택에, 헬스 넷(Health Net)은 2005년 「포춘」이 선정한 500대 기업에서 7위를 차지했다. IAP(IAP Worldwide Service)는 군병원 월터 리드에서 많은 의료 서비스를 담당하는 계약을 맺었다. 결국 100여 명의 노련한 연방직원들이 시설을 떠나게 되었다. 그리고 의료센터 민영화 움직임은 시설의 유지와 의료 서비스의 질을 놀라울 정도로 떨어뜨렸다.[52]

민간회사들의 확장된 역할은 정책적 문제로 취급되어 공개적으로 논의된 적이 없었다(이라크에서 석유법이 갑자기 결정된 것과 비슷했다). 럼즈펠드는 연방 공무원 노조나 고위급 장성들과 열띤 토론을 벌이지 않았다. 대신에 군대가 탐욕 작전이라 부른 업무를 수행하느라 정신없었다. 전쟁이 오래 이어질수록 점점 더 많이 민영화되었다. 그리고 곧 전쟁의 새로운 방식이 되었다. 이전에 많은 이들에게 그랬듯 위기가 호황을 가져온 셈이다.

통계수치들이 탐욕 작전의 극적인 성과를 잘 보여준다. 1991년 1차 걸프전 때는 군인 100명당 용병 1명이 있었다. 2003년 이라크 침입 초기에는 10명당 1명으로 상승했다. 미국 점령 3년째 되자 비율은 군인 3명당 1명이 되었다. 1년도 채 지나지 않은 점령 4년째 해에 미국 군인 1.4명당 1명의 용병으로 바뀌었다. 그러나 이 수치는 미국 정부를 위해 직접 일하는 용병만 포함한 것으로, 이라크 정부나 다른 연합군에 속한 용병은 제외된 수치다. 자신의 일을 하위 하청업자 들에게 맡긴 쿠웨이트와 요르단에 있는 용병들도 계산하지 않았다.[53]

이라크에서 민간 보안회사를 위해 일하는 영국인들의 숫자는 이미 영국 군 인들의 수를 넘어서 3대 1의 비율이다. 토니 블레어는 2007년 2월에 이라크에 서 군인 1만 6,000명을 귀국시키겠다고 발표했다. 언론은 즉각 "정부 관리들은 영국 정부로부터 직접 돈을 받는 회사들의 '용병'들이 공백을 메우기를 희망한 다."라고 보도했다. AP통신은 이라크에 있는 계약업자들을 12만 명 정도로 추 정했다. 거의 미군과 맞먹는 규모다.[54] 사실 규모 면에서 민영화된 전쟁은 이미 유엔을 넘어섰다. 유엔의 2006~2007년 평화유지군 예산은 52억 5,000만 달러다. 핼리버튼이 따낸 200억 달러 계약의 4분의 1 정도 수준이다. 최근 추정치에 따르면, 용병산업 하나만 해도 40억 달러의 가치가 있다.[55]

이라크 재건은 분명 이라크인들과 미국 납세자들에게는 실패를 의미할 것이다. 그러나 그것은 다름 아닌 재난 자본주의였다. 9·11 테러 사건으로 가능해진 이라크 전쟁은 새로운 경제의 폭력적 탄생을 상징한다. 럼즈펠드의 변혁 프로젝트의 실체이기도 하다. 파괴와 재건의 모든 측면이 민영화되고 아웃소싱되었다. 폭탄들이 떨어지고, 멈추고, 다시 개시될 때마다, 경제적 붐이 일었다. 파괴와 재건을 통해 이윤을 계속 얻어내는 구조였다. 모든 걸 다 부순 뒤, 다시 새로 짓는 식이다. 핼리버튼과 칼라일 그룹처럼 영리하게 멀리 내다본 회사들을 볼 때, 파괴와 재건은 한 기업 내의 다른 부서일 뿐이다.[*56]

부시 행정부는 이라크에서 형성된 민영화된 군대 모델을 제도화하기 위해 검증되지 않은 여러 조치들을 취했다. 그리고 대외정책의 확고한 틀로 삼았다. 2006년 7월, 이라크 재건을 감사한 군 감찰관인 보언은 계약 파기에서 얻은 교훈을 보고서로 제출했다. 한마디로 미비한 계획 때문에 문제가 발생했다는 것이다. 따라서 우발적인 작전이 생길 경우에 대비해, 신속하게 안정과 재건계약을 담당할 노련한 용병부대를 창설하자고 요구했다. 다시 말해, 특화된 재건분야에 전문적 지식을 가진 계약업자들의 다양한 인재 풀을 미리 만들어두는 것이다. 즉 대기하고 있는 계약업자 부대인 셈이다. 부시는 2007년 연두교서에서 새로운 민간 예비 병력의 창설을 선언하며 적극 지지에 나섰다. "그러한 부대는

---

* 록히드마틴은 한 걸음 앞서 나아갔다. 「파이낸셜타임스」는 2007년 초반 록히드마틴이 연간 1조 달러에 달하는 의료 서비스 시장에 관련된 회사들을 사들이기 시작했다고 보도했다. 또한 엔지니어링 업계의 거물인 PAE(Pacific Architects and Engineers)를 낚아챘다고도 말했다. 이러한 매입 물결은 재난 자본주의 복합체가 거대한 수직적 통합을 추구하는 새로운 시대를 알리는 신호였다. 장차 분쟁이 생길 경우, 록히드는 무기와 전투기 제조만이 아니라 자신들이 파괴한 것을 재건하는 일을 통해서도 이윤을 얻는다. 심지어 자신의 무기로 인해 다친 사람들을 치료하는 과정에서도 말이다.

군대 예비군과 상당히 비슷한 기능을 할 것이다. 필요할 경우, 뛰어난 기술을 가진 시민들을 고용해 해외복무를 시키는 것이다. 그러면 군대의 부담을 덜어줄 것이다. 뿐만 아니라 미국 전역의 민간인들에게 현 시대의 중대한 분쟁에 참여하고 복무할 기회를 줄 것이다."[57]

이라크 점령 1년 반이 지나자 미국 국무부는 재건·안정화조정국이라는 부서를 신설했다. 베네수엘라부터 이란까지 이런저런 이유를 들어 파괴 대상국으로 25개국이 선정되었다. 그리고 언제든지 이러한 국가를 재건할 상세한 계획을 제시하는 민간 계약업자들에게 돈을 지불했다. 기업들과 컨설턴트들은 미리 계약을 체결하고자 줄을 서며, 재난이 터지자마자 행동할 채비를 갖춘다.[58] 부시 행정부로서는 자연스러운 혁명이다. 무제한적인 선제 파괴를 일으킬 권리가 있다고 주장하는 한편, 앞장서서 선제 재건에 나선다. 요컨대 아직 파괴되지도 않은 곳을 재건할 준비를 마친 것이다.

결국 이라크 전쟁은 모델이 될 경제를 만들었다. 그것은 네오콘이 선전한 티그리스의 호랑이가 아니라 민영화된 전쟁과 재건이었다. 이 경제모델은 즉각 다른 곳에서도 실행 가능하다. 시카고학파 운동의 개척지들은 이라크를 포함해 이제껏 지정학적 조건에 얽매여 있었다. 가령 러시아, 아르헨티나, 한국 말이다. 그러나 이제부터는 재난이 발생하는 곳이면 어디든지 신개척지가 될 것이다.

7부
이동 가능한 그린존

[완충지대와 높다란 장벽]

당신들은 새롭게 시작할 수 있기 때문에, 유리한 위치에서 완전히 새롭게 시작하는 셈이다.

아주 좋은 일이다. 그런 기회를 갖는다는 건 특권을 누리는 것이다.

그렇게 할 수 있는 시스템이 없거나, 아니면 200~300년 된 시스템을 가진 곳도 있다.

어찌 됐든, 아프가니스탄 사람들은 최고의 사상과 최고의 기술지식을 가지고 새롭게 나아갈 것이다.

2002년 11월, 미국 재무부 차관 폴 오닐(Paul O'neill), 카불 침입 이후

해변에 몰아닥친 또 다른 물결

두 번째 쓰나미

거대한 불도저처럼 해변을 정화한 쓰나미는
개발업자들에게 꿈도 못 꿀 기회를 제공했다.
그리고 그들은 기회를 잡기 위해 재빨리 움직였다.
2005년 3월 10일, 세스 마이던스(Seth Mydans), 「인터내셔널 헤럴드 트리뷴」1

나는 일출 무렵에 해변으로 나갔다. 어부들이 옥빛 바다로 일하러 나가기 전에 만나보고 싶었기 때문이다. 2005년 7월 무렵, 해변은 거의 황폐화되어 있었다. 그러나 손으로 칠을 한 뗏목이 떼 지어 있었다. 옆에는 어떤 가족이 바다로 나갈 준비를 하고 있었다. 마흔 살인 로저는 사롱(말레이시아, 인도, 스리랑카, 인도네시아 등지에서 이슬람교도들이 남녀 구분 없이 허리에 둘러 입는 옷-옮긴이) 차림으로 셔츠는 벗은 채 모래 위에 있었다. 스무 살짜리 아들 이반과 이리저리 엉킨 빨간 그물을 수선하고 있었다. 로저의 아내인 제니타는 보트 주위를 돌며 불을 붙인 향이 담긴 작은 잔을 흔들었다. "행운과 안전을 기원하기 위해서랍니다." 그녀는 그러한 의식에 대해 설명해주었다.

불과 얼마 전 이 해변을 비롯해 스리랑카 연안의 여러 해변들은 구호 임무를 띤 사람들로 분주한 터전이었다. 2004년 12월 26일, 최근 들어 가장 파괴적이었던 자연재해 쓰나미가 닥쳐 25만 명의 생명을 앗아가고 250만 명의 재해민을 낳았다.[2] 그로부터 6개월 후, 나는 가장 심한 타격을 받은 국가인 스리랑카의 재건 과정이 이라크와 비교해 어떠한지 보기 위해 이곳에 왔다.

여행 동료인 쿠마리는 콜롬보에서 온 시민운동가로 구호와 복구작업을 돕고 있었다. 그리고 쓰나미 피해지역에서 나의 가이드와 통역가 역할을 해주기로 했다. 우리의 여정은 아루감(Arugam: 스리랑카의 동부 해안−옮긴이) 만에서 시작되었다. 섬의 동부 연안에 위치한 곳으로 어업을 주로 하며, 낡은 리조트들이 들어서 있는 곳이다. 정부의 재건팀이 복구계획의 시범 케이스로 지정한 곳이기도 하다.

우리는 바로 그곳에서 로저를 만났다. 잠시 후 그는 우리에게 매우 다른 이야기를 들려주었다. 대규모 축출 계획이 쓰나미 이전부터 세워져 있었다는 것이다. 그리고 다른 재난들과 마찬가지로, 쓰나미를 이용해 사람들이 반대하는 논의를 추진하려 한다고 주장했다. 15년 동안 그의 가족은 아루감만 해변의 지붕을 얹은 오두막에서 어로기를 보냈다. 바로 우리가 앉아 있는 곳 근처였다. 그들은 다른 어민 가구들과 함께 오두막 옆에 보트를 세워두고 곱고 흰 모래 위에서 바나나 잎에 잡아온 해산물을 싸서 구워 먹곤 했다. 해안가 근처 호텔에 머무르는 호주 및 유럽의 관광객들과도 쉽게 어울려 지냈다. 호텔 앞에는 소박한 해먹이 드리워져 있고, 야자수에 설치된 스피커에서는 런던 클럽의 뮤직이 흘러나왔다. 레스토랑은 보트에서 잡은 생선을 사들였다. 다채로운 전통 생활양식을 가진 어부들은 현지 모습을 좋아하는 여행자들이 원하는 토속적인 풍경을 제공했다.

오랫동안 호텔과 아루감만의 어부들 사이에는 별 갈등이 없었다. 그러나 스리랑카의 내전이 계속되어 산업은 작은 규모를 벗어날 수 없었다. 스리랑카의 동부 해안은 북쪽의 타밀엘람해방호랑이(Liberation Tigers of Tamil Eelam: 힌두교도인 타밀족의 정치적 독립을 주장하는 무장반군 단체-옮긴이)와 콜롬보에 있는 신할리즈족(Sinhalese: 스리랑카에서 다수를 차지하는 민족으로 불교도가 많음-옮긴이) 중앙정부 간 최악의 분쟁사태를 지켜보았다. 그러나 결코 어느 쪽의 지배도 받지 않았다. 아루감만에 도착하려면 이정표의 미로 속을 헤매거나 총격이나 자살폭탄 테러를 당할 위험을 감수해야 한다(타밀엘람해방호랑이가 바로 자살폭탄 벨트를 발명했다). 가이드북마다 스리랑카의 불안한 동부 해안을 조심해서 항해하라는 경고가 실려 있었다. 거친 것을 좋아하는 모험가에게나 어울리는 지역이었다.

2002년 2월 재난이 닥치자, 콜롬보와 해방호랑이는 정전협정을 체결했다. 평화협정이 아니라 일시적 정전협정이었다. 가끔 발생하는 폭탄테러나 암살로 협정의 의미가 퇴색하는 일도 있긴 했다. 그러나 이렇게 위태로운 상황에도 불구하고, 도로가 개방되자 가이드북들마다 이곳을 차세대 푸껫이라며 추켜세웠다. 『론리 플래닛(Lonely Planet)』은 멋진 서핑, 아름다운 해변, 훌륭한 호텔, 맛 좋은 음식, 보름달 파티, 멋진 파티 장소라는 수사로 소개했다.[3] 아루감 해변이 바로 중심부에 있었다. 그리고 검문소가 개방되어 전국에서 어민들이 무리지어 아루감 해변을 비롯한 동부 해안의 풍족한 바다로 돌아올 수 있게 되었다.

날이 갈수록 해변은 점점 붐볐다. 아루감 해변은 어업 항구로 정해졌지만 호텔 소유주들은 오두막들이 경관을 해치고 썩어가는 생선의 악취가 고객들을 내쫓는다고 불평하기 시작했다(한 네덜란드인 호텔리어는 냄새 공해라고 표현했다). 일부 호텔리어들은 보트와 어업 오두막을 외국인들이 많이 찾지 않는 다른 만으로 옮겨달라고 지역정부에게 로비를 하기도 했다. 그러나 주민들은 수세대에 걸쳐 살아온 땅이며, 단순한 보트 정박지 이상의 의미를 가진다고 반박했다. 그곳은 신선한 물, 전기, 자녀들의 학교, 잡은 생선을 사주는 구매자가 있는 곳이었다.

양측의 긴장감은 쓰나미가 닥치기 6개월 전에 폭발했다. 한밤중에 해변에서 정체 모를 불이 나는 바람에, 어업보트 24척이 재로 변했다. 로저와 가족은 소유물, 그물, 밧줄을 비롯해 모든 걸 잃었다고 말했다. 쿠마리와 나는 아루감 해변의 많은 어부들과 대화를 나누었는데, 모두들 그 화재가 방화라고 주장했다. 그리고 해변을 자기 것으로 만들려는 호텔 소유주를 비난했다.

그런 와중에 쓰나미가 화재가 해내지 못한 일을 해낸 것이다. 약하게 지어진 것들은 모두 쓸려가는 바람에, 해변은 아무것도 없이 깨끗해졌다. 관광용 오두막과 방갈로뿐만 아니라, 보트와 어업용 오두막까지 모조리 사라졌다. 인구 4,000명의 지역사회에서 350명이 목숨을 잃었다. 대부분은 로저, 이반, 제니타처럼 바다로 생계를 유지하는 사람들이었다.[4] 한편 폐허와 즐비한 시체더미에서 관광산업이 새롭게 떠오르기 시작했다. 일하는 사람들로 붐비던 어수선한 곳이 모두 사라진 고적한 해안은 휴가를 즐기기 좋은 에덴동산이 되었다. 해안가 어디나 마찬가지였다. 폐허더미가 사라지자 남은 것은 천국이었다.

긴급상황이 진정되자 어민들은 예전 집이 있었던 곳으로 돌아갔다. 그러나 경찰들은 새로 집을 짓지 못하게 막았다. 새로운 규정이 생겼다는 것이다. 규정에 따르면 해변에는 더 이상 집을 지을 수 없었다. 최고수위선으로부터 최소한 수백 미터 떨어진 곳에 지어야 했다. 사람들은 물가에서 멀리 떨어진 곳에 집을 지으려 했지만, 그곳에는 쓸 만한 땅이 없었다. 어부들은 갈 곳이 없어졌다. 새로운 '완충지대' 규정은 아루감 해변만이 아니라 동부 해안 전체에 부여되었다. 한마디로 이제 해변은 출입금지 지역이 되었다.

스리랑카에서는 쓰나미 때문에 3만 5,000명이 사망하고 100만 명의 이재민이 발생했다. 피해자들의 80퍼센트가 로저처럼 작은 보트로 고기를 잡는 사람들이었다. 피해자의 98퍼센트에 해당하는 지역도 있었다. 식품 배급과 약간의 위로금을 받기 위해서, 수십만 명이 해변을 떠나 임시 캠프로 들어갔다. 임시 캠프는 오래되고 보기 흉한 양철로 만들어졌다. 때문에 열기가 빠지지 않아 많은 사람들은 아예 밖에서 잠을 잤다. 시간이 갈수록 캠프는 더러워지고, 질병이 들끓었으며, 자동소총을 든 위협적인 군인들이 순찰을 돌기 시작했다.

공식적으로 정부는 완충지대가 안전조치라고 말했다. 또 다른 쓰나미가 올 경우 재난이 반복되는 걸 막아준다는 것이다. 그럴듯한 이야기다. 그러나 그러한 논리에는 분명히 문제가 있었다. 바로 관광산업에는 전혀 적용되지 않는다는 점이다. 오히려 호텔들은 어민들이 일하고 거주했던 해변 쪽으로 확장하고 있었다. 관광리조트는 완충지대 규정에서 면제되었다. 리조트들은 '보수'라는 명목으로 바다에 가까운지 여부나 얼마나 정교하게 짓는지에 상관없이, 자유롭게 건설작업을 할 수 있었다. 그 결과 아루감 해변가에서 많은 건설 노동자들이 망치를 두드리고 드릴로 공사를 했다. 로저는 정말 궁금해했다. "관광객들은 쓰나미를 두려워할 필요가 없는 건가요?"

그와 동료들이 보기엔, 완충지대는 쓰나미 전부터 정부가 계획한 것을 위한 핑계일 뿐이었다. 어민이 바다에서 잡아온 어획물은 가족을 부양하기에 충분했지만, 세계은행이 측정하는 경제성장에는 도움이 되지 않았다. 그들의 오두막이 서 있던 땅은 더 많은 이윤 창출의 용도로 사용되고 있었다. 내가 도착하기 직전, 아루감 해변자원개발계획이라는 문서가 언론에 새어 나갔다. 그 문서는 어부들이 두려워하던 일이 사실임을 확인시켜주었다. 연방정부는 국제 컨설턴트팀을 고용해 아루감 해변의 재건 청사진을 만들게 했다. 그리고 그 결과 이러한 계획이 나오게 되었다. 쓰나미 피해를 당한 것은 해안가 앞쪽의 집들이었다. 마을 대부분은 여전히 건재한 상태였다. 그런데도 아루감 해변의 땅을 재건축한 뒤, 히피 매력이 넘치는 해안마을에서 고급 부티크 여행 명소로 탈바꿈시키겠다는 것이었다. 5성급 리조트, 하루에 300달러에 달하는 호화로운 생태관광 별장, 수상 비행기 부두, 헬리포트가 들어설 것이다. 보고서에 따르면,

아루감 해변은 30개에 달하는 근처 '관광지대'의 모델이 될 것이다. 전쟁에 찌든 스리랑카의 동부 해안이 이제 남아시아의 해안 명소가 되는 것이다.[5]

이러한 설계사들의 영감과 청사진에서 제외된 대상은 해안에서 거주하며 일하던 수백만 어민들이었다. 바로 쓰나미의 희생자들이었다. 관광리조트의 설명에 따르면 원래 주민들은 더 적당한 장소로 이동해야 했다. 수킬로미터 떨어진, 바다와는 먼 곳으로 말이다. 설상가상으로, 8,000억 달러의 재개발 프로젝트는 쓰나미 희생자들을 위해 모금된 원조 자금으로 추진될 예정이었다.

태국과 인도네시아와 스리랑카에서 울부짖는 어민들의 모습이 방송에 나간 뒤, 국제사회에서는 놀라운 온정의 손길이 넘쳐났다. 이곳 사람들의 친척들은 모스크에 시체가 되어 쌓여 있었다. 그리고 어머니들은 익사한 아기와 바다로 쓸려간 아이들을 확인하며 슬피 울었다. 그러나 아루감 해변 같은 지역사회에 주어진 재건이란 거주민의 문화와 생활방식을 고의적으로 파괴하면서 땅을 빼앗아가는 과정이었다. 쿠마리가 말했듯, 희생자들에게 희생을 강요하고 착취당한 사람들을 착취하는 재건이었다.

개발계획이 드러나자 전국에서 분노가 들끓었다. 특히 아루감 해변지역이 제일 심했다. 마을에 도착했을 때 쿠마리와 나는 수백 명의 시위자들을 만났다. 사리(인도의 여성들이 입는 민속의상-옮긴이), 사롱, 히잡, 샌들이 섞여 아주 형형색색이었다. 그들은 해변에 모여 막 행진을 시작했다. 그리고 호텔 앞을 지나 지역정부가 있는 이웃 마을 포투빌(Pottuvil)로 가려 했다.

호텔을 지날 무렵, 흰 티셔츠를 입고 붉은 메가폰을 든 한 젊은이가 시위대를 이끌며 구호를 외쳤다. "우리는 원하지 않는다. 원하지 않는다." 그러자 나머지 시위자들은 "관광호텔을 원하지 않는다."라고 외쳤다. 다시 그는 "백인들!"이라고 크게 소리쳤다. 그리고 다른 시위자들은 "물러가라!"라고 외쳤다(쿠마리는 타밀어를 통역하며 미안해했다). 햇볕과 바다에 피부가 검게 그은 또 다른 남자가 확성기를 넘겨받아 이렇게 소리쳤다. "우리는 원한다. 원한다." 그러자 여기저기서 "우리의 땅을 돌려달라!"라는 함성이 나왔다. "우리의 집을 돌려달라!" "어업 항구를 돌려달라!" "우리의 구호 자금을 돌려달라!" 그는 "기아, 기아!"라고 외쳤다. 군중은 이어서 "어민들은 기아에 처했다!"라고 소리를 높였다.

지역정부 건물 앞에서 시위행진 지도자들은 의원들의 수수방관하는 태도와 부정부패를 비난했다. 의원들이 어민들에게 주어진 원조 자금을 자신들의 딸들의 지참금과 아내들의 보석 구입비용으로 썼다며 비난했다. 그들은 신할리즈족 정부에게 "무슬림 차별과 자신들의 비극을 이용해 영리를 꾀하는 외국인들의 작태를 바로잡아달라."라는 특별청원을 넣었다고 말했다.

그들의 호소는 별 효과를 내지 못할 것 같다. 나는 콜롬보에서 스리랑카 관광위원회의 국장 신니바사감 칼라이세밤(Seenivasagam Kalaisevam)과 이야기를 나누었다. 중년의 관료인 그는 자국의 억만 달러 '브랜드 퍼스낼러티(brand personality: 소비자가 특정 브랜드에 대해 귀속시키는 인간적 특성들의 집합체-옮긴이) 프로 '을 자주 인용하는 안 좋은 버릇이 있었다. 나는 그에게 아루감 해변 같은 곳에 사는 어민들은 어떻게 되는 건지 물어보았다. 그는 등나무 의자에 기대앉아 설명했다. "과거에 해안벨트에는 허가받지 않은 건물들이 많았습니다. (중략) 관광계획에 따라 건설된 게 아닙니다. 쓰나미가 관광산업에 끼친 긍정적인 영향은 허가받지 않은 건물들이 쓰나미에 휩쓸려갔다는 것이지요. 더 이상 그런 건물들은 볼 수 없을 겁니다. 어민들이 돌아와 다시 짓는다면 우리가 부숴버릴 겁니다. 해변은 아주 깨끗해질 겁니다."

처음부터 이런 것은 아니었다. 쿠마리가 쓰나미 이후 동부 해안에 갔을 때, 공식적인 원조는 아직 도착하지 않았을 때였다. 따라서 모두가 구호단체 직원과 의사가 되었으며, 힘을 합쳐 시체들을 묻었다. 지역을 갈라놓았던 종족 갈등은 갑자기 사라졌다. 쿠마리는 당시를 이렇게 회상했다. "무슬림은 시체들을 묻기 위해 타밀족 지역으로 달려갔지요. 그리고 타밀족 사람들은 음식을 먹고 물을 마시기 위해 무슬림 쪽으로 달려갔고요. 하류층 가정에서는 매일 점심 도시락 두 개를 보냈는데, 가난한 그들로서는 대단한 일이었죠. 뭔가 대가를 바라서가 아닙니다. 단지 '내 이웃을 도와야지. 형제, 자매, 딸, 어머니들을 도와야 한다.'는 마음이었죠. 단지 그런 마음뿐이었습니다."

문화권끼리 서로 돕는 일이 스리랑카 전역에서 일어났다. 타밀족 10대들은 농장에서 트랙터를 몰아 시체 찾는 일을 도와주었다. 기독교인 어린이들은 학교 유니폼을 기증해 무슬림 장례식의 하얀 가운으로 사용하게 했다. 힌두교 여인들은 자신의 흰색 사리를 내주었다. 바닷물과 자갈의 침입은 엄청난 위력으로 집을 파괴하고 도로를 무너뜨렸다. 그러나 동시에, 뿌리 깊은 증오와 반목을 사라지게 만들었다. 어느 편이 누구를 마지막으로 죽였는지 계산하는 일도 없어졌다. 쿠마리는 종교 갈등을 해결하고자 평화단체와 함께 노력했지만 몇 년간 만족스런 성과를 내지 못했다고 말했다. 때문에, 재난을 맞아 서로 도와수는 모습은 너무나 감동적이었다. 스리랑카인들은 평화에 대해 말로만 떠든 것이 아니라 가장 힘든 순간에 몸소 행동으로 보여주었다.

스리랑카는 국제적인 복구지원을 받는 것 같았다. 각국 정부들은 도움을 주는 데 더뎠다. 오히려 텔레비전으로 재난을 지켜본 전 세계의 개인들이 원조를 보내며 주도적으로 나섰다. 유럽의 어린 학생들은 제빵 판매와 공병 수집 행사를 열고, 음악가들은 스타가 대거 출연한 콘서트를 조직했다. 종교단체들은 옷과 담요와 돈을 모았다. 시민들은 각자의 정부에 공식 원조로 관대함을 보이라고 요구했다. 그 결과, 6개월 만에 130억 달러가 모금되었다. 세계적인 기록이었다.[6]

첫 달에는 원조 자금이 수령인들에게 제대로 전달되었다. NGO 단체들과 원조기관들은 구호음식, 물, 텐트, 임시주택 등의 도움을 주었다. 부유한 국가들은 의학팀과 물자를 제공했다. 임시 거처인 캠프는 정식 주택이 만들어질 때까지 머물 곳을 제공했다. 정식 주택을 지을 돈은 충분히 있었다. 그러나 6개월 후

내가 스리랑카에 갔을 때, 상황은 더 이상 진전이 없었다. 제대로 된 집들은 보이지 않았다. 게다가 임시 캠프는 구호거처가 아니라 점차 확대되는 빈민촌처럼 보였다.

구호원조 직원들은 스리랑카 정부가 매번 제동을 건다고 불평했다. 완충지대를 선언하더니 이제는 집을 지을 대체지 제공을 거부한 것이다. 정부는 외부의 전문가들에게 연구를 위임해 종합계획을 세우게 했다. 쓰나미 생존자들은 관료들이 시키는 대로 어업을 재개하기엔 바다에서 너무 멀리 떨어진 곳의 푹푹 찌는 육지 캠프에서 배급 음식으로 하루하루를 견디며 기다렸다. 일이 더뎌지는 것은 관료들의 형식주의와 형편없는 관리 때문이라는 비난이 나왔다. 그러나 사실은 큰 판돈이 걸려 있기 때문이었다.

수해 이전의 상황 : 좌절된 계획

스리랑카를 개조하려는 엄청난 계획은 쓰나미가 발생하기 2년 전으로 거슬러 올라간다. 내전이 끝난 무렵, USAID와 세계은행과 그 산하의 아시아개발은행은 스리랑카를 세계경제에 편입시키려는 전략을 짰다. 스리랑카의 비교우위는 세계화의 식민지가 되지 않은 마지막 장소라는 점이었다. 오랜 전쟁 덕에 그렇게 된 것이다. 스리랑카는 작은 나라 치곤 여전히 놀라울 정도로 야생을 잘 보존하고 있었다. 표범, 원숭이, 수천 마리의 야생 코끼리들이 있다. 해변에는 고층빌딩도 없고, 산에는 힌두교, 불교, 무슬림 사원 및 성지가 곳곳에 있다. 무엇보다 USAID는 그 모든 것들이 버지니아 주 크기에 다 들어 있다는 데에 흥분했다.[7] 이제 게릴라 전사들의 좋은 은신처였던 스리랑카의 정글은 벤처 생태경제학자들에게 개방되었다. 코스타리카에서 그랬듯, 그들은 코끼리를 타고 창공을 가로지르며 타잔처럼 여기저기를 누빌 것이다. 유혈사태의 공범이었던 종교들은 서구 방문객들의 정신적 욕구를 충족시키기 위해 새로이 탈바꿈할 것이다. 불교의 스님들은 명상센터를 운영하고, 힌두교 여성들은 호텔에서 형형색색의 춤을 선보이며, 아유르베다(Ayurveda: 고대 인도의 건강관리법-옮긴이) 클리닉은 번뇌와 고통을 줄여줄 것이다.

다른 아시아의 지역에는 노동착취 공장, 콜센터, 광적인 주식시장이 있는 반면, 스리랑카는 이러한 산업의 투자가들이 휴식할 때를 대비해 대기하고 있었다. 규제가 풀린 자본주의의 전초기지에서 벌어들인 엄청난 부가 있기 때문에, 돈은 아무런 문제가 아니다. 사람들은 완벽하게 꾸민 호화로움, 야생의 자연, 모험, 편안한 서비스를 누리러 올 것이다. 외국 컨설턴트들은 스리랑카의 미래가 최근 남부 해안에 멋진 지점 두 곳을 설립한 아만 리조트(Aman Resorts) 같은 체인점들에 달려 있다고 확신했다. 아만 리조트는 하룻밤에 800달러에 달하는 방들을 구비하고, 모든 객실마다 플런지 풀을 설치했다.

미국 정부는 스리랑카의 최고급 관광 명소의 잠재성, 리조트 체인점, 관광 운영시설에 열정적이었다. USAID는 스리랑카 관광산업위원회를 워싱턴 스타일의 로비조직으로 만드는 프로그램을 시작했다. 그리고 관광예산을 1년에 50만 달러에서 1,000만 달러로 늘리도록 했다.[8] 한편 미국 대사관은 스리랑카에서 미국의 경제적 이득의 전초기지를 마련하고자 경쟁력 강화 프로그램을 개시했다. 머리가 희끗희끗한 경제학자 존 발리(John Varley)가 프로그램의 책임자로 있었다. 한편 스리랑카 관광산업위원회는 10년 후부터 연간 100만 명의 관광객을 유치할 계획을 세웠다. 그러나 존 발리는 규모를 너무 작게 잡았다고 생각했다. 스리랑카에서 세계은행의 임무를 지시하는 영국인 피터 해럴드(Peter Harrold)도 "개인적으로 나는 그들의 예상보다 두 배 정도 늘릴 수 있다고 생각해요."라고 말했다. "발리와 비교해도 손색이 없을 겁니다."

최고급 관광이 이윤이 남는 성장시장이라는 점은 의심의 여지가 없다. 2001년에서 2005년까지 하룻밤에 평균 숙박비 405달러를 내는 호화로운 호텔들의 수입은 70퍼센트나 급성장했다. 9·11 테러 사건 이후의 경기침체, 이라크 전쟁, 치솟는 연료비를 감안할 때 나쁘지 않은 성적이다. 관광산업의 놀라운 성장은 시카고학파 경제학의 승리에서 나온 불평등의 부산물이다. 월스트리트가 보기엔, 전반적인 경기 흐름에 상관없이 신흥 억대부자 엘리트들은 초특급 고객들이다. 따라서 최선을 다해 고객의 요구를 맞추어야 한다. 아제이 카푸(Ajay Kapur)는 뉴욕에 있는 시티그룹 스미스 바니(Citigroup Smith Barney)의 글로벌 투자전략그룹의 책임자로, 고객들에게 불가리(Bulgari), 포르쉐(Porsche), 포시즌스(Four Seasons), 소더비(Sotheby's) 같은 회사들인 '플루토노미(Plutonomy: 부호계급을 의미하는 'Plutocrat'과 경제를 의미하는 'Economy'가 합쳐진 말로 소수 부자의 영향력이 매우 큰 경제를 의미함−옮긴이) 주식 바스켓'에 투자하라고 권한다. "만약 우리 생각대로 플루토노미가 계속되고 빈부격차가 확대된다면, 플루토노미 관련 주식 바스켓은 상당한 수지를 맞을 것이다."[9]

그러나 스리랑카가 플루토노미 경제의 활동무대가 되려면 개선해야 할 부분들이 있었다. 그것도 아주 신속하게 말이다. 최고급 리조트를 유치하려면 정부는 토지의 개인 소유를 막는 걸림돌들을 제거해야 했다(스리랑카 땅의 80퍼센트가 국가 소유다).[10] 그리고 투자자가 리조트 직원들을 통제하기 위해서 더 유연한 노동법이 필요했다. 또한 고속도로, 호화로운 공항, 수도와 전기 시스템의 개선 등 인프라를 현대화해야 했다. 그러나 스리랑카는 무기를 사느라 상당한 빚을 지고 있는 터라, 정부는 당장 업그레이드를 할 수 없는 처지였다. 따라서 흔히 보던 거래 조건이 제시되었다. 경제를 민영화하고 '공공부문과 민간부문의 파트너십'에 동의한다면 세계은행과 IMF에서 차관을 빌려주겠다는 것이다.

이러한 계획과 계약조건은 2003년 초에 최종 타결되어 세계은행이 승인한 쇼크요법 프로그램인 '스리랑카 재건'에 잘 규정되어 있다. 이 계획의 적극적 옹호자는 스리랑카 정치인이자 기업가인 마노 티타웰라(Mano Tittawella)다. 그의 외모나 성향은 미국 하원의장인 뉴트 깅그리치(Newt Gingrich)와 상당히 닮았

다.[11]

쇼크요법 계획이 늘 그렇듯, '스리랑카 재건'은 경제 급성장을 추진한다는 명목으로 많은 희생을 요구했다. 수백만 명의 사람들이 관광객을 위해, 그리고 해변과 리조트와 고속도로를 지을 땅을 내주기 위해 살던 마을을 떠나야 했다. 그나마 어업도 해안가에서 출발하는 나무 보트가 아니라, 깊은 항구에서 출발해 작동하는 커다란 저인망 어선이 장악했다.[12] 부에노스아이레스에서 바그다드까지, 비슷한 상황에선 늘 그랬듯 국영회사는 대규모 인원 감축을 실행했고 서비스 가격은 상승했다.

재건계획의 지지자들에게 문제는 스리랑카인들이 희생에 대한 보상을 받을 것이라고 믿지 않는다는 점이었다. 당시는 2003년으로 세계화에 대한 비현실적인 신뢰는 오래전에 사라진 상태였다. 특히 아시아 경제 위기의 공포 이후에는 더욱 그랬다. 또한 전쟁의 잔재도 걸림돌이었다. 수만 명의 스리랑카인들이 '국가', '모국', '영토'라는 이름을 내건 분쟁에서 목숨을 잃었다. 이제 마침내 평화가 왔는데, 최빈곤층은 그나마 가진 작은 땅과 채소밭, 소박한 집, 보트 같은 재산도 포기해야 할 처지였다. 그래야만 메리어트(Marriott)나 힐튼(Hilton) 같은 미국의 호텔체인점들이 골프장을 지을 수 있기 때문이다(주민들은 콜롬보에서 구걸로 먹고 살아야 한다). 이건 말도 안 되는 거래다. 당연히 스리랑카인들은 거부의사를 밝혔다.

사람들은 강경한 파업과 거리시위로 파키스탄 재건에 대한 거부의사를 보였다. 가장 결정적인 것은 선거 결과로 나타났다. 2004년 4월, 스리랑카인들은 외국 전문가들과 그들의 국내 파트너들을 비난하며, '스리랑카 재건'을 철폐하기로 약속한 중도좌파와 공산주의자 연합에 표를 던졌다.[13] 당시 수도와 전기를 포함한 민영화는 진행되지 않았으며, 고속도로 프로젝트는 법정에서 곤란을 겪고 있었다. 따라서 플루토노미 경제의 활동무대가 되려는 꿈은 심각한 반격에 직면했다. 2004년, 스리랑카는 투자 친화적인 데다 민영화를 이룬 국가가 되고자 했다. 그러나 모든 가능성은 사라져버렸다.

그런데 운명적인 선거가 있고 8개월 후 쓰나미가 닥친 것이다. '스리랑카 재건'의 소멸을 슬퍼하는 사람들은 쓰나미의 중요성을 즉각 알아차렸다. 새로 선출된 정부는 재해로 파괴된 집, 도로, 학교, 철도를 다시 짓기 위해 외국 채권자들로부터 수십억 달러를 빌려야 했다. 외국 채권자들은 철저한 경제적 민족주의 성향의 국가라 할지라도 비참한 위기에 처하면 고분고분해진다는 걸 잘 알고 있었다. 강경한 농부들과 어민들은 개발을 위해 땅을 정리하려는 시도를 저지하려고 도로를 막고 대중시위를 벌였다. 만약 그때 쓰나미가 없었다면 승리를 거둘 수도 있었다.

재해 이후 : 두 번째 기회

콜롬보에 있는 정부는 원조 자금을 쥐고 있는 선진국들에게 과거를 기꺼이 포기할 수 있다는 사실을 증명했다. 대통령 찬드리카 쿠마라퉁가(Chadrika Kumaratunga)는 강경한 반(反)민영화 정강을 내걸고 당선되었다. 그러나 그녀는 쓰나미가 마치 종교적 계시처럼 스리랑카를 자유시장으로 이끌어주었다고 주장했다. 대통령은 수해가 휩쓸고 간 해안을 둘러보며 폐허더미에서 선언했다. "우리는 많은 천연자원을 부여받은 국가입니다. 그런데 전혀 이용을 하지 않았습니다. 그래서 자연은 더는 못 참겠다고 생각해 우리를 사방에서 공격해 교훈을 주었습니다."[14] 아주 숭고한 해석이다. 스리랑카의 해변과 숲을 팔지 않았다고 자연이 내린 신성한 벌이 쓰나미라는 것이다.

참회는 곧장 시작되었다. 해일이 몰려온 지 4일이 지날 무렵, 정부는 수년간 시민들이 반대했던 상수도 민영화의 길을 터줄 법안을 추진했다. 바닷물에 침수되어 죽은 사람들을 제대로 묻어주지도 못한 상태에서 민영화계획의 진행을 아는 사람은 거의 없었다. 이라크의 새로운 석유법안이 통과되었을 때와 비슷하다. 또한 채권자들에게 정부가 재정적 책임을 분명히 인식하고 있음을 보여주기 위해, 극도로 힘든 때에 가솔린 가격을 올려 생활을 더욱 힘겹게 만들었다. 또한 국영 전기회사를 민간분야에 개방하려는 계획에 맞추어 입법을 시작했다.[15]

허먼 쿠마라(Herman Kumara)는 소형 어업보트를 대표하는 전국어민연대운동의 회장이다. 그는 재건을 두 번째 쓰나미라고 칭하며 기업들을 위한 세계화라고 표현했다. 상처 입고 취약해진 순간에 국민들을 착취하려는 교활한 시도로 본 것이다. 전쟁 뒤에 약탈이 따라오듯, 두 번째 쓰나미가 첫 번째 쓰나미 이후 몰아쳤다. "과거에 사람들은 이런 정책에 격렬하게 반대했습니다." 그가 내게 말했다. "그러나 이제 사람들은 캠프에서 굶주리고 있습니다. 내일은 어떻게 살아야 할지를 생각하기에 급급합니다. 잘 곳도, 있을 곳도, 수입을 얻을 곳도 사라졌지요. 장차 어떻게 생계를 꾸릴지 막막합니다. 이런 상황에서 정부는 계획을 밀어붙이기로 한 겁니다. 사람들이 다시 일상을 되찾을 무렵이면 어떤 일이 결정되었는지 알게 되겠죠. 그러나 그때면 이미 파괴가 이루어진 후일 겁니다."

워싱턴 채권자들이 쓰나미를 신속하게 이용할 수 있었던 것은 전에도 비슷한 일을 해봤기 때문이다. 쓰나미 이후 재난 자본주의의 준비 과정은 허리케인 미치(Mitch)의 일화에도 나타난다. 그러나 거의 어디에서도 그에 대해 다루지 않았다.

1998년 10월 일주일 내내, 허리케인 미치는 중앙아메리카 전역을 공격했다. 미치는 온두라스와 과테말라와 니카라과의 해변과 산에 무자비한 공격을 가했다. 마을을 통째로 삼켰고 9,000명 이상의 사망자를 냈다. 그러지 않아도 가난한 국가들은 외국의 원조가 없으면 꼼짝 못할 처지가 되었다. 결국 원조 자금이 도착했지만, 상당한 대가를 치러야 했다. 태풍이 강타한 지 두 달이 지났어도 나라 전체가 여전히 폐허더미, 시체, 진흙 속에 묻혀 있었다. 이런 상황에서 온두라스 의회는 공항, 항구, 고속도로의 민영화 법안을 통과시켰다. 국영 전화회사, 국영 전기회사, 상수도 분야의 일부를 민영화하기 위한 계획도 신속히 세웠다. 그리고 토지개혁법을 바꾸어, 외국인들이 땅을 쉽게 사고팔 수 있게 해주었다. 또한 환경 기준을 낮추고 비즈니스 친화적인 광산법(재계가 초안을 작성했다)을 급히 가결했다. 새로운 광산의 걸림돌이 되는 주민들을 쫓아내기 쉽게 하기 위해서였다.[16]

이웃 국가들도 마찬가지 상황이었다. 허리케인 미치 이후 두 달이 지날 무렵, 과테말라는 전화 시스템의 매각 계획을 선언했다. 니카라과도 전기회사와 정유 분야에서 비슷한 움직임을 보였다. 「월스트리트저널」에 따르면, 세계은행과 IMF는 니카라과의 텔레콤 매각을 배후에서 후원하며, 그 대가로 3년에 걸쳐 매년 4,700만 달러를 빌려주고 44억 달러의 외국 원조차관도 연결해주기로 했다.[17] 전화사업의 민영화는 허리케인 재건과는 전혀 관계가 없다. 워싱턴에 있는 경제기관들의 재난 자본주의 논리로 볼 때는 아니겠지만 말이다.

지난 몇 년 동안 매각은 계속되었는데, 시장 가격보다 훨씬 낮은 가격으로 팔리기도 했다. 매입자들은 외국의 이전 국영회사들로, 새로운 매입을 통해 주가를 높이려고 전 세계를 누비고 다녔다. 멕시코의 민영화된 전화회사인 텔멕스(Telmax)가 과테말라의 텔레콤 회사를 낚아챘다. 스페인의 에너지회사인 유니온 페노사(Union Fenosa)는 니카라과의 에너지회사들을 매입했다. 민영화된 샌프란시스코 국제공항은 온두라스의 공항 네 곳을 매입했다. 그리고 니카라과는 전화회사의 40퍼센트를 3,300만 달러에 팔았다. 프라이스워터하우스쿠퍼스(PricewaterhouseCoopers: 세계적인 경영컨설팅 및 회계회사—옮긴이)가 8,000만 달러의 가치가 있다고 평가했음에도 불구하고 말이다.[18] 과테말라 외무부 장관은 1999년 다보스 세계경제포럼에서 이렇게 선언했다. "파괴는 외국 투자라는 새로운 기회를 가져온다."[19]

쓰나미가 닥칠 무렵 워싱턴은 미치 모델을 다음 단계로 끌어올리려 했다.

개별적인 새로운 법안에서 그치지 않고, 재건에 관한 한 직접 통제권을 쥐려 한 것이다. 2004년, 쓰나미 규모의 재난을 당한 국가라면 전반적인 재건계획이 필요했다. 외국 원조 자금이 현명하게 사용되고 의도된 수령자에게 전달되도록 하는 계획 말이다. 워싱턴 채권자들의 압력을 받은 스리랑카 대통령은 재건계획을 의원들에게 맡기지 않기로 했다. 쓰나미가 해안을 파괴한 지 일주일이 지났을 무렵, 그녀는 국가 재건 담당팀이라는 완전히 새로운 조직을 만들었다. 의회 대신에 새로운 스리랑카를 위한 종합계획을 실시해나갈 전권을 가진 조직이었다. 이 팀은 은행과 산업계의 유력한 비즈니스 중역들로 구성되었다. 단지 비즈니스와 관련된 것만이 아니다. 임원 10명 가운데 5명이 대형 리조트 시설의 대표로 있으면서 해변관광업과 관련해 재산을 갖고 있었다.[20] 어업 및 농업 대표, 환경 전문가, 과학자는 팀에 없었다. 심지어 재난 재건 전문가도 없었다. 의장은 과거 민영화 독재자였던 마노 티타웰라가 맡았다. 그는 "모델 국가를 세울 기회다."라고 선언했다.[21]

이것은 자연재해의 힘을 이용한 새로운 종류의 쿠데타를 상징한다. 다른 나라에서 그렇듯, 스리랑카에서도 시카고학파 정책은 민주주의의 정상적 규범에 의해 막힌 상태였다. 2004년 선거가 그 증거가 될 것이다. 그러나 국가적 재난에 힘을 모으려는 시민들과 원조 자금을 필사적으로 얻어내려는 정치인들 속에서, 유권자들의 바람은 즉각 사라졌다. 국민이 선출하지도 않은 재계가 직접 통치를 하게 되었다. 이제 재난 자본주의가 시작된 것이다.

수도에만 머물러 있던 팀의 비즈니스 리더들은 단 열흘 만에 주택에서 고속도로까지 완벽한 국가 재건 청사진을 내놓았다. 완충지대와 면책특권을 부여받은 호텔도 이 계획안에서 나왔다. 팀은 또한 원조 자금을 고속도로, 그리고 재난 전에 상당한 저항에 부딪혔던 산업항구 건설에 썼다. 스리랑카의 토지권리운동가인 사라스 페르난도(Sarath Fernando)는 이렇게 말했다. "우리는 이러한 경제적 논의가 쓰나미보다 더 큰 재앙이라고 생각한다. 때문에 예전에 그렇게 저항했으며, 지난 선거에서도 그런 정책엔 표를 던지지 않았다. 그러나 지금 그들은 쓰나미가 닥친 지 단 3주 만에 같은 계획안을 내놓았다. 미리 이러한 상황을 준비한 것이 틀림없다."*

워싱턴은 팀의 재건 노력을 지원해주었는데, 이라크와 비슷한 모습이었다. 즉 미국 회사들에게 초대형 계약을 맡기는 방식이다. 콜로라도의 엔지니어링 및 건설 업체인 CH2M Hill은 이라크에서 계약업자들을 감독하는 임무로 2,850만 달러를 받았다. 그리고 바그다드 재건논쟁을 불러일으켰으면서도, 스리랑카에서 3,300만 달러의 계약을 따냈다(나중엔 4,800만 달러로 확대되었다). 상업적 어선을 위해 삼면이 깊은 수면으로 된 항구를 만들거나, 아루감만에서 새로운 다리를 건설하는 임무다. 한마디로, 마을을 '관광 천국'으로 만드는 것이다.[22]

이러한 프로그램들은 쓰나미 구호라는 이름으로 진행되었다. 그러나 쓰나미의 주요 희생자들에게는 재앙이었다. 저인망 어선들이 물고기를 모두 잡아갔고, 호텔은 해변에서 그들을 쫓아내려 했다. 쿠마리의 말대로, 원조는 도움을 준 게 아니라 오히려 해를 입혔다.

미국 정부가 원조 자금을 쓰나미 생존자들의 재배치에 사용하는 이유가 뭐냐고 묻자, USAID 경쟁력 강화 프로그램의 책임자인 존 발리가 이렇게 설명했다. "원조를 제한해서 쓰나미 희생자들에게만 혜택을 주고 싶지 않은 것이지요. 스리랑카의 국민 모두를 위해 사용하려는 겁니다. 스리랑카의 성장을 도와줄 수 있게 말이죠." 발리는 그 계획을 고층 빌딩의 엘리베이터에 비유했다. 엘리베이터는 첫 번째 여정에서 탑승객 한 무리를 싣고 꼭대기로 올라간다. 올라간 사람들은 그곳에서 부를 창조한다. 그리고 난 뒤 엘리베이터는 다시 아래로 내려가 더 많은 사람들을 싣고 위로 올라온다. 그러니 맨 아래에서 기다리는 사람

---

* 페르난도는 토지개혁운동단체(MONLAR)의 리더다. 이 단체는 스리랑카 NGO들의 연합체로, 재난 이후 지역민들의 신속한 재건을 허락해달라고 요구했다.

들은 엘리베이터가 다시 돌아온다는 것을 알고 있어야 한다는 것이다.

미국 정부가 영세한 어민들에게 직접 사용한 돈은 겨우 100만 달러였다. 그나마도 해변이 재개발되는 동안 지낼 임시 거처를 개선하는 데 사용되었다.[23] 철판을 이어붙인 피난처는 이름만 그럴 뿐, 실제로는 영구적인 빈민가로 만들어졌다. 남반구의 주요 도시들을 둘러싸고 있는 빈민가들처럼 말이다. 그러한 빈민가 사람들을 도우려는 대규모 구호 움직임은 없었다. 그러나 쓰나미 희생자들은 처지가 달랐다. 전 세계가 집과 생계터전을 잃은 그들의 모습을 텔레비전 생방송으로 지켜봤다. 어쩔 수 없는 운명으로 모든 것을 잃은 그들을 도와주자면서 전 세계가 나섰다. 사람들은 트리클다운 경제가 아닌 직접 손에서 손으로 전해지는 원조를 통해 원상 복구를 도우려 했다. 그러나 세계은행과 USAID는 대다수 사람들이 알지 못하는 것을 알고 있었다. 즉 쓰나미 생존자들을 특별하게 보던 시선들은 곧 사라지고, 전 세계의 얼굴 없는 수십억 명에 합류하게 될 거라는 사실 말이다. 하룻밤에 800달러나 하는 호텔의 급증과 마찬가지로, 판자촌의 확산은 그저 글로벌 경제의 한 부분으로 받아들여진다.

스리랑카 남부 해안의 황량한 내륙 캠프에서, 나는 레누카라는 한 젊은 어머니를 만났다. 누더기를 걸쳤는데도 매우 아름다운 여성인 그녀는 발리가 말한 엘리베이터를 기다리는 사람들 가운데 1명이다. 6개월 된 막내딸은 쓰나미 이틀 후에 태어났다. 레누카는 초인적인 힘을 발휘해 두 아들을 데리고, 임신 9개월의 몸으로 목까지 차오르는 물을 헤치고 해일에서 살아남았다. 그렇게 힘들게 살아남았지만, 지금 그녀와 가족들은 메마른 땅 한가운데서 조용히 굶주리고 있었다. 좋은 의도를 가진 NGO 단체가 기증한 몇 개의 카누만 처량 맞게 놓여 있었다. 바다에서 3킬로미터 떨어져 있는 데다, 이동수단이라곤 자전거조차도 없는 비참한 상황이었다. 그녀는 생존자들을 도우려는 이들에게 메시지를 전해달라고 부탁했다. "뭔가 주고 싶다면, 제발 제 손에 쥐여주세요."

더욱 거친 물결

두 번째 쓰나미를 당한 국가는 스리랑카만이 아니다. 토지와 법에 관한 비슷한 이야기들이 태국, 몰디브, 인도네시아에서도 나오고 있다. 인도 타밀나두 (Tamil Nadu) 지역의 쓰나미 생존자들은 너무 궁핍했다. 그들 중 150명의 여성들은 음식을 구하기 위해 신장을 팔려고 했다. 한 구호단체 직원이 「가디언」에 설명했다. "주정부는 해안을 호텔 건설에 사용하길 원합니다. 그 결과 사람들은 비참해졌지요." 쓰나미 피해 국가들은 완충지대법을 실시해 주민들이 해안가에 다시 집을 짓지 못하게 했다. 그와 동시에 그 땅을 개발에 이용했다[인도네시아의 아체(Aceh)에서는 완충지대의 너비가 2킬로미터에 달했다. 결국엔 그 법령을 폐지하지만 말이다].[24]

쓰나미 발생 1년 후, 존경받는 NGO 액션에이드(ActionAid)는 외국에서 들어온 원조 자금의 지출내역을 모니터링했다. 5개국에서 5만 명에 달하는 쓰나미 생존자들을 조사한 결과가 문서로 나왔다. 각국마다 상황은 비슷했다. 거주민들은 재건을 할 수 없었지만, 호텔들은 개발 인센티브를 받았다. 임시 캠프는 군대의 감시를 받는 비참한 거처로 변했으며, 제대로 된 재건은 찾아볼 수 없었다. 고유한 생활방식도 사라지고 있었다. 그러한 퇴보는 잘못된 의사소통, 빈약한 자금, 부정부패 탓이 아니다. 문제는 훨씬 더 구조적이고 고의적인 것이었다. 보고서에 따르면 "정부는 영구주택을 지을 토지를 제대로 제공하지 않았다." 그러고는 마지막 결론을 내렸다. "땅을 약탈당하고 상업적 이득이 해안가 지역사회보다 우선시되는 상황에서, 정부는 그저 수수방관하거나 아니면 공모자의 입장에서 행동했다."[25]

쓰나미 이후의 기회주의가 가장 극성을 부린 곳은 누구도 생각지 않은 몰디브였다. 몰디브 정부는 가난한 주민들만 해안에서 쫓아내는 데에 만족하지 않고, 쓰나미를 이용해 생산활동이 활발한 지역에서 대다수 주민들을 몰아냈다.

몰디브는 인도 해안에서 사람이 거주하는 섬 200여 개로 이루어져 있다. 중앙아메리카 국가들이 바나나 공화국으로 불리듯, 몰디브는 그야말로 관광 공화국이다. 수출품은 열대과일이 아니라 열대에서 즐기는 여가라 하겠다. 국가 수입의 90퍼센트에 달하는 금액이 해변 휴양지로부터 직접 나온다.[26] 몰디브가 파는 여가는 유흥을 즐기기에 좋고 상당히 매혹적이다. 100여 개의 '리조트 섬'에는 하얀 모래가 깔려 있고 주위에는 푸른 식물들이 가득하다. 섬들은 호텔, 크루즈 회사, 부유한 개인의 수중에 들어갔다. 50년간 대여되는 섬들도 있다. 몰디브의 섬 가운데 가장 화려한 것은 고위층 유명인사들에게 제공된다(한 예로 톰 크루즈와 케이티 홈스의 신혼여행지도 있다). 단지 아름다움과 수중 잠수 때문만이 아니라, 개인 소유의 섬에서 세상사와 단절된 완전한 고립을 느낄 수 있기 때문이다.

스파 리조트들은 토속 어촌에서 '영감을 얻은' 건축물을 설치했다. 기둥 위의 전통가옥들은 서로 질세라 플루토노미 부자들이 좋아할 만한 것들을 갖추어 놓았다. 보스 서라운드 사운드(Bose Surround Sound) 시스템을 갖추고, 야외 욕조는 필립 스탁(Philippe Starck: 유명한 인테리어 디자이너-옮긴이) 분위기를 자아내고, 시트는 너무 좋아 촉감조차 느껴지지 않을 정도다. 또한 섬과 바다의 경계를 없애는 데도 혈안이다. 코코팜(Coco Palm)의 빌라들은 산호초 위에 지어졌으며 부두에는 수중으로 줄사다리가 드리워 있다. 포시즌스 호텔의 수면실은 바다 위에 있고 힐튼호텔은 산호초로 만들어진 수중 레스토랑을 처음으로 선보였다. 수많은 객실 중에는 하녀실도 있다. 그리고 개인 섬에는 하루 24시간 헌신하는 몰디브인 집사 '타쿠루(Thakuru)'가 있다. 그는 아주 세심한 것까지 살핀다. "마티니를 어떻게 할까요. 흔들어드릴까요, 저어드릴까요?" 영화 <007> 시리즈의 제임스 본드가 묵을 법한 고급 리조트들은 하룻밤에 5,000달러나 한다.[27]

이 멋진 왕국을 다스리는 남자는 아시아의 장기집권 통치자 마우문 압둘 가윰(Maumoon Abdul Gayoom) 대통령이다. 그는 1978년부터 계속 권력을 누려온 인물이다. 그의 정부는 반대파 지도자들을 투옥시키고, 반정부 웹사이트를 만든 반체제 인사들을 고문했다는 비난을 받았다.[28] 이제 가윰과 측근들은 반체제 인사들을 감옥 섬으로 보내버리고는 관광 비즈니스에만 신경을 쏟는다.

쓰나미 이전에 몰디브 정부는 리조트 섬들의 숫자를 늘려 더 큰 성공을 거두려고 했다. 그런데 늘 그렇듯 사람들이 걸림돌이었다. 생계형 어부들인 몰디브 사람들은 산호섬 여기저기에 흩어져 있는 전통마을에 산다. 그들의 생활방식도 문제를 일으킨다. 정부가 보기엔 손질된 고기들이 해변에 널려 있는 소박한 매력은 몰디브 풍경에 맞지 않기 때문이다. 쓰나미 이전에 가윰 정부는 국민들을 설득해 관광객들이 방문하지 않는 크고 인구가 많은 섬들로 이주시키려했다. 지구온난화가 야기한 해수면 상승 때문에, 이러한 섬들은 보호조치가 필요한데도 말이다. 탄압정권이라 해도 수만 명을 대대로 살던 섬에서 쫓아내기는 힘들었다. 결국 '주민합병' 프로그램은 성공하지 못했다.[29]

쓰나미가 닥친 후, 가윰 정부는 많은 섬들이 위험해서 거주하기에 적당하지 않다고 즉각 발표했다. 그리고 예전에 비해 더욱 억압적인 국민 재이주 프로그램을 개시했다. 즉 쓰나미 복구에 원조를 받고 싶은 사람은 국가에서 지정한 '안전한 섬' 다섯 곳으로 이주해야 했다.[30] 따라서 여러 섬들에 살던 사람들은 추방되었다. 게다가 현재 훨씬 더 많은 사람들이 떠나고 있는 중이다. 그 결과 관광산업에 쓰일 토지를 더욱 많이 확보할 수 있었다.

몰디브 정부는 세계은행과 여러 기관들이 후원한 안전한 섬 프로그램은 보다 크고 안전한 섬에서 살려는 국민들의 요구로 추진한 것이라고 주장한다. 그러나 섬 사람들은 인프라만 수리된다면 예전 섬에 머물고 싶다고 말했다. 액션에이드에 따르면, "정부는 이주를 조건으로 내걸고 집과 생계를 복구할 지원을 해주었다. 그러니 사람들은 떠날 수밖에 없었다."[31]

안전성 주장에 냉소를 보낼 수밖에 없는 사실이 또 있다. 낮게 떠 있는 섬들에 위태로운 건축물을 짓는 호텔에 대해서는 아무런 제지도 하지 않고 있다는 점이다. 리조트들은 안전을 위해 떠나야 한다는 규정의 영향을 받지 않는다. 쓰나미 이후 1년 뒤인 2005년 12월, 가윰 정부는 35개의 새로운 섬들이 50년 동안 리조트에 대여될 거라고 발표했다.[32] 한편 이른바 안전한 섬들에서는 실업률이 치솟고, 새로 이주한 사람들과 원주민들 사이에 폭력사태가 빈번하게 일어나고 있다.

무력으로 강행된 고급 주택화

두 번째 쓰나미는 특히 경제적 쇼크요법의 놀라운 처방이었다. 폭풍은 해변 정화에 효율적이었다. 수년 동안 못 했던 주민 퇴출과 고급 주택화 과정이 불과 수일 또는 수주일 내에 일어났다. 그을린 피부를 가진 가난한 사람들(세계은행은 어민들을 '비생산적'이라고 여긴다) 수십만 명은 피부가 흰 엄청난 부자들(최고급 관광객들)에게 공간을 내주기 위해 강제이주를 해야 했다. 세계화의 경제적 양극단에 있는 계층은 다른 국가가 아니라 마치 다른 세기에 사는 것처럼 보였다. 그런데 이제 갑자기 같은 해안을 두고 직접적인 마찰을 빚게 되었다. 한측은 일할 권리를 요구하고, 다른 측은 놀 권리를 요구했다. 고급 주택화는 지역 경찰들의 총과 민간업체의 경호를 후원으로 삼아 무력으로 강행되었다. 한마디로 해변에서 계층 전쟁이 벌어진 것이다.

가장 직접적인 충돌은 태국에서 벌어졌다. 해일이 닥친 지 하루 만에, 개발자들은 무장한 경비원들을 보내 리조트로 점찍어놓은 땅에 울타리를 쳤다. 경호원들은 심지어 생존자들이 자녀들에게 필요한 물건을 찾기 위해 예전 집을 뒤지는 것도 허락하지 않았다.[33] 주민들은 태국 쓰나미 생존자 및 후원자협회라는 조직을 마련해 토지 약탈에 대응하기로 선언했다. "사업가들과 정치인들에게 쓰나미는 기도에 대한 응답이었다. 리조트, 호텔, 카지노, 새우 양식장을 만들 계획에 걸림돌이었던 지역사회를 해변에서 없애주었기 때문이다. 그들에게 해안 지역은 개방된 땅이다!"[34]

개방된 땅이란 개념은 식민지 시대에 해당되는 법적 독트린이다. 식민지 시대엔 땅의 임자가 없거나 '개척되지 않은 땅'이라고 선언되면, 무자비하게 거주민들을 쫓아내고 그 땅을 차지할 수 있었다. 쓰나미가 닥친 국가들에서 개방된 땅이라는 아이디어는 부를 강탈하고 토착민들을 문명화시키려고 폭력적으로 시도한 끔찍한 역사를 떠올리게 만들었다. 아루감만에서 만난 어부 니잠은 식민지 시대와 전혀 다를 바가 없다고 생각했다. "정부는 우리의 그물과 생선을 지저분하고 냄새나는 것으로 봅니다. 그래서 우리를 해변에서 쫓아내려는 거지요. 외국인들의 비위를 맞추겠다며 자국민들을 미개인처럼 다루고 있습니다." 스리랑카에서 폐허는 새로운 백지상태인 것이다.

내가 니잠을 만났을 때, 그는 바다에서 막 돌아온 어부 한 무리와 같이 있었다. 그들의 눈은 짠 바닷물로 붉게 충혈되어 있었다. 어부들에게 다른 해변으로 이주시키려는 정부의 계획에 대해 얘기를 꺼냈다. 그랬더니 몇몇은 폭이 넓은 고기잡이용 칼을 흔들더니 '사람들과 힘을 합쳐' 땅을 지키기 위해 싸울 것이라고 힘주어 말했다. 처음엔 그들도 레스토랑과 호텔을 환영했다고 말했다. "그러나 지금은 아닙니다." 압둘이라는 어부가 말했다. "그들에게 약간의 땅을 내주었더니, 이제는 땅 전부를 달라고 하고 있어요." 또 다른 어부인 만수르는 그늘을 드리워주는 머리 위 야자수를 가리키며 말했다. 쓰나미의 힘에도 살아남을 정도로 튼튼한 나무였다. "이 나무를 심은 사람은 대대로 저의 조상이었습니다. 왜 우리가 다른 해변으로 옮겨가야 합니까?" 그의 친척 가운데 1명은 "우리는 바닷물이 마를 때까지 여기에 있을 겁니다."라고 다짐했다.

스리랑카에 유입된 쓰나미 재건 원조는 모든 것을 잃고 고통받는 스리랑카인들에게 평화를 다시 재건할 기회를 주기 위해서였다. 그런데 아루감만을 비롯한 동부 해안에서는, 신할리즈족, 타밀족, 무슬림 사이에 원조 자금의 혜택을 두고 전쟁이 벌어진 듯하다. 무엇보다도 내국인들의 희생에 진짜 혜택을 보는 건 외국인들 같았다.

나는 데자뷔 현상을 겪는 기분이었다. 처음의 우호적인 분위기에서 벗어나 끝없는 분열과 갈등에 빠진 국가가 또다시 나타나는 건 아닌가 싶었다. 1년 전 이라크에서 나는 재건작업이 쿠르드족과 일부 선택받은 시아파에 유리하게 진행된다는 불만을 들었다. 콜롬보에서 만난 구호단체 직원들의 말에 따르면 이라크나 아프가니스탄보다 스리랑카에서 일하는 것이 훨씬 낫다고 했다. 여기선 여전히 NGO를 중립적이며 우호적인 단체로 받아들였다. 재건은 아직까진 더러운 단어가 아니었다. 그러나 상황은 점차 급변하고 있었다. 나는 수도에서 굶주리고 있는 스리랑카인들 사이에서 돈을 챙기는 서구의 구호단체 직원들을 빗댄 포스터를 보기도 했다.

NGO들은 스리랑카인들의 재건에 대한 분노를 고스란히 견뎌내야 했다. 너무나 눈에 잘 띄는 데다 해안가 어디든 로고를 휘날리며 다니기 때문이다. 반면에 세계은행과 USAID와 발리플랜을 꿈꾸는 정부 관리들은 도시의 사무실을 거의 떠나지 않는다. 도움을 주는 유일한 사람들인 구호단체 직원들이 욕을 먹는 것은 모순적이다. 그러나 어쩔 수 없는 일이기도 하다. 왜냐하면 그들이 제공하는 것은 적절하게 필요한 것들이 아니기 때문이다. 문제는 구호단체가 너무 커지면서 봉사를 받는 대상자들과 단절되었다는 점이다. 게다가 구호단체 직원들의 라이프스타일은 어디나 같았는데, 고급 호텔, 해변이 보이는 빌라, 최신 흰색 SUV 차량이 대표적이다. 내가 만난 사람들마다 그들의 생활방식을 언급했다. 한 종교인사는 'NGO 와일드 라이프'라고 표현했다. 구호단체들은 하나같이 SUV 차량을 갖고 있었다. 좁고 지저분한 도로를 달리기엔 차가 너무 크고 거칠어서 끔찍스러울 정도다. 하루 종일 그런 차량을 타고 캠프 주위를 돌아다니면 주민들은 먼지를 마실 수밖에 없다. 옥스팜(Oxfam), 월드비전(World Vision), 세이브더칠드런(Save the Children) 같은 로고를 바람에 휘날리면서, 마치 자신들은 저 먼 NGO 세계에서 온 방문객인 것처럼 행동한다. 유리창에 햇빛 차단장치를 한 채 에어컨을 틀어놓은 이러한 차량은 단순한 이동수단이 아니다. 스리랑카처럼 더운 나라에선 마치 움직이는 또 다른 기후지대 같다.

나는 주민들의 분노가 쌓이는 걸 보면서 스리랑카가 어느 정도 지난 후에 이라크와 아프가니스탄 같은 길을 가게 될 지 궁금해졌다. 그곳에선 사람들이 재건을 노략질로 여기고 구호단체 직원들은 공격의 표적이 되었다. 내가 떠난 직후, 국제적인 NGO 기아대응행동(Action Against Hunger)에 소속되어 쓰나미 구호작업을 하던 스리랑카인 17명이 동부 해안 항구도시 트링코말리(Trincomelee) 근처의 사무실에서 살해되었다. 원한이 서린 싸움이 시작되면서 쓰나미 재건은 중단되었다. 많은 구호단체들은 여러 차례 공격을 받은 이후, 직원들의 안전에 두려움을 느껴 스리랑카를 떠나기 시작했다. 가장 심한 타격을 입은 동쪽과 타밀이 지배하는 북쪽에는 등을 돌리고, 대신에 정부가 지배하는 남쪽으로 내려간 구호단체도 몇 있었다. 이 때문에 결국 재건 자금이 불공정하게 사용되고 있다는 느낌을 더욱 강하게 주게 되었다. 특히 2006년 작성된 한 논문에 따르면, "쓰나미 피해를 입은 주택 대부분이 여전히 폐허다. 그러나 남부의 대통령 선거구역만큼은 예외다. 놀랍게도 예전 집들에 비해 173퍼센트나 더 건설되었다."[35]

그런데도 일부 구호단체 직원들은 여전히 아루감만 근처의 동부에 근거지를 두고 있다. 그들은 이제는 폭력사태로 집을 떠난 수만 명을 돕고 있다. 「뉴욕타임스」에 따르면 유엔 직원들은 쓰나미로 인해 파괴된 학교를 재건하기 위해 계약을 맺었지만, 이제는 무력분쟁으로 쫓겨난 사람들을 위해 화장실을 짓기로 했다.[36]

2006년 6월 타밀엘람해방호랑이는 정전협정은 끝났으며 다시 전쟁이 시작되었다고 공식 선언했다. 그리고 1년도 채 지나지 않아 분쟁으로 4,000명 이상이 죽임을 당했다. 쓰나미의 수해를 입은 일부 주택은 동부 해안을 따라 재건되었다. 그러나 새로 지은 주택 가운데 수백 채는 총탄으로 망가지고, 막 설치한 유리창은 폭발물로 산산조각이 났으며, 최신식 지붕은 폭격으로 부서진 상태다.

쓰나미를 재난 자본주의의 기회로 삼으려는 결정이 다시 내전에 빠진 스리랑카에 얼마나 영향을 끼쳤는지는 말하기 힘들다. 늘 평화가 위협받는 상황이었으며, 서로에 대한 증오가 어디에나 있는 곳이니 말이다. 그러나 한 가지는 분명하다. 평화가 스리랑카에 뿌리를 내리려면 전쟁경제에서 나오는 경제적 이득보다 평화에서 오는 이득이 훨씬 커야 한다. 현재는 군대가 병사들의 가족을 돌보고, 타밀엘람해방호랑이가 해방전사들과 자살폭탄대원들의 가족을 돌봐주고 있다.

쓰나미 이후에 쏟아진 엄청난 후원은 진정한 평화가 주는 혜택을 보여주었다. 그것은 더욱 공평한 국가를 꿈꿀 수 있는 자원이었다. 건물과 도로뿐만 아니라 신뢰도 재건해 분열된 지역사회를 수리할 수 있었다. 그러나 스리랑카는 (이라크와 마찬가지로) 오타와 대학의 정치과학자 로널드 패리스(Ronald Paris)가 말한 '평화에 따른 불이익'을 받아들였다. 즉 화해와 긴장 해소가 가장 필요한 순간에 전투적이며 냉혹한 경제모델을 실시해 다수의 삶을 더욱 힘들게 만들었다.[37] 사실, 평화를 추구하는 스리랑카가 제공하는 브랜드는 일종의 전쟁이나 마찬가지였다. 오로지 계속되는 폭력만이 땅과 주권과 영광을 약속했다. 조합주의가 추구하는 평화는 단기적으론 토지 박탈과 장기적으론 존 발리의 교활한 엘리베이터를 제공했다. 그것들을 제외하고는 과연 무엇을 제공할까?

시카고학파 운동이 승리를 거둔 곳은 어디든지 인구의 25~60퍼센트에 달하는 만성적 하류계층을 만들어냈다. 그리고 항상 전쟁의 형태를 띠었다. 이미 재난에 의해 파괴되고 종족 분규로 상처를 입은 국가의 경우를 생각해보자. 대량 축출과 문화 폐기라는 끔찍한 경제모델이 실행될 경우, 위험성은 훨씬 더 커진다. 케인스가 오래전에 주장했듯 이러한 응징적인 평화에는 정치적 결과가 뒤따른다. 거기엔 더욱 잔혹한 전쟁발발도 포함되어 있다.

재난 아파르트헤이트

그린존(안전지대)과 레드존(위험지대)의 세계

재난은 사람들을 차별하지 않는다는 영원한 허상을 버려라.
그리고 재난은 모든 걸 '사회적으로 평등하게' 쓸어간다는 생각도 버려라.
전염병은 쫓겨나서 위험 속에서 생계를 꾸려야 하는 사람들을 집중 공격한다.
에이즈도 마찬가지다.
2006년, 남아공 작가 헤인 마리레스(Hein Marias)1

_

카트리나는 예측 불가능한 것이 아니었다.
정부가 자신의 책임을 민간 계약업자에게 떠넘긴
하청계약 구조가 낳은 결과였다.
2005년 9월, 미국 음악가이자 시민운동가 해리 벨러폰테(Harry Belafonte)2

2005년 9월 둘째 주, 나는 남편 아비와 함께 뉴올리언스에 있었다. 이라크를 같이 여행했던 앤드루도 함께했다. 앤드루는 홍수 피해가 여전한 도시에서 다큐멘터리를 찍고 있었다. 저녁 6시 통금령이 내려졌을 때, 우리는 길을 찾지 못하고 제자리를 맴돌고 있었다. 신호등은 고장 난 상태였다. 거리의 간판 중 절반은 태풍에 날아갔거나 찌그러진 채로 길모퉁이에서 뒹굴었다. 폐허더미와 물 때문에 많은 도로들이 봉쇄되었다. 폐쇄된 길을 피해 이리저리 운전하는 사람들의 대부분은 우리 같은 외지인들이었다. 모두들 어디로 가야 할지 몰라 길을 헤맸다.

그러다 교차로에서 회전을 하다 그만 다른 차와 충돌사고가 났다. 우리 차는 신호등 쪽으로 한 바퀴 돌더니, 철창을 통과해 어느 건물 입구에서 멈추었다. 다행히도 양쪽 차에 탄 사람들의 부상은 경미했다. 그러나 난 그런 사실을 알지 못한 채 들것에 실려 이송되었다. 충돌로 인한 어지러움 속에서, 나는 구급차가 가는 곳은 어디든 상황이 좋지 않았다는 게 생각났다. 뉴올리언스 공항의 임시 의료센터의 끔찍한 모습이 떠올랐다. 의사와 간호사의 수가 너무 적어, 나이 든 재해민들이 몇 시간 동안 치료도 못 받고 휠체어에 무기력하게 앉아 있었다. 하루 전날 가본 채러티 병원도 떠올랐다. 뉴올리언스의 주요 응급센터인데, 태풍 동안 물에 잠겨 있었다. 직원들은 전기도 안 들어오는 상태에서 환자들의 생명을 유지하기 위해 안간힘을 썼다. 나는 병원 응급팀에게 나가게 해달라고 요청했다. 그리고 괜찮다고 말한 것까지는 기억났다. 그러나 그 말을 한 뒤 바로 기절했다.

의식이 들고 보니, 이제껏 갔던 병원들 가운데 가장 현대적이며 조용한 병원에 도착해 있었다. 옥스너 의료센터는 재해민들로 가득 찬 병원과는 달리, 의료 서비스와 함께 마음의 평화도 제공했다. 의사들과 간호사들 그리고 당직 근무자들의 수가 환자들의 수보다 훨씬 많았다. 사실 정갈한 침상엔 몇몇 환자들 모습만 보였다. 몇 분 후, 나는 넓은 개인병실로 옮겨져 휴식을 취했다. 상처 나고 피멍이 든 곳을 여러 의료진이 진찰했다. 간호사 3명이 즉시 목 엑스레이 촬영을 위해 나를 데려갔다. 자상한 남부 출신 의사들은 유리조각을 제거하고 몇 바늘을 꿰매주었다.

캐나다 공공의료 시스템에 익숙한 나로서는 아주 낯선 경험이었다. 나는 대개 일반의를 보기 위해 40분 정도는 기다리곤 했다. 게다가 여기는 최근 미국 역사상 가장 큰 긴급사태가 발생한 뉴올리언스였다. 친절한 행정직원이 내 방에 들어와 설명해주었다. "미국에서는 의료 치료비를 받습니다. 너무 죄송해요. 정말 끔찍하죠. 미국도 캐나다 같은 시스템을 가졌으면 얼마나 좋겠습니까. 여기 서식 좀 채워주세요."

한두 시간이 지났다. 나는 도시를 가두어놓은 통금만 없었다면 자유롭게 나갔을 것이다. 시간이 가기를 기다리던 로비에서 한 사설 경비원이 내게 말했다. "가장 큰 문제는 부랑자들입니다. 그들이 모여들어 약국으로 들어가려 해요."

약국이 문을 닫았기 때문에 한 인턴이 친절하게도 내게 진통제를 건네주었다. 나는 그에게 태풍이 한창인 때에 병원에 있었던 소감이 어떤지 물어보았다. "천만다행으로 전 그날 당직이 아니었죠." 그는 말했다. "전 도시 바깥에서 살아요."

내가 재해 피난소에 도움을 주러 간 적이 있는지 물어보자, 그는 그 질문에 놀란 듯했다. 그리고 약간 당황스러워했다. "그건 미처 생각하지 못했는데요." 그가 말했다. 나는 재빨리 주제를 좀 더 안전한 내용으로 바꾸어, 채러티 병원이 어떻게 될지 물어보았다. 재정이 열악해 태풍 전에도 거의 제대로 기능하지 못한 병원이었다. 이제 수해 피해까지 입은 터라 다들 결코 재개할 수 없을 거라고 생각했다. "다시 문을 여는 게 좋을 겁니다." 그는 말했다. "여기선 그들을 치료할 수 없어요."

상냥한 젊은 의사 그리고 내가 받았던 고급 의료 서비스가 허리케인 카트리나가 안겨준 공포의 밑바탕이 되는 문화를 형성하고 있다는 생각이 들었다. 뉴올리언스의 극빈층을 익사하게 만든 그 문화 말이다. 그는 사립 의대를 졸업한 뒤 사립 병원에서 인턴으로 일했다. 따라서 의료보험도 없는 흑인들이 다수인 뉴올리언스의 거주자들은 환자로 여기지 않도록 교육받아왔던 것이다. 태풍 이전에도 그랬으며, 심지어 뉴올리언스 전체가 거대한 응급실로 변했을 때도 여전했다. 그는 피난민들에 대해 동정심은 갖고 있었지만, 자신의 환자로는 여기지 않았다.

카트리나가 닥치자 갑자기 옥스너 병원과 채러티 병원의 명확한 경계가 세계무대에 드러났다. 경제적으로 부유한 사람들은 도시에서 빠져나와 호텔에

묵으며 보험회사에 전화를 했다. 반면에 뉴올리언스의 12만 명은 차도 없이 국가의 구조에만 의지했다. 오지도 않는 도움을 기다리며 간절하게 구호신호를 보내거나, 냉장고 문으로 뗏목을 만들었다. 이러한 모습은 전 세계에 충격을 주었다. 우리 대다수는 의료혜택을 받고 좋은 학교에 다니는 일상적인 불평등을 용납할 수 있다. 그러나 재난 시에는 뭔가 다를 거라는 생각을 갖고 있다. 최소한 선진국에서 재난이 일어난 경우, 당연히 사람들에게 원조를 제공할 것이라고 생각했다. 뉴올리언스의 모습은 그런 일반적인 믿음을 논쟁할 필요도 없이 그냥 사라지게 만들었다. 재난이 닥치면 모두가 합심해 힘을 모으고 국가가 적극 개입하는 시기여서 냉정한 자본주의가 잠깐 중단될 거라는 생각 말이다.

한 2~3주 동안은 희망이 보이는 듯했다. 공공부문에 가차 없는 공격을 가해 그 결과 재난을 더욱 악화시킨 경제논리에 대한 비난이 일었다. "태풍은 단번에 한 장소에서 신자유주의의 거짓말과 부추김이 어떤 결과를 가져왔는지 보여주었다." 뉴올리언스 출신 정치과학자인 아돌프 리드 주니어(Adolph Reed Jr.)가 말했다.[3] 수리되지 않은 제방부터 대중교통 시스템에 대한 빈약한 지원까지, 그가 폭로한 사실들은 잘 알려져 있다. 뉴올리언스 시의 재난 대비는 허리케인이 닥치면 도시를 빠져나가라는 DVD 배포가 전부였다는 사실도 말이다.

그리고 연방긴급사태관리국 FEMA가 있는데, 부시 행정부의 소망인 기업들이 운영하는 정부를 실험해보는 곳이다. 카트리나가 닥치기 1년 전인 2004년 여름, 루이지애나 주는 FEMA에 강력한 허리케인에 대처할 대비계획을 세울 자금을 요구했다. 그러나 요구는 거절되었다. '재난 완화'는 재난의 영향을 덜 받도록 미리 정부가 조치를 취하는 것인데, 부시 체제가 가장 거부하는 프로그램들 가운데 하나다. 그러나 같은 해 여름, FEMA는 IEM(Innovative Emergency Management)이라는 사기업과 50만 달러의 계약을 맺었다. '동남부 루이지애나와 뉴올리언스 시를 위한 허리케인 재난 계획'을 설계하라고 맡긴 것이다.[4]

일을 맡은 사기업은 전혀 비용을 아끼지 않았다. 전문가 100명 이상을 동원하고, 돈이 떨어지면 FEMA에 가서 자금을 요청했다. 결국 연구비용은 두 배로 늘어나 100만 달러가 되었다. 그들은 대중이 대피하는 시나리오를 짜서 제공했다. 생수 전달에 관한 내용부터, 피난민들에게 트레일러 공원으로 쓸 수 있는 공터를 알려줄 것을 주변 지역사회에 지시하는 내용까지 담겨 있었다. 그러나 예상했던 허리케인이 실제로 닥쳤을 때, 합리적인 조치들은 하나도 취해지지 않았다. 계약업자가 보고서를 제출한 지 8개월이 지난 뒤에도, 아무 조치도 취하지 않은 것이다. "후속 조치를 취할 돈이 없었습니다." FEMA의 책임자 마이클 브라운이 설명했다.[5] 한쪽으로만 치우친 부시의 국가를 보여주는 증거다. 우선 한쪽엔 취약하고, 재정이 부족하며, 실효성이 떨어지는 공공부문이 있다. 그리고 다른 한쪽에는 풍부한 자금을 지원해준 기업들의 기반시설이 있다. 계약업자들에게 돈을 지불할 때는 상한선이 없다. 그러나 국가의 기본 기능을 지원할 때면 국고는 텅 비어 있었다.

미국의 이라크 점령 당국은 허울뿐인 껍데기로 드러났다. 이는 미국 내의 연방정부도 마찬가지였다. 너무 정도가 지나쳐 혹시 FEMA가 슈퍼돔이 어디에 있는지 모르는 건 아닌가 하는 느낌을 줄 정도였다. 슈퍼돔에는 2만 3,000명의 주민들이 음식과 물도 없이 꼼짝 못하고 있었다. 게다가 전 세계 언론들이 벌써 며칠째 그곳에 머무르고 있었는데 말이다.

일부 자유시장 이념가들은 「뉴욕타임스」의 칼럼니스트 폴 크루그먼(Paul Krugman)이 '무능한 정부'라고 표현한 광경을 보고 믿음이 흔들리기 시작했다. "뉴올리언스의 붕괴된 제방은 신보수주의자들에게 오랫동안 상당한 영향을 끼칠 것이다. 동독의 베를린 장벽 붕괴가 소련 공산주의에 준 영향력과 같다." 철저한 자유시장론자였던 마틴 켈리(Martin Kelly)는 널리 읽힌 평론을 통해 후회하고 있다고 밝혔다. "다행히도 나 자신을 포함해 자유시장론자들은 노선의 오류를 고려할 시간이 충분히 있다." 심지어 조나 골드버그(Jonah Goldberg) 같은 네오콘 강경파도 재난구조를 위해 '큰 정부'를 간청했다. "도시가 바다로 가라앉고 폭도가 날뛰는 상황이다. 정부는 실권을 장악해야 한다."[6]

그러나 프리드먼주의의 본산인 헤리티지 재단에서는 그런 각성이 전혀 없었다. 분명 카트리나는 비극이었다. 그러나 밀턴 프리드먼이 「월스트리트저널」 사설에서 밝혔듯, "그것은 또한 기회이기도 하다." 제방이 무너지고 열나흘이 지난 2005년 9월 13일, 헤리티지 재단은 이념적 동지들과 공화당 의원들의 모임을 주최했다. 그러고는 '허리케인 카트리나와 높은 가스 가격에 대처할 친시장적 아이디어'의 목록을 작성했다. 모임에는 모두 32명의 정치인들이 참가했다. 하나같이 시카고학파 각본에서 막 튀어나온 사람들이었다. 그들은 방안들을 모두 하나의 패키지에 묶어 '허리케인 구호'라고 불렀다. 방안들을 살펴보면, "재난지역에선, 데이비스-베이컨(Davis-Bacon) 법을 중지시킨다." 그 법은 연방정부 계약업체가 근로자들에게 최저임금을 보장해야 한다는 내용이다. "수해지역 전체를 낮은 세금을 내는 자유기업지대로 만든다." "전 지역을 경제적 경쟁력 강화지대로 만든다(전면적인 세금 인센티브와 각종 규제 폐지)." 부모들에게 차터 스쿨을 이용하도록 바우처를 주자는 요구도 있었다.[7] 부시 대통령은 그 주에 이러한 방안들을 발표했다. 그러나 결국 노동 기준은 다시 원래대로 복구시켜야 했다. 계약업자 대부분은 기준을 무시했다.

대통령은 그러한 제안들 가운데 상당수 아이디어에 지지를 보냈다. 기후과학자들은 허리케인의 심각성과 해양수 온도 상승이 직접적으로 관련되어 있다고 말했다.[8] 그런데도 헤리티지 재단의 워킹그룹은 걸프코스트(Gulf Coast)에 대한 환경 규제의 폐지를 의회에 요구했다. 미국에 새로운 정유소를 허가하고 북극권국립야생생물보호구역(Arctic National Wildlife Refuge)에서 석유시추를 승인해달라는 것이다.[9] 이러한 제안들은 기후 변화에 인간이 끼치는 주된 요인인 온실가스를 증가시킴에도 불구하고, 카트리나 재난에 대처한다는 명분 아래 대통령의 지원을 얻어냈다.

수주 후 걸프코스트는 계약업자들이 운영하는 정부를 실험하는 국내 실험실이 되었다. 이미 이라크에서 선구적으로 실시되었던 실험이다. 가장 큰 계약을 따낸 회사들은 바그다드 갱들이었다. 한 예로, 핼리버턴의 KBR은 6,000만 달러 상당의 해안가 군사기지 건설 일을 받았다. 그리고 약탈자로부터 FEMA를 보호하기 위해 블랙워터가 고용되었다. 파슨스는 이라크에서 형편없는 업무처리로 유명했다. 그런데도 미시시피의 교각건설 프로젝트에 뽑혔다. 제방이 붕괴되고 열흘 후, 이라크에서 상위급 계약업자였던 플루어, 쇼(Shaw), 벡텔, CH2M Hill은 재해민들에게 이동주택을 제공하기 위해 정부에 고용되었다. 공개입찰 없이 진행된 이러한 계약들은 전부 34억 달러에 달한다.[10]

당시 많은 이들이 지적했듯, 태풍이 발생한 며칠 동안은 마치 바그다드의 그린존이 티그리스에서 미 남부 강어귀로 옮겨 온 것 같았다. 상황이 너무나 비슷했다. 카트리나 작업을 지휘하기 위해 쇼는 이라크 재건부서의 전직 책임자를 고용했다. 한편 플루어는 이라크의 고위급 프로젝트 매니저를 홍수지대로 파견했다. "이라크의 재건작업은 더디게 진행되기 때문에 일부 사람들은 루이지애나에 와서 일을 도와줄 수 있습니다." 회사 대표가 설명했다. 그리고 월마트와 세븐일레븐을 이라크에 내기로 약속했던 NBS의 조 앨보가 많은 거래에 로비스트로 참여했다. 바그다드에서 곧장 미국으로 건너온 일부 용병들은 너무나도 비슷해 오히려 적응하기 힘들 정도였다. 기자인 데이비드 엔더스(David Enders)는 뉴올리언스 호텔 바깥에서 일하는 무장 경비원에게 할 일이 많으냐고 물었다. "전혀 없습니다. 여기는 그린존과 아주 비슷한데요."[11]

그린존과 같은 점이 또 있다. 87억 5,000만 달러에 달하는 계약들을 살펴본 결과, 의회의 조사관들은 '과잉 청구, 과다 지출, 잘못된 운영'을 찾아냈다.[12] (이라크에서 일어난 실수가 뉴올리언스에서 반복된 것이다. 이러한 사실은 이라크 점령이 무능이나 감독 부족에서 생긴 불운이나 실수의 연속이라는 주장을 반박한다. 같은 실수가 반복되어 나타날 때는 실수가 아닐 가능성은 없는지 생각해봐야 한다.)

이라크와 마찬가지로, 뉴올리언스에서 영리 추구의 기회는 모조리 이용되었다. 장례 서비스 회사의 한 계열사(부시의 정치자금 기부자이기도 하다)인 케니언(Kenyon)은 집이나 거리의 시체를 처리하는 일을 맡았다. 회사의 작업 속도는 이상할 정도로 느려서 시체가 내리쬐는 햇볕에 며칠 동안 방치되었다. 그런데도 구호단체 직원들과 자원봉사 장의사들은 전혀 도와줄 수 없었다. 시체를 건드리는 것은 케니언의 상업적 영역을 침범하는 것이 되기 때문이다. 이 회사는 국가에 희생자 1명당 1만 2,500달러를 청구했다. 그러나 많은 시체들의 신원파악을 제대로 하지 못한다는 비난을 받았다. 수해 이후 1년이 됐는데도 여전히 부패한 시체들이 다락방 같은 데서 발견되었다.[13]

그린존을 떠올리게 만드는 또 다른 것도 있다. 기업들에게 계약을 배정할 때, 관련 업무 경험이 있는지는 전혀 고려의 대상이 아니다. 애쉬브릿(AshBritt)은 잔해더미를 치우는 대가로 5억 달러를 받았다. 그런데 언론보도에 따르면 덤프트럭이 한 대도 없다고 한다. 이 회사는 업무 전체를 하청업자들에게 맡겼다.[14] 심지어 더 놀라운 일도 있었다. FEMA는 뉴올리언스 교외의 세인트버나드 파리시(St. Bernard Parish)에서 구호단체 직원들을 위한 베이스캠프를 건설하는 중요한 업무를 한 회사에 맡긴 뒤 520만 달러를 지불했다. 그러나 캠프 건설은 일정이 지연되다가 결국 완공되지 못했다. 조사 결과, 계약을 맡은 라이트하우스(Lighthouse) 재난구호라는 회사는 실제론 종교단체였다. "제가 해본 가장 유사한 일은 교회에서 유소년 캠프를 조직하는 것이었습니다." 라이트하우스의 책임자 게리 헬드레스(Gary Heldreth) 목사가 털어놓았다.[15]

정부는 이라크에서처럼 인출과 예치 기능을 하는 현금인출기 역할을 했다. 기업들은 대규모 계약을 통해 자금을 인출해나갔다. 그 대가로 신뢰할 만한 업무 실적을 낸 게 아니라, 선거 후원금이나 다음 선거를 위한 충성스런 인력을 제공했다(「뉴욕타임스」에 따르면, 2000년 이후 고위 20개 서비스 회사들은 로비에 거의 3억 달러를 썼다. 정치 운동엔 2,300만 달러를 기부했다. 그 대가로, 2000~2006년 부시 행정부는 계약업자들에게 지급되는 비용을 대략 2,000억 달러 늘렸다).[16]

유사한 점은 또 있다. 계약업자들은 지역민을 고용하겠다는 약속을 저버렸다. 지역민에게 뉴올리언스의 재건은 단지 일이 아니라 지역사회를 치료하고 힘을 되찾는 과정이었다. 워싱턴은 카트리나 계약의 조건을 내세워, 회사들이 지역민들을 고용해 임금을 주게 할 수도 있었다. 그랬다면 예전 생활로 다시 돌아가는 데 도움을 주었을 것이다. 그러나 걸프코스트의 거주민들은 계약업자들이 쉽게 얻어낸 국민들의 세금과 느슨한 규정으로 경제 붐을 창출하는 모습을 그저 지켜볼 수밖에 없었다. 이라크 사람들과 똑같은 처지였다.

그 결과 당연히 계약업자들이 모든 몫을 가져가고, 실제 일을 하는 사람들에게 남겨진 건 아무것도 없었다. 한 예로, FEMA는 쇼와 망가진 지붕에 타르로 방수처리를 하는 계약을 맺고, 0.09평방미터당 175달러를 지급했다. 방수처리 제품은 국가에서 제공하는데도 말이다. 작가 마이크 데이비스(Mike Davis)는 그 이후를 추적해봤다. 하위 계약업자들이 자신의 몫을 챙긴 뒤, 실제로 방수처리를 한 노동자들은 고작 0.09평방미터당 2달러를 받았다. "계약업자들의 먹이사슬을 보면 각 단계마다 과다한 이윤을 얻습니다. 먹이사슬의 맨 아래에 있으면서 실제 일을 한 사람만 제외하고요."라고 데이비스는 썼다.[17]

한 논문에 따르면, "도시를 재건한 노동자들 가운데 4분의 1이 불법이민자들이었다. 대부분은 남미 출신으로 적법한 노동자들보다 훨씬 적은 돈을 받았다." 미시시피에서 수십만 달러에 달하는 임금을 돌려달라는 이주노동자들의 집단소송이 여러 회사들을 상대로 제기되었다. 돈을 한 푼도 받지 못한 사람들도 있었다. 핼리버턴과 KBR의 구직사이트에서, 신원을 밝히지 않은 노동자들이 자신들의 사정을 알렸다. 한밤중에 고용주(하위 계약업자)가 그들을 깨우면서 이민 당국에서 직원들이 나왔다고 말했다. 대다수는 체포가 무서워 달아났다. 결국 그들은 핼리버턴과 KBR이 연방정부와의 계약으로 새로 지은 이민자 시설에 구금되었다.[*18]

이처럼 재건과 구호라는 명목으로 약자들에 대한 공격이 일어났다. 게다가 거기서 그친 게 아니다. 계약을 맺은 사기업에 들어간 수백억 달러와 세금 부족을 충당하기 위해, 2005년 11월 공화당이 장악한 의회는 연방 예산에서 400억 달러를 삭감한다고 발표했다. 삭감한 프로그램들 가운데는 학생 대출, 의료 서비스 보조, 빈민 무료식사권 등이 있다.[19] 다시 말해 가장 가난한 시민들은 계약업자들에게 노다지를 두 번이나 제공했다. 첫 번째는 카트리나 피해 구호 자금을 기업들에게 무한정 나누어주었을 때다. 기본적인 공공서비스나 좋은 일자리는 제공하지 않은 채 말이다. 두 번째로는 실업자들과 가난한 근로자들을 직접 지원하는 몇몇 프로그램들이 과잉 청구된 기업들의 계산서를 갚느라 사라졌다.

얼마 전만 해도 재난은 사회적 단합이 일어나는 시기로 여겨졌다. 즉 하나로 뭉친 지역사회가 구역을 따지지 않고 합심하는 보기 드문 순간이었다. 그러나 재난은 점차 정반대로 변하면서 계층이 나뉘어 있는 끔찍한 미래를 보여주었다. 경쟁과 돈으로 생존을 사는 세상 말이다.

바그다드의 그린존은 그러한 세계의 질서를 가장 잘 보여주었다. 그린존에는 독자적인 전기발전기, 전화, 상수도 시설, 자체적으로 석유를 공급하고 멋진 수술실을 갖춘 최신식 병원이 있다. 5미터의 두툼한 벽이 이런 시설들을 보호한다. 기이하게도 중무장한 카니발 크루즈가 폭력과 절망의 바다인 레드존의 한가운데 정박한 것 같다. 여기서 레드존은 이라크를 말한다. 만약 당신이 배에 탑승한다면, 풀 가장자리에는 음료수가 놓여 있고 천박한 할리우드 영화와 운동시설도 즐길 수 있다. 만약 당신이 선택받은 사람들에 끼지 못한다면, 그린존 벽 근처에 가까이 가기만 해도 총에 맞을 것이다.

---

* 뉴올리언스의 노동상황을 다룬 포괄적인 연구는 나오지 않았다. 그러나 뉴올리언스에 소재한 시민권리단체인 진보 프로젝트 (Advancement Project)의 추정에 따르면, 뉴올리언스에서 이주노동자들의 60퍼센트가 일한 대가를 부분적으로 받지 못하고 있다.

이라크 도처에서 각 계층에 따라 다른 가치가 부여되는 모습이 생생하게 나타났다. 서구인들과 이라크인 동료들은 거리 입구에 검문소를 설치하고, 집 앞에는 보호벽을 설치하고, 항상 무장을 한 민간 경호원의 보호를 받는다. 그리고 위협적으로 무장한 호위대를 거느리고 전국을 돌아다닌다. 용병들은 "주요 인사를 보호하라."라는 지령을 따르며 창문에서 총을 겨누고 있다. 그들은 움직일 때마다 항상 똑같은 뻔뻔한 메시지를 보내며 으스댄다. 우리는 선택받은 사람들이니 우리의 목숨이 더욱 소중하다는 메시지 말이다. 그 아래 계층은 이라크 중산층이다. 그들은 돈을 내면 지역 민병대로부터 보호를 받을 수 있다. 가족을 납치한 납치범들에게 석방을 위해 돈을 지불할 수도 있다. 그러나 대다수 이라크인들은 보호장치가 전혀 없다. 행여나 폭력사태가 일어날까 눈을 크게 뜨고 거리를 걷는다. 언제 주위에서 차량폭탄이 터질지 모른다. 이라크에서 운 좋은 사람들은 방탄복을 얻고, 나머지 사람들에겐 기도 묵주가 있을 뿐이다.

처음에 난 그린존 현상이 이라크 전쟁에서만 볼 수 있는 것이라고 생각했다. 그러나 다른 재난지역에서 몇 년을 보내고 나자, 그린존은 재난 자본주의 복합체가 자리 잡은 곳이라면 어디든지 나타날 수 있음을 깨달았다. 선택받은 사람들과 소외된 사람들, 보호받는 사람들과 방치된 사람들 사이에 분명한 경계가 그어져 있었다.

뉴올리언스에서 바로 그런 일이 발생했다. 홍수가 나자 그러지 않아도 계층이 나누어진 도시는 철벽 보안 그린존과 분노에 찬 레드존 사이의 전쟁터가 되었다. 수해 때문이 아니었다. 바로 대통령이 수용한 자유시장적 해결안 때문이었다. 부시 행정부는 공공부문에 종사하는 노동자들의 임금을 주도록 긴급자금을 달라는 뉴올리언스 시의 요청을 거부했다. 결국 카트리나 몇 달 후, 세금을 거둘 곳이 없는 뉴올리언스 시는 3,000명의 노동자들을 해고해야 했다. 도시의 계획을 입안하는 직원들도 16명이나 끼어 있었다. 이라크에서 '탈바트당화 정책'으로 노동자들을 단번에 해고했듯, 뉴올리언스 시가 절실하게 필요로

하는 순간에 도시계획 입안자들은 해고되었다. 수백만 달러의 공공자금은 막강한 부동산 개발업자들인 외부 컨설턴트들에게 지급되었다.[20] 물론 수천 명의 교사들도 해고되었다. 프리드먼의 요구대로 수십 개의 공립학교들이 차터 스쿨로 전환되도록 초석을 놓은 것이다.

태풍 이후 거의 2년이 지났는데도, 채러티 병원은 여전히 폐쇄되어 있었다. 게다가 법정 시스템도 제대로 기능하지 못하고 있었다. 민영화된 전기회사 에너지(Energy)는 도시를 다시 제자리로 돌려놓지 못했다. 오히려 요금을 엄청나게 올리겠다고 위협한 후, 연방정부로부터 2억 달러나 받아내 논란을 일으켰다. 공공교통 시스템은 껍데기만 남은 채 노동자들의 절반이 해고되었다. 공영주택 프로젝트의 상당수는 중단되고 사라졌다. 공영주택 5,000채가 연방주택공사에 의해 파괴될 예정이었다.[21] 아시아에서 관광산업 주체들이 해변의 어촌을 없애고자 오랫동안 갈망했듯, 뉴올리언스의 막강한 관광산업 로비는 주택 프로젝트를 겨냥했다. 여러 주택 프로젝트들은 도시 관광의 핵심부인 프렌치쿼터(French Quarter)와 인접한 땅이었기 때문이다.

엔데샤 주아칼리(Endesha Juakali)는 세인트버나드의 중단된 프로젝트에 항의하는 시위캠프의 설립을 도왔다. "그들은 세인트버나드에 대해 오랫동안 계획한 바가 있었습니다. 그러나 사람들이 여기에 살고 있는 한 뜻대로 할 수 없었죠. 따라서 이웃을 제거하는 수단으로 재난을 이용했습니다. 가장 약해진 틈을 타서 말입니다. 이곳은 큰 주택과 콘도를 짓기에 아주 좋은 부지죠. 그런데 문제는 흑인들이 여기에 눌러앉아 있다는 겁니다!"[22]

학교, 주택, 병원, 대중교통 시스템도 마찬가지 상황이었다. 게다가 도시 상당수 지역에서는 깨끗한 물도 부족한 상태였다. 그런데도 뉴올리언스의 공공부문은 재건되기는커녕 태풍을 핑계로 완전히 제거되었다. 자본주의적 '창조적 파괴'의 초기 단계에서, 미국의 한 부분인 뉴올리언스는 제조 기반을 잃었다. 문을 닫은 공장들의 낡은 공업지대로 전락했으며, 주변은 황폐해졌다. 카트리나의 뉴올리언스는 서구세계에서 처음으로 폐허가 된 도시의 이미지를 제공했다. 빈약한 기반시설과 극도의 자연재해가 치명적으로 결합되어 파괴를 불러온 선 지역이다.

2007년, 미국토목학회는 미국이 도로, 교각, 학교, 댐 같은 기반시설 관리에서 상당히 뒤처졌다고 밝혔다. 정상적인 수준으로 끌어올리려면 5년에 걸쳐 1조 5,000억 달러 이상의 자금이 필요했다. 그런데도 이런 쪽의 지출은 오히려 삭감되었다.[23] 재해의 빈도와 심각성에 비추어 봤을 때, 전 세계의 공공 인프라는 최근 급증한 허리케인, 사이클론, 홍수, 산불 때문에 전례 없는 스트레스를 받고 있다. 미래에는 오래 방치된 낡은 기반시설들이 재난으로 파괴 또는 부식되고, 주요 공공서비스는 제대로 기능하지 않는 사태가 여러 도시에서 벌어질지 모른다. 반면에 부유한 사람들은 보안이 철저한 지역사회로 들어가, 필요한 것들은 민영화된 공급업자들이 처리하게 할 것이다.

그러한 미래의 징후는 이미 2006년 허리케인 무렵부터 드러났다. 불과 1년만에 재난대처산업은 폭발적으로 증가했다. 앞으론 안전과 안보가 히트산업이 될 거라고 전망하며, 수많은 새로운 기업들이 이 분야 시장에 뛰어들었다. 플로리다의 웨스트팜비치에 있는 한 항공사는 더욱 야심 찬 계획을 개시했다. 헬프젯(Help Jet)이라는 항공사는 '허리케인 피난을 제트기 휴가여행으로 바꿀 최초의 허리케인 탈출계획'을 광고했다. 태풍이 오면 항공사는 5성급 골프 리조트, 스파, 디즈니랜드에서 보낼 휴가를 예약해준다. 예약을 마친 재해민들은 호화로운 제트기로 허리케인 지대를 빠져나간다. "줄을 서거나, 북적거리는 사람들 속에서 실랑이할 필요도 없습니다. 퍼스트클래스 좌석으로 여행하면 문제는 곧 휴가로 바뀔 겁니다. 허리케인 대피의 악몽 없이 편안히 즐기십시오."[24]

뒤에 남겨진 사람들에게는 다른 종류의 민영화된 해결책이 기다리고 있다. 2006년, 적십자는 새로운 재난대처 파트너십을 월마트와 맺었다. "끝나기 전에 사기업들에게 갈 겁니다." 플로리다 주 긴급관리 책임자인 빌리 와그너(Billy Wagner)가 말했다. "그들은 전문지식과 자원을 갖고 있습니다." 그는 플로리다 주 올랜도의 전국 허리케인 회의에서 연설을 하던 중이었다. 재난 시 유용하게 쓰일 것들을 파는 회사들이 매년 참여하는 무역 쇼인데, 요즘 급성장하고 있다. "이곳의 일부 사람들은 말합니다. '이건 엄청난 사업이야. 나의 새로운 비즈니스라고. 이제 조경산업은 관두고 허리케인 재해 관련 계약업자가 될 생각이야.'" 회의에 박람업자로 참가한 데이브 블랜드포드(Dave Blandford)가 '조리도구 없이 데울 수 있는 비상식량'을 자랑해 보이며 말했다.[25]

재난경제는 국민들이 낸 세금으로 만들어졌으며, 민영화된 전쟁지대의 재건이 호황을 누리면서 덕을 봤다. 이라크와 아프가니스탄에서 '최상급 계약'을 따냈던 거물급 계약업자들은 종종 정치적 논란에 휩싸였다. 정부로부터 받은 돈의 상당 부분을 기업경비로 사용했기 때문이다. 2006년 이라크 계약업자들의 증언에 따르면, 20~55퍼센트가량이 합법적으로 기업의 기반시설에 대한 투자 자금으로 들어갔다.[26] 벡텔의 건설 중장비, 핼리버턴의 비행기와 트럭, 그리고 L-3와 CACI와 부즈앨런(Booz Allen)이 만든 감시망이 그에 해당된다.

가장 심한 것은 블랙워터의 준(準)군사적 기반시설에 대한 투자다. 1996년에 설립된 이 회사는 부시 시절 내내 계약을 맺었다. 2만 명의 상시대기 용병부대를 조직하고, 4,000~5,000만 달러에 달하는 노스캐롤라이나의 군사기지 건설을 맡았다. 오늘날 블랙워터의 능력을 보여주는 자료를 살펴보자. "100~200톤의 자체 제작한 인도주의적 구호 패키지를 전달하는 병참작업은 적십자보다도 속도가 빠르다. 플로리다의 항공지사에는 무장 헬리콥터부터 커다란 보잉 767까지 사용할 수 있는 착륙장이 26곳 있다. 심지어 체펠린 비행선(Zeppelin: 독일의 체펠린사가 건조한 경식 비행선-옮긴이)도 있다. 운전전략을 연습하는 트랙도 국내에서 최대 규모다. (중략) 20에이커의 인공 호수에는 주교 위에 선박 레일과 현창을 그대로 본떠 만든 선박 컨테이너도 있다. 여기서는 적선에 올라타는 방법을 가르친다. K-9 훈련시설은 전 세계에 80개의 수색탐지견 팀을 파견했다. 그리고 저격수들을 위해서는 1킬로미터에 달하는 연습장이 있다."*27

미국의 한 우익 저널은 블랙워터를 '좋은 사람들을 위한 알카에다'라고 표현했다.28 아주 놀라운 비유다. 재난 자본주의 복합체가 들어온 곳이면 어디든지, 국가에 속하지 않는 무장단체들이 늘어난다. 당연히 그럴 것이다. 정부를 믿지 않은 사람들이 재건한 국가가 나약한 것은 놀랍지 않다. 따라서 약한 국가를 대신해 안보를 제공하는 시장이 만들어진다. 헤즈볼라, 블랙워터, 마흐디군, 아니면 뉴올리언스 거리의 갱들이든 간에 말이다.

이처럼 국가 기능을 대신하는 민영화된 기반시설은 단지 치안영역에서만 나타나는 것이 아니다. 부시 재임 기간에 계약업자들이 건설한 기반시설은 국가 안의 국가로 드러났다. 실제 국가가 약하고 힘이 없는 데 반해, 이러한 기업의 기반시설들은 강력한 데다 뛰어난 능력을 갖추고 있다. 이렇게 기업이 만든 그림자 국가는 거의 공공자원으로 만들어졌다(블랙워터는 수입의 90퍼센트를 정부계약에서 얻는다).29 직원들 교육도 마찬가지로 공공자원의 도움을 받았다(직원들의 대다수는 전직 공무원, 정치인, 군인들이다). 그러나 거대한 기반시설은 사적으로 소유되고 운영된다. 때문에 자금을 댄 시민들은 이러한 기업들의 경제나 자원에 권리를 주장할 수가 없다.

반면에 국가는 계약업자의 도움 없이는 핵심 기능을 수행하지 못한다. 국가 장비는 구식인 데다 최고 전문가들은 사기업으로 가버렸기 때문이다. 카트리나가 닥쳤을 때, FEMA는 계약업자들과 계약을 맺기 위한 계약업자를 고용해야 했다. 이와 비슷하게, 계약업자들을 다루는 규정이 담긴 군대 매뉴얼을 업

---

* 이러한 산업계에서 나타나는 가장 우려되는 측면은 노골적인 후원 성향이다. 예를 들어 블랙워터는 낙태반대운동을 비롯한 우익운동과 긴밀히 연결되어 있다. 다른 대기업들이 기부를 분산해 위험을 분산시키는 반면, 이들의 기부는 거의 공화당에만 치중된다. 핼리버턴은 선거 후원금의 87퍼센트를 공화당원들에게 보냈으며, CH2M Hill은 70퍼센트에 달한다. 정당들이 선거유세 기간에 이러한 회사들을 시켜 상대편 후보자를 감시할 날이 올지도 모른다는 얘기는 그저 상상 속의 이야기만은 아니다. CIA가 하기엔 떳떳하지 못한 비밀 임무들을 맡길 수도 있다.

데이트할 때, 미군은 주요 계약업자인 MPRI에게 그 일을 맡겼다. 정부 내에는 더 이상 노하우를 가진 사람이 없기 때문이다. CIA는 요원들의 상당수를 민영화된 스파이산업 분야에 빼앗겼다. 오죽하면 정보부 식당에서 요원들을 채용하려는 계약업자들을 막아야 할 정도였다. 「로스앤젤레스타임스」는 "최근에 은퇴한 한 요원에 따르면, 커피를 사려고 줄을 서는 동안에도 두 번이나 계약업자가 접근했다고 한다."라고 보도했다. 국토안보부는 멕시코와 캐나다 국경지대에 담장을 세워야겠다고 결정했다. 그러자 국토안보부 차관인 마이클 P. 잭슨(Michael P. Jackson)은 계약업자들에게 말했다. "보기 드문 초대 기회입니다. (중략) 우리는 여러분들이 다시 국토안보부로 돌아와 업무 요령을 알려주길 바랍니다." 국토안보부의 감찰관에 따르면, 국토안보부는 국경안전 구상 프로그램을 효과적으로 계획, 감독, 실행할 능력을 갖추지 못했다.[30]

부시의 행정부는 멋진 건물, 대통령의 언론 브리핑, 정책 토론 같은 정부의 장신구들은 그대로 갖고 있다. 그러나 나이키의 비버턴(Beaverton) 신발공장의 노동자들보다도 실질적인 통치 업무를 하지 못하고 있다.

현재 정치인들이 선거로 부여받은 자신들의 책임을 체계적으로 아웃소싱하려는 태도는 단지 한 행정부만의 문제가 아니다. 일단 어떤 시장이 만들어지면 관계자들은 그 시장을 보호하려고 한다. 재난 자본주의 복합체의 주요 회사들은 국가와 NGO를 경쟁자로 여긴다. 기업들의 관점에서 볼 때, 정부나 자선단체가 전통적인 역할을 수행하면 영리를 추구하는 계약업체의 일은 없어진다.

이런 대기업들이 포함된 한 자문위원회가 2006년 「방치된 국방: 국토안보를 지원하기 위한 사기업 총동원」이라는 보고서를 냈다. 그 보고서는 "재난 희생자들에게 긴급 구호를 제공하려는 정부의 열성은 위험 노출을 관리하려는 시장의 접근에 영향을 끼친다."라고 경고했다.[31] 외교관계협의회가 발간한 그 보고서에 따르면, 정부가 구해줄 것을 사람들이 알고 있다면 굳이 민영화된 업체의 보호를 받으며 돈을 지불할 이유가 없어진다. 이 같은 맥락에서, 카트리나 이후 1년이 지날 무렵 30여 개 미국 대기업 중역들은 비즈니스라운드테이블을 조직했다. 회원으로는 플루어, 벡텔, 셰브런 등이 있다. 자칭 재난대처 파트너십이라고 부른다. 그들은 재난 이후 비영리단체가 슬그머니 일을 하고 있다고 불만을 터뜨렸다. 자선단체와 NGO들이 그들의 시장을 침범하고 있다는 말은 사실이다. 홈디포(Home Depot)가 돈을 받고 제공할 건축자재를 그들은 그냥 기부해주니 말이다. 또한 용병회사들은 유엔보다 자신들이 다르푸르의 평화유지활동에 더욱 적합하다고 목소리를 높인다.[32]

관련 업계가 이렇게 적극적인 공세를 취하는 이유는 연방정부와 맺은 무한정한 계약의 황금기가 오래 지속될 수 없다는 사실을 알고 있기 때문이다. 지금 미국 정부는 경제 위기로 치닫고 있다. 부분적으로는, 민영화된 재난경제의 건설을 지원하느라 적자 지출을 한 탓도 있다. 어쨌든 조만간 계약은 대폭 줄어들 것이다. 2006년 후반, 국방 분석가들은 펜타곤에 배정된 예산이 앞으로 10년 내에 25퍼센트 줄어들 것이라고 예측했다.[33]

벡텔, 플루어, 블랙워터 등의 회사들은 재난경제 거품이 사라지면 수입원의 상당 부분을 잃게 된다. 납세자들의 돈으로 사들인 최첨단 기술기계와 장비들은 그대로 있겠지만, 새로운 비즈니스 모델을 만들고 고비용을 보전할 방법을 찾아야 한다. 재난 자본주의 복합체의 다음 국면은 아주 분명하다. 긴급사태가 발생해도 정부는 더 이상 전액을 부담할 수가 없고, 시민들은 무능력한 정부 때문에 곤경에 처한다. 그때 국가와 맞먹는 기업은 돈을 내는 사람에게 시장에서 정해지는 가격에 재난 기반시설을 대여할 것이다. 그리고 지붕에서 헬기를 타는 것부터 구호소 침대에서 마실 물까지 뭐든지 판매 대상이 된다.

대부분의 재난에서 탈출하려면 돈이 있어야 한다. 쓰나미가 자주 일어나는 지역에서 조기경보 시스템을 구매하고, 혹시 모를 역병 발생을 대비해 타미플루를 쌓아두려고 해도 돈이 필요하다. 그리고 사람들은 생수, 발전기, 위성전화,

청원경찰을 돈을 주고 구매한다. 2006년에 이스라엘이 레바논을 공격했을 때, 미국 정부는 시민들에게 대피비용을 부담시키려 했다. 물론 나중엔 철회하긴 했다.[34] 만약 계속되는 추세대로 간다면, 뉴올리언스 주의 지붕에서 옴짝달싹 못 하던 사람들의 모습은 해결되지 못한 미국의 인종적 불평등의 단면을 제시하는 데서 그치는 게 아니다. 바로 재난 아파르트헤이트의 전반적인 미래를 암시하는 것이다. 탈출비용을 댈 수 있는 사람만이 생존할 수 있는 미래다.

생태학적 재난이든 정치적 재난이든 간에, 우리는 재난이 닥치면 모두 합심해 대처할 것이라고 생각한다. 그리고 우리에게 필요한 것은 재난의 추이를 잘 알고 있는 지도자라고 생각한다. 그러나 난 정말 그런지 확신을 내리지 못하겠다. 정계와 재계의 엘리트들이 기후 변화에 대해 느긋한 이유는 최악의 상황에서 벗어나올 돈이 충분하다고 자신하기 때문이다. 부시 지지자들의 상당수가 기독교 종말론자인 것도 이러한 이유에서다. 그들은 난시 자신들이 만들어낸 세상으로부터 탈출구가 있다고 믿는 데서 그치지 않는다. 사실 그리스도가 재림하는 그날이란 바로 자신들이 만들고 있는 파괴와 재난을 일으키는 시스템의 비유담이다. 그날이 오면 사기업의 헬기들이 단숨에 내려와 그들과 친구들을 태워 신성한 안전지대로 데려갈 것이라는 얘기다.

계약업체들이 볼 때 정부계약을 대신할 안정적인 수입원은 다른 기업들에게 재난방지 서비스를 제공하는 것이다. 이는 이라크에 가기 전에 폴 브레머가 추구한 비즈니스 노선으로, 다국적기업들을 안보 버블에 편입시키는 것이다. 설령 자사가 활동하고 있는 국가가 붕괴될지라도, 기업들은 순조롭게 기능할 수 있게 해준다. 그 결과는 뉴욕이나 런던의 많은 오피스 빌딩의 로비에서 볼 수 있다. 공항에나 있을 법한 검색대에 신분증 확인 장비와 엑스레이 투시기까지 갖추었다. 그러나 안보산업은 훨씬 더 큰 야망을 갖고 있다. 민영화된 글로벌 커뮤니케이션 네트워크, 응급의료시설과 전기시설, 재난상황에서도 글로벌 인력에게 이동수단을 제공하는 능력을 추구한다. 그리고 재난 자본주의 복합체가 찾아낸 또 다른 잠재적 성장 분야는 지역정부다. 즉 경찰과 소방부서를 민간 보안업체에 아웃소싱 하게 만드는 것이다. "팔루자 한복판에서 군대를 위해 일을 했듯이, 리노(Reno: 네바다 주의 서부도시-옮긴이)의 도심에서 경찰을 위해 일할 수 있다."라고 2004년 11월 록히드마틴의 대변인이 말했다.[35]

업계는 새로운 시장이 앞으로 10년 동안 대규모로 확장될 것이라고 예측한다. 만약 이러한 추세가 계속될 경우 어떤 일이 벌어지는지 존 로브(John Robb)가 제대로 보여준다. 그는 델타포스의 비밀 미션 사령관에서 이제는 성공한 경영 컨설턴트로 변신했다. 「패스트 컴퍼니(Fast Company)」에 실려 널리 읽힌 비망록에 따르면, 테러와의 전쟁의 '최종 결과'는 국가안보에 대한 새롭고 더욱 탄력적인 접근이다. 안보는 국가 전체에 적용되는 것이 아니라, 개별적인 개인과 회사에 제공될 것이다. 계층에 따라 의료 서비스가 달라지듯 안보 서비스 역시 사는 곳과 직장에 따라 달라질 것이다.[36]

로브는 "부유한 개인들과 다국적기업들이 제일 먼저 집단적 시스템에서 빠져나갈 것이다. 대신에 그들은 블랙워터나 트리플 캐노피(Triple Canopy) 같은 사설 경비업체들을 통해 주택과 시설을 보호받으면서, 일상 생활권에 보호지대를 설립할 것이다. 또한 이들 그룹에게는 이송수단 네트워크가 제공되어 안전하고 멋진 곳으로 이동시킬 것이다. 워렌 버핏(Warren Buffett)이 대주주로 있는 넷제츠(NetJets) 같은, 자가용처럼 비행기를 쓸 수 있는 비행기 임대 항공사에서 진화한 방식이다."라고 썼다. 이런 엘리트들의 세상은 자리를 잡기 시작했다. 그러나 로브는 중산층도 곧 뒤를 이을 것이라고 예측했다. "안보비용을 같이 부담할 교외 집합체를 만들 것이다." '무장한 교외'에는 발전기와 커뮤니케이션 링크가 갖추어져 있고, 기업 훈련을 받고 최신식 재난대처 시스템을 자랑하는 민간 경비대가 순찰을 돌 것이다.

여기까지는 교외에 설치된 그린존 세상이었다. "반면 안전지대 외부에 있는 사람들은 국가 시스템에 의지해야 한다. 그들은 도시로 몰려들 것이다. 도처의 감시카메라 속에서 최소한의 서비스를 받거나, 아니면 아예 그것도 제공되지 않는 곳 말이다. 가난한 사람들에게 다른 피난처는 없다."

로브가 묘사한 미래는 뉴올리언스의 현재 모습과 아주 비슷하다. 폐허더미속에서 매우 다른 두 지역사회가 등장했다. 한 곳은 이른바 FEMA 지정구역으로 처량 맞고 허름한 트레일러 캠프장이 있다. 벡텔이나 플루어 같은 하청업자들이 지은 저소득층 재해민들의 공간이다. 사설 경호업체들이 순찰을 돌고, 방문객들을 제한하고, 언론인들을 쫓아내고, 생존자들을 죄수처럼 취급한다. 다른 한편엔 도시의 부유층 동네로, 철저한 안보가 제공되는 지역사회가 있다. 오두본(Audubon)과 가든디스트릭트(Garden District)가 대표적이다. 국가에서 떨어져 나온 민영화된 기능들을 이곳에선 마음껏 누릴 수 있다. 태풍이 발생한 지단 수주일 만에 이곳 주민들에겐 식수와 긴급 발전기가 제공되있다. 이곤 사람들은 민간 병원에서 치료를 받고 아이들은 새로운 차터 스쿨에 다닌다. 평상시에도 그렇듯, 대중교통수단은 이용할 필요가 없는 사람들이다. 뉴올리언스 교외 세인트버나드 파리시에서 딘코프는 경찰 업무를 맡았다. 근처 지역사회들도 경호회사를 직접 고용했다. 그리고 이렇게 민영화된 독립적인 두 지역사회 사이엔 뉴올리언스 버전의 레드존이 있다. 로어 나인스 워드 같은 곳은 살인률이 치솟고 재난 이후 사람이 살지 않는 땅으로 변했다. 카트리나가 끝난 여름에 히트한 래퍼 주버나일(Juvenile)의 노래가 이러한 분위기를 대변한다. "우리는 정부가 없는 아이티(Haiti)처럼 살고 있다." 바로 실패한 국가 미국을 말한다.[37]

변호사이자 운동가인 빌 퀴글리(Bill Quigley)는 이렇게 분석했다. "뉴올리언스 사태는 미국 전역에서 일어나는 일을 집약적으로 생생하게 보여주었을 뿐입니다. 미국의 도시들은 뉴올리언스와 매우 비슷합니다. 각 도시마다 버림받은 이웃이 있습니다. 그리고 공립학교, 공영주택, 공공의료센터, 법적 정의도 소외되고 있습니다. 공공교육, 의료혜택, 공영주택에 반대하는 사람들은 계속해서 우리나라를 로어 나인스 워드처럼 바꾸려고 해요. 우리가 막지 않는다면 그렇게 될 겁니다."[38]

이러한 과정은 이미 진행 중이다. 재난 아파르트헤이트 미래의 모습은 애틀랜타 외곽에 위치한 공화당 성향의 한 부유한 교외에서 찾아볼 수 있다. 그곳 주민은 자신들이 내는 재산세가 저소득층 흑인 이웃의 학교와 치안에 사용되는 것을 더 이상 참지 못했다. 그래서 자신들만의 도시인 샌디스프링스(Sandy Springs)를 만드는 데 표를 던졌다. 이들의 세금은 10만 시민들을 위한 서비스에만 사용되며, 더 큰 지역구인 풀턴 카운티(Fulton County)와는 공유되지 않는다. 단 한 가지 문제는 샌디스프링스에 지역정부 체제가 없다는 점이다. 따라서 세금 징수와 도시계획부터 공원과 레크리에이션에 이르는 모든 것을 담당할 조직을 새로 만들어야 했다. 뉴올리언스에 수해가 발생한 2005년 9월, 샌디스프링스 주민들은 건설 및 컨설팅업계의 거물 CH2M Hill로부터 독특한 제안을 받았다. 한마디로, 당신들을 위해 저희가 모든 것을 해드리겠다는 제안이었다. 우선 1년에 2,700만 달러의 비용으로, 완벽한 도시를 밑바닥에서부터 꼭대기까지 건설해주겠다고 약속했다.[39]

몇 달 후 샌디스프링스는 첫 계약 도시가 되었다. 새로운 지역 자치정부를 위해 직접 일하는 사람은 단 4명뿐이며, 나머지는 모두 계약업자들이다. CH2M Hill의 프로젝트는 릭 허세콘(Rick Hirsekorn)이 책임지고 있다. 그는 샌디스프링스를 '정부의 흔적이 전혀 없는 백지'로 묘사했다. 또 다른 언론인에게는 이렇게 말했다. "우리 업계에서 그 누구도 이 정도 크기의 완벽한 도시를 만든 적은 없습니다."[40]

「애틀랜타저널 - 콘스티튜션(Atlanta Journal-Constitution)」은 "샌디스프링스가 기업 직원들을 고용해 신도시를 운영하기로 했을 때는 아주 대범한 실험으로 여겨졌다."라고 보도했다. 그러나 1년 만에 계약 도시 열풍이 애틀랜타의 부유한 교외에 불어닥쳤다. 이제 풀턴 카운티의 북부에서는 표준절차가 되었을 정도다. 이웃 지역사회들도 샌디스프링스에서 힌트를 얻어 외부와 고립된 도시를 만들고, 계약업자에게 지역정부 기능을 맡기는 일을 투표로 결정했다. 신도시 밀턴(Milton)은 이미 경험이 있는 CH2M Hill에게 일을 맡겼다. 얼마 후에는 기업들이 만들어낸 신도시들끼리 모여 자신만의 카운티를 만들려고 했다. 이제 그들의 세금은 근처의 가난한 지역사회로는 들어가지 않게 된다는 의미다. 때문에 신도시 외부에서는 그러한 계획에 격렬하게 반대했다. 그러한 세금이 없으면 더 이상 공공병원과 대중교통 시스템을 감당할 수 없게 된다. 한마디로 카운티가 두 개로 나뉜다. 한편에선 실패한 국가의 모습이 나타나고, 다른 한편에선 과잉 서비스를 받는 국가가 만들어진다. 뉴올리언스의 상황과 아주 많이 비슷하다. 그리고 바그다드와도 조금 닮았다.[41]

국가 기능을 기업들이 넘겨받아 이윤을 추구하려는 30년 된 조합주의운동이 애틀랜타의 부유한 교외에서 완성된 것이다. 정부 서비스만을 아웃소싱한 것이 아니라, 통치라는 정부 기능 자체를 내주었다. 이러한 새로운 영역의 시작과 CH2M Hill은 아주 잘 어울린다. CH2M Hill은 이라크에서 억만 달러 상당의 계약을 맺은 업체였으며, 다른 계약업자들을 감독하는 정부의 핵심 기능을 맡는 대가로 돈을 받았다. 쓰나미 이후 스리랑카에서는 단지 항구와 다리만 건설한 게 아니라 '기반시설에 관한 프로그램의 전반적 관리'를 책임졌다.[42] 카트리나로 피해를 입은 뉴올리언스에선 FEMA의 구호캠프를 짓는 계약을 맺고 5억 달러를 받았다. 이제 CH2M Hill은 다음 재난이 닥쳤을 때 같은 일을 할 수 있도록 만반의 준비를 한 채 대기하고 있는 상태다. 긴급상황에서 국가를 민영화했던 전문가들은 이제 일상적인 상황에서 같은 일을 하려고 한다. 이라크가 극단적인 민영화의 실험실이었다면, 이제 실험 단계는 완전히 마친 셈이다.

20장

평화 유인책의 상실

이스라엘이 주는 경고

큰 분리장벽들은 정치범 수용소의 세계에 있는 것이 아니다.
바로 고속도로를 따라 이어진 소음 차단벽, 스포츠 스타디움의 호화 관람석,
금연지대, 공항의 안전지대, '자체 보안 시스템을 가진 지역사회' 등등의 세계에 있다.
가진 자의 특권과 못 가진 자의 시기심을 노골적으로 드러내는 시스템으로,
양쪽 모두에게 민망한 일이다.
이러한 장벽들이 효과가 없다는 말은 아니다.

2006년 11월, 「위클리 스탠더드」의 고위 편집자 크리스토퍼 콜드웰(Christopher Caldwell)1

전통적인 생각에 따르면, 일반적으로 파괴는 글로벌 경제의 낭비다. 물론 개인들의 충격과 울부짖음은 새로운 시장을 개방시키는 지렛대로 사용될 수 있었다. 그러나 초기 충격이 효력을 발휘한 뒤에는 상대적으로 평화와 안정이 있어야 경제성장을 이룰 수 있었다. 1990년대에 번영을 누렸던 이유도 그 때문이다. 냉전이 종식되자 경제는 무역과 투자에 자유롭게 집중할 수 있었다. 국가들은 서로 관계를 맺고 상호의존적이 되었고, 서로에게 폭탄을 던지고 싶어 하지 않았다.

그러나 2007년 다보스 세계경제포럼에서 정계 및 재계 리더들은 전통적인

생각을 비웃는 것 같은 현상이 발생하자 그저 머리만 긁적거리고 있었다. 이것은 이른바 다보스 딜레마라고 불린다. 「파이낸셜타임스」의 칼럼니스트 마틴 울프(Martin Wolf)는 "호황의 경제와 암울한 정치가 극명한 대조를 이룬다."라고 말했다. 경제계는 2000년의 주식시장 폭락, 2001년 9월 테러리스트의 분노, 아프가니스탄과 이라크에서의 전쟁, 미국 정책을 둘러싼 갈등, 1970년대 이래로 최고치로 뛴 석유 가격, WTO 도하 라운드의 협상 난항, 이란의 핵 야심에 대한 반대 등의 충격적인 사건들을 겪었다. 그런데도 전 분야에서 성장의 황금기를 누렸다. 심하게 말해 세계는 지옥으로 가고 있었으며, 안정성은 어디에서도 찾을 수 없었다. 그런데 글로벌 경제는 열렬한 환호를 보냈다. 전직 미국 재무장관인 로런스 서머스는 정치와 시장의 완벽한 분리가 두려울 정도라고 말했다. "국제관계 전문가들과 얘기를 나누어보면 현 시대를 최악의 시기라고 할 것이다. 반면에 잠재적 투자자들은 최상의 시기라 할 것이다."[2]

혼란스런 트렌드는 또한 총과 캐비아 인덱스라는 경제수치에도 나타난다. 전투용 제트기(총)와 기업 비즈니스 제트기(캐비아)의 판매를 추적해봤더니, 17년 동안 전투용 제트기가 급격하게 팔리면 호화로운 비즈니스 제트기 판매는 부진했다. 반대로, 비즈니스 제트기 판매가 상승하면 전투용 제트기 판매는 떨어졌다. 물론 전쟁에서 이득을 얻는 몇몇 사람들은 무기를 팔아 이윤을 봤다. 그러나 그런 부류는 경제상으로 봤을 때 미미한 정도였다. 폭력과 불안정 속에서는 경제성장을 할 수 없다는 것이 현대 시장의 진실이었다.

그러나 그러한 진실은 더 이상 들어맞지 않게 되었다. 2003년 이라크 침입 이후로는 전투용 제트기 구매비용과 비즈니스 제트기 구매비용이 둘 다 급증했다. 세계가 더 많은 부를 축적한 반면에 평화는 줄어들었다는 의미다.[3] 중국과 인도의 초고속 경제성장도 사치품에 대한 요구를 증가시키는 데 한몫했다. 그런데도 가장 큰 요인은 좁은 범위의 군산복합체가 재난 자본주의 복합체로 확장된 데서 찾을 수 있다. 오늘날의 불안정한 세계 정세는 소수 무기 거래상에게만 이득을 준 것이 아니라, 최첨단 안보 분야, 건설회사, 부상당한 군인들을 치료하는 의료 서비스 회사, 석유회사, 가스회사에 막대한 이윤을 안겨주었다. 물론 안보 분야 계약업자들도 빼놓을 수 없다.

걸려 있는 판돈의 규모는 확실히 경제적 호황을 부추기기에 충분했다. 록히드마틴의 전직 부사장은 이라크 전쟁을 찬성한 위원회를 이끌었다. 덕분에 록히드마틴은 2005년에만 납세자들이 낸 250억 달러를 받아갔다. 민주당 의원인 헨리 왁스먼(Henry Waxman)에 따르면, 아이슬란드, 요르단, 코스타리카를 포함한 103개국의 국내총생산을 초과하는 금액이다. 그리고 상무부, 내무부, 중소기업협회, 입법부서들의 예산을 합친 것보다도 크다. 록히드마틴은 그 자체가 하나의 신흥시장이다. (2000~2005년에 주가가 3배로 뜀) 록히드마틴 같은 회사들은 미국 주식시장이 9월 11일 이후 이어진 분쟁사태에서도 안전했던 이유를 설명해준다. 일반적인 주식들의 가격은 오르지 않은 반면에, 방어, 자국 안보, 우주항공 주식들을 총칭하는 스페이드 디펜스 인덱스(Spade Defense Index)는 2001~2006년 사이에 매년 15퍼센트씩 상승했다. 같은 시기에 스탠더드앤드 푸어스(Standard & Poor's)의 500대 주식들의 평균 상승률과 비교했을 때 7.5배에 달한다.[4]

다보스 딜레마는 이라크에서 만들어진 민영화된 재건이라는 고수익 모델에 의해 더욱 심화되었다. 전쟁과 자연재해 이후 입찰도 없이 고수익 계약을 따낸 엔지니어링 회사를 포함해, 건설주는 2001년과 2007년 4월 사이에 250퍼센트나 성장했다. 재건은 이제 규모가 큰 비즈니스가 되어, 파괴가 일어날 때마다 주식 공모의 뜨거운 흥분이 이어진다. 이라크 재건에 300억 달러, 쓰나미 재건에 130억 달러, 뉴올리언스와 걸프코스트에 1,000억 달러, 레바논에 76억 달러가 걸려 있었다.[5]

테러 공격은 주식시장을 곤두박질치게 만들곤 했지만, 요즘 시장은 오히려 상승세로 대응한다. 2001년 9월 11일 이후, 다우존스는 시장이 재개되자마자 685포인트나 급락했다. 이와는 대조적으로 2005년 7월 7일 레바논 대중교통 시스템에 폭탄 4개가 터졌을 때, 미국 주식시장은 전날보다 높은 수치로 마감했으며 나스닥은 7포인트나 상승했다. 그 다음 달 8월 영국 사법부가 미국행 여객기를 폭파시킬 모의를 한 용의자 24명을 체포했을 때, 나스닥은 11.4포인트 상승한 채 장을 마감했다. 국토안보 관련 주식들의 주가가 상승했기 때문이다.

석유 분야도 엄청난 부를 축적했다. 2006년 엑슨모빌만 해도 역대 최고치인 400억 달러의 이윤을 냈다. 셰브런 같은 라이벌 회사들도 만만치 않은 실적을 냈다.[6] 방어, 건설, 국토안보 관련 회사들과 마찬가지로, 석유회사들의 재산은 전쟁, 테러리스트 공격, 5등급 허리케인이 발생할 때마다 늘어났다. 그들은 석유생산 지역의 불안함을 이유로 들어 높은 가격을 매기고 단기적으로 이윤을 거두었다. 뿐만 아니라 끊임없이 재난을 장기적 이득으로 전환시키려고 한다. 가령 아프가니스탄 재건 자금의 상당 부분을 새로운 석유운송 파이프라인을 위한 값비싼 도로 기반시설에 사용하게 했다(다른 중요한 재건 프로젝트들이 지연되는 상황에서도 말이다). 또한 이라크가 화염에 휩싸여 있는 동안, 석유관련법을 추진하게 했다. 게다가 허리케인 카트리나를 이용해서 1970년대 이후 처음으로 미국에 새로운 정유소를 계획하게 만들었다. 석유와 가스산업은 재난경제와 긴밀히 연결되어 있다. 재난의 숨겨진 원인이자 가장 큰 수혜자이기도 하다. 한마디로 석유와 가스산업은 재난 자본주의 복합체의 명예직원으로 불려야 할 것이다.

굳이 음모이론까진 필요 없다

최근 이어진 재난들이 엄청난 이윤으로 바뀌자 전 세계인들은 같은 결론을 내렸다. 즉 부를 거머쥔 권력자들이 고의적으로 재난을 일으켜 이용한다는 것이다. 2006년 7월 미국에 거주하는 사람들을 대상으로 한 전국 여론조사를 살펴보자. 응답자들의 3분의 1 이상이 정부가 9·11 테러 사건에 개입했거나 아니면 중지시키기 위한 어떤 조치도 취하지 않았다고 생각했다. 왜냐하면 정부는 미국이 중동에서 전쟁을 수행하기를 원했기 때문이라는 것이다. 최근의 재난에서도 비슷한 추측이 계속 나오고 있다. 카트리나로 루이지애나가 물에 잠긴 이후, 재해민 구호소에서는 제방이 무너진 게 아니라 사실은 몰래 파괴된 것이라는 루머가 떠돌았다. 이슬람국가운동(Nation of Islam)의 지도자인 루이스 파라칸(Louis Farrakhan)은 흑인 거주지를 붕괴시켜 백인 거주지에 수해가 없게 하기 위해서라고 말했다.[7] 나는 스리랑카에서 쓰나미가 미국이 일으킨 수중 폭발 때문에 생긴 것이라는 말을 종종 듣곤 했다. 남아시아에 군대를 파견하고 경제권을 완전히 장악하기 위해서라는 것이다.

실상은 그렇게 사악한 행동을 한 건 아니지만 위험성은 더욱 높아진 상태다. 환경을 규제하려는 시도를 막고 성장을 계속하려는 경제 시스템은 군사적, 환경적, 경제적 재난을 계속 발생시켰다. 투기성 투자가 제공한 손쉬운 단기 이윤에 대한 욕구는 주식, 환율, 부동산 시장을 재난 창조 기계로 만들었다. 아시아 경제 위기, 멕시코 페소화 위기, 닷컴 붕괴가 그 예다. 재생 불가능한 에너지 자원인 석유에 대한 우리들의 보편적 집착은 또 다른 종류의 긴급사태를 불러왔다. 자연재해(1975년 이래로 4.3배 증가했다)도 있고, 희소자원의 통제권을 놓고 전쟁(이라크와 아프가니스탄만이 아니다. 나이지리아, 콜롬비아, 수단에서 발생한 저강도 분쟁도 있다)을 벌이기도 했다. 그 결과 테러리스트의 반격을 받은 것이다 (2007년 한 논문에 따르면, 테러 공격 발생 건수가 이라크 전쟁 이후 7배나 증가했다).[8]

이런 격렬한 상황으로 볼 때 미래에 닥칠 기후적 또는 정치적 재난은 굳이 어두운 음모론으로 날조될 필요도 없다. 지금 추세대로만 간다면 재난이 끔찍한 강도로 닥쳐올 것임을 알려주는 암시들이 하나둘이 아니다. 재난 발생은 시장의 보이지 않는 손에 달려 있다. 그리고 실제로 시장이 재난을 낳고 있다.

재난 자본주의 복합체들은 이윤을 창출해주는 재난을 일부러 일으키지는 않았다(이라크는 분명 예외이긴 하다). 그런데도 관련 회사들은 지금의 재앙 같은 추세가 계속되도록 애쓰고 있다. 대규모 석유회사들은 기후 변화를 부정하는 캠페인을 수년간 지원해왔다. 특히 엑슨모빌은 지난 10년 동안 1,600만 달러를 지원했다. 이러한 일들은 대중에게 잘 알려져 있다. 그러나 재난 계약업자들과 엘리트 오피니언 리더 간의 내부공모는 잘 모르고 있을 것이다. 미 공공정책연구소나 안보정책센터를 포함해 워싱턴의 여러 싱크탱크들은 군수물자와 국토안보 계약업자들로부터 상당한 자금을 지원받고 있다. 따라서 이러한 연구소들은 계속 세상을 어둡고 사악한 곳으로 묘사하며, 오직 힘으로 대응해야 한다고 주장한다. 국토안보 분야는 또한 언론기업들과 통합되어 기사를 왜곡하며 선전활동을 한다. 2004년 디지털 커뮤니케이션의 거물급 회사 렉시스넥시스(LexisNexis)는 7억 7,500만 달러를 감시 분야의 한 데이터마이닝 회사에 투자했다. 연방 및 주정부 기관들과 긴밀히 연관되어 일하는 회사였다. 같은 해 NBC 방송사를 소유한 제너럴일렉트릭은 인비전(InVision)을 매입했다. 인비전은 공항과 공공시설에서 논란을 불러온 최첨단 폭탄탐지장치를 만들어내는 회사다. 인비전은 2001~2006년에 국토안보 계약을 맺고 150억 달러라는 엄청난 돈을 받아냈다. 그리고 다른 회사들에 비해 국토안보 계약을 월등히 많이 맺었다.[9]

재난 자본주의 복합체가 언론에 손을 뻗치면서 새로운 종류의 기업 시너지 효과가 나타났다. 이것은 1990년대 유행했던 수직적 통합을 통해 진행되는데, 확실히 비즈니스 측면에서 효과가 있어 보인다. 사회가 공포에 질리고 모든 이슬람 사원에는 테러리스트들이 잠복해 있다고 믿을수록, 뉴스 시청률은 높아지고 생체인식 신분확인장치와 액체폭탄 감지장치를 파는 회사들은 매상이 올라갈 것이다. 또한 최첨단 장벽도 더 많이 지을 수 있다. 1990년대엔 개방적이고 국경이 사라진 작은 지구라는 꿈을 통해 이윤을 얻을 수 있다고 보았다. 그러나 새로운 밀레니엄 시대에는 지하드주의자들과 불법이민자들이 장악한 사악하고 요새화된 서구 대륙의 악몽이 바로 이윤을 창출해낸다. 재난경제는 무기, 석유, 엔지니어링, 감시, 특허약품들에 이른다. 엄청난 부가 걸려 있는 재난경제의 호황을 방해하는 걸림돌은 생태기후의 안정성과 지정학적 평화다.

이스라엘과 독보적인 재난 아파르트헤이트 국가

분석가들은 다보스 딜레마를 이해하려고 안간힘을 쓰고 있었다. 바로 그때 새로운 합의가 도출되었다. 즉 시장이 불안정성에 영향을 받지 않는 게 아니라, 재난이 계속 출현할 것 같은 상황에 시장이 적응하면서 변했다는 것이다. 다시 말해 불안정이 새로운 안정이 된 셈이다. 9·11 테러 사건 이후의 경제 현상에 대한 토론에서 가장 전형적인 사례로 이스라엘이 제시되곤 한다. 지난 10년의 세월 동안 이스라엘은 다보스 딜레마를 경험해왔다. 즉 전쟁과 테러 공격은 늘어났지만 텔아비브 주식시장은 폭력사태 속에서도 기록적인 상승장이었다. 한 주식 분석가는 7월에 런던 폭발이 있고 난 뒤 폭스 뉴스에서 이렇게 말했다.[10] "이스라엘은 날마다 테러 위협에 대처해야 했습니다. 시장은 수년간 그런 일을 겪어왔지요." 일반적인 글로벌 경제상황과 마찬가지로, 이스라엘의 정치적 상황이 끔찍하다는 데에 대부분 동의할 것이다. 그러나 경제 면에선 지금보다 더 강한 적이 없었다. 2007년 이스라엘의 경제성장률은 중국과 인도에 맞먹을 정도였다.

이스라엘이 총과 캐비아 인덱스의 모델로서 흥미로운 점은 2006년 레바논과의 전쟁이나 2007년 하마스의 가자지구 점령처럼 주요한 정치적 충격을 받고도 경제가 금방 되살아났기 때문만이 아니다. 가속화되는 폭력에 직접 대응하는 가운데 급격히 확장되는 경제를 만들었다는 점 때문이다. 따라서 이스라엘의 산업이 재난을 편안하게 받아들이는 것은 당연하다. 이스라엘 테크놀로지 회사들은 미국과 유럽의 회사들이 글로벌 안보 호황의 잠재력을 이해하기 훨씬 전부터 분주하게 국토안보산업을 개척했다. 그리고 오늘날에도 그 분야에서 우세한 지위를 차지하고 있다. 이스라엘 수출협회에 따르면, 국토안보 상품만을 주력으로 파는 회사는 350여 개에 이른다. 그리고 2007년 신생회사 30개가 새로이 시장에 진입했다. 기업 시각으로 볼 때 이런 발전을 이룬 이스라엘은 9·11 테러 사건 이후 시장에서 모방해야 할 모델이다. 그러나 사회·정치적 관점에서 보면 이스라엘은 분명 다른 존재이며 일종의 경고로 받아들여야겠다. 이스라엘은 이웃과 전쟁을 일으키고 점령지에서도 잔인함을 높이고 있지만 계속 호황의 번영을 누리고 있다. 끝없는 전쟁과 심각해지는 재난에 근거해 경제를 계획하는 일이 얼마나 위험스러운 것인지 증명해주는 국가인 것이다.

총과 캐비아를 하나로 통합한 현재 이스라엘의 능력은 지난 15년 동안 경제의 본질이 극적으로 변화했음을 보여준다. 게다가 그 지역의 평화 유지 가능성이 사라지게 된 데에 중대한 영향을 끼쳤다. 그러나 그러한 영향은 거의 논의되지 않았다. 중동에서 평화의 가능성이 있었던 마지막 순간은 이스라엘의 유권자들이 더 이상 분쟁을 계속할 수 없다고 믿었던 1990년 초였다. 당시 공산주의는 붕괴하고 정보혁명이 시작되었다. 이스라엘 재계는 가자와 웨스트뱅크(요르단강 서안지구)의 유혈점령이 이스라엘 경제를 위기로 몰아넣을 것이라고 확신했다. 또한 아랍 국가들의 보이콧도 있었다. 이스라엘 기업들은 전 세계에서 '신흥시장'이 폭발적으로 늘어나는 것을 보면서 전쟁에 발목을 잡히는 상황에 지쳐갔다. 그들은 지역분쟁에 얽매이기보다는 수익이 많이 나는 국경 없는 세계에 참여하고 싶었다. 이스라엘 정부가 팔레스타인과 평화협정을 체결한다면 이웃 국가들은 보이콧을 철회할 것이고 이스라엘은 중동의 자유무역 허브로 자리 잡을 수 있었다.

1993년, 댄 길러먼(Dan Gillerman)은 이스라엘 상공회의 의장이었다. 그는 그러한 생각에 열렬한 지지를 보냈다. "이스라엘은 전혀 다른 국가가 될 겁니다. 다국적기업들의 본부가 있는 싱가포르나 홍콩처럼 되는 거지요. 중동의 전략적, 군사적, 마케팅 중심지가 될 수 있습니다. 지금과는 전혀 다른 경제가 될 겁니다. 평생에 단 한 번 올까 말까 한 기회를 위해 반드시 신속하게 움직여야 합니다. 그렇지 않으면 나중에 후회하게 될 겁니다."[11]

그해에 외무부 장관 시몬 페레스(Shimon Peres)는 이스라엘 기자단에게 평화가 불가피하다고 설명했다. 그러나 그것은 매우 특이한 평화였다. "정치상의 평화를 원하는 게 아닙니다." 페레스는 말했다. "우리는 시장의 평화에 관심이 있습니다."[12] 몇 달 후, 이스라엘 총리 이츠하크 라빈(Yitzhak Rabin)과 팔레스타인해방기구의 의장인 야세르 아라파트(Yasser Arafat)는 백악관 뜰에서 악수를 나누며 오슬로 협정을 알렸다. 세계는 이에 격려를 보냈다. 시몬 페레스, 이츠하크 라빈, 야세르 아라파트는 1994년 노벨평화상을 공동으로 수상했다. 그러나 바로 그 이후부터 모든 것이 꼬이기 시작했다.

오슬로 협정은 이스라엘-팔레스타인 관계에서 가장 낙관적인 시기였다. 그러나 그 유명한 악수는 거래의 체결을 의미하는 것이 아니라 평화 과정을 시작할 협정에 불과했다. 가장 논쟁적인 문제들은 여전히 미해결 상태였다. 아라파트는 점령지역으로의 복귀를 협상해야 하는 끔찍한 위치에 있었다. 그리고 예루살렘의 운명, 팔레스타인 난민들, 유대인 정착민들, 그리고 심지어 팔레스타인의 자기결정권에 대해 어떤 합의도 얻지 못했다. 협상가들에 따르면 오슬로 전략은 '시장의 평화'를 추진한 것이었다. 그렇게 되면 나머지 분야도 자연스레 평화를 찾을 거라는 생각이 바탕에 깔려 있었다. 국경을 개방하고 세계화에 동참함으로써 이스라엘인과 팔레스타인인은 더 나은 일상생활을 누릴 것이다. 또한 더욱 우호적인 상황이 만들어져 앞으로 협상에서 '정치적 평화'도 가져올 수 있다. 그들은 이렇게 생각한 것이다. 그것이 바로 오슬로 협정이 의도하는 바였다.

이후 오슬로 협정이 붕괴된 데에는 여러 요인들이 작용했다. 이스라엘인들은 자살폭탄과 라빈의 암살 때문이라고 말한다. 팔레스타인 사람들은 오슬로 협정 기간에 이스라엘이 광적으로 불법 정착지를 확장했기 때문이라고 비난했다. 에후드 바라크(Ehud Barak) 정부의 이스라엘 외무부 장관 슐로모 벤아미 (Shlomo Ben-Ami)도 말했듯, 평화협상이 신식민주의적 기반에 근거해 세워 졌다는 증거라는 것이다. 슐로모 벤아미는 "우리와 팔레스타인이 마침내 평화 를 이룰 경우, 두 집단은 구조적으로 평등하지 못한 상태이기 때문에 한쪽이 의 존하는 상황이 될 것이다."라고 말했다.[13] 평화협상을 누가 실패로 이끌었는지 와 평화가 진짜 목표였는지에 대한 논쟁은 잘 알려져 있는 데다 지겨울 정도로 연구되었다. 그러나 이스라엘이 일방주의로 후퇴한 두 가지 요인은 거의 알려 져 있지도, 논의되지도 않았다. 두 요인 모두 시카고학파의 자유시장운동이 이 스라엘에 미친 영향과 관련이 있다. 하나는 러시아의 쇼크요법 실험 때문에 유 대계 러시아인들이 이스라엘로 유입한 것이다. 다른 하나는 이스라엘의 수출 경제가 전통적인 상품과 최첨단 기술에 근거한 경제에서 반테러에 관련된 전 문지식과 장비 판매에 치중한 경제로 바뀐 것이다. 두 요인 모두 오슬로 협정의 붕괴에 크게 작용했다. 우선 러시아인들이 들어오면서 이스라엘은 팔레스타인 의 노동력에 의지할 필요가 줄어들어 점령지를 봉쇄하게 되었다. 반면에 최첨 단 안보경제의 급격한 확장 때문에 이스라엘에서 가장 부유하고 강력한 분야 내부에서 새로운 경향이 출현했다. 바로 평화를 포기하는 대신에 끊임없이 계 속되는 전쟁, 즉 테러와의 전쟁을 택하려는 경향이었다.

오슬로 협정 시기가 러시아에서 시카고학파의 실험이 가장 고통스러웠던 시기와 맞아떨어진 것은 불행한 역사적 우연이라 하겠다. 백악관 뜰에서 악수 를 나눈 것은 1993년 9월 13일이었다. 그리고 정확히 3주 후, 옐친은 탱크를 보 내 의회 건물에 불을 지른다. 잔혹한 경제쇼크 처방의 초석을 깔기 위해서였다.

1990년대, 거의 100만 명의 유대인들이 러시아를 떠나 이스라엘로 이주했 다. 러시아에서 온 이주민들은 현재 이스라엘 유대인 인구의 18퍼센트 이상을 차지한다.[14] 이스라엘처럼 작은 국가에 그렇게 많은 사람들이 갑자기 밀려들어 왔으니, 그 때문에 엄청난 영향을 받았을 것이다. 앙골라, 캄보디아, 페루의 사람들이 전부 짐을 챙겨 미국으로 한꺼번에 이동했다고 생각하면 될 것이다. 유럽으로 보자면, 그리스인 전체가 프랑스로 이동한 셈이다.

유대계 러시아인들의 물결이 처음 이스라엘로 향했을 때, 그들 중 상당수는 종교적 박해를 피해 유대인 국가를 선택한 사람들이었다. 그러나 그들 이후 이스라엘로 넘어온 소련인 이민자들의 숫자는 엄청나게 증가했다. 그것은 경제적 쇼크 전문가들이 러시아 사람들에게 가한 고통의 정도와도 직접 관련되어 있었다. 사실 후발 이주자들은 이상적인 시오니스트들이 아니다(많은 사람들의 경우 유대인이라고 내세운 주장은 매우 빈약했다). 그들은 절박한 경제난민들이었다. "어디로 가는지는 중요하지 않다. 어디로 떠나는 것인지가 중요하다." 1992년 모스크바의 이스라엘 대사관 밖에서 대기하고 있던 한 이민자가 「워싱턴타임스」에 밝혔다. 러시아계 유대인 단체인 시오니스트 포럼의 대변인은 대이동에 대해 이렇게 고백했다. "이스라엘이 좋아서 온 게 아닙니다. 정치적 불안정과 경제적 피폐 때문에 소련에서 추방된 것 같은 기분이었죠." 가장 대규모였던 이주 물결은 1993년 옐친의 쿠데타 초기에 일어났다. 당시는 평화협상이 이스라엘에서 막 시작되고 있었을 때. 그 이후 추가로 60만 명이 소련에서 이스라엘로 이주했다.[15]

인구학적인 변화는 그러잖아도 위태위태한 합의의 역학구조에 충격을 가했다. 소련 이주민들이 오기 전, 이스라엘은 가자나 웨스트뱅크의 팔레스타인 사람들과 잠시도 단절될 수 없었다. 이스라엘의 경제는 팔레스타인의 노동력 없이는 생존할 수 없었기 때문이다. 마치 캘리포니아가 멕시코인들이 없이는 돌아가지 않는 것처럼 말이다. 날마다 15만 명의 팔레스타인 사람들이 가자와 웨스트뱅크의 집을 떠나 이스라엘로 향한다. 그리고 거리를 청소하고 도로를 건설한다. 팔레스타인 농부들과 장사꾼들은 트럭에 물건을 가득 채워 이스라엘과 점령지에서 판다.[16] 그들은 서로 경제적으로 의존하고 있었다. 게다가 이스라엘은 팔레스타인 사람들이 아랍 국가들과 자치적인 무역관계를 맺는 걸 금지하는 공격적 정책을 취했다.

오슬로 협정이 막 효력을 발할 무렵, 그러한 상호의존 관계가 갑자기 끊겼다. 약탈당한 지역을 돌려주고 동등한 시민권을 달라고 요구하는 팔레스타인 노동자들은 이스라엘에서 시오니스트의 프로젝트에 위협이 된다. 반면에 이스라엘에 온 수십만 명의 러시아인들은 정반대 효과를 가져왔다. 그들은 시오니스트의 목표에 힘을 실어주었으며, 아랍인 대비 유대인의 인구비율을 현저히 증가시켰다. 값싼 새로운 노동력도 제공했다. 갑자기 텔아비브는 팔레스타인과의 관계에서 새로운 시대를 시작할 힘을 갖게 되었다. 1993년 3월 30일, 이스라엘은 봉쇄정책을 개시해 이스라엘과 점령지 간의 국경을 폐쇄했다. 국경 폐쇄는 한 번에 며칠 또는 몇 주간 계속되었다. 팔레스타인 사람들은 일터로 가지도, 물건을 팔러 나가지도 못했다. 봉쇄는 임시 조치로 시작되었지만, 곧 영구적 상태가 되었다. 표면상 테러리즘의 위협에 대한 긴급 조치였다. 이스라엘 쪽으로만 봉쇄한 것이 아니라 점령지역들 간에도 서로 봉쇄되었다. 그리고 더욱 정교하면서도 모욕적인 검문 시스템 정책을 폈다.

1993년은 새로운 희망의 시대를 알리는 새벽으로 여겨졌다. 그러나 점령지는 이스라엘의 하류층이 사는 허름한 거주지에서 숨 막힐 것 같은 감옥으로 바뀌었다. 1993~2000년 사이에 점령지에 사는 이스라엘 정착민들은 두 배로 늘어났다.[17] 초기엔 투박한 정착민 전초기지였던 지역이었지만, 이제는 도로 접근이 제한된 번영하고 요새화된 교외로 변모했다. 분명 이스라엘에 편입시킬 목적으로 세워진 교외였다. 오슬로 협정 기간 동안 이스라엘은 정착을 장려하고 소중한 수자원을 이스라엘 쪽으로 돌리면서 웨스트뱅크의 수자원에 대한 권리를 계속 주장했다.

새로운 이민자들은 또 다른 역할도 했다. 이 역시 거의 연구되지 않았다. 이스라엘에 무일푼으로 도착한 러시아 이주민들은 쇼크요법의 통화가치 하락으로 전 재산을 날린 상태였다. 그들은 점령지역에 매료되었다. 그곳은 집과 아파트가 싸고, 특별 대출과 보너스도 제공되었다. 가장 야심 찬 공략을 내세우는 점령지역도 있었다. 대학, 호텔, 텍사스 미니 골프 코스를 자랑하는 웨스트뱅크의 아리엘(Ariel)이 그랬다. 아리엘은 스카우터를 내보내고 러시아어 웹사이트를 개시하면서, 공격적으로 러시아 인력을 채용했다. 덕택에 아리엘은 인구가 두 배나 늘었다. 오늘날에는 흔히 작은 모스크바로 불린다. 상점 간판들은 히브리어와 러시아어로 되어 있으며, 주민 절반이 러시아에서 온 이민자들이다. 이스라엘의 평화단체 피스 나우(Peace Now)는 불법 점령지에 살고 있는 2만 5,000명의 이스라엘 시민들이 대개 이러한 사람들일 것으로 추정한다. 많은 러시아인들은 '어떤 곳인지도 잘 모른 채' 이사를 왔다고 밝혔다.[18]

이스라엘에서 오슬로 협정 이후 분쟁을 피하고 번영을 누리려는 약속은 놀라울 정도로 잘 실행되었다. 1990년대 중·후반, 이스라엘 회사들은 글로벌 경제에서 두각을 나타내기 시작했다. 특히 텔레커뮤니케이션과 웹 기술을 전문으로 하는 최첨단 회사들 덕택에, 텔아비브와 하이파(Haifa)는 중동의 실리콘밸리 전초기지가 되었다. 닷컴 거품이 절정일 때, 이스라엘 국내총생산의 15퍼센트는 최첨단 테크놀로지에서 나왔다. 그리고 수출품이 거의 절반을 차지했다. 「비즈니스위크」에 따르면, 이스라엘은 세계에서 가장 테크놀로지에 의존하는 경제였다. 미국보다 두 배나 의존도가 높았다.[19]

그리고 새로운 이민자들은 활황에 결정적인 역할을 했다. 1990년대 이스라엘에 온 수십만 명의 러시아인들 중에는 잘 교육받은 과학자들이 많았다. 지난 80년 동안 이스라엘의 최고 기술기관들이 배출한 과학자들보다 더욱 뛰어났다. 냉전시대에 소련을 이끌었던 과학자들이 많았다. 한 이스라엘 경제학자가 표현하듯, 그들은 이스라엘 테크놀로지 산업의 로켓연료가 되었다. 슐로모 벤아미는 백악관에서 악수를 나눈 이후의 시절을 '이스라엘 역사상, 경제성장과 시장개방의 대변혁기'라고 표현했다.[20]

이러한 시장의 시작은 분쟁의 양 당사자 모두에게 혜택을 주기로 되어 있었다. 그러나 아라파트 주위의 부패한 엘리트를 제외하면 팔레스타인 사람들은 오슬로 협정 이후의 호황에서 교묘하게 배제되었다. 가장 큰 걸림돌은 폐쇄정책이었다. 이는 1993년 처음 실시된 이후 14년 동안 철회된 적이 없다. 하버드 대학의 중동 전문가 사라 로이(Sara Roy)에 따르면, 1993년 급작스러운 국경 봉쇄는 팔레스타인의 경제생활을 재앙으로 만들었다. "국경 폐쇄가 오슬로 협정 이래로 경제에 가장 큰 피해를 준 요인이다. 그러지 않아도 제 기능이 마비된 경제에 엄청난 피해를 입혔다."

노동자들은 일하러 갈 수 없었으며, 장사꾼들은 물건을 팔지 못했고, 농부들은 밭에 가지도 못했다. 1993년, 점령지역의 일인당 GDP는 30퍼센트 가까이 추락했다. 이듬해 팔레스타인의 빈곤은 33퍼센트 늘어났다. 로이는 1996년 국경 폐쇄의 경제적 영향력을 포괄적으로 기록했다. "팔레스타인 노동자들의 66퍼센트가 실업상태이거나 불완전 취업상태다."[21] 팔레스타인 사람들에게 오슬로 협정은 '시장의 평화'가 아니라 시장의 소멸, 일자리 상실, 자유 상실을 의미한다. 중요한 건, 이스라엘의 정착지가 확대되면서 토지가 부족해졌다는 사실이다. 점령지역이 화염에 휩싸인 연료통이 된 것도 이러한 어처구니없는 상황 때문이었다. 2000년 9월 아리엘 샤론(Ariel Sharon)이 한 예루살렘 성지를 방문했을 때 두 번째 아랍 폭동이 일어났다. 무슬림들이 알 하람 알 샤리프(al-Haram al-Sharif)라고 부르는 곳이었다(유대인들에겐 성전산으로 알려져 있다).

이스라엘과 국제 언론은 평화협상이 깨진 것은 아라파트가 이스라엘의 관대한 처사에 등을 돌렸기 때문이라고 주장한다. 에후드 바라크가 2000년 7월 캠프데이비드에서 내놓은 제안은 팔레스타인에게 최선의 거래였다는 것이다. 때문에 그들은 이것을 팔레스타인이 진정으로 평화를 원하지 않는다는 증거라고 보았다. 이후 두 번째 폭동이 일어나자 이스라엘은 협상에 신뢰를 보내지 않았다. 아리엘 샤론을 선출한 뒤에는 안보 장벽이라는 것을 세우기 시작했다. 팔레스타인 사람들은 아파르트헤이트 벽이라고 부른다. 콘크리트 벽과 강철 담장인데, 1967년의 국경선에서 더욱 확장되어 팔레스타인 영토에까지 탐욕스럽게 뻗치고 있다. 장벽은 거대한 정착지역을 이스라엘 안으로 편입시켰으며, 일부 지역에서는 수자원의 30퍼센트가 들어가 있다.[22]

아라파트가 2001년 1월에 캠프데이비드나 타바(Taba: 이스라엘과 팔레스타인의 협상이 열렸던 이집트 도시-옮긴이)에서 나온 거래보다 더 나은 협상을 욕심냈던 건 사실이다. 그러나 그곳에서 나온 거래 조건들은 이스라엘의 주장처럼 좋은 것이 아니었다. 이스라엘인들은 더할 나위 없이 관대한 제안이라고 주장할지 몰라도, 캠프데이비드 협상은 1948년 이스라엘이 세워지면서 자신의 집과 땅을 떠나야만 했던 팔레스타인 사람들에게 어떤 보상도 해주지 않았다. 팔레스타인 사람들의 최소한의 자기결정권을 만족시키지도 못했다. 2006년 슐로모 벤아미는 캠프데이비드와 타바에서 이스라엘 정부를 대표해 협상을 주도했다. 그는 당의 노선에서 이탈해 "캠프데이비드는 팔레스타인에게 전혀 아쉬운 기회가 아니었다. 내가 팔레스타인인이었더라도, 캠프데이비드를 거절했을 것이다."라고 시인했다.[23]

2001년 이후 텔아비브가 평화회담을 진지하게 협상하지 않은 데는 다른 요인들도 있다. 흔히들 아라파트가 비타협적인 태도를 보였다거나, 샤론에게 '보다 큰 이스라엘'을 만들려는 개인적 동기가 있었다는 주장을 제기한다. 사실 그런 주장들만큼이나 강력한 요인이 있었다. 그것은 이스라엘 테크놀로지 산업의 출현과 관련되어 있었다. 1990년대 초반 이스라엘의 재계 엘리트들은 번영을 누리기 위해 평화를 원했다. 그러나 그들이 오슬로 협정 기간에 축적한 종류의 번영은 생각보다 그다지 평화에 의존할 필요가 없었다. 글로벌 경제에서 이스라엘에 딱 맞는 분야는 정보기술이었다. 따라서 경제성장의 열쇠는 베이루트와 다마스쿠스에 무거운 화물을 선적해 보내는 것이 아니었다. 바로 소프트웨어와 컴퓨터칩을 로스앤젤레스와 런던에 보내는 것이었다. 테크놀로지 분야의 성공으로, 아랍 이웃 국가들과 우호적인 관계를 맺거나 영토 점령을 종식시킬 필요가 없어졌다. 그러나 테크놀로지 경제의 부상은 이스라엘의 운명적인 경제 전환의 첫 번째 단계에 불과했다. 두 번째는 닷컴 경제가 2000년에 붕괴되면서 왔다. 따라서 이스라엘의 손꼽히는 회사들은 글로벌 시장에서 새로운 분야를 찾아야만 했다.

세계에서 가장 테크놀로지 의존적인 경제인 이스라엘은 닷컴 붕괴로 가장 큰 타격을 입었다. 국가는 즉각 곤두박질쳤다. 2001년 7월, 분석가들은 이스라엘에서 하이테크 회사 3,000개가 파산하고, 수만 명이 해고될 거라고 예측했다. 2002년 텔아비브의 경제 신문 「글로브스(Globes)」는 '1953년 이래로 최악의 경제상황을 맞았다.'라는 머리기사를 실었다.[24]

신문기사에 따르면, 경기침체가 더 악화되지 않은 이유는 이스라엘 정부가 재빨리 개입한 뒤 군비지출을 10.7퍼센트 증가시켰기 때문이다. 자금은 사회 서비스 삭감을 통해 마련했다. 또한 정보와 커뮤니케이션 기술에서 안보와 감시 분야로 사업을 확장하라고 테크놀로지 산업체에 촉구했다. 이 시기 이스라엘 방위군은 비즈니스의 인큐베이터 역할을 했다. 젊은 이스라엘 병사들은 군복무를 하면서 네트워크 시스템과 감시장비를 실험했다. 민간인 신분으로 돌아간 그들은 자신들이 발견해낸 것을 사업계획으로 만들었다. 신생회사들은 '검색과 영상' 데이터마이닝부터 감시카메라와 테러리스트 프로파일링을 전문 분야로 정했다.[25] 이러한 서비스 및 제품시장이 9월 11일 이후 폭발적으로 증가하자 이스라엘은 공개적으로 새로운 국가 경제상을 수용했다. 닷컴 버블이 제공한 성장은 국토안보 붐으로 교체되었다. 리쿠드(Likud)당의 호전성과 시카고학파 경제의 완벽한 결합이었다. 샤론의 재무부 장관 베냐민 네타냐후(Benjamin Netanyahu)와 이스라엘의 새로운 중앙은행 총재인 스탠리 피셔가 그러한 결합을 구체화시켰다. 스탠리 피셔는 러시아와 아시아에서 IMF의 쇼크요법 모험의 설계자이기도 하다.

2003년, 이스라엘은 놀라울 정도로 회복하더니 2004년에는 기적을 이끌어낸 듯했다. 끔찍스러운 버블 붕괴 이후, 어떤 서구 경제보다도 잘 해나가고 있었다. 이스라엘이 국토안보 테크놀로지의 쇼핑몰로 자리 잡았기 때문에 성장할 수 있었다. 시기가 딱 들어맞았던 것이다. 세계 각국 정부들은 아랍 세계에서의 정보활동 노하우와 테러리스트를 색출해낼 장비를 간절히 구하고 있었다. 리쿠드당 아래에서 이스라엘은 아랍과 무슬림의 위협에 맞서며 수십 년간 축적한 경험과 전문지식을 내세우며 철저히 국토안보국의 전시실로 변신했다. 이스라엘은 북미와 유럽에 노골적으로 상품을 선전했다. 당신들이 이제 막 테러와의 전쟁을 시작했지만, 우리는 국가를 세울 때부터 테러와 싸워왔다. 우리의 하이테크 회사들과 민영화된 스파이 회사들이 노하우를 전해주겠다.

「포브스」의 표현에 따르면, 하룻밤 사이에 이스라엘은 "테러 방지 테크놀로지의 상담 국가가 되었다."[26] 2002년 이후 매년 이스라엘은 의원, 정책 책임자, 보안관, 전 세계 중역들을 위한 보안회사들 모임을 최소한 여섯 차례 정도 주관했다. 그 규모와 범위는 해가 갈수록 확장된다. 전통적인 관광은 치안 공포로 위축되었다. 그러나 공식적 반테러 관광이 부분적으로 공백을 메웠다.

2006년 2월, '테러리즘에 대항한 이스라엘 투쟁의 숨겨진 이면을 살펴보는 투어'라는 모임이 열렸다. FBI, 마이크로소프트, 싱가포르의 대중교통 시스템(몇 개 나열하자면)에서 온 대표단들은 이스라엘 국회, 성전산, 통곡의 벽 등 관광명소를 여행했다. 그곳에서 방문객들은 고국에서 사용할 수 있는 요새 스타일의 보안 시스템을 검토해보고 놀라워했다. 2007년 5월, 이스라엘은 미국 공항의 책임자들을 텔아비브 근처의 벤구리온(Ben Gurion) 국제공항에서 사용하는 승객 프로파일링과 스크리닝에 관한 워크숍에 초대했다. 스티븐 그로스먼(Steven Grossman)은 캘리포니아 주 오클랜드 국제공항의 항공 책임자다. 그는 이스라엘의 안보가 가히 전설적이기 때문에 참여하게 되었다고 설명했다. 이벤트의 일부는 소름이 끼쳤으며 과장되었다. 한 예로, 국제 국토안보회의 2006

에서 이스라엘 군대는 대량살상 재난의 정교한 시뮬레이션을 보여주었다. 조직자들에 따르면 그것은 네스시오나(Ness Ziona: 이스라엘 중서부 도시-옮긴이)에서 시작해 아사프 하로페(Assaf Harofeh) 병원에서 끝난다.[27]

이러한 것들은 정책회의가 아니라 이스라엘 안보회사들의 숙련도를 보여주는 고수익 무역 쇼다. 결과적으로 이스라엘의 반테러 상품과 서비스 수출은 2006년에 15퍼센트 상승했다. 2007년에는 20퍼센트 상승을 목표로 프로젝트를 짰다. 매년 총 12억 달러에 이르는 규모다. 2006년 국가의 방위 관련 수출은 34억 달러라는 기록적인 실적을 올려(1992년엔 16억 달러였다), 이스라엘은 영국을 뛰어넘어서 세계에서 네 번째로 큰 무기 판매상이 되었다. 이스라엘은 다른 어떤 국가보다도 나스닥 시장에 테크놀로지 주식들을 많이 상장했다. 이들 상당수는 안보에 관련된 것들이다. 또한 미국에 등록된 테크놀로지 특허는 중국과 인도를 합친 것보다도 많다. 안보 테크놀로지 분야는 이제 전체 수출품의 60퍼센트를 차지한다.[28]

렌 로젠(Len Rosen)은 유망한 이스라엘 투자은행가다. 그는 「포춘」에 "평화보다도 안보가 더욱 중요하다. 오슬로 협정 당시에 사람들은 경제성장을 위해 평화를 추구했다. 이제 그들은 안보산업을 추구하기 때문에 폭력사태의 확산을 막지 않는다."라고 밝혔다.[29] 렌 로젠은 그 이상의 이야기를 할 수도 있었다. '안보'를 제공하는 비즈니스는 최근 이스라엘의 눈부신 경제성장에 직접적 영향을 주었다고 말이다. 테러와의 전쟁이라는 산업이 이스라엘의 시들어가는 경제를 구했다고 말해도 전혀 과장이 아니다. 재난 자본주의 복합체가 글로벌 주식시장을 구출해낸 것과 마찬가지다.

여기 재난 자본주의 복합체의 사업 범위를 나타내주는 몇 가지 예가 있다.

- 뉴욕 경찰국의 전화 내용은 이스라엘 회사 나이스 시스템스(Nice Systems)가 만든 기술로 기록되고 분석된다. 이 회사는 또한 LA

경찰과 타임워너(Time Warner)의 커뮤니케이션도 모니터링한다. 다른 고위급 고객으로는 로널드 레이건 공항도 있다. 그곳에는 비디오 감시카메라를 제공한다.[30]

- 런던 지하철 시스템에서 찍은 이미지들은 이스라엘 테크놀로지 거물인 컴버스(Comverse)가 소유한 베린트(Verint) 비디오 감시카메라에 기록된다. 베린트의 감시장비는 또한 미국 국방부, 워싱턴 덜레스 국제공항, 미 국회의사당, 몬트리올 지하철에서도 사용된다. 50개국 이상의 고객들로부터 감시 요청을 받고 있다. 또한 홈디포나 타깃(Target) 같은 기업들이 노동자들을 감시하는 것도 도와준다.[31]

- 로스앤젤레스, 콜럼버스, 오하이오의 노동자들은 이스라엘 회사 슈퍼컴(SuperCom)이 만든 전자 스마트카드 신분증을 가지고 다닌다. 이 회사는 자문위원회에 전직 CIA 국장인 제임스 울시가 있다고 선전한다. 공개를 원치 않는 한 유럽 국가는 전국적 ID 프로그램을 위해 슈퍼컴에 다녀갔다. 생체학적 여권을 위한 시범 프로그램을 부탁한 국가도 있다. 둘 다 논쟁의 소지가 큰 제안들이다.[32]

- 미국에서 가장 큰 전자회사들의 컴퓨터 네트워크 방화벽은 이스라엘 테크놀로지 거물 체크포인트(Check Point)가 만들었다. 기업들은 이름을 밝히길 원치 않지만, 회사 관계자에 따르면 「포춘」이 선정한 500대 기업들의 89퍼센트가 체크포인트의 안보 솔루션을 사용한다.[33]

- 2007년 슈퍼볼을 앞두고 마이애미 국제공항의 직원들은 나쁜 사람들과 그다지 나쁘지 않은 사람들을 알아내는 훈련을 받았다. 이스라엘 회사 뉴에이지 시큐러티 솔루션스(New Age Security Solutions)가 개발한 행동패턴 인지심리학 시스템을 사용해 알아

낸 것이다. 회사의 중역은 이스라엘의 벤구리온 공항에서 안보
책임자로 일했었다. 최근에 뉴에이지와 계약을 맺어 고객 프로파
일링 훈련을 받은 공항은 보스턴, 샌프란시스코, 글래스고, 아테
네, 히스로(London Heathrow)를 비롯해 여럿 있다. 분쟁이 자주
일어나는 나이저델타(Niger Delta: 나이지리아의 석유 분쟁지역-옮
긴이) 같은 항구의 노동자들도 뉴에이지의 트레이닝을 받았다. 네
덜란드 사법부 직원들과 뉴욕 경찰국의 반테러국 요원들과 자유
의 여신상 경호원들도 마찬가지다.[34]

- 허리케인 카트리나 이후, 뉴올리언스의 부자 동네 오듀본은 독자
  적 경찰력이 필요하다고 결정했다. 그 결과 이스라엘 민간 경비
  업체 ISI(Instinctive Shooting International)가 고용되었다.[35]

- 캐나다의 연방경찰국 요원들은 ISI(International Security
  Instructors)로부터 훈련을 받았다. ISI는 버지니아에 소재한 회사
  로, 사법부 직원 및 군인 트레이닝이 전문이다. 이스라엘의 경험
  을 어렵게 전수받았다고 선전하고 있다. 교관들은 이스라엘 방
  위군, 이스라엘 경찰 반테러군, GSS(General Security Services) 등
  의 특수임무부대 베테랑들이다. 회사의 엘리트 고객 리스트에는
  FBI, 미 육군, 미 해군, 네이비실, 런던의 메트로폴리탄 경찰 서비
  스 등이 있다.[36]

- 2007년 4월, 멕시코와 맞닿은 국경선에서 일하는 국토안보부의
  특수요원들은 골란 그룹(Golan Group)이 제공한 8일간의 트레이
  닝 심화코스를 거쳤다. 골란 그룹은 전직 이스라엘 특수부대 요
  원이 세운 회사로 7개국에 3,500명 이상의 직원을 두었다. "본질
  적으로 이스라엘 안보전략을 훈련 과정에 집어넣었습니다." 회
  사의 운영 책임자인 토머스 피어슨이 훈련 과정을 설명하며 말했

다. 직접대면전투, 표적훈련, SUV로 하는 사전 관리까지 모든 걸 담고 있다. 골란 그룹은 플로리다에 소재지를 두고 있지만 여전히 이스라엘의 장점들을 마케팅하고 있다. 또한 엑스레이 머신, 금속탐지기, 총기들도 생산한다. 수많은 정부와 유명 인사들 외에도, 엑슨모빌, 셸, 텍사코(Texaco), 리바이스, 소니, 시티그룹, 피자헛도 고객으로 있다.[37]

- 버킹엄 궁전은 새로운 안보 시스템으로 마갈(Magal)의 디자인을 골랐다. 마갈은 이스라엘의 안보 장벽을 주도적으로 건설했던 두 이스라엘 회사들 가운데 하나다.[38]

- 보잉은 25억 달러의 예산으로 멕시코와 캐나다와의 미 국경에 장벽을 세우는 임무를 맡았다. 전자감지기, 무인조종기, 감시카메라, 1,800개의 감시탑을 갖출 것이다. 파트너들 가운데 하나는 엘빗(Elbit)이다. 이 회사 역시 논란을 불러일으킨 이스라엘의 거대한 장벽 건설에 참여한 회사다. 그 장벽은 이스라엘 역사상 가장 큰 건설 프로젝트로, 거의 25억 달러가 들었다.[39]

점점 더 많은 국가들이 요새화(벽과 최첨단 담장이 인도와 카슈미르의 국경지대에 높이 섰다. 사우디아라비아와 이라크 국경선, 아프가니스탄과 파키스탄의 국경선에도 있다)되면서 안보 장벽들은 가장 큰 규모의 재난시장이 되었다. 때문에 이스라엘 장벽이 전 세계에 엄청난 부정적 반응을 일으켜도 엘빗과 마갈은 전혀 개의치 않는다. 사실 그들은 오히려 공짜 광고로 여긴다. "실생활에서 이러한 장비를 직접 테스트한 건 우리밖에 없다는 걸 사람들은 알게 되죠." 마갈의 중역 제이콥 이븐 에즈라(Jacob Even-Ezra)가 설명했다.[40] 엘빗과 마갈의 주가는 9·11 테러 사건 이후 두 배 이상 상승했다. 뿐만 아니라 이스라엘 국토안보 주식 대부분이 그 정도 상승폭을 보였다. 비디오감시 체제의 일인자로 불리는 베린트는 9·11 테러 사건 전에는 전혀 이윤을 내지 못했다. 그러나 2002~2006년 사이에 감시 붐으로 주가가 3배 이상 뛰었다.[41]

이스라엘의 국토안보 관련 회사들의 놀라운 실적은 주식 분석가들에게는 잘 알려져 있다. 그러나 그 지역 정치에 어떤 영향을 미쳤는지는 거의 논의되지 않았다. 그 둘을 반드시 관련지어 생각해볼 필요가 있다. 반테러산업을 수출경제의 중심으로 삼은 이스라엘의 결정은 평화협상을 포기한 시점과 맞아떨어졌다. 결코 우연이 아니었다. 이제 그들은 팔레스타인 분쟁을 땅과 권리를 얻고자 하는 민족주의운동과의 전쟁으로 여기지 않는다. 오히려 테러와의 전쟁의 일부로 여긴다. 한마디로 오직 파괴만 일삼는 비논리적이며 광적인 세력과의 전쟁이라는 것이다.

2001년 이후 중동사태의 급변이 완전히 경제 탓만은 아니다. 폭력을 불러올 자극제가 사방에 널려 있었다. 그러나 이런 맥락에서 보면 평화보다는 경제가 더 큰 비중을 자치했다. 1990년대 초반에 그랬듯, 경제문제를 탐탁지 않게 여기는 정치 리더들을 압박해 협상에 나서게 했다. 그러나 국토안보 붐은 압박의 방향을 바꾸어놓았다. 그것은 계속되는 폭력사태에 투자하는 막강한 산업영역을 만들어냈다.

이전의 시카고학파 개척지에서 그랬듯, 이스라엘의 9·11 테러 사건 이후 급성장은 부자들과 가난한 사람들 간의 사회적 계층화를 가져왔다. 안보 강화에는 민영화의 물결과 더불어 사회 프로그램의 재정 삭감이 동반되었다. 실제로 노동 시오니즘(Labor Zionism)의 경제적 유산을 없애고, 이스라엘 사람들이 결코 알지 못했던 불평등이라는 역병을 만들어냈다. 2007년 이스라엘인들의 24.4퍼센트가 극빈층이다. 그리고 전체 어린이들의 35.2퍼센트가 가난 속에서 살고 있다. 20년 전에는 그러한 비율이 8퍼센트 정도였다.[42] 이스라엘은 호황의 혜택을 국민 전체가 함께 누리지 못했다. 일부 소수에게만 엄청난 이윤을 안겨주었다. 군대와 정부와 뗄 수 없을 정도로 긴밀한 관계를 맺은 막강한 산업 분야가 특히 그랬다(훗날 각종 기업 관련 부정부패의 추문에 시달린다). 그러한 분야에선 평화를 장려하는 분위기는 자취를 감췄다.

이스라엘 재계의 정치적 방향은 확 바뀌었다. 오늘날 텔아비브 주식시장을 사로잡은 비전은 무역 허브로서의 이스라엘이 아니다. 이스라엘은 강력한 적들의 바다에서 미래형 요새를 구축해 살아남는 꿈을 지향하고 있다. 2006년 여름 이스라엘 정부가 헤즈볼라와의 죄수 교환 협상을 전쟁으로 전환시킨 과정을 보면 잘 알 수 있다. 이스라엘의 대기업들은 단순히 지지한 정도가 아니라 아예 스폰서 역할을 했다. 민영화된 대형 이스라엘 은행 레우미(Leumi)는 "우리는 승리할 것이다."와 "우리는 강하다."라는 내용을 다음 범퍼 스티커를 배포했다. 이스라엘 언론인이자 소설가인 이츠하크 라오르(Yitzhak Laor)는 당시에 대해 이렇게 밝혔다. "지금의 전쟁은 휴대전화회사들에겐 홍보 기회를 제공한 첫 번째 전쟁이다. 그들은 전쟁을 이용해 제품 홍보 캠페인을 펼치고 있다."[43]

이스라엘 산업은 더 이상 전쟁을 두려워할 이유가 없다. 1993년에는 분쟁이 성장에 걸림돌로 여겨졌다. 그러나 2006년 8월 레바논과 치열한 전쟁이 일어났지만, 텔아비브의 주식시장은 상승했다. 그해 마지막 분기에 이스라엘 경제는 놀랍게도 8퍼센트나 성장했다. 무장단체 하마스가 선거에 당선되어 웨스트뱅크와 가자에서 유혈분쟁이 확산되던 때였는데 말이다. 같은 시기 미국의 경제성장률보다도 3배나 높은 수치였다. 한편 팔레스타인의 경제는 2006년에 10~15퍼센트 위축되었으며, 빈곤율은 거의 70퍼센트로 치솟았다.[44]

유엔이 이스라엘과 헤즈볼라 사이의 정전을 선언한 지 한 달이 지날 무렵이었다. 뉴욕 주식시장에서 이스라엘 투자에 관한 특별모임이 열렸다. 200여 개의 회사가 참석했는데, 상당수가 국토안보 분야에 관련된 회사다. 당시 레바논은 경제활동이 중단된 상태였다. 조립식 주택, 의약품, 우유 등 각종 제품들을 생산하는 공장 140여 곳이 이스라엘의 폭탄과 미사일로 폐허가 되었다. 그러나 뉴욕 모임에서 이스라엘은 전쟁은 전혀 개의치 않고 기세당당하게 메시지를 전달했다. "항상 그래왔듯, 이스라엘은 비즈니스를 개방하고 있습니다." 이스라엘의 유

엔 대사 댄 길러먼이 모임에 참석한 대표단을 환영하며 말했다.[45]

불과 10년 전만 해도, 전시에 이런 활기는 상상할 수도 없었다. 이스라엘 상공회 의장이었던 시절, 길러먼은 역사적 기회를 잡아 중동의 싱가포르가 되자고 주장했다. 그러나 이제는 가장 논쟁적인 전쟁을 적극 옹호하는 강경파가 되었다. 심지어 분쟁을 더욱 확대시키자는 주장도 했다. CNN에 출연한 길러먼은 이렇게 말했다. "모든 무슬림들이 테러리스트라고 말하는 것은 정치적으로 옳지 않은 일이겠지요. 사실이 아닐 수도 있고요. 그러나 대다수 테러리스트가 무슬림인 것은 사실입니다. 따라서 단지 이스라엘만의 전쟁이 아닙니다. 전 세계의 전쟁인 겁니다."[46]

전 세계 규모로 끝없이 계속되는 전쟁방식은 부시 행정부가 내놓은 9·11 테러 사건 이후 재난 자본주의 복합체의 사업 안내서와 똑같다. 한마디로 어떤 국가도 승리할 수 없는 전쟁이다. 주안점은 이기는 것이 아니다. 장벽 외부의 끝없는 저차원 분쟁을 통해 입지를 다진 요새 국가의 내부에 '안보'를 창조하는 것이다. 어떤 면에선 이라크에서 민간 경비회사들의 목표와 똑같다. "보호지역을 안전하게 지키고, 주요 인사들을 보호하라." 바그다드, 뉴올리언스, 샌디스프링스는 재난 자본주의 복합체가 건설해 운영하는 부유층 출입통제 지역사회의 미래를 보여준다. 그러나 이스라엘에서는 한층 더 발전된 양상이다. 즉 국가 전체가 요새화된 부유층 지역사회로 바뀐 것이다. 그리고 주위엔 추방된 사람들이 사는 영원히 소외된 레드존이 둘러싸고 있다. 이런 모습의 사회는 평화를 추구할 동기를 잃어버린 채 오히려 분쟁에 상당한 투자를 할 때 나타난다. 또한 끝나지도 않고 승리할 수도 없는 이른바 테러와의 전쟁을 통해 영리를 추구하는 모습도 나타난다. 그런 사회의 한쪽에선 이스라엘의 모습이 나타나고, 또 다른 한쪽에선 가자지구의 모습이 나타난다.

물론 이스라엘의 경우는 극단적인 사례에 해당한다. 그러나 이스라엘이 만든 사회가 특이한 것만은 아니다. 재난 자본주의 복합체는 계속되는 저강도 분쟁에서 번영을 누려왔다. 그러한 점이 바로 뉴올리언스에서 이라크까지 모든 재난지대의 핵심이었다. 2007년 4월, 미군 병사들은 불안정한 바그다드 주변 지대를 검문대와 콘크리트 벽으로 둘러싼 출입통제 지역사회로 전환하려는 계획을 시행했다. 거주민들은 생체확인기술을 이용해 관리된다. "우리는 팔레스타인 사람들처럼 될 겁니다." 주변에 장벽이 둘러지는 걸 지켜본 아드하미야(Adhamiya)의 한 거주민이 예상했다.[47] 바그다드는 결코 두바이처럼 되지 않을 것이다. 마찬가지로 뉴올리언스도 디즈니랜드가 되지 않을 게 분명했다. 그렇다면 차선책은 영원히 콜럼비아나 나이지리아로 만들어버리는 것이다. 민간업체의 군인들과 용병들이 참가하고 끝없는 전쟁을 계속해, 천연자원을 전부 빼낼 정도로 지치게 만든다. 그 과정에서 송유 파이프라인, 플랫폼, 수자원을 지키는 용병들의 도움을 받는다.

가자지구와 웨스트뱅크의 삼엄한 빈민가엔 콘크리트 장벽, 전기 장벽, 검문대가 설치되어 있다. 흔히 흑인들을 빈민가에 가두어놓고 이동 시에는 통행증을 요구하는 남아공의 반투스탄(Bantustans) 시스템에 비유된다. "점령지에서 이루어지는 이스라엘의 법과 관행은 분명 아파르트헤이트의 방식과 닮았다." 남아공의 법조인인 존 두거드(John Dugard)가 말했다. 그는 2007년 2월 팔레스타인 지역의 특별 인권 조사관이었다. 물론 두 방식은 아주 놀라울 정도로 닮긴 했다.[48] 그러나 분명 차이점도 있다. 남아공의 반투스탄은 본질적으로 노동캠프다. 철저한 감시와 통제를 통해 흑인 노동자들을 광산에서 저임금으로 부리는 방식이다. 반면에 이스라엘이 만든 시스템은 정반대의 목적을 갖고 있다. 한마디로 노동자들을 일터로 가지 못하게 하는 것이다. 잉여인구로 분류된 수백만 명을 공개적으로 가두어놓는 네트워크라 하겠다.

그런 범주에 속하는 사람은 비단 팔레스타인 사람들만이 아니다. 수백만 명의 러시아인들도 자국에서 잉여인간 취급을 받았다. 많은 러시아인들이 살던 곳을 떠나 일자리와 인간다운 삶을 위해 이스라엘에 온 것도 그런 이유에서

다. 반투스탄은 이미 남아공에서는 해체되어 사라졌다. 그러나 신자유주의 국가 남아공에서 빈민가에 거주하는 4명 중 1명이 잉여인간이다.[49] 1970년대 남미 원뿔지대에 '처참한 마을'들이 군락을 이룬 이래로, 전체 인구의 25~60퍼센트에 달하는 소외된 사람들은 시카고학파 운동의 상징이 되었다. 남아공, 러시아, 뉴올리언스에서 부유층은 자신들의 주변을 뺑 둘러 장벽을 설치했다. 이스라엘은 소외 과정을 한 단계 더 높였다. 아예 위험한 빈곤층 주위에 장벽을 건설해 가두어버린 것이다.

쇼크 효과는 점차 누그러지다

시민들의 재건 노력

나는 이곳 볼리비아의 인디언 형제들에게 500년 동안의
저항운동이 결코 헛되지 않았다고 말하고 싶다.
이러한 민주적, 문화적 투쟁은 조상 때부터 내려온 것이다.
토착 반식민주의운동의 리더인 투팍 카타리(Túpac Katari)의 투쟁과
체 게바라의 투쟁을 이어받았다.
2006년 1월 22일, 에보 모랄레스(Evo Morales), 볼리비아 대통령으로서 다짐을 밝히며1
-

사람들이 가장 잘 알고 있습니다.
그들은 자신들의 지역사회를 구석구석 자세히 알고 있죠.
자신들의 약점도 또한 잘 알고 있습니다.
2006년 10월 30일, 아시아 재난대처센터의 책임자 피칫 라타쿨(Pichit Rattakul)2
-

바리오 주민들은 도시를 두 번이나 지었다.
낮에는 잘사는 사람들의 집을 지었다.
그리고 밤과 주말에는 힘을 합쳐 자신들의 집을 지었다.
2004년 4월 15일, 카라카스 거주민 안드레스 안티야노(Andrés Antillano)3

밀턴 프리드먼은 2006년 11월에 사망했다. 대부분의 추도사를 보면 그의 죽음이 한 시대의 종말을 나타내는 건 아닌가 하는 두려움이 가득했다. 캐나다의 「내셔널포스트」에 따르면, 프리드먼의 가장 헌신적인 제자 테렌스 코코란(Terence Corcoran)은 프리드먼이 개시한 글로벌 운동이 계속될지 의아해했다. "자유시장경제의 마지막 거물인 프리드먼은 텅 빈 자리를 남기고 떠났습니다.

그와 맞먹는 위상을 가진 인물은 현재 없습니다. 굳건하고 카리스마 있고 능력 있는 지적 리더십을 가진 새로운 세대가 보이지 않습니다. 이런 상황에서 프리드먼이 투쟁하고 실현시킨 원칙들이 오래 살아남을 수 있을까요?" 뭐라 말하기 어려운 질문이다.[4]

코코란의 어두운 전망은 그해 11월에 일어날 일은 포함시키지 않은 것이었다. 규제 없는 자본주의에 대한 사명에 혼란의 그림자가 드리웠다. 미국에서 프리드먼의 지적 후계자들인 네오콘들은 재난 자본주의 복합체를 창설한 사람들이다. 그러다 1994년 공화당원들이 미 의회를 장악하면서 전성기를 맞았다. 그런데 이제 역사상 최악의 상황에 직면하게 되었다. 프리드먼의 사망 9일 전, 다수인 민주당에 다시 의회를 빼앗긴 것이다. 2006년 중간선거에서 공화당은 정치 부패, 이라크 전쟁의 잘못된 관리와 정치인식으로 인해 패배했다. 승리한 민주당 상원 후보자인 짐 웨브(Jim Webb)가 이를 잘 표현했다. "점점 계층에 기반을 두는 사회로 나아가고 있다. 19세기 이래로 이런 적은 없었다."[5] 시카고학파 경제학의 핵심 사조인 민영화, 탈규제, 정부 서비스 감축이 공화당의 붕괴를 가져온 것이다.

1976년, 반혁명의 첫 희생자였던 오를란도 레텔리에르는 시카고 보이스가 칠레에서 만들어놓은 부의 불평등은 경제적 문제가 아니라 일시적인 정치적 성공이라고 주장했다. 독재정권의 '자유시장' 규칙들이 본래 목적을 달성한 결과일 뿐이다. 그들의 목적은 조화로운 경제 창출이 아니라 부자들을 초특급 부자들로 만드는 것이었다. 노조를 결성했던 노동자들은 언제든지 처분 가능한 빈곤층으로 바뀌었다. 시카고학파 이념이 승리를 거둔 곳이면 어디든 늘 계층화가 나타난다. 눈부신 경제성장에도 불구하고, 중국에선 도시민들과 시골의 가난한 8억 인구 간의 수입 격차가 지난 20년 동안 두 배나 늘어났다. 1970년대 아르헨티나에선 인구의 10퍼센트에 해당하는 부자들은 빈곤층에 비해 수입이 12배나 많았다. 그러다 2002년 무렵에는 43배까지 늘어난다. 칠레의 '정치적 성공'은 세계적인 추세가 되었다. 2006년 12월 프리드먼이 사망한 지 한 달이 지날 무렵, 한 유엔 논문이 발표되었다. "전 세계 성인인구의 상위 2퍼센트가 전 세계 부의 절반 이상을 소유하고 있다." 그러한 변화는 미국에서 아주 극명하게 드러난다. 1980년대 레이건이 프리드먼주의를 개시했을 때, CEO들은 일반 노동자들의 43배를 벌었다. 2005년에 이르자 411배에 달했다. 1950년대 사회과학 건물의 본부에서 시작된 반혁명은 기업 중역들에게는 성공을 의미했다. 그러나 자유시장의 약속에 대한 믿음은 사라졌다. 늘어난 부가 모두에게 공유된다는 믿음 말이다. 웨브가 중간선거 유세에서 말했듯, "트리클다운 경제는 나타나지 않았다."[6]

우리가 목격했듯 극소수가 막대한 부를 축적하는 과정은 전혀 평화롭지 않았다. 때론 합법적이지도 않았다. 코코란이 제기한 리더십의 역량 문제는 일리가 있다. 그러나 진짜 문제는 명목상으로 프리드먼의 위상을 대표할 인물이 없다는 단순한 차원이 아니다. 남미의 실험부터 최근의 이라크까지, 규제 없는 시장을 전 세계에 추진한 선봉대의 상당수 인물들이 지금 엄청난 추문과 범죄에 휘말려 있다는 점이다. 35년의 역사 동안 시카고학파의 의제는 영향력 있는 재계 인물들, 강력한 이념, 강경파 정치 지도자들 사이의 긴밀한 공조를 통해 진행되었다. 2006년, 초창기 핵심인물들은 감옥에 있거나 혐의를 조사받는 중이다.

프리드먼의 쇼크요법을 실시한 첫 번째 지도자 아우구스토 피노체트는 가택연금을 당했다(부패든 살인 혐의든 간에, 재판진행 전에 사망했지만 말이다). 프리드먼이 사망한 다음 날, 우루과이 경찰은 후안 마리아 보르다베리를 1976년에 저명한 좌파 인사 4명을 살해한 혐의로 체포했다. 보르다베리는 시카고학파 경제를 잔인하게 수용했던 시절에 프리드먼의 동료와 학생들을 자문위원으로 삼았다. 그리고 아르헨티나 법정은 이전 군부 지도자의 면책권을 박탈했다. 그 결과 전직 대통령 호르헤 비델라(Jorge Videla)와 장군 에밀리오 마세라(Emilio Massera)는 무기징역을 선고받았다. 도밍고 카바요는 독재정권 시절 중앙은행 총재였다. 그는 민주주의 체제에서 전면적인 쇼크요법 프로그램을 실시했었다. 그리고 현재 행정부에 있는 동안에 사기를 친 혐의로 기소된 상태다. 2001년 카바요가 외국 은행과 맺은 채무 거래 때문에 국가는 100억 달러 상당의 돈을 지출했었다. 판사는 치명적인 결과를 미리 알고 있었던 것으로 보인다며, 100억 달러에 달하는 카바요의 개인자산을 동결시켰다.[7]

전직 볼리비아 대통령인 곤살로 산체스 데 로사다는 자신의 거실에서 경제 핵폭탄을 만들었다. 그에게는 시위자들에게 충격을 가하고 볼리비아 법을 위반해 외국계 가스회사들과 계약을 맺은 혐의로 지명수배가 내려졌다.[8] 한편 러시아에서 사기를 친 것은 하버드맨들만이 아니었다. 인맥이 많은 러시아 과두재벌들은 하버드팀이 주도한 급작스런 민영화를 통해 수십억 달러를 벌었다. 그들 대부분은 지금 감옥에 있거나 해외로 망명했다. 석유업계 거물인 유코스의 사장이었던 미하일 호도르콥스키(Mikhail Khodorkovsky)는 지금 시베리아 감옥에서 8년형을 살고 있다. 그의 동료이자 주주였던 레오니트 네브즐린(Leonid Nevzlin)은 이스라엘로 망명했다. 동료이자 역시 과두재벌이었던 블라디미르 구신스키(Vladimir Gusinsky)도 마찬가지다. 유명한 보리스 베레좁스키(Boris Berezovsky)는 사기 혐의로 체포될까 두려워 모스크바로 돌아가지 못하고 런던에 머무르고 있다. 비록 하나같이 부정한 짓을 하지 않았다고 주장하고 있기는 하지만 말이다.[9] 콘래드 블랙(Conrad Black)은 신문계열사의 소유주로, 캐나다에서 프리드먼주의를 확산시킨 중심인물이다. 그는 미국에서 홀링어 인터내셔널(Hollinger International)의 주주들에 대한 사기 혐의를 받고 있다. 검사는 그가 회사를 개인은행처럼 사용했다고 말했다. 미국에서 불법 공모와 사기 판결을 받은 엔론의 켄 레이(Ken Lay)는 2006년 7월에 사망했다. 에너지 업계의 규제를 풀어줄 경우 어떤 부정적 효과가 나타나는지 보여준 대표적 인물이다. 그로버 노퀴스트(Grover Norquist)는 프리드먼주의 성향의 싱크탱크 일원이다. 그는 진보주의자들을 섬뜩하게 만든 말을 하기도 했다. "정부를 없애고 싶진 않습니다. 단지 욕실로 가져갈 정도의 사이즈로 줄여 욕조에 처박고 싶을 뿐입니다." 아직 혐의 판결은 내려지지 않았지만, 그는 워싱턴 로비스트 잭 에이브러모프와 관련된 지위남용 추문에 깊이 개입되어 있다.[10]

피노체트부터 카바요, 베레좁스키, 블랙은 자신들이 정치적 박해의 희생양이라고 말했다. 그런데도 이들은 신자유주의 창조신화로부터의 과격한 이탈을 상징한다. 그리고 비단 이들만이 아닐 것이다. 그들의 경제적 운동은 진행되는 동안에는 존경심과 준법정신을 가진 척했다. 그러나 지금은 그들의 위선이 공개적으로 밝혀졌다. 또한 역겨운 부의 불평등 시스템과 끔찍한 범죄를 도와준 사실도 드러났다.

법적 문제 외에도 또 다른 먹구름이 드리워졌다. 바로 이념적 합의의 환상을 만들기 위해 꼭 필요한 쇼크의 효과가 점차 사라지고 있다는 점이다. 초창기 피해자였던 로돌포 왈스는 아르헨티나에서 시카고학파의 지배체제를 영원한 패배가 아니라 일시적 후퇴로 간주했다. 군부가 사용한 공포기법들은 국가를 충격상태로 몰아넣었다. 그러나 왈스는 쇼크가 일시적임을 알고 있었다. 부에노스아이레스 거리에서 총격을 받기 전, 왈스는 두려움의 효과가 사라지려면 20~30년이 걸릴 거라고 추정했다. 그러면 아르헨티나인들은 자신들의 뿌리, 용기, 자신감을 되찾고, 경제·사회적 평등을 위해 다시 한 번 투쟁에 나서리라. 그로부터 24년이 지난 2001년, 아르헨티나는 IMF가 처방한 긴축조치에 항의하며 모두 함께 일어섰다. 그리고 단 3주 만에 5명의 대통령을 갈아치웠다.

당시 나는 부에노스아이레스에 살고 있었다. 사람들은 "독재는 이제 끝났다!"라고 외쳐댔다. 나는 이러한 함성에 숨겨진 의미를 깨닫지 못했다. 독재는 이미 지난 17년 전에 종식된 상태였기 때문이다. 그러나 이제는 분명히 알 것 같다. 왈스의 예측대로 쇼크상태가 드디어 사라진 것이다.

이후 쇼크에 대한 저항은 칠레, 볼리비아, 중국, 레바논 같은 다른 쇼크 실험실에도 퍼졌다. 사람들은 탱크, 가축몰이용 전기봉, 갑작스런 자본의 이탈, 잔인한 예산 삭감으로 유입된 집단 공포에서 벗어났다. 그리고 많은 이들이 더 많은 민주주의를 요구했다. 동시에 시장을 더욱 통제해주기를 바랐다. 이 모두 프리드먼의 유산에 가장 큰 위협이 되는 요구들이다. 자본주의와 자유가 하나의 프로젝트라는 주장에 대한 도전이기 때문이다.

부시 행정부는 잘못된 연합을 유지하는 데만 급급했다. 그리고 2002년 미국 국가안보전략에서 그러한 생각을 밝혔다. "20세기 자유주의와 전제주의의 대결은 자유세력의 분명한 승리로 종식되었다. 국가의 성공을 지속 가능하게 해주는 유일한 모델은 바로 자유, 민주주의, 자유로운 기업이다."[11] 이러한 주장은 미국의 강한 군사력이 뒷받침해주었다. 그런데도 자유를 이용해 자유시장 교리에 저항하는 시민들의 흐름을 막을 순 없었다. 심지어 미국 내에서도 그랬다. 2006년 중간선거가 끝난 뒤 「마이애미헤럴드」는 '민주당원들은 FTA 협정에 반대함으로써 큰 승리를 거두었다.'라는 머리기사를 실었다. 몇 날 뒤 「뉴욕타임스」와 CBS의 여론조사에 따르면, 미국 시민의 64퍼센트는 정부가 의료비용을 부담해야 한다고 생각했다. 그렇게만 된다면 1년에 세금으로 500달러 이상을 낼 용의도 갖고 있었다.[12]

국제무대에서는 신자유주의 경제를 반대하는 정치인들이 선거마다 승리하고 있다. 2006년 베네수엘라 대통령 우고 차베스는 '21세기 사회주의'라는 강령을 내걸고 나왔다. 그 결과 투표권자의 63퍼센트에 해당하는 표를 얻어 세 번째 임기에 당선되었다. 부시 행정부는 베네수엘라를 사이비 민주주의라고 했다. 그러나 같은 해 여론조사에 따르면, 베네수엘라 국민들의 57퍼센트가 현재의 민주주의에 만족해했다. 그의 지지율은 남미에서 우루과이 다음으로 높다. 우루과이에서는 좌파연합 정당인 프렌테 암플리오(Frente Amplio)가 정부로 당선되었다. 그리고 수차례 국민투표를 통해 주요 민영화를 저지했다.[13] 이처럼 워싱턴 컨센서스에 위협적인 선거 결과가 두 남미 국가에서 나왔다. 이들 국가의 시민들은 민주주의가 삶을 향상시킬 것이라는 믿음을 되찾았다. 반대로 자유시장 캠페인의 약속에도 불구하고 경제정책이 변하지 않은 국가들은 어떠한가. 여론조사에 따르면 그런 나라에서는 민주주의에 대한 믿음이 사라지고 있다. 선거 투표율 저하, 정치인들에 대한 깊은 냉소주의, 종교적 근본주의의 출현이 그 증거다.

2005년 프랑스에서는 자유시장과 자유로운 국민 간 충돌이 더욱 크게 벌어졌다. 두 국가가 국민투표를 통해 유럽헌법을 거부한 것이다. 특히 프랑스는 유럽헌법을 조합주의 질서의 집대성으로 보았다. 자유시장 규칙이 유럽을 지배하려는 것에 대해 시민들이 직접 의견을 표한 첫 번째 사례. 시민들은 그러한 기회를 이용해 거부의사를 분명히 밝혔다. 파리에 사는 작가이자 운동가인 수전 조지(Susan George)는 이렇게 말했다. "사람들은 유럽의 모든 사항들이 단하나의 문서에 작성되어 결정된다는 걸 모르고 있었습니다. 일단 개별 조항들을 얘기해주면, 그제야 사람들은 무슨 내용이 담겨 있는지 알게 됩니다. 또한 어떤 내용들이 헌법으로 작성되는지 알게 됩니다. 그리고 재고나 수정을 할 수 없다는 사실에 커다란 두려움을 느꼈습니다."[14]

이른바 프랑스가 말한 '비천한 자본주의'에 대한 거부는 인종주의적인 것을 포함해 다양한 형태로 나타났다. 미국에선 중산층이 줄어드는 것에 대한 분노가 국경 장벽에 대한 요구로 돌려졌다. CNN의 루 도브스(Lou Dobbs)는 미국 중산층을 괴롭히는 '불법이민자들의 침입'에 반대하는 캠페인을 이끌고 있다. 그들이 일자리를 훔쳐가고, 범죄를 퍼뜨리고, 감염 위험이 높은 질병까지 가져온다는 것이다.[15] (이러한 마녀사냥은 미국 역사상 최대 규모의 이민자 인권시위를 불러왔다. 2006년 100만 명 이상이 행진에 참가했으며, 경제쇼크의 학살 속에서 새로운 용기를 보여주었다.)

유럽헌법에 대한 2005년 네덜란드의 국민투표는 이민을 반대하는 정당이 장악했다. 기업 위주의 질서에 대한 대항보다는, 서유럽으로 몰려들어 임금을 낮추는 폴란드인 장사치들에 대항하는 투표로 바뀌었다. 프랑스와 네덜란드의 국민투표에서 많은 투표자들에게 영향을 끼친 것은, 전직 유럽연합 참사관 파

스칼 라미(Pascal Lamy)의 표현대로 폴란드 배관공에 대한 혐오였다.[16]

반면에 폴란드에서는 1990년대 수많은 사람들을 가난하게 만들었던 정책에 대한 반발이 끔찍한 혐오로 발산되었다. 자유노조가 기반세력인 노동자들을 배신했을 때, 많은 폴란드인들은 새로운 정당으로 몸을 돌렸다. 결국 매우 보수적인 법과 정의당에 권력을 주었다. 지금 폴란드는 자유노조운동가였던 레흐 카친스키(Lech Kaczyński) 대통령이 다스리고 있다. 바르샤바 시장 시절에, 그는 게이 프라이드 데이(gay-pride-day) 행진을 금지하고 '정상인 프라이드(normal people pride)' 이벤트를 만들어 이름을 알렸다.* 카친스키와 쌍둥이 형제인 야로슬라프(Jaroslaw Kaczyński, 현재의 수상)는 2005년 선거에서 시카고학파 정책들을 공격하는 유세로 승리를 거두었다. 반대로 그들의 정적들은 프리드먼 극본에서 나온 대로 공공연금 시스템을 없애고 15퍼센트의 낮은 세금을 도입하겠다는 공약을 내걸었다. 쌍둥이 형제는 그러한 정책들이 가난한 사람들의 권리를 박탈한다고 지적했다. 또한 대기업과 뇌물을 바라는 정치인들의 연합체를 부자로 만들어준다고 주장했다. 마침내 법과 정의당이 권력을 잡았다. 그들은 표적을 보다 쉬운 게이, 유대인, 여권운동가, 외국인, 공산주의자로 돌렸다. 폴란드 신문 편집자는 "그들의 프로젝트는 분명 지난 17년 세월에 대한 비난이다."라고 말했다.[17]

많은 사람들이 보기에, 러시아에서 푸틴의 시대는 쇼크요법 시대에 대한 반발이다. 아직도 수천만 명의 가난한 시민들은 고도성장경제에서 배제되어 있다. 그리고 정치인들은 1990년대 초반의 사건들이 소비에트연방을 무릎 꿇게 만들고 러시아를 '외국의 관리' 아래 두기 위한 외국의 음모라고 말하며 대중을 자극한다.[18] 과두재벌에 대한 푸틴의 법적 조치는 대개 상징적이다. 오히

---

* 이러한 편견은 폴란드에만 국한된 문제가 아니다. 2007년 3월 런던 시장 켄 리빙스턴(Ken Livingstone)은 레즈비언과 게이들의 권리를 억압하는 위험스러운 움직임이 동유럽 전체에 불고 있다며 경고의 목소리를 냈다.

려 크렘린 주위에서 새로운 부류의 '국가 자본가(기존의 과두재벌이 제거된 뒤, 그들의 자리를 차지한 푸틴 측근의 공직자들을 일컬음–옮긴이)'가 출현하고 있다. 많은 언론인들과 비판가들이 의문의 죽임을 당하고 비밀경찰은 완전한 면책을 누린다. 그런데도 1990년대 혼란에 대한 기억 때문에, 많은 러시아인들은 푸틴이 되살린 질서를 고마워한다.

사회주의라는 명목으로 잔인한 숙청을 자행한 수십 년의 세월은 여전히 잊히지 않은 상태다. 때문에 대중의 분노를 표출할 창구는 민족주의와 준(準)파시즘밖에 없다. 인종에 관련된 폭력사건들이 한 해에 30퍼센트 정도 늘어났으며, 2006년에는 거의 날마다 보고되었다. 인구의 60퍼센트가 '러시아인들을 위한 러시아'라는 슬로건을 지지한다.[19] "당국은 사회경제정책이 대다수에게 좋은 생활을 제공하지 못하고 있음을 잘 알고 있다."라고 반파시스트 운동가 유리 브도빈(Yuri Vdovin)이 말했다. "그런데도 다른 종교, 다른 피부색, 다른 민족적 배경을 지닌 사람들 때문에 실패한 것이라고 여긴다."[20]

쇼크요법은 러시아와 동유럽에 처방되어 고통스런 결과를 낳았다. 그러나 바이마르 독일의 상태가 반복되어 나치즘이 출현하는 걸 막기 위한 유일한 방법이라며 정당화했다. 매우 씁쓸한 모순이라 하겠다. 자유시장 사상가들이 수천만 명을 소외시키는 바람에, 나치 독일에 맞먹는 소름끼치는 위험한 상태가 재생산되고 있기 때문이다. 외국세력에 의해 모욕을 당했다고 생각하는 자부심 강한 국민들은 사회의 약자를 타깃 삼아 민족적 자부심을 되찾으려 한다.

시카고학파 실험실이던 남미에서 나타난 반발은 더 희망적인 모습이다. 약자가 아닌 경제적 배타주의에 정면 도전했다. 그리고 러시아나 동유럽과 달리, 과거에 배척당한 사상을 다시 시도하려는 열정이 있었다.

부시 행정부에 따르면, 20세기는 사회주의에 대한 자유시장의 '결정적 승리'로 끝났다. 그런데도 많은 남미인들은 동유럽과 아시아에서 실패한 체제는 전제적 공산주의라는 것을 잘 알고 있다. 민주적 사회주의는 사회주의 정당들이 선거를 통해 권력을 잡을 뿐 아니라, 민주적으로 일터와 토지 소유를 관리함을 의미한다. 민주적 사회주의는 스칸디나비아 반도부터 이탈리아의 에밀리아로마냐(Emilia-Romagna)에서 한창인 협동경제까지 많은 지역에서 시행되고 있다. 민주주의와 사회주의의 결합은 아옌데가 1970~1973년 칠레에 도입하려 했던 것이다. 마찬가지로 고르바초프는 소련을 스칸디나비아 반도 모델에 근거한 '사회주의 등대'로 만들려는 미래상을 가졌었다. 비록 덜 급진적이긴 해도 말이다. 오랜 자유화투쟁에 생명을 불어넣은 남아공의 자유헌장은 제3의 길에 대한 꿈이다. 국가주의적 공산주의가 아니다. 은행과 광산의 국유화와 더불어 시장도 같이 존재하며, 국유화로 얻은 수입을 안락한 환경과 더욱 좋은 학교 건설에 사용한다. 정치적 민주주의뿐만 아니라 경제적 민주주의를 이루려는 것이다. 1980년 자유노조를 결성한 노동자들은 사회주의에 대항한 것이 아니었디. 오히려 사회주의를 위해 투쟁하기로 맹세했다. 결국 노동자들은 일터와 국가를 민주적으로 운영할 권력을 얻어냈다.

　신자유주의 시대의 추악한 비밀은 사회주의 사상들이 결코 사상논쟁에서 패배한 적이 없다는 것이다. 뿐만 아니라 선거에서도 자유시장론에 지지 않았다. 단지 중요한 정치적 국면에서 충격을 받았을 뿐이다. 다시 말해, 격렬하게 저항하자 과격한 폭력을 사용해 억누른 것이다. 피노체트, 옐친, 덩샤오핑의 탱크에 의해 진압되었다. 그리고 존 윌리엄슨이 주술 정치라고 부른 것에 배신을 당했다. 볼리비아 대통령 빅토르 파스 에스텐소로의 비밀 경제팀(그리고 노조 지도부의 대거 납치)이 그 예다. 자유헌장을 타보 음베키의 일급기밀 경제 프로그램으로 바꾼 ANC의 밀실협상도 있다. 선거로 당선된 뒤 구제금융을 얻기 위해 경제정책에 순응한 자유노조도 빼놓을 수 없다. 경제적 평등에 대한 꿈은 많은 인기를 누리고 있어서 공정한 싸움으로는 이기기 어려웠다. 때문에 처음부터 쇼크요법이 실시된 것이다.

워싱턴은 항상 민주적 사회주의가 전제적 공산주의보다 더 큰 위협이라고 보았다. 전제적 공산주의는 쉽게 적으로 만들거나 비방할 수 있기 때문이다. 1960~1970년대 개발주의와 민주적 사회주의가 인기를 얻자 워싱턴은 이를 못마땅해하며 스탈린주의와 동일시하는 수법을 썼다. 전혀 세계관이 다른 사상인데도, 일부러 비슷한 것으로 만들어버렸다(오늘날 테러리즘의 정적들을 단 하나로만 통합시키는 것과 비슷한 수법이다). 이것은 시카고학파 운동의 초기 시절에서 나온 전략으로, 칠레의 상세한 문서에 기록되어 있다. CIA는 아옌데를 소비에트 스타일의 독재자로 선전하는 캠페인을 후원했다. 그러나 워싱턴이 아옌데의 선거 승리를 걱정한 진짜 이유는 1970년대 헨리 키신저가 닉슨에게 보낸 메모에 나타나 있다. "칠레에서 성공적으로 선출된 마르크스주의 정부는 선례가 되어 다른 지역에도 영향을 미칠 것이다. 특히 이탈리아에서 그런 일이 벌어질 수 있다. 비슷한 현상이 곳곳에 모방되어 퍼진다면, 세계의 균형과 미국의 위상에 상당한 영향을 끼칠 것이다."[21] 다시 말해, 민주주의적 제3의 길이 확산되기 전에 아옌데를 제거해야 했다.

　그러나 그가 상징한 꿈은 결코 실패하지 않았다. 왈스의 말대로, 공포 속에서 일시적으로 단절되고 구석에 몰렸을 뿐이다. 때문에 남미는 쇼크의 수십 년 세월에서 벗어나 과거의 사상들을 다시 후원하고 있다. 키신저가 두려워했듯, 비슷한 경향이 오늘날 전 세계에 확산되고 있다. 2001년 아르헨티나에서 보듯, 민영화 반대는 남미에서 정부를 세우거나 붕괴시킬 정도의 핵심적 이슈다. 2006년 후반 사실상 도미노 효과가 나타나면서 룰라 다 시우바(Luiz Inácio Lula da Silva)가 민영화에 대한 투표로 신임을 얻어 브라질의 대통령으로 재선되었다. 그의 정적은 1990년대 브라질의 주요 매각을 책임졌던 당이었다. 이 당은 아직 매각되지 않은 공기업들의 로고를 붙인 야구모자와 재킷 차림으로 꾸미고, 대중에게 마치 자동차 경주에 나선 사회주의자처럼 보이려고 했다. 그러나 유권자들은 속아 넘어가지 않았다. 그의 정부가 부정부패 추문에 휘말려 환멸을 주긴 했지만, 결국 룰라 다 시우바는 60퍼센트의 표를 얻었다. 니카라과에서 산디니스타의 책임자였던 다니엘 오르테가(Daniel Ortega)는 자주 일어나는 정 전사태를 캠페인의 중심으로 삼아 승리했다. 정전의 원인은 허리케인 미치 이 후 국영 전기회사를 스페인 회사 우니온 페노사에 팔았기 때문이라고 주장했 다. "나의 형제들이여, 여러분들은 매일 정전으로 고통받고 있습니다!" 그는 크 게 외쳤다. "누가 이 나라를 우니온 페노사에 팔았습니까? 부자들의 정부가 그 랬지요. 야만 자본주의를 추구하는 자들입니다."**22**

2006년 11월 에콰도르의 대통령 선거도 이념적 전쟁터가 되었다. 43세의 좌익 경제학자인 라파엘 코레아(Rafael Correa)는 알바로 노보아(Álvaro Noboa) 를 상대로 승리를 거두었다. 알바로 노보아는 바나나 재벌로 세계에서도 알아 주는 부자다. 코레아는 트위스티드 시스터스(Twisted Sisters)의 '우린 받아들이 지 않을 겁니다'를 공식 후원가로 정해, 신자유주의의 허상을 이겨낼 것을 요구 했다. 마침내 그는 선거에서 승리를 거두었다. 에콰도르의 이 새로운 대통령은 밀턴 프리드먼의 팬이 전혀 아님을 분명히 밝혔다.**23** 그 무렵 볼리비아의 대통 령 에보 모랄레스는 임기 첫해를 마치고 있었다. 그는 다국적 약탈자들로부터 가스매장지를 되찾기 위해 군대를 파견했으며, 광산 분야의 일부를 국유화하 기 시작했다. 2006년 멕시코 선거는 사기로 얼룩져 있었다. 놀랍게도 국민들은 멕시코시티에 있는 정부청사 외곽의 거리와 플라자에서 투표를 진행해 또 다 른 정부를 만들려고 했다. 그리고 멕시코 오악사카(Oaxaca) 주에서 우익 정부는 임금 인상을 요구하는 교사들의 파업을 막기 위해 진압군을 보냈다. 그러자 조 합주의 국가의 부정부패에 항의하는 전국적 폭동이 수개월 동안 계속되었다.

칠레와 아르헨티나는 시카고학파 실험을 반대한다고 밝힌 정치인들이 이 끌고 있다. 그들이 어느 정도의 진정한 대안을 제공할지는 상당한 논쟁거리이 긴 해도 말이다. 그러나 그것은 일종의 승리를 상징한다. 아르헨티나 대통령 네 스토르 키르크네르(Néstor kirchner)의 내각은 과거 독재정권 시절에 키르크네르를 포함해 모두 투옥됐었다. 2006년은 1976년 군부 쿠데타가 일어난 지 30년이 되던 해였다. 2006년 3월 24일, 키르크네르는 오월광장의 시위자들 앞에서 연설했다. 오월광장은 실종자들의 어머니들이 매주 철야기도를 드리던 곳이다. 1970년대에 공포에 짓눌렸던 세대를 지칭하며, 그는 "우리는 다시 돌아왔습니다."라고 선언했다. 수많은 군중 속에서 그는 다시 말했다. "행방불명되었던 동료 3만 명의 모습을 오늘 이 광장에서 다시 보는 것 같습니다."[24] 칠레 대통령 미첼 바첼레트(Michelle Bachelet)는 피노체트의 공포통치에 희생된 수천 명 가운데 1명이었다. 1975년, 그녀와 그녀의 어머니는 빌라 그리말디에 투옥되어 고문을 당했다. 이곳은 죄수들이 몸을 구부릴 수도 없을 정도로 좁은 나무 감방으로 유명하다. 군인이었던 그녀의 아버지는 쿠데타에 합류하기를 거부해 피노체트의 부하들에 의해 살해되었다.

프리드먼의 사망 한 달 뒤인 2006년 12월, 남미의 지도자들은 볼리비아의 코차밤바(Cochabamba)에 모여 역사적 회담을 가졌다. 코차밤바는 여러 해 전에 수도 민영화에 반대하는 대중 폭동이 일어나 벡텔이 떠났던 곳이다. 모랄레스는 남미의 공개된 혈관을 막겠다는 맹세와 함께 회담을 진행했다.[25] 에두아르도 갈레아노의 책 『라틴아메리카의 드러난 혈관(Open Veins of Latin America)』을 언급한 것이다. 1971년 처음 출간된 그 책은 폭력적인 약탈을 통해 부유한 대륙을 가난한 대륙으로 바꾸어버린 이야기다. 그로부터 2년 후, 아옌데는 자국의 구리광산을 국유화해 드러난 혈관을 막으려다 전복된다. 그 사건은 과격한 약탈의 첫 번째 예고였다. 당시 남미의 발전주의운동이 세운 체제는 붕괴되고 제거되었다.

남미인들은 오래전에 잔인하게 중단된 그 프로젝트를 다시 시작하고 있다. 그리고 그때와 비슷한 정책들이 나타났다. 핵심 경제 분야의 국유화와 토지개혁을 실시하고, 교육, 문맹퇴치, 의료혜택에 집중적으로 투자하려고 한다. 이러한 것들은 혁명적인 사상이 아니다. 그러나 아주 떳떳하게 평등에 도달하기 위해 노력하는 정부에서, 이러한 사상은 분명 프리드먼이 1975년 피노체트에게 했던 주장에 대한 반박이다. 프리드먼은 이렇게 말했었다. "내 생각에, 가장 큰 실수는 다른 사람들의 돈으로 좋은 일을 할 수 있다고 믿는 겁니다."

장기간의 군부 역사가 있지만 현재 남미에서 벌어지는 이러한 운동은 예전 것의 단순한 복제판이 아니다. 가장 달라진 점은 쿠데타, 외국 쇼크요법 전문가들, 미국에서 훈련받은 고문관들, 1980~1990년대 채무쇼크와 환율 붕괴 같은 충격에 다치지 않도록 대비해야 한다는 사실을 알고 있다는 것이다. 남미의 대중운동은 좌파 후보자들에게 승리를 가져다주었다. 또한 대중운동의 조직 모델 안에 충격흡수장치를 어떻게 세울지도 배우고 있다. 예를 들어 지금의 시민 운동은 1960년대에 비해 조직이 분산되어 있다. 때문에 몇몇 리더들을 제거한다고 해서 무너지는 구조가 아니다. 차베스의 개성과 국가에 권력을 집중시키려는 움직임에 압도적인 찬사를 보내면서도, 베네수엘라의 진보적 네트워크들은 동시에 탈집중화를 추구하고 있다. 수천 개의 지역의회와 협동체를 통해 민중과 지역사회에 권력을 분산시키고 있다. 볼리비아에서 모랄레스를 취임시킨 토착민들의 운동도 마찬가지다. 그들은 모랄레스에게 무조건적인 지원을 주지 않겠다는 의사를 확실히 밝혔다. 즉 민주적 의무에 충실해야 지지를 받는 것이지, 조금이라도 그렇지 않다면 지지는 곧 철회된다. 이러한 네트워크 방식 덕분에 차베스는 2002년 쿠데타 시도에도 살아남을 수 있었다. 당시 차베스의 지지자들은 자신들의 혁명이 위협받자, 카라카스를 둘러싼 판자촌에서 쏟아져 나와 차베스의 복귀를 요구했다. 1970년대 쿠데타에서는 볼 수 없었던 시민운동이다.

남미의 새로운 지도자들은 미국이 지원해 일으킨 쿠데타에 민주적 승리가 훼손되지 않도록 대담한 조치를 취했다. 베네수엘라, 코스타리카, 아르헨티나, 우루과이 정부는 더 이상 학생들을 조지아 주의 포트베닝(Fort Benning)에 있는 미국의 군사학교 SOA(The School Of the Americas)에 보내지 않기로 선언했다. SOA는 남미 독재정권의 악명 높은 경찰들과 군인들이 훈련을 받았던 곳이다[지금은 안보협력을 위한 서반구 연구소(Western Hemisphere Institute for Security Cooperation)라고 불린다]. 남미의 악독한 살인자들은 최신 반테러 기술을 배워와 엘살바도르의 농부들과 에콰도르의 자동차 노동자들에게 써먹었다.[26] 볼리비아도 그 기관과 인연을 끊은 듯하다. 에콰도르도 마찬가지다. 한편 차베스는 볼리비아의 산타크루스에서 극단적 우파세력이 에보 모랄레스 정부에 위협을 가할 경우, 베네수엘라 군대가 즉각 볼리비아의 민주주의 수호를 도울 것이라고 밝혔다. 가장 급진적인 조치를 취한 것은 라파엘 코레아였다. 에콰도르의 항구도시인 만타(Manta)에는 남미에서 가장 큰 미군기지가 있다. 마약과의 전쟁을 위한 전진기지로, 미군들은 대개 콜롬비아에서 활동한다. 코레아 정부는 2009년 주둔지 협정이 만료되면 다시 갱신되는 일은 없다고 발표했다. "에콰도르는 주권국가입니다." 외무부 장관 마리아 페르난다 에스피노사(María Fernanda Espinosa)가 말했다. "따라서 어떤 외국 군대도 필요하지 않습니다."[27] 만약 미군이 남미에 미군기지나 훈련 프로그램을 설치하지 못한다면, 남미에 충격을 줄 수 있는 미국의 힘은 상당히 줄어든다.

그들은 또한 불안정한 시장이 가하는 충격에도 대비하고 있다. 최근 수십년간 가장 파괴적인 힘은 자본 이탈의 속도와 상품 가격의 급작스런 하락에서 온 농업 부문의 파괴였다. 그러나 남미에선 이러한 충격들이 이미 발생했다. 그 결과 으스스한 산업지대와 휴경지가 길게 늘어서 있다. 새로운 좌파 정권의 임무는 세계화의 파편더미를 치우고 원래 기능을 되찾는 것이다. 브라질 농민 인권단체인 MST의 150만 농부들이 이를 잘 보여주었다. 그들은 사용되지 않는 토지의 반환을 요구하며 수백 명씩 모여 협력조직을 만들었다. 한편 아르헨티나에선, 파산한 사업장 200곳이 노동자들에 의해 다시 회복되었다. 노동자들은 사업장을 민주적으로 운영하는 협력체로 바꾸었다. 투자자들이 떠나 경제적 충격을 받을지도 모른다는 두려움은 없었다. 이미 투자자들은 다 떠나고 없기 때문이다. 이처럼 과거의 실수를 고쳐나가는 실험은 새로운 종류의 재건이라 하겠다. 서서히 진행된 신자유주의의 재난으로부터 벗어나 경제를 재건하려는 것이다. 이는 재난 자본주의 복합체가 이라크, 아프가니스탄, 걸프코스트에서 제시한 모델과는 정반대다. 남미를 재건하려는 각국 지도자들은 파괴의 영향을 가장 많이 받았던 사람들이다. 당연히 그들의 해결책은 시카고학파 운동이 충격을 가한 제3의 길과 비슷하다. 한마디로 일상생활에서의 민주주의다.

차베스는 베네수엘라에서 협동체를 정치적 최우선 순위에 두었다. 처음으로 정부계약 대신에, 상호 무역이 이루어지도록 인센티브를 부여했다. 2006년 무렵, 전국엔 10만 개의 협동체가 있고 70만 명 이상의 노동자들이 그곳에 몸담고 있다.[28] 지역사회에 운영권을 맡긴 고속도로 통행료 징수 시설, 고속도로 정비, 의료 클리닉 같은 기반시설들이 대부분이다. 정부 아웃소싱의 역발상이라 하겠다. 국가의 일부를 대기업에 입찰로 넘겨 민주적 통제권을 상실하는 방식이 아니다. 정반대로 자원을 이용하는 사람들에게 관리할 권한을 넘겨준 것이다. 최소한 이론적인 면에서만 봐도 일자리와 더욱 책임감 있는 공공서비스를 창출할 것이다. 차베스를 비판하는 사람들은 이것을 동냥을 주는 행동 내지는 불공정한 보조금 지급이라고 비난한다. 그러나 핼리버턴은 미국 정부를 개인 현금인출기로 6년이나 사용했다. 이라크 재건 계약만 해도 200억 달러 이상을 인출해갔다. 그리고 걸프코스트나 이라크에서 현지 노동자들을 고용하지 않았다. 미국 납세자들에 대한 고마움은 본사를 (모든 부가세와 법적 혜택이 주어지는) 두바이로 옮기는 것으로 갚았다. 그에 비하면 차베스가 국민들에게 직접 보조금을 주는 것은 그다지 급진적인 조치도 아니다.

미래에 닥칠지도 모를 쇼크를 막기 위해서는 워싱턴의 재정기관들로부터 독립하는 것이 가장 중요하다. 남미 정부들이 내놓은 보호책은 바로 미주를 위한 볼리바르 대안(Bolivarian Alternative for the Americas, ALBA)이다. 알래

스카부터 티에라델푸에고(Tierra del Fuego: 남미 남단의 섬들-옮긴이)에 이르는 FTAA(Free Trade Area of the Americas)를 구성하려는 미국의 조합주의 꿈에 대한 반발이다. ALBA는 여전히 초기 단계다. 그러나 브라질의 사회학자 에미르 사데르(Emir Sader)는 공정한 무역의 완벽한 예라고 표현했다. 글로벌 시장의 가격에 상관없이 최적의 생산지 및 소비지를 결정한다.[29] 가령, 볼리비아는 안정적인 할인가격에 가스를 제공한다. 베네수엘라는 가난한 국가에 오일을 제공하고, 석유개발의 전문지식을 공유한다. 덧붙여 말하자면, 베네수엘라는 석유산업에 보조금을 지급하고 있다. 그리고 쿠바는 수천 명의 의사들을 보내 남미 대륙에 무료 의료 서비스를 제공한다. 1950년대 중반 시카고 대학에서 시작된 학문적 교류와는 아주 다르다. 당시 남미 학생들은 경직적인 이념을 배우고 고국에 돌아가 그것을 일괄적으로 시행했다. ALBA의 가장 큰 장점은 바터 시스템(수출입 물품의 대금을 돈으로 지급하지 않고 그에 상응하는 수입 또는 수출로 상계하는 국제무역 거래방식-옮긴이)이라는 것이다. 즉 뉴욕, 시카고, 런던의 거래상들이 가격을 정하는 방식이 아니라, 국가가 상품이나 서비스의 가치를 정한다. 덕분에 갑작스런 가격 변동에 대한 취약성을 줄일 수 있게 되었다. 최근까지도 남미 경제는 가격 변동으로 상당한 피해를 입었다. 그동안 남미는 출렁거리는 금융의 바다에 둘러싸여 있었던 것이다. 그러나 이제는 글로벌 시대에 불가능하다고 여겼던 비교적 안정적이며 예측 가능한 경제지대를 만들고 있다.

이런 통합된 노력 덕택에, 국가가 재정적 어려움에 처해도 IMF나 미국 재무부에 원조 자금을 요청하지 않게 되었다. 아주 다행스런 일이다. 왜냐하면 2006년 미국 국가안보전략에 따르면, 워싱턴은 여전히 쇼크 독트린을 유지하고 있기 때문이다. "만약 위기가 발생하면 IMF는 국가가 자신의 경제적 선택에 더욱 책임을 지도록 대처해야 한다. IMF는 시장기관들과 시장질서를 강화하는 데 초점을 맞추어야 한다. 이러한 시장질서는 각국 정부가 워싱턴에 도움을 요청해야만 실행될 수 있는 것이긴 하지만, 돈이 부족한 국가가 달리 갈 곳은 별로 없을 것이다."**30** 그러나 더 이상은 아니다. 높은 석유 가격 때문에 베네수엘라는 개발도상국들에게 채권자 역할을 하게 되었다. 다시 말해 이제 워싱턴 주위를 기웃거리지 않아도 되는 것이다.

이러한 움직임이 가져온 결과는 엄청나다. 상당한 채무 때문에 워싱턴의 족쇄가 채워졌던 브라질은 IMF와 새로 협정을 맺지 않기로 했다. 한 걸음 더 나아가 니카라과는 탈퇴를 고려하고 있다. 이미 베네수엘라는 IMF와 세계은행에서 모두 탈퇴했다. 워싱턴의 모범적 학생이었던 브라질도 그러한 흐름을 타고 있다. 2007년 네스토르 키르크네르 대통령은 국정연설을 통해 그러한 사실을 밝혔다. "외국 채권자들은 채무를 갚으려면 IMF와 협정을 맺어야 한다고 말했습니다. 그에 저는 이렇게 답했습니다. '우리는 주권국가입니다. 채무상환을 위해 노력하겠지만 절대로 다시는 IMF와 협정을 맺지 않을 겁니다.'" 1980~1990년대 막강한 위력을 떨쳤던 IMF는 더 이상 남미에서 힘을 쓰지 못한다. 2005년 남미는 IMF의 대출 포트폴리오의 80퍼센트를 차지했지만, 2007년에는 단 1퍼센트에 불과하다. 불과 2년 사이에 엄청난 변화가 일어난 것이다. "IMF 협정이 끝난 뒤의 삶은 정말 행복했다." 키르크네르가 단호하게 말했다.**31**

비단 남미만의 얘기가 아니다. 불과 3년 만에 IMF의 전 세계 대출 포트폴리오는 810억 달러에서 118억 달러로 줄었다. 그것도 거의 대부분이 터키에 유입된 것이었다. IMF는 수많은 국가에서 위기를 이윤 창출의 기회로 이용하면서 마치 부랑배처럼 행동했다. 그러나 이제는 점차 힘을 잃어가고 있다. 세계은행도 마찬가지로 미래가 암담하다. 2007년 4월, 에콰도르 대통령 라파엘 코레아는 세계은행의 채무상환을 중지하겠다고 선언했다. 또한 에콰도르 주재 세계은행 대표를 외교상 기피인물로 정했다. 아주 놀라운 조치다. 코레아는 2년 전 세계은행이 1억 달러의 차관을 이용해 석유자금을 가난한 사람들에게 분배하려는 경제입법을 막았다고 폭로했다. "에콰도르는 주권국가다. 우리는 이러한 국제적 관료제의 횡포를 참지 않을 것이다." 볼리비아의 에보 모랄레스도 세계은행의 독단적인 법정에서 벗어날 것이라고 선언했다. 다국적기업들은 그 법정을 이용해 자신들의 이윤에 손해가 되는 조치를 내렸다며 각국 정부를 고소했다. "남미 각국의 정부들은 결코 이길 수 없는 곳이다. 항상 다국적기업들이 승리한다. 내 생각엔 세계의 다른 정부들도 마찬가지 처지일 것이다." 2007년, 폴 울포위츠는 세계은행 총재직을 사임할 수밖에 없었다. 「파이낸셜타임스」는 개도국에서 조언을 베풀던 세계은행 책임자들이 이제 비웃음을 받는 처지가 되었다고 보도했다.[32] 2006년 WTO 협상의 붕괴(세계화는 죽었다는 선언을 하게 만들었다)도 포함시켜야 할 것이다. 요컨대 경제적 불가피성이라는 가면을 쓴 채 시카고학파 이념을 실현한 세 기관들의 미래는 사라질 위험에 처했다.

신자유주의에 대한 반란이 남미에서 가장 진전된 모습을 보이는 것은 당연하다. 첫 번째 쇼크 실험실이었던 남미 사람들은 드디어 힘을 되찾았다. 거리시위의 세월은 새로운 정치적 집단을 만들어냈다. 국가권력만 얻은 게 아니라 권력 구조 자체를 바꿀 힘을 얻어냈다. 게다가 다른 쇼크 실험실들도 같은 노선을 걷고 있다는 신호가 보인다. 2005~2006년 남아공의 방치된 빈민가는 ANC에 대한 믿음을 버리고 스스로 자유헌장의 깨져버린 약속들을 수호하기 시작했다. 외국 저널리스트들은 아파르트헤이트에 대항해 흑인 거주지역이 봉기한 이후론 여태껏 보지 못했던 격변이라고 말했다. 그러나 가장 놀라운 변화는 중국에서 일어나고 있었다. 수년 동안 톈안먼 광장 학살의 생생한 공포 때문에 노동자들의 권리는 사라졌다. 또한 시골지역의 빈곤이 더욱 심해져도 대중의 분노는 억압될 수밖에 없었다. 그러나 이제 상황이 바뀌었다. 정부의 공식적 자료에 따르면, 2005년 중국에서는 놀랍게도 8만 7,000건의 시위가 벌어졌다. 게다가 400만 이상의 노동자들과 농부들이 참가했다.[*33] 1989년 이후 중국의 시민

---

* 미국 작가들로 구성된 한 노동단체는 "400만 노동자들이여! 1999년 시애틀 시위에 6만 명이 참가했을 때, 우리는 새로운 글로벌 사회운동의 탄생을 축하했다."라고 선언했다.

운동은 극도의 탄압을 당했다. 그러나 드디어 구체적인 승리도 얻어내기 시작했다. 시골지역에 더욱 투자를 하고, 의료 서비스 향상을 위해 노력하며, 학비를 면제해주겠다는 약속을 받아냈다. 중국 역시 쇼크에서 벗어나고 있었다.

정신외상적인 충격을 기회로 이용하는 전략은 놀라움이 가장 큰 기반이다. 충격상태는 빠르게 진행되는 사건들과 이를 설명해주는 정보 사이에 간극이 있는 상태다. 작고한 프랑스 사상가 장 보드리야르(Jean Baudrillard)는 테러사건을 '현실의 과도함'이라고 표현했다. 이러한 의미에서 보면, 북미에서 9·11 테러 사건은 처음엔 현실과 인식 사이의 간극을 메워줄 이야기가 없었던 순수한 사건 및 생생한 현실이었다.[34] 그러한 이야기가 없다면 9·11 테러 사건 이후 우리 상당수가 그랬듯, 혼란을 이용해 목적을 이루려는 사람들에게 당하게 된다. 그러나 쇼킹한 사건들을 바라보는 시각에 대한 새로운 담론이 있다면, 우리는 방향을 재설정하고 세계를 제대로 이해할 수 있다.

쇼크와 억압을 유발하려는 심문관들은 이러한 과정을 잘 이해하고 있다. 바로 그러한 이유 때문에 CIA의 매뉴얼은 수감자들의 새로운 담론 설정에 도움이 되는 것들을 차단하라고 강조했다. 따라서 감각 투입, 다른 죄수들과의 대화, 심지어는 경비원들과의 의사소통도 허락하지 않았다. "죄수들을 격리시켜야 한다." 1983년 매뉴얼의 내용이다. "육체적, 심리적으로 무슨 일이 일어나는지 알지 못하도록 고립시켜야 한다."[35] 심문관들은 죄수들이 서로 대화하고 있음을 알게 되었다. 죄수들은 무슨 일이 닥칠지 서로에게 경고해주었다. 혹은 창살 사이로 쪽지를 전달하기도 했다. 일단 그렇게 되면 심문관들은 유리한 위치를 상실한다. 여전히 육체적 고통을 가할 힘이 있지만 죄수들을 무너뜨리고 조종할 심리적 도구는 잃는다. 혼란, 방향 상실, 놀라움 같은 요소 없이는 쇼크를 불러일으킬 수 없기 때문이다.

그러한 논리는 사회에도 적용시킬 수 있다. 일단 쇼크 독트린의 작동 기제를 전반적으로 깊이 이해하게 되면, 지역사회는 놀라지도 혼란을 겪지도 않게 된다. 다시 말해 충격에 저항하게 된다. 9·11 테러 사건 이후 힘을 얻은 재난 자본주의라는 폭력적인 브랜드는 부분적으론 과다 사용된 쇼크들이 잠재적 효력을 잃은 상태에서 출현했다. 채무 위기, 환율 붕괴, 뒤처져서 역사 속에 남을 거라는 위협 말이다. 그렇지만 전쟁과 자연재해의 극단적인 충격이라고 해도 원치 않는 경제 쇼크요법을 실시할 수 있는 혼란을 늘 일으키지는 못한다. 쇼크 독트린을 직접 체험해 어떤 식으로 작동하는지 잘 알고 있는 사람들이 이 세상엔 너무나 많기 때문이다. 그들은 이제 다른 죄수들에게 경험을 말해주고 창살 사이로 쪽지를 건네준다. 결국 놀라움의 필수 요소는 사라질 것이다.

가장 놀라운 예는 2006년 이스라엘의 공격을 받은 레바논에서 찾을 수 있다. 수백만 레바논인들은 재건 원조의 조건으로 자유시장 개혁을 실시하라는 국제적 대부자들의 요구를 거부했다. 어떤 면에서 봐도 레바논은 자유시장계획을 받아들일 수밖에 없는 형편이었다. 그때처럼 자금이 절실하게 필요한 적도 없었다. 전쟁 전부터 채무가 많았던 데다가 도로, 다리, 활주로에 가해진 공격 탓에 90억 달러의 피해가 추가로 발생했다. 2007년 1월, 30개 선진국의 대표단들이 파리에 모여 76억 달러의 재건 차관과 지원금을 주기로 했다. 그들은 당연히 레바논 정부가 원조를 받기 위해서 뭐든지 할 거라고 생각했다. 차관에 달린 조건은 늘 그렇듯 전화와 전기의 민영화, 연료 가격 인상, 공공서비스 삭감, 이미 논란이 되었던 소비세 증액이었다. 레바논 경제학자인 카말 함단(Kamal Hamdan)은 "그 결과 각 가정에서 청구서 비용 부담이 15퍼센트 늘어났다. 세금이 늘고 물가가 바뀌었기 때문이다."라고 추정했다. 평화가 왔지만 오히려 불이익을 받고 있는 전형적인 모습이다. 재건작업만 해도 거물급 재난 자본주의 복합체에게 맡겨질 것이다. 지역주민들을 고용하거나 하청업무를 줄 의무가 전혀 없는 기업들이다.[36]

미국 국무부 장관 콘돌리자 라이스는 그런 전면적 요구가 레바논 국내 사안에 대한 외국의 간섭이 아니냐는 질문을 받았다. "레바논은 민주주의 국가입니다. 다시 말해 레바논 역시 이런 계획에 필수적인 주요 경제 개혁을 추진하고 있습니다." 레바논 수상인 푸아드 시니오라(Fouad Siniora)는 서구의 후원에 딸린 조건에 동의했다. 그는 어깨를 으쓱하더니 이렇게 말했다. "민영화는 레바논만 하는 게 아니잖습니까." 더 나아가 제대로 하겠다는 의지를 보여주기 위해 부시와 연결된 감시산업계의 거물인 부즈·앨런앤드해밀턴을 레바논의 텔레콤 민영화의 브로커로 고용했다.[37]

그러나 많은 레바논 시민들은 비협조적이었다. 집들이 여전히 폐허더미에 묻혀 있었지만, 수천 명의 시민들이 노조와 이슬람주의 당인 헤즈볼라를 비롯한 정당들이 조직한 파업에 참가했다. 만약 재건 자금을 받기 위해 전쟁에 시달린 사람들의 생활비를 높여야 한다면, 그것은 원조라고 할 수도 없다고 시위자들은 주장했다. 시니오라가 파리에서 원조 자금 대부자들에게 확신을 심어주는 동안, 레바논은 파업과 도로 봉쇄로 일시 중지된 상태였나. 진후 제난 자본주의에 대항해 전국에서 반란이 일어났다. 시위자들은 두 달 동안 점거농성을 벌였다. 베이루트 중심가는 텐트와 거리 카니발이 혼합된 곳으로 변했다. 대다수 기자들은 그러한 모습을 헤즈볼라가 지원하는 쇼라고 보았다. 그러나 「뉴스데이(Newsday)」의 중동 지부장인 모하마드 바치(Mohamad Bazzi)는 그런 분석은 진짜 의미를 놓친 것이라고 주장했다. "도심에서 천막을 치고 농성을 한 진짜 원인은 이란이나 시리아가 아닙니다. 수니파 대 시아파의 대결구도도 아니고요. 원인은 수십 년간 레바논의 시아파를 괴롭힌 경제적 불평등입니다. 이 사건은 가난한 노동자 계층의 혁명으로 봐야 합니다."[38]

레바논이 쇼크요법에 저항을 하는 이유는 농성 장소를 보면 알 수 있다. 시위 장소는 베이루트 도심인 솔리데레(Solidere)라고 불리는 지역이다. 그 지역을 건설하고 소유한 민간 개발회사의 이름을 딴 것이다. 솔리데레는 레바논에서 마지막 재건의 결과물이었다. 1990년대 초반 레바논은 15년 동안의 내전을 끝냈다. 여전히 국가는 분열되어 있었고 빚더미에 올라앉은 상태여서 재건할 돈이 전혀 없었다. 그때 억만장자 사업가 라피크 하리리(Rapiq Hariri)는 한 가지 제안을 했다(후에 총리가 된다). 도심 전체의 토지 소유권을 주면, 자신과 새로운 부동산 회사 솔리데레가 그곳을 중동의 싱가포르로 바꾸어놓겠다는 것이다. 하리리는 훗날 2005년 자동차 폭발사고로 살해당한다. 어쨌든 그는 기존의 것들을 깡그리 없애버리고 도시를 백지상태로 만들었다. 폴로에서 출시된 신발들, 호화로운 콘도미니엄들(리무진을 위한 엘리베이터도 있다), 사치스런 쇼핑몰이 예전의 재래시장을 대신해 들어섰다.[39] 빌딩, 플라자, 보안시설 등 비즈니스 구역의 대부분은 솔리데레의 소유다.

바깥 세계가 보기에 솔리데레는 전후 재탄생한 레바논의 빛나는 상징이다. 그러나 많은 레바논인들에게는 늘 그림의 떡이나 마찬가지인 시설이었다. 현대적인 도심을 벗어난 베이루트의 상당수 지역에는 전기부터 공공 교통수단까지 기반시설이 턱없이 부족한 상태다. 내전 당시에 생긴 총탄 구멍들은 건물 외관에 그대로 방치되어 있다. 헤즈볼라는 멋들어진 중심부의 주변에 위치한 소외된 빈민가에서 기반을 다지기 시작했다. 헤즈볼라는 발전기와 이송수단을 제공하고, 쓰레기를 수거하고, 치안을 제공했다. 국가 안에서 또 하나의 국가를 만든 셈이었다. 외곽에 사는 남루한 거주민이 솔리데레 영토로 감히 들어가려 한다면 하리리의 사설 경비원들에게 쫓겨날 것이다. 그들의 존재가 관광객들을 놀라게 한다는 이유에서다.

라이다 하툼(Raida Hatoum)은 베이루트의 사회정의 운동가다. "솔리데레가 재건을 시작했을 때, 사람들은 전쟁이 끝나고 거리가 복구된다고 기뻐했지요. 거리가 팔려 결국 개인이 소유하게 된다는 것을 알았을 때는 너무 늦었습니다. 게다가 외국에서 빌린 돈으로 건설한 것이어서 우리가 나중에 갚아야 한다는 것도 몰랐지요." 소수 엘리트에게만 이득이 되는 개조비용을 빈곤층이 부담해야 한다는 씁쓸한 자각을 하게 된 것이다. 어쨌든 레바논 시민들은 재난 자본주의 구조를 잘 알고 있는 전문가들이었다. 뿐만 아니라 그러한 경험은 2006년 전후 레바논이 방향을 잡는 데 도움을 주었다. 그들은 솔리데레 내부에서 대규모 농성을 벌였다. 팔레스타인 난민들은 버진(Virgin) 상점과 최고급 커피 전문점 바깥에 천막을 쳤다(한 시위자는 "이곳의 샌드위치 가격은 내 일주일치 생활비다."라고 말했다). 시위자들은 또 다른 솔리데레 스타일의 버블과 무너져가는 변두리 지역을 원하지 않는다는 메시지를 분명하게 전달했다. 그것은 요새화된 그린존과 황폐한 레드존인 셈이다. 그들은 국가 전체의 재건을 원했다. "어떻게 계속 국민들의 돈을 훔치기만 하는 정부를 받아들일 수 있는가?" 한 시위자가 말했다. "정부는 어떻게 그렇게 많은 빚을 내서 이런 도심을 만들었단 말인가? 그 빚은 누가 갚을 것인가? 우리 자식들이 갚아야 할 돈이다."[40]

레바논의 쇼크 저항은 시위에서 그치지 않았다. 보다 포괄적인 재건 노력도 함께 시도했다. 정전협정 며칠 후, 헤즈볼라 소속의 위원회는 공중폭격을 받은 지역사회의 여러 가정을 방문했다. 그들은 피해 정도를 살펴보고는 1년 동안의 집세와 가구를 살 돈으로 현찰 1만 2,000달러를 건넸다. 독립적인 저널리스트 아나 노게리아(Ana Nogueira)와 사신 카잘리(Saseen Kawzally)는 베이루트에서 이러한 모습을 자세히 보도했다. "허리케인 카트리나의 생존자들이 FEMA로부터 받은 달러의 6배나 된다." 헤즈볼라 지도자인 셰이크 하산(Sheik Hassan)이 텔레비전을 통해 전국에 발표한 약속은 카트리나 피해자들에게 아마 음악처럼 들렸을 것이다. "여러분은 누구에게 부탁을 할 필요도 없고, 줄을 설 필요도 없습니다." 헤즈볼라의 원조 비전은 정부나 외국 NGO의 손을 거치는 것이 아니었다. 카불에서처럼 5성급 호텔을 짓는 것도 아니었다. 또는 이라크에서처럼 경찰 교관들을 위한 올림픽 수영장을 건설하는 것도 아니었다. 대신에 헤즈볼라는 스리랑카의 쓰나미 생존자인 레누카가 부탁한 방식으로 진행했다. 직접 손에 필요한 걸 쥐여주라. 헤즈볼라는 또한 재건에 현지 주민들을 포함시키고, 현지 건설노동자들을 고용했다(대신에 그들이 모아온 고철을 돈으로 바꾸어주기로 했다). 엔지니어 1,500명을 동원하고 자원봉사자 팀을 조직했다. 그러한 도움의 손

길 덕분에 폭격이 멈춘 뒤 일주일 만에 복구 노력은 자리를 잡아갔다.[41]

그러나 미국 언론은 이를 뇌물 내지는 환심을 사려는 행동이라며 멸시했다. 국가 전체에 분쟁을 유발한 당사자인 헤즈볼라가 대중의 맘을 사려 한다는 것이었다(데이비드 프럼은 헤즈볼라가 건네준 수표가 위조일 거라는 말까지 했다).[42] 헤즈볼라가 자선행위뿐만 아니라 정치에도 개입되어 있는 건 분명하다. 그리고 이란인들이 헤즈볼라의 관대한 행동에 대한 자금을 지원해주는 것도 사실이다. 그러나 효율적인 재건 조치만큼이나 중요한 것은 헤즈볼라가 이웃사회를 재건하는 과정에서 얻어낸 현지 토착조직으로서의 위상이다. 외국에서 온 관리팀, 민간업체에 소속된 경호원들과 통역가들을 통해 일하는 외국계 건설 에이전시와는 전혀 달랐다. 외국의 건설팀은 멀리 떨어진 곳에서 경영진들이 만들어놓은 재건계획을 시행하고 있었다. 반면에 헤즈볼라는 현지 사정을 세세히 알고 있었기 때문에 신속하게 움직일 수 있었다. 또한 누구에게 업무를 마음 놓고 맡길 수 있는지도 알고 있었다. 레바논 거주민들은 헤즈볼라의 복구 원조를 고마워했다. 그렇지 않을 경우 다른 대안은 바로 솔리데레라는 걸 알고 있기 때문이다.

쇼크에 대한 반응이 항상 퇴행으로만 나타나는 것은 아니다. 때로 위기의 순간에 우리는 오히려 성장한 모습을 보인다. 2001년 3월 스페인에서 그러한 모습이 잘 나타났다. 당시 통근 기차와 마드리드의 기차역에서 폭발물 10개가 터져 거의 200명이 목숨을 잃었다. 대통령 호세 마리아 아스나르(José María Aznar)는 즉각 텔레비전에 나와 바스크 분리주의자들(Basque separatists)을 비난하며 이라크 전쟁을 지지해달라고 말했다. "이러한 암살범들에게는 어떤 협상도 통하지 않습니다. 그렇게 해줄 필요도 없습니다. 그들은 수차례 스페인에서 죽음을 불러왔습니다. 단호함만이 그들의 공격을 끝낼 수 있습니다."[43]

스페인 사람들은 그러한 연설에 부정적으로 반응했다. "마치 프랑코가 떠올랐습니다." 호세 안토니오 마르티네스 솔레르(José Antonio Martínez Soler)가 말했다. 그는 마드리드의 저명한 신문 편집자로 프란시스코 프랑코(Francisco Franco)의 독재정권 시절에 박해를 받았다. "아스나르의 행동, 몸짓, 말투는 마치 자기 주장만이 절대적으로 옳다고 말하는 것 같았습니다. 자신에 반대하는 사람들은 모두 적이라는 식으로요."[44] 미국인들은 9·11 테러 사건 이후 그런 기질이 있는 대통령을 강한 리더십과 동일시했다. 그러나 스페인에서는 파시즘이 다시 출현하는 불길한 징조로 보았다. 당시는 대선 3일 전이었다. 스페인 유권자들은 공포정치 시절을 기억하며 아스나르 대신에 이라크 철수를 주장한 당을 선택했다. 레바논과 마찬가지로 새로운 쇼크에 저항할 수 있었던 이유는 예전 쇼크에 대한 집단적인 기억 때문이었다.

쇼크요법 전문가들은 하나같이 기억을 지우려고 한다. 이언 캐머런은 환자들을 고치기 전에 그들의 마음을 말소할 수 있다고 믿었다. 이라크를 점령한 미국은 이라크의 박물관과 도서관의 약탈을 막을 필요가 없다고 느꼈다. 그래야 자신들의 임무가 더 쉬워진다고 여겼다. 그러나 캐머런의 이전 환자였던 게일 캐스트너처럼, 쇼크요법의 피해자들은 새로운 담론을 만들어낼 수 있었다. 개인적이든 집단적이든 간에 기억은 가장 커다란 충격흡수장치가 되어주기 때문이다.

2004년, 쓰나미를 이용하려는 시도들에도 불구하고, 기억은 저항의 효과적 도구로 증명되었다. 특히 쓰나미가 닥친 태국의 일부 지역에서 그랬다. 해안가 마을 수십 곳이 파도에 휩쓸렸다. 그러나 스리랑카와 달리 태국의 마을들은 몇 달 만에 성공적으로 복구되었다. 그러한 차이는 정부에서 나온 게 아니다. 태국의 정치인들도 태풍을 구실로 삼아 어민들을 쫓아내고, 토지 소유권을 대형 리조트들에 넘기려 했다. 다른 곳과의 차이점은 바로 태국 주민들은 정부의 약속에 의구심을 품었다는 것이다. 그들은 피난캠프에 앉아 공식적 재건계획을 기다리지 않았다. 대신에 수주 만에 주민 수백 명이 이른바 토지 '재침공'에 들어갔다. 그들은 리조트 개발업자들이 고용한 무장 경비원을 지나쳐 자신들의 예전 땅으로 행진했다. 손에는 장비를 들고 예전 집이 있던 영역을 표시하기 시작했다. 그 자리에서 바로 재건이 이루어진 경우도 있었다. "이 땅에 내 목숨을 걸 겁니다. 우리의 것이니까요." 쓰나미로 가족을 잃은 라트리 콩와트마이(Ratree Kongwatmai)가 말했다.**45**

가장 대담한 재침공은 모켄(Moken) 또는 바다 집시들로 불리는 태국의 토착어민들이 해냈다. 그들은 수세기 동안 권리를 박탈당해왔다. 따라서 해안가를 획득한 자비로운 국가가 자신들에게 토지를 돌려줄 것이라는 환상을 품지 않았다. 팡응아(Phang Nga) 지역의 반퉁와(Ban Tung Wah) 마을 거주민들은 모두 모여서 행진한 뒤, 무너진 마을 주위를 밧줄로 둘러놓았다. 자신들의 토지 소유권을 표시하려는 행동이었다. 태국 NGO가 발표한 한 보고서의 설명에 따르면, "지역사회 주민들이 모두 모여 캠핑을 하자, 정부 당국은 쫓아내기가 힘들었다. 특히 쓰나미 복구에 언론이 상당한 관심을 갖고 있는 상황에선 더욱 그랬다." 결국 주민들은 정부와 협상을 통해 해안가 재산의 일부는 포기하는 대신 예전 땅의 나머지 부분에 대해서 법적 보호를 받게 되었다. 그리고 재건된 마을은 모켄 문화의 전시장이 되었다. 박물관과 마을회관과 학교와 시장도 완비되었다. "이제 교외의 관리들은 반퉁와에서 '사람들이 이루어낸 쓰나미 복구'를 배우기 위해 찾아온다. 연구원들과 대학생들도 토착민들의 지혜를 연구하기 위해 버스를 타고 나타난다."**46**

쓰나미 피해를 입은 태국 해안가를 따라 주민들이 직접 나서서 복구하는 모습이 일반적이 되어갔다. 지역사회 지도자들이 밝힌 성공의 열쇠는 "땅을 점거한 상태에서 토지 소유권 협상을 했다."라는 점이다. 일부는 "손안에 쥔 채로 협상하라."라는 관행으로 부르기도 한다.**47** 한편 태국의 생존자들은 다른 종류의 원조를 요구했다. 즉 동냥물품에 만족하기보다는 재건에 필요한 도구들을 요구했다. 그러자 태국 건축과 학생과 교수 수십 명이 자원봉사자로 나서 지역사회가 직접 새로운 집을 디자인하고 재건계획을 짜도록 도와주었다. 어선 제조 전문가들은 마을 사람들이 더욱 정교한 어선을 직접 만들 수 있게 교육을 시켜주었다. 그 결과 지역사회는 예전보다 더욱 튼튼해졌다. 태국 주민들이 반퉁와와 바안 나이라이(Baan Nairai)에 지은 기둥 위의 집들은 아름답고 견고했다. 또한 외국 계약업자들이 제공한 푹푹 찌는 조립식 거처보다 더 싼 데다 크고 시원했다. 태국 쓰나미생존자공동체연합이 작성한 문서엔 재건 철학이 담겨 있었다. "재건 업무는 가능한 한 지역 공동체가 진행해야 한다. 계약업자들은 내보내고 지역사회가 직접 집을 책임지고 짓게 하라."[48]

카트리나가 닥친 지 1년이 지나자 태국의 민중재건운동 리더들과 뉴올리언스의 허리케인 생존자 대표단이 교류하게 되었다. 미국에서 온 방문객들은 재건축된 태국 마을들을 둘러보고는 복구가 현실로 이루어지는 속도에 경악했다. "뉴올리언스에서는 정부가 일해주기만을 기다리는데, 여기서는 당신들이 직접 하는군요." 엔데샤 주아칼리(Endesha Juakali)가 말했다. 그는 뉴올리언스 '생존자 빌리지'의 설립자다. "미국으로 돌아가면 당신들의 모델을 새로운 목표로 삼을 겁니다."[49]

뉴올리언스 지역사회의 리더들이 고국으로 돌아간 이후, 수해 도시에는 직접 행동하려는 물결이 넘쳤다. 주아칼리는 현지의 계약업자들과 자원봉사팀을 조직해 피해 가옥을 방문해 홍수로 망가진 내부를 치웠다. 그러고는 역시 다음 집으로 이동해 도움을 주었다. "쓰나미 피해지역을 답사하며 FEMA와 주정부를 배제하고 직접 복구에 나서야 한다는 좋은 관점을 배웠습니다. 정부만 믿고 있는 게 아니라, 정부가 있더라도 우리 스스로가 복구를 위해 무엇을 할 수 있을지 묻기 시작했지요." 아시아 답사에 참여했던 비올라 워싱턴(Viola Washington)도 뉴올리언스 지역인 젠틸리(Gentilly)에 완전히 바뀐 새로운 태도로 돌아왔다. 그녀는 젠틸리의 지도를 구역별로 나누었다. 그리고 각 구역마다 대표위원회를 조직해 재건에 필요한 사항들을 논의할 대표자들을 임명했다. "정부에게서 돈을 얻어내기 위해 투쟁할 때, 우리 마음속에는 원래 것을 되찾고 싶은 생각밖에는 없었습니다."[50]

뉴올리언스에서는 더욱 직접적인 행동도 나타났다. 2007년 2월 부시 행정부가 파괴하려 했던 공영주택 프로젝트 지역의 거주민들이 예전에 살던 집을 재침입해 점거했다. 그리고 자원봉사자들은 가옥 청소를 돕고, 발전기와 태양열 패널을 위한 기금을 모았다. "우리 집은 제게는 성과 마찬가지입니다. 반드시 다시 되찾을 겁니다." 공영주택 프로젝트 지역인 C. J. 피트(Peete)에 사는 글로리아 윌리엄스(Gloria Williams)가 말했다. 이들의 재침공으로 뉴올리언스는 악단이 완비된 지역 파티로 변했다.[51] 이들에겐 축하해야 할 것들이 너무 많았다. 최소한 지금으로선, 재건이라는 가면을 쓴 커다란 문화적 불도저를 피한 셈이다.

스스로 재해를 복구한 사람들은 하나같이 공통된 주제를 얘기한다. 참가자들은 단지 건물만 보수한 것이 아니라 스스로를 치유했다고 말했다. 일리가 있는 이야기다. 큰 충격을 겪으면 무기력함을 느끼는 경우가 대부분이다. 자연의 엄청난 힘 앞에서 부모들은 아이들을 구할 능력을 상실했다. 혹은 배우자와 이별을 했고, 보호의 공간이었던 집은 죽음의 덫이 되었다. 무력감에서 벗어나는 최선책은 지역 복구에 참여할 권리를 얻는 것이다. 뉴올리언스 주 로어 나인스 워드의 마틴 루터 킹 주니어 초등학교의 교감은 이렇게 말했다. "학교를 다시 열었습니다. 그러자 단지 지역으로만 연결된 것이 아니라, 영혼, 혈육, 집으로 돌아가고 싶은 갈망으로 똘똘 뭉친 특별한 공동체라는 느낌이 들었죠."[52]

주민들의 이러한 재건 노력은 모델 국가를 건설하기 위해 백지상태를 끝없이 추구하는 재난 자본주의 복합체의 사상과는 정반대다. 그리고 남미의 농장 협동체나 공장협동체와 마찬가지로 이러한 재건은 즉흥적으로 이루어졌다. 한마디로 살아남은 사람들은 누구든지 참여해서 쓸려가지 않고 남아 있는 도구는 뭐든 가리지 않고 들고 나섰다. 종말론적 환상에 따르면, 재앙 같은 파괴 속에서 오직 진정한 신도들만이 탈출할 수 있다. 반대로 지역민들의 정화운동은 우리가 만들어낸 혼란에서 완전히 벗어날 탈출구는 없다는 전제에서 출발한다. 그리고 이미 역사, 문화, 기억의 상당 부분이 제거되었다는 사실을 받아들인다. 따라서 완전히 새로운 상태를 만들어내려는 것이 아니라 주변의 잔해와 파편더미를 치우는 데서 시작한다. 조합주의운동은 과격한 모습을 보이며 후퇴하고 있다. 동시에 사람들의 압도적인 저항에 대항하기 위한 쇼크요법을 찾고 있다. 한편 이러한 프로젝트들은 근본주의 사상은 거들떠보지 않았다. 그리고 시민들은 강력한 실용주의 정신을 바탕으로 자신들의 지역사회에 기반을 두었다. 그들은 스스로 어떤 거창한 일을 한다기보다는 그저 재난을 복구하는 사람들일 뿐이라고 생각한다. 남아 있는 것들을 고치고, 힘을 실어주고, 더 나은 평등한 상태로 만들려는 것이다. 무엇보다도 다음번 쇼크가 강타할 때를 대비해 힘을 되찾고 있다.

나오미 클라인 & 캐서린 바이너(영국 <가디언> 편집장)

"우리는 결코 코로나 이전으로 돌아가선 안된다"

<가디언>의 편집장 캐서린 바이너와 나오미 클라인의 인터뷰 내용을 소개한다.
<쇼크 독트린>은 2007년 출간됐지만 지금도 여전히 중요한 질문을 던지고 있다.
특히 코로나 팬데믹으로 전 세계가 위기에 직면한 지금,
재난자본주의는 이 위기를 이용해 탐욕을 극대화 하고 있다.
코로나 바이러스는 이 세상을 어떻게 변화시킬 것인가?
<쇼크 독트린>은 이 질문에 대한 나오미 클라인의 대답이다.
나오미 클라인은 '기후, 평등, 그리고 공정'이 포스트 코로나 시대에
우리가 가장 주목해야 할 가치라고 말한다. _편집자 주

캐서린 바이너 안녕하세요, 나오미. 이동제한 조치에 좀 익숙해지고 있나요?

나오미 클라인 저처럼 줌으로 학생들을 가르치고 아이를 돌보고 밥도 하고…, 이 것저것 많은 일을 동시에 해야 하는 사람들에겐 그래도 (이동제한 조치가) 견디기 수월한 편이죠. 지금은 가족들과 여름을 보내러 캐나다에 와 있어요. 캐나다는 미국에서 온 사람들에게 매우 엄격한 자가격리 조치를 시행하고 있어요. 거

의 2주간 집 밖에 나가본 적이 없어요. 이동제한이 빨리 풀리길 바라는 마음에 병 걸릴 지경입니다.

캐서린 바이너 최근 당신이 쓴 글에서 한 기술회사 CEO의 말을 멋지게 인용했더군요. "사람은 생물학적으로 위험하지만 기계는 그렇지 않다." 정말 소름 끼쳤어요. 미래에 대해 두려움이 일더군요. '스크린 뉴딜(정부와 거대 기술기업이 공모하여 사람들의 모든 행위를 추적, 감시할 수 있는 디지털 인프라를 구축하려는 움직임)'에 대한 글도 아주 흥미롭게 읽었습니다.

나오미 클라인 코로나 이전부터 실리콘밸리는 사람들 몸에 기술을 심어 개개인이 몸으로 경험하는 것들을 대체하고자 하는 계획을 갖고 있었어요. 기술이 아직 사람들 사이의 관계를 대체하지 못하는 영역들-예를 들어 가상수업으로 현장수업을, 원격진료로 직접진료를, 로봇으로 사람이 배달하는 것을 대체하는-을 바꾸려는 계획이 있었죠.

이 모든 영역이 코로나 이후에 비대면 기술로 다시 떠오르고 있어요. 이들 프로젝트의 핵심은 '접촉이 문제'라는 프레임입니다. 하지만 우리가 가장 그리워하는 것은 '접촉'입니다. 앞으로 코로나와 어떻게 같이 살아갈지 우리에게 주어진 선택지들을 더 확장할 필요가 있어요. 백신 역시 우리에게 필요한 정도로 보급되려면 아마도 몇 달, 몇 년이 걸릴 거예요.

어떻게 하면 이런 상황을 감수할 수 있을까요? 우리를 지탱하는 '관계'가 사라진 상황은 과연 정상적인 걸까요? 우리 아이들이 기술이 중개하는 수업을 아무렇지도 않게 받아들일 수 있을까요? 우리는 왜 돈을 '스크린 뉴딜'에 쏟아부을까요? 우리 삶의 질을 떨어뜨리는 방식으로 문제를 해결하려고 할까요? 그 대신 왜 교사들을 더 뽑지 않을까요? 학습 인원을 반으로 줄이고 교사를 두 배로 늘리고, 야외수업이라는 대안을 찾지 않을까요?

우리는 코로나 이전, 더 나쁘기만 했던, 더 많은 감시와 더 많은 스크린, 사람 사이의 접촉이 덜한 때로 돌아가야 한다고 여기지 않고도 이런 위기에 대응할 수 있는 많은 방법들을 떠올릴 수 있습니다.

캐서린 바이너 이렇게 얘기하는 정부가 있나요?

나오미 클라인 뉴질랜드 저신다 아던 총리가 있죠. 여행업에 매우 의존적인 뉴질랜드 상황에 맞춰 주 4일 근무를 대안으로 제시한 걸 듣고 아주 반가웠어요. 뉴질랜드는 코로나 관련 사망률에서 다른 어떤 나라보다 잘 대처하고 있습니다. 예전처럼 관광객에게 문을 열기 쉽지 않았을 거예요. 그래서 더 짧게 일하고 월급은 예전처럼 받으면서 자신의 나라를 안전하게 즐길 수 있게 여가시간을 늘려야 한다는 생각을 냈던 거죠.

'어떻게 하면 속도를 늦출 수 있을까?' 저는 이 문제가 아주 중요하다고 생각해요. '예전처럼 영업합니다', '다시 정상으로' 같은 말을 하면서 우리가 엑셀을 밟을 때마다 바이러스는 다시 창궐하면서 이렇게 얘기합니다. '속도 좀 줄여!'

캐서린 바이너 우리는 사실 속도를 줄여야 한다고 생각합니다. 하지만 영국 정부는 무슨 일이 있어도 정상으로 돌아갈 작정인 거 같아요. 펍을 비롯해 모든 걸 다시 열었습니다. 우리를 휴가 보내지 못해 안달난 거 같아요. 코로나 이후의 상황을 고민하지 않고 예전으로 돌아가는 데만 급급한 거죠.

나오미 클라인 맞아요. 제정신이 아니예요. 사실 다시 가게 문을 열려고 하는 사람들은 소수입니다. 안전해지기 전에 일터로 돌아가는 것, 안전해지기 전에 아이들을 다시 학교로 보내는 것에 대해 걱정하는 사람이 더 많습니다. 정부는 사람들에게 원하는 걸 주는 것처럼 포장하지만 표를 얻기 위한 쇼에 불과한 겁니다.

도널드 트럼프와 보리스 존슨의 방역 방식에는 비슷한 점이 꽤 많아요. 그들은 방역을 일종의 남성성을 테스트 하는 것으로 바꿔버렸어요. 존슨은 바이러스에 감염되고 나서도 그랬죠. 자이르 보우소나루 브라질 대통령은 자기가 얼마나 체력이 강한지 이야기하면서 바이러스를 극복할 수 있을 거라고 했어요(그는 인터뷰 후 얼마 안돼 코로나바이러스에 감염되었다). 트럼프는 자기 유전자가 아주 좋다고 떠벌렸고요.

캐서린 바이너 조지 플로이드의 죽음과 관련해서 왜 시민저항운동이 일어나고 있는지 밝힌 당신의 관점에 아주 공감합니다. 하나의 위기로부터 시작해, 전세계적으로 인종차별에 반대해 거대한 시위가 일어나고 있다는 게 아주 흥미로워요.

나오미 클라인 이런 운동이 처음 일어난 건 아닙니다. 시카고는 코로나로 인한 사망자의 70%가 흑인들입니다. 이런 도시에서 흑인들이 겪어야 하는 팬데믹의 충격은 훨씬 더 심각합니다. 더 특별한 면이 있는 거 같아요. 그들은 정상적인 보호를 받지 못한 채, 위험한 일을 수행하고 있습니다. 오랫동안 그들의 지역사회는 환경오염, 스트레스, 트라우마, 위험한 근무환경, 차별적인 의료서비스에 노출돼 있었어요. 흑인사회는 바이러스로 인한 사망률에서 불균형을 보이고 있어요. 이렇게 중대한 트라우마를 경험하고 있는 시기에, 아마드 알베리, 조지 플로이드, 베로나 타일러 같은 죽음들이 일어나고 있는 겁니다.

많은 사람들이 질문하고 있어요. 흑인이 아닌 다른 인종들이 과연 시위에서 무엇을 말하고 있는가? 다양한 인종들이 이렇게 대규모로 시위에 참여한 적은 없었습니다. 흑인이 이끄는 다인종 시위인 거죠. 왜 이번엔 다를까? 몇 가지 이유가 있다고 생각해요.

하나는 팬데믹이 우리 문화에 가져온 관대함과 관련 있습니다. 속도를 줄이면 뭔가 더 잘 느낄 수 있죠. 끊임없는 경쟁 속에 있을 때는 공감을 나눌 시간이 별로 없어요. 바이러스는 처음부터 우리가 상호의존적인 관계 속에 있다는 걸 일깨워줬죠. 내가 만지는 모든 것들은 누군가 만진 것이겠지? 내가 먹는 음식, 방금 도착한 택배, 선반에 놓인 음식들도. 자본주의가 끊임없이 생각하지 말라고 가르쳤던 바로 그 '연결'을 떠올리게 합니다.

우리가 다른 사람에 대해 생각하게 되면서, 인종차별주의적인 잔혹한 행위들에 대해서 의식하게 되고, (인종차별이) 남의 일이 아니라고 말하게 된 거 같아요.

캐서린 바이너 당신의 책 <On Fire> 서문에 아주 좋은 글귀가 있어요. "코로나 재난 이전의 나쁜 것들은 더 이상 감당하기 어려운 것들이 되었다." 흑인들이 경찰에게 당하는 건 더 이상 참을 수 없는 상황이 된 거죠.

나오미 클라인 재난이 닥치면 늘 그런 담론이 일어나요. '기후변화는 차별하지 않는다. 팬데믹은 차별하지 않는다. 우리 모두 같이 겪는다?' 이건 틀린 얘기예요. 재난이 작동하는 방식이 아닙니다. 재난은 확대경처럼, 강화제처럼 작동해요. 이전에 만일 당신이 아마존 물류창고에서 일했다면, 혹은 당신 삶을 가치 없는 것처럼 대하던 장기 요양원에 있었다면, 과거에도 좋지 않았겠죠. 하지만 지금은 더 참을 수 없을 정도로 나빠진 겁니다. 이전에도 버려진 것처럼 대우를 받았다면 지금은 훨씬 더 가혹한 희생을 감수해야 하는 상태가 된 것이죠.

우리는 눈에 보이는 폭력에 대해서만 말하고 있어요. 더 목소리를 내야 하는 건 감춰진 폭력입니다. 바로 가정에서 일어나고 있는 폭력이죠. 남자들이 스트레스를 받으면 여자들과 아이들이 그 영향을 고스란히 받게 돼요. 사이가 좋은 가족들에게도 얼마간의 거리는 필요하기 때문에 이동제한은 굉장히 심각한 스트레스를 일으킵니다. 만약 당신이 해고를 당하거나 경제적인 압박이 심해지면 더 심각해집니다. 지금은 여성들에게 매우 안좋은 상황이에요.

캐서린 바이너 작년에 그린뉴딜과 버니 샌더스 캠프에서 일하셨죠? 앞으로 좀 나아질 거라고 낙관하나요? 아니면 그 반대인가요?

나오미 클라인 어떤 면에서 더 힘들어졌어요. 당신은 버니가 그린뉴딜을 핵심적인 정책으로 추진할 수 있는 대통령 후보라고 했죠. 저는 내부의 수용성뿐만 아니라 외부의 대중운동과 상호작용을 해야만 이길 수 있다고 믿어요. 버니한테 가능성이 있다고 보고요. 조 바이든은 버니보단 어려워요. 하지만 불가능한 건 아니죠. <On Fire> 말미에, 그린뉴딜에 찬성하는 열 가지 이유와 왜 그것이 기후정책에도 이로운지 썼어요. 그 중 한 가지 이유는 그린뉴딜은 경기후퇴에도 영향을 받지 않는다는 거예요.

경기가 비교적 좋을 때는 기후운동이 위축됩니다. 이 시기의 기후 해결책은 신자유주의적이고 시장 친화적인 방향으로 흐르는 경향이 있어요. 기후세나 에너지 사용료를 더 올리는 재생에너지 정책이나 휘발유 가격을 상승시키는 탄소세 같은 것이 그 예죠.

경기가 하강국면으로 접어들면 이런 정책에 대한 지지가 확실히 사라집니다. 바로 2008년 금융위기 이후에 이런 현상을 경험했죠. 기후문제는 부르주아의 것이라고들 하죠. 먹을 걸 염려하지 않아도 될 때나 걱정하는 이슈라고 말입니다.

그린뉴딜은 역대 가장 심각한 경제위기 때 만들어졌어요. 바로 대공황 시기 루즈벨트 대통령이 단행한 뉴딜정책입니다. 제가 쓴 <On Fire>에 대한 가장 큰 반발이 그거였어요. "경제가 잘 나갈 때 우린 그런 거(그린뉴딜) 안 해." 우리가 그린뉴딜을 말할 수 있는 시대는—인정하기 힘들지만— 우리 사회가 급속히 변화하는 때입니다. 바로 대공황이나 전쟁을 촉매제로 세상이 크게 바뀌는 시기죠.

하지만 지금은 우리가 빨리 변화할 수 있습니다. 또한 우리 정부는 세상을 통제할 만한 엄청난 양의 달러를 갖고 있어요. 이 모든 게 급진적으로 사회를 변화시킬 수 있는 힘이 됩니다. 저는 지금이 기회라고 생각해요. 미래를 얻기 위해 우리는 싸워야 합니다. 낙관적이진 않지만 이런 커다란 변화가 있었던 역사의 순간들을 떠올려보면 바로 지금과 같은 순간들입니다.

(출처 : <가디언> 2020년 7월 13일)

┌─ 일러두기 ─

◦ 저자가 인터뷰를 통해 수집한 사실들은 주에 열거하지 않았다.
◦ 특별한 언급이 없는 한 스페인어 영역은 모두 샤나 야엘 슈브스가 맡았다.
◦ 책에 나오는 모든 달러는 미국 화폐를 가리킨다.
◦ 한 문단 안에 여러 사실에 관한 출처를 표기할 경우 각각의 개별적인 사실 바로 뒤에 번호를 달지 않고 문단 끝에
  번호를 달아두었다. 미주 부분에 열거된 출처들은 문단에 나타나는 사실들의 순서에 따라 기입했다.
◦ 각주의 출처를 밝혀야 할 경우에는 본문에 표기한 별표와 가장 가까운 미주 번호 안에 언급했으며 '각주'로 명기했다.
◦ 뉴스 기사를 볼 수 있는 온라인 주소는 웹 구조의 일시적인 특성 때문에 포함하지 않았다.
  특정 문서를 온라인에서만 볼 수 있는 경우에는 웹 페이지가 속해 있는 홈페이지 주소(URL)를 기록했다.
  하지만 웹의 일시적인 특성을 고려해 해당 웹 페이지의 긴 주소(URL)를 일일이 기록하지는 않았다.
◦ 웹 링크들과 광대한 참고문헌, 영화 관계 문헌들은 물론 본문에 언급된 여러 원문은 저자 홈페이지
  (www.naomiklein.org)에서 볼 수 있다.

서론

1) Bud Edney, "Appendix A: Thoughts on Rapid Dominance," in Harlan K. Ullman
   and James P. Wade, Shock and Awe: Achieving Rapid Dominance,
   NDU Press Book, 1996, p.110.

2) John Harwood, "Washington Wire: A Special Weekly Report from The Wall
   Street Journal's Capital Bureau," Wall Street Journal, September 9, 2005.

3) Gary Rivlin, "A Mogul Who Would Rebuild New Orleans," New York Times,
   September 29, 2005.

4) "The Promise of Vouchers," Wall Street Journal, December 5, 2005.

5) Ibid.

6) Milton Friedman, Capitalism and Freedom, University of Chicago Press, 1982, p.2.

7) Interview with Joe DeRose, United Teachers of New Orleans, September 18, 2006; Michael Kunzelman, "Post-Katrina, Educators, Students Embrace Charter Schools," Associated Press, April 17, 2007.

8) Steve Ritea, "N.O. Teachers Union Loses Its Force in Storm's Wake," Times-Picayune, March 6, 2006.

9) Susan Saulny, "U.S. Gives Charter Schools a Big Push in New Orleans," New York Times, June 13, 2006; Veronique de Rugy and Kathryn G. Newmark, "Hope after Katrina?" Education Next, October 1, 2006, www.aei.org.

10) "Educational Land Grab," Rethinking Schools, Fall 2006.

11) Milton Friedman, Inflation: Causes and Consequences, Asia Publishing House, 1963, p.1.

12) Friedman, Capitalism and Freedom, p.ix.

13) Milton Friedman and Rose Friedman, Tyranny of the Status Quo, Harcourt Brace Jovanovich, 1984, p.3.

14) Milton Friedman and Rose D. Friedman, Two Lucky People: Memoirs, University of Chicago Press, 1998, p.592.

15) Eduardo Galeano, Days and Nights of Love and War, trans. Judith Brister, Monthly Review Press, 1983, p.130.

16) Ullman and Wade, Shock and Awe, p.xxviii.

17) Thomas Crampton, "Iraq Official Warns on Fast Economic Shift," International Herald Tribune, October 14, 2003.

18) Alison Rice, Post-Tsunami Tourism and Reconstruction: A Second Disaster?, Tourism Concern, October 2005, www.tourismconcern.org.uk.

19) Nicholas Powers, "The Ground below Zero," Indypendent, August 31, 2006, www.indypendent.org.

20) Neil King Jr. and Yochi J. Dreazen, "Amid Chaos in Iraq, Tiny Security Firm Found Opportunity," Wall Street Journal, August 13, 2004.

21) Eric Eckholm, "U.S. Contractor Found Guilty of $3 Million Fraud in Iraq," New York Times, March 10, 2006.

22) Davison L. Budhoo, Enough Is Enough: Dear Mr. Camdessus Open Letter of Resignation to the Managing Director of the International Monetary Fund, New Horizons Press, 1990, p.102.

23) Michael Lewis, "The World's Biggest Going-Out-of-Business Sale," The New York Times Magazine, May 31, 1998.

24) Bob Sipchen, "Are Public Schools Worth the Effort?" Los Angeles Times, July 3, 2006.

25) Paul Tough, David Frum, William Kristol et al., "A Revolution or Business as Usual?: A Harper's Forum," Harper's, March 1995.

26) Rachel Monahan and Elena Herrero Beaumont, "Big Time Security," Forbes, August 3, 2006; Gary Stoller, "Homeland Security Generates Multibillion Dollar Business," USA Today, September 10, 2006.

27) Evan Ratliff, "Fear, Inc.," Wired, December 2005.

28) Veronique de Rugy, American Enterprise Institute, "Facts and Figures about Homeland Security Spending," December 14, 2006, www.aei.org.

29) Bryan Bender, "Economists Say Cost of War Could Top $2 Trillion," Boston Globe, January 8, 2006.

30) Thomas L. Friedman, "Big Mac I," New York Times, December 8, 1996.

31) Steve Quinn, "Halliburton's 3Q Earnings Hit $611M," Associated Press, October 22, 2006.

32) Steven R. Hurst, "October Deadliest Month Ever in Iraq," Associated Press, November 22, 2006.

33) James Glanz and Floyd Norris, "Report Says Iraq Contractor Is Hiding Data from U.S.," New York Times, October 28, 2006.

34) Wency Leung, "Success Through Disaster: B.C.-Made Wood Houses Hold Great Potential for Disaster Relief," Vancouver Sun, May 15, 2006.

35) Joseph B. Treaster, "Earnings for Insurers Are Soaring," New York Times, October 14, 2006.

36) Central Intelligence Agency, Kubark Counterintelligence Interrogation,

July 1963, pp.1, 101. 비밀 해제된 자료는 웹사이트(www.gwu.edu/~nsarchiv)에서
열람할 수 있다.

37) Ibid, p.66.

38) Mao Tse-Tung, "Introducing a Cooperative," Peking Review 1, no.15, June 10,
1958, p.6.

39) Friedman and Friedman, Two Lucky People, p.594.

40) Ibid.

41) "The Rising Risk of Recession," Time, December 19, 1969.

42) George Jones, "Thatcher Praises Friedman, Her Freedom Fighter,"
Daily Telegraph (London), November 17, 2006; Friedman and Friedman,
Two Lucky People, pp.388~389.

43) Francis Fukuyama, "The End of History?" The National Interest, Summer 1989.

44) Justin Fox, "The Curious Capitalist," Fortune, November 16,
2006; House of Representatives, 109th Congress, 2nd Session,
"H. Res. 1089: Honoring the Life of Milton Friedman," December 6,
2006; Jon Ortiz, "State to Honor Friedman," Sacramento Bee, January 24,
2007; Thomas Sowell, "Freedom Man," Wall Street Journal, November 18, 2006.

45) Stephane Courtois et al., The Black Book of Communism: Crimes, Terror,
Repression, trans. Jonathan Murphy and Mark Kramer, Harvard University Press,
1999, p.2.

1장

1) Cyril J. C. Kennedy and David Anchel, "Regressive Electric-Shock in
Schizophrenics Refractory to Other Shock Therapies," Psychiatric Quarterly 22,
no.2, April 1948, p.318.

2) Ugo Cerletti, "Electroshock Therapy," Journal of Clinical and Experimental
Psychopathology and Quarterly Review of Psychiatry and Neurology 15,
September 1954, pp.192~193.

3) Judy Foreman, "How CIA Stole Their Minds," Boston Globe, October 30, 1998; Stephen Bindman, "Brainwashing Victims to Get $100,000," Gazette, November 18, 1992.

4) Gordon Thomas, Journey into Madness, Bantam Books, 1989, p.148.

5) Harvey M. Weinstein, Psychiatry and the CIA: Victims of Mind Control, American Psychiatric Press, 1990, pp.92, 99.

6) D. Ewen Cameron, "Psychic Driving," American Journal of Psychiatry 112, no.7, 1956, pp.502~509.

7) D. Ewcn Cameron and S. K. Pande, "Treatment of the Chronic Paranoid Schizophrenic Patient," Canadian Medical Association Journal 78, January 15, 1958, p.95.

8) Aristotle, "On the Soul, Book III," in Aristotle I, Great Books of the Western World, vol.8, ed. Mortimer J. Adler, trans. W. D. Ross, Encyclopaedia Britannica, 1952, p.662.

9) Berton Rouche, "As Empty as Eve," The New Yorker, September 9, 1974.

10) D. Ewen Cameron, "Production of Differential Amnesia as a Factor in the Treatment of Schizophrenia," Comprehensive Psychiatry 1, no.1, 1960, pp.32~33.

11) D. Ewen Cameron, J. G. Lohrenz and K. A. Handcock, "The Depatterning Treatment of Schizophrenia," Comprehensive Psychiatry 3, no.2, 1962, p.67.

12) Cameron, "Psychic Driving," pp.503~504.

13) Weinstein, Psychiatry and the CIA, p.120. : Thomas, Journey into Madness, p.129.

14) "CIA, Memorandum for the Record, Subject: Project ARTICHOKE," January 31, 1975, www.gwu.edu/~nsarchiv.

15) Alfred W. McCoy, "Cruel Science: CIA Torture & Foreign Policy," New England Journal of Public Policy 19, no.2, Winter 2005, p.218.

16) Alfred W. McCoy, A Question of Torture: CIA Interrogation, from the Cold War to the War on Terror, Metropolitan Books, 2006, pp.22, 30.

17) 이 실험 기간에 자신도 모르는 사이 LSD를 복용하고 있다는 사실을 알아낸 사람들 중에는 북한 포로들도 있었다. 켄터키 렉싱턴에 있는 약물 치료 센터 환자들, 메릴랜드 엣지우드 화학 무기고의 미군 7,000명 그리고 캘리포니아 배커빌 교도소 수감자 등.

Ibid., pp.27, 29.

18) "보관소에서 발견된 작자 불명의 육필 메모는 그 모임에서 캐릴 해스킨스 박사와
R. J. 윌리엄스 중령이 CIA 대표였음을 확인해주었다."
David Vienneau, "Ottawa Paid for '50s Brainwashing Experiments, Files Show,"
Toronto Star, April 14, 1986; "Minutes of June 1, 1951, Canada/US/UK Meeting
Re: Communist 'Brainwashing' Techniques during the Korean War,"
meeting at Ritz-Carlton Hotel, Montreal, June 1, 1951, p.5.

19) D. O. Hebb, W. Heron and W. H. Bexton, Annual Report, Contract DRB X38,
Experimental Studies of Attitude, 1953.

20) Defense Research Board Report to Treasury Board, August 3, 1954, declassified, 2.

21) "Distribution of Proceedings of Fourth Symposium, Military Medicine, 1952,"
declassified.

22) Zuhair Kashmeri, "Data Show CIA Monitored Deprivation Experiments,"
Globe and Mail, February 18, 1984.

23) Ibid.

24) Hebb, Heron and Bexton, Annual Report, Contract DRB X38, pp.1~2.

25) Juliet O'Neill, "Brain Washing Tests Assailed by Experts," Globe and Mail,
November 27, 1986.

26) Thomas, Journey into Madness, p.103; John D. Marks, The Search for the
Manchurian Candidate: The CIA and Mind Control, Times Books, 1979, p.133.

27) R. J. Russell, L. G. M. Page and R. L. Jillett, "Intensified Electroconvulsant
Therapy," Lancet, December 5, 1953, p.1178.

28) Cameron, Lohrenz and Handcock, "The Depatterning Treatment of Schizophrenia,"
p.68.

29) Cameron, "Psychic Driving," p.504.

30) Thomas, Journey into Madness, p.180.

31) D. Ewen Cameron et al., "Sensory Deprivation: Effects upon the Functioning
Human in Space Systems," Symposium on Psychophysiological Aspects of
Space Flight, ed. Bernard E. Flaherty, Columbia University Press, 1961,
p.231; Cameron, "Psychic Driving," p.504.

32) Marks, The Search for the Manchurian Candidate, p.138.

33) Cameron and Pande, "Treatment of the Chronic Paranoid Schizophrenic Patient," p.92.

34) Cameron, "Production of Differential Amnesia as a Factor in the Treatment of Schizophrenia," p.27.

35) Thomas, Journey into Madness, p.234.

36) Cameron et al., "Sensory Deprivation," pp.226, 232.

37) Lawrence Weschler, A Miracle, a Universe: Settling Accounts with Torturers, Pantheon Books, 1990, p.125.

38) Interview appeared in the Canadian magazine Weekend, quoted in Thomas, Journey into Madness, p.169.

39) Cameron, "Psychic Driving," p.508.

40) Cameron was citing another researcher, Norman Rosenzweig, to support his thesis. Cameron et al., "Sensory Deprivation," p.229.

41) Weinstein, Psychiatry and the CIA, p.222.

42) "Project MKUltra, The CIA's Program of Research in Behavioral Modification," Joint Hearings Before the Select Committee on Intelligence and the Subcommittee on Health and Scientific Research of the Committee on Human Resources, United States Senate, 95th Congr., 1st Sess., August 3, 1977. 다음 책에도 인용되어 있다. Weinstein, Psychiatry and the CIA, p.178.

43) Ibid., 143.

44) James LeMoyne, "Testifying to Torture," New York Times, June 5, 1988.

45) Jennifer Harbury, Truth, Torture and the American Way: The History and Consequences of U.S. Involvement in Torture, Beacon Press, 2005, p.87.

46) Senate Select Committee on Intelligence, "Transcript of Proceedings before the Select Committee on Intelligence: Honduran Interrogation Manual Hearing," June 16, 1988 (Box 1 CIA Training Manuals, Folder: Interrogation Manual Hearings, National Security Archives). 다음 책에도 인용되어 있다. McCoy, A Question of Torture, p.96.

47) Tim Weiner, "Interrogation, C.I.A.-Style," New York Times, February 9, 1997; Steven M. Kleinman, "KUBARK Counterintelligence Interrogation Review: Observations of an Interrogator, February 2006 in Intelligence Science Board,

Educing Information, National Defense Intelligence College, December 2006, p.96.

48) Central Intelligence Agency, Kubark Counterintelligence Interrogation, July 1963, pp.1~8. 비밀 해제된 자료는 국립기록보존소(www.gwu.edu/~nsarchiv)에서 열람할 수 있다.

49) Ibid., pp.1, 38.

50) Ibid., pp.1~2.

51) Ibid., p.88.

52) Ibid., p.90.

53) Central Intelligence Agency, Human Resource Exploitation Training Manual, 1983. 비밀 해제된 자료는 국립기록보존소(www.gwu.edu/~nsarchiv)에서 열람할 수 있다. 각주: Ibid.

54) Central Intelligence Agency, Kubark Counterintelligence Interrogation, July 1963, pp.49~50, 76~77.

55) Ibid., pp.41, 66.

56) McCoy, A Question of Torture, p.8.

57) McCoy, "Cruel Science," p.220.

58) Frantz Fanon, A Dying Colonialism, trans. Haakon Chevalier, Grove Press, 1967, p.138.

59) 1960년부터 1969년까지 프랑스 국방부 장관을 지낸 피에르 메스메르는 미국인들이 미국에서 병사들을 훈련하고자 프랑스군을 초청했다고 말했다.
이에 프랑스 고문 전문가로 가장 악명 높고 고집 센 폴 오사레스 장군이 포트 브래그에 가서 미군들에게 '체포, 심문, 고문' 기술을 지도했다. Death Squadrons: The French School, documentary directed by Marie-Monique Robin, Ideale Audience, 2003.

60) McCoy, A Question of Torture, p.65.

61) Dianna Ortiz, The Blindfold's Eyes, Orbis Books, 2002, p.32.

62) Harbury, Truth, Torture and the American Way.

63) United Nations, Geneva Convention Relative to the Treatment of Prisoners of War, Adopted August 12, 1949, www.ohchr.org; Uniform Code of Military Justice, Subchapter 10: Punitive Articles, Section 893, Article 93, www.au.af.mil.

64) Central Intelligence Agency, Kubark Counterintelligence Interrogation, p.2;

Central Intelligence Agency, Human Resource Exploitation Training Manual 1983.

65) Craig Gilbert, "War Will Be Stealthy," Milwaukee Journal Sentinel, September 17, 2001; Garry Wills, Reagan's America: Innocents at Home, Doubleday, 1987, p.378.

66) Katharine Q. Seelye, "A Nation Challenged," New York Times, March 29, 2002; Alberto R. Gonzales, Memorandum for the President, January 25, 2002, www. msnbc.msn.com.

67) Jerald Phifer, "Subject: Request for Approval of Counter-Resistance Strategies," Memorandum for Commander, Joint Task Force 170, October 11, 2002, p.6. 비밀 해제된 자료는 웹사이트(www.npr.org)에서 열람할 수 있다.

68) U.S. Department of Justice, Office of Legal Counsel, Office of the Assistant Attorney General, Memorandum for Alberto R. Gonzales, Counsel to the President, August 1, 2002, www.washingtonpost.com. "Military Commissions Act of 2006," Subchapter VII, Sec.6, thomas.loc.gov; Alfred W. McCoy, "The U.S. Has a History of Using Torture," History News Network, George Mason University, December 4, 2006, www.hnn.us; "The Imperial Presidency at Work," New York Times, January 15, 2006.

69) Kleinman, "KUBARK Counterintelligence Interrogation Review," p.95.

70) Dan Eggen, "Padilla Case Raises Questions about Anti-Terror Tactics," Washington Post, November 19, 2006.

71) Curt Anderson, "Lawyers Show Images of Padilla in Chains," The Associated Press, December 4, 2006; John Grant, "Why Did They Torture Jose Padilla," Philadelphia Daily News, December 12, 2006.

72) AAP, "US Handling of Hicks Poor: PM," Sydney Morning Herald, February 6, 2007.

73) Shafiq Rasul, Asif Iqbal and Rhuhel Ahmed, Composite Statement: Detention in Afghanistan and Guantanamo Bay, Center for Constitutional Rights, July 26, 2004, p.95, www.ccr-ny.org.

74) Adam Zagorin and Michael Duffy, "Inside the Interrogation of Detainee 063," Time, June 20, 2005.

75) James Yee and Aimee Molloy, For God and Country: Faith and Patriotism under Fire, Public Affairs, 2005, pp.101~102; Tim Golden and Margot Williams, "Hunger Strike Breaks Out at Guantanamo," New York Times, April 8, 2007.

76) Craig Whitlock, "In Letter, Radical Cleric Details CIA Abduction, Egyptian Torture," Washington Post, November 10, 2006.

77) Ibid.

78) Amnesty International, "Italy, Abu Omar: Italian Authorities Must Cooperate Fully with All Investigations," Public Statement, November 16, 2006, www.amnesty.org.

79) Jumah al-Dossari, "Days of Adverse Hardship in U.S. Detention Camps. Testimony of Guantanamo Detainee Jumah al-Dossari," Amnesty International, December 16, 2005.

80) Mark Landler and Souad Mekhennet, "Freed German Detainee Questions His Country's Role," New York Times, November 4, 2006.

81) A.E. Schwartzman and P.E. Termansen, "Intensive Electroconvulsive Therapy: A Follow-Up Study,"Canadian Psychiatric Association Journal 12, no.2, 1967, p.217.

82) Erik Eckholm, "Winning Hearts of Iraqis with a Sewage Pipeline," New York Times, September 5, 2004.

2장

1) Arnold C. Harberger, "Letter to a Younger Generation," Journal of Applied Economics 1, no.1, 1998, p.2.

2) Katherine Anderson and Thomas Skinner, "The Power of Choice: The Life and Times of Milton Friedman," aired on PBS on January 29, 2007.

3) Jonathan Peterson, "Milton Friedman, 1912~2006," Los Angeles Times, November 17, 2006.

4) Frank H. Knight, "The Newer Economics and the Control of Economic Activity," Journal of Political Economy 40, no.4, August 1932, p.455.

5) Daniel Bell, "Models and Reality in Economic Discourse," The Crisis in Economic Theory, eds. Daniel Bell and Irving Kristol, Basic Books, 1981, pp.57~58.

6) Milton Friedman and Rose D. Friedman, Two Lucky People: Memoirs, University of Chicago Press, 1998, p.24.

7) Larry Kudlow, "The Hand of Friedman," The Corner web log on the National Review Online, November 16, 2006, www.nationalreview.com.

8) Friedman and Friedman, Two Lucky People, p.21.

9) Milton Friedman, Capitalism and Freedom, University of Chicago Press, 1982, p.15.

10) Don Patinkin, Essays on and in the Chicago Tradition, Duke University Press, 1981, p.4.

11) Friedrich A. Hayek, The Road to Serfdom, University of Chicago Press, 1944.

12) 2000년 10월 3일 PBS 다큐멘터리 <세계경제 패권>에서 아널드 하버거의 인터뷰. Commanding Heights: The Battle for the World Economy; 인터뷰 전문은 웹사이트 (www.pbs.org)에서 열람할 수 있다.

13) John Maynard Keynes, The End of Laissez-Faire, L & Virginia Woolf, 1926.

14) John Maynard Keynes, "From Keynes to Roosevelt: Our Recovery Plan Assayed," New York Times, December 31, 1933.

15) John Kenneth Galbraith, The Great Crash of 1929, Avon, 1979, p.168.

16) John Maynard Keynes, The Economic Consequences of the Peace, Labour Research Department, 1920, p.251.

17) Friedman and Friedman, Two Lucky People, p.594.

18) Stephen Kinzer, All the Shah's Men: An American Coup and the Roots of Middle East Terror, J. Wiley & Sons, 2003, pp.153~154; Stephen Kinzer, Overthrow: America's Century of Regime Change from Hawaii to Iraq, Times Books, 2006, p.4.

19) El Imparcial, March 16, 1951. 다음 책에 인용되어 있다. Stephen C. Schlesinger, Stephen Kinzer and John H. Coatsworth, Bitter Fruit: The Story of the American Coup in Guatemala, Harvard University Press, 1999, p.52.

20) 패터슨은 후안 가브리엘 발데스와의 인터뷰에서 아르헨티나와 브라질 경제학자들을 '좌파(pink)'로 묘사했다. 그는 칠레 주재 미국 대사 월러드 볼락에게 '인간의 구성을

바꿔야 할' 필요가 있다고 얘기하기도 했다. Juan Gabriel Valdes, Pinochet's Economists: The Chicago School in Chile, Cambridge University Press, 1995, pp.110~113.

21) Ibid., p.89.

22) 당시 칠레 대학교에서 일하던 콜럼비아 대학교 경제학자 조셉 그룬월드의 말이다. Valdes, Pinochet's Economists, p.135.

23) Harberger, "Letter to a Younger Generation," p.2.

24) Andre Gunder Frank, Economic Genocide in Chile: Monetarist Theory Versus Humanity, Spokesman Books, 1976, pp.7~8.

25) Kenneth W. Clements, "Larry Sjaastad, The Last Chicagoan," Journal of International Money and Finance 24, 2005, pp.867~869.

26) Gunder Frank, Economic Genocide in Chile, p.8.

27) Memorandum to William Carmichael, via Jeffrey Puryear, from James W. Trow-bridge, October 24, 1984, p.4. 다음 자료에 인용되어 있다. Valdes, Pinochet's Economists, p.194.

28) Ibid., p.206 각주: "The Rising Risk of Recession," Time, December 19, 1969.

29) 1963년에 카스트로는 시카고 대학에 진학하려고 산티아고를 떠나 있었다. 그는 1965년에 의장이 되었다. Valdes, Pinochet's Economists, pp.140, 165.

30) Ibid., p.159. 시카고 대학 졸업생이자 산티아고 소재 가톨릭 대학 교수 에르네스트 퐁텐의 말이다.

31) Ibid., pp.6, 13.

32) 칠레 가톨릭 대학교와 국제협력기구에 대한 1957년 8월 세 번째 보고서는 시카고 대학의 그레그 루이스가 서명했다. 다음 책에 인용되어 있다. Valdes, Pinochet's Economists, p.132.

33) 2002년 1월 19일 리카르도 라고스의 PBS <세계경제 패권> 인터뷰.

34) Friedman and Friedman, Two Lucky People, p.388.

35) Central Intelligence Agency, Notes on Meeting with the President on Chile, September 15, 1970. 비밀 해제된 자료는 웹사이트(www.gwu.edu/~nsarchiv)에서 열람할 수 있다.

36) '칠레에서 온 마지막 정보(The Last Dope from Chile)' 등사판은 Al H.가 서명했으며 1970년 9월 7일 산티아고라고 기록되어 있다. 다음 책에서도 확인할 수 있다.

Valdes, Pinochet's Economists, pp.242~243.

37) Sue Branford and Bernardo Kucinski, Debt Squads: The U.S., the Banks, and Latin America, Zed Books, 1988, pp.40, 51~52.

38) Subcommittee on Multinational Corporations, "The International Telephone and Telegraph Company and Chile, 1970~1971," Report to the Committee on Foreign Relations United States Senate by the Subcommittee on Multinational Corporations, June 21, 1973, p.13.

39) Ibid., p.15.

40) Francisco Letelier, interview, Democracy Now!, September 21, 2006.

41) Subcommittee on Multinational Corporations, "The International Telephone and Telegraph Company and Chile, 1970~1971," pp.4, 18.

42) Ibid., pp.11, 15.

43) Ibid., p.17.

44) Archdiocese of Sao Paulo, Torture in Brazil: A Shocking Report on the Pervasive Use of Torture by Brazilian Military Governments, 1964~1979, ed. Joan Dassin, trans. Jaime Wright, University of Texas Press, 1986, p.53.

45) William Blum, Killing Hope: U.S. Military and CIA Interventions Since WWII, Common Courage Press, 1995, p.195; "Times Diary: Liquidating Sukarno," Times, August 8, 1986.

46) Kathy Kadane, "U.S. Officials' Lists Aided Indonesian Bloodbath in '60s," Washington Post, May 21, 1990.

47) 카데인은 당시 인도네시아에 있던 미국 고위 관료와의 인터뷰 녹음테이프를 토대로 그 목록에 대한 논설을 「워싱턴포스트」에 실었다. 무전과 무기 정보는 같은 인터뷰를 토대로 1997년 4월 10일 카데인이 「뉴욕 서평」에 쓴 편집자에게 보내는 편지를 통해 세상에 나타났다. 카데인의 인터뷰 필기록은 현재 워싱턴 DC 국립기록보존소에 보관되어 있다. Kadane, "U.S. Officials' Lists Aided Indonesian Bloodbath in '60s."

48) John Hughes, Indonesian Upheaval, David McKay Company, Inc., 1967, p.132.

49) 1966년 「워싱턴포스트」를 포함해 가장 보편적으로 인정했던 숫자는 50만 명이다. 인도네시아 주재 영국 대사는 40만 명으로 추산했지만 그는 또한 추가 조사를 실시했던 스웨덴 대사가 이를 두고 '아주 심각하게 낮춰진' 것이라는 의견을 제시했다고 보고했다. CIA가 1968년 보고서에 25만 명이 살해당했다고 주장했음에도 어떤 이들은 이것을

'20세기 최악의 대량 학살 중 하나'라고 칭하며 최대 100만 명이 사망했을 것으로 추정하기도 했다. "Silent Settlement," Time, December 17, 1965; John Pilger, The New Rulers of the World, Verso, 2002, p.34; Kadane,

"U.S. Officials' Lists Aided Indonesian Bloodbath in '60s."

50) "Silent Settlement."

51) David Ransom, "Ford Country: Building an Elite for Indonesia,"
The Trojan Horse: A Radical Look at Foreign Aid, ed. Steve Weissman,
Ramparts Press, 1975, p.99.

52) 각주: Ibid., p.100.

53) Robert Lubar, "Indonesia's Potholed Road Back," Fortune, June 1, 1968.

54) Goenawan Mohamad, Celebrating Indonesia: Fifty Years with the Ford Foundation
1953~2003, Ford Foundation, 2003, p.59.

55) 원문에서 저자는 장군의 이름을 수하르토(Soeharto)라고 기록했으나 일관성을 유지하기 위해 더 보편적인 철자 수하르토(Suharto)로 고쳐 썼다.
Mohammad Sadli, "Recollections of My Career," Bulletin of Indonesian Economic Studies 29, no.1, April 1993, p.40.

56) 다음 직위들은 포드 프로그램 졸업자들로 채워졌다: 재무부 장관, 무역통상부 장관, 국가계획이사회 의장과 부의장, 마케팅 및 무역 연구 사무국장, 외국 투자 기술 지원팀 의장, 산업부 사무국장, 워싱턴 주재 대사. Ransom, "Ford Country," p.110.

57) Richard Nixon, "Asia After Vietnam," Foreign Affairs 46, no.1, October 1967, p.111.
각주: Arnold C. Harberger, Curriculum Vitae, November 2003,
www. econ.ucla.edu.

58) Pilger, The New Rulers of the World, pp.36~37.

59) CIA, "Secret Cable from Headquarters [Blueprint for Fomenting a Coup Climate],
September 27, 1970," in Peter Kornbluh, The Pinochet File: A Declassified Dossier on Atrocity and Accountability, New Press, 2003, pp.49~56.

60) Valdes, Pinochet's Economists, p.251.

61) Ibid., pp.248~249.

62) Ibid., p.250.

63) Select Committee to Study Governmental Operations with Respect to
Intelligence Activities, United States Senate, Covert Action in Chile 1963~1973,

U.S. Government Printing Office, December 18, 1975, p.30.

64) Ibid., p.40.

65) Eduardo Silva, The State and Capital in Chile: Business Elites, Technocrats, and Market Economics, Westview Press, 1996, p.74.

66) Orlando Letelier, "The Chicago Boys in Chile: Economic Freedom's Awful Toll," The Nation, August 28, 1976.

3장

1) Niccolo Machiavelli, The Prince, trans. W. K. Marriott, Alfred A. Knopf, 1992, p.42.

2) Milton Friedman and Rose D. Friedman, Two Lucky People: Memoirs, University of Chicago Press, 1998, p.592.

3) 파트리시오 구즈만 감독의 3부작 다큐멘터리 <칠레 전투>는 원래 1975년부터 1979년 사이에 제작되었으나 1993년에야 이카루스 필름을 통해 처음 상영되었다.

4) John Dinges and Saul Landau, Assassination on Embassy Row, Pantheon Books, 1980, p.64.

5) Report of the Chilean National Commission on Truth and Reconciliation, vol.1, trans. Phillip E. Berryman, University of Notre Dame Press, 1993, p.153; Peter Kornbluh, The Pinochet File: A Declassified Dossier on Atrocity and Accountability, New Press, 2003, pp.153~154.

6) Kornbluh, The Pinochet File, pp.155~156.

7) 군부가 자신들의 범죄 행각을 은폐하고 부인하기로 악명이 높았기 때문에 이 수치들을 둘러싸고 논쟁이 많았다. Jonathan Kandell, "Augusto Pinochet, 91, Dictator Who Ruled by Terror in Chile, Dies," New York Times, December 11, 2006; Chile Since Independence, ed. Leslie Bethell, Cambridge University Press, 1993, p.178; Rupert Cornwell, "The General Willing to Kill His People to Win the Battle against Communism," Independent, December 11, 2006.

8) Juan Gabriel Valdes, Pinochet's Economists: The Chicago School in Chile,

Cambridge University Press, 1995, p.252.

9) Pamela Constable and Arturo Valenzuela, A Nation of Enemies: Chile Under Pinochet, W. W. Norton & Company, 1991, p.187.

10) Robert Harvey, "Chile's Counter-Revolution," The Economist, February 2, 1980.

11) Jose Pinera, "How the Power of Ideas Can Transform a Country," www.josepinera. com.

12) Constable and Valenzuela, A Nation of Enemies, pp.74~75.

13) Ibid., p.69.

14) Valdes, Pinochet's Economists, p.31.

15) Constable and Valenzuela, A Nation of Enemies, p.70.

16) 피노체트의 유일한 무역 장벽은 수입품에 대한 10퍼센트 관세 부과로 이는 무역 장벽이 아니라 약소한 수입 관세의 일종이었다. Andre Gunder Frank, Economic Genocide in Chile: Monetarist Theory Versus Humanity, Spokesman Books, 1976, p.81.

17) 이것들은 전통적인 추정치다. 군더 프랑크(Gunder Frank)는 군사평의회 지배 첫해에 인플레이션이 508퍼센트에 이르렀고 '기초 필수품' 가격은 1,000퍼센트 가까이 올랐을 것이라고 쓰고 있다. 아옌데 집권 마지막 해인 1972년 인플레이션은 163퍼센트에 달했다. Constable and Valenzuela, A Nation of Enemies, p.170; Gunder Frank, Economic Genocide in Chile, p.62.

18) Que Pasa, January 16, 1975. 다음 책에 인용되어 있다.
Gunder Frank, Economic Genocide in Chile, p.26.

19) La Tercera, April 9, 1975. 다음 책에 인용되어 있다.
Orlando Letelier, "The Chicago Boys in Chile," The Nation, August 28, 1976.

20) El Mercurio, March 23, 1976. 앞의 책에 인용되어 있다.

21) Que Pasa, April 3, 1975. 앞의 책에 인용되어 있다.

22) Friedman and Friedman, Two Lucky People, p.399.

23) Ibid., pp.593~594.

24) Ibid., pp.592~594.

25) Ibid., p.594.

26) Gunder Frank, Economic Genocide in Chile, p.34.

27) Constable and Valenzuela, A Nation of Enemies, pp.172~173.

28) "1970년과 비교할 때 1980년 공공보건비 지출은 17.6퍼센트 감소했고 공공교육비 지출

은 11.3퍼센트 감소했다." Valdes, Pinochet's Economists, pp.23, 26; Constable and
Valenzuela, A Nation of Enemies, pp.172~173; Robert Harvey,
"Chile's Counter-Revolution," The Economist, February 2, 1980.

29) Valdes, Pinochet's Economists, p.22.

30) Albert O. Hirschman, "The Political Economy of Latin American Development:
Seven Exercises in Retrospection," Latin American Research Review 12, no.3,
1987, p.15.

31) Public Citizen, "The Uses of Chile: How Politics Trumped Truth in the Neo-
Liberal Revision of Chile's Development," discussion paper, September 2006,
www.citizen.org.

32) "A Draconian Cure for Chile's Economic Ills?" Business Week, January 12, 1976.

33) Peter Dworkin, "Chile's Brave New World of Reaganomics," Fortune, November 2,
1981; Valdes, Pinochet's Economists, p.23; Letelier, "The Chicago Boys in Chile."

34) Hirschman, "The Political Economy of Latin American Development," p.15.

35) 군사평의회 재무부 장관 호르헤 카우아스가 발표했다. Constable and Valenzuela,
Nation of Enemies, p.173.

36) Ann Crittenden, "Loans from Abroad Flow to Chile's Rightist Junta,"
New York Times, February 20, 1976.

37) "A Draconian Cure for Chile's Economic Ills?" Business Week, January 12, 1976.

38) Gunder Frank, Economic Genocide in Chile, p.58.

39) Ibid., p.65~66.

40) Harvey, "Chile's Counter-Revolution"; Letelier, "The Chicago Boys in Chile."

41) Gunder Frank, Economic Genocide in Chile, p.42.

42) Pinera, "How the Power of Ideas Can Transform a Country."

43) Robert M. Bleiberg, "Why Attack Chile?" Barron's, June 22, 1987.

44) Jonathan Kandell, "Chile, Lab Test for a Theorist," New York Times, March 21,
1976.

45) Kandell, "Augusto Pinochet, 91, Dictator Who Ruled by Terror in Chile, Dies";
"A Dictator's Double Standard," Washington Post, December 12, 2006.

46) Greg Grandin, Empire's Workshop: Latin America and the Roots of U.S.
Imperialism, Metropolitan Books, 2006, p.171.

47) Ibid., p.171.

48) Constable and Valenzuela, A Nation of Enemies, pp.197~198.

49) Jose Pinera, "Wealth through Ownership: Creating Property Rights in Chilean Mining," Cato Journal 24, no.3, Fall 2004, p.296.

50) 2001년 3월 26일 알레한드로 폭슬리의 <세계경제 패권> 인터뷰.

51) Constable and Valenzuela, A Nation of Enemies, p.219.

52) Central Intelligence Agency, "Field Listing Distribution of family income Gini index," World Factbook 2007, www.cia.gov.

53) Letelier, "The Chicago Boys in Chile."

54) Milton Friedman, "Economic Miracles," Newsweek, January 21, 1974.

55) Glen Biglaiser, "The Internationalization of Chicago's Economics in Latin America," Economic Development and Cultural Change 50, 2002, p.280.

56) Lawrence Weschler, A Miracle, a Universe: Settling Accounts with Torturers, Pantheon Books, 1990, p.149.

57) 당시 아르헨티나 주재 브라질 대사 조앙 치스타 피녜이로가 작성한 메모에서 인용했다. Reuters, "Argentine Military Warned Brazil, Chile of '76 Coup," CNN, March 21, 2007.

58) 마리오 뽈레르는 독재정권 당시 재무부 장관이었다. 그는 쿠데타 바로 전 해에 시카고 대학에서 경제학 박사학위를 받았다. 시카고 대학 아돌포 디즈 박사는 독재정권에서 중앙은행 총재를 지냈다. 시카고 대학 페르난디 드 산티바네스 박사 역시 중앙은행에서 일했다. 시카고 대학에서 석사학위를 받은 리카르도 로페즈 머피는 1974년부터 1983년까지 재무부 산하 경제연구 및 회계분석국 국장을 지냈다. 그 외에도 여러 시카고 대학 출신들이 독재정권에서 컨설턴트와 고문으로 경제부서 하위직을 맡고 있었다.

59) Michael McCaughan, True Crimes: Rodolfo Walsh, Latin America Bureau, 2002, pp.284~290; "The Province of Buenos Aires: Vibrant Growth and Opportunity," Business Week, July 14, 1980, special advertising section.

60) Henry Kissinger and Cesar Augusto Guzzetti, Memorandum of Conversation, June 10, 1976, declassified, www.gwu.edu/~nsarchiv.

61) "The Province of Buenos Aires." 각주: Ibid.

62) McCaughan, True Crimes, p.299.

63) Reuters, "Argentine Military Warned Brazil, Chile of '76 Coup."

64) Report of the Chilean National Commission on Truth and Reconciliation, vol.2, trans. Phillip E. Berryman, University of Notre Dame Press, 1993, p.501.

65) Marguerite Feitlowitz, A Lexicon of Terror: Argentina and the Legacies of Torture, Oxford University Press, 1998, p.ix.

66) Ibid., pp.149, 175.

67) Ibid., p.165.

68) Weschler, A Miracle, a Universe, p.170.

69) Amnesty International, Report on an Amnesty International Mission to Argentina 6~15 November 1976, Amnesty International Publications, 1977, p.35; Feitlowitz, A Lexicon of Terror, p.158.

70) Alex Sanchez, Council on Hemispheric Affairs, "Uruguay: Keeping the Military in Check," November 20, 2006, www.coha.org.

71) Gunder Frank, Economic Genocide in Chile, p.43; Batalla de Chile.

72) United States Senate, Select Committee to Study Governmental Operations with Respect to Intelligence Activities, Covert Action in Chile 1963~1973, U.S. Government Printing Office, December 18, 1975, p.40.

73) Archdiocese of Sao Paulo, Brasil: Nunca Mais/Torture in Brazil: A Shocking Report on the Pervasive Use of Torture by Brazilian Military Governments, 1964~1979, ed. Joan Dassin, trans. Jaime Wright, University of Texas Press, 1986, pp.13~14.

74) Eduardo Galeano, "A Century of Wind," Memory of Fire, vol.3. trans. Cedric Belfrage, Quartet Books, 1989, p.208.

75) Report of the Chilean National Commission on Truth and Reconciliation, vol.1, p.153.

76) Kornbluh, The Pinochet File, p.162.

77) Weschler, A Miracle, a Universe, p.145. 각주: Jane Mayer, "The Experiment," The New Yorker, July 11, 2005.

78) 이 추정치는 브라질이 이 기간에 8,400명의 정치범을 수용하고 있었고 그들 중 수천 명을 고문했다는 사실을 토대로 한 것이다. 적십자에 따르면 우루과이는 6만 명의 정치범이 있었고 이들은 조직적으로 감옥에서 고문을 당했다. 약 5만 명의 칠레인들이 고문에 직면했고 적어도 3만 명의 아르헨티나인들 역시 고문을 당했다. 10만 명이라는 숫자는

상당히 줄여서 잡은 숫자다.

Larry Rohter, "Brazil Rights Group Hopes to Bar Doctors Linked to Torture,"
New York Times, March 11, 1999; Organization of American States,
Inter-American Commission on Human Rights, Report on the Situation of
Human Rights in Uruguay, January 31, 1978, www.cidh.org; Duncan Campbell
and Jonathan Franklin, "Last Chance to Clean the Slate of the Pinochet Era,"
Guardian, September 1, 2003; Feitlowitz, A Lexicon of Terror, p.ix.

79) McCaughan, True Crimes, p.290.

80) Ibid., p.274.

81) Ibid., pp.285~289.

82) Ibid., pp.280~282.

83) Feitlowitz, A Lexicon of Terror, pp.25~26.

84) "Covert Action in Chile 1963~1973," p.45.

85) Weschler, A Miracle, a Universe, p.110; Department of State,
"Subject: Secretary's Meeting with Argentine Foreign Minister Guzzetti,"
Memorandum of Conversation, October 7, 1976.
비밀 해제된 자료는 국립기록보존소(www.gwu.edu/~nsarchiv)에서 열람할 수 있다.

86) In Attendance-Friday, March 26, 1976. 비밀 해제된 문서는 국립기록보존소
(www. gwu.edu/~nsarchiv)에서 열람할 수 있다.

4장

1) Daniel Feierstein and Guillermo Levy, Hasta que la muerte nos separe: Practicas
sociales genocidas en America Latina, Ediciones al margen, 2004, p.76.

2) Marguerite Feitlowitz, A Lexicon of Terror: Argentina and the Legacies of
Torture, Oxford University Press, 1998, p.xii.

3) Orlando Letelier, "The Chicago Boys in Chile," The Nation, August 28, 1976.

4) Ibid.

5) John Dinges and Saul Landau, Assassination on Embassy Row, Pantheon Books,

1980, pp.207~210.

6) Pamela Constable and Arturo Valenzuela, A Nation of Enemies: Chile Under
Pinochet, W.W. Norton & Company, 1991, pp.103~107; Peter Kornbluh,
The Pinochet File: A Declassified Dossier on Atrocity and Accountability,
New Press, 2003, p.167.

7) Eduardo Gallardo, "In Posthumous Letter, Lonely Ex-Dictator Justifies 1973 Chile
Coup," Associated Press, December 24, 2006.

8) "Dos Veces Desaparecido," Pagina 12, September 21, 2006.

9) 그 판결은 카를로스 로산스키의 작품이었고 노버트 로렌조 판사와 호라시오 인사우랄드
판사도 판결에 일조했다. Federal Oral Court No.1, Case NE 2251/06,
September 2006, www.rodolfowalsh.org.

10) Federal Oral Court No.1, Case NE 2251/06, September 2006,
www.rodolfowalsh.org.

11) Ibid.

12) United Nations Office of the High Commissioner for Human Rights,
"Convention on the Prevention and Punishment of the Crime of Genocide,"
approved December 9, 1948, www.ohchr.org.

13) Leo Kuper, "Genocide: Its Political Use in the Twentieth Century," in Alexander
Laban Hinton, ed., Genocide: An Anthropological Reader, Blackwell, 2002, p.56.

14) Beth Van Schaack, "The Crime of Political Genocide: Repairing the Genocide
Convention's Blind Spot," Yale Law Journal 107, no.7, May 1997.

15) "Auto de la Sala de lo Penal de la Audiencia Nacional confirmando la jurisdiccion
de Espana para conocer de los crimines de genocidio y terrorismo cometi dos
durante la dictadura argentina," Madrid, November 4, 1998, www.dere chos.org.
각주: Van Schaack, "The Crime of Political Genocide."

16) Baltasar Garzon, "Auto de Procesamiento a Militares Argentinos," Madrid,
November 2, 1999, www.derechos.org.

17) Michael McCaughan, True Crimes: Rodolfo Walsh, Latin America Bureau, 2002,
p.182.

18) Constable and Valenzuela, A Nation of Enemies, p.16.

19) Guillermo Levy, "Considerations on the Connections between Race, Politics,

Economics, and Genocide," Journal of Genocide Research 8, no.2, June 2006, p.142.

20) Juan Gabriel Valdes, Pinochet's Economists: The Chicago School in Chile, Cambridge University Press, 1995, pp.7~8, 113.

21) Constable and Valenzuela, A Nation of Enemies, p.16.

22) Ibid., p.39; Alfred Rosenberg, Myth of the Twentieth Century: An Evaluation of the Spiritual-Intellectual Confrontations of Our Age, Noontide Press, 1993, p.333.

23) Andre Gunder Frank, Economic Genocide in Chile: Monetarist Theory Versus Humanity, Spokesman Books, 1976, p.41.

24) Ibid.

25) Amnesty International, Report on an Amnesty International Mission to Argentina 6~15 November 1976, Amnesty International Publications, 1977, p.65.

26) Ibid.

27) Marguerite Feitlowitz, A Lexicon of Terror: Argentina and the Legacies of Torture, Oxford University Press, 1998, p.159.

28) Diana Taylor, Disappearing Acts: Spectacles of Gender and Nationalism in Argentina's "Dirty War", Duke University Press, 1997, p.105.

29) Report of the Chilean National Commission on Truth and Reconciliation, vol.1, trans. Phillip E. Berryman, University of Notre Dame Press, 1993, p.140.

30) 「라 프렌사」에 실린 논설은 다음 책에 인용되어 있다. Feitlowitz, A Lexicon of Terror, p.153.

31) Constable and Valenzuela, A Nation of Enemies, p.153.

32) Archdiocese of Sao Paulo, Brasil: Nunca Mais/Torture in Brazil: A Shocking Report on the Pervasive Use of Torture by Brazilian Military Governments, 1964~1979, ed. Joan Dassin, trans. Jaime Wright, University of Texas Press, 1986, pp.106~110.

33) Report of the Chilean National Commission on Truth and Reconciliation, vol.1, p.149.

34) Letelier, "The Chicago Boys in Chile."

35) Nunca Mas (Never again): The Report of the Argentine National Commission of the Disappeared, Farrar Straus Giroux, 1986, p.369.

36) Ibid., p.371.

37) Amnesty International, Report on an Amnesty International Mission to Argentina 6~15 November 1976, p.9.

38) Taylor, Disappearing Acts, p.111.

39) Archdiocese of Sao Paulo, Torture in Brazil, p.64.

40) Karen Robert, "The Falcon Remembered," NACLA Report on the Americas 39, no.3, November~December 2005, p.12.

41) Victoria Basualdo, "Complicidad patronal-militar en la ultima dictadura argentina," Engranajes: Boletin de FETIA, no.5, special edition, March 2006.

42) 곧 출시될 포드 팔콘에 대한 다큐멘터리 영화 <팔콘>을 위해 전 포드 공장 노동자이자 노동운동가인 로드리고 구티에레즈, 페드로 트로이아니, 카를로스 알레르토 프로파토가 인터뷰 녹취를 담당했다.

43) "Demandan a la Ford por el secuestro de gremialistas durante la dictadura," Pagina 12, February 24, 2006.

44) Robert, "The Falcon Remembered," pp.13~15; transcript of Gutierrez's interviews with Troiani and Propato.

45) "Demandan a la Ford por el secuestro de gremialistas durante la dictadura."

46) Ibid.

47) Larry Rohter, "Ford Motor Is Linked to Argentina's 'Dirty War,'" New York Times, November 27, 2002.

48) Ibid.; Sergio Correa, "Los desaparecidos de Mercedes-Benz," BBC Mundo, November 5, 2002.

49) Robert, "The Falcon Remembered," p.14.

50) McCaughan, True Crimes, p.290.

51) Nunca Mas: The Report of the Argentine National Commission of the Disappeared, p.22.

52) Quoting Padre Santano. Patricia Marchak, God's Assassins: State Terrorism in Argentina in the 1970s, McGill-Queen's University Press, 1999, p.241.

53) Marchak, God's Assassins, p.155.

54) Levy, "Considerations on the Connections between Race, Politics, Economics, and Genocide," p.142.

55) Marchak, God's Assassins, p.161.

56) Feitlowitz, A Lexicon of Terror, p.42.

57) Constable and Valenzuela, A Nation of Enemies, pp.171, 188.

58) Ibid., p.147.

59 「라 프렌사」에 실린 논설은 다음 책에 인용되어 있다. Feitlowitz, A Lexicon of Terror, p.153.

60) Constable and Valenzuela, A Nation of Enemies, p.78. 각주: L. M. Shirlaw, "A Cure for Devils," Medical World 94, January 1961, p.56. 다음 책에도 인용되어 있다. Leonard Roy Frank, ed., History of Shock Treatment, Frank, September 1978, p.2.

61) McCaughan, True Crimes, p.295.

62) Feitlowitz, A Lexicon of Terror, p.77.

63) 각주: David Rose, "Guantanamo Briton 'in Handcuff Torture,'" Observer, January 2, 2005.

64) Milton Friedman and Rose D. Friedman, Two Lucky People: Memoirs, University of Chicago Press, 1998, p.596.

65) Arnold C. Harberger, "Letter to a Younger Generation," Journal of Applied Economics 1, no.1, 1998, p.4.

66) Amnesty International, Report on an Amnesty International Mission to Argentina 6~15 November 1976, pp.34~35.

67 Robert Jay Lifton, The Nazi Doctors: Medical Killing and the Psychology of Genocide, Basic Books, 2000, p.16; Francois Ponchaud, Cambodia Year Zero, trans. Nancy Amphoux, Rinehart and Winston, 1978, p.50.

68) United Nations Office of the High Commissioner for Human Rights, "Convention on the Prevention and Punishment of the Crime of Genocide," approved December 9, 1948, www.ohchr.org.

69) 실종아동인권기구 HIJOS는 어린이 수가 500명을 넘을 것으로 추산했다. HIJOS, "Lineamientos," www.hijos.org.ar; 휴먼 라이츠 와치 연례 보고서는 200건 이라는 수치를 제시했다. Human Rights Watch, Annual Report 2001, www.hrw.org.

70) Silvana Boschi, "Desaparicion de menores durante la dictadura militar: Presentan un documento clave," Clarin, September 14, 1997.

71) Feitlowitz, A Lexicon of Terror, p.89.

5장

1) Donald Rumsfeld, Secretary of Defense Donald H. Rumsfeld Speaking at Tribute
   to Milton Friedman, White House, Washington, DC, May 9, 2002,
   www.defenselink. mil.

2) Lawrence Weschler, A Miracle, a Universe: Settling Accounts with Torturers,
   Pantheon Books, 1990, p.147.

3) Anthony Lewis, "For Which We Stand: II," New York Times, October 2, 1975.

4) "A Draconian Cure for Chile's Economic Ills?" Business Week, January 12, 1976;
   Milton Friedman and Rose D. Friedman, Two Lucky People: Memoirs,
   University Of Chicago Press, 1998, p.601.

5) Milton Friedman, "Free Markets and the Generals," Newsweek, January 25,
   1982; Juan Gabriel Valdes, Pinochet's Economists: The Chicago School in Chile,
   Cambridge University Press, 1995, p.156.

6) Friedman and Friedman, Two Lucky People, p.596.

7) Ibid., p.398.

8) 2000년 10월 1일 밀턴 프리드먼의 <세계경제 패권> 인터뷰.

9) 노벨경제학상은 노벨상위원회가 선정하는 다른 상들과는 구별된다. 이 상의 정확한
   이름은 '알프레드 노벨 기념 스웨덴 은행 경제학상'이다.

10) Milton Friedman, "Inflation and Unemployment," Nobel Memorial Lecture,
    December 13, 1976, www.nobelprize.org.

11) Orlando Letelier, "The Chicago Boys in Chile," The Nation, August 28, 1976.

12) Neil Sheehan, "Aid by CIA Groups Put in the Millions," New York Times,
    February 19, 1967.

13) Amnesty International, Report on an Amnesty International Mission to Argentina
    6~15 November 1976, Amnesty International Publications, 1977,
    copyright page; Yves Dezalay and Bryant G. Garth, The Internationalization of

Palace Wars: Lawyers, Economists, and the Contest to Transform Latin American States, University of Chicago Press, 2002, p.71.

14) Amnesty International, Report on an Amnesty International Mission to Argentina 6~15 November 1976, p.48.

15) 평화위원회는 포드 재단의 후원을 받으면서 바이커리어트(Vicariate)로 이름을 바꿨다. 아메리카스 와치는 휴먼 라이츠 와치의 일부로 포드 재단으로부터 후원금 50만 달러를 받아 헬싱키 워치라는 이름으로 시작됐다. 3,000만 달러라는 수치는 포드 재단 홍보부 알프레드 아이언사이드의 말에 근거한 것이며 후원금 대부분은 1980년대에 지출됐다. 아이언사이드는 "1950년대에 라틴아메리카의 인권 보호를 위한 지출은 사실상 전혀 없었다. 1960년대에 인권 보호를 위해 일련의 후원금을 지원하기 시작했으며 금액은 대략 70만 달러 정도였다."라고 말했다.

16) Dezalay and Garth, The Internationalization of Palace Wars, p.69.

17) David Ransom, "Ford Country: Building an Elite for Indonesia," The Trojan Horse: A Radical Look at Foreign Aid, ed. Steve Weissman, Ramparts Press, 1975, p.96.

18) Valdes, Pinochet's Economists, pp.158, 186, 308.

19) Ford Foundation, "History," 2006, www.fordfound.org.

20) Goenawan Mohamad, Celebrating Indonesia: Fifty Years with the Ford Foundation 1953~2003, Ford Foundation, 2003, p.56.

21) Dezalay and Garth, The Internationalization of Palace Wars, p.148.

22) Ford Foundation, "History," 2006, www.fordfound.org.
각주: Frances Stonor Saunders, The Cultural Cold War: The CIA and the World of Arts and Letters, New Press, 2000.

23) Archdiocese of Sao Paulo, Torture in Brazil: A Shocking Report on the Pervasive Use of Torture by Brazilian Military Governments, 1964~1979, ed. Joan Dassin, trans. Jaime Wright, University of Texas Press, 1986, p.50.

24) Simone de Beauvoir and Gisele Halimi, Djamila Boupacha, trans. Peter Green, MacMillan, 1962, p.19, 21, 31.

25) Marguerite Feitlowitz, A Lexicon of Terror: Argentina and the Legacies of Torture, Oxford University Press, 1998, p.113.

26) 이해를 돕고자 페이틀로비츠의 번역을 약간 수정했다. Feitlowitz, A Lexicon of Terror, 113~115. Emphasis in original.

1) Carl Schmitt, trans. by Peter Sillem, Politische Theologie: Vier Kapitel zur Lehre von der Souveranitat, Duncker & Humblot, 1993, p.13.

2) Correspondence in the Hayek Collection, box 101, folder 26, Hoover Institution Archives, Palo Alto, CA. Thatcher's letter is dated February 17. Thanks to Greg Grandin.

3) Peter Dworkin, "Chile's Brave New World of Reaganomics," Fortune, November 2, 1981.

4) Milton Friedman and Rose D. Friedman, Two Lucky People: Memoirs, University of Chicago Press, 1998, p.387.

5) Donald Rumsfeld, Secretary of Defense Donald H. Rumsfeld Speaking at Tribute to Milton Friedman, White House, Washington, DC, May 9, 2002, www.defenselink.mil.

6) Milton Friedman, "Economic Miracles," Newsweek, January 21, 1974.

7) 연설 녹취 자료에 한 가지 오류가 있었다. 럼즈펠드는 "그들은 잘못된 교훈을 배우려고 교훈을 배우게 되었다."라는 격언을 인용했다. 이에 혼동을 피하고자 중복된 부분을 삭제했다. Rumsfeld, Secretary of Defense Donald H. Rumsfeld Speaking at Tribute to Milton Friedman.

8) Henry Allen, "Hayek, the Answer Man," Washington Post, December 2, 1982.

9) 2000년 10월 1일 밀턴 프리드먼의 <세계경제 패권> 인터뷰.

10) Arnold C. Harberger, Curriculum Vitae, November 2003, www.econ.ucla.edu.

11) Ibid.; Friedman and Friedman, Two Lucky People, pp.607~609.

12) The Political Economy of Policy Reform, ed. John Williamson, Institute for International Economics, 1994, p.467.

13) Carmen DeNavas-Walt, Bernadette D. Proctor, Cheryl Hill Lee, U.S. Census Bureau, Income, Poverty and Health Insurance Coverage in the United States: 2005, August 2006, www.census.gov; Central Intelligence Agency, World Factbook 2007, www.cia.gov.

14) Allan H. Meltzer, "Choosing Freely: The Friedmans' Influence on Economic and Social Policy," in The Legacy of Milton and Rose Friedman's Free to Choose,

eds. M. Wynne, H. Rosenblum and R. Formaini, Federal Reserve Bank of Dallas, 2004, p.204, www.dallasfed.org.

15) John Campbell, Margaret Thatcher: The Iron Lady, vol.2, Jonathan Cape, 2003, pp.174~175; Patrick Cosgrave, Thatcher: The First Term, Bodley Head, 1985, pp.158~159.

16) Kevin Jefferys, Finest & Darkest Hours: The Decisive Events in British Politics from Churchill to Blair, Atlantic Books, 2002, p.208.

17) MORI 여론조사 결과를 토대로 한 것이다. (갤럽 여론조사에서는 23퍼센트의 지지율을 얻었다.) "President Bush: Overall Job Rating," www.pollingreport.com, accessed May 12, 2007; Malcolm Rutherford, "1982: Margaret Thatcher's Year," Financial Times, December 31, 1982.

18) Samuel P. Huntington, The Third Wave: Democratization in the Late Twentieth Century, University of Oklahoma Press, 1991.

19) Hossein Bashiriyeh, The State and Revolution in Iran, 1962~1982, St Martin's Press, 1984, pp.170~171.

20) "On the Record," Time, February 14, 1983.

21) Campbell, Margaret Thatcher: The Iron Lady, vol.2, 128.

22) Leonard Downie Jr. and Jay Ross, "Britain: South Georgia Taken," Washington Post, April 26, 1982; "Jingoism Is Not the Way," Financial Times, April 5, 1982.

23) Tony Benn, The End of an Era: Diaries 1980~1990, ed. Ruth Winstone, Hutchinson, 1992, p.206.

24) Angus Deming, "Britain's Iron Lady," Newsweek, May 14, 1979; Jefferys, Finest & Darkest Hours, p.226.

25) BBC News, "1982: First Briton Dies in Falklands Campaign," On This Day, 24 April, news.bbc.co.uk.

26) Rutherford, "1982."

27) Michael Getler, "Dockers' Union Agrees to Settle Strike in Britain," Washington Post, July 21, 1984.

28) "TUC at Blackpool (Miners' Strike): Labour Urged to Legislate on NUM Strike Fines," Guardian, September 4, 1985; Seumas Milne, The Enemy Within:

Thatcher's Secret War against the Miners, Verso, 2004; Seumas Milne, "What Stella Left Out," Guardian, October 3, 2000.

29) Seumas Milne, "MI5's Secret War," New Statesman & Society, November 25, 1994.

30) Coal War: Thatcher vs Scargill, director Liam O'Rinn, episode 8093 of the series Turning Points of History, telecast June 16, 2005.

31) Ibid.

32) Warren Brown, "U.S. Rules Out Rehiring Striking Air Controllers," Washington Post, August 7, 1981; Steve Twomey, "Reunion Marks 10 Years Outside the Tower," Washington Post, August 2, 1991.

33) Milton Friedman, Preface, Capitalism and Freedom, University of Chicago Press, 1982, p.ix.

34) J. McLane, "Milton Friedman's Philosophy of Economics and Public Policy," Conference to Honor Milton Friedman on His Ninetieth Birthday, November 25, 2002, www.chibus.com.

35) N. Bukharin and E. Preobrazhensky, The ABC of Communism: A Popular Explanation of the Program of the Communist Party of Russia, trans. Eden and Cedar Paul, University of Michigan Press, 1967, pp.340~341.

36) The Political Economy of Policy Reform, p.19.

37) Friedman and Friedman, Two Lucky People, p.603.

7장

1) "U.S. Operations Mission to Bolivia," Problems in the Economic Development of Bolivia, La Paz: United States Operation Mission to Bolivia, 1956, p.212.

2) Susan Sontag, Illness as Metaphor, Farrar, Straus and Giroux, 1977, p.84.

3) "Bolivia Drug Crackdown Brews Trouble," New York Times, September 12, 1984; Joel Brinkley, "Drug Crops Are Up in Export Nations, State Dept. Says," New York Times, February 15, 1985.

4) Jeffrey D. Sachs, The End of Poverty: Economic Possibilities for Our Time,

Penguin, 2005, pp.90~93.

5) John Maynard Keynes, The Economic Consequences of the Peace,
Labour Research Department, 1920, pp.220~221.

6) Interview with the author, October 2006, New York City.

7) Robert E. Norton, "The American Out to Save Poland," Fortune, January 29, 1990.

8) 2000년 6월 15일 제프리 색스의 <세계경제 패권> 인터뷰.

9) "A Draconian Cure for Chile's Economic Ills?" Business Week, January 12, 1976.

10) Sachs, The End of Poverty, p.93.

11) Sachs, Commanding Heights.

12) Catherine M. Conaghan and James M. Malloy, Unsettling Statecraft: Democracy
and Neoliberalism in the Central Andes, University of Pittsburgh Press, 1994,
p.127.

13) Sachs, The End of Poverty, p.95.

14) Susan Velasco Portillo, "Victor Paz: Decreto es coyuntural, pero puede durar 10
o 20 anos," La Prensa, August 28, 2005.

15) Ibid.

16) Conaghan and Malloy, Unsettling Statecraft, p.129.

17) Alberto Zuazo, "Bolivian Labor Unions Dealt Setback," United Press International,
October 9, 1985; Juan de Onis, "Economic Anarchy Ends," Los Angeles Times,
November 6, 1985.

18) 대표의 말은 긴급경제팀원들의 회상을 토대로 한 것이다.
Velasco Portillo, "Victor Paz: Decreto es coyuntural, pero puede durar 10 o 20
anos."

19) Ibid.

20) Harlan K. Ullman and James P. Wade, Shock and Awe: Achieving Rapid
Dominance, NDU Press, 1996, p.xxv.

21) Conaghan and Malloy, Unsettling Statecraft, p.186.

22) Peter McFarren, "48-hour Strike Hurts Country," Associated Press, September 5,
1985; Mike Reid, "Sitting Out the Bolivian Miracle," Guardian, May 9, 1987.

23) Robert J. Alexander, A History of Organized Labor in Bolivia, Praeger, 2005,
p.169.

24) Sam Zuckerman, "Bolivian Bankers See Some Hope After Years of Economic Chaos," American Banker, March 13, 1987; Waltraud Queiser Morales, Bolivia: Land of Struggle, Westview Press, 1992, p.159.

25) 통계치는 미주개발은행이 발표한 자료를 토대로 했다. Morales, Bolivia, p.159.

26) Erick Foronda, "Bolivia: Paz Has Trouble Selling 'Economic Miracle,'" Latinamerica Press 21, no.5, February 16, 1989, p.7. 다음 책에도 인용되어 있다. Morales, Bolivia, p.160.

27) Alexander, A History of Organized Labor in Bolivia, p.169.

28) 2001년 3월 20일 곤살로 산체스 데 로사다의 <세계경제 패권> 인터뷰.

29) Peter McFarren, "Farmers' Siege of Police Points Up Bolivia's Drug-Dealing Problems," Associated Press, January 12, 1986.

30) Peter McFarren, "Bolivia.Bleak but Now Hopeful," Associated Press, May 23, 1989.

31) 캐서린 코나힌과 제임스 말로이는 "(파스가 받았던 국제적인 원조처럼) 마약 거래는 안정화의 충격을 완화하는 데 도움을 준다. 수입을 창출할 뿐 아니라 코카인으로 벌어들인 돈이 금융제도 안으로 투입되어 경기 후퇴 후반기에 통화를 안정화시켰다."라고 기록했다. Conaghan and Malloy, Unsettling Statecraft, p.198.

32) Tyler Bridges, "Bolivia Turns to Free Enterprise Among Hard Times," Dallas Morning News, June 29, 1987; Conaghan and Malloy, Unsettling Statecraft, p.198.

33) John Sedgwick, "The World of Doctor Debt," Boston Magazine, May 1991.

34) "Taming the Beast," The Economist, November 15, 1986.

35) Sachs, Commanding Heights.

36) Peter Passell, "Dr. Jeffrey Sachs, Shock Therapist," New York Times, June 27, 1993.

37) "New Austerity Package Revealed," Latin American Regional Reports: Andean Group, December 13, 1985.

38) The banker was quoted anonymously. Zuckerman, "Bolivian Bankers See Some Hope after Years of Economic Chaos."

39) The Political Economy of Policy Reform, ed. John Williamson, Institute for International Economics, 1994, p.479.

40) Associated Press, "Bolivia Now Under State of Siege," New York Times, September 20, 1985.

41) "Bolivia to Lift State of Siege," United Press International, December 17, 1985; "Bolivia Now Under State of Siege."

42) Conaghan and Malloy, Unsettling Statecraft, p.149.

43) Reuters, "Bolivia Strike Crumbling," Globe and Mail, September 21, 1985.

44) Peter McFarren, "Detainees Sent to Internment Camps," Associated Press, August 29, 1986; "Bolivia: Government Frees Detainees, Puts Off Plans for Mines," Inter Press Service, September 16, 1986.

45) Sachs, The End of Poverty, p.96.

46) Sanchez de Lozada, Commanding Heights.

47) Conaghan and Malloy, Unsettling Statecraft, p.149.

8장

1) A. E. Hotchner, Papa Hemingway, Carroll & Graf, 1999, p.280.

2) Jim Shultz, "Deadly Consequences: The International Monetary Fund and Bolivia's 'Black February,'" The Democracy Center, April 2005, p.14, www.democracyctr.org.

3) Albert O. Hirschman, "Reflections on the Latin American Experience," in The Politics of Inflation and Economic Stagnation: Theoretical Approaches and International Case Studies, ed. Leon N. Lindberg and Charles S. Maier, Brookings Institution, 1985, p.76.

4) Banco Central de la Republica Argentina, Memoria Anual 1985, www.bcra.gov.ar; Lawrence Weschler, A Miracle, a Universe: Settling Accounts with Torturers, Pantheon Books, 1990, p.152; "Brazil Refinancing Foreign Debt Load," New York Times, July 2, 1964; Alan Riding, "Brazil's Leader Urges Negotiations on Debt," New York Times, September 22, 1985.

5) Robert Harvey, "Chile's Counter-Revolution," The Economist, February 2, 1980;

World Bank, Economic Memorandum: Argentina, World Bank, 1985, p.17.

6) The adviser was Franklin Willis. Michael Hirsh, "Follow the Money," Newsweek, April 4, 2005.

7) Terence O'Hara, "6 U.S. Banks Held Pinochet's Accounts," Washington Post, March 16, 2005.

8) United Press International, "Former Cabinet Minister Arrested in Argentina," Seattle Times, November 17, 1984.

9) World Bank, Economic Memorandum: Argentina, p.17; "Documentacion que prueba los ilicitos de Martinez de Hoz," La Voz del Interior, October 6, 1984, cited in H. Hernandez, Justicia y Deuda Externa Argentina, Editorial Universidad de Santa Fe, 1988, p.36.

10) Hernandez, Justicia y Deuda Externa Argentina, p.37.

11) Ibid.

12) 달레오는 이것을 '비하마, 룩셈부르크, 파나마, 스위스, 리히텐슈타인에 투자하는 방법에 대한 보고서'라고 묘사하며 이들 지역의 과세 조건에 대한 꽤 기술적인 부분도 보고서에 포함되었다고 말했다. Marguerite Feitlowitz, A Lexicon of Terror: Argentina and the Legacies of Torture, Oxford University Press, 1998, p.57.

13) Norberto Galasso, De la Banca Baring al FMI, Ediciones Colihue, 2002, 246; Adolfo Perez Esquivel, "Cuando comenzo el terror del 24 de marzo de 1976?" La Fogata, March 24, 2004, www.lafogata.org.

14) U.S. State Department, Memorandum of Conversation, Subject: Secretary's Meeting with Argentine Foreign Minister Guzzetti, October 7, 1976, declassified, www.gwu.edu/~nsarchiv.

15) Sue Branford and Bernardo Kucinski, The Debt Squads: The US, the Banks, and Latin America, Zed Books, 1988, p.95.

16) Matthew L. Wald, "A House, Once Again, Is Just Shelter," New York Times, February 6, 1983.

17) Jaime Poniachik, "Como empezo la deuda externa," La Nacion, May 6, 2001.

18) Donald V. Coes, Macroeconomic Crises: Politics and Growth in Brazil, 1964~1990, World Bank, 1995, p.187; Eghosa E. Osaghae, Structural Adjustment and Ethnicity in Nigeria, Nordiska Afrikainstitutet, 1995, p.24; T. Ademola Oyejide

and Mufutau I. Raheem, "Nigeria," in The Rocky Road to Reform: Adjustment, Income Distribution, and Growth in the Developing World, ed. Lance Taylor, MIT Press, 1993, p.302.

19) International Monetary Fund, Fund Assistance for Countries Facing Exogenous Shock, August 8, 2003, p.37, www.imf.org.

20) Banco Central de la Republica Argentina, Memoria Anual 1989, www.bcra.gov.ar.

21) "Interview with Arnold Harberger," The Region, Federal Reserve Bank of Minneapolis, March 1999, www.minneapolisfed.org.

22) 전 시카고 대학 교수 겸 연구원 스탠리 피셔는 1994년에 IMF 부총재였고, 라구람 라잔은 2003년에 IMF 수석 경제전문가였으며, 마이클 머사는 1991년에 IMF 연구실 책임자였고, 셰단양은 2003년에 IMF 아프리카 부서 선임 경제전문가로 일했다.

23) International Monetary Fund, "Article I.Purposes," Articles of Agreement of the International Monetary Fund, www.imf.org.

24) "Speech by Lord Keynes in Moving to Accept the Final Act at the Closing Plenary Session, Bretton Woods, 22 July, 1944," Collected Writings of John Maynard Keynes, vol. 26, ed. Donald Moggridge, Macmillan, 1980, p.103.

25) John Williamson, "In Search of a Manual for Technopols," in John Williamson, ed., The Political Economy of Policy Reform, Institute for International Economics, 1994, p.18.

26) "Appendix: The 'Washington Consensus,'" in The Political Economy of Policy Reform, p.27.

27) Williamson, The Political Economy of Policy Reform, p.17.

28) Joseph E. Stiglitz, Globalization and Its Discontents, W. W. Norton, 2002, p.13.

29) Davison L. Budhoo, Enough Is Enough: Dear Mr. Camdessus ······ Open Letter of Resignation to the Managing Director of the International Monetary Fund, foreword by Errol K. McLeod, New Horizons Press, 1990, p.102.

30) Dani Rodrik, "The Rush to Free Trade in the Developing World: Why So Late? Why Now? Will It Last?" in Voting for Reform: Democracy, Political Liberalization and Economic Adjustment, ed. Stephan Haggard and Steven B. Webb, Oxford University Press, 1994, p.82. Emphasis added.

31) Ibid., p.81.

32) "무역 개혁의 장점이 무엇이든 간에 무역 상황들과 거시경제의 위기로 나아가는 경향 사이를 잇는 인과관계 고리는 잘못된 경제학이었다."
Dani Rodrik, "The Limits of Trade Policy Reform in Developing Countries," Journal of Economic Perspectives 6, no.1, Winter 1992, p.95.

33) Herasto Reyes, "Argentina: historia de una crisis," La Prensa, January 12, 2002.

34) Nathaniel C. Nash, "Turmoil, Then Hope in Argentina," New York Times, January 31, 1991.

35) "Interview with Arnold Harberger."

36) Jose Natanson, Buenos muchachos: Vida y obra de los economistas del establishment, Libros del Zorzal, 2004.

37) Paul Blustein, And the Money Kept Rolling In (and Out): Wall Street, the IMF, and the Bankrupting of Argentina, PublicAffairs, 2005, p.21.

38) Ibid., p.24; 2002년 1월 30일 두밍고 카바요의 <세계경제 패권> 인터뷰:
The Battle for the World Economy, www.pbs.org; Cesar V. Herrera and Marcelo Garcia, "A 10 anos de la privatizacion de YPF. Analisis y consecuencias en la Argentina y en la Cuenca del Golfo San Jorge (version ampliada)," Centro Regional de Estudios Economicos de la Patagonia Central, January 23, 2003, www.creepace.com.ar; Antonio Camou, "Saber tecnico y politica en los origenes del menemismo," Perfiles Latinoamericanos 7, no.12, June 1998; Carlos Saul Menem, speech given during a lunch with Mexican president Ernesto Zedillo, November 26, 1997, zedillo.presidencia. gob.mx. 각주: 알레한드로 올모스 가오나의 인터뷰. Alejandro Olmos Gaona, "Las deudas hay que pagarlas, las estafas no," LaVaca, January 10, 2006, www.lavaca.org.

39) "Menem's Miracle," Time International, July 13, 1992.

40) Cavallo, Commanding Heights.

1) Leszek Balcerowicz, "Losing Milton Friedman, A Revolutionary Muse of Liberty," Daily Star, November 22, 2006.

2) Michael Freedman, "The Radical," Forbes, February 13, 2006.

3) Joseph Fewsmith, China Since Tiananmen: The Politics of Transition, Cambridge University Press, 2001, p.35.

4) 자유노조의 싹은 연안 자유노동조합이라 불리던 준(準)자치 조합으로 1978년에 형성되었다. 파업을 조직하던 이 모임은 결국 '연대'를 창설했다.

5) Thomas A. Sancton, "He Dared to Hope," Time, January 4, 1982.

6) Ibid.

7) "Solidarity's Programme Adopted by the First National Congress," in Peter Raina, Poland 1981: Towards Social Renewal, George Allen & Unwin, 1985, pp.326~380.

8) Sancton, "He Dared to Hope."

9) Egil Aarvik, "The Nobel Peace Prize 1983 Presentation Speech," Oslo, Norway, December 10, 1983, www.nobelprize.org.

10) Lawrence Weschler, "A Grand Experiment," The New Yorker, November 13, 1989.

11) Jeffrey D. Sachs, The End of Poverty: Economic Possibilities for Our Time, Penguin, 2005, p.120; Magdalena Wyganowska, "Transformation of the Polish Agricultural Sector and the Role of the Donor Community," USAID Mission to Poland, September 1998, www.usaid.gov.

12) James Risen, "Cowboy of Poland's Economy," Los Angeles Times, February 9, 1990.

13) Sachs, The End of Poverty, p.111.

14) Weschler, "A Grand Experiment."

15) Sachs, The End of Poverty, p.114.

16) Ibid.; Weschler, "A Grand Experiment."

17) 2000년 6월 15일 제프리 색스의 <세계경제 패권> 인터뷰.

18) Przemyslaw Wielgosz, "25 Years of Solidarity," unpublished lecture, August 2005. 저자의 허락을 받아 인용했다.

19) Sachs, The End of Poverty, p.117. 각주: Randy Boyagoda, "Europe's Original Sin,"

The Walrus, February 2007, www.walrusmagazine.com.

20) Weschler, "A Grand Experiment"; 2001년 3월 20일 곤살로 산체스 데 로사다의 <세계경제 패권> 인터뷰. www.pbs.org.

21) Weschler, "A Grand Experiment."

22) Balcerowicz, "Losing Milton Friedman."

23) "Walesa: U.S. Has Stake in Poland's Success," United Press International, August 25, 1989.

24) 의료 서비스 분야 '연대' 최고 전문가이자 현 중진 국회의원인 조피오 쿠라토프스카의 말이다. Weschler, "A Grand Experiment."

25) John Tagliabue, "Poles Approve Solidarity-Led Cabinet," New York Times, September 13, 1989.

26) Weschler, "A Grand Experiment;" "Mazowiecki Taken Ill in Parliament," Guardian Weekly, September 17, 1989.

27) Anne Applebaum, "Exhausted Polish PM's Cabinet Is Acclaimed," Independent, September 13, 1989.

28) Weschler, "A Grand Experiment."

29) Ibid.

30) Leszek Balcerowicz, "Poland," in The Political Economy of Policy Reform, ed. John Williamson, Institute for International Economics, 1994, p.177.

31) Ibid., pp.176~177.

32) Ibid., p.163.

33) Thomas Carothers, "The End of the Transition Paradigm," Journal of Democracy 13, no.1, January 2002, pp.6~7.

34) George J. Church, "The Education of Mikhail Sergeyevich Gorbachev," Time, January 4, 1988.

35) Francis Fukuyama, "The End of History?" The National Interest, Summer 1989. 각주: Francis Fukuyama, The End of History and the Last Man, Free Press, 1992.

36) Milton Friedman and Rose D. Friedman, Two Lucky People: Memoirs, University of Chicago Press, 1998, p.603.

37) Fukuyama, "The End of History?"

38) Ibid.

39) Friedman and Friedman, Two Lucky People, pp.520~522.

40) Ibid., p.558; Milton Friedman, "If Only the United States Were as Free as Hong Kong," Wall Street Journal, July 8, 1997.

41) Maurice Meisner, The Deng Xiaoping Era: An Inquiry into the Fate of Chinese Socialism, 1978~1994, Hill and Wang, 1996, p.455; "Deng's June 9 Speech: 'We Face a Rebellious Clique' and 'Dregs of Society,'" New York Times, June 30, 1989.

42) Friedman had been invited to China in various capacities-as a conference participant, a university lecturer-but in his memoirs he characterized it as a state visit: "I was mostly the guest of governmental entities," Friedman writes. Friedman and Friedman, Two Lucky People, p.601.

43) Ibid., pp.517, 537, 609. Emphasis in original.

44) Ibid., p.601~602.

45) Wang Hui, China's New Order: Society, Politics, and Economy in Transition, Harvard University Press, 2003, pp.45~54.

46) Ibid., p.54.

47) Ibid., p.57.

48) Meisner, The Deng Xiaoping Era, pp.463~465.

49) "China's Harsh Actions Threaten to Set Back 10-Year Reform Drive," Wall Street Journal, June 5, 1989.

50) "Deng's June 9 Speech: 'We Face a Rebellious Clique' and 'Dregs of Society.'" 각주: Henry Kissinger, "The Caricature of Deng as a Tyrant Is Unfair," Washington Post, August 1, 1989.

51) 2005년 12월 13일 PBS 탐사보도 프로그램 <프론트라인>의 오빌 셸 인터뷰. 인터뷰 전문은 웹사이트(www.pbs.org)에서 확인할 수 있다.

52) Wang, China's New Order, pp.65~66.

53) Meisner, The Deng Xiaoping Era, p.482. 각주: David Harvey, A Brief History of Neoliberalism, Oxford University Press, 2005, p.135.

54 Mo Ming, "90 Percent of China's Billionaires Are Children of Senior Officials," China Digital Times, November 2, 2006, www.chinadigitaltimes.net.

55) Human Rights Watch, "Race to the Bottom: Corporate Complicity in Chinese

Internet Censorship," Human Rights Watch 18, no.8(c), August 2006, p.28, 43; Wang, China's New Order, p.65.

56) Friedman and Friedman, Two Lucky People, p.516.

57) Jaroslaw Urbanski, "Workers in Poland After 1989," Workers Initiative Poland, paspartoo.w.interia.pl; Weschler, "A Grand Experiment."

58) Mark Kramer, "Polish Workers and the Post-Communist Transition, 1989~1993," Europe-Asia Studies, June 1995; World Bank, World Development Indicators 2006, www.worldbank.org; Andrew Curry, "The Case Against Poland's New President," New Republic, November 17, 2005; Wielgosz, "25 Years of Solidarity."

59) Wielgosz, "25 Years of Solidarity."

60) David Ost, The Defeat of Solidarity: Anger and Politics in Postcommunist Europe, Cornell University Press, 2005, p.62.

61) Statistical Yearly, Polish Main Statistical Office, 1997, p.139.

62) Kramer, "Polish Workers and the Post-Communist Transition, 1989~1993."

10장

1) "South Africa; Tutu Says Poverty, Aids Could Destabilise Nation," AllAfrica.com, November 4, 2001.

2) Martin J. Murray, The Revolution Deferred, Verso, 1994, p.12.

3) "ANC Leader Affirms Support for State Control of Industry," Times, January 26, 1990.

4) Ismail Vadi, The Congress of the People and Freedom Charter Campaign, foreword by Walter Sisulu, Sterling Publishers, 1995, www.sahistory.org.za.

5) Nelson Mandela, A Long Walk to Freedom: The Autobiography of Nelson Mandela, Little, Brown and Company, 1994, p.150.

6) "The Freedom Charter," Adopted at the Congress of the People, Kliptown, on June 26, 1955, www.anc.org.za.

7) William Mervin Gumede, Thabo Mbeki and the Battle for the Soul of the ANC, Zebra Press, 2005, pp.219~220.

8) Mandela, A Long Walk to Freedom, pp.490~491.

9) 단순한 다수결 원칙은 사실 1999년까지 연기되었다. 1999년에야 일반 투표에서 5퍼센트 이상 획득한 모든 정당들이 집행권을 공유했다. 2001년 영화 제작자 밴 캐시단이 제작한 넬슨 만델라의 미공개 인터뷰;
Hein Marais, South Africa: Limits to Change: The Political Economy of Transition, University of Cape Town Press, 2001, pp.91~92.

10) 각주: Milton Friedman, "Milton Friedman.Banquet Speech," given at the Nobel Banquet, December 10, 1976, www.nobelprize.org.

11) Bill Keller, "Can Both Wealth and Justice Flourish in a New South Africa?" New York Times, May 9, 1994.

12) Mark Horton, "Role of Fiscal Policy in Stabilization and Poverty Alleviation," in Post-Apartheid South Africa: The First Ten Years, ed. Michael Nowak and Luca Antonio Ricci, International Monetary Fund, 2005, p.84.

13) 각주: Juan Gabriel Valdes, Pinochet's Economists: The Chicago School in Chile, Cambridge University Press, 1995, p.31, 33.
여기에는 피노체트 정권 경제부 장관 파블로 바라오나의 '새로운 민주주의'의 정의가 인용되어 있다. Robert Harvey, "Chile's Counter-Revolution," The Economist, February 2, 1980. (하비는 세르지오 페르난데스 내무부 장관의 말을 인용했다.);
Jose Pinera, "Wealth Through Ownership: Creating Property Rights in Chilean Mining," Cato Journal 24, no.3, Fall 2004, p.298.

14) James Brew, "South Africa-Habitat: A Good Home Is Still Hard to Own," Inter Press Service, March 11, 1997.

15) David McDonald, "Water: Attack the Problem Not the Data," Sunday Independent, June 19, 2003. 각주: Ibid.

16) Bill Keller, "Cracks in South Africa's White Monopolies," New York Times, June 17, 1993.

17) 구메데는 "요하네스버그 증권거래소에 등록된 회사들의 중역 98퍼센트가 백인이며, 그들은 거래소의 총 자산 중 97퍼센트 이상을 감독한다."라고 주장하는 비즈니스의 통계를 인용했다. Simon Robinson, "The New Rand Lords," Time, April 25, 2005;

Gumede, Thabo Mbeki and the Battle for the Soul of the ANC, p.220.

18) Gumede, Thabo Mbeki and the Battle for the Soul of the ANC, p.112.

19) Moyiga Nduru, "S. Africa: Politician Washed Anti-Aids Efforts Down the Drain," Inter Press Service, April 11, 2006.

20) "Study: Aids Slashes SA's Life Expectancy," Mail & Guardian, December 11, 2006.

21) 랜드화는 결국 7퍼센트 하락으로 마감하며 약간 회복했다.
Jim Jones, "Foreign Investors Take Fright at Hardline Stance," Financial Times, February 13, 1990.

22) Steven Mufson, "South Africa 1990," Foreign Affairs [Special Edition: America and the World], 1990/1991.

23) Thomas L. Friedman, The Lexus and the Olive Branch, Random House, 2000, p.113.

24) Gumede, Thabo Mbeki and the Battle for the Soul of the ANC, p.69.

25) Ibid., p.85; "South Africa: Issues of Rugby and Race," The Economist, August 24, 1996.

26) Nelson Mandela, "Report by the President of the ANC to the 50th National Conference of the African National Congress," December 16, 1997.

27) Gumede, Thabo Mbeki and the Battle for the Soul of the ANC, pp.33~39, 69.

28) Ibid., p.79.

29) Marais, South Africa, p.122. 각주: ANC, Ready to Govern: ANC Policy Guidelines for a Democratic South Africa Adopted at the National Conference, May 28~31, 1992, www.anc.org.za.

30) Ken Wells, "U.S. Investment in South Africa Quickens," Wall Street Journal, October 6, 1994.

31) Gumede, Thabo Mbeki and the Battle for the Soul of the ANC, p.88.

32) Ibid., p.87.

33) Marais, South Africa, p.162.

34) Ibid., p.170.

35) Gumede, Thabo Mbeki and the Battle for the Soul of the ANC, p.89.

36) Ginger Thompson, "South African Commission Ends Its Work," New York Times, March 22, 2003.

37) ANC, "The State and Social Transformation," discussion document, November 1996, www.anc.org.za; Ginger Thompson, "South Africa to Pay $3,900 to Each Family of Apartheid Victims," New York Times, April 16, 2003; 캐시단이 제작한 2001년 만델라의 인터뷰.

38) Gumede, Thabo Mbeki and the Battle for the Soul of the ANC, p.108.

39) Ibid., p.119.

38) Gumede, Thabo Mbeki and the Battle for the Soul of the ANC, p.108.

39) Ibid., p.119.

40) South African Communist Party, "The Debt Debate: Confusion Heaped on Confusion" November–December 1998, www.sacp.org.za; Jeff Rudin, "Apartheid Debt: Questions and Answers," Alternative Information and Development Centre, March 16, 1999, www.aidc.org.za.
각주: Congress of South Africa Trade Unions, "Submission on the Public Investment Corporation Draft Bill," June 25, 2004, www.cosatu.org.za; Rudin, "Apartheid Debt"; South African Communist Party, "The Debt Debate."

41) "The Freedom Charter."

42) Nomvula Mokonyane, "Budget Speech for 2005/06 Financial Year by MEC for Housing in Gauteng," Speech made in the Guateng Legislature on June 13, 2005, www.info.gov.za.

43) Lucille Davie and Mary Alexander, "Kliptown and the Freedom Charter," June 27, 2005, www.southafrica.info; Blue IQ, The Plan for a Smart Province–Guateng.

44) Gumede, Thabo Mbeki and the Battle for the Soul of the ANC, p.215.

45) Scott Baldauf, "Class Struggle: South Africa's New, and Few, Black Rich," Christian Science Monitor, October 31, 2006; "Human Development Report 2006," United Nations Development Programme, www.undp.org.

46) "South Africa: The Statistics," Le Monde Diplomatique, September 2006; Michael Wines and Sharon LaFraniere, "Decade of Democracy Fills Gaps in South Africa," New York Times, April 26, 2004.

47) Simon Robinson, "The New Rand Lords."

48) Michael Wines, "Shantytown Dwellers in South Africa Protest the Sluggish Pace of Change," New York Times, December 25, 2005.

49) Mark Wegerif, Bev Russell and Irma Grundling, Summary of Key Findings from the National Evictions Survey, Nkuzi Development Association, 2005, 7, www.nkuzi.org.za.

50) Wines, "Shantytown Dwellers in South Africa Protest ……"

51) Gumede, Thabo Mbeki and the Battle for the Soul of the ANC, 72. Internal quotation: Asghar Adelzadeh, "From the RDP to GEAR: The Gradual Embracing of Neo-liberalism in Economic Policy," Transformation 31, 1996.

52) Ibid., p.70.

53) Stephen F. Cohen, Failed Crusade: America and the Tragedy of Post-Communist Russia, W.W. Norton & Company, 2001, p.30.

11장

1) Boris Kagarlitsky, Square Wheels: How Russian Democracy Got Derailed, trans. Leslie A. Auerbach, et al., Monthly Review Press, 1994, p.191.

2 William Keegan, The Spectre of Capitalism: The Future of the World Economy After the Fall of Communism, Radius, 1992, p.109.

3) George J. Church, "The Education of Mikhail Sergeyevich Gorbachev," Time, January 4, 1988; Gidske Anderson, "The Nobel Peace Prize 1990 Presentation Speech," www.nobelprize.org.

4) Marshall Pomer, Introduction, The New Russia: Transition Gone Awry, eds. Lawrence R. Klein and Marshall Pomer, Stanford University Press: 2001, p.1.

5) Anderson, "The Nobel Peace Prize 1990 Presentation Speech"; Church, "The Education of Mikhail Sergeyevich Gorbachev."

6) Mikhail Gorbachev, Foreword, Klein and Pomer, eds., The New Russia, p.xiv.

7) 전례가 없는 합동 보고서는 '급진적인 개혁'을 요구했으며 모든 안정화 계획과 동시에 자유무역을 위해 국경을 개방해야 한다고 주장했다. Dani Rodrik, International Monetary Fund, The World Bank, Organization for Economic Cooperation and Development, European Bank for Reconstruction and Development, The Economy

of the USSR: Summary and Recommendations, World Bank, 1990, chap.8.;
2006년 10월 저자와 제프리 색스의 뉴욕 인터뷰.

8) "Order, Order," The Economist, December 22, 1990.

9) Ibid.; Michael Schrage, "Pinochet's Chile a Pragmatic Model for Soviet Economy," Washington Post, August 23, 1991.

10) 2000년 5월 9일 방송된 PBS 탐사보도 프로그램 <프론트라인> 중 '시저의 귀환 (셰리 존스 감독).'

11) Vadim Nikitin, "'91 Foes Linked by Anger and Regret," Moscow Times, August 21, 2006.

12) Stephen F. Cohen, "America's Failed Crusade in Russia," The Nation, February 28, 1994.

13) 저자와 제프리 색스의 인터뷰.

14) Peter Passell, "Dr. Jeffrey Sachs, Shock Therapist," New York Times, June 27, 1993.

15) Peter Reddaway and Dmitri Glinski, The Tragedy of Russia's Reforms: Market Bolshevism against Democracy, United States Institute for Peace Press, 2001, p.291.

16) Jeffrey D. Sachs, The End of Poverty: Economic Possibilities for Our Time, Penguin Books, 2005, p.137.

17) Reddaway and Glinski, The Tragedy of Russia's Reforms, p.253.

18) 윌리엄 그랜 감독의 PBS 다큐멘터리 <세계경제 패권> 중 '개혁의 몸부림' (2002년, 다니엘 예긴, 수 레나 톰슨 감독); Reddaway and Glinski, The Tragedy of Russia's Reforms, 237~298.

19) Mikhail Leontyev, "Two Economists Will Head Russian Reform; Current Digest of the Soviet Press," Nezavisimaya Gazeta, November 9, 1991, digest available on December 11, 1991.

20) Chrystia Freeland, Sale of the Century: Russia's Wild Ride from Communism to Capitalism, Crown, 2000, p.56.

21) Boris Yeltsin, "Speech to the RSFSR Congress of People's Deputies," October 28, 1991.

22) David McClintick, "How Harvard Lost Russia," Institutional Investor, January 1, 2006.

23) Georgi Arbatov, "Origins and Consequences of 'Shock Therapy,'" in Klein and Pomer, eds., The New Russia, p.171.

24) Vladimir Mau, "Russia," in The Political Economy of Policy Reform, ed. John Williamson, Institute for International Economics, 1994, p.435.

25) Ibid., pp.434~435.

26) Joseph E. Stiglitz, Preface, Klein and Pomer, eds., The New Russia, p.xxii.

27) Joseph E. Stiglitz, Globalization and Its Discontents, W. W. Norton & Company, 2002, p.136.

28) Yeltsin, "Speech to the RSFSR Congress of People's Deputies."

29) Stephen F. Cohen, "Can We 'Convert' Russia?" Washington Post, March 28, 1993; Helen Womack, "Russians Shell Out as Cashless Society Looms," Independent, August 27, 1992.

30) Russian Economic Trends, 1997, p.46. 다음 책에 인용되어 있다. Thane Gustafson, Capitalism Russian-Style, Cambridge University Press, 1999, p.171.

31) <세계경제 패권>의 '개혁의 몸부림.'

32) Gwen Ifill, "Clinton Meets Russian on Assistance Proposal," New York Times, March 25, 1993.

33) Malcolm Gray, "After Bloody Monday," Maclean's, October 18, 1993; Leyla Boulton, "Powers of Persuasion," Financial Times, November 5, 1993.

34) Serge Schmemann, "The Fight to Lead Russia," New York Times, March 13, 1993.

35) Margaret Shapiro and Fred Hiatt, "Troops Move in to Put Down Uprising After Yeltsin Foes Rampage in Moscow," Washington Post, October 4, 1993.

36) John Kenneth White and Philip John Davies, Political Parties and the Collapse of the Old Orders, State University of New York Press, 1998, p.209.

37) 재무부 차관 로런스 서머스가 1993년 9월 7일 상원 외교위원회 앞에서 한 진술.

38) Reddaway and Glinski, The Tragedy of Russia's Reforms, p.294.

39) Ibid, p.299.

40) Celestine Bohlen, "Rancor Grows in Russian Parliament," New York Times, March 28, 1993.

41) "The Threat That Was," The Economist, April 28, 1993; Shapiro and Hiatt, "Troops Move in to Put Down Uprising After Yeltsin Foes Rampage in Moscow."

42) Serge Schmemann, "Riot in Moscow Amid New Calls For Compromise," New York Times, October 3, 1993.

43) Leslie H. Gelb, "How to Help Russia," New York Times, March 14, 1993. 각주: Shapiro and Hiatt, "Troops Move in to Put Down Uprising After Yeltsin Foes Rampage in Moscow."

44) Fred Kaplan, "Yeltsin in Command as Hard-Liners Give Up," Boston Globe, October 5, 1993.

45) "당국은 모스크바에서 이틀 간 142명이 살해됐다고 발표했다. 이는 그보다 훨씬 많았던 실제 시체의 수를 비웃는 것이나 다름없었다. 어느 누구도 부상당하고 구타당한 사람들의 정확한 숫자를 확인하려고 하지 않았다. 수천 명이 체포당했다." Kagarlitsky, Square Wheels, p.218.

46) Reddaway and Glinski, The Tragedy of Russia's Reforms, p.427.

47) Kagarlitsky, Square Wheels, p.212.

48) John M. Goshko, "Victory Seen for Democracy," Washington Post, October 5, 1993; David Nyhan, "Russia Escapes a Return to the Dungeon of Its Past," Boston Globe, October 5, 1993; Reddaway and Glinski, The Tragedy of Russia's Reforms, p.431.

49) Return of the Czar.

50) Nikitin, "'91 Foes Linked by Anger and Regret."

51) Cacilie Rohwedder, "Sachs Defends His Capitalist Shock Therapy," Wall Street Journal Europe, October 25, 1993.

52) Sachs, The End of Poverty.

53) Arthur Spiegelman, "Western Experts Call for Russian Shock Therapy," Reuters, October 6, 1993.

54) Dorinda Elliott and Betsy McKay, "Yeltsin's Free-Market Offensive," Newsweek, October 18, 1993; Adi Ignatius and Claudia Rosett, "Yeltsin Now Faces Divided Nation," Asian Wall Street Journal, October 5, 1993.

55) Stanley Fischer, "Russia and the Soviet Union Then and Now," in The Transition in Eastern Europe, ed. Olivier Jean Blanchard, Kenneth A. Froot and Jeffrey D. Sachs, Country Studies, vol.1, University of Chicago Press, 1994, p.237.

56) Lawrence H. Summers, "Comment," in The Transition in Eastern Europe,

Country Studies, vol.1, p.253.

57) Jeffrey Tayler, "Russia Is Finished," Atlantic Monthly, May 2001; "The World's Billionaires, According to Forbes Magazine, Listed by Country," Associated Press, February 27, 2003.

58) E. S. Browning, "Bond Investors Gamble on Russian Stocks," Wall Street Journal, March 24, 1995.

59) Legislator Sergei Yushenkov is quoting Oleg Lobov. Carlotta Gall and Thomas De Waal, Chechnya : Calamity in the Caucasus, New York University Press, 1998, p.161.

60) Vsevolod Vilchek, "Ultimatum on Bended Knees," Moscow News, May 2, 1996.

61) Passell, "Dr. Jeffrey Sachs, Shock Therapist."

62) David Hoffman, "Yeltsin's 'Ruthless' Bureaucrat," Washington Post, November 22, 1996.

63) Svetlana P. Glinkina et al., "Crime and Corruption," in Klein and Pomer, eds., The New Russia, 241; Matt Bivens and Jonas Bernstein, "The Russia You Never Met," Demokratizatsiya: The Journal of Post-Soviet Democracy 6, no.4, Fall 1998, p.630, www.demokratizatsiya.org.

64) Bivens and Bernstein, "The Russia You Never Met," pp.627~628; Total, Factbook 1998~2006, www.total.com; The profit figure is for 2000: Marshall I. Goldman, The Piratization of Russia: Russian Reform Goes Awry, Routledge, 2003, p.120; "Yukos Offers 12.5 Percent Stake against Debts to State-Owned Former Unit," Associated Press, June 5, 2006; 28억이라는 수치는 1997년에 브리티시 페트롤륨사가 시단코사의 주식 10퍼센트 값으로 5억 7,100만 달러를 지불했던 사실에 기초한 것이다. 그 비율로 계산하면 주식 51퍼센트 값은 28억이 넘는다.
Freeland, Sale of the Century, p.183; Stanislav Lunev, "Russian Organized Crime Spreads Beyond Russia's Borders," Prism 3, no.8, May 30, 1997.

65) Bivens and Bernstein, "The Russia You Never Met," p.629.

66) Reddaway and Glinski, The Tragedy of Russia's Reforms, p.254.

67) Freeland, Sale of the Century, p.299.

68) Return of the Czar.

69) 비븐스와 번스타인은 "추바이스와 개혁 부관 네 사람—그들은 모두 추바이스의 USAID

기금 후원을 받았다—이 유넥심뱅크로부터 각각 9만 달러의 뇌물을 수수한 혐의가 있다고 보고했다. (가장 독재적인 어떤 회사는 그들로부터 수지맞는 민영화 계약을 따냈다.) 비슷한 건으로 옐친 정권에서 민영화를 담당하던 국가자산위원회 부의장 알프레드 코흐는 민영화 계약을 낙찰시켜준 대가로 주요 독점 재벌과 연결된 회사로부터 10만 달러를 받았다. 그들 중 누구도 기소되지 않았다.

Bivens and Bernstein, "The Russia You Never Met," p.636; Vladimir Isachenkov, "Prosecutors Investigate Russia's Ex-Privatization Czar," Associated Press, October 1, 1997.

70) McClintick, "How Harvard Lost Russia."

71) U.S. District Court, District of Massachusetts, "United States of America, Plaintiff, v. President and Fellows of Harvard College, Andrei Shleifer and Jonathan Hay, Defendants: Civil Action No.00.11977-DPW," Memorandum and Order, June 28, 2004; McClintick, "How Harvard Lost Russia."

72) McClintick, "How Harvard Lost Russia."

73) Dan Josefsson, "The Art of Ruining a Country with a Little Professional Help from Sweden," ETC English edition, 1999.

74) Ernest Beck, "Soros Begins Investing in Eastern Europe," Wall Street Journal, June 1, 1994; Andrew Jack, Arkady Ostrovsky and Charles Pretzlik, "Soros to Sell 'The Worst Investment of My Life,'" Financial Times (London), March 17, 2004.

75) Brian Whitmore, "Latest Polls Showing Communists Ahead," Moscow Times, September 8, 1999.

76) Return of the Czar.

77) Helen Womack, "Terror Alert in Moscow as Third Bombing Kills 73," Independent, September 14, 1999.

78) Aslan Nurbiyev, "Last Bodies Cleared From Rebels' Secret Grozny Cemetery," Agence France-Presse, April 6, 2006.

79) Sabrina Tavernise, "Farms as Business in Russia," New York Times, November 6, 2001; Josefsson, "The Art of Ruining a Country with a Little Professional Help from Sweden"; "News Conference by James Wolfensohn, President of the World Bank Re: IMF Spring Meeting," Washington, DC, April 22, 1999, www.imf.org; Branko Milanovic, Income, Inequality and Poverty during the

Transition from Planned to Market Economy, World Bank, 1998, p.68; Working Centre for Economic Reform, Government of the Russian Federation, Russian Economic Trends 5, no.1, 1996, pp.56~57. 다음 책에도 인용되어 있다. Bertram Silverman and Murray Yanowitch, New Rich, New Poor, New Russia: Winners and Losers on the Russian Road to Capitalism, M.E. Sharpe, 2000, p.47.

80) 715,000명이라는 통계는 러시아 보건·사회 개발 장관의 말을 토대로 한 것이다. "Russia Has More Than 715,000 Homeless Children-Health Minister," RIA Novosti news agency, February 23, 2006; Carel De Rooy, UNICEF, Children in the Russian Federation, November 16, 2004, p.5, www.unicef.org.

81) 1987년에 러시아의 1인당 알코올 소비량은 3.9리터였으나 2003년에는 8.87리터에 달했다. World Health Organization Regional Office for Europe, "3050 Pure Alcohol Consumption, Litres Per Capita, 1987, 2003," European Health for All Database (HFA-DB), data.euro.who.int/hfadb; "In Sad Tally, Russia Counts More Than 4 Million Addicts," Pravda, February 20, 2004; UNAIDS, "Annex 1: Russian Federation," 2006 Global Report on the AIDS Epidemic, May 2006, p.437, www.unaids.org; 2006년 6월 에이즈 예방 국제기구 TPAA의 언론 담당관 나탈리야 카차프 인터뷰.

82) World Health Organization Regional Office for Europe, "1780 SDR, Suicide and Self-Inflicted Injury, All Ages Per 100,000, 1986~1994," European Health for All Database (HFA-DB), data.euro.who.int/hfadb; 1986년 인구 10만 명당 살인 및 고의적 가해 비율은 7.3퍼센트였으나 1994년에는 32.9퍼센트에 달했으며 2004년에는 25.2퍼센트로 조금 감소했다. World Health Organization Regional Office for Europe, "1793 SDR, Homicide and Intentional Injury, All Ages Per 100,000, 1986~2004," European Health for All Database.

83) Nikitin, "'91 Foes Linked by Anger and Regret"; Stephen F. Cohen, "The New American Cold War," The Nation, July 10, 2006; Central Intelligence Agency, "Russia," World Factbook 1992, CIA, 1992, p.287; Central Intelligence Agency, "Russia," World Factbook 2007, www.cia.gov.

84) Colin McMahon, "Shortages Leave Russia's East Out in the Cold," Chicago Tribune, November 19, 1998.

85) Arbatov, "Origins and Consequences of 'Shock Therapy,'" p.177.

86) Richard Pipes, "Russia's Chance," Commentary 93, no.3, March 1992, p.30.

87) Richard E. Ericson, "The Classical Soviet-Type Economy: Nature of the System and Implications for Reform," Journal of Economic Perspectives 5, no.4, Autumn 1991, p.25.

88) Tayler, "Russia Is Finished"; Richard Lourie, "Shock of Calamity," Los Angeles Times, March 21, 1999.

89) Josefsson, "The Art of Ruining a Country with a Little Professional Help from Sweden."

90) Tatyana Koshkareva and Rustam Narzikulov, Nezavisimaya Gazeta, October 31, 1997; Paul Klebnikov and Carrie Shook, "Russia and Central Europe: The New Frontier," Forbes, July 28, 1997.

91) Adam Smith, The Wealth of Nations, ed. Edwin Cannan, Modern Library, 1937, P.532.

92) 데이비드 하비의 분석 자료가 큰 도움이 되었다. David Harvey, A Brief History of Neoliberalism, Oxford University Press, 2005.

93) Michael Schuman, "Billionaires in the Making," Forbes, July 18, 1994; Harvey, A Brief History of Neoliberalism, p.103.

94) "YPFB: Selling a National Symbol," Institutional Investor, March 1, 1997; Jonathan Friedland, "Money Transfer," Wall Street Journal, August 15, 1995.

95) Friedland, "Money Transfer."

96) Paul Blustein, And the Money Kept Rolling In (and Out): Wall Street, the IMF, and the Bankrupting of Argentina, PublicAffairs, 2005, pp.24, 29; Nathaniel C. Nash, "Argentina's President, Praised Abroad, Finds Himself in Trouble at Home," New York Times, June 8, 1991; Tod Robberson, "Argentine President's Exit Inspires Mixed Emotions," Dallas Morning News, October 18, 1999.

97) Paul Brinkley-Rogers, "Chaos Reigns as President Flees Uprising," Daily Telegraph, December 22, 2001.

98) Jean Friedman-Rudovsky, "Bolivia Calls Ex-President to Court," Time, February 6, 2007.

1) John Maynard Keynes, "From Keynes to Roosevelt: Our Recovery Plan Assayed," New York Times, December 31, 1933.

2) Ashley M. Herer, "Oprah, Bono Promote Clothing Line, iPod," Associated Press, October 13, 2006.

3) T. Christian Miller, Blood Money: Wasted Billions, Lost Lives, and Corporate Greed in Iraq, Little, Brown and Company, 2006, p.123. 각주: John Cassidy, "Always with Us," The New Yorker, April 11, 2005.

4) Peter Passell, "Dr. Jeffrey Sachs, Shock Therapist," New York Times, June 27, 1993.

5) Jeffrey Sachs, "Life in the Economic Emergency Room," in The Political Economy of Policy Reform, ed. John Williamson, Institute for International Economics, 1994, p.516.

6) "Roosevelt Victor by 7,054,520 Votes," New York Times, December 25, 1932; Raymond Moley, After Seven Years, Harper & Brothers, 1939, p.305.

7) Carolyn Eisenberg, Drawing the Line: The American Decision to Divide Germany, 1944~1949, Cambridge University Press, 1996.

8) The Political Economy of Policy Reform, p.44.

9) Sachs, "Life in the Economic Emergency Room," pp.503~504, 513.

10) John Williamson, The Political Economy of Policy Reform, pp.19, 26.

11) John Williamson and Stephan Haggard, "The Political Conditions for Economic Reform," in The Political Economy of Policy Reform, p.565.

12) Williamson, The Political Economy of Policy Reform, p.20.

13) John Toye, The Political Economy of Policy Reform, p.41.

14) Bruce Little, "Debt Crisis Looms, Study Warns," Globe and Mail, February 16, 1993; CTV에서 에릭 몰링이 진행하는 <W5> 프로그램에서 보도한 내용.
Linda McQuaig, Shooting the Hippo: Death by Deficit and Other Canadian Myths, Penguin, 1995, p.3.

15) 이 문단에 나오는 내용은 다음 책을 토대로 했다. McQuaig, Shooting the Hippo, pp.18, 42~44, 117.

16) Ibid., pp.44, 46.

17) "How to Invent a Crisis in Education," Globe and Mail, September 15, 1995.

18) 다음 두 문단의 내용은 다음 자료를 토대로 했다. Michael Bruno, Deep Crises and Reform: What Have We Learned?, World Bank, 1996, pp.4, 6, 13, 25. Emphasis in original.

19) Ibid., p.6. Emphasis added.

20) 세계 은행에 가입한 회원 수는 1995년 기준으로 185개국이다.

21) 다음 네 문단에 나오는 내용은 다음 자료를 토대로 했다. Davison L. Budhoo, Enough Is Enough: Dear Mr. Camdessus ······ Open Letter of Resignation to the Managing Director of the International Monetary Fund, New Horizons Press, 1990, pp.2~27.

22) 버드후의 주장 대부분은 트리니다드토바고의 상대적 단위 노동 비용 계산상의 모순을 설명해주는 핵심 요소다. 상대적 단위 노동 비용은 국가 생산성을 측정하는 가장 중요한 경제 지표다. "작년에 IMF가 현장에서 철수한 뒤 우리 통계학자가 계산한 자료에 따르면 트리니다드토바고의 상대적 단위 노동 비용은 1985년 우리 보고서에 기록된 145.8퍼센트, 혹은 1986년에 IMF 자료에서 주장했던 142.9퍼센트가 아니라 겨우 69퍼센트 증가한 것으로 나타났다. 1980년에서 1985년 사이에 상대적 단위 노동 비용은 1986년 보고서에 나온 164.7퍼센트가 아니라 겨우 66.1퍼센트 상승했을 뿐이다. 1983년에서 1985년에 걸쳐 상대적 단위 노동 비용은 1986년에 세계무대에 제시했던 36.9퍼센트가 아니라 14.9퍼센트 상승했을 뿐이었고, 1985년에는 9퍼센트 증가했던 것이 아니라 1.7퍼센트 감소했다. 1986년 상대적 단위 노동 비용은 46.5퍼센트나 떨어졌지만 1987년 보고서나 IMF 공식 문서 어디에도 기록되지 않았다." Ibid., p.17.

23) "Bitter Calypsos in the Caribbean," Guardian, July 30, 1990; Robert Weissman, "Playing with Numbers: The IMF's Fraud in Trinidad and Tobago," Multinational Monitor 11, no.6, June 1990.

24) Lawrence Van Gelder, "Mr. Budhoo's Letter of Resignation from the I.M.F. (50 Years Is Enough)," New York Times, March 20, 1996.

1) Anita Raghavan, "Wall Street Is Scavenging in Asia-Pacific," Wall Street Journal, February 10, 1998.

2) R. William Liddle, "Year One of the Yudhoyono.Kalla Duumvirate," Bulletin of Indonesian Economic Studies 41, no.3, December 2005, p.337.

3) "The Weakest Link," The Economist, February 8, 2003.

4) Irma Adelman, "Lessons from Korea," in The New Russia: Transition Gone Awry, eds. Lawrence R. Klein and Marshall Pomer, Stanford University Press, 2001, p.129.

5) David McNally, "Globalization on Trial," Monthly Review, September 1998.

6) "Apec Highlights Social Impact of Asian Financial Crisis," Bernama news agency, May 25, 1998.

7) Hur Nam-Il, "Gold Rush… Korean Style," Business Korea, March 1998; "Selling Pressure Mounts on Korean Won,Report," Korea Herald, May 12, 1998.

8) "Elderly Suicide Rate on the Increase," Korea Herald, October 27, 1999; "Economic Woes Driving More to Suicide," Korea Times, April 23, 1998.

9) The crisis hit in 1994, but the loan did not come through until early 1995.

10) "Milton Friedman Discusses the IMF," CNN Moneyline with Lou Dobbs, January 22, 1998; George P. Shultz, William E. Simon and Walter B. Wriston, "Who Needs the IMF," Wall Street Journal, February 3, 1998.

11) Milken Institute, "Global Overview," Global Conference 1998, Los Angeles, March 12, 1998, www.milkeninstitute.org.

12) Bill Clinton, "Joint Press Conference with Prime Minister Chretien," November 23, 1997, www.clintonfoundation.org.

13) Milken Institute, "Global Overview."

14) 「이코노미스트」의 협찬으로 1998년 10월 22일 워싱턴 D.C.에서 개최된 카토 연구소 16주년 연례 통화 회의에서 호세 피녜라가 발표한 보고서.
Jose Pinera, "The 'Third Way' Keeps Countries in the Third World"; Jose Pinera, "The Fall of a Second Berlin Wall," October 22, 1998, www.josepinera.com.

15) "U.S. Senate Committee on Foreign Relations Holds Hearing on the Role of the IMF in the Asian Financial Crisis," February 12, 1998; "Text.Greenspan's Speech

to New York Economic Club," Reuters News, December 3, 1997.

16) M. Perez and S. Tobarra, "Los paises asiaticos tendran que aceptar cierta flexi bilidad que no era necesaria hasta ahora," El Pais International Edition, December 8, 1997; "IMF Chief Calls for Abandon of 'Asian Model,'" Agence France-Presse, December 1, 1997.

17) Interview with Mahathir Mohamad conducted July 2, 2001, for Commanding Heights: The Battle for the World Economy, www.pbs.org.

18) 2001년 5월 9일 스탠리 피셔의 <세계경제 패권> 인터뷰. www.pbs.org.

19) Stephen Grenville, "The IMF and the Indonesian Crisis," background paper, Independent Evaluation Office of the IMF, May 2004, p.8, www.imf.org.

20) Walden Bello, "The IMF's Hidden Agenda," The Nation (Bangkok), January 25, 1998.

21) Fischer, Commanding Heights; Joseph Kahn, "I.M.F.'s Hand Often Heavy, a Study Says," New York Times, October 21, 2000. 각주: Paul Blustein, The Chastening: Inside the Crisis That Rocked the Global Financial System and Humbled the IMF, PublicAffairs, 2001, pp.6~7.

22) IMF는 한국에 "(기업들이 이 산업에서 저 산업으로 이동할 수 있게) 과잉 노동력에 대한 노동 시장 규제를 완화하라."라고 노골적으로 요구했다. 이에 대한 내용은 다음 자료에 인용되어 있다. Martin Hart-Landsberg and Paul Burkett, "Economic Crisis and Restructuring in South Korea: Beyond the Free Market-Statist Debate," Critical Asian Studies 33, no.3, 2001, p.421; Alkman Granitsas and Dan Biers, "Economies: The Next Step: The IMF Has Stopped Asia's Financial Panic," Far Eastern Economic Review, April 23, 1998; Cindy Shiner, "Economic Crisis Clouds Indonesian's Reforms," Washington Post, September 10, 1998.

23) Soren Ambrose, "South Korean Union Sues the IMF," Economic Justice News 2, no.4, January 2000.

24) Nicola Bullard, Taming the Tigers: The IMF and the Asian Crisis, Focus on the Global South, March 2, 1999, www.focusweb.org; Walden Bello, A Siamese Tragedy: The Collapse of Democracy in Thailand, Focus on the Global South, September 29, 2006, www.focusweb.org.

25) Jeffrey Sachs, "Power Unto Itself," Financial Times (London), December 11, 1997.

26) Michael Lewis "The World's Biggest Going-Out-of-Business Sale," New York Times Magazine, May 31, 1998.

27) Ian Chalmers, "Tommy's Toys Trashed," Inside Indonesia 56, October~ December 1998.

28) Paul Blustein and Sandra Sugawara, "Rescue Plan for Indonesia in Jeopardy," Washington Post, January 7, 1998; Grenville, "The IMF and the Indonesian Crisis," p.10.

29) McNally, "Globalization on Trial."

30) "Magic Arts of Jakarta's 'Witch-Doctor,'" Financial Times (London), November 3, 1997.

31) Susan Sim, "Jakarta's Technocrats vs. the Technologists," Straits Times (Singapore), November 30, 1997; Kahn, "I.M.F.'s Hand Often Heavy, a Study Says."

32) International Monetary Fund, The IMF's Response to the Asian Crisis, January 1999, www.imf.org.

33) Paul Blustein, "At the IMF, a Struggle Shrouded in Secrecy," Washington Post, March 30, 1998; Martin Feldstein, "Refocusing the IMF," Foreign Affairs, March~April 1998; Jeffrey Sachs, "The IMF and the Asian Flu," American Prospect, March~April 1998.

34) 한국은 2.6퍼센트에서 7.6퍼센트로, 인도네시아는 4퍼센트에서 12퍼센트로 빈곤율이 상승했다. 다른 국가들에서도 동일한 양상이 나타났다. International Labour Organization, "ILO Governing Body to Examine Response to Asia Crisis," press release, March 16, 1999; Mary Jordan, "Middle Class Plunging Back to Poverty," Washington Post, September 6, 1998; McNally, "Globalization on Trial"; Florence Lowe-Lee, "Where Is Korea's Middle Class?" Korea Insight 2, no.11, November 2000, p.1; James D. Wolfensohn, "Opening Address by the President of the World Bank Group," Summary Proceedings of the Fifty-Third Annual Meeting of the Board of Governors, International Monetary Fund, October 6~8, 1998, p.31, www.imf.org.

35) "Array of Crimes Linked to the Financial Crisis, Meeting Told," New Straits Times (Kuala Lumpur), June 1, 1999; Nussara Sawatsawang, "Prostitution. Alarm Bells Sound Amid Child Sex Rise," Bangkok Post, December 24, 1999; Luz Baguioro,

"Child Labour Rampant in the Philippines," Straits Times (Singapore), February 12, 2000; "Asian Financial Crisis Rapidly Creating Human Crisis: World Bank," Agence France-Presse, September 29, 1998.

36) Laura Myers, "Albright Offers Thais Used F-16s, Presses Banking Reforms," Associated Press, March 4, 1999.

37) Independent Evaluation Office of the IMF, The IMF and Recent Capital Account Crises: Indonesia, Korea, Brazil, International Monetary Fund, September 12, 2003, pp.42~43, www.imf.org; Grenville, "The IMF and the Indonesian Crisis," p.8.

38) Craig Mellow, "Treacherous Times," Institutional Investor International Edition, May 1999.

39) Raghavan, "Wall Street Is Scavenging In Asia-Pacific."

40) Rory McCarthy, "Merrill Lynch Buys Yamaichi Branches, Now Japan's Biggest Foreign Broker," Agence France-Presse, February 12, 1998; "Phatra Thanakit Announces Partnership with Merrill Lynch," Merrill Lynch press release, June 4, 1998; United Nations Conference on Trade and Development, World Investment Report 1998: Trends and Determinants, United Nations, 1998, p.337; James Xiaoning Zhan and Terutomo Ozawa, Business Restructuring in Asia: Cross-Border M&As in the Crisis Period, Copenhagen Business School Press, 2001, p.100; "Advisory Board for Salomon," Financial Times (London), May 18, 1999; "Korea Ssangyong Sells Info Unit Shares to Carlyle," Reuters News, January 2, 2001; "JP Morgan-Carlyle Consortium to Become Largest Shareholder of KorAm," Korea Times (Seoul), September 9, 2000.

41) Nicholas D. Kristof, "Worsening Financial Flu in Asia Lowers Immunity to U.S. Business," New York Times, February 1, 1998.

42) Lewis, "The World's Biggest Going-Out-of-Business Sale"; Mark L. Clifford, "Invasion of the Bargain Snatchers," Business Week, March 2, 1998.

43) United Nations Conference on Trade and Development, World Investment Report 1998, p.336; Zhan and Ozawa, Business Restructuring in Asia, p.99; "Chronology-GM Takeover Talks with Daewoo Motor Creditors," Reuters, April 30, 2002.

44) Zhan and Ozawa, Business Restructuring in Asia, pp.96~102; Clifford, "Invasion

of the Bargain Snatchers."

45) Alexandra Harney, "GM Close to Taking 67% Stake in Daewoo for $400M," Financial Times (London), September 20, 2001; Stephanie Strom, "Korea to Sell Control of Banks to U.S. Investors," New York Times, January 1, 1999.

46) Charlene Barshefsky, "Trade Issues with Asian Countries," Testimony before the Subcommittee on Trade of the House Committee on Ways and Means, February 24, 1998.

47) "International Water-Ayala Consortium Wins Manila Water Privatization Contract," Business Wire, January 23, 1997; "Bechtel Wins Contract to Build Oil Refinery in Indonesia," Asia Pulse news agency, September 22, 1999; "Mergers of S. Korean Handset Makers with Foreign Cos on the Rise," Asia Pulse news agency, November 1, 2004; United Nations Conference on Trade and Development, World Investment Report 1998, p.337; Zhan and Ozawa, Business Restructuring in Asia, pp.96~99.

48) Zhan and Ozawa, Business Restructuring in Asia, pp.96~102; Robert Wade and Frank Veneroso, "The Asian Crisis: The High Debt Model Versus the Wall Street-Treasury-IMF Complex," New Left Review 228, March~April 1998.

49) "Milton Friedman Discusses the IMF," CNN Moneyline with Lou Dobbs, January 22, 1998.

50) 1995년에 자살률은 10만 명당 11.5퍼센트였다. 2005년에는 10만 명당 26.1퍼센트로 121퍼센트포인트 증가했다. World Factbook 1997, Central Intelligence Agency, 1997; World Factbook 2007, www.cia.gov; "S. Korea Has Top Suicide Rate among OECD Countries: Report," Asia Pulse news agency, September 18, 2006; "S. Korean Police Confirm Actress Suicide," Agence France-Presse, February 12, 2007.

51) United Nations Human Settlements Program, 2005 Annual Report, UNHABITAT, 2006, pp.5~6, www.unchs.org; Rainer Maria Rilke, Duino Elegies and the Sonnets to Orpheus, trans. A. Poulin Jr., Houghton Mifflin, 1977, p.51.

52) "Indonesia Admits to Rapes during Riots," Washington Post, December 22, 1998.

53) "The Weakest Link"; Thomas L. Friedman, The Lexus and the Olive Tree, Farrar, Strauss Giroux, 1999, pp.452~453.

54) "The Critics of Capitalism," Financial Times (London), November 27, 1999.

55) Fischer, Commanding Heights; Blustein, The Chastening, pp.6~7.

14장

1) Tom Baldwin, "Revenge of the Battered Generals," Times (London), April 18, 2006.

2) Reuters, "Britain's Ranking on Surveillance Worries Privacy Advocate," New York Times, November 3, 2006.

3) Daniel Gross, "The Homeland Security Bubble," Slate.com, June 1, 2005.

4) Robert Burns, "Defense Chief Shuns Involvement in Weapons and Merger Decisions to Avoid Conflict of Interest," Associated Press, August 23, 2001.

5) John Burgess, "Tuning in to a Trophy Technology," Washington Post, March 24, 1992; "TIS Worldwide Announces the Appointment of the Honorable Donald Rumsfeld to its Board of Advisors," PR Newswire, April 25, 2000; Geoffrey Lean and Jonathan Owen, "Donald Rumsfeld Makes $5M Killing on Bird Flu Drug," Independent (London), March 12, 2006.

6) George W. Bush, "Bush Delivers Remarks with Rumsfeld, Gates," CQ Transcripts Wire, November 8, 2006.

7) Joseph L. Galloway, "After Losing War Game, Rumsfeld Packed Up His Military and Went to War," Knight-Ridder, April 26, 2006.

8) Jeffrey H. Birnbaum, "Mr. CEO Goes to Washington," Fortune, March 19, 2001.

9) Donald H. Rumsfeld, "Secretary Rumsfeld's Remarks to the Johns Hopkins, Paul H. Nitze School of Advanced International Studies," December 5, 2005, www.defenselink.mil; Tom Peters, The Circle of Innovation, Alfred A. Knopf, 1997, p.16.

10) 다음 두 페이지에 나오는 정보는 2001년 9월 10일 도널드 럼즈펠드의 미 국방부 연설에 기초한 것이다. Donald H. Rumsfeld, "DoD Acquisition and Logistics Excellence Week Kickoff-Bureaucracy to Battlefield," www.defenselink.mil.

11) Carolyn Skorneck, "Senate Committee Approves New Base Closings,

Cuts $1.3 Billion from Missile Defense," Associated Press, September 7, 2001; Rumsfeld, "DoD Acquisition and Logistics Excellence Week Kickoff."

12) Bill Hemmer and Jamie McIntyre, "Defense Secretary Declares War on the Pentagon's Bureaucracy," CNN Evening News, September 10, 2001.

13) Donald Rumsfeld, "Tribute to Milton Friedman," Washington, DC, May 9, 2002, www.defenselink.mil; Milton Friedman and Rose D. Friedman, Two Lucky People: Memoirs, University of Chicago Press, 1998, p.345.

14) Friedman and Friedman, Two Lucky People, p.391.

15) William Gruber, "Rumsfeld Reflects on Politics, Business," Chicago Tribune, October 20, 1993; Stephen J. Hedges, "Winter Comes for a Beltway Lion," Chicago Tribune, November 12, 2006.

16) Greg Schneider, "Rumsfeld Shunning Weapons Decisions," Washington Post, August 24, 2001; Andrew Cockburn, Rumsfeld: His Rise, Fall, and Catastrophic Legacy, Scribner, 2007, pp.89~90; Randeep Ramesh, "The Two Faces of Rumsfeld," Guardian (London), May 9, 2003; Richard Behar, "Rummy's North Korea Connection," Fortune, May 12, 2003.

17) Joe Palca, "Salk Polio Vaccine Conquered Terrifying Disease," National Public Radio: Morning Edition, April 12, 2005; David M. Oshinsky, Polio: An American Story, Oxford University Press, 2005, pp.210~211. 각주: Carly Weeks, "Tamiflu Linked to 10 Deaths," Gazette (Montreal), November 30, 2006; Dorsey Griffith, "Psychiatric Warning Put on Flu Drug," Sacramento Bee, November 14, 2006.

18) Knowledge Ecology International, "KEI Request for Investigation into Anticompetitive Aspects of Gilead Voluntary Licenses for Patents on Tenofivir and Emtricitabine," February 12, 2007, www.keionline.org.

19) John Stanton, "Big Stakes in Tamiflu Debate," Roll Call, December 15, 2005.

20) 다음 두 문단에 나오는 정보는 다음 책에서 인용했다. T. Christian Miller, Blood Money: Wasted Billions, Lost Lives and Corporate Greed in Iraq, Little, Brown and Company, 2006, pp.77~79.

21) Joan Didion, "Cheney: The Fatal Touch," The New York Review of Books, October 5, 2006.

22) Dan Briody, Halliburton Agenda: The Politics of Oil and Money, John Wiley &

Sons, 2004, pp.198~199; David H. Hackworth, "Balkans Good for Texas-Based Business," Sun-Sentinel (Fort Lauderdale), August 16, 2001.

23) Antonia Juhasz, Bush Agenda: Invading the World, One Economy at a Time, Regan Books, 2006, p.120.

24) Jonathan D. Salant, "Cheney: I'll Forfeit Options," Associated Press, September 1, 2000.

25) "Lynne Cheney Resigns from Lockheed Martin Board," Dow Jones News Service, January 5, 2001.

26) Tim Weiner, "Lockheed and the Future of Warfare," New York Times, November 28, 2004. 각주: Jeff McDonald, "City Looks at County's Outsourcing as Blueprint," San Diego Union-Tribune, July 23, 2006.

27) Sam Howe Verhovek, "Clinton Reining in Role for Business in Welfare Effort," New York Times, May 11, 1997; Barbara Vobejda, "Privatization of Social Programs Curbed," Washington Post, May 10, 1997.

28) Michelle Breyer and Mike Ward, "Running Prisons for a Profit," Austin American-Statesman, September 4, 1994; Judith Greene, "Bailing Out Private Jails," The American Prospect, September 10, 2001; Madeline Baro, "Tape Shows Inmates Bit by Dogs, Kicked, Stunned," Associated Press, August 19, 1997.

29) Matt Moffett, "Pension Reform Pied Piper Loves Private Accounts," Wall Street Journal, March 3, 2005.

30) "Governor George W. Bush Delivers Remarks on Government Reform," FDCH Political Transcripts, Philadelphia, June 9, 2000.

31) Jon Elliston, "Disaster in the Making," Tucson Weekly, September 23, 2004.

32) Joe M. Allbaugh, "Current FEMA Instructions & Manuals Numerical Index," Testimony of Federal Emergency Management Agency Director Joe M. Allbaugh before the Veterans Affairs, Housing and Urban Development and Independent Agencies Subcommittee of the Senate Appropriations Committee, May 16, 2001.

33) John F. Harris and Dana Milbank, "For Bush, New Emergencies Ushered in a New Agenda," Washington Post, September 22, 2001; United States General Accounting Office, Aviation Security: Long-Standing Problems Impair Airport Screeners' Performance, June 2000, p.25, www.gao.gov.

34) National Commission on Terrorist Attacks upon the United States, The 9/11 Commission Report: Final Report of the National Commission on Terrorist Attacks Upon the United States, 2004, p.85, www.gpoaccess.gov.

35) Anita Manning, "Company Hopes to Restart Production of Anthrax Vaccine," USA Today, November 5, 2001.

36) J. McLane, "Conference to Honor Milton Friedman on His Ninetieth Birthday," Chicago Business, November 25, 2002, www.chibus.com.

37) Joan Ryan, "Home of the Brave," San Francisco Chronicle, October 23, 2001; George W. Bush, "President Honors Public Servants," Washington, DC, October 15, 2001.

38) George W. Bush, "President Discusses War on Terrorism," Atlanta, Georgia, November 8, 2001.

39) Harris and Milbank, "For Bush, New Emergencies Ushered in a New Agenda."

40) Andrew Bacevich, "Why Read Clausewitz When Shock and Awe Can Make a Clean Sweep of Things?," London Review of Books, June 8, 2006. 각주: Scott Shane and Ron Nixon, "In Washington, Contractors Take on Biggest Role Ever," New York Times, February 4, 2007.

41) Evan Ratliff, "Fear, Inc.," Wired, December 2005.

42) Shane and Nixon, "In Washington, Contractors Take on Biggest Role Ever."

43) Matt Richtel, "Tech Investors Cull Start-Ups for Pentagon," Washington Post, May 7, 2007; Defense Venture Catalyst Initiative, "An Overview of the Defense Venture Catalyst Initiative," devenci.dtic.mil.43. Ratliff, "Fear, Inc."

44) Ratliff, "Fear, Inc."

45) Jason Vest, "Inheriting a Shambles at Defense" Texas Observer (Austin), December 1, 2006; Ratliff, "Fear, Inc."; Paladin Capital Group, "Lt. General (Ret) USAF Kenneth A. Minihan," Paladin Team, December 2, 2003, www.paladincapgroup.com.

46) Office of Homeland Security, National Strategy for Homeland Security, July 2002, p.1, www.whitehouse.gov; Ron Suskind, The One Percent Doctrine: Deep Inside America's Pursuit of Its Enemies Since 9/11, Simon and Schuster, 2006; "Terror Fight Spawns Startups," Red Herring, December 5, 2005.

47) United States House of Representatives, Committee on Government Reform-Minority Staff, Special Investigations Division, Dollars, Not Sense: Government Contracting Under the Bush Administration, Prepared for Rep. Henry A. Waxman, June 2006, p.5, www.democrats.reform.house.gov; Tim Shorrock, "The Corporate Takeover of U.S. Intelligence, Salon, June 1, 2007, www.salon.com; Rachel Monahan and Elena Herrero Beaumont, "Big Time Security," Forbes, August 3, 2006; Central Intelligence Agency, World Fact Book 2007, www.cia.gov; "US Government Spending in States Up 6 Pct in FY'03," Reuters, October 7, 2004; Frank Rich, "The Road from K Street to Yusufiya," New York Times, June 25, 2006.

48) Monahan and Herrero Beaumont, "Big Time Security"; Ratliff, "Fear, Inc."

49) 이 수치는 전 부시 행정부 반테러 사무관을 지내고 현재 굿 하버 컨설팅 회장으로 재직하고 있는 로저 크레시가 발표한 것이다. Rob Evans and Alexi Mostrous, "Britain's Surveillance Future," Guardian (London), November 2, 2006; Mark Johnson, "Video, Sound Advances Aimed at War on Terror," Associated Press, August 2, 2006; Ellen McCarthy, "8 Firms Vie for Pieces of Air Force Contract," Washington Post, September 14, 2004.

50) Brian Bergstein, "Attacks Spawned a Tech-Security Market That Remains Young Yet Rich," Associated Press, September 4, 2006.

51) Mure Dickie, "Yahoo Backed on Helping China Trace Writer," Financial Times (London), November 10, 2005; Leslie Cauley, "NSA Has Massive Database of Americans' Phone Calls," USA Today, May 11, 2006; "Boeing Team Awarded SBInet Contract by Department of Homeland Security," press release, September 21, 2006, www.boeing.com.

52) Robert O'Harrow Jr., No Place to Hide, Free Press, 2005.

53) "Terror Fight Spawns Startups."

54) Justin Rood, "FBI Terror Watch List 'Out of Control'," The Blotter blog on ABC News, June 13, 2007, www.abcnews.com; Ed Pilkington, "Millions Assigned Terror Risk Score on Trips to the US," Guardian (London), December 2, 2006.

55) Rick Anderson, "Flog Is My Co-Pilot," Seattle Weekly, November 29, 2006; Jane Mayer, "The C.I.A.'s Travel Agent," The New Yorker, October 30, 2006;

Brian Knowlton, "Report Rejects European Denial of CIA Prisons," New York Times, November 29, 2006; Mayer, "The C.I.A.'s Travel Agent"; Stephen Grey, Ghost Plane: The True Story of the CIA Torture Program, St. Martin's Press, 2006, p.80; Pat Milton, "ACLU Files Suit Against Boeing Subsidiary, Saying it Enabled Secret Overseas Torture," Associated Press, May 31, 2007.

56) Andrew Buncombe, "New Maximum-Security Jail to Open at Guantanamo Bay," Independent (London), July 30, 2006; Pratap Chatterjee, "Intelligence in Iraq: L-3 Supplies Spy Support," CorpWatch, August 9, 2006, www.corpwatch.com.

57) Michelle Faul, "Guantanamo Prisoners for Sale," Associated Press, May 31, 2005; John Simpson, "No Surprises in the War on Terror," BBC News, February 13, 2006; John Mintz, "Detainees Say They Were Charity Workers," Washington Post, May 26, 2002.

58) 의문에 싸인 죄수는 아델 파토우 알리 알가자르였다. Dave Gilson, "Why Am I in Cuba?" Mother Jones, September~October 2006; Simpson, "No Surprises in the War on Terror"; Andrew O. Selsky, "AP: Some Gitmo Detainees Freed Elsewhere," USA Today, December 15, 2006.

59) Gary Stoller, "Homeland Security Generates Multibillion Dollar Business," USA Today, September 10, 2006.

60) Sarah Anderson, John Cavanagh, Chuck Collins and Eric Benjamin, "Executive Excess 2006: Defense and Oil Executives Cash in on Conflict," August 30, 2006, p.1, www.faireconomy.org.

61) Ratliff, "Fear, Inc."

62) O'Harrow, No Place to Hide, p.9.

15장

1) Jim Krane, "Former President Bush Battles Arab Critics of His Son," Associated Press, November 21, 2006.

2) Scott Shane and Ron Nixon, "In Washington, Contractors Take on Biggest Role

Ever," New York Times, February 4, 2007.

3) Jane Mayer, "Contract Sport," The New Yorker, February 16, 2004.

4) "HR 5122: John Warner National Defense Authorization Act For Fiscal Year 2007 (Enrolled as Agreed to or Passed by Both House and Senate)," thomas.loc.gov.

5) "Remarks of Sen. Patrick Leahy on National Defense Authorization Act for Fiscal Year 2007, Conference Report, Congressional Record," States News Service, September 29, 2006.

6) Gilead Sciences, "Stock Information: Historical Price Lookup," www.gilead.com.

7) 스티븐 킨저와의 인터뷰. Stephen Kinzer, Democracy Now!, April 21, 2006, www.democracynow.org.

8) "밀접하게 관련되어 있으며 서로에게 힘을 실어주었다."라는 구절은 역사가 제임스 빌의 말을 인용한 것이다. Stephen Kinzer, Overthrow: America's Century of Regime Change from Hawaii to Iraq, Times Books, 2006, p.122.

9) Robert Burns, "Defense Chief Shuns Involvement in Weapons and Merger Decisions to Avoid Conflict of Interest," Associated Press, August 23, 2001; Matt Kelley, "Defense Secretary Sold Up to $91 Million in Assets to Comply with Ethics Rules, Complains about Disclosure Form," Associated Press, June 18, 2002; Pauline Jelinek, "Rumsfeld Asks for Deadline Extension," Associated Press, July 17, 2001.

10) John Stanton, "Big Stakes in Tamiflu Debate," Roll Call, December 15, 2005.

11) 럼즈펠드의 2005년 재산 공개 서류는 그가 "최고 9,590만 달러에 상당하는 주식을 보유하고 있었으며 거기에서 1,300만 달러의 수입을 얻었고, 1,700만 달러 상당의 부동산을 소유하고 임대료로 100만 달러 수입을 얻었다."라는 사실을 보여주었다.
    Geoffrey Lean and Jonathan Owen, "Donald Rumsfeld Makes $5m Killing on Bird Flu Drug," Independent (London), March 12, 2006; Kelley, "Defense Secretary Sold up to $91 Million in Assets ……"

12) Burns, "Defense Chief Shuns Involvement ……"

13) Stanton, "Big Stakes in Tamiflu Debate."

14) Nelson D. Schwartz, "Rumsfeld's Growing Stake in Tamiflu," Fortune, October 31, 2005.

15) Gilead Sciences, "Stock Information: Historical Price Lookup," www.gilead.com.

16) Cassell Bryan-Low, "Cheney Cashed in Halliburton Options Worth $35 Million," Wall Street Journal, September 20, 2000.

17) Ken Herman, "Cheneys Earn $8.8 Million to Bushes' $735,000," Austin American-Statesman, April 15, 2006; Halliburton, Investor Relations, "Historical Price Lookup," www.halliburton.com.

18) Sarah Karush, "Once Privileged in Iraq, Russian Oil Companies Hope to Compete on Equal Footing After Saddam," Associated Press, March 14, 2003; Saeed Shah, "Oil Giants Scramble for Iraqi Riches," Independent (London), March 14, 2003.

19) "Waiting for the Green Light," Petroleum Economist, October 1, 2006.

20) Lean and Owen, "Donald Rumsfeld Makes $5m Killing on Bird Flu Drug."

21) Jonathan Weisman, "Embattled Rep. Ney Won't Seek Reelection," Washington Post, August 8, 2006; Sonya Geis and Charles R. Babcock, "Former GOP Lawmaker Gets 8 Years," Washington Post, March 4, 2006; Judy Bachrach, "Washington Babylon," Vanity Fair, August 1, 2006.

22) Eric Lipton, "Former Antiterror Officials Find Industry Pays Better," New York Times, June 18, 2006.

23) Ellen Nakashima, "Ashcroft Finds Private-Sector Niche," Washington Post, August 12, 2006; Lipton, "Former Antiterror Officials Find Industry Pays Better"; Good Harbor Consulting, LLC., www.goodharbor.net; Paladin Capital Group, "R. James Woolsey.VP," Paladin Team, www.paladincapgroup.com; Booz Allen Hamilton, "R James Woolsey," www.boozallen.com; Douglas Jehl, "Insiders' New Firm Consults on Iraq," New York Times, September 30, 2003; "Former FEMA Head to Start Consulting Business on Emergency Planning," Associated Press, November 24, 2005.

24) "Former FEMA Head Discussed Wardrobe during Katrina Crisis," Associated Press, November 3, 2005.

25) Seymour M. Hersh, "The Spoils of the Gulf War," New Yorker, September 6, 1993.

26) Michael Isikoff and Mark Hosenball, "A Legal Counterattack," Newsweek, April 16, 2003; John Council, "Baker Botts' 'Love Shack' for Clients," Texas Lawyer, March 6, 2006; Erin E. Arvedlund, "Russian Oil Politics in a Texas Court," New York Times, February 15, 2005; Robert Bryce, "It's a Baker Botts World,"

The Nation, October 11, 2004.

27) Peter Smith and James Politi, "Record Pay-Outs from Carlyle and KKR," Financial Times (London), October 20, 2004.

28) "Cutting James Baker's Ties," New York Times, December 12, 2003.

29) 다음 두 문단에 나오는 정보는 저자 나오미 클라인의 글에 기초한 것이다. Naomi Klein, "James Baker's Double Life: A Special Investigation," The Nation, posted online October 12, 2004, www.thenation.com.

30) David Leigh, "Carlyle Pulls Out of Iraq Debt Recovery Consortium," Guardian (London), October 15, 2004; United Nations Compensation Commission, "Payment of Compensation," press releases, 2005~2006, www.unog.ch; Klein, "James Baker's Double Life"; World Bank, "Data Sheet for Iraq," October 23, 2006, www.worldbank.org.

31) Eric Schmitt, "New Group Will Lobby for Change in Iraqi Rule," New York Times, November 15, 2002; George P. Shultz, "Act Now," Washington Post, September 6, 2002; Harry Esteve, "Ex-Secretary Stumps for Gubernatorial Hopeful," Oregonian (Portland), February 12, 2002; David R. Baker, "Bechtel Pulling Out after 3 Rough Years of Rebuilding Work," San Francisco Chronicle, November 1, 2006.

32) Tim Weiner, "Lockheed and the Future of Warfare," New York Times, November 28, 2004; Schmitt, "New Group Will Lobby for Change in Iraqi Rule"; John Laughland, "The Prague Racket," Guardian (London), November 22, 2002; John B. Judis, "Minister without Portfolio," The American Prospect, May 2003; Lockheed Martin, Investor Relations, "Stock Price Details," www.lockheedmartin.com.

33) Bob Woodward, State of Denial, Simon & Schuster, 2006, pp.406~407.

34) James Dao, "Making a Return to the Political Stage," New York Times, November 28, 2002; Leslie H. Gelb, "Kissinger Means Business," New York Times, April 20, 1986; Jeff Gerth, "Ethics Disclosure Filed with Panel," New York Times, March 9, 1989.

35) James Harding, "Kissinger Second Take," Financial Times (London), December 14, 2002.

36) Seymour M. Hersh, "Lunch with the Chairman," The New Yorker, March 17, 2003.

37) Ibid.; Thomas Donnelly and Richard Perle, "Gas Stations in the Sky," Wall Street Journal, August 14, 2003. 각주: R. Jeffrey Smith, "Tanker Inquiry Finds Rumsfeld's Attention Was Elsewhere," Washington Post, June 20, 2006; Tony Capaccio, "Boeing Proposes Bonds for 767 Lease Deal," Seattle Times, March 4, 2003.

38) Hersh, "Lunch with the Chairman"; Tom Hamburger and Dennis Berman, "U.S. Adviser Perle Resigns as Head of Defense Board," Wall Street Journal, March 28, 2003.

39) Interview with Richard Perle, CNN: Late Edition with Wolf Blitzer, March 9, 2003.

40) Judis, "Minister without Portfolio"; David S. Hilzenrath, "Richard N. Perle's Many Business Ventures Followed His Years as a Defense Official," Washington Post, May 24, 2004; Hersh, "Lunch with the Chairman"; T. Christian Miller, Blood Money: Wasted Billions, Lost Lives and Corporate Greed in Iraq, Little, Brown and Company, 2006, p.73.

16장

1) Andrew M. Wyllie, "Convulsion Therapy of the Psychoses," Journal of Mental Science 86, March 1940, p.248.

2) Richard Cohen, "The Lingo of Vietnam," Washington Post, November 21, 2006.

3) "Deputy Secretary Wolfowitz Interview with Sam Tannenhaus, Vanity Fair," News Transcript, May 9, 2003, www.defenselink.mil.

4) 각주: 2007 Index of Economic Freedom, Heritage Foundation and The Wall Street Journal, 2007, p.326, www.heritage.org.

5) Thomas L. Friedman, "The Long Bomb," New York Times, March 2, 2003; Joshua Muravchik, Democracy's Quiet Victory," New York Times, August 19, 2002; Robert Dreyfuss, "Just the Beginning," American Prospect, April 1, 2003. 각주: John Norris, Collision Course: NATO, Russia, and Kosovo, Praeger, 2005, pp.xxii~xxiii.

6) George W. Bush, "President Discusses Education, Entrepreneurship & Home Ownership at Indiana Black Expo," Indianapolis, Indiana, July 14, 2005.

7) Edwin Chen and Maura Reynolds, "Bush Seeks U.S.-Mideast Trade Zone to Bring Peace, Prosperity to Region," Los Angeles Times, May 10, 2003.

8) Harlan Ullman, "'Shock and Awe' Misunderstood," USA Today, April 8, 2003.

9) Peter Johnson, "Media's War Footing Looks Solid," USA Today, February 17, 2003.

10) Thomas L. Friedman, "What Were They Thinking?" New York Times, October 7, 2005.

11) United States Department of State, "Memoranda of Conversation," June 10, 1976, declassified, www.gwu.edu/~nsarchiv.

12) George W. Bush, speech made at 2005 Inauguration, January 20, 2005.

13) Norman Friedman, Desert Victory: The War for Kuwait, Naval Institute Press, 1991, p.185; Michael R. Gordon and Bernard E. Trainor, Cobra II: The Inside Story of the Invasion and Occupation of Iraq, Pantheon Books, 2006, p.551.

14) Anthony Shadid, Night Draws Near: Iraq's People in the Shadow of America's War, Henry Holt, 2005, galley, p.95. 저자의 허락을 얻어 인용했다.

15) Harlan K. Ullman and James P. Wade, Shock and Awe: Achieving Rapid Dominance, NDU Press Book, 1996, p.55; Ron Suskind, The One Percent Doctrine: Deep Inside America's Pursuit of Its Enemies Since 9/11, Simon & Schuster, 2006, pp.123, 214.

16) Ullman and Wade, "Shock and Awe," xxv, pp.17, 23, 29.

17) Maher Arar, "'I Am Not a Terrorist.I Am Not a Member of Al-Qaeda,'" Vancouver Sun, November 5, 2003.

18) "Iraq Faces Massive U.S. Missile Barrage," CBS News, January 24, 2003.

19) "U.S. Tests Massive Bomb," CNN: Wolf Blitzer Reports, March 11, 2003.

20) Ibid.

21) Rajiv Chandrasekaran and Peter Baker, "Allies Struggle for Supply Lines," Washington Post, March 30, 2003; Jon Lee Anderson, The Fall of Baghdad, Penguin Press, 2004, p.199; Gordon and Trainor, Cobra II, p.465.
각주: Charles Duelfer, Comprehensive Report of the Special Advisor to the DCI on Iraq's WMD, vol.1, September 30, 2004, 11, www.cia.gov.

22) Shadid, Night Draws Near, p.71.

23) Suzanne Goldenberg, "War in the Gulf: In an Instant We Were Plunged into Endless Night," Guardian (London), April 4, 2003.

24) "Restoring a Treasured Past," Los Angeles Times, April 17, 2003.

25) Charles J. Hanley, "Looters Ransack Iraq's National Library," Associated Press, April 15, 2003.

26) Michael D. Lemonick, "Lost to the Ages," Time, April 28, 2003; Louise Witt, "The End of Civilization," Salon, April 17, 2003, www.salon.com.

27) Thomas E. Ricks and Anthony Shadid, "A Tale of Two Baghdads," Washington Post, June 2, 2003.

28) Frank Rich, "And Now: 'Operation Iraqi Looting,'" New York Times, April 27, 2003.

29) Donald H. Rumsfeld, "DoD News Briefing.Secretary Rumsfeld and Gen. Myers," April 11, 2003, www.defenselink.mil; Simon Robinson, "Grounding Planes the Wrong Way," Time, July 14, 2003.

30) Rajiv Chandrasekaran, Imperial Life in the Emerald City: Inside Iraq's Green Zone, Alfred A. Knopf, 2006, pp.119~120.

31) Ibid., pp.165~166.

32) World Bank, World Development Report 1990, World Bank, 1990, pp.178~179; New Mexico Coalition for Literacy, New Mexico Literacy Profile, 2005~2006 Programs, www.nmcl.org. 각주: Chandrasekaran, Imperial Life in the Emerald City, p.5.

33) Shafiq Rasul, Asif Iqbal and Rhuhel Ahmed, Composite Statement: Detention in Afghanistan and Guantanamo Bay, Center for Constitutional Rights, July 26, 2004, pp.96, 99, www.ccr-ny.org.

34) Ibid., pp.9, 10, 21, 26, 72.

35) John F. Burns, "Looking Beyond His Critics, Bremer Sees Reason for Both Hope and Caution," New York Times, June 29, 2004; Steve Kirby, "Bremer Says Iraq Open for Business," Agence France-Presse, May 25, 2003.

36) Thomas B. Edsall and Juliet Eilperin, "Lobbyists Set Sights on Money-Making Opportunities in Iraq," Washington Post, October 2, 2003.

17장

1) 제프리 골드버그에 따르면 라이스는 조지타운에 위치한 식당에서 저녁을 먹으며 논평을 했다. 골드버그는 이렇게 썼다. "그 말은 다른 손님들을 깜짝 놀라게 했다. 브렌트 스코크로프트가 나중에 친구들에게 말한 것처럼 그는 라이스의 설교자 같은 말투에 얼떨떨해했다. Jeffrey Goldberg, "Breaking Ranks," The New Yorker, October 31, 2005.

2) Fareed Zakaria, "What Bush Got Right," Newsweek, March 14, 2005.

3) Phillip Kurata, "Eastern Europeans Urge Iraq to Adopt Rapid Market Reforms," Washington File, Bureau of International Information Programs, U.S. Department of State, September 26, 2003, usinfo.state.gov; "Iraq Poll Finds Poverty Main Worry, Sadr Popular," Reuters, May 20, 2004.

4) Joseph Stiglitz, "Shock without the Therapy," Business Day (Johannesburg), February 20, 2004; Jim Krane, "U.S. Aims to Keep Iraq Military Control," Associated Press, March 13, 2004.

5) 리처드 펄의 인터뷰. Richard Perle, CNN: Anderson Cooper 360 Degrees, November 6, 2006; 데이비드 프럼의 인터뷰. David Frum, CNN: Late Edition with Wolf Blitzer, November 19, 2006.

6) L. Paul Bremer III, My Year in Iraq: The Struggle to Build a Future of Hope, Simon and Schuster, 2006, p.21.

7) 폴 브레머의 인터뷰. Paul Bremer, PBS: The Charlie Rose Show, January 11, 2006.

8) Noelle Knox, "Companies Rush to Account for Staff," USA Today, September 13, 2001; Harlan S. Byrne, "Disaster Relief: Insurance Brokers AON, Marsh Look to Recover, Even Benefit Post-September 11," Barron's, November 19, 2001.

9) 가너 장군의 대 이라크 계획은 아주 간단했다. 사회 기반시설을 세우고 더러운 선거를 재빨리 실시하고 쇼크요법을 실행하게끔 IMF에 넘기고 필리핀 모델을 토대로 미군을 지키는 데 집중하는 것이다. "우리는 지금 이라크를 미국의 중동 지역 석탄 공급항으로 바라봐야 한다고 생각합니다."라고 BBC에서 말했다. 그레그 팰러스트와 제이 가너의 인터뷰. "Iraq for Sale," BBC TV, March 19, 2004, www.gregpalast.com; Thomas Crampton, "Iraq Official Warns on Fast Economic Shift," International Herald Tribune (Paris), October 14, 2003; Rajiv Chandrasekaran, "Attacks Force Retreat from Wide-Ranging Plans for Iraq," Washington Post, December 28, 2003.

10) "Let's All Go to the Yard Sale," The Economist, September 27, 2003.

11) Coalition Provisional Authority, Order Number 37 Tax Strategy for 2003, September 19, 2003, www.iraqcoalition.org; Coalition Provisional Authority, Order Number 39 Foreign Investment, December 20, 2003, www.iraqcoalition.org; Dana Milbank and Walter Pincus, "U.S. Administrator Imposes Flat Tax System on Iraq," Washington Post, November 2, 2003; Rajiv Chandrasekaran, "U.S. Funds for Iraq Are Largely Unspent," Washington Post, July 4, 2004. 각주: Mark Gregory, "Baghdad's 'Missing Billions,'" BBC News, November 9, 2006; David Pallister, "How the US Sent $12bn in Cash to Iraq. And Watched it Vanish," Guardian (London), February 8, 2007.

12) Central Bank of Iraq and the Coalition Provisional Authority, "Saddam-Free Dinar Becomes Iraq's Official Currency," January 15, 2004, www.cpa-iraq.org; "Half of Iraqis Lack Drinking Water-Minister," Agence France-Presse, November 4, 2003; Charles Clover and Peter Spiegel, "Petrol Queues Block Baghdad as Black Market Drains Off," Financial Times (London), December 9, 2003.

13) Donald H. Rumsfeld, "Prepared Statement for the Senate Appropriations Committee," Washington, DC, September 24, 2003, www.defenselink.mil; Borzou Daragahi, "Iraq's Ailing Banking Industry Is Slowly Reviving," New York Times, December 30, 2004; Laura MacInnis, "Citigroup, U.S. to Propose Backing Iraqi Imports," Reuters, February 17, 2004; Justin Blum, "Big Oil Companies Train Iraqi Workers Free," Washington Post, November 6, 2004.

14) Congressional Budget Office, Paying for Iraq's Reconstruction: An Update, December, 2006, p.15, www.cbo.gov; Chandrasekaran, "U.S. Funds for Iraq Are Largely Unspent."

15) George W. Bush, "President Bush Addresses United Nations General Assembly," New York City, September 23, 2003; George W. Bush, "President Addresses the Nation," September 7, 2003.

16) James Glanz, "Violence in Iraq Curbs Work of 2 Big Contractors," New York Times, April 22, 2004.

17) Rajiv Chandrasekaran, "Best-Connected Were Sent to Rebuild Iraq," Washington Post, September 17, 2006; Holly Yeager, "Halliburton's Iraq Army

Contract to End," Financial Times (London), July 13, 2006.

18) Office of Inspector General, USAID, Audit of USAID/Iraq's Economic Reform Program, Audit Report Number E-266.04.004-P, September 20, 2004, pp.5~6, www.usaid.gov; USAID, "Award/ Contract," RAN-C-00-03-00043-00, www.usaid.gov; Mark Brunswick, "Opening of Schools to Test Iraqis' Confidence," Star Tribune (Minneapolis), September 17, 2006.

각주: James Rupert, "Schools a Bright Spot in Iraq," Seattle Times, June 30, 2004.

19) Ron Wyden, "Dorgan, Wyden, Waxman, Dingell Call to End Outsourcing of Oversight for Iraq Reconstruction," press release, May 5, 2004, wyden.senate.gov; "Carolinas Companies Find Profits in Iraq," Associated Press, May 2, 2004; James Mayfield, "Understanding Islam and Terrorism. 9/11," August 6, 2002, was at www.texashoustonmission.org, accessed January 7, 2005; Sis Mayfield, "Letters from President Mayfield," February 27, 2004, was at www.texashoustonmission.org, accessed January 7, 2005.

20) Rajiv Chandrasekaran, "Defense Skirts State in Reviving Iraqi Industry," Washington Post, May 14, 2007.

21) 가이다르의 말에 대한 설명은 러시아 정부의 기업 고문 마크 마사스키에게서 나왔다. Jim Krane, "Iraq's Fast Track to Capitalism Scares Baghdad's Businessmen," Associated Press, December 3, 2003; Lynn D. Nelson and Irina Y. Kuzes, "Privatization and the New Business Class," in Russia in Transition: Politics, Privatization, and Inequality, ed. David Lane, Longman, 1995, p.129.

각주: Kevin Begos, "Good Intentions Meet Harsh Reality," Winston-Salem Journal, December 19, 2004.

22) Dahr Jamail and Ali al-Fadhily, "U.S. Resorting to 'Collective Punishment,'" Inter Press Service, September 18, 2006.

23) Gilbert Burnham, et al., "Mortality after the 2003 Invasion of Iraq: A Cross-Sectional Cluster Sample Survey," Lancet 368, October 12, 2006, pp.1421~1428.

24) Ralph Peters, "Last Gasps in Iraq," USA Today, November 2, 2006.

25) Oxford Research International, National Survey of Iraq, February 2004, p.20, news.bbc.co.uk; Donald MacIntyre, "Sistani Most Popular Iraqi Leader, US Pollsters Find," Independent (London), August 31, 2004.

26) Bremer, My Year in Iraq, p.71.

27) "The Lost Year in Iraq," PBS Frontline, October 17, 2006.

28) Patrick Graham, "Beyond Fallujah: A Year with the Iraqi Resistance," Harper's, June 1, 2004.

29) Rajiv Chandrasekaran, Imperial Life in the Emerald City: Inside Iraq's Green Zone, Alfred A. Knopf, 2006, p.118.

30) Alan Wolfe, "Why Conservatives Can't Govern," Washington Monthly, July/August 2006.

31) Ariana Eunjung Cha, "In Iraq, the Job Opportunity of a Lifetime," Washington Post, May 23, 2004.

32) Chandrasekaran, Imperial Life in the Emerald City, pp.214~218; T. Christian Miller, "U.S. Priorities Set Back Its Healthcare Goals in Iraq," Los Angeles Times, October 30, 2005.

33) Jim Krane, "Iraqi Businessmen Now Face Competition," Associated Press, December 3, 2003.

34) Chandrasekaran, Imperial Life in the Emerald City, p.288.

35) "National Defense Authorization Act for Fiscal Year 2007," Congressional Record -Senate, June 14, 2006, p.S5855.

36) Griff Witte, "Despite Billions Spent, Rebuilding Incomplete," Washington Post, November 12, 2006; Dan Murphy, "Quick School Fixes Won Few Iraqi Hearts," Christian Science Monitor, June 28, 2004.

37) Griff Witte, "Contractors Rarely Held Responsible for Misdeeds in Iraq," Washington Post, November 4, 2006; T. Christian Miller, "Contractor's Plans Lie Among Ruins of Iraq," Los Angeles Times, April 29, 2006; James Glanz, "Inspectors Find Rebuilt Projects Crumbling in Iraq," New York Times, April 29, 2007; James Glanz, "Billions in Oil Missing in Iraq, U.S. Study Says," New York Times, May 12, 2007.

38) 이라크 재건에 관한 특별 감사를 담당한 감사원 차관보 크리스틴 벨리슬의 2006년 12월 15일 이메일 인터뷰.

39) Griff Witte, "Invoices Detail Fairfax Firm's Billing for Iraq Work," Washington Post, May 11, 2005; Charles R. Babcock, "Contractor Bilked U.S. on

Iraq Work, Federal Jury Rules," Washington Post, March 10, 2006; Erik Eckholm, "Lawsuit Accuses a Contractor of Defrauding U.S. Over Work in Iraq," New York Times, October 9, 2004.

40) Renae Merle, "Verdict against Iraq Contractor Overturned," Washington Post, August 19, 2006; Erik Eckholm, "On Technical Grounds, Judge Sets Aside Verdict of Billing Fraud in Iraq Rebuilding," New York Times, August 19, 2006.

41) Dahr Jamail and Ali al-Fadhily, "Bechtel Departure Removes More Illusions," Inter Press Service, November 9, 2006; Witte, "Despite Billions Spent, Rebuilding Incomplete."

42) Anthony Shadid, Night Draws Near: Iraq's People in the Shadow of America's War, Henry Holt, 2005, pp.173, 175.

18장

1) Bertolt Brecht, "The Solution," Poems, 1913~1956, John Willett and Ralph Manheim ed., Methuen, 1979, p.440.

2) Sylvia Pfeifer, "Where Majors Fear to Tread," Sunday Telegraph (London), January 7, 2007.

3) L. Paul Bremer III, "New Risks in International Business," Viewpoint, November 2, 2001, was at www.mmc.com, accessed May 26, 2003.

4) Maxine McKew, "Confessions of an American Hawk," The Diplomat, October~November 2005.

5) L. Paul Bremer III, My Year in Iraq: The Struggle to Build a Future of Hope, Simon and Schuster, 2006, p.93.

6) 2006년 6월과 8월 18일자 폴 브레머의 인터뷰. "The Lost Year in Iraq," PBS Frontline, October 17, 2006.

7) William Booth and Rajiv Chandrasekaran, "Occupation Forces Halting Elections Throughout Iraq," Washington Post, June 28, 2003; Michael R. Gordon and Bernard E. Trainor, Cobra II: The Inside Story of the Invasion and the Occupation

of Iraq, Pantheon Books, 2006, p.490; William Booth, "In Najaf, New Mayor Is Outsider Viewed with Suspicion," Washington Post, May 14, 2003.

8) Ariana Eunjung Cha, "Hope and Confusion Mark Iraq's Democracy Lessons," Washington Post, November 24, 2003; Booth and Chandrasekaran, "Occupation Forces Halting Elections Throughout Iraq."

9) Christopher Foote, William Block, Keith Crane, and Simon Gray, Economic Policy and Prospects in Iraq, Public Policy Discussion Papers, no.04-1, Federal Reserve Bank of Boston, May 4, 2004, p.37, www.bosfed.org.

10) Salim Lone, "Iraq: This Election Is a Sham," International Herald Tribune (Paris), January 28, 2005.

11) "Al-Sistani's Representatives Threaten Demonstrations, Clashes in Iraq," BBC Monitoring International Reports, report by Lebanese Hezbollah TV Al-Manar, January 16, 2004; Nadia Abou El-Magd, "U.S. Commander Urges Saddam Holdouts to Surrender," Associated Press, January 16, 2004.

12) Michael Moss, "Iraq's Legal System Staggers Beneath the Weight of War," New York Times, December 17, 2006; Chris Kraul, "War Funding Feud Has Iraqis Uneasy," Los Angeles Times, April 28, 2007.

13) Gordon and Trainor, Cobra II, 4, p.555; Julian Borger, "Knives Come Out for Rumsfeld as the Generals Fight Back," Guardian (London), March 31, 2003.

14) Jeremy Scahill, Blackwater: The Rise of the World's Most Powerful Mercenary Army, Nation Books, 2007, p.199.

15) Peter Maass, "The Way of the Commandos," New York Times, May 1, 2005; "Jim Steele Bio," Premiere Speakers Bureau, www.premierespeakers.com; Michael Hirsh and John Barry, "'The Salvador Option,'" Newsweek, January 8, 2005.

16) "Email from Cpt. William Ponce," PBS Frontline: The Torture Question, August 2003, www.pbs.org; Josh White, "Soldiers' 'Wish Lists' of Detainee Tactics Cited," Washington Post, April 19, 2005.

17) Brigadier General Janis Karpinski, commander in charge of Abu Ghraib, says Miller said this to her. Scott Wilson and Sewell Chan, "As Insurgency Grew, So Did Prison Abuse," Washington Post, May 10, 2004.

18) 한 달 뒤 산체스는 앞서 보낸 메모 내용을 더 분명하게 하고 이전 것보다 약간 완화된

다른 메모를 보냈는데 오히려 현장에 어떤 절차를 적용해야 하는지 혼란만 가중시켰다. Ricardo S. Sanchez, Memorandum, Subject: CJTF-7 Interrogation and Counter-Resistance Policy, September 14, 2003, www.aclu.org.

19) 다음 세 문단에 나오는 정보는 휴먼 라이츠 워치의 발표를 토대로 했다.
Human Rights Watch, No Blood, No Foul: Soldiers' Accounts of Detainee Abuse in Iraq, July 2006, pp.6~14, www.hrw.org.

20) Ibid., pp.26, 28.

21) Richard P. Formica, "Article 15.6 Investigation of CJSOTF.AP and 5th SF Group Detention Operations," finalized on November 8, 2004, declassified, www.aclu.org.

22) USMC Alleged Detainee Abuse Cases Since 11 Sep 01, unclassified, July 8, 2004, www.aclu.org.

23) "Web Magazine Raises Doubts Over a Symbol of Abu Ghraib," New York Times, March 14, 2006; 하즈 알리의 인터뷰. Interview with Haj Ali, "Few Bad Men?" PBS Now, April 29, 2005.

24) "Haj Ali's Story," PBS Now website, www.pbs.org; Chris Kraul, "War Funding Feud Has Iraqis Uneasy," Los Angeles Times, April 28, 2007.

25) Human Rights Watch, Leadership Failure: Firsthand Accounts of Torture of Iraqi Detainees by the U.S. Army's 82nd Airborne Division, September 2005, pp.9, 12, www.hrw.org.

26) Human Rights Watch, The New Iraq? Torture and Ill-Treatment of Detainees in Iraqi Custody, January 2005, pp.2, 4, www.hrw.org; Bradley Graham, "Army Warns Iraqi Forces on Abuse of Detainees," Washington Post, May 20, 2005; Moss, "Iraq's Legal System Staggers Beneath the Weight of War."

27) Maass, "The Way of the Commandos."

28) Interview with Allan Nairn, Democracy Now!, January 10, 2005, www.democracynow.org; Solomon Moore, "Killings Linked to Shiite Squads in Iraqi Police Force," Los Angeles Times, November 29, 2005.

29) Moss, "Iraq's Legal System Staggers Beneath the Weight of War"; Thanassis Cambanis, "Confessions Rivet Iraqis," Boston Globe, March 18, 2005; Maass, "The Way of the Commandos."

30) Ibid; John F. Burns, "Torture Alleged at Ministry Site Outside Baghdad,"

New York Times, November 16, 2005; Moore, "Killings Linked to Shiite Squads in Iraqi Police Force."

31) Anne Collins, In the Sleep Room: The Story of the CIA Brainwashing Experiments in Canada, Lester and Orpen Dennys, 1988, p.174.

32) Maxine McKew, "Confessions of an American Hawk," The Diplomat, October~November 2005.

33) Charles Krauthammer, "In Baker's Blunder, a Chance for Bush," Washington Post, December 15, 2006; Frederick W. Kagan, Choosing Victory: A Plan for Success in Iraq, Phase I Report, January 4, 2007, page 34, www.aei.org.

34) Dahr Jamail and Ali Al-Fadhily, "Iraq: Schools Crumbling Along with Iraqi Society," Inter Press Service, December 18, 2006; Charles Crain, "Professor Says Approximately 300 Academics Have Been Assassinated," USA Today, January 17, 2005; Michael E. O'Hanlon and Jason H. Campbell, Brookings Institution, Iraq Index: Tracking Variables of Reconstruction & Security in Post-Saddam Iraq, February 22, 2007, p.35, www.brookings.edu; Ron Redmond, "Iraq Displacement," press briefing, Geneva, November 3, 2006, www.unhcr.org; "Iraq's Refugees Must Be Saved from Disaster," Financial Times (London), April 19, 2007.

35) "Nearly 20,000 People Kidnapped in Iraq This Year: Survey," Agence France-Presse, April 19, 2006; Human Rights Watch, The New Iraq?, pp.32, 54, www.hrw.org.

36) HSBC는 원래 이라크 전역에 지점을 개설할 작정이었지만 그 대신 이라크의 다르 아스 살렘 은행 주식을 79퍼센트나 매입했다. John M. Broder and James Risen, "Contractor Deaths in Iraq Soar to Record," New York Times, May 19, 2007; Paul Richter, "New Iraq Not Tempting to Corporations," Los Angeles Times, July 1, 2004; Yochi J. Dreazen, "An Iraqi's Western Dream," Wall Street Journal, March 14, 2005; "Syria and Iraq: Unbanked and Unstable," Euromoney, September 2006; Ariana Eunjung Cha and Jackie Spinner, "U.S. Companies Put Little Capital into Iraq," Washington Post, May 15, 2004.

37) Andy Mosher and Griff Witte, "Much Undone in Rebuilding Iraq, Audit Says," Washington Post, August 2, 2006; Julian Borger, "Brutal Killing of Americans in Iraq Raises Questions over Security Firms," Guardian (London), April 2,

2004; Office of the Special Inspector General for Iraq Reconstruction, Review of Administrative Task Orders for Iraq Reconstruction Contracts, October 23, 2006, p.11, www.sigir.mil.

38) Griff Witte, "Despite Billions Spent, Rebuilding Incomplete," Washington Post, November 12, 2006.

39) Aqeel Hussein and Colin Freeman, "US to Reopen Iraq's Factories in $10m Uturn," Sunday Telegraph (London), January 29, 2007.

40) Josh White and Griff Witte, "To Stem Iraqi Violence, U.S. Looks to Factories," Washington Post, December 12, 2006.

41) James A. Baker III, Lee H. Hamilton, Lawrence S. Eagleburger, et al., Iraq Study Group Report, December 2006, page 57, www.usip.org.

42) Pfeifer, "Where Majors Fear to Tread."

43) "Iraq's Refugee Crisis Is Nearing Catastrophe," Financial Times (London), February 8, 2007; Joshua Gallu, "Will Iraq's Oil Blessing Become a Curse?" Der Spiegel, December 22, 2006; Danny Fortson, Andrew Murray-Watson and Tim Webb, "Future of Iraq: The Spoils of War," Independent (London), January 7, 2007.

44) Iraqi Labor Union Leadership, "Iraqi Trade Union Statement on the Oil Law," December 10.14, 2006, www.carbonweb.org.

45) Edward Wong, "Iraqi Cabinet Approves Draft of Oil Law," New York Times, February 26, 2007.

46) Steven L. Schooner, "Contractor Atrocities at Abu Ghraib: Compromised Accountability in a Streamlined Outsourced Government," Stanford Law & Policy Review 16, no.2, 2005, p.552.

47) Jeremy Scahill, Blackwater: The Rise of the World's Most Powerful Mercenary Army, Nation Books, 2007, p.123.

48) Jim Krane, "A Private Army Grows Around the U.S. Mission in Iraq and Around the World," Associated Press, October 30, 2003; Jeremy Scahill, "Mercenary Jackpot," The Nation, August 28, 2006; Jeremy Scahill, "Exile on K Street," The Nation, February 20, 2006; Mark Hemingway, "Warriors for Hire," Weekly Standard, December 18, 2006.

49) Griff Witte, "Contractors Were Poorly Monitored, GAO Says," Washington Post, April 30, 2005.

50) T. Christian Miller, Blood Money: Wasted Billions, Lost Lives, and Corporate Greed in Iraq, Little, Brown and Company, 2006, p.87. : George R. Fay, AR 15-6 Investigation of the Abu Ghraib Detention Facility and 205th Military Intelligence Brigade, pp.19, 50, 52, www4.army.mil.

51) Renae Merle, "Army Tries Private Pitch for Recruits," Washington Post, September 6, 2006.

52) Andrew Taylor, "Defense Contractor CEOs See Pay Double Since 9/11 Attacks," Associated Press, August 29, 2006; Steve Vogel and Renae Merle, "Privatized Walter Reed Workforce Gets Scrutiny," Washington Post, March 10, 2007; Donna Borak, "Walter Reed Deal Hindered by Disputes," Associated Press, March 19, 2007..

53) 토머스 릭스에 따르면 "미군 병력이 약 15만 명이고 연합군이 모두 2만 5,000명일 때 이를 지원하는 추가 시민 용병이 6만 명 정도였다." 이것은 17만 5,000명의 연합 병력에 6만 명의 용병이 있었다는 것을 뜻한다. 군인 2.9명당 용병 1명꼴인 셈이다. Nelson D. Schwartz, "The Pentagon's Private Army," Fortune, March 17, 2003; Thomas E. Ricks, Fiasco: The American Military Adventure in Iraq, Penguin, 2006, p.37; Renae Merle, "Census Counts 100,000 Contractors in Iraq," Washington Post, December 5, 2006.

54) Ian Bruce, "Soldier of Fortune Deaths Go Missing in Iraq," Herald (Glasgow), January 13, 2007; Brian Brady, "Mercenaries to Fill Iraq Troop Gap," Scotland on Sunday (Edinburgh), February 25, 2007; Michelle Roberts, "Iraq War Exacts Toll on Contractors," Associated Press, February 24, 2007.

55) United Nations Department of Public Information, "Background Note: 31 December 2006," United Nations Peacekeeping Operations, www.un.org; James Glanz and Floyd Norris, "Report Says Iraq Contractor Is Hiding Data from U.S.," New York Times, October 28, 2006; Brady, "Mercenaries to Fill Iraq Troop Gap."

56) 각주: James Boxell, "Man of Arms Explores New Areas of Combat," Financial Times (London), March 11, 2007.

57) Special Inspector General for Iraq Reconstruction, Iraq Reconstruction:

Lessons in Contracting and Procurement, July 2006, pp.98~99, www.sigir.mil;
George W. Bush, State of the Union Address, Washington, DC, January 23, 2007.

58) Guy Dinmore, "US Prepares List of Unstable Nations," Financial Times (London),
March 29, 2005.

19장

1) Seth Mydans, "Builders Swoop in, Angering Thai Survivors," International Herald
Tribune (Paris), March 10, 2005.

2) ActionAid International et al., Tsunami Response: A Human Rights Assessment,
January 2006, p.13, www.actionaidusa.org.

3) Sri Lanka: A Travel Survival Kit, Lonely Planet, 2005, p.267.

4) John Lancaster, "After Tsunami, Sri Lankans Fear Paving of Paradise,"
Washington Post, June 5, 2005.

5) National Physical Planning Department, Arugam Bay Resource Development
Plan: Reconstruction Towards Prosperity, Final Report, pp.4, 5, 7, 18, 33, April 25,
2005; Lancaster, "After Tsunami, Sri Lankans Fear Paving of Paradise."

6) "South Asians Mark Tsunami Anniversary," United Press International, June 26,
2005.

7) USAID/Sri Lanka, "USAID Elicits 'Real Reform' of Tourism," January 2006,
www.usaid.gov.

8) Ibid.

9) 홍보 담당자 카렌 프레스턴의 이메일 인터뷰. Leading Hotels of the World,
August 16, 2006; Ajay Kapur, Niall Macleod, and Narendra Singh, "Plutonomy:
Buying Luxury, Explaining Global Imbalances," Citigroup: Industry Note,
Equity Strategy, October 16, 2005, pp.27, 30.

10) United Nations Environment Programme, "Sri Lanka Environment Profile,"
National Environment Outlook, www.unep.net.

11) 티타웰라는 1997년부터 2001년까지 스리랑카 공공사업계획위원회 위원장이었다.
당시 그는 스리랑카통신(1997년 8월)과 스리랑카항공(1998년 3월)의 민영화를 지휘했다.

2004년 선거 뒤에 그는 국영 기구인 전략기업관리청 회장 겸 경영자로 임명되었다. 전략기업관리청은 '민관협력(public-private partnerships)'이라는 신조어를 기치로 민영화계획을 지속적으로 추진했다. Public Enterprises Reform Commission of Sri Lanka, "Past Divestitures," 2005, www.perc.gov.lk; "SEMA to Rejuvenate Key State Enterprises," June 15, 2004, www.priu.gov.lk.

12) Movement for National Land and Agricultural Reform, Sri Lanka, A Proposal for a People's Planning Commission for Recovery After Tsunami, www.monlar.org.

13) "Privatizations in Sri Lanka Likely to Slow Because of Election Results," Associated Press, April 5, 2004.

14) "Sri Lanka Begins Tsunami Rebuilding Amid Fresh Peace Moves," Agence France-Presse, January 19, 2005.

15) Movement for National Land and Agricultural Reform, Sri Lanka, A Proposal for a People's Planning Commission For Recovery After Tsunami, www.monlar.org; "Sri Lanka Raises Fuel Prices Amid Worsening Economic Crisis," Agence France-Presse, June 5, 2005; "Panic Buying Grips Sri Lanka Amid Oil Strike Fears," Agence France-Presse, March 28, 2005.

16) James Wilson and Richard Lapper, "Honduras May Speed Sell-Offs After Storm," Financial Times (London), November 11, 1998; Organization of American States, "Honduras," 1999 National Trade Estimate Report on Foreign Trade Barriers, p.165, www.sice.oas.org; Sandra Cuffe, Rights Action, A Backwards, Upside-Down Kind of Development: Global Actors, Mining and Community-Based Resistance in Honduras and Guatemala, February 2005, www.rightsaction.org.

17) Mexico's Telmex Unveils Guatemala Telecom Alliance," Reuters, October 29, 1998; Consultative Group for the Reconstruction and Transformation of Central America, Inter-American Development Bank, "Nicaragua," Central America After Hurricane Mitch: The Challenge of Turning a Disaster into an Opportunity, May 2000, www.iadb.org; Pamela Druckerman, "No Sale: Do You Want to Buy a Phone Company?" Wall Street Journal, July 14, 1999.

18) "Mexico's Telmex Unveils Guatemala Telecom Alliance"; "Spain's Fenosa Buys Nicaragua Energy Distributors," Reuters, September 12, 2000; "San Francisco Group Wins Honduras Airport Deal," Reuters, March 9, 2000; "CEO.Govt. to Sell

Remaining Enitel Stake This Year," Business News Americas, February 14, 2003.

19) 에두아르도 스테인 베릴라스의 말이다. "Central America After Hurricane Mitch, World Economic Forum Annual Meeting, Davos, Switzerland, January 30, 1999.

20) Alison Rice, Tsunami Concern, Post-Tsunami Tourism and Reconstruction: A Second Disaster? October 2005, p.11, www.tourismconcern.org.uk.

21) TAFREN, "An Agenda for Sri Lanka's Post-Tsunami Recovery," Progress & News, July 2005, p.2.

22) USAID Sri Lanka, "Fishermen and Tradesmen to Benefit from U.S. Funded $33 Million Contract for Post-Tsunami Infrastructure Projects," press release, September 8, 2005, www.usaid.gov; United States Government Accountability Office, USAID Signature Tsunami Reconstruction Efforts in Indonesia and Sri Lanka Exceed Initial Cost and Schedule Estimates, and Face Further Risks, Report to Congressional Committee, GAO-07-357, February 2007; National Physical Planning Department, Arugam Bay Resource Development Plan: Reconstruction Towards Prosperity, Final Report, April 25, 2005, p.18.

23) United States Embassy, "U.S. Provides $1 Million to Maintain Tsunami Shelter Communities," May 18, 2006, www.usaid.gov.

24) Randeep Ramesh, "Indian Tsunami Victims Sold Their Kidneys to Survive," Guardian (London), January 18, 2007; ActionAid International et al., Tsunami Response, 17; Nick Meo, "Thousands of Indonesians Still in Tents," Globe and Mail (Toronto), December 27, 2005.

25) ActionAid International et al., Tsunami Response, p.9.

26) Central Intelligence Agency, "Maldives," The World Factbook 2007, www.cia.gov.

27) Coco Palm Dhuni Kolhu, www.cocopalm.com; Four Seasons Resort, Maldives at Landaa Giraavaru, www.fourseasons.com; Hilton Maldives Resort and Spa, Rangali Island, www.hilton.com; "Dhoni Mighili Island," Private Islands Online, www.privateislandsonline.com.

28) Roland Buerck, "Maldives Opposition Plan Protest," BBC News, April 20, 2007; Asian Human Rights Commission, "Extrajudicial Killings, Disappearances, Torture and Other Forms of Gross Human Rights Violations Still Engulf Asia's Nations," December 8, 2006, www.ahrchk.net; Amnesty International, "Republic of Maldives:

Repression of Peaceful Political Opposition," July 30, 2003, www.amnesty.org.

29) Ashok Sharma, "Maldives to Develop 'Safe' Islands for Tsunami-Hit People," Associated Press, January 19, 2005.

30) Ministry of Planning and National Development, Republic of Maldives, National Recovery and Reconstruction Plan, Second printing, March 2005, p.29, www.tsunamimaldives.mv.

31) Ibid.; ActionAid International et al., Tsunami Response, p.18.

32) 임대 기간은 25년 동안이었지만 입찰의 세목(細目)에는 특정 소유권 구조하에 50년까지 그 기간을 연장할 수 있게 되어 있었다. Ministry of Tourism and Civil Aviation, Bidding Documents: For Lease of New Islands to Develop as Tourist Resorts, Republic of Maldives, July 16, 2006, p.4, www.tourism.gov.mv.

33) Penchan Charoensuthipan, "Survivors Fighting for Land Rights," Bangkok Post, December 14, 2005; Mydans, "Builders Swoop in, Angering Thai Survivors."

34) Asian Coalition for Housing Rights, "The Tsunami In Thailand: January.March 2005," www.achr.net.

35) Shimali Senanayake and Somini Sengupta, "Monitors Say Troops Killed Aid Workers in Sri Lanka," New York Times, August 31, 2006; Amantha Perera, "Tsunami Recovery Skewed by Sectarian Strife," Inter Press Service, January 3, 2007.

36) Shimali Senanayake, "An Ethnic War Slows Tsunami Recovery in Sri Lanka," New York Times, October 19, 2006.

37) Roland Paris, At War's End: Building Peace After Civil Conflict, Cambridge University Press, 2004, p.200.

20장

1) Hein Marais, "A Plague of Inequality," Mail & Guardian (Johannesburg), May 19, 2006.

2) "Names and Faces," Washington Post, September 19, 2005.

3) Adolph Reed, Jr., "Undone by Neoliberalism," The Nation, September 18, 2006.

4) Jon Elliston, "Disaster in the Making," Tucson Weekly, September 23, 2004; Innovative Emergency Management, "IEM Team to Develop Catastrophic Hurricane Disaster Plan for New Orleans & Southeast Louisiana," press release, June 3, 2004, www.ieminc.com.

5) Ron Fournier and Ted Bridis, "Hurricane Simulation Predicted 61,290 Dead," Associated Press, September 9, 2005.

6) Paul Krugman, "A Can't Do Government," New York Times, September 2, 2005; Martin Kelly, "Neoconservatism's Berlin Wall," The G-Gnome Rides Out blog, September 1, 2005, www.theggnomeridesout.blogspot.com; Jonah Goldberg, "The Feds," the Corner blog on the National Review Online, August 31, 2005, www.nationalreview.com.

7) Milton Friedman, "The Promise of Vouchers," Wall Street Journal, December 5, 2005; John R. Wilke and Brody Mullins, "After Katrina, Republicans Back a Sea of Conservative Ideas," Wall Street Journal, September 15, 2005; Paul S. Teller, deputy director, House Republican Study Committee, "Pro-Free-Market Ideas for Responding to Hurricane Katrina and High Gas Prices," email sent on September 13, 2005.

8) Intergovernmental Panel on Climate Change, Climate Change 2007: The Physical Science Basis, Summary for Policymakers, February 2007, page 16, www.ipcc.ch.

9) Teller, "Pro-Free-Market Ideas for Responding to Hurricane Katrina and High Gas Prices."

10) Eric Lipton and Ron Nixon, "Many Contracts for Storm Work Raise Questions," New York Times, September 26, 2005; Anita Kumar, "Speedy Relief Effort Opens Door to Fraud," St. Petersburg Times, September 18, 2005; Jeremy Scahill, "In the Black(water)," The Nation, June 5, 2006; Spencer S. Hsu, "$400 Million FEMA Contracts Now Total $3.4 Billion," Washington Post, August 9, 2006.

11) Shaw Group, "Shaw Announces Charles M. Hess to Head Shaw's FEMA Hurricane Recovery Program," press release, September 21, 2005, www.shawgrp.com; "Fluor's Slowed Iraq Work Frees It for Gulf Coast," Reuters, September 9, 2005; Thomas B. Edsall, "Former FEMA Chief Is at Work on Gulf Coast,"

Washington Post, September 8, 2005; David Enders, "Surviving New Orleans," Mother Jones, September 7, 2005, www.motherjones.com.

12) United States House of Representatives, Committee on Government Reform-Minority Staff, Special Investigations Division, Waste, Fraud and Abuse in Hurricane Katrina Contracts, August 2006, page i, www.oversight.house.gov.

13) Rita J. King, CorpWatch, Big, Easy Money: Disaster Profiteering on the American Gulf Coast, August 2006, www.corpwatch.org; Dan Barry, "A City's Future, and a Dead Man's Past," New York Times, August 27, 2006.

14) Patrick Danner, "AshBritt Cleans Up in Wake of Storms," Miami Herald, December 5, 2005.

15) "Private Companies Rebuild Gulf," PBS NewsHour with Jim Lehrer, October 4, 2005.

16) Scott Shane and Ron Nixon, "In Washington, Contractors Take on Biggest Role Ever," New York Times, February 4, 2007.

17) Mike Davis, "Who Is Killing New Orleans?" The Nation, April 10, 2006.

18) Leslie Eaton, "Immigrants Hired After Storm Sue New Orleans Hotel Executive," New York Times, August 17, 2006; King, CorpWatch, Big, Easy Money; Gary Stoller, "Security Generates Multibillion Business," USA Today, September 11, 2006. 각주: Judith Browne-Dianis, Jennifer Lai, Marielena Hincapie et al., And Injustice for All: Workers Lives in the Reconstruction of New Orleans, Advancement Project, July 6, 2006, page 29, www.advancementproject.org.

19) Rick Klein, "Senate Votes to Extend Patriot Act for 6 Months," Boston Globe, December 22, 2005.

20) Jeff Duncan, "The Unkindest Cut," Times-Picayune (New Orleans), March 28, 2006; Paul Nussbaum, "City at a Crossroads," Philadelphia Inquirer, August 29, 2006.

21) Ed Anderson, "Federal Money for Entergy Approved," Times-Picayune (New Orleans), December 5, 2006; Frank Donze, "146 N.O. Transit Layoffs Planned," Times-Picayune (New Orleans), August 25, 2006; Bill Quigley, "Robin Hood in Reverse: The Looting of the Gulf Coast," justiceforneworleans.org, November 14, 2006.

22) Asian Coalition for Housing Rights, "Mr. Endesha Juakali," www.achr.net.

23) Bob Herbert, "Our Crumbling Foundation," New York Times, April 5, 2007.

24) Help Jet, www.helpjet.us.

25) Seth Borenstein, "Private Industry Responding to Hurricanes," Associated Press, April 15, 2006.

26) James Glanz, "Idle Contractors Add Millions to Iraq Rebuilding," New York Times, October 25, 2006.

27) Mark Hemingway, "Warriors for Hire," Weekly Standard, December 18, 2006. FOOTNOTE: Jeremy Scahill, "Blackwater Down," The Nation, October 10, 2005; Center for Responsive Politics, "Oil & Gas: Top Contributors to Federal Candidates and Parties," Election Cycle 2004, www.opensecrets.org; Center for Responsive Politics, "Construction: Top Contributors to Federal Candidates and Parties," Election Cycle 2004, www.opensecrets.org.

28) Josh Manchester, "Al Qaeda for the Good Guys: The Road to Anti-Qaeda," TCSDaily, December 19, 2006, www.tcsdaily.com.

29) Bill Sizemore and Joanne Kimberlin, "Profitable Patriotism," The Virginian-Pilot (Norfolk), July 24, 2006.

30) King, CorpWatch, Big, Easy Money; Leslie Wayne, "America's For-Profit Secret Army," New York Times, October 13, 2002; Greg Miller, "Spy Agencies Outsourcing to Fill Key Jobs," Los Angeles Times, September 17, 2006; Shane and Nixon, "In Washington, Contractors Take on Biggest Role Ever."

31) 자문위원회 단체에는 록히드마틴, 보잉, 부즈앨런이 포함되었다. Stephen E. Flynn and Daniel B. Prieto, Council on Foreign Relations, Neglected Defense: Mobilizing the Private Sector to Support Homeland Security, CSR No. 13, March 2006, page 26, www.cfr.org.

32) Mindy Fetterman, "Strategizing on Disaster Relief," USA Today, October 12, 2006; Frank Langfitt, "Private Military Firm Pitches Its Services in Darfur," National Public Radio: All Things Considered, May 26, 2006.

33) Peter Pae, "Defense Companies Bracing for Slowdown," Los Angeles Times, October 2, 2006.

34) Johanna Neuman and Peter Spiegel, "Pay-as-You-Go Evacuation Roils Capitol Hill," Los Angeles Times, July 19, 2006.

35) Tim Weiner, "Lockheed and the Future of Warfare," New York Times, November 28, 2004.

36) 다음 두 문단에 나오는 정보는 존 로브의 말을 토대로 했다. John Robb, "Security: Power to the People," Fast Company, March 2006.

37) Juvenile, "Got Ya Hustle On," on the album Reality Check, Atlanta/Wea label, 2006.

38) Bill Quigley, "Ten Months After Katrina: Gutting New Orleans," CommonDreams.org, June 29, 2006, www.commondreams.org.

39) Doug Nurse, "New City Bets Millions on Privatization," Atlanta Journal-Constitution, November 12, 2005.

40) Annie Gentile, "Fewer Cities Increase Outsourced Services," American City & County, September 1, 2006; Nurse, "New City Bets Millions on Privatization."

41) Doug Nurse, "City Hall Inc. a Growing Business in North Fulton," Atlanta Journal-Constitution, September 6, 2006; Doug Gross, "Proposal to Split Georgia County Drawing Cries of Racism," Seattle Times, January 24, 2007.

42) United Nations Office for the Coordination of Humanitarian Affairs, "Human itarian Situation Report.Sri Lanka," September 2~8, 2005, www.reliefweb.int.

21장

1) Christopher Caldwell, "The Walls That Work Too Well," Financial Times (London), November 18, 2006.

2) Martin Wolf, "A Divided World of Economic Success And Political Turmoil," Financial Times (London), January 31, 2007; "Ex-Treasury Chief Summers Warns on Market Risks," Reuters, March 20, 2007.

3) Richard Aboulafia, Teal Group, "Guns-to-Caviar Index," 2007.

4) United States House of Representatives, Committee on Government Reform-Minority Staff, Special Investigations Division, Dollars, Not Sense: Government Contracting Under the Bush Administration, Prepared for Rep. Henry A. Waxman, June 2006, p.6, www.oversight.house.gov; Tim Weiner, "Lockheed and the Future

of Warfare," New York Times, November 28, 2004; Matthew Swibel, "Defensive Play," Forbes, June 5, 2006.

5) 미국 대형 건축 공사 다우존스지수는 2001년 9월 10일 143달러 34센트에 이르렀고 2007년 6월 4일에는 507달러 43센트에 달했다. DJ_2357, "Historical Quotes," money.cnn.com; James Glanz, "Iraq Reconstruction Running Low on Funds," International Herald Tribune (Paris), October 31, 2005; Ellen Nakashima, "A Wave of Memories," Washington Post, December 26, 2005; Ann M. Simmons, Richard Fausset and Stephen Braun, "Katrina Aid Far from Flowing," Los Angeles Times, August 27, 2006; Helene Cooper, "Aid Conference Raises $7.6 Billion for Lebanese Government," New York Times, January 26, 2007.

6) Shawn McCarthy, "Exxon's 'Outlandish' Earnings Spark Furor," Globe and Mail (Toronto), February 2, 2007.

7) Jonathan Curiel, "The Conspiracy to Rewrite 9/11," San Francisco Chronicle, September 3, 2006; Jim Wooten, "Public Figures' Rants Widen Racial Chasm," Atlanta Journal-Constitution, January 22, 2006.

8) EM-DAT, The OFDA/CRED International Disaster Database, "2006 Disasters in Numbers," www.em-dat.net; Peter Bergen and Paul Cruickshank, "The Iraq Effect: War Has Increased Terrorism Sevenfold Worldwide," Mother Jones, March~April, 2007.

9) McCarthy, "Exxon's 'Outlandish' Earnings Spark Furor"; William Hartung and Michelle Ciarrocca, "The Military-Industrial. Think Tank Complex," Multinational Monitor, January~February 2003; Robert O'Harrow, Jr., "LexisNexis to Buy Seisint for $775 Million," Washington Post, July 15, 2004; Rachel Monahan and Elena Herrero Beaumont, "Big Time Security," Forbes, August 3, 2006.

10) "Recap of Saturday, July 9, 2005," Fox News: The Cost of Freedom, www.foxnews.com.

11) Dan Gillerman, "The Economic Opportunities of Peace," press statement, Chambers of Commerce, September 6, 1993, cited in Guy Ben-Porat, "A New Middle East?: Globalization, Peace and the 'Double Movement'," International Relations 19, no.1, 2005, p.50.

12) Efraim Davidi, "Globalization and Economy in the Middle East. A Peace of

Markets or a Peace of Flags?" Palestine-Israel Journal 7, no.1 and 2, 2000, p.33.

13) Shlomo Ben-Ami, A Place for All, Hakibbutz Hameuchad, 1998, p.113, cited in Davidi, "Globalization and Economy in the Middle East," p.38.

14) Americans for Peace Now, "The Russians," Settlements in Focus 1, no.16, December 23, 2005, www.peacenow.org.

15) Gerald Nadler, "Exodus or Renaissance?" Washington Times, January 19, 1992; Peter Ford, "Welcome and Woes Await Soviet Jews in Israel," Christian Science Monitor, July 25, 1991; Lisa Talesnick, "Unrest Will Spur Russian Jews to Israel, Official Says," Associated Press, October 5, 1993. "Israel's Alienated Russian Voters Cry Betrayal," Agence France-Presse, May 8, 2006.

16) Greg Myre, "Israel Economy Hums Despite Annual Tumult," International Herald Tribune (Paris), December 31, 2006; "Israel Reopens Gaza Strip," United Press International, March 22, 1992.

17) Peter Hirschberg, "Barak Settlement Policy Remains Virtually the Same as Netanyahu's," Jerusalem Report, December 4, 2000.

18) Americans for Peace Now, "The Russians."

19) David Simons, "Cold Calculation Of Terror," Forbes, May 28, 2002; Zeev Klein, "January. May Trade Deficit Shoots up 16% to $3.59 Billion," Globes (Tel Aviv), June 12, 2001; Neal Sandler, "As If the Intifada Weren't Enough," Business Week, June 18, 2001.

20) '로켓 연료'는 이스라엘 테크니온 경영 대학원의 슐로머 메이틀 교수의 말을 인용한 것이다. Nelson D. Schwartz, "Prosperity without Peace," Fortune, June 13, 2005; Shlomo Ben-Ami, Scars of War, Wounds of Peace: The Israeli-Arab Tragedy, Oxford University Press, 2006, p.230.

21) United Nations Special Coordinator in the Occupied Territories, Quarterly Report on Economic and Social Conditions in the West Bank and Gaza Strip, April 1, 1997; Ben-Ami, Scars of War, Wounds of Peace, 231; Sara Roy, "Why Peace Failed: An Oslo Autopsy," Current History 101, no.651, January 2002, p.13.

22) Chris McGreal, "Deadly Thirst," Guardian (London), January 13, 2004.

23) "Norman Finkelstein & Former Israeli Foreign Minister Shlomo Ben-Ami Debate," Democracy Now!, February 14, 2006, www.democracynow.org.

24) 이스라엘 경제 신문 「글로브스」에 따르면 2001년과 2003년 사이에 이스라엘은
1인당 성장률에서 누적 감소율을 8.5퍼센트로 보고 있었다. 깜짝 놀랄 만한 수치였다.
Zeev Klein, "2002 Worst Year for Israeli Economy Since 1953," Globes (Tel Aviv),
December 31, 2002; Sandler, "As If the Intifada Weren't Enough."

25) Aron Heller and James Bagnall, "After the Intifada: Why Israel's Tech Titans
Are Challenging Canadian Entrepreneurs as a Global Force," Ottawa Citizen,
April 28, 2005; Schwartz, "Prosperity without Peace."

26) Susan Karlin, "Get Smart," Forbes, December 12, 2005.

27) Ran Dagoni, "O'seas Cos, Gov'ts to Inspect Israeli Anti-Terror Methods,"
Globes (Tel Aviv), January 22, 2006; Ben Winograd, "U.S. Airport Directors Study
Tough Israeli Security Measures Ahead of Summer Travel," Associated Press,
May 8, 2007; State of Israel, Ministry of Public Security, "International Homeland
Security Conference, 2006," March 19, 2006, www.mops.gov.il.

28) Heller and Bagnall, "After the Intifada"; Yaakov Katz, "Defense Officials Aim High
at Paris Show," Jerusalem Post, June 10, 2007; Hadas Manor, "Israel in Fourth Place
among Defense Exporters," Globes (Tel Aviv), June 10, 2007; Steve Rodan and
Jose Rosenfeld "Discount Dealers," Jerusalem Post, September, 2,
1994; Gary Dorsch, "The Incredible Israeli Shekel, as Israel's Economy Continues
to Boom," The Market Oracle, May 8, 2007, www.marketoracle.co.uk.

29) Schwartz, "Prosperity without Peace."

30) Ibid.; Nice Systems, "Nice Digital Video Surveillance Solution Selected by
Ronald Reagan Washington National Airport," press release, January 29, 2007,
www.nice.com; Nice Systems, "Time Warner (Charlotte)," Success Stories,
www.nice.com.

31) James Bagnall, "A World of Risk: Israel's Tech Sector Offers Lessons on Doing
Business in the New Age of Terror," Ottawa Citizen, August 31, 2006; Electa Draper,
"Durango Office Keeps Watch in War on Terror," Denver Post, August 14, 2005.

32) SuperCom, "SuperCom Signs $50m National Multi Id Agreement with a European
Country," press release, September 19, 2006; SuperCom, "City of Los Angeles
to Deploy Supercom's IRMS Mobile Credentialing and Handheld Verification
System," press release, November 29, 2006; SuperCom, "SuperCom Signs $1.5m

ePassport Pilot Agreement with European Country," press release, August 14, 2006, www.supercomgroup.com.

33) Check Point, "Facts at a Glance," www.checkpoint.com.

34) David Machlis, "US Gets Israeli Security for Super Bowl," Jerusalem Post, February 4, 2007; New Age Security Solutions, "Partial Client List," www.nasscorp.com.

35) Kevin Johnson, "Mansions Spared on Uptown's High Ground," USA Today, September 12, 2005.

36) International Security Instructors, "About" and "Clients," www.isiusa.us.

37) "Golan Group Launches Rigorous VIP Protection Classes," press release, April 2007; Golan Group, "Clients," www.golangroup.com.

38) Schwartz, "Prosperity without Peace"; Neil Sandler, "Israeli Security Barrier Provides High-Tech Niche," Engineering News-Record, May 31, 2004.

39) David Hubler, "SBInet Trawls for Small-Business Partners," Federal Computer Week, October 2, 2006; Sandler, "Israeli Security Barrier Provides High-Tech Niche."

40) Schwartz, "Prosperity without Peace."

41) Elbit Systems Ltd. and Magal Security Systems Ltd, "Historical Prices," Yahoo! Finance, finance.yahoo.com; Barbara Wall, "Fear Factor," International Herald Tribune (Paris), January 28, 2006; Electa Draper, "Verint Systems Emerges as Leader in Video Surveillance Market."

42) Thomas L. Friedman, "Outsource the Cabinet?" New York Times, February 28, 2007; Ruth Eglash, "Report Paints Gloomy Picture of Life for Israeli Children," Jerusalem Post, December 28, 2006.

43) Karen Katzman, "Some Stories You May Not Have Heard," report to the Jewish Federation of Greater Washington, www.shalomdc.org; Yitzhak Laor, "You Are Terrorists, We Are Virtuous," London Review of Books, August 17, 2006.

44) Tel Aviv Stock Exchange Ltd, TASE Main Indicators, August 31, 2006, www.tase.co.il; Friedman, "Outsource the Cabinet?"; Reuters, "GDP Growth Figure Slashed," Los Angeles Times, March 1, 2007; Greg Myre, "Amid Political Upheaval, Israeli Economy Stays Healthy," New York Times, December 31, 2006; World Bank Group, West Bank and Gaza Update,

September 2006, www.worldbank.org.

45) Susan Lerner, "Israeli Companies Shine in Big Apple," Jerusalem Post, September 17, 2006; Osama Habib, "Labor Minister Says War Led to Huge Jump in Number of Unemployed," Daily Star (Beirut), October 21, 2006.

46) 댄 길러먼의 CNN 인터뷰. Dan Gillerman, CNN: Lou Dobbs Tonight, July 14, 2006.

47) Karin Brulliard, "'Gated Communities' for the War-Ravaged," Washington Post, April 23, 2007; Dean Yates, "Baghdad Wall Sparks Confusion, Divisions in Iraq," Reuters, April 23, 2007.

48) Rory McCarthy, "Occupied Gaza like Apartheid South Africa, Says UN Report," Guardian (London), February 23, 2007.

49) Michael Wines, "Shantytown Dwellers in South Africa Protest the Sluggish Pace of Change," New York Times, December 25, 2005.

결론

1) Juan Forero, "Bolivia Indians Hail the Swearing in of One of Their Own as President," New York Times, January 23, 2006.

2) Tom Kerr, Asian Coalition for Housing Rights, "People's Leadership in Disaster Recovery: Rights, Resilience and Empowerment," Phuket disaster seminar, October 30~November 3, 2006, Phuket City, www.achr.net.

3) 안티야노는 카라카스 지역 라 베가 토지위원회 소속이다.
Hablemos del Poder/ Talking of Power, documentary directed by Nina Lopez, produced by Global Women's Strike, 2005, www.globalwomenstrike.net.

4) Terence Corcoran, "Free Markets Lose Their Last Lion," National Post (Toronto), November 17, 2006.

5) Jim Webb, "Class Struggle," Wall Street Journal, November 15, 2006.

6) Geoffrey York, "Beijing to Target Rural Poverty," Globe and Mail (Toronto), March 6, 2006; Larry Rohter, "A Widening Gap Erodes Argentina's Egalitarian Image," New York Times, December 25, 2006; World Institute for Development

Economics Research, "Pioneering Study Shows Richest Two Percent Own Half World Wealth," press release, December 5, 2006, www.wider.unu.edu; Sarah Anderson et al., Executive Excess 2006: Defense and Oil Executives Cash in on Conflict, August 30, 2006, p.1, www.faireconomy.org; Webb, "Class Struggle."

7) Raul Garces, "Former Uruguayan Dictator Arrested," Associated Press, November 17, 2006; "Argentine Judge Paves Way for New Trial of Ex-Dictator Videla," Agence France-Presse, September 5, 2006; "Former Argentine Leader Indicted for 2001 Bond Swap," MercoPress, September 29, 2006, www.mercopress.com.

8) "Former Latin American Leaders Facing Legal Troubles," Miami Herald, January 18, 2007.

9) Andrew Osborn, "The A.Z of Oligarchs," Independent (London), May 26, 2006.

10) Paul Waldie, "Hollinger: Publisher or 'Bank of Conrad Black'?" Globe and Mail (Toronto), February 7, 2007; "Political Activist Grover Norquist," National Public Radio Morning Edition, May 25,2001; Jonathan Weisman, Powerful GOPActivist Sees His Influence Slip Over Abramoff Dealings," Washington Post, July 9, 2006.

11) George W. Bush, The National Security Strategy of the United States, September 2002, www.whitehouse.gov.

12) Jane Bussey, "Democrats Won Big by Opposing Free-Trade Agreements," Miami Herald, November 20, 2006; Robin Toner and Janet Elder, "Most Support U.S. Guarantee of Health Care," New York Times, March 2, 2007.

13) Corporacion Latinobarometro, Latinobarometro Report 2006, www.latinobarometro.org.

14) Susan George and Erik Wesselius, "Why French and Dutch Citizens Are Saying NO," Transnational Institute, May 21, 2005, www.tni.org.

15) Lou Dobbs, CNN: Lou Dobbs Tonight, April 14, 2005; Lou Dobbs, CNN: Lou Dobbs Tonight, June 23, 2006.

16) Martin Arnold, "Polish Plumber Symbolic of all French Fear about Constitution," Financial Times (London), May 28, 2005.

17) Andrew Curry, "The Case Against Poland's New President," New Republic, November 17, 2005; Fred Halliday, "Warsaw's Populist Twins," openDemocracy,

September 1, 2006, www.opendemocracy.net; Ian Traynor, "After Communism: Ambitious, Eccentric. Polish Twins Prescribe a Dose of Harsh Reality," Guardian (London), September 1, 2006. 각주: Ken Livingstone, "Facing Phobias," Guardian (London), March 2, 2007.

18) Perry Anderson, "Russia's Managed Democracy," London Review of Books, January 25, 2007.

19) Vladimir Radyuhin, "Racial Tension on the Rise in Russia," The Hindu, September 16, 2006; Amnesty International, Russian Federation: Violent Racism Out of Control, May 4, 2006, www.amnesty.org.

20) Helen Womack, "No Hiding Place for Scared Foreigners in Racist Russia," Sydney Morning Herald, May 6, 2006.

21) Henry A. Kissinger, Memorandum to the President, Subject: NSC Meeting, November 6–Chile, November 5, 1970, declassified, www.gwu.edu/~nsarchiv.

22) Jack Chang, "Fear of Privatization Gives Brazilian President a Lead in Runoff," Knight Ridder, October 26, 2006; Hector Tobar, "Nicaragua Sees Red Over Blackouts," Los Angeles Times, October 30, 2006.

23) Nikolas Kozloff, "The Rise of Rafael Correa," CounterPunch, November 26, 2007; Simon Romero, "Leftist Candidate in Ecuador Is Ahead in Vote, Exit Polls Show," New York Times, November 27, 2006.

24) "Argentine President Marks Third Year in Office with Campaign–Style Rally," BBC Monitoring International Reports, May 26, 2006.

25) Dan Keane, "South American Leaders Dream of Integration, Continental Parliament," Associated Press, December 9, 2006.

26) Duncan Campbell, "Argentina and Uruguay Shun US Military Academy," Guardian (London), April 6, 2006; "Costa Rica Quits US Training at Ex–School of the Americas," Agence France–Press, May 19, 2007.

27) Roger Burbach, "Ecuador's Government Cautiously Takes Its First Steps," NACLA News, February 19, 2007, www.nacla.org.

28) Chris Kraul, "Big Cooperative Push in Venezuela," Los Angeles Times, August 21, 2006.

29) Emir Sader, "Latin American Dossier: Free Trade in Reciprocity," Le Monde

Diplomatique, February 2006.

30) George W. Bush, The National Security Strategy of the United States of America, March 2006, p.30, www.whitehouse.gov; 2001년 5월 9일 PBS 다큐 <세계경제 패권>에서 스탠리 피셔의 인터뷰. Commanding Heights: The Battle for the World Economy, www.pbs.org.

31) Jorge Rueda, "Chavez Says Venezuela Will Pull out of the IMF, World Bank," Associated Press, May 1, 2007; Fiona Ortiz, "Argentina's Kirchner Says No New IMF Program," Reuters, March 1, 2007; Christopher Swann, Bloomberg News, "Hugo Chavez Exploits Oil Wealth to Push IMF Aside," International Herald Tribune (Paris), March 1, 2007.

32) Ibid.; "Ecuador Expels World Bank Representative," Agence France-Press, April 27, 2007; Reuters, "Latin Leftists Mull Quitting World Bank Arbitrator," Washington Post, April 29, 2007; Eoin Callan and Krishna Guha, "Scandal Threatens World Bank's Role," Financial Times (London), April 23, 2007.

33) Michael Wines, "Shantytown Dwellers in South Africa Protest the Sluggish Pace of Change," New York Times, December 25, 2005; Brendan Smith et al., "China's Emerging Labor Movement," Commondreams.org, October 5, 2006, www.commondreams.org. 각주: Ibid.

34) Jean Baudrillard, Power Inferno, Galilee, 2002, p.83.

35) Central Intelligence Agency, Human Resource Exploitation Training Manual–1983, www.gwu.edu/~nsarchiv.

36) Andrew England, "Siniora Flies to Paris as Lebanon Protests Called Off," Financial Times (London), January 23, 2007; Kim Ghattas, "Pressure Builds for Lebanon Reform," BBC News, January 22, 2007; Lysandra Ohrstrom, "Reconstruction Chief Says He's Stepping Down," Daily Star (Beirut), August 24, 2006.

37) Helene Cooper, "Aid Conference Raises $7.6 Billion for Lebanese Government," New York Times, January 26, 2007; Osama Habib, "Siniora Unveils Reform Plan Aimed at Impressing Paris III Donors," Daily Star (Beirut), January 3, 2007; Osama Habib, "Plans for Telecom Sale Move Ahead," Daily Star (Beirut), September 30, 2006.

38) Mohamad Bazzi, "People's Revolt in Lebanon," The Nation, January 8, 2007; Trish Schuh, "On the Edge of Civil War: The Cedar Revolution Goes South," CounterPunch, January 23, 2007, www.counterpunch.org.

39) Mary Hennock, "Lebanon's Economic Champion," BBC News, February 14, 2005; Randy Gragg, "Beirut," Metropolis, November 1995, pp.21, 26; "A Bombed-Out Beirut Is Being Born Again-Fitfully," Architectural Record 188, no.4, April 2000.

40) Bazzi, "People's Revolt in Lebanon."

41) Ana Nogueira and Saseen Kawzally, "Lebanon Rebuilds (Again)," Indypendent, August 31, 2006, www.indypendent.org; Kambiz Foroohar, "Hezbollah, with $100 Bills, Struggles to Repair Lebanon Damage," Bloomberg News, September 28, 2006; Omayma Abdel-Latif, "Rising From the Ashes," Al-Ahram Weekly, August 31, 2006.

42) David Frum, "Counterfeit News," National Post (Toronto), August 26, 2006.

43) "Spain's Aznar Rules Out Talks with Basque Group ETA," Associated Press, March 11, 2004.

44) Elaine Sciolino, "In Spain's Vote, a Shock from Democracy (and the Past)," New York Times, March 21, 2004.

45) Santisuda Ekachai, "This Land Is Our Land," Bangkok Post, March 2, 2005.

46) Tom Kerr, Asian Coalition for Housing Rights, "New Orleans Visits Asian Tsunami Areas-September 9~17, 2006," www.achr.net.

47) Ibid.

48) Kerr, "People's Leadership in Disaster Recovery: Rights, Resilience and Empowerment."

49) Kerr, "New Orleans Visits Asian Tsunami Areas."

50) Richard A. Webster, "N.O. Survivors Learn Lessons from Tsunami Rebuilders," New Orleans Business, November 13, 2006.

51) Residents of Public Housing, "Public Housing Residents Take Back Their Homes," press release, February 11, 2007, www.peoplesorganizing.org.

52) 조지프 레카스너의 말이다. Steve Ritea, "The Dream Team," Times-Picayune (New Orleans), August 1, 2006.

자본주의는 어떻게 재난을 먹고 괴물이 되는가

1판 1쇄 발행 2021년 5월 11일
1판 5쇄 발행 2023년 2월 28일

지은이 나오미 클라인 Naomi Klein
옮긴이 김소희

펴낸이 김혜진 / 정기영
표지 디자인 [*]규
디자인 조혜림
교정교열 최현미
표지 사진 Kourosh Keshiri
인쇄 / 조판 안준용(책과 6펜스)

펴낸 곳 모비딕북스
출판등록 2019년 1월 5일 제2020-000277호
주소 서울 용산구 한강대로 69 푸르지오써밋 101동 1202호
전화 070-4779-8822
이메일 jky@mobidickorea.com
홈페이지 www.mobidickorea.co.kr
페이스북 www.facebook.com/mobidicbook
인스타그램 mobidic_book
유튜브 mobidicbooks

ISBN 979-11-966019-7-3 03300

옮긴이 김소희

이화여자대학교 사회학과를 졸업한 후 출판기획 및 전문번역가로 활동하고 있다. 옮긴 책으로 <인지니어스> <위험한 생각 습관 20> <인코그니토> <심리학, 사랑을 말하다> <뇌, 1.4킬로그램의 사용법> <보보스는 파라다이스에 산다> <분석의 기술> <분석으로 경쟁하라> 등이 있다.